孔门儒教图传

古籍珍选·四书三绝

一

[唐]阎立本 绘 [明]佚名 撰
王海燕 编选

吉林出版集团股份有限公司
全国百佳图书出版单位

图书在版编目（CIP）数据

孔门儒教图传 /（唐）阎立本绘；（明）佚名撰；王海燕编选 . -- 长春：吉林出版集团股份有限公司，2025. 5. --（古籍珍选）. -- ISBN 978-7-5731-5694-5

Ⅰ . B222. 05-64

中国国家版本馆 CIP 数据核字第 2025LF4609 号

GUJI ZHENXUAN SISHU SAN JUE

古籍珍选 · 四书三绝

作　　者：［宋］朱熹著［唐］阎立本绘［清］郑板桥 手书 王海燕 编选
出版策划：崔文辉
项目执行：赵晓星　　　　　责任校对：刘　洋
项目策划：武　学　　　　　封面设计：观止堂＿未氓
责任编辑：刘虹伯　　　　　排　　版：长春市昌信电脑图文制作有限公司

出　　版：吉林出版集团股份有限公司（www. jlpg. cn）
（长春市福祉大路 5788 号，邮政编码：130118）
发　　行：吉林出版集团译文图书经营有限公司
（http://shop34896900. taobao. com）
电　　话：总编办 0431-81629909　　　营销部 0431-81629880/81629881
印　　刷：大厂回族自治县益利印刷有限公司

开　　本：787mm×1092mm　　1/16
印　　张：76. 625
字　　数：770 千字
版　　次：2025 年 5 月第 1 版
印　　次：2025 年 5 月第 1 次印刷
书　　号：ISBN 978-7-5731-5694-5
定　　价：498. 00 元（全 7 册）

印装错误请与承印厂联系　联系电话：13521219071

至聖孔子像
德配天地
道冠古今
生民未有
萬世之師
山東曲阜縣人生周靈王二十一年十月庚子即夏正八月二十七日

儒家至圣孔子画像

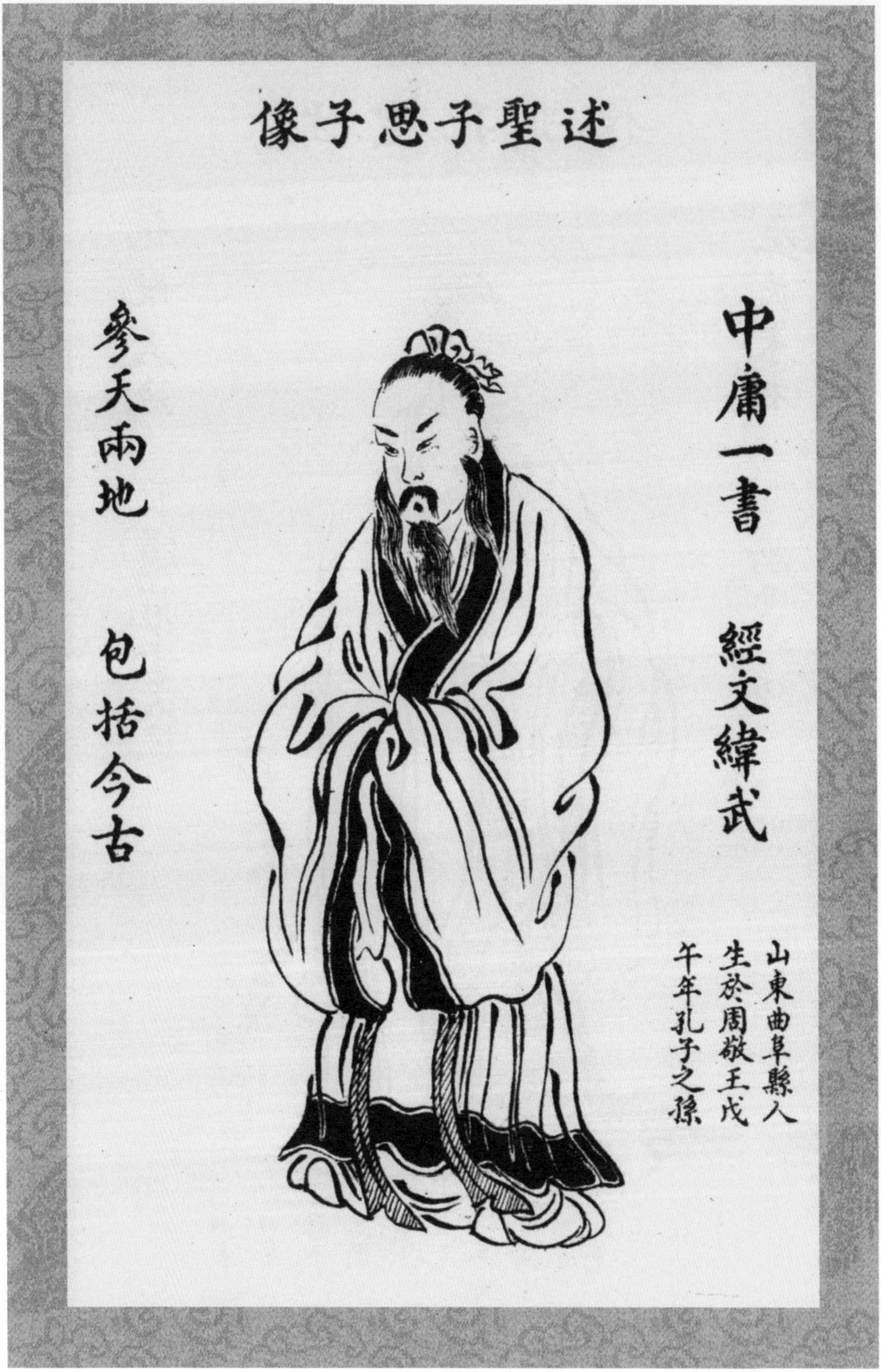
述聖子思子像
中庸一書
經文緯武
山東曲阜縣人
生於周敬王戊
午年孔子之孫
參天兩地
包括今古

儒家述圣子思画像

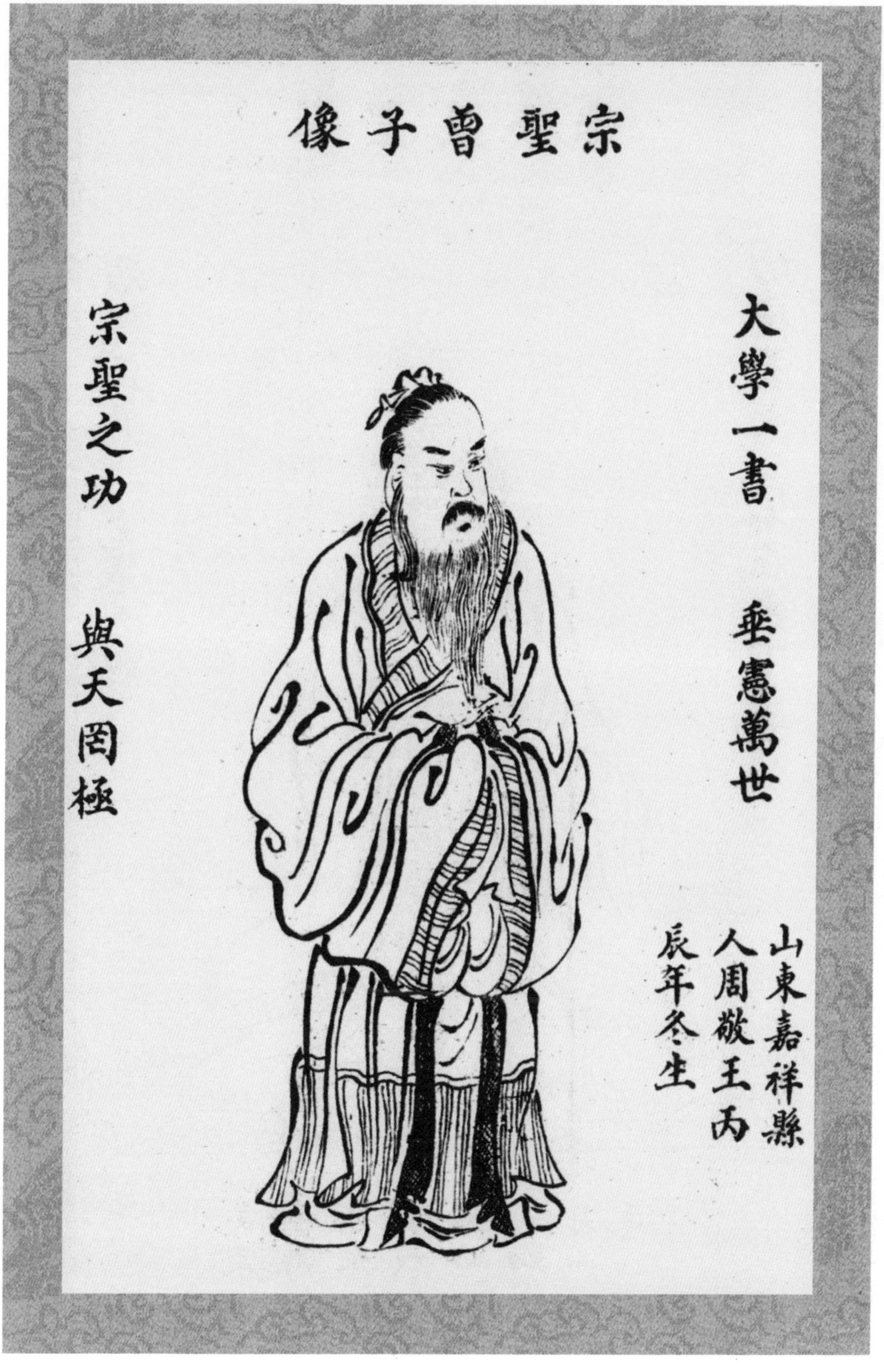
宗聖曾子像
大學一書 垂憲萬世
山東嘉祥縣人周敬王丙辰年冬生
宗聖之功 與天罔極

儒家宗圣曾子画像

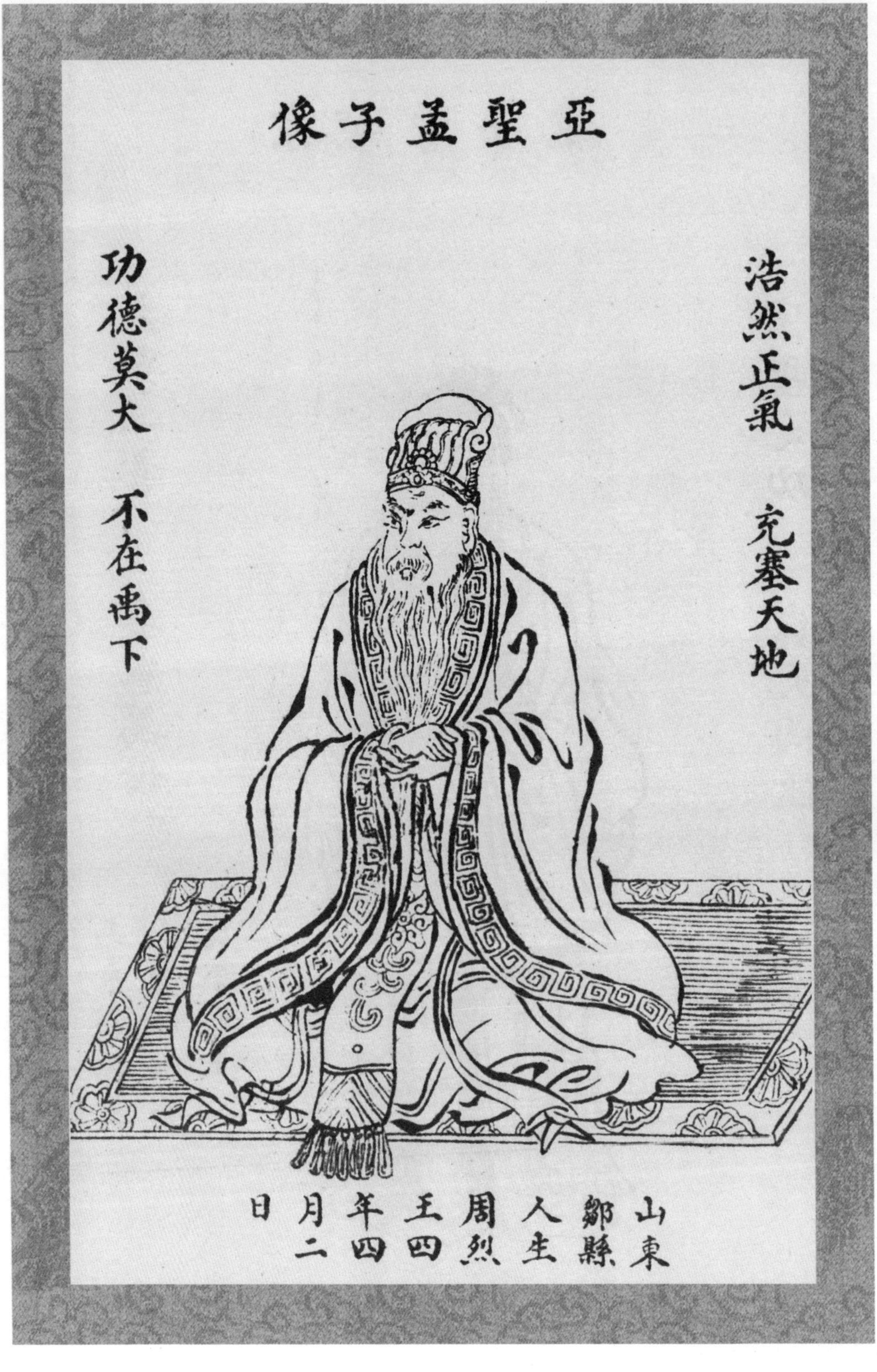
亞聖孟子像
浩然正氣 充塞天地
功德莫大 不在禹下
山東鄒縣人生周烈王四年四月二日

儒家亚圣孟子画像

孔子弟子画像（图一）

孔子弟子画像（图二）

孔子弟子画像（图三）

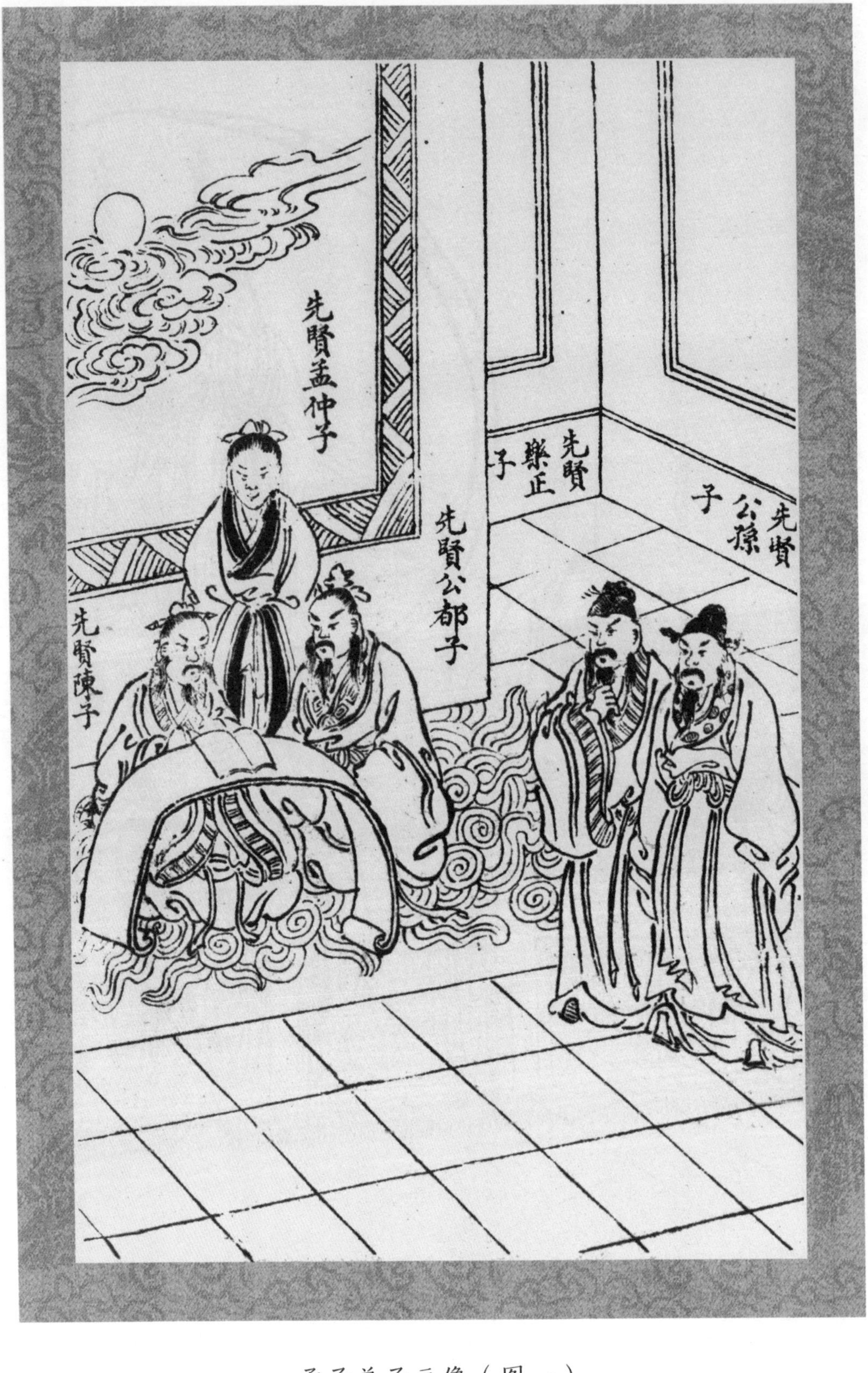
先賢孟仲子
先賢公都子
先賢陳子
先賢樂正子
先賢公孫子

孟子弟子画像（图一）

孟子弟子画像（图二）

孟子弟子画像（图三）

编选说明

凡古玩书画珍品最重流传有绪。唐代人物画大师阎立本所绘孔子弟子画像图，经有清历代宫藏有识之人鉴定，确认为真迹无疑。但对于画中的人物认定却几经颠覆周折。

本画原为清初顺治内府所藏，后赐予大学士宋权，由宋氏父子私藏。后来被转卖于市肆之间。百余年后复有乾隆年间的协办大学士兼户部尚书蒋溥购得，呈送于乾隆，遂又成为宫藏珍品。

该画原名为《阎立本历代将相图》，但蒋溥在乾隆二十二年为该画所作的题跋中，认为图中人物的冠带服饰均为同一时代，而非『历代』，所以应改为《阎立本古贤图》。

到了乾隆丁未年，王杰、曹文埴、彭元瑞、董诰四位阁臣大师合跋称：该画中人物的服饰冠带符合两汉前礼制，并经与《三礼图》认证，判定画中为周代人物。并且认为此图既非《将相图》，也非《古贤图》，而是孔子弟子的画像图。但有一个可疑之处：画中人物只有五十九位，而相传孔子的弟子为七十二人。四阁臣考证又认为，孔子弟子七十二人的说法并非一定，《史记》与《孔子家语》所记载便有不同；且汉代的孔子弟子的庙画像就有七十七人；即使是七十二人，也可能在近千年的流传中有所错漏也未可知。而后，此画便以《阎立本画孔子弟子图》为名流传后世。

本次将该画收入《古籍珍选·四书三绝》一并出版，仍沿用此名。原画像为一长卷，且原图中各人物均未榜题其名。所以本书只将该长卷中的人物一一切割为独立版面，而无以加注其名。

除了阎立本的画作，《孔门儒教图传》分册中还收录了《孔门儒教列传》，源自郑振铎先生《西谛书目》所收明刊本，现藏于中国国家图书馆善本部。该书共一百五十三篇（幅），现扉页缺失，前三页残损，其余完好；记载了自孔子至朱熹共四十五位儒家人物的主要事迹。为便于读者参照了解，本书亦将《史记》中的孔门诸圣与弟子列传附上。

所谓『四书三绝』：孔门四圣著述由朱子章句、集注为『文绝』；阎立本所绘孔子弟子图为『画绝』；郑板桥手书四书为『书绝』。以朱熹、阎立本、郑板桥三方大家的作品合刊而称『绝』，绝非虚名。本书共分七册：阎立本绘图为首册；民国年间上海进步书局出版的《四书集注》六册，依原版对书郑板桥手迹合编，各为一册。诚望此书的出版，能为读者提供一席最高品级的思想文化艺术雅餐礼宴。

编者

目录

孔门诸圣与弟子列传

〔汉〕司马迁 著

孔子（公元前五五一年—公元前四七九年），名丘，字仲尼。春秋时期鲁国陬邑人，思想家、教育家，儒家思想的创始人。在世时已被誉为『天纵之圣』、『天之木铎』，被后世尊为孔圣人、至圣、至圣先师、万世师表。

孔子传

孔子生鲁昌平乡陬邑。其先宋人也，曰孔防叔。防叔生伯夏，伯夏生叔梁纥。纥与颜氏女野合而生孔子，祷于尼丘得孔子。鲁襄公二十二年而孔子生。生而首上圩顶，故因名曰丘云。字仲尼，姓孔氏。

丘生而叔梁纥死，葬于防山。防山在鲁东，由是孔子疑其父墓处，母讳之也。孔子为儿嬉戏，常陈俎豆，设礼容。孔子母死，乃殡五父之衢，盖其慎也。陬人輓父之母诲孔子父墓，然后往合葬于防焉。

孔子要绖，季氏飨士，孔子与往。阳虎绌曰：『季氏飨士，非敢飨子也。』孔子由是退。

孔子年十七，鲁大夫孟釐子病且死，诫其嗣懿子曰：『孔丘，圣人之后，灭于宋。其祖弗父何始有宋而嗣让厉公。及正考父佐戴、武、宣公，三命兹益恭，故鼎铭云：「一命而偻，再命而伛，三命而俯，循墙而走，亦莫敢余侮。饘于是，粥于是，以糊余口。」其恭如是。吾闻圣人之后，虽不当世，必有达者。今孔丘年少好礼，其达者欤？吾即没，若必师之。』及釐子卒，懿子与鲁人南宫敬叔往学礼焉。是岁，季武子卒，平子代立。

孔子贫且贱。及长，尝为季氏史，料量平；尝为司职吏而畜蕃息。孔子长九尺有六寸，人皆谓之『长人』而异之。

鲁南宫敬叔言鲁君曰：『请与孔子适周。』鲁君与之一乘车，两马，一竖子俱，适周问礼，盖见老子云。辞去，而老子送之曰：『吾闻富贵者送人以财，仁人者送人以言。吾不能富贵，窃仁人之号，送子以言，曰：「聪明深察而近于死者，好议人者也。博辩广大危其身者，发人之恶者也。为人子者毋以有己，为人臣者毋以有己。」』孔子自周反于鲁，弟子稍益进焉。

是时也，晋平公淫，六卿擅权，东伐诸侯；楚灵王兵强，陵轹中国；齐大而近于鲁。鲁小弱，附于楚则晋怒；附于晋则楚来伐；不备于齐，齐师侵鲁。

鲁昭公之二十年，而孔子盖年三十矣。齐景公与晏婴来适鲁，景公问孔子曰：『昔秦穆公国小处辟，其霸何也？』对曰：『秦，国虽小，其志大；处虽辟，行中正。身举五羖，爵之大夫，起累绁之中，与语三日，授之以政。以此取之，虽王可也，其霸小矣。』景公说。

孔子年三十五，而季平子与郈昭伯以斗鸡故得罪鲁昭公，昭公率师击平子，平子与孟氏、叔孙氏三家共攻昭公，昭公师败，奔于齐，齐处昭公乾侯。其后顷之，鲁乱。孔子适齐，为高昭子家臣，欲以通乎景公。与齐太师语乐，闻韶音，学之，三月不知肉味，齐人称之。

景公问政孔子，孔子曰：『君君，臣臣，父父，子子。』景公曰：『善哉！信如君不君，臣不臣，父不父，子不子，虽有粟，吾岂得而食诸！』他日又复问政于孔子，孔子曰：『政在节财。』景公说，将欲以尼谿田封孔子。晏婴进曰：『夫儒者滑稽而不可轨法；倨傲自顺，不可以为下；崇丧遂哀，破产厚葬，不可以为俗；游说乞贷，不可以为国。自大贤之息，周室既衰，礼乐缺有间。今孔子盛容饰，繁登降之礼，趋详之节，累世不能殚其学，当年不能究其礼。君欲用之以移齐俗，非所以先细民也。』后景公敬见孔子，不问其礼。异日，景公止孔子曰：『奉子以季氏，吾不能。』以季孟之间待之。齐大夫欲害孔子，孔子闻之。景公曰：『吾老矣，弗能用也。』孔子遂行，反乎鲁。

孔子年四十二，鲁昭公卒于乾侯，定公立。定公立五年，夏，季平子卒，桓子嗣立。季桓子穿井得土缶，中若羊，问仲尼，云『得狗』。仲尼曰：『以丘所闻，羊也。丘闻之，木石之怪夔、罔阆，水之怪龙、罔象，土之怪坟羊。』

吴伐越，堕会稽，得骨节专车。吴使使问仲尼：『骨何者最大？』仲尼曰：『禹致群神于会稽山，防风氏后至，禹杀而戮之，其节专车，此为大矣。』吴客曰：『谁为神？』仲尼曰：『山川之神足以纲纪天下，其守为神，社稷为公侯，皆属于王者。』客曰：『防风何守？』仲尼曰：『汪罔氏之君守封、禺之山，为釐姓。在虞、夏、商为汪罔，于周为长翟，今谓之大人。』客曰：『人长几何？』仲尼曰：『僬侥氏三尺，短之至也。长者不过十之，数之极也。』于是吴客曰：『善哉圣人！』

桓子嬖臣曰仲梁怀，与阳虎有隙。阳虎欲逐怀，公山不狃止之。其秋，怀益骄，阳虎执怀。桓子怒，阳虎因囚桓子，与盟而醳之。阳虎由此益轻季氏。季氏亦僭于公室，陪臣执国政，是以鲁自大夫以下皆僭离于正道。故孔子不仕，退而修诗、书、礼、乐，弟子弥众，至自远方，莫不受业焉。

定公八年，公山不狃不得意于季氏，因阳虎为乱，欲废三桓之适，更立其庶孽阳虎素所善者，遂执季桓子。桓子诈之，得脱。定公九年，阳虎不胜，奔于齐。是时孔子年五十。

公山不狃以费畔季氏，使人召孔子。孔子循道弥久，温温无所试，莫能己用，曰：『盖周文武起丰镐而王，今费虽小，傥庶几乎！』欲往。子路不说，止孔子。孔子曰：『夫召我者岂徒哉？如用我，其为东周乎！』然亦卒不行。

其后定公以孔子为中都宰，一年，四方皆则之。由中都宰为司空，由司空为大司寇。

定公十年春，及齐平。夏，齐大夫黎鉏言于景公曰：『鲁用孔丘，其势危齐。』乃使使告鲁为好会，会于夹谷。鲁定公且以乘车好往。孔子摄相事，曰：『臣闻有文事者必有武备，有武事者必有文备。古者诸侯出疆，必具官以从。请具左右司马。』定公曰：『诺。』具左右司马。会齐侯夹谷，为坛位，土阶三等，以会遇之礼相见，揖让而登。献酬之礼毕，齐有司趋而进曰：『请奏四方之乐。』景公曰：『诺。』于是旍旄羽袚矛戟剑拨鼓噪而至。孔子趋而进，历阶而登，不尽一等，举袂而言曰：『吾两君为好会，夷狄之乐何为于此！请命有司！』有司却之，不去，则左右视晏子与景公。景公心怍，麾而去之。有顷，齐有司趋而进曰：『请奏宫中之乐。』景公曰：『诺。』优倡侏儒为戏而前。孔子趋而进，历阶而登，不尽一等，曰：『匹夫而营惑诸侯者罪当诛！请命有司！』有司加法焉，手足异处。景公惧而动，知义不若，归而大恐，告其群臣曰：『鲁以君子之道辅其君，而子独以夷狄之道教寡人，使得罪于鲁君，为之奈何？』有司进对曰：『君子有过则谢以质，小人有过则谢以文。君若悼之，则谢以质。』于是齐侯乃归所侵鲁之郓、汶阳、龟阴之田以谢过。

定公十三年夏，孔子言于定公曰：『臣无藏甲，大夫毋百雉之城。』使仲由为季氏宰，将堕三都。于是叔孙氏先堕郈。季氏将堕费，公山不狃、叔孙辄率费人袭鲁。公与三子入于季氏之宫，登武子之台。费人攻之，弗克，入及公侧。孔子命申句须、乐颀下伐之，费人北。国人追之，败诸姑蔑。二子奔齐，遂堕费。将堕成，公敛处父谓孟孙曰：『堕成，齐人必至于北门。且成，孟氏之保障，无成是无孟氏也。我将弗堕。』十二月，公围成，弗克。

定公十四年，孔子年五十六，由大司寇行摄相事，有喜色。门人曰：『闻君子祸至不惧，福至不喜。』孔子曰：『有是言也。不曰「乐其以贵下人」乎？』于是诛鲁大夫乱政者少正卯。与闻国政三月，粥羔豚者弗饰贾；男女行者别于途；途不拾遗；四方之客至乎邑者不求有司，皆予之以归。

齐人闻而惧，曰：『孔子为政必霸，霸则吾地近焉，我之为先并矣。盍致地焉？』黎鉏曰：『请先尝沮之；沮之而不可则致地，庸迟乎！』于是选齐国中女子好者八十人，皆衣文衣而舞康乐，文马三十驷，遗鲁君。陈女乐文马于鲁城南高门外，季桓子微服往观再三，将受，乃语鲁君为周道游，往观终日，怠于政事。子路曰：『夫子可以行矣。』孔子曰：『鲁今且郊，如致膰乎大夫，则吾犹可以止。』桓子卒受齐女乐，三日不听政；郊，又不致膰俎于大夫。孔子遂行，宿乎屯。而师己送，曰：『夫子则非罪。』孔子曰：『吾歌可夫？』歌曰：『彼妇之口，可以出走；彼妇之谒，可以死败。盖优哉游哉，维以卒岁！』师己反，桓子曰：『孔子亦何言？』师己以实告。桓子喟然叹曰：『夫子罪我以群婢故也夫！』

孔子遂适卫，主于子路妻兄颜浊邹家。卫灵公问孔子：『居鲁得禄几何？』对曰：『奉粟六万。』卫人亦致粟六万。居顷之，或谮孔子于卫灵公。灵公使公孙余假一出一入。孔子恐获罪焉，居十月，去卫。

将适陈，过匡，颜刻为仆，以其策指之曰：『昔吾入此，由彼缺也。』匡人闻之，以为鲁之阳虎。阳虎尝暴匡人，匡人于是遂止孔子。孔子状类阳虎，拘焉五日，颜渊后，子曰：『吾以汝为死矣。』颜渊曰：『子在，回何敢死！』匡人拘孔子益急，弟子惧。孔子曰：『文王既没，文不在兹乎？天之将丧斯文也，后死者不得与于斯文也。天之未丧斯文也，匡人其如予何！』孔子使从者为宁武子臣于卫，然后得去。

去即过蒲。月余，反乎卫，主蘧伯玉家。灵公夫人有南子者，使人谓孔子曰：『四方之君子不辱，欲与寡君为兄弟者，必见寡小君。寡小君愿见。』孔子辞谢，不得已而见之。夫人在絺帷中。孔子入门，北面稽首。夫人自帷中再拜，环佩玉声璆然。孔子曰：『吾乡为弗见，见之礼答焉。』子路不说。孔子矢之曰：『予所不者，天厌之！天厌之！』居卫月余，灵公与夫人同车，宦者雍渠参乘，出，使孔子为次乘，招摇市过之。孔子曰：『吾未见好德如好色者也。』于是丑之，去卫，过曹。是岁，鲁定公卒。孔子去曹适宋，与弟子习礼大树下。宋司马桓魋欲杀孔子，拔其树。孔子去。弟子曰：『可以速矣。』孔子曰：『天生德于予，桓魋其如予何！』

孔子适郑，与弟子相失，孔子独立郭东门。郑人或谓子贡曰：『东门有人，其颡似尧，其项类皋陶，其肩类子产，然自要以下不及禹三寸。累累若丧家之狗。』子贡以实告孔子。孔子欣然笑曰：『形状，末也。而谓似丧家之狗，然哉！然哉！』孔子遂至陈，主于司城贞子家。岁余，吴王夫差伐陈，取三邑而去。赵鞅伐朝歌。楚围蔡，蔡迁于吴。吴败越王句践会稽。有隼集于陈廷而死，楛矢贯之，石砮，矢长尺有咫。陈湣公使使问仲尼。仲尼曰：『隼来远矣，此肃慎之矢也。昔武王克商，通道九夷百蛮，使各以其方贿来贡，使无忘职业。于是肃慎贡楛矢石砮，长尺有咫。先王欲昭其令德，以肃慎矢分大姬，配虞胡公而封诸陈。分同姓以珍玉，展亲；分异姓以远方职，使无忘服。故分陈以肃慎矢。』试求之故府，果得之。

孔子居陈三岁，会晋楚争强，更伐陈，及吴侵陈，陈常被寇。孔子曰：『归与归与！吾党之小子狂简，进取不忘其初。』于是孔子去陈。

过蒲，会公叔氏以蒲畔，蒲人止孔子。弟子有公良孺者，以私车五乘从孔子。其为人长贤，有勇力，谓曰：『吾昔从夫子遇难于匡，今又遇难于此，命也已。吾与夫子再罹难，宁斗而死。』斗甚疾。蒲人惧，谓孔子曰：『苟毋适卫，吾出子。』与之盟，出孔子东门。孔子遂适卫。子贡曰：『盟可负邪？』孔子曰：『要盟也，神不听。』

卫灵公闻孔子来，喜，郊迎。问曰：『蒲可伐乎？』对曰：『可。』灵公曰：『吾大夫以为不可。今蒲，卫之所以待晋楚也，以卫伐之，无乃不可乎？』孔子曰：『其男子有死之志，妇人有保西河之志。吾所伐者不过四五人。』灵公曰：『善。』然不伐蒲。

灵公老，怠于政，不用孔子。孔子喟然叹曰：『苟有用我者，期月而已，三年有成。』孔子行。

佛肸为中牟宰。赵简子攻范、中行，伐中牟。佛肸畔，使人召孔子。孔子欲往。子路曰：『由闻诸夫子，「其身亲为不善者，君子不入也」。今佛肸亲以中牟畔，子欲往，如之何？』孔子曰：『有是言也。不曰坚乎，磨而不磷；不曰白乎，涅而不淄。我岂匏瓜也哉，焉能系而不食？』

孔子击磬。有荷蒉而过门者，曰：『有心哉，击磬乎！硁硁乎，莫己知也夫而已矣！』

孔子学鼓琴师襄子，十日不进。师襄子曰：『可以益矣。』孔子曰：『丘已习其曲矣，未得其数也。』有间，曰：『已习其数，可以益矣。』孔子曰：『丘未得其志也。』有间，曰：『已习其志，可以益矣。』孔子曰：『丘未得其为人也。』有间，有所穆然深思焉，有所怡然高望而远志焉。曰：『丘得其为人，黯然而黑，几然而长，眼如望羊，如王四国，非文王其谁能为此也！』师襄子辟席再拜，曰：『师盖云文王操也。』

孔子既不得用于卫，将西见赵简子。至于河而闻窦鸣犊、舜华之死也，临河而叹曰：『美哉水，洋洋乎！丘之不济此，命也夫！』子贡趋而进曰：『敢问何谓也？』孔子曰：『窦鸣犊，舜华，晋国之贤大夫也。赵简子未得志之时，须此两人而后从政；及其已得志，杀之乃从政。丘闻之也，刳胎杀夭则麒麟不至郊，竭泽涸渔则蛟龙不合阴阳，覆巢毁卵则凤凰不翔。何则？君子讳伤其类也。夫鸟兽之于不义也尚知辟之，而况乎丘哉！』乃还息乎陬乡，作为陬操以哀之。而反乎卫，入主蘧伯玉家。

他日，灵公问兵陈。孔子曰：『俎豆之事则尝闻之，军旅之事未之学也。』明日，与孔子语，见蜚雁，仰视之，色不在孔子。孔子遂行，复如陈。

夏，卫灵公卒，立孙辄，是为卫出公。六月，赵鞅内太子蒯聩于戚。阳虎使太子绕，八人衰绖，伪自卫迎者，哭而入，遂居焉。冬，蔡迁于州来。是岁鲁哀公三年，而孔子年六十矣。齐助卫围戚，以卫太子蒯聩在故也。

夏，鲁桓釐庙燔，南宫敬叔救火。孔子在陈，闻之，曰：『灾必于桓釐庙乎？』已而果然。

秋，季桓子病，辇而见鲁城，喟然叹曰：『昔此国几兴矣，以吾获罪于孔子，故不兴也。』顾谓其嗣康子曰：『我即死，若必相鲁；相鲁，必召仲尼。』后数日，桓子卒，康子代立。已葬，欲召仲尼。公之鱼曰：『昔吾先君用之不终，终为诸侯笑。今又用之，不能终，是再为诸侯笑。』康子曰：『则谁召而可？』曰：『必召冉求。』于是使使召冉求。冉求将行，孔子曰：『鲁人召求，非小用之，将大用之也。』是日，孔子曰：『归乎归乎！吾党之小子狂简，斐然成章，吾不知所以裁之。』子赣知孔子思归，送冉求，因诫曰『即用，以孔子为招』云。

冉求既去，明年，孔子自陈迁于蔡。蔡昭公将如吴，吴召之也。前昭公欺其臣迁州来，后将往，大夫惧复迁，公孙翩射杀昭公。楚侵蔡。秋，齐景公卒。

明年，孔子自蔡如叶。叶公问政，孔子曰：『政在来远附迩。』他日，叶公问孔子于子路，子路不对。孔子闻之，曰：『由，尔何不对曰「其为人也，学道不倦，诲人不厌，发愤忘食，乐以忘忧，不知老之将至」云尔。』

去叶，反于蔡。长沮、桀溺耦而耕，孔子以为隐者，使子路问津焉。长沮曰：『彼执舆者为谁？』子路曰：『为孔丘。』曰：『是鲁孔丘与？』曰：『然。』曰：『是知津矣。』桀溺谓子路曰：『子为谁？』曰：『为仲由。』曰：『子，孔丘之徒与？』曰：『然。』桀溺曰：『悠悠者天下皆是也，而谁以易之？且与其从辟人之士，岂若从辟世之士哉！』耰而不辍。子路以告孔子，孔子怃然曰：『鸟兽不可与同群。天下有道，丘不与易也。』

他日，子路行，遇荷蓧丈人，曰：『子见夫子乎？』丈人曰：『四体不勤，五谷不分，孰为夫子！』植其杖而芸。子路以告，孔子曰：『隐者也。』复往，则亡。

孔子迁于蔡三岁，吴伐陈。楚救陈，军于城父。闻孔子在陈蔡之间，楚使人聘孔子。孔子将往拜礼，陈蔡大夫谋曰：『孔子贤者，所刺讥皆中诸侯之疾。今者久留陈蔡之间，诸大夫所设行皆非仲尼之意。今楚，大国也，来聘孔子。孔子用于楚，则陈蔡用事大夫危矣。』于是乃相与发徒役围孔子于野。不得行，绝粮。从者病，莫能兴。孔子讲诵弦歌不衰。子路愠见曰：『君子亦有穷乎？』孔子曰：『君子固穷，小人穷斯滥矣。』

子贡色作。孔子曰：『赐，尔以予为多学而识之者与？』曰：『然。非与？』孔子曰：『非也。予一以贯之。』

孔子知弟子有愠心，乃召子路而问曰：『《诗》云「匪兕匪虎，率彼旷野」。吾道非邪？吾何为于此？』子路曰：『意者吾未仁邪？人之不我信也。意者吾未知邪？人之不我行也。』孔子曰：『有是乎！由，譬使仁者而必信，安有伯夷、叔齐？使知者而必行，安有王子比干？』

子路出，子贡入见。孔子曰：『赐，《诗》云「匪兕匪虎，率彼旷野」。吾道非邪？吾何为于此？』子贡曰：『夫子之道至大也，故天下莫能容夫子。夫子盖少贬焉？』孔子曰：『赐，良农能稼而不能为穑，良工能巧而不能为顺。君子能修其道，纲而纪之，统而理之，而不能为容。今尔不修尔道而求为容。赐，而志不远矣！』

子贡出，颜回入见。孔子曰：『回，《诗》云「匪兕匪虎，率彼旷野」。吾道非邪？吾何为于此？』颜回曰：『夫子之道至大，故天下莫能容。虽然，夫子推而行之，不容何病，不容然后见君子！夫道之不修也，是吾丑也。夫道既已大修而不用，是有国者之丑也。不容何病，不容然后见君子！』孔子欣然而笑曰：『有是哉颜氏之子！使尔多财，吾为尔宰。』

于是使子贡至楚。楚昭王兴师迎孔子，然后得免。

昭王将以书社地七百里封孔子。楚令尹子西曰：『王之使使诸侯有如子贡者乎？』曰：『无有。』『王之辅相有如颜回者乎？』曰：『无有。』『王之将率有如子路者乎？』曰：『无有。』『王之官尹有如宰予者乎？』曰：『无有。』『且楚之祖封于周，号为子男五十里。今孔丘述三五之法，明周召之业，王若用之，则楚安得世世堂堂方数千里乎？夫文王在丰，武王在镐，百里之君卒王天下。今孔丘得据土壤，贤弟子为佐，非楚之福也。』昭王乃止。其秋，楚昭王卒于城父。

楚狂接舆歌而过孔子，曰：『凤兮凤兮，何德之衰！往者不可谏兮，来者犹可追也！已而已而，今之从政者殆而！』孔子下，欲与之言。趋而去，弗得与之言。

于是孔子自楚反乎卫。是岁也，孔子年六十三，而鲁哀公六年也。

其明年，吴与鲁会缯，征百牢。太宰嚭召季康子。康子使子贡往，然后得已。

孔子曰：「鲁卫之政，兄弟也。」是时，卫君辄父不得立，在外，诸侯数以为让。而孔子弟子多仕于卫，卫君欲得孔子为政。子路曰：「卫君待子而为政，子将奚先？」孔子曰：「必也正名乎！」子路曰：「有是哉，子之迂也！何其正也？」孔子曰：「野哉由也！夫名不正则言不顺，言不顺则事不成，事不成则礼乐不兴，礼乐不兴则刑罚不中，刑罚不中则民无所错手足矣。夫君子为之必可名，言之必可行。君子于其言，无所苟而已矣。」

其明年，冉有为季氏将师，与齐战于郎，克之。季康子曰：「子之于军旅，学之乎？性之乎？」冉有曰：「学之于孔子。」季康子曰：「孔子何如人哉？」对曰：「用之有名，播之百姓，质诸鬼神而无憾。求之至于此道，虽累千社，夫子不利也。」康子曰：「我欲召之，可乎？」对曰：「欲召之，则毋以小人固之，则可矣。」而卫孔文子将攻太叔，问策于仲尼。仲尼辞不知，退而命载而行，曰：「鸟能择木，木岂能择鸟乎！」文子固止。会季康子逐公华、公宾、公林，以币迎孔子，孔子归鲁。

孔子之去鲁凡十四岁而反乎鲁。

鲁哀公问政，对曰：「政在选臣。」季康子问政，曰：「举直错诸枉，则枉者直。」

康子患盗，孔子曰：「苟子之不欲，虽赏之不窃。」然鲁终不能用孔子，孔子亦不求仕。

孔子之时，周室微而礼乐废，《诗》、《书》缺。追迹三代之礼，序《书传》，上纪唐虞之际，下至秦缪，编次其事。曰：「夏礼吾能言之，杞不足征也。殷礼吾能言之，宋不足征也。足，则吾能征之矣。」观殷夏所损益，曰：「后虽百世可知也，以一文一质。周监二代，郁郁乎文哉。吾从周。」故《书传》《礼记》自孔氏。

孔子语鲁大师：「乐其可知也。始作翕如，纵之纯如，皦如，绎如也，以成。」「吾自卫反鲁，然后乐正，《雅》《颂》

各得其所。」

古者《诗》三千余篇，及至孔子，去其重，取可施于礼义，上采契后稷，中述殷周之盛，至幽厉之缺，始于衽席，故曰《关雎》之乱以为《风》始，《鹿鸣》为《小雅》始，《文王》为《大雅》始，《清庙》为《颂》始」。三百五篇孔子皆弦歌之，以求合《韶》《武》《雅》《颂》之音。礼乐自此可得而述，以备王道，成六艺。

孔子晚而喜《易》，序《彖》《系》《象》《说卦》《文言》。读《易》，韦编三绝。曰：「假我数年，若是，我于《易》则彬彬矣。」

孔子以诗书礼乐教，弟子盖三千焉，身通六艺者七十有二人。如颜浊邹之徒，颇受业者甚众。

孔子以四教：文，行，忠，信。绝四：毋意，毋必，毋固，毋我。所慎：齐，战，疾。子罕言利与命与仁。不愤不启，举一隅不以三隅反，则弗复也。

其于乡党，恂恂似不能言者。其于宗庙朝廷，辩辩言，唯谨尔。朝，与上大夫言，訚訚如也；与下大夫言，侃侃如也。入公门，鞠躬如也；趋进，翼如也。君召使傧，色勃如也。君命召，不俟驾行矣。鱼馁，肉败，割不正，不食。席不正，不坐。食于有丧者之侧，未尝饱也。是日哭，则不歌。见齐衰、瞽者，虽童子必变。「三人行，必得我师。」「德之不修，学之不讲，闻义不能徙，不善不能改，是吾忧也。」使人歌，善，则使复之，然后和之。子不语：怪，力，乱，神。

子贡曰：「夫子之文章，可得闻也。夫子言天道与性命，弗可得闻也已。」颜渊喟然叹曰：「仰之弥高，钻之弥坚。瞻之在前，忽焉在后。夫子循循然善诱人，博我以文，约我以礼，欲罢不能。既竭我才，如有所立，卓尔。虽欲从之，蔑由也已。」达巷党人曰：「大哉孔子，博学而无所成名。」子闻之曰：「我何执？执御乎？执射乎？我执御矣。」牢曰：「子云「不试，故艺」。」

鲁哀公十四年春，狩大野。叔孙氏车子钼商获兽，以为不祥。仲尼视之，曰：『麟也。』取之。曰：『河不出图，雒不出书，吾已矣夫！』颜渊死，孔子曰：『天丧予！』及西狩见麟，曰：『吾道穷矣！』喟然叹曰：『莫知我夫！』子贡曰：『何为莫知子？』子曰：『不怨天，不尤人，下学而上达，知我者其天乎！』

『不降其志，不辱其身，伯夷、叔齐乎！』谓『柳下惠、少连降志辱身矣』。谓『虞仲、夷逸隐居放言，行中清，废中权』。『我则异于是，无可无不可。』

子曰：『弗乎弗乎，君子病没世而名不称焉。吾道不行矣，吾何以自见于后世哉？』乃因史记作《春秋》，上至隐公，下讫哀公十四年，十二公。据鲁，亲周，故殷，运之三代。约其文辞而指博。故吴楚之君自称王，而《春秋》贬之曰『子』；践土之会实召周天子，而《春秋》讳之曰『天王狩于河阳』：推此类以绳当世。贬损之义，后有王者举而开之。《春秋》之义行，则天下乱臣贼子惧焉。

孔子在位听讼，文辞有可与人共者，弗独有也。至于为《春秋》，笔则笔，削则削，子夏之徒不能赞一辞。弟子受春秋，孔子曰：『后世知丘者以《春秋》，而罪丘者亦以《春秋》。』

明岁，子路死于卫。孔子病，子贡请见。孔子方负杖逍遥于门，曰：『赐，汝来何其晚也？』孔子因叹，歌曰：『太山坏乎！梁柱摧乎！哲人萎乎！』因以涕下。谓子贡曰：『天下无道久矣，莫能宗予。夏人殡于东阶，周人于西阶，殷人两柱间。昨暮予梦坐奠两柱之间，予始殷人也。』后七日卒。

孔子年七十三，以鲁哀公十六年四月己丑卒。

哀公诔之曰：『旻天不吊，不慭遗一老，俾屏余一人以在位，茕茕余在疚。呜呼哀哉！尼父，毋自律！』子贡曰：『君其不没于鲁乎！夫子之言曰：「礼失则昏，名失则愆。失志为昏，失所为愆。」生不能用，死而诔之，非礼也。称「余一人」，非名也。』

孔子葬鲁城北泗上，弟子皆服三年。三年心丧毕，相诀而去，则哭，各复尽哀；或复留。唯子赣庐于冢上，凡六年，然后去。弟子及鲁人往从冢而家者百有余室，因命曰孔里。鲁世世相传以岁时奉祠孔子冢，而诸儒亦讲礼乡饮大射于孔子冢。孔子冢大一顷。故所居堂、弟子内，后世因庙，藏孔子衣冠琴车书，至于汉二百余年不绝。高皇帝过鲁，以太牢祠焉。诸侯卿相至，常先谒然后从政。

孔子生鲤，字伯鱼。伯鱼年五十，先孔子死。伯鱼生伋，字子思，年六十二。尝困于宋。子思作《中庸》。子思生白，字子上，年四十七。子上生求，字子家，年四十五。子家生箕，字子京，年四十六。子京生穿，字子高，年五十一。子高生子慎，年五十七，尝为魏相。

子慎生鲋，年五十七，为陈王涉博士，死于陈下。

鲋弟子襄，年五十七。尝为孝惠皇帝博士，迁为长沙太守。长九尺六寸。

子襄生忠，年五十七。忠生武，武生延年及安国。安国为今皇帝博士，至临淮太守，蚤卒。安国生卬，卬生驩。

太史公曰：诗有之：『高山仰止，景行行止。』虽不能至，然心向往之。余读孔氏书，想见其为人。适鲁，观仲尼庙堂车服礼器，诸生以时习礼其家，余祗回留之不能去云。天下君王至于贤人众矣，当时则荣，没则已焉。孔子布衣，传十余世，学者宗之。自天子王侯，中国言六艺者折中于夫子，可谓至圣矣！

（《史记·孔子世家》）

孟子传

太史公曰：余读孟子书，至梁惠王问『何以利吾国』，未尝不废书而叹也。曰：嗟乎，利诚乱之始也！夫子罕言利者，常防其原也。故曰『放于利而行，多怨』。自天子至于庶人，好利之弊何以异哉！

孟轲，驺人也。受业子思之门人。道既通，游事齐宣王，宣王不能用。适梁，梁惠王不果所言，则见以为迂远而阔于事情。当是之时，秦用商君，富国强兵；楚、魏用吴起，战胜弱敌；齐威王、宣王用孙子、田忌之徒，而诸侯东面朝齐。天下方务于合从连衡，以攻伐为贤，而孟轲乃述唐、虞、三代之德，是以所如者不合。退而与万章之徒序『诗』『书』，述仲尼之意，作《孟子》七篇。

（《史记·孟子荀卿列传》）

子思传

孔子生鲤，字伯鱼。伯鱼年五十，先孔子死。伯鱼生伋，字子思，年六十二。尝困于宋。子思作《中庸》。

子思生白，字子上，年四十七。子上生求，字子家，年四十五。子家生箕，字子京，年四十六。子京生穿，字子高，年五十一。子高生子慎，年五十七，尝为魏相。

子慎生鲋，年五十七，为陈王涉博士，死于陈下。

鲋弟子襄，年五十七。尝为孝惠皇帝博士，迁为长沙太守。长九尺六寸。

子襄生忠，年五十七。忠生武，武生延年及安国。安国为今皇帝博士，至临淮太守，蚤卒。安国生卬，卬生驩。

（《史记·孔子世家》）

孔子弟子传

孔子弟子受业身通六艺者七十有七人，皆异能之士也。德行：颜渊，闵子骞，冉伯牛，仲弓。政事：冉有，季路。言语：宰我，子贡。文学：子游，子夏。师也辟，参也鲁，柴也愚，由也喭，回也屡空。赐不受命而货殖焉，亿则屡中。

孔子之所严事：于周则老子；于卫，蘧伯玉；于齐，晏平仲；于楚，老莱子；于郑，子产；于鲁，孟公绰。数称臧文仲、柳下惠、铜鞮伯华、介山子然，孔子皆后之，不并世。

颜回者，鲁人也，字子渊。少孔子三十岁。颜渊问仁，孔子曰：『克己复礼，天下归仁焉。』

孔子曰：『贤哉回也！一箪食，一瓢饮，在陋巷，人不堪其忧，回也不改其乐。』『回也如愚；退而省其私，亦足以发，回也不愚。』『用之则行，舍之则藏，唯我与尔有是夫！』

回年二十九，发尽白，蚤死。孔子哭之恸，曰：『自吾有回，门人益亲。』鲁哀公问：『弟子孰为好学？』孔子对曰：『有颜回者好学，不迁怒，不贰过。不幸短命死矣，今也则亡。』

闵损字子骞。少孔子十五岁。

孔子曰：『孝哉闵子骞！人不间于其父母昆弟之言。』不仕大夫，不食污君之禄。『如有复我者，必在汶上矣。』

冉耕字伯牛。孔子以为有德行。伯牛有恶疾，孔子往问之，自牖执其手，曰：『命也夫！斯人也而有斯疾，命也夫！』

冉雍字仲弓。仲弓问政，孔子曰：『出门如见大宾，使民如承大祭。在邦无怨，在家无怨。』孔子以仲弓为有德行，曰：『雍也可使南面。』

仲弓父，贱人。孔子曰：『犁牛之子骍且角，虽欲勿用，山川其舍诸？』

冉求字子有，少孔子二十九岁。为季氏宰。

季康子问孔子曰：『冉求仁乎？』曰：『千室之邑，百乘之家，求也可使治其赋。仁则吾不知也。』复问：『子路仁乎？』孔子对曰：『如求。』

求问曰：『闻斯行诸？』子曰：『行之。』子路问：『闻斯行诸？』子曰：『有父兄在，如之何其闻斯行之！』子华怪之，『敢问问同而答异？』孔子曰：『求也退，故进之。由也兼人，故退之。』

仲由字子路，卞人也。少孔子九岁。

子路性鄙，好勇力，志伉直，冠雄鸡，佩豭豚，陵暴孔子。孔子设礼稍诱子路，子路后儒服委质，因门人请为弟子。子路问政，孔子曰：『先之，劳之。』请益。曰：『无倦。』

子路问：『君子尚勇乎？』孔子曰：『义之为上。君子好勇而无义则乱，小人好勇而无义则盗。』子路有闻，未之能行，唯恐有闻。

孔子曰：『片言可以折狱者，其由也与！』『由也好勇过我，无所取材。』『若由也，不得其死然。』『衣敝缊袍与衣狐貉者立而不耻者，其由也与！』『由也升堂矣，未入于室也。』

季康子问：『仲由仁乎？』孔子曰：『千乘之国可使治其赋，不知其仁。』子路喜从游，遇长沮、桀溺、荷蓧丈人。

子路为季氏宰，季孙问曰：『子路可谓大臣与？』孔子曰：『可谓具臣矣。』

子路为蒲大夫，辞孔子。孔子曰：『蒲多壮士，又难治。然吾语汝：恭以敬，可以执勇；宽以正，可以比众；恭正以静，可以报上。』

初，卫灵公有宠姬曰南子。灵公太子蒉聩得过南子，惧诛出奔。及灵公卒，而夫人欲立公子郢。郢不肯，曰：『亡人太子之子辄在。』于是卫立辄为君，是为出公。出公立十二年，其父蒉聩居外，不得入。子路为卫大夫孔悝之邑宰。蒉聩乃与孔悝作乱，谋入孔悝家，遂与其徒袭攻出公。出公奔鲁，而蒉聩入立，是为庄公。方孔悝作乱，子路在外，闻之而驰往。遇子羔出卫城门，谓子路曰：『出公去矣，而门已闭，子可还矣，毋空受其祸。』子路曰：『食其食者不避其难。』

子羔卒去。有使者入城，城门开，子路随而入。造蒉聩，蒉聩与孔悝登台。子路曰：『君焉用孔悝？请得而杀之。』蒉聩弗听。于是子路欲燔台，蒉聩惧，乃下石乞、壶黡攻子路，击断子路之缨。子路曰：『君子死而冠不免。』遂结缨而死。

孔子闻卫乱，曰：『嗟乎，由死矣！』已而果死。故孔子曰：『自吾得由，恶言不闻于耳。』

宰予字子我。利口辩辞。既受业，问：『三年之丧不已久乎？君子三年不为礼，礼必坏；三年不为乐，乐必崩。旧谷既没，新谷既升，钻燧改火，期可已矣。』子曰：『于汝安乎？』曰：『安。』『汝安则为之。君子居丧，食旨不甘，闻乐不乐，故弗为也。』宰我出，子曰：『予之不仁也！子生三年然后免于父母之怀。夫三年之丧，天下之通义也。』

宰予昼寝。子曰：『朽木不可雕也，粪土之墙不可圬也。』宰我问五帝之德，子曰：『予非其人也。』宰我为临菑大夫，与田常作乱，以夷其族，孔子耻之。

端沐赐，卫人，字子贡。少孔子三十一岁。

子贡利口巧辞，孔子常黜其辩。问曰：『汝与回也孰愈？』对曰：『赐也何敢望回！回也闻一以知十，赐也闻一以知二。』

子贡既已受业，问曰：『赐何人也？』孔子曰：『汝器也。』曰：『何器也？』曰：『瑚琏也。』

陈子禽问子贡曰：『仲尼焉学？』子贡曰：『文武之道未坠于地，在人，贤者识其大者，不贤者识其小者，莫不有文武之道。夫子焉不学，而亦何常师之有！』又问曰：『孔子适是国必闻其政。求之与？抑与之与？』子贡曰：『夫子温良恭俭让以得之。夫子之求之也，其诸异乎人之求之也。』

子贡问曰：『富而无骄，贫而无谄，何如？』孔子曰：『可也；不如贫而乐道，富而好礼。』

田常欲作乱于齐，惮高、国、鲍、晏，故移其兵欲以伐鲁。孔子闻之，谓门弟子曰：『夫鲁，坟墓所处，父母之国，国危如此，二三子何为莫出？』子路请出，孔子止之。子张、子石请行，孔子弗许。子贡请行，孔子许之。

遂行，至齐，说田常曰：『君之伐鲁过矣。夫鲁，难伐之国，其城薄以卑，其地狭以泄，其君愚而不仁，大臣伪而无用，其士民又恶甲兵之事，此不可与战。君不如伐吴。夫吴，城高以厚，池广以深，甲坚以新，士选以饱，重器精兵尽在其中，又使明大夫守之，此易伐也。』田常忿然作色曰：『子之所难，人之所易；子之所易，人之所难：而以教常，何也？』子贡曰：『臣闻之，忧在内者攻强，忧在外者攻弱。今君忧在内。吾闻君三封而三不成者，大臣有不听者也。今君破鲁以广齐，战胜以骄主，破国以尊臣，而君之功不与焉，则交日疏于主。是君上骄主心，下恣群臣，求以成大事，难矣。夫主骄则恣，臣骄则争，是君上与主有郤，下与大臣交争也。如此，则君之立于齐危矣。故曰不如伐吴。伐吴不胜，民人外死，大臣内空，是君上无强臣之敌，下无民人之过，孤主制齐者唯君也。』田常曰：『善。虽然，吾兵业已加鲁矣，去而之吴，大臣疑我，奈何？』子贡曰：『君按兵无伐，臣请往使吴王，令之救鲁而伐齐，君因以兵迎之。』田常许之，使子贡南见吴王。

说曰：『臣闻之，王者不绝世，霸者无强敌，千钧之重加铢两而移。今以万乘之齐而私千乘之鲁，与吴争强，窃为王危之。且夫救鲁，显名也；伐齐，大利也。以抚泗上诸侯，诛暴齐以服强晋，利莫大焉。名存亡鲁，实困强齐。智者不疑也。』吴王曰：『善。虽然，吾尝与越战，栖之会稽。越王苦身养士，有报我心。子待我伐越而听子。』子贡曰：『越之劲不过鲁，吴之强不过齐，王置齐而伐越，则齐已平鲁矣。且王方以存亡继绝为名，夫伐小越而畏强齐，非勇也。夫勇者不避难，仁者不穷约，智者不失时，王者不绝世，以立其义。今存越示诸侯以仁，救鲁伐齐，威加晋国，诸侯必相率而朝吴，霸业成矣。且王必恶越，臣请东见越王，令出兵以从，此实空越，名从诸侯以伐也。』吴王大说，乃使子贡之越。

越王除道郊迎，身御至舍而问曰：『此蛮夷之国，大夫何以俨然辱而临之？』子贡曰：『今者吾说吴王以救鲁伐齐，其志欲之而畏越，曰「待我伐越乃可」。如此，破越必矣。且夫无报人之志而令人疑之，拙也；有报人之志，使人知之，殆也；事未发而先闻，危也。三者举事之大患。』句践顿首再拜曰：『孤尝不料力，乃与吴战，困于会稽，痛入于骨髓，日夜焦唇干舌，徒欲与吴王接踵而死，孤之愿也。』遂问子贡。子贡曰：『吴王为人猛暴，群臣不堪；国家敝以数战，士卒弗忍；百姓怨上，大臣内变；子胥以谏死，太宰嚭用事，顺君之过以安其私：是残国之治也。今王诚发士卒佐之徼其志，重宝以说其心，卑辞以尊其礼，其伐齐必也。彼战不胜，王之福矣。战胜，必以兵临晋，臣请北见晋君，令共攻之，弱吴必矣。其锐兵尽于齐，重甲困于晋，而王制其敝，此灭吴必矣。』越王大说，许诺。送子贡金百镒，剑一，良矛二。子贡不受，遂行。

报吴王曰：『臣敬以大王之言告越王，越王大恐，曰：「孤不幸，少失先人，内不自量，抵罪于吴，军败身辱，栖于会稽，国为虚莽，赖大王之赐，使得奉俎豆而修祭祀，死不敢忘，何谋之敢虑！」』后五日，越使大夫种顿首言于吴王曰：『东海役臣孤句践使者臣种，敢修下吏问于左右。今窃闻大王将兴大义，诛强救弱，困暴齐而抚周室，请悉起境内士卒三千人，孤请自被坚执锐，以先受矢石。因越贱臣种奉先人藏器，甲二十领，鈇屈卢之矛，步光之剑，以贺军吏。』吴王大说，以告子贡曰：『越王欲身从寡人伐齐，可乎？』子贡曰：『不可。夫空人之国，悉人之众，又从其君，不义。君受其币，许其师，而辞其君。』吴王许诺，乃谢越王。于是吴王乃遂发九郡兵伐齐。

子贡因去之晋，谓晋君曰：『臣闻之，虑不先定不可以应卒，兵不先辨不可以胜敌。今夫齐与吴将战，彼战而不胜，越乱之必矣；与齐战而胜，必以其兵临晋。』晋君大恐，曰：『为之奈何？』子贡曰：『修兵休卒以待之。』晋君许诺。

子贡去而之鲁。吴王果与齐人战于艾陵，大破齐师，获七将军之兵而不归，果以兵临晋，与晋人相遇黄池之上。吴晋争强。晋人击之，大败吴师。越王闻之，涉江袭吴，去城七里而军。吴王闻之，去晋而归，与越战于五湖。三战不胜，城门不守，越遂围王宫，杀夫差而戮其相。破吴三年，东向而霸。

故子贡一出，存鲁，乱齐，破吴，强晋而霸越。子贡一使，使势相破，十年之中，五国各有变。

子贡好废举，与时转货赀。喜扬人之美，不能匿人之过。常相鲁卫，家累千金，卒终于齐。

言偃，吴人，字子游。少孔子四十五岁。子游既已受业，为武城宰。孔子过，闻弦歌之声。孔子莞尔而笑曰：『割鸡焉用牛刀？』子游曰：『昔者偃闻诸夫子曰，君子学道则爱人，小人学道则易使。』孔子曰：『二三子，偃之言是也。前言戏之耳。』孔子以为子游习于文学。

卜商字子夏。少孔子四十四岁。

子夏问：『「巧笑倩兮，美目盼兮，素以为绚兮」，何谓也？』子曰：『绘事后素。』曰：『礼后乎？』孔子曰：『商始可与言《诗》已矣。』

子贡问：『师与商孰贤？』子曰：『师也过，商也不及。』『然则师愈与？』曰：『过犹不及。』子谓子夏曰：『汝为君子儒，无为小人儒。』孔子既没，子夏居西河教授，为魏文侯师。其子死，哭之失明。

颛孙师，陈人，字子张。少孔子四十八岁。

子张问干禄，孔子曰：『多闻阙疑，慎言其余，则寡尤；多见阙殆，慎行其余，则寡悔。言寡尤，行寡悔，禄在其中矣。』他日从在陈蔡间，困，问行。孔子曰：『言忠信，行笃敬，虽蛮貊之国行也；言不忠信，行不笃敬，虽州里行乎哉！立则见其参于前也，在舆则见其倚于衡，夫然后行。』子张书诸绅。

子张问：『士何如斯可谓之达矣？』孔子曰：『何哉，尔所谓达者？』子张对曰：『在国必闻，在家必闻。』孔子曰：『是闻也，非达也。夫达者，质直而好义，察言而观色，虑以下人，在国及家必达。夫闻也者，色取仁而行违，居之不疑，在国及家必闻。』

曾参，南武城人，字子舆。少孔子四十六岁。孔子以为能通孝道，故授之业。作孝经。死于鲁。

澹台灭明，武城人，字子羽。少孔子三十九岁。

状貌甚恶。欲事孔子，孔子以为材薄。既已受业，退而修行，行不由径，非公事不见卿大夫。

南游至江，从弟子三百人，设取予去就，名施乎诸侯。孔子闻之，曰：『吾以言取人，失之宰予；以貌取人，失之子羽。』

宓不齐字子贱。少孔子三十岁。

孔子谓子贱：『子贱君子哉！鲁无君子，斯焉取斯？』

子贱为单父宰，反命于孔子，曰：『此国有贤不齐者五人，教不齐所以治者。』孔子曰：『惜哉不齐所治者小，所治者大则庶几矣。』

原宪字子思。

子思问耻。孔子曰：『国有道，谷。国无道，谷，耻也。』

子思曰：『克伐怨欲不行焉，可以为仁乎？』孔子曰：『可以为难矣，仁则吾弗知也。』

孔子卒，原宪遂亡在草泽中。子贡相卫，而结驷连骑，排藜藿入穷阎，过谢原宪。宪摄敝衣冠见子贡。子贡耻之，曰：『夫子岂病乎？』原宪曰：『吾闻之，无财者谓之贫，学道而不能行者谓之病。若宪，贫也，非病也。』子贡惭，不怿而去，终身耻其言之过也。

公治长，齐人，字子长。

孔子曰：『长可妻也，虽在累绁之中，非其罪也。』以其子妻之。

南宫括字子容。

问孔子曰：『羿善射，奡荡舟，俱不得其死然；禹稷躬稼而有天下？』孔子弗答。容出，孔子曰：『君子哉若人！上德哉若人！』『国有道，不废；国无道，免于刑戮。』三复『白珪之玷』，以其兄之子妻之。

公皙哀字季次。孔子曰：『天下无行，多为家臣，仕于都；唯季次未尝仕。』

曾蒧字皙。

侍孔子，孔子曰：『言尔志。』蒧曰：『春服既成，冠者五六人，童子六七人，浴乎沂，风乎舞雩，咏而归。』孔子喟尔叹曰：『吾与蒧也！』

颜无繇字路。路者，颜回父，父子尝各异时事孔子。

颜回死，颜路贫，请孔子车以葬。孔子曰：『材不材，亦各言其子也。鲤也死，有棺而无椁，吾不徒行以为之椁，以吾从大夫之后，不可以徒行。』

商瞿，鲁人，字子木。少孔子二十九岁。

孔子传易于瞿，瞿传楚人馯臂子弘，弘传江东人矫子庸疵，疵传燕人周子家竖，竖传淳于人光子乘羽，羽传齐人田子庄何，何传东武人王子中同，同传菑川人杨何。何元朔中以治易为汉中大夫。

高柴字子羔。少孔子三十岁。子羔长不盈五尺，受业孔子，孔子以为愚。

子路使子羔为费、郈宰，孔子曰：『贼夫人之子！』子路曰：『有民人焉，有社稷焉，何必读书然后为学！』孔子曰：『是故恶夫佞者。』

漆雕开字子开。

孔子使开仕，对曰：『吾斯之未能信。』孔子说。

公伯缭字子周。

周诉子路于季孙，子服景伯以告孔子，曰：『夫子固有惑志，缭也，吾力犹能肆诸市朝。』孔子曰：『道之将行，命也；道之将废，命也。公伯缭其如命何！』

司马耕字子牛。

牛多言而躁。问仁于孔子。孔子曰：『仁者其言也讱。』曰：『其言也讱，斯可谓之仁乎？』子曰：『为之难，言之得无讱乎！』问君子，子曰：『君子不忧不惧。』曰：『不忧不惧，斯可谓之君子乎？』子曰：『内省不疚，夫何忧何惧！』

樊须字子迟。少孔子三十六岁。

樊迟请学稼，孔子曰：『吾不如老农。』请学圃，曰：『吾不如老圃。』樊迟出，孔子曰：『小人哉樊须也！上好礼，则民莫敢不敬；上好义，则民莫敢不服；上好信，则民莫敢不用情。夫如是，则四方之民襁负其子而至矣，焉用稼！』

樊迟问仁，子曰：『爱人。』问智，曰：『知人。』

有若少孔子四十三岁。有若曰：『礼之用，和为贵，先王之道斯为美。小大由之，有所不行；知和而和，不以礼节之，亦不可行也。』『信近于义，言可复也；恭近于礼，远耻辱也；因不失其亲，亦可宗也。』

孔子既没，弟子思慕，有若状似孔子，弟子相与共立为师，师之如夫子时也。他日，弟子进问曰：『昔夫子当行，使弟子持雨具，已而果雨。弟子问曰：「夫子何以知之？」夫子曰：「《诗》不云乎？『月离于毕，俾滂沱矣。』昨暮月不宿毕乎？」他日，月宿毕，竟不雨。商瞿年长无子，其母为取室。孔子使之齐，瞿母请之。孔子曰：「无忧，瞿年四十后当有五丈夫子。」已而果然。敢问夫子何以知此？』有若默然无以应。弟子起曰：『有子避之，此非子之座也！』

公西赤字子华。少孔子四十二岁。

子华使于齐，冉有为其母请粟。孔子曰：『与之釜。』请益，曰：『与之庾。』冉子与之粟五秉。孔子曰：『赤之适齐也，乘肥马，衣轻裘。吾闻君子周急不继富。』

巫马施字子旗。少孔子三十岁。

陈司败问孔子曰：『鲁昭公知礼乎？』孔子曰：『知礼。』退而揖巫马旗曰：『吾闻君子不党，君子亦党乎？鲁君娶吴女为夫人，命之为孟子。孟子姓姬，讳称同姓，故谓之孟子。鲁君而知礼，孰不知礼！』施以告孔子，孔子曰：『丘也幸，苟有过，人必知之。臣不可言君亲之恶，为讳者，礼也。』

梁鳣字叔鱼。少孔子二十九岁。

颜幸字子柳。少孔子四十六岁。

冉孺字子鲁，少孔子五十岁。

曹卹字子循。少孔子五十岁。

伯虔字子析，少孔子五十岁。

公孙龙字子石。少孔子五十三岁。

自子石已右三十五人，显有年名及受业闻见于书传。其四十有二人，无年及不见书传者纪于左：

冉季字子产。

公祖句兹字子之。

秦祖字子南。

漆雕哆字子斂。

颜高字子骄。

漆雕徒父。

壤驷赤字子徒。

商泽。

石作蜀字子明。

任不齐字选。

公良孺字子正。

后处字子里。

秦冉字开。

公夏首字乘。

奚容箴字子皙。

公肩定字子中。

颜祖字襄。

鄡单字子家。

句井疆。

罕父黑字子索。

秦商字子丕。

申党字周。

颜之仆字叔。

荣旂字子祈。

县成字子祺。

左人郢字行。

燕伋字思。

郑国字子徒。

秦非字子之。

施之常字子恒。

颜哙字子声。

步叔乘字子车。

原亢字籍。

乐欬字子声。

廉絜字庸。

叔仲会字子期。

颜何字冉。

狄黑字皙。

邦巽字子敛。

孔忠。

公西舆如字子上。

公西蒧字子上。

太史公曰：学者多称七十子之徒，誉者或过其实，毁者或损其真，钧之未睹厥容貌，则论言弟子籍，出孔氏古文近是。余以弟子名姓文字悉取《论语》弟子问并次为篇，疑者阙焉。

（**《史记·仲尼弟子列传》**）

孔子弟子画像

〔唐〕阎立本 绘

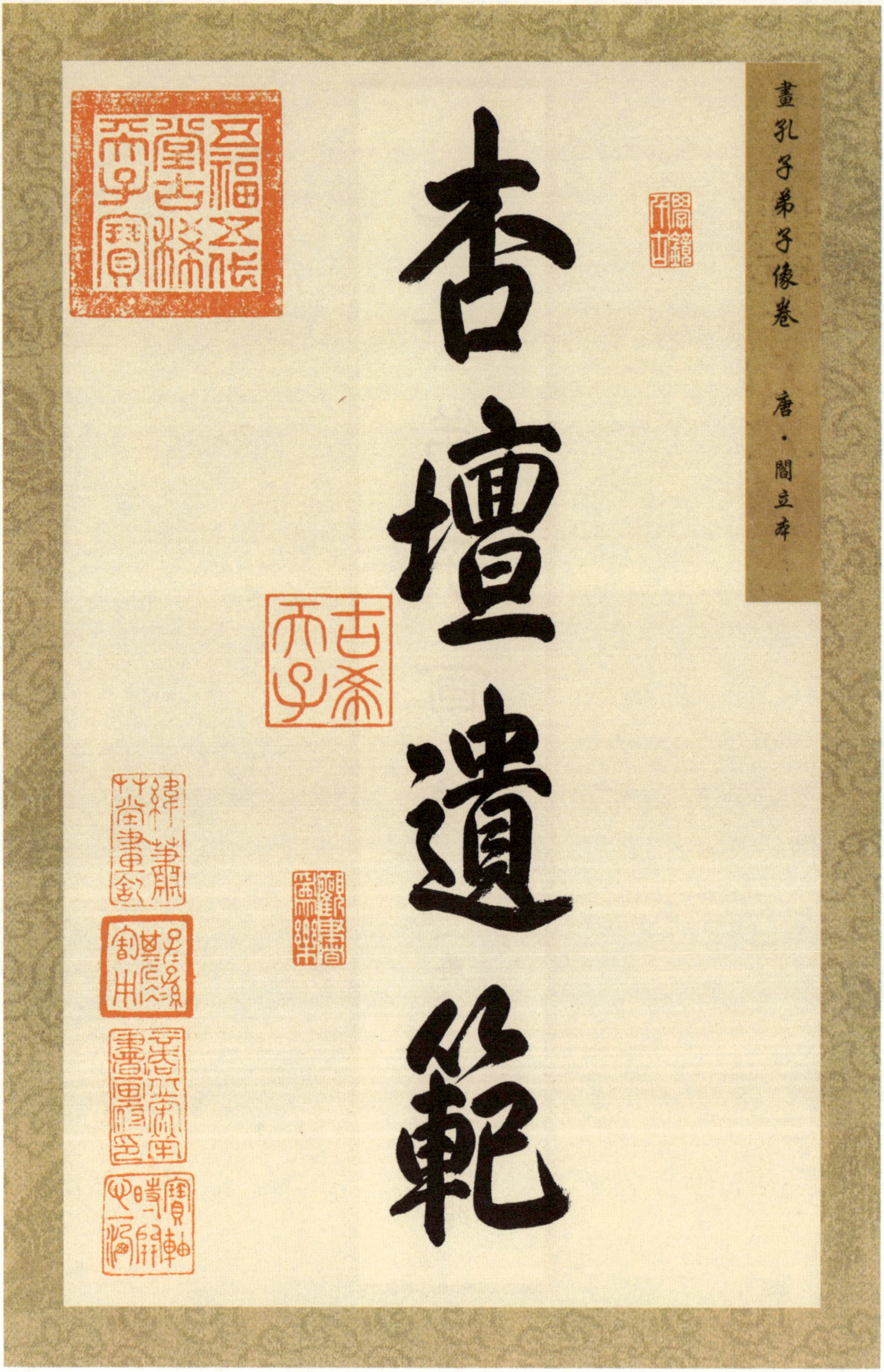
畫孔子弟子像卷
唐·閻立本
杏壇遺範

阎立本绘孔门弟子画像 图一

阎立本绘孔门弟子画像 图二

阎立本绘孔门弟子画像 图三

阎立本绘孔门弟子画像 图四

阎立本绘孔门弟子画像 图五

阎立本绘孔门弟子画像 图六

阎立本绘孔门弟子画像 图七

阎立本绘孔门弟子画像·图八

阎立本绘孔门弟子画像 图九

阎立本绘孔门弟子画像 图十

阎立本绘孔门弟子画像 图十一

阎立本绘孔门弟子画像　图十二

阎立本绘孔门弟子画像 图十三

阎立本绘孔门弟子画像 图十四

阎立本绘孔门弟子画像 图十五

阎立本绘孔门弟子画像 图十六

阎立本绘孔门弟子画像 图十七

阎立本绘孔门弟子画像 图十八

阎立本绘孔门弟子画像　图十九

阎立本绘孔门弟子画像 图二十

阎立本绘孔门弟子画像 图二十一

阎立本绘孔门弟子画像 图二十二

阎立本绘孔门弟子画像　图二十三

阎立本绘孔门弟子画像 图二十四

阎立本绘孔门弟子画像 图二十五

阎立本绘孔门弟子画像 图二十六

阎立本绘孔门弟子画像 图二十七

阎立本绘孔门弟子画像 图二十八

阎立本绘孔门弟子画像 图二十九

阎立本绘孔门弟子画像 图三十

阎立本绘孔门弟子画像　图三十一

阎立本绘孔门弟子画像 图三十二

阎立本绘孔门弟子画像 图三十三

阎立本绘孔门弟子画像 图三十四

阎立本绘孔门弟子画像　图三十五

阎立本绘孔门弟子画像 图三十六

阎立本绘孔门弟子画像 图三十七

阎立本绘孔门弟子画像 图三十八

阎立本绘孔门弟子画像 图三十九

阎立本绘孔门弟子画像 图四十

阎立本绘孔门弟子画像 图四十一

阎立本绘孔门弟子画像 图四十二

阎立本绘孔门弟子画像 图四十三

阎立本绘孔门弟子画像 图四十四

阎立本绘孔门弟子画像 图四十五

阎立本绘孔门弟子画像 图四十六

阎立本绘孔门弟子画像 图四十七

阎立本绘孔门弟子画像 图四十八

阎立本绘孔门弟子画像 图四十九

孔门儒教列传

〔明〕佚名撰

○孔子

顏氏女野合而生孔子。蓋以紇
若故曰野合。顏氏名徵在。記曰
稱徵言在不稱徵蓋二名不偏諱云
孔子名丘字仲尼以魯襄公二十一年
十月二十日庚子生於魯昌平鄉鄹邑三
歲六歲為兒嬉常陳俎豆設禮容
氏亓音堅二十仕於魯。為委吏料量平
養蕃息二十四母顏氏卒夫子少

【前三页原本残版】

卒問於郰曼父之母然後得合葬

既祥五日彈琴而不成聲十日而成笙

哀未忘也

子來朝夫子見而問官又見而問禮既而告人

官官不脩其職學在四夷猶信郯東夷人故云二十九

琴適晉學之十日不進師襄子曰可以

其曲矣未得其數也有間曰已

夫子曰丘未得其志也有間曰已習

曰丘未得其為人也有間曰有所穆

怡然望高而遠志也曰丘得其為人

長眼如望羊如望羊視也如王四國非

師襄子避席再拜曰師蓋云文

言樂於萇弘萇弘謂劉文公曰吾觀仲尼有

之表儀表也河目而龍顙黃帝之貌也脩肱而龜

背長九尺六寸成湯之體也言必稱先王躬履

強記博物不窮其聖人之興乎興上王也言有德能

魯南宮敬叔言於魯君曰請與孔

子適周魯君與之一乘車兩馬適周見老聃而問禮
焉老聃曰子所言其人與骨皆朽矣獨其言在耳且
君子得時則駕不得時則蓬累而行蓬覆累隨也言自覆蓋相攜隨而去
吾聞之良賈深藏若虛君子盛德容貌若愚去子
之驕氣與多欲態色與淫志皆無益於子之身吾之
所告子者若此而已孔子出謂門弟子曰鳥吾知其
能飛魚吾知其能游獸吾知其能走至於龍吾不知
其乘風雲而上天吾今見老子其猶龍乎既辭去老
子送之曰吾聞富貴者送人以財仁人者送人以言
吾不能富貴竊仁人之號送子以言曰聰明深察而

近於死者好議人者也博辯廣大而危其身者好發人之惡者也為人子者毋以有己為人臣者毋以私己夫子乃自周反於魯弟子稍益進焉

三十六歲以魯季平子之亂適齊〇景公問政孔子曰政在節儉公欲封以尼谿之田晏嬰進曰孔子累世不能殫其學當年不能究其理景公乃曰吾老矣弗能用也遂行反乎魯時季桓子穿井得土缶中若羊問仲尼云得狗仲尼曰以丘所聞羊也丘聞之木石之怪夔（木石山也夔莊子憐蚿一足獸也）罔蛃（山精好學人声而迷惑人）水之怪龍罔象（一名沐腫能食人）土之怪羵羊也

四十六歲在魯觀於魯桓公之廟有欹器焉問于守廟者此何器對曰此宥坐之器（坐側鑑戒之器）曰吾聞宥坐之器虛則欹中則正滿則覆明君以為至戒故常置於座側顧謂弟子曰試注水焉乃注之中則正滿則覆夫子喟然歎曰嗚呼夫物烏有滿而不覆者哉子路進曰敢問持盈有道乎子曰聰明睿智守之以愚功被天下守之以讓勇力振世守之以怯富有四海守之以儉此所謂損之又損之之道也

四十七歲魯定公以為中都宰制為養生送死之節長幼異食強弱異任男女別塗路無拾遺器不雕僞

行之一年而西方諸侯則焉（魯居東故云）定公曰學子所法以治魯國何如對曰雖天下可也何但魯國於是定公以為司空乃別五土之性（一曰山林二曰川澤三曰丘陵四曰墳衍五曰原濕）而物各得其所生之宜（如高黍下稌之類）由司空為大司寇設法而不用無奸民五十一歲由大司寇攝朝政七日而誅亂政大夫少正卯於兩觀之下齊大夫犂鉏言於景公曰魯用孔丘其勢危齊乃使〻魯為好會〻於夾谷孔子相焉齊人歸侵魯鄆讙龜陰之田孔子言於定公曰臣聞家不藏甲大夫無百雉之城使仲由為季氏宰將墮三都於是叔孫先墮郈季

孫叔亦將墮孟氏之郕弗克孔子將行相事與聞國政其初人誦曰麛（音彌）裘而韠（音費即裘孔子所服 韠指孔子所佩也）投之无戾（投棄也 戾過也）韠之麛裘投之无郵三月政成化行民頌之曰袞衣章甫實獲我所章甫袞衣惠我无私初魯有販羊者沈猶氏嘗朝飲羊（食也）以詐市人（欺市人）公慎氏妻淫不制慎潰氏奢侈踰法鬻六畜者飾偽以儲價及孔子為政沈猶氏不敢朝飲其羊公慎氏出其妻慎潰氏越境而徙齊人聞之懼於是選國中好女八十人皆衣文衣（文繡之衣）而舞康樂文馬三十駟遺魯君季桓子語魯君為

周道遊往观之周徧也言徧遊道路因往观女樂若不为于專往之故意者也怠於政事三日不聽政郊不致燔於大夫孔子行乃作猗蘭之操曰習習谷風以陰以雨之子于歸遠送于野何彼蒼天不得其所逍遥九州无有定處世人闇蔽不知賢者年紀逝邁一身將老丘歌曰彼婦之口可以出走彼婦之謁可以使敗優哉游哉維以卒歲桓子聞而喟太嘆曰夫子罪我以群婢故也

遂適衛主顔浊鄒家居無何厺衛適宋與弟子習礼大樹下宋司馬桓魋欲殺之拔其樹弟子曰可以速矣遂適鄭與弟子相失夫子独立郭東門鄭人或謂

孔子去

魯適衛

子貢曰東門有人其顙似堯其頭似舜其項類皐陶其肩類子產自腰以下不及禹者三寸纍纍若喪家之狗（喪家狗無所得食故纍纍然）子貢以實告夫子欣然笑曰形狀末也而似喪家之狗然哉

遂適陳主司城貞子歲餘自陳適蔡時楚昭王渡江有一物觸王舟使使問之孔子孔子曰此萍實也甘如蜜使曰何以知之孔子曰吾昔之鄭過乎陳之野聞小兒謠曰楚王渡江得萍實大如斗赤如日剖而食之甘如蜜得无是乎

又適衛時年六十二也在衛靈公老怠於政不能用

孔子將西見趙簡子至河聞竇鳴犢舜華之死也臨河而嘆曰美哉洋乎丘之不濟此命也夫子貢趨而進曰敢問何謂也孔子曰竇鳴犢舜華晉之賢大夫也趙簡子未得志之時須此二人而後從政及已得志乃殺之丘聞之刳胎殺夭則麒麟不至其郊竭澤涸魚則蛟龍不至其淵覆巢破卵則鳳凰不翔其邑何則君子諱傷其類也夫鳥獸之於不義也尚知避之而況丘乎哉乃還息乎郰作郰操以哀之曰周道衰微礼樂陵遲文武既墜吾將焉師周遊天下靡邦可依鳳鳥不至珍宝鴟鴞眷然顧之慘焉心悲升

近命駕將適晉都黃河洋洋悠悠之魚臨津不濟還轅息鄹傷余道窮哀彼無辜翱翔於衛復我舊廬從吾所好其樂只且遂反乎衛主蘧伯王家

時齊有一足鳥飛集於公朝舒翅而跳齊侯怪之使使問於孔子孔子曰此鳥名商羊水祥也牝穴昔兒童屈脚振肩而跳且謠曰天將大雨商羊鼓舞今齊有之其應至矣大霖雨水溢泛

吳伐陳楚救陳軍於城父聞孔子在陳蔡之間使人來聘陳蔡大夫謀曰孔子賢者所刺譏皆中諸侯之疾今楚大國也來聘孔子孔子用於楚則陳蔡用事

在陳絕糧

講誦弦歌

大夫危矣於是乃相與發徒役圍孔子於野不得行絕糧從者病莫能興孔子誦謌弦不衰於是使子貢至楚楚昭王興師來迎然後得免昭王將封以書社地七百里令尹子西止之乃罷於是自楚反乎衛六十六歲夫人亓官氏卒伯魚母卒期年猶哭夫子聞之曰誰歟門人曰鯉也夫子曰嘻其甚也伯魚聞之遂除之孔子在魯知道不行亦不求仕乃叙書傳禮記刪詩正樂序易彖繫象說卦文言讀易韋編三絕以詩書禮樂教弟子蓋三千焉身通六藝者七十人六十九歲伯魚卒七十一歲魯哀公春西狩大野叔

孫氏之車子鉏商獲獸以為不祥仲尼觀之曰麟也胡為乎來哉反袂拭面泣涕漣洏恥之曰吾觀道窮矣乃因史記作春秋上數隱公元年下記哀公之十四年舉十二公之行事蓋寓賞罰於褒貶以正一王之法云七十三歲夫子病子貢請見夫子方負手曳杖（反手卻後以曳其杖）逍遥於門歌曰泰山其頹乎梁木其壞乎哲人其萎乎既歌而入當戶而坐子貢聞之曰泰山其頹則吾將安仰梁木其壞哲人其萎則吾將安放（倣也）夫子殆將病也遂趨而入夫子曰賜爾來何遲也夏后殯於東階之上則猶在阼也殷人殯於兩楹之

間則與賓主夾之也（孝子不忍死其親殯之於此示在阼階以為主在西階以為賓也）周人殯於西階之上則猶賓之也而丘也殷人也予疇昔之夜夢坐奠於兩楹之間夫明王不興而天下其孰能宗予予殆將死也寢七日而沒乃魯哀公十六年四月乙丑公誄之曰旻天不弔不憖遺一老俾屏予一人以在位煢煢余在疚嗚呼哀哉尼父無自律（言已死无以自取法）殯魯城北泗上弟子皆服心喪三年喪畢相訣而去則哭復各盡哀或復留惟子貢廬於塚上凡六年然後去弟子與魯人往從塚上而家者百有餘人因名曰孔里魯世世相傳以歲時祭祀其

子貢築廬墓側

塚而諸儒亦講礼鄉飲大射於塚上云

按人物考云余觀家語史記及孔子世譜孔子盖微子之後封於宋至宋襄公生父何以讓弟厲公何生弗父周周生世子勝勝生正考父考父生孔父嘉五世親盡別為公族姓孔氏生木金父金父生祁父祁父生防叔避華督之難奔魯防叔生伯夏伯夏生叔梁紇紇生孔子其於聖人之世世世次也豈不亦頗詳盡哉但夫子曰殷礼吾能言之宋不足徵也盖當其時已傷文獻之無憑矣易謂易有太極是生兩儀兩儀生四象四象生八卦八卦生

生不窮而盛德大業於是焉出孔子固太極也雖謂神明有自而其世之詳畧曷重輕焉朱子嘗節史紀亦於疑者不入盖傳信也史迁以夫子素王列於世家（无位而王曰素王）而鄭夾漈所編通志畧則收入列傳云

德行科

○顏回

顏淵魯人名回淵其字也少孔子三十歲孔子嘗謂回曰家貧居卑胡不仕乎對曰回有郭外之田五十畝足以給饘粥郭內之田十畝足以爲線麻鼓琴足

閔子御

父畱母

以自娛所學於夫子者足以自樂回不願仕也簞瓢陋巷終身不改其樂嘗問仁夫子曰克己復礼為仁又嘗問為邦夫子語以王道年二十九髮盡白三十二而卒孔子曰自吾有回門人益親哭之慟至謂之天喪予云

○閔損

閔損字子騫魯人少孔子十五歲初喪母為後母所苦冬月以蘆花衣之以代絮其所生二子則衣之以綿父令損御車体寒失靷父責之損不自理不求自白父察知之欲出後母思泣曰母在一子寒母去三子單

毋感其言乃自改悔待之如己出閔子始見於夫子有菜色既有芻豢之色子貢問曰子始有菜色今有芻豢之色何也閔子曰吾出蒹葭之中入於夫子之門夫子內切磋以孝外為之陳王法心竊樂之出見羽蓋龍旂蓋龍于旂裘旃相隨心又樂之二者相攻胸中而不能任斷也是以有菜色也今被夫子之文威儀文辭寢深又賴二三子切磋而進之內明去就之義出見羽蓋龍旂裘旃相隨視如壇土矣是以有芻豢之色唯是不仕大夫不食汙君之祿季氏召為費宰弗往且曰如有可必者則吾必在汶上矣及居親三年喪畢

見於孔子。與之琴使之弦(彈也)切切而悲作而曰先王制礼不敢过焉孔子曰閔子哀未盡能斷之以礼不亦君子乎

○冉伯牛

冉耕字伯牛魯人以德行著稱有癩疾孔子節小物則以伯牛侍曰吾以子自厉也

○仲弓

冉雍字仲弓伯牛之宗族也少孔子一十九歲雍父賤而行惡仲弓寬厚簡默不夌於父故夫子有犂牛之喻以德行著名嘗謂孔子曰雍聞至刑無所用政

至政無所用刑夫至刑無所用政桀紂之時也至政無所用刑成康之世也信乎孔子曰聖人之治化也必刑政相參焉及問仁則曰請事斯語孔子謂其可使南面子貢稱之曰在貧如客使其臣如借不遷怒不深怨不録舊罪是冉雍之行也如客不以貧自累如借不以貴自居

言語科

○宰我

宰予字子我魯人長於言語嘗晝寢及欲短喪孔子既責之矣又嘗自言曰以言取人失之宰我予嘗問曰鬼神之名不知其所謂孔子曰氣也者神之盛也

魄也者鬼之盛也合鬼與神教之至也又問五帝之說夫子告之詳見家語旣而曰予非其人也蓋深警之也

按史迁謂宰我為臨淄大夫與田常作亂以夷其族孔子耻及觀呂氏春秋言陳恒攻宰予於庭即簡公於廟可見其相憎而不相與謀也豈得助之為乱哉嗚呼予雖不仁弑父與君亦不從也

〇子貢

端木賜字子貢衛人善為說辭齐景公問曰子何師对曰魯仲尼曰仲尼賢乎曰聖人也豈直賢哉景公

曰其聖何如子貢曰不知也公作色曰始言聖人今言不知何也子貢曰賜終身戴天不知天之高也終身踐地不知地之厚也賜之事仲尼譬猶渴操壺杓就江海而飲之腹滿而去又安知江海之深乎公曰子得無太譽乎子貢曰賜何敢譽尚慮不及耳賜譽仲尼譬猶兩手捧土而附泰山其無益亦明矣使不譽仲尼譬猶兩手把泰山其無損亦明矣景公曰善哉豈其然乎

按子貢之在聖門以言語稱先貧後富善居積故孔子言其不受命而貨殖焉嘗相衛家累千金後

冉求為季氏宰卒於齊。

政事科

○冉求

冉求字子有，仲弓之族也，少孔子二十九歲，為季氏宰。孔子在衛，冉求言於季孫曰：國有聖人而不能用，欲以求治，是卻步而求及前人，不可得已。今孔子在衛，衛將用之，已有才，（孔子魯人，本魯國之才也）而以資鄰國，難以言智也。季孫以告哀公，公從之。孔子既至，舍哀公館焉。（館穀以待）子貢常稱之曰：恭老慈幼，不忘賓旅，好學博藝，省物而勤也。（勤於六藝）是冉子之行也。

子路初學孔子

□子路

仲由字子路魯之卞人也性鄙好勇力志抗直初見孔子冠雄鷄佩假豚挾劍而舞孔子設礼稍誘之子路遂儒服委質因門人請為弟子孔子曰以子之所能而加之以學問豈可及乎子路曰學豈益哉孔子曰夫君無諫臣則失政士無教友則失聽君子不可不學子路曰南山有竹不揉且直斬而用之達於犀革以此言之何學之有孔子曰銛而明之鏃而砺之其入不亦深乎子路鼓琴夫子聞之曰甚矣由之不才也夫先王之制音也奏中声以為節流入於南不歸

於北夫南者生育之鄉北者殺伐之域故舜彈五弦之琴造南方之詩其興也勃焉紂好為北鄙之聲其亡也忽焉今由也匹夫之徒曾無意於先王之制而習亡国之音豈能保七尺之軀哉子路懼而自悔靜思不食以至骨立孔子曰過而能改其進矣乎小邾射以句繹奔魯曰使子路要我（由為人誠信故邾繹欲與要約）吾無盟矣使子路子路辭季康子使冉有謂之曰千乘之國不信其盟而信子之一言子何辱焉對曰魯有事於邾不敢問故死其城下可也彼不臣（射竊地叛君故不臣）而濟其言是義之也由弗能魯有溺者子路拯之其人

拜之以牛子路不受孔子曰魯必不拯溺矣子路曰由也聞諸夫子曰人者天地之心也天地以生物為心也非畜報也孔子曰由是也前言戲之也子路為蒲大夫辭孔子曰蒲多壯士又難治然吾語汝恭以敬可以執勇寬以正可以比衆（比和也）恭正以靜可以報上及治蒲三年孔子過之入其門曰善哉由也恭敬以信矣入其邑曰善哉由也忠信而寬矣至庭曰善哉由也明察以斷矣子貢執轡而問曰夫子未見由之政而稱其三善可得聞乎孔子曰吾見其政矣入其境田疇盡易草萊甚闢溝洫深治此其恭敬以信

故其民盡力也入其邑墻屋完固樹木甚茂此其忠信以寬故其民不偷也至其庭庭甚清閑諸下用命此其明察以斷故其政不擾也以此觀之雖三稱其善庸盡其美乎子路見孔子曰負重涉遠不擇地而施家貧親老不擇祿而仕昔日由也事二親之時嘗食藜藿之食為親負米百里之外親沒之後南遊於楚從車百乘積粟萬鍾願欲食藜藿為親負米不可復得也孔子曰由也事親可謂生事盡力死事盡思者也子路有姊之喪可以除矣而弗除孔子曰何弗除也子路曰吾寡兄弟而弗忍也孔子曰先王制禮

行道之人皆弗忍也行道之人皆有不忍于親之心然而必除之者以先王之制不敢違也子路聞之遂除之初衛靈公有寵姬曰南子靈公太子蒯聵得過於南子懼誅出奔及靈公卒夫人欲立公子郢不肯曰亡人太子之子輒在於是衛立輒為君是為出公立二十年其父蒯聵居外不得入是時趙鞅納聵于戚子路為衛大夫孔悝之邑宰蒯聵乃與孔悝作亂謀入孔悝家與其徒襲攻輒輒出奔魯而聵入立是為莊公方孔悝作亂子路在外聞之而馳往時子羔為衛大夫出衛城謂子路曰出公去矣而門已閉子可還矣毋空受其禍子路曰食其食者不避

其難子羔遂去有使者入城城門開子路隨而入蒯聵與孔悝登臺召衛群臣子路曰君焉用孔悝（言太子殺氏胡孔悝以求立）請得而殺之（殺孔悝）子路欲燔臺蒯聵懼乃下石乞壺黶（二子蒯聵之臣）攻子路擊斷子路之纓（冠系）子路曰君子死而冠不免（不脫）遂結纓而死孔子聞衛亂曰柴也其來由也死矣已而果死孔子曰自吾得由惡言不聞於耳於是哭子路於中庭人有吊者而夫子拜之既哭進使者而問故使者曰醢之矣遂命覆醢君子曰徒知食焉不避其難之為義而不知食輒之食為非義啖而不精以自貽其禍也

言偃從

游两觀

文學科

〇子游

言偃字子游吳人少孔子四十五歳自吳之魯受業於孔子孔子與之蜡賓事畢出遊於觀上（兩觀之上）喟然而嘆偃侍曰夫子何嘆孔子曰昔大道之行天下為公今大道既隱天下為家偃曰今之在位莫知由礼何也孔子曰我觀周道幽厲傷之（傷其道也）吾舍魯何適矣夫魯之郊禘非禮也周公其衰矣（周公制礼而子孫祀之則周公之道其衰矣）杞之郊也禹也宋之郊也契也是天子之守也（惟此二国可以世守天子之事）周公攝政致太平而與天子同是

禮也公雖致太平不過人臣不当行禘礼偃每侍孔子輙以禮爲問故聖門謂偃習於礼也。先是曾子襲裘而吊子游裼裘而吊曾子指子游以示人曰夫夫也爲習於礼也如之何裼裘而吊也。主人既小歛袒括髮。子游趨而出襲裘帶經而入曾子曰我過矣我過矣夫夫是也凡吊喪之禮主人未変服之前吊者吉服吉服者羔裘玄冠緇衣素裳又袒上服以露裼衣此裼裘而吊是也主人既變服之後吊者雖着朝服而加武以經武吉冠之卷也又掩其上服若朋友又加帶此襲裘戴經而入是也曾子徒知喪事爲凶而不知始死之時尚

從吉此所以始乎子游而終善之也將軍文子之喪既除喪而後越人來吊主人文子之子深衣練冠待於廟垂涕洟子游觀之曰將軍文氏之子其庶幾乎亡於禮者之禮也其動也中有子與子游立見孺子慕者有子曰予壹不知夫喪之踊也予欲去之久矣情在於斯其在是也夫子游曰禮有微情者有以故興物者有直情而徑行者夷狄之道也禮道則不然季康子謂子游曰仁者愛人乎子游曰然人亦愛之乎子游曰然康子曰鄭子產死鄭人巷哭三月不聞笙竽之聲仲尼死吾不聞魯國之愛之若是何也子游曰

子産之於夫子其猶浸水之於天雨乎浸水所及人得而知之天雨所及人不得而知之也子游在聖門號為習禮以文學稱其宰武城以禮樂為教邑人皆弦歌稱思至今今吳郡有子游塚云吳即今蘇州府

○子夏

卜商字子夏衛人少孔子四十四歲受業於孔子孔子常出行顔淵後從也遇雨欲假蓋假借傘蓋顔淵曰商也吝於財者也毋為假蓋護其短也子夏讀詩已畢孔子問曰爾亦何大於詩也問知詩之為用大否子夏對曰詩之於事也昭乎若日月燎乎如星辰上有堯舜之道

下有三王之義雖居蓬户之中彈琴已詠先王之風亦可發憤忘食矣夫子曰商也始可與言詩也已矣然吾見其表未見其裏也子夏曰三王之德何以參於天地也孔子曰奉三無私以劳天下子夏曰敢問何謂三無私孔子曰天無私覆地無私載日月無私照奉斯三者以劳天下此之謂三無私此三王之德所以參於天地也子夏蹶然而起蹶然喜躍貌負墻而立問畢則退後背壁而立以避進問之人曰弟子敢不承乎魯哀公問子夏曰五帝有師乎子夏曰有商聞黃帝學乎太貞顓頊學乎緑圖俱未詳帝嚳學乎赤松子神農時雨師能入火不燒至崑

崙山常上西王母石室中常隨風雨上下堯學乎尹壽許子作君疇舜學乎務成跗鄖務成昭禹學乎西王國西羌之夫人禹生于西羌湯學乎威子伯文王學乎鮫時子斯武王學乎郭叔詳未周公學乎太公吾夫子學乎老聃此雖圣人亦又有師也夫子既沒子夏居西河今山西汾州教授為魏文侯師文侯問於子夏曰吾端冕而聽古樂則唯恐卧聽鄭衛之音則不知倦敢問古樂如彼新声如此何也子夏曰君所問者樂也所好者音也樂與音相近而不相同君之所好者其溺音乎文侯曰敢問溺音何從出也子夏曰鄭音好濫淫志宋音燕女燕安也溺志衛音趣數

迫促而疾速也煩志齊音傲辟居肆而倨邪也驕志此四者皆淫於色而害於德是以祭祀弗用也子夏喪子哭之失明曾子吊之子夏哭曰天乎予之无罪也曾子曰商汝何无罪也吾與尔事夫子於洙泗之間退而老於西河之上使西河之民疑汝於夫子尔罪一也子夏不推尊夫子使人疑夫子无異子夏喪尔親使民未有聞焉尔罪二也喪尔子尔喪明尔罪三也尔何无罪與子夏投杖而拜曰吾过矣吾过矣吾离群而索居亦已久矣子夏在圣門以文學著於四科序詩傳易稽古志礼而孔子亦嘗屬以傳春秋云

一卷終

新刻孔門儒教列傳卷之二

○有若

有若字子有。魯人。強識好古明習禮樂。嘗問於曾子曰。聞喪於夫子乎。士而失位曰喪曰。聞之矣。喪欲速貧。死欲速朽。有子曰。是非夫子之言也。曾子曰。參也與子游聞之。有子曰。然。然則夫子有為之言也。曾子以斯言告於子游。子游曰。甚哉有子之言似夫子也。能知夫子之心昔者夫子居於宋。見桓司馬自為石槨三年而不成。

夫子曰。若是其靡也。靡奢侈也死不如速朽之愈也。死之欲速朽。為桓司馬言之也。南宮敬叔反。適嘗失位去衛後得反必載寶而朝。欲行賂以求復位夫子曰。若是其貨也。喪不如速貧之愈也。喪之欲速貧。為敬叔言之也。曾子以子游之言。告有子。有子曰。然。吾固曰非夫子之言也。曾子曰。子何以知之。有子曰。夫子制於中都。为中都宰制棺槨之所也四寸之棺。五寸之槨。以斯知不欲速朽也。昔者夫子失魯司寇。以女樂去將之荊。楚蓋先之以子夏。又再之以冉有。先使二子繼往者欲觀楚之可仕與否也以斯知不欲速貧也。夫孔子之欲仕。非為富也。為行道也。致美於棺槨。非為

不朽也歟廣孝也。孔子既沒弟子思慕之以有若狀似孔子狀非是狀貌言行氣象有似聖人者也則相與共立為師。以師之如孔子時也。他日弟子進問曰。昔夫子當行使弟子持雨具已而果雨弟子問曰夫子何以知之夫子曰。詩不云乎月離於畢俾滂沱矣。畢宿也畢星好雨月明象離於畢則有雨昨暮月不宿畢乎。他日宿畢竟不雨。弟子問前日月宿畢既有雨他日宿畢又无雨此何故也商瞿年長無子。瞿孔子弟子年三十八无子其母為取室。欲更娶妻而生子孔子使之齊瞿母請之。慮其遠行又无子請使勿往孔子曰。無憂瞿年四十後當有五丈夫子。已而果然敢問夫子何以知有若嘿然無以應遂避師位。

按有若雖不足以比孔子而孔門之所推尚一時皆無有若比宋咸淳三年升從祀以補十哲衆議必有若也祭酒爲書力詆有若不當升而升子張不知論語一書孔子未嘗称許子張擬孟子書則子張亟欲事有若者也子張之未能爲有若昭昭也陸象山天資高明指心頓悟不欲人從事學問故嘗斥有子孝弟之說爲支離奈何習其說者不察因之於千載之下耶江漢秋陽之喻曾子蓋甚言夫子道德盛大非他人可比而譏象山之學者往往襲取以證精神之說本旨必不如此學者宜

詳之

○子賤

子賤姓宓（音密）名不齊字子賤魯人（今兗州東郡城舊單父地也東有子賤碑）少孔子四十九歲為單父宰辭於孔子孔子曰毋迎而距也（迎接者勿拒絕）毋望而許也（仰望者勿輕許許之則失守喪已所守）距之則閉塞（人与我不相親）譬如高山深淵仰之不可極（至也）度之不可測也（言為政者當如高山深淵使人不能窮極測度斯居上之体也）子賤曰善敢不承命乎瀕行（地近水曰瀕）過於陽晝曰子亦有以送僕乎陽晝曰吾少也賤不知治民之術有釣道二焉請以送子子賤曰釣道奈何陽晝曰夫扱

綸錯餌級音及手至地也迎而吸之者陽喬也魚名其為魚也薄而不美若存若亡謂或去或來也若食若不食者魴也其為魚也慱而厚味子賤曰善於是未至單父冠蓋迎之者交接於道子賤曰車驅之車驅之命御者驅車以行陽晝之所謂陽喬者至矣於是至單父請其耆老賢者而与之共治孔子謂子賤曰子治單父而衆悅子何施而得之也對曰不齊父其父子其子恤諸孤而哀喪紀事也孔子曰是小民附矣猶未也曰不齊所父事者三人所兄事者五人所友者十有二人孔子曰父事三人可以教孝矣兄事五人可以教弟矣友於十

二人可以教矣是士附矣猶未也曰此地有賢於不齊者五人不齊師之而禀度焉凡事取禀以為法度也孔子曰昔堯舜听天下務求賢以自輔夫賢者百福之宗也神明之主也惜乎不齊之所以治者小所治者大則庶幾矣初子賤受單父之命辭魯君恐君听用讒人使已不得行其政因請君近吏善書者二人與俱至官令二吏書子賤從旁引其肘書醜則從而怒之二吏患焉辭歸魯宓子曰書甚不善免而歸矣二吏歸報於君君以問孔子孔子曰宓不齊君子也其才任伯王之佐屈節治單父將以自試意者其以此諫

乎公悟曰子賤若吾擾之使不得施其善政也乃使有司無得擅徵發單父子賤由是得行已志子賤治單父有若見之曰子何臞也子賤曰君不知賤使治單父官事急心憂之故臞也有若曰昔者舜鼓五弦歌南風之詩而天下治今以單父之細也治之而憂治天下將柰何乎故有術而御之身坐於廟堂之上有処女之色無害於治無術而御之身雖瘁臞猶未有益也於是子賤身不下堂鳴琴而治從容鳴琴而單父自治

不齊所着書有宓子十六篇

按政事篇云孔子弟子有孔蔑者与子賤皆仕孔

子往過孔蔑問之曰自子之仕何得何亡孔蔑曰自吾仕未有所得而所亡者三曰王事若龔學焉得習以是學不得明也所亡者一也奉祿少不足及親戚親戚益踈所亡者二也公事多急不得吊死視病是以朋友益踈所亡者三也孔子不悅而復往見子賤曰自子之仕何得何亡子賤曰自吾之仕未有所亡而所得者三始誦之文今履而行之是學益明也所得者一也奉祿雖少得及親戚是以親戚益親也所得者二也公事雖急夜勤吊死視病是以朋友益親也所得者三也故孔子謂

僖子命

子學礼

子賤曰君子哉若人魯無君子者斯焉取斯豈不信哉然亦惟知人則哲斯能任人矣

○南容

南宫适字子容又名縚音滔魯孟僖子之子孟懿子之弟仲孫閱也居南宫地名因姓焉又曰南宫敬叔云初魯昭公如楚鄭伯劳於師之梁孟僖子為介介介紹也不能相仪礼仪及楚不能答不能答楚之礼郊劳又不能相礼僖子将卒召其大夫所屬大夫曰礼人之幹也人之有礼如木有枝幹也無礼無以立吾聞有達者曰孔丘圣人之後也孔子微子之后我若獲没必屬說与何忌於夫子說即南容何忌孟懿子也皆僖

子之子夫子指孔子使事之師事孔子而學礼焉故懿子與南宫敬叔師事仲尼初敬叔以父得罪於定公奔衛載其宝以朝夫子聞之曰若是其貨也喪不如速貧之愈也子游侍曰敢問何謂孔子曰富而不好礼殃也敬叔以富喪矣而又弗改吾惧其有后患也敬叔聞之遂循礼施散焉哀公三年五月辛卯司鐸官名火踰公宫火将及公之宫救火者皆曰顧府顧府庫之藏南宫敬叔至命国人出御書周人司典籍之官出移出外也御書嘗所進御於君之書也俟於宫侍命於公宫故子服景伯遂命宰人出礼書唯是周礼在魯而典籍尚存者敬叔之力為多也孔子謂敬叔曰吾

敬叔從師適周

聞老聃博古知今則我師也今將徃矣敬徃見之遂與敬叔俱至周問礼於老聃訪樂於萇弘見孔子傳歷郊社之所考明堂之則法察廟朝之度法度孔子喟然曰吾乃今知周公之聖與周之所以王也及去周老子送之曰請送子以言凡當今之士聰明深察而近於死者好訕議人者也博辯閎達而危其身者好發人之惡者也敬叔獲與聞之遂三復白圭云君子曰敬叔至是其不以富得罪明矣

按人物考云南容适翩翩濁世之佳公子也一從夫子遊遂為君子尚德之人而列於聖門高弟弟

子學之所係豈微乎哉

○原憲

原憲字子思家語云宋人鄭玄曰魯人（玄字康成漢時為大司農）少孔子三十三歲憲居魯環堵之室茨以生蒿（茨以蒿草也以草蓋屋也）蓬戶甕牖（蓬蒿為戶以甕為牖）桷桑而無樞（以桑木為樞而門无樞）上漏下湿匡坐而絃歌子貢乘肥馬衣輕裘中紺而表素（表外也有紺衣於內而外則以素也）軒不容巷（巷小不能容車）而往見之原憲楮冠黎杖而應門正冠則纓絕振襟則肘見納屨則踵決子貢曰嘻先生何病也憲曰憲聞之無財之謂貧學而不能行之謂病憲貧也非病也若夫

希世而行比周而友斈以為人教以為己（斈當為己 斆當為人）今反仁義之慝依托仁義 不能仁義之慝為奸慝 車馬之飾（飾指乘肥馬飾 軒不容巷也）裘（衣裘指衣輕裘中 之麗緋而表素）憲不忍為之也子貢慚不懌而去終身恥其言之过也君子曰以原憲之貧而辭為宰之粟殆先於獨行者矣雖未進於中行而廉頑立懦豈不亦卓然可尚哉

按楊朱云原憲窶於魯子貢殖於衛原憲之窶損生子貢之殖累身然則窶亦不可殖亦不可其可焉在曰可在樂生可在逸身故善樂生者不窶善逸身者不殖朱之見殆不若迁之見也迁傳貨殖

謂季次原憲讀書懷獨行君子之德義不苟合當世終身空室蓬户褐衣疏食不厭死而已四百餘年而弟子志之不倦此可謂能知其貧矣

○子羔

高柴字子羔齊人敬仲傒(音係)十代孫長不盈五尺自見孔子未嘗越礼足不履影(不踐人影)啓蟄不殺(春分蟄虫啓户此時不役殺生)方長不折(春夏長養之時則不折草木)親之喪泣血三年未嘗見齒(人笑則齒見不笑故不見齒)為成宰成人有其兄死而不為衰者聞子羔將至遂為衰成人曰蚕則績而蟹有匡(匡蟹背也其狀似匡績絲必筐盛然以蟹之有匡非為子蚕之績也為背而已)范則冠而

蟬有緌（范蜂也首之冠者必資乎緌之所飾蟬之有緌非為范之資為喙而已）兄則死而子羔為之衰（兄死者必為服衰然成人之服衰非為兄之死為子羔矣）子蒲卒哭者呼滅（滅子蒲名復則呼名哭豈可呼名乎）子羔曰若是野哉（言不知礼）哭者改之子羔葬其妻犯人之禾申詳以告曰請庚之（庚償也償人之禾也）子羔曰孟氏（孟孫氏）不以是罪予朋友不是棄予（言犯禾失小而買道害大也）以吾為邑長於斯也買道而葬后難繼也（為邑宰尚買道而葬后必為例而難為繼矣）為衛士師刖人之足（刖音月斷也）俄而衛有蒯聵之亂子羔逃之走郭門刖者守門焉謂子羔曰彼有缺（墻之缺處）子羔曰君子不踰（不可踰缺處）又曰彼有竇（穴也）子羔曰君子不隧（音遂穴中之道）

又曰於此有室子羔乃入為既而追者罷子羔將去謂刖者曰吾不能虧主之法而刖子之足今吾在難正子報怨之時而逃我者三何哉刖者曰斷足固我之罪昔公之治臣以法臨當論刑君愁然不悅豈私臣哉天生君子其道固然此臣之所以悅君也孔子聞之曰善哉為吏其用法一也思仁恕則樹德加嚴暴則樹怨公以行之其柴乎先是衛之乱也子路將入入救孔悝遇子羔將出曰門則已閉矣子路曰吾姑至焉子羔曰弗及言政不在己不踐不踐其難子路曰食焉不避其難子羔遂出子路入而死之孔子聞衛乱曰由也

子路負薪先歸

其死乎柴也其來乎

○巫馬期

巫馬期名施字子期陳人一曰魯人少孔子三十歲期與子路並薪於縕丘之下陳之富人有處師氏者脂車百乘以脂塗車軸使其滑澤觴於縕丘之上子路謂期曰使子無忘子之所知亦無進子之所能得此富終身無復見夫子子為之乎期喟然曰吾嘗聞之夫子矣志士不忘在溝壑勇士不忘喪其元子不知予与言哉之所守者志士之志也今子以富人為我願是不知子也子路慚負薪先歸孔子曰由何為偕出而先返也子路以告孔子曰子道不行

子期見 星出入

耶使汝以是頌也期宰單父以星出以星入出蚤入晚故皆見星日夜不處以身親之而單父治期問於子賤曰子鳴琴而單父治一不見其勞何也子賤曰我任人子任力任人者佚任力者勞故人謂子賤則君子矣彼勞力教詔雖治猶未至也

○樊遲

樊須字子遲樊皮之后少孔子三十六歲少仕於季氏齊師伐魯及清清齊地 武叔寬乘冉求師左師樊遲為右季孫曰須也弱年幼弱恐不當右軍之戰 冉有曰年雖少能用命焉師及齊師戰于郊齊師自稷曲地名師不踰溝

樊遲曰非不能也不信子也（言非不能踰齊不信子之號令）請三刻而踰之（與衆三刻約信而后踰之）如之衆從之（衆乃踰齊）師入齊軍右師奔齊人從之（追之也）孟之反后入以為殿抽矢策其馬曰馬不進也林不狃（魯人）之伍（狃人為伍）曰走乎不狃曰我不如誰而欲走乎其伍曰然則止乎不狃曰止惡足為賢徐步而死君子曰魯非無壯士也季孫不能使也

○司馬牛

司馬耕字子牛宋人向魋之弟也魋作亂入於曹以叛宋々景公使左師向巢伐之巢不能克魋奔衛景

奔魯司馬牛致其邑与珪爲而適齊魋出於衛地未夏后氏之璜与他玉而奔齊陳成子使爲次卿司馬牛又致其邑而適吳吳人惡之而反齊反於卒於魯東門之外阬氏葬諸丘輿

○琴張

琴牢衛人字子開一字子張琴張與子桑户孟子反三人相謂曰孰能相與於無相與相爲於無相爲孰能登天遊霧撓挑無極撓挑挑逃循環也相忘以生無所終窮三人相視而笑莫逆於心遂相爲友子桑户死未葬孔子聞之使子貢往侍事焉或編曲或鼓琴相和而

歌曰嗟來桑户兮嗟來桑户兮而已反其真而我猶為人猗（反臣也猗咲辭）子貢曰敢問臨尸而歌禮乎二人相視而笑曰是惡知禮意哉子貢反以告孔子曰彼遊方之外者也彼且與造物者遊乎天地之一氣以生為附贅縣疣以死為決疣音渙潰癰又惡知死生先后之所在哉又惡能憒憒然為世俗之禮以觀衆人之耳目哉

○澹臺

澹臺滅明字子羽魯武城人少孔子三十九歲狀貌甚惡欲事孔子孔子以為才薄既已受業退而修行

行不由徑非公事不見卿大夫南遊至江弟子從者三百人設取予去就（立取予去就之方以道义為之）名施乎諸侯孔子聞之曰吾以貌取人失之子羽子貢曰貴之不善賤之不怒苟利於民矣廉於行已是澹臺滅明之行也今吳地東南有澹臺滅明湖即其南遊遺迹云

按博物志云子羽渡河齎千金之璧於河河伯欲之至陽侯波起兩蛟夾船子羽左操璧右操劍擊蛟皆死既渡投璧於河三伯躍而歸之子羽毀而去

○公西華

公西赤字子華魯人少孔子四十二歲子貢曰齊莊而能肅（容[illegible]）志通（志通達）而好礼擯相兩君之事篤雅有節是公西赤之行也孔子曰二三子之欲學賓客之礼者其於赤也至观其养親則若與朋友处然恩勝礼也

○公冶長

公冶長字子長魯人孔子謂公冶長可妻也雖縲絏之中非其罪也以其子妻之

按小史載公冶長善知鳥音一日与魯君游北苑見群雀飛鳴而过君曰雀何為者長曰東倉失火

公冶長

識鳥音

雀爭奔食粟耳已而果有火報長家居好挾弓矢

閑行（矢每刻公冶長三字）見鳥鳴呼曰公冶長公冶長南山

一个章汝食肉我食腸長往射果得鹿而与鳥腸

又一日鳥又呼曰公冶長公冶長北山一个鹿汝

食肉我食腸長得鹿而忘与鳥鳥恚啣公冶氏矢

置道傍僵屍口中收屍者得矢而因置長於訟云

○孔鯉

孔鯉字伯魚孔子子也孔子十九娶於宋之开官氏

生伯魚魯昭公以鯉賜孔子荣君之賜故因名云鯉

問詩問礼見論語伯魚之母死期而猶哭孔子聞之

曰誰與哭者門人曰鯉也孔子曰嘻其甚也伯魚聞
之遂除之盖伯魚之母出而死父在為母服期而有
禫出母則無禫伯魚乃夫子為後之子於礼無服期
可無哭矣而猶哭此夫子所以嘆其甚伯魚年五十
先孔子卒

○左丘明

左丘明楚左史倚相之後也左姓丘明名受經於孔
子故其傳春秋或先經以始事（或先經為文以始後經之事）或後
經以終义（或後經為文以終前經之义）或依經以办理（或依經之言以办此）
經之或錯經以合異（或錯為經文以合此經之異）以隨义而發其例
义

之所重或隨經义而發明春秋事例之所重旧史遺文春秋多有旧史遺文未曾毀正畧不盡舉左氏畧之不復為作傳非聖人所修之要故也身為國史躬覽載籍必廣記而備言之其文緩辭不迫切其旨遠將令學者原始要終尋其枝葉究其所窮然後為得也又采錄前世穆王以來春秋始於平王穆王則在春秋之先下訖於魯悼知伯之謀春秋終于哀公悼公知伯則在春秋之後無不備載以為國語其文不主於經故號曰春秋外傳云

按韓詩外傳云魯侯欲以孔子為司徒將召三桓議之乃謂左丘明左丘明曰孔丘其聖人歟天聖人在政過者離位焉君雖欲謀其將弗合乎魯侯

曰吾子奚以知之左丘明曰周人有愛裘而好珍羞者欲為千金之裘而與狐謀其皮欲為少牢之珍而與羊謀其羞言未卒狐相與逃於重丘之下羊相與藏於深林之中故周人五年不製一裘十年不足一牢何者周人之謀失矣今君欲以孔丘為司徒召三桓而議之亦與狐謀裘與羊謀羞也於是魯侯遂不與三桓謀而召孔子為司徒

○子張

顓孫師字子張陳人少孔子三十八歲子張問入宮於孔子當官治民之戒子曰安身取譽為難又進而問礼子

曰治国而無礼譬猶瞽之無相倀倀乎何所之猶洪
洪注礼譬猶終夜有求於幽室之中非燭何以見故無礼
則手足無所措耳目無所加進退揖讓無所制是故
居處長幼失其別閨門三族失其和朝廷官爵失其
序田獵戎事失其策軍旅武功失其勢故古之君子
不必親相與言也以礼樂相示而已矣不必以言語相教詔但消
礼樂以示人則無所處而不當子張見魯哀公七日而哀公不礼託
僕夫而去曰臣聞君好士故不遠千里而見七日而
君不礼君之好士有似葉公子高之好龍也葉公好
龍鈎鑿屋宇雕文皆寫龍於是天龍聞而下爲葉公

見之棄而还走失其魂魄五色無主是葉公非好龍也好乎似龍而非龍者也今師聞君好士故不遠千里以見君乃七日不礼是君非好士也好乎似士而非士也敢託而去子張既除喪而見孔子之琴夫子孔子之和之而和彈之而成声作而曰先王制礼不敢不至焉子張是不至者賢而及之故哀已盡而能成声也子貢曰美功不伐貴位不居尊驕位不侮不佚不伐故不侮於人不喜故不佚於人不傲無告是顓孫之行也子張病且死召申詳而語之曰詰其子也君子曰終小人曰死吾今日其庶幾乎曾子有母之喪齊衰而往哭之或曰齊衰不以吊曾子曰吾吊也與哉

以喪母之服而哭朋友之喪喻礼已甚故或人以之
而曾子之意則以交亦隆厚不容不往哭又不可變
服而往但往哭而不行弔
禮耳故曰我弔也與哉

〇申棖

申棖魯人或以為剛子曰棖也慾焉得剛見魯論

〇顏路

顏路名無繇字顏回之父也少孔子六歲孔子始教
於闕里而路受業焉迨回事夫子各異時也

〇曾點

曾點字皙參之父蓋狂者也季武子寢疾及其喪也
大夫弔曾點倚其門而歌言志載魯論餘詳見曾參

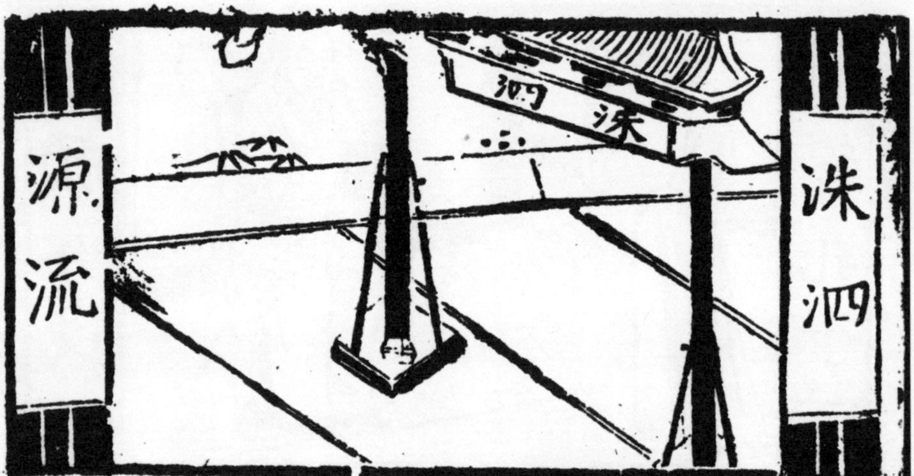

傳中

（一）牧皮

牧皮力牧之後孔子門人與琴張曾晳為友孔子之所謂狂簡欲歸而裁之也

儒教列傳二卷終

新刻孔門儒教列傳卷之三

○曾子

曾子名參字子輿魯南武城人少孔子四十六歲性至孝嘗出薪於野客至其家母以手搤臂參即馳至問母曰臂何恙乎母曰今者客至搤臂以呼汝耳其居衞也家貧食力觧衣躬耕三日不舉火十年不製衣捉衿而肘見納履而踵决曳杖而歌商頌声滿天地若出金石魯君聞之而致邑焉固辭不受曰吾聞受人施者常畏人與人者常驕人縱君有賜不吾驕

曾參耘瓜受杖

也吾豈能勿畏乎孔子聞之曰參之言足以全其節
也不然人何以稱其廉哉其養曾晳也雖家貧必有
酒肉將徹必請所與問有餘則曰有恐親意更欲與
人順親之心也嘗芸瓜誤斬其根曾晳怒以杖擊之
曾子仆地有頃而蘇蹶然而起進曰大人用力教參
得無疾乎勞也退鼓琴而歌欲父聽其歌而知其平也
孔子聞之告門人曰參來勿內也昔舜事瞽瞍索而
使之未嘗不在側索而殺之未嘗可得而小杖則受
大杖則走今參委身而待暴怒以陷父不義夫安得
為孝子曾子曰參罪大矣遂造孔子謝過孔子閑居

曾子侍孔子，顧謂曰：參，汝可語明王之道與？曾子曰：非敢以為足也，不敢謂足以語王道。請因所聞而學焉。子曰：昔者明王内修七教，外行三至。七教修，然後可以守；三至行，然後可以征。此之謂明王之道也。曾子曰：敢問何謂七教？子曰：上敬老則下益孝，上尊齒則下益悌，上樂施則下益寬，上親賢則下擇友，上好德則下不隱，謂樂仕也。上惡貪則下耻爭，上廉讓則下耻節，有廉耻之節。此之謂七教。七教者，治民之本也。七本脩，則四海無刑民矣。曾子曰：敢問何謂三至？孔子曰：至礼不讓而天下治，至賞不費而天下悦，至樂無声而天下和。

篤行三至則天下之君可得而知天下之士可得而臣天下之民可得而用矣自是每侍孔子輙有所問凡王朝家國之禮經常秘変之宜靡不反覆窮詰具載小戴記曾子問篇曾子每讀喪禮泣下沾襟曰往而不可還者親也子欲養而親不待是故椎牛而祭椎擊殺也不如雞豚之逮親存也初吾為吏禄不及釜尚欣欣而喜者非以為多也樂其逮親也既沒之後吾嘗南遊於楚得尊官焉猶北面而泣涕者非為賤也悲不逮吾親也孔子以其能通乎道故授之以一貫之傳曾子後母遇之無恩供養不衰其妻烝藜不熟

因出之人曰非七出也参曰蒸梨小物耳而不用命况大事乎竟出其妻其子元請再娶曾子曰高宗以後妻殺孝己（孝己事親一夜五起高宗听后妻言逐之）尹吉甫以後妻言放伯奇（伯奇吉甫子吉甫娶后妻生伯封乃譖伯奇吉甫曰見妾美色有欲心吉甫曰伯奇為人慈仁豈有此也妻曰試置空居中君登樓察之后妻乃取毒蜂緣衣領伯奇前持之於是父大怒放之於野宣王出游遇吉甫從伯奇乃作歌感宣王王曰此放子吾辞吉甫乃收奇放殺后妻韓子作履霜操哀之）上不及高宗中不及吉甫庸能免於非乎遂終身不娶曾子寢疾病樂正子春坐於床下曾元曾申坐於足（元申俱参之子）童子隅坐而執燭童子曰華而睆大夫之簀歟（華畫飾之美好睆節目之平瑩簀簟也）子春曰止（止童子勿言）曾子聞

曾子易簀

簀而斃

之瞿然曰斯季孫之賜也我未之能易也元起易簀曾元曰夫子之病革矣（革急也）不可以變（變動也）幸而至於旦請敬易之曾子曰爾之愛我也不如彼（彼謂童子）君子之愛人也以德細人之愛人也以姑息吾何求哉吾得正而斃焉斯已矣舉扶而易之反席未安而沒先是孔子以其志存孝道嘗因之以作孝經十篇又所著有曾子二卷曾子年七十文學始就乃能著書孔子曰參也魯蓋以時止以孝稱未如晚節之博洽也

按人物考云先儒謂孔子設教東魯三千之徒蓋莫不聞其說而唯曾氏之傳獨得其宗豈其唯一

子思受業曾子

貫之傳與是則然矣然觀其三省爲孝隨事精察以礼為問必詳究而直窮之其入門路徑與顏氏不同而究竟所至則一矣朱子晚年所造亦猶是也变異友同要在夫人自御之耳学者亦何必紛紛致亦哉

○子思

孔伋字子思伯魚之子也嘗受業於曾子年十六適宋宋大夫樂朔與之言學焉朔曰尚書虞夏數四篇善也下此以訖於秦費效堯舜之言耳殊不如也子思答曰事变有極正自當矣假令周公堯舜更時易處其書同矣朔曰凡書之作欲以喻民也簡易為上

閔子思

樂朔攻

而乃故作难知之辭不亦繁乎子思曰書之意兼複深奧訓詁成義古人所以為典雅也昔魯委巷亦有似君之言者伋謂之曰道為智者傳苟非其人道不貴矣今君何似之甚也樂朔不悦而退曰孺子辱吾其徒曰此雖以宋為舊然世有讎焉請攻之遂圍子思宋君聞之駕而救之子思既免曰文王囚於羑里作周易尼父屈於陳蔡作春秋吾困於宋可無作乎於是述父師之意作中庸子思嘗聞夫子曰物有形類事有眞僞必審之奚由乎曰由乎心心之精神是謂聖推數究理不以疑心誠神通則數不能遁固其所察聖人

難諸曾人有公儀休者砥節礪行樂道好古恬於榮利不事諸侯子思與之友穆公因子思欲以為相謂子思曰公儀子若輔寡人三分魯國而與之一子其言之子思對曰如君之言則公儀子愈所以不至也君若飢渴待賢納用其謀雖蔬食飲水伋亦願在下風今徒以高官厚爵釣餌君子無信用之意公儀子之智若魚鳥焉可也不然則彼將終身不躡乎君之庭矣臣又安得為君操竿下釣以蕩守節之士乎穆公謂子思曰縣子言子之為善不欲人譽己信乎子思對曰非臣之情也臣之脩善欲人知之知之而譽

臣是臣之為善有勸也此所願而不可得者也若臣之脩善而人莫知莫知則必毀臣是臣之為善而受毀也此臣所不知而不可避者也若夫鷄鳴為善孜孜以至於夜半而曰不欲人知恐人之譽己臣以為欺人也者非虛則愚也胡母豹謂子思曰子好大世莫能容子也盍亦隨時乎子思曰大非所病所病不大也凡所以求容於世為行道也毀道以求容亡何行焉大不見容命也毀大而求容罪也吾弗改矣子思居貧其友有饋之粟者受焉或獻尊酒子思弗為受也或人曰子取人粟而辭吾酒脯是辭少而取多

也於義則無名於介則不全而子行之何也子思曰然伋不幸貧於財而至於困乏將恐絶先人之祀夫以受粟為周乏也酒脯則所以飲宴也方乏於貧而乃飲宴非義也吾豈以為介哉子思將去魯穆公曰天下之王亦猶寡人去將安之子思曰伋聞君子猶鳥也疑之則舉今君既疑矣又以已限天下之君臣竊為言之過也穆公問於子思曰為聖君反服古與子思曰古之君子進人以礼退人以禮故有旧君反服之礼也今之君子進人若加諸膝退人若墜諸淵毋為我首不至為惡亂首不亦善乎又何反服之礼之有哉

子思居於衛縕袍而無裘田子方聞之使人遺狐白之裘恐其不受因謂曰吾假人遂忘之吾與人也如棄之子思辭而不受子方曰我有子無何故不受子思曰伋聞之妄與不如遺於溝壑伋雖貧不忍以身為溝壑是以不敢受也衛人釣於河得鰥魚焉子思問之曰鰥魚難得者子何以得之对曰吾釣垂一魴之餌鰥過而弗食益之以豚則吞之矣子思喟然曰鰥雖難得貪以死餌士雖懷道貪以死禄矣子思言苟變於衛侯曰其材可以將五百乘君曰吾知其材可將然變也嘗為吏賦於民而食人二鷄子以故弗

用也子思曰夫聖人之官人猶大匠之用木也取其所長棄其所短故杞梓連抱而有數尺之朽良工不棄今君處戰国之世選爪牙之士而以二卵棄干城之將此不可使聞於隣国也衛君言計非是而群臣和者如出一口子思曰以吾觀衛君之国事將日非矣君曰何故対曰有由然焉君出言皆自以為是而卿大夫莫敢矯其非卿大夫出言亦自以為是而士庶莫敢矯其非君臣既自賢矣而群下同声夫之賢之則順而有福矯之則逆而有禍如此則善安從生詩曰具曰予聖誰知烏之雌雄抑亦似衛之君臣乎

子思去衛適齊

衛君問子思曰寡人之政何如對曰無非君曰寡人不知其不肖亦望其如此也子思曰希旨容媚則君親之中正獨直則君踈之夫能使人富貴貧賤者君也在朝之士孰肯舍所以見親而取所以見踈者乎是故競求射君心之非而莫敢有非君之非者此臣所謂無非也君曰然乎寡人之過也今知改矣對曰君弗能焉口順而心不繹者臨其事必龍君雖有命臣未敢受也子思適齊齊君之嬖臣美鬚眉立於側齊君指之而笑且言曰假貌可相易寡人不惜此之鬚眉以與先生也子思曰非所願也所願者惟君脩

礼義富百姓而役得寄寓於君之境内從樞負之列甚慝多矣無此鬚髯眉非役所病也昔堯身十尺眉八彩舜身八尺有奇面頷音含無毛亦聖禹湯文武周公勤思勞体或折臂望視或禿骭背僂亦聖人之聖矣貴在德豈在貌乎齊尹文子生子不類尹文子齊大夫有書三卷皆言治道告子患曰此非吾子也吾妻殆不婦吾將出之子患曰若子之言則堯舜之妃皆可疑也此二帝聖者之英而丹朱商均不及匹夫以是推之豈可類乎夫有此父斯有此子道之常也若賢父之有愚子此由天道非子之妻之罪也尹文子曰先生願無言

交晉㬥公子思自齊反衛七君館而問曰先生魯國之士不以衛之褊小猶步王趾而慰存之願有賜於寡人也子思曰臣欲報君以財幣則君之府藏已盈而伋又貧欲報君以善言恐未合君志而徒言不聽也其可以報君者惟進賢耳君曰賢固寡人之所願也子思曰君弗能也君曰雖然願聞所以賢者对曰君王以名取士耶以實取士耶君曰必以實子思曰衛之東竟同境有李音者貧而有實者也君曰其祖父何也對曰世世農夫也衛君大笑曰寡人不好農夫之子無所用之且世臣之子未悉官之子思曰臣稱

李音稱其賢才也祖父之畏何預焉且周公大聖人康叔大賢攷厥伊始不以嚴畢闢臣固疑君之取士不以實也衛君默然衛公子交見於子思曰先生聖人之後執清高之操天下之君子莫不服先生大名也交雖不敏願師先生之行子思曰公子不宜也夫清高之節不以私自累不以利煩意擇天下之正道行天下之正路今公子紹康叔之緒處戰国之世當募收英雄保其疆土非所以明臧否立規檢脩匹夫之行之時也子思及於衛謂上曰子思之子有可以為諸侯之尊而富貴人衆不與焉者非惟志乎成其

志者非惟無欲乎夫錦繢紛華所服不过温躰三牲大牢所食不過充腹知以身取節者則知足矣茍知足則不累其志矣子思之母死於衛赴於子思子思哭於庙門人至曰庶氏之母死何為哭於孔氏之廟乎子思曰吾过矣吾過矣遂哭於他室（伯魚卒其妻嫁於衛之庶氏嫁母與庙絶故不哭于庙）柳若（衛人）謂子思曰子聖人之后也四方於子乎観礼子盍慎諸子思曰吾何慎哉吾聞之有其礼無其財君子弗行也有其礼有其財無其時君子弗行也吾何慎哉曾子謂子思曰伋吾執親之喪也水漿不入於口者七日子思曰先王之制礼也

过之者俯而就之不及者跂而及之故君子之執親喪也水漿不入口者三日杖而后能起孔子曰三日而食教民無以死傷生也子上之母死而不喪門人問於子思曰昔者子之先君子謂伯魚喪出母乎曰然則子之不使白也喪之白即子上何也子思曰昔者吾先君子無所失道〻隆則從而隆道汚則從而汚伋則安能為伋也妻則為白也母不為伋也妻則不為白也母故孔氏不喪出母自子思始也按礼為出母齊衰杖期而為父后者不服心喪而已伯魚子上皆為父后礼當不服而伯魚乃期而猶哭夫子聞之曰甚而后除之此賢者过之事也子思不使白喪出母正欲用礼耳而門人以先君子為問則子思難言伯魚之过礼故以圣

人汜所失道為对謂圣人之听俗無丧出母者以道掇礼而為之降殺也惟圣人能於道之隆者隆而隆之道之當殺者從而殺之汚抗殺也是於先王之礼有所酧酢而隨時隆殺以從中道也我則安能如是伋也為我妻則白當為母服今既不為我妻則白為父后而不當服矣子思蓋欲守常礼也子思自宋反魯々繆公問於子思曰古千乘之国以友士何如子思不悦曰事之云乎豈曰友之云乎后穆公將相子思老莱子謂子思曰若子事君將何以乎子思曰順吾性情以道輔之無死亡焉老莱子曰不可順子之性也子性剛而傲不肖又且無所死亡非人臣也子思曰不肖故人之所傲也夫事君道行言聽則何以死亡道不行言不聽則亦不能事君所謂無死

亡者也老萊子曰齒剛易敝舌柔常存子思曰吾不能為舌故不能事君昔常摐有疾老子問之摐張其口而示之曰吾舌存乎老子曰然吾齒存乎老子曰亡摐曰子知之乎老子曰夫舌之存也非以其柔耶齒之亡也非以其剛耶摐曰盡之矣老子之學得之常摐而萊子又得之老子者也按老萊子楚人近世耕於蒙山之陽或言之楚王楚王遂駕至老萊子之門曰守国之孤願交先生萊曰諾妻曰妾聞居亂世為人所制能免於患乎妾不能為人所制投其畚而去萊子乃随而隱著書十五篇言道家之用修道而养寿焉子思所作中庸四十九篇其載於礼記者乃其畧也餘有子思子七卷

按人物考云子思子作中庸首言天命之謂性率性之謂道其上得乎一貫之傳而孟子性善之篇殆昉於此歟但曾子得之於隨事精察而子思之學則直達天德幾於顏氏之學接聖門之真傳矣

○曾元

曾元曾子子也元養曾子每食必有酒肉將徹不請所與將以復進也孟子以為能養口体曾子寢疾曾元抱首曾申持足曾子曰元志之夫華多實少者天也言多行少者人也夫飛鳥以山為卑而層巢其上魚鱉以淵為淺而穿穴其中然所以得之者餌也君

子苟能無以利害身則耻辱安從至乎官怠於宦成病加於小愈禍生於懈惰孝衰於妻子此四者慎終如始詩曰靡不有初鮮克有終其易簀事具曾子傳

○曾西

曾西曾子之孫也師事黔婁先生先生卒曾西往吊見尸在牖下覆以布被覆頭則足見覆足則頭見西曰斜其被則歛矣婁妻曰斜之有餘不若正之不足先生生而不斜死而斜之非其意也西嘆服既而哭之曰嗟乎先生之終也何以為謚其妻曰以康為謚西曰先生在時食不充口衣不蓋形死則手足不歛

旁無酒肉生不得其美死不得其榮何樂於此而謚為康乎其妻曰昔先生君嘗欲授之政以為國相辭而不為是有餘貴也君嘗賜之粟三十鍾先生辭而不受是有餘富也彼先生者甘天下之淡味安天下之卑位不戚戚於貧賤不忻忻於富貴求仁而得仁求義而得義其謚曰康不亦宜乎曾西曰唯斯人也而有斯婦曾西平生不屑為管仲其言見孟子公孫丑篇云

○蘧伯玉

蘧伯玉名瑗伯玉其字也衛大夫獻公十八年孫林

文以太師歌詩故惧懼禍将謀出之謀出獻公入見伯玉曰君之暴虐子所知也大惧社稷之傾覆将若之何伯玉對曰君制其國臣敢奸之庸知愈乎遂行伯玉去衛從近關出殤公十二年獻公使子鮮告甯喜欲復國曰苟反政由甯氏祭則寡人甯喜欲納之告伯玉伯玉曰不得聞君之出敢聞其入 又從近關出獻公後三年吳季札適衛與蘧瑗語悅之曰衛多君子未有患也靈公立嘗與夫人夜坐聞車声至闕而止過闕復有声公問夫人曰知此為誰夫人曰此蘧伯玉也公曰何以知之夫人曰妾聞礼下公門式路馬所以廣

敬也夫忠臣與孝子不為昭々信節不為冥々惰行伯玉衛之賢大夫也仁而有智敬於事上此其人必不以闇昧廢礼是以知之公使人視之果蘧伯玉是時伯玉賢行著於國公亦知之以嬖於彌子瑕故而不能用史鰌亟言於公公不听鰌將死謂其子曰吾在朝不能進蘧伯玉退彌子瑕是吾生不能正君死無以成礼我死置尸牖下於我畢矣其子從之公往吊怪而問焉其子以告公愕然失容曰是寡人之過也於是命殯之客位乃退彌子瑕而用伯玉趙簡子將伐衛使史黙往視之黙还曰蘧伯玉為政未可以

加兵也簡子遂寢兵不出靈公使伯玉之楚逢楚公子晳於濮上伯玉為軾車子晳曰吾聞上士託色其次託辭其下託財三者固可得而託耶伯玉曰謹受命既致使昭王因問士伯玉曰楚多士而不能用昭王曰何也伯玉曰子胥生於楚避於吴吴人相之發兵攻楚墮平王之墓是吴善用之蚡黄生於楚走之晋其治七十二縣路不拾遺城郭不閉是晋善用之今瑗之來逢子晳於濮上又將行矣於是昭王追子晳而还之伯玉歸與公叔文子升瑕丘文子曰常哉斯丘也死則我欲葬焉伯玉聞言惡其將奪人之地

也遂曰吾子樂此瑗請前行去子矣伯王篤行慎德老而不倦行年五十方知四十九之非在當時所與善者於齊則晏嬰於鄭則子產於衛則伯王數人而已賢可知矣

按韓詩外傳云外寬而内直自設於隱括之中直已不直人善教而不悒〻蘧伯王之行也故為人父者則願以為子為人子者則願以為父為人君者則願以為臣為人臣者則願以為君名昭諸侯天下願焉詩曰彼其之子邦之彥兮伯王之謂也

○孟子

孟母三遷教子

孟子名軻字子輿一字子車鄒人也生三歲喪父激公宜母仉氏(音掌)有賢德挾其子以居始舍近墓孟子之少也嬉戲為墓間事踴躍築埋孟母曰此非所以居吾子也乃去舍市其嬉戲為賈衒之事(衒音玄賣也)母曰又非所以居子也遂徙舍於學宮之旁其嬉戲乃設俎豆揖讓進退母曰此真可以居子矣遂居之孟子少時東家殺豚問其母曰東家殺豚何為母曰欲啖汝其母自悔而言曰吾懷娠是子席不正不坐割不正不食胎教之也今適有知而欺之是教之不信也乃買家豚肉以食之稍長就奉而歸母方績問曰

學何所至矣軻曰自若也母以刀斷機織軻懼問其故母曰子之廢學若吾斷斯織矣夫君子學以立名問以廣知是以居則安寧動則遠害今而廢之是不免於廝役而無以離於禍患也何以異於織績而食中道廢而不爲寧能衣其夫子而長不乏食哉軻懼旦夕勤學不息爲世大儒後請見子思子思見之甚悅其志命子上侍礼敬甚學既退子上請曰白聞士無介不見女無媒不嫁孟孺子無介而見（時孟子年少故曰孺）子大人悅而敬之一白也未諭敢問子思曰然昔吾從夫子於郯遇程子於塗傾蓋而語（傾蓋從交蓋駐車也）終日而

别命子路将束帛贈焉以其道同於君子也今孟軻言稱堯舜性善仁義世所希有也事之猶可況加敬乎非尔所及也孟子既娶将入室其婦袒而在内孟子不悦遂去不入婦辭母而求去曰妾聞夫婦之道私室不與焉今者妾竊惰在室夫子見妾而勃然不悦是客妾也婦人之義蓋不客宿請歸父母於是孟母召軻而謂之曰夫禮将上堂声必揚所以戒人也将入户視必下恐見人過也（出礼記曲礼）今子不察於礼而責於人不亦遠乎孟子遂留婦孟軻問子思曰堯舜文武之道可力致乎子思曰彼人也我人也稱其

言履其行夜思之晝行之如農之赴時商之趨利惡有不至者乎子思謂孟軻曰自大而不脩其所以大不大矣自異而不脩其所以異不異矣故君子高其行則人莫能偕也遠其志則人莫能及也礼接於人人不敢慢辭交於人人不敢侮其惟高遠乎軻問子思教民何先子思曰先利之曰君子之所以教民亦仁義耳固所以利之乎子思曰上不仁則下不得其所上不義則樂為乱也此為利大矣故易曰利者義之和也孟軻道既通值梁惠王卑礼厚幣以招賢者乃至梁既而去梁適齊齐王以為上卿孟子處齐有

婦三從

孟母論

憂色隱楹而嘆孟母見之子擁楹而嘆若有憂色何也对曰軻聞之君子称身而正位不為苟得而受賞不貪栄禄今道不用於齐願行而母老是以憂也孟母曰婦人之礼精五飯（反飯丘谷之飯）冪（音密）酒漿養舅姑縫衣裳而已故有閫内之脩而无境外之志易曰在中饋无攸遂（家人卦六二爻）詩曰无非无儀惟酒食是議（小雅斯干篇）以言婦人无擅制之義而有三從之道也故年少則從乎父母出嫁則從乎夫夫死則從乎子礼也今子成人也而我老矣子行乎子義吾行乎吾礼子何憂乎孟子復去齐適梁惠王不果所言（果行之則果也）

見以為迂遠而濶於事情當是之時秦用商鞅魏用吴起齊用孫子田忌天下方務於合從連衡以攻伐為美而孟軻以唐虞三代之德以尽心知性之斈浩然莫大之氣以居廣居立正位行大道為大丈夫是以所為者不合退而與万章之徒序詩書述仲尼之意作孟子七篇以詔來世娶甾氏生子名仲子今邹縣四基山有孟子墓云

儒教列傳三卷終

刻孔門儒教列傳卷之四

○陶潛

陶潛。字淵明。晋人也。侃之曾孫。少有高趣。博學不群。以親老家貧。為州祭酒。少日。自解歸。（少日未幾也）召主簿不就。躬耕自資。遂抱羸疾。後復為彭澤令。不以家累自隨。送一力以給其子。（力役使僕卒也送之以供使令）書曰。此亦人子也。可善遇之。在官八十餘日。郡督郵至。（督郵如今之監察御史也）縣吏請曰。應束帶見之。潛曰。我豈能為五斗米折腰（五斗令之俸也）向鄉里小兒。即日解印綬去。賦歸去來辭。著五柳先生傳。以自見。居常安靜。少言。不慕榮利。築

陶潜爱
菊自樂

小軒種菊数株以自樂取其花之隱逸聊以自比也其詩有曰採菊東籬下又曰笑傲東軒下其胸次悠然即詩可見其志矣故後人又號爲陶潜先生好讀書不求甚觧每有会意便欣然忘食性嗜酒家貧不能常得親舊知其如此或置酒而邀之每造飲輙尽期在必醉既醉而退曾不恡情去留環堵蕭然不蔽風日短褐穿結（穿破也　結綴也）簞瓢屡空晏如也後徵爲著作郎不就妻翟氏亦與同志能安勤苦夫耕於前妻鋤於後潜自以先世爲晋輔（祖陶侃大　爲晋大）耻復屈身後代及卒世號爲靖節先生

靖節隱

居岩谷

按陶靖節可謂能明於死生之故。或杖易簀之後。鮮有聞者。其詩曰。人生似幻化。終當歸空無。不覺知有我。安知物為貴。又曰。有生必有死。蚤終非命促。但恨在世時。飲酒不得足。又曰。客養千金軀。臨化消其寶。此皆知道之言。閑情之適也。且也責子有書。與子有疏。志趣之同。苦樂之安。一家父子夫婦。舉無愧焉。故余謂東方朔人隱於市。陶靖節人隱於岩谷。混世和塵。孰能測識

初陶潜嘗作桃花源記以寓意云。晉太元中。武陵人捕魚為生業。緣溪行。忘路之遠近。忽逢桃花林夾岸。

數百步無雜樹芳草鮮美落英繽紛漁人甚異之復
前行欲窮其林々盡水源便得一山々有小口髣髴
若有光便捨舟從口入初極狹纔通人復行數十步
豁然開朗土地平曠屋舍儼然有良田美池桑樹之
屬阡陌交通雞犬相聞其中往來種作男女衣著悉
如外人黃髮老人垂髫童子髮垂並怡然相樂見漁人乃大
驚問所從來具答之便要還家設酒殺雞作食村中
知有此人咸來問訊自云先世避秦時亂率妻子邑
人來此絕境不復出焉遂與外人間隔問今是何世
乃不知有漢無論魏晉此人一一為具言所聞皆歎

惋餘人皆復延至其家俱出酒食停數日辭去此中人語云不足為外人道也及出得其船便扶向路處處誌之及郡下詣太守說如此太守即遣人隨其往尋向所誌遂迷不復得路南陽刘子驥高尚士也聞之欣然親往未果尋病終遂無問津者

〇韓愈

韓愈字退之昌黎人少好讀書善屬文唐興承五代剖分王政不綱文弊質窮至貞觀元和間愈遂以六经之文為諸儒倡障隄末流反刓以朴刬偽以真辞然一出於正其道自比孟軻慨然以斯文為己任嘗

遣中使

迎佛骨

作原道篇曰尧以是傳之舜〻以是傳之禹〻以是
傳之湯〻以是傳之文武周公〻文武周公傳之孔子〻
孔子傳之孟軻〻死不得其傳焉仕唐為刑部侍郎
憲宗十三年功德使上言鳳翔法門寺塔有佛骨相
傳三十年一開〻則歲豐人安來年應開請迎之十
二月天使迎佛骨至京師帝由禁中二月乃歷送諸
寺王公士民瞻拜捨施惟恐弗及有竭産充施者有
燃香臂頂供養者愈乃上表切諫以為佛者夷狄之
一法耳自黃帝以至禹湯文武皆享寿故百姓安樂
當其時未有佛也漢明帝時始為佛法其後乱亡相

継運祚不長宋齊梁陳元魏以下事佛漸謹年代尤促唯梁武帝在位四十八年前後三捨身為寺家奴竟為侯景所逼餓死臺城國亦尋滅事佛求福乃更得禍由此觀之佛不足信亦可知矣百姓愚冥易惑難曉苟見陛下如此皆云天子大聖猶一心敬信百姓微賤於佛豈可更惜身命夫佛本夷狄之人不知君臣之義父子之恩假如其身尚在來朝京師陛下容而接之不過宣政殿一見禮賓一設賜衣一襲皆具為之襲衛而出之於境不令惑衆也況其身死已久枯朽之骨豈宜令入宮禁乞以此骨付有司投諸水

火求絶根本。斷天下之疑。絶後世之惑。使後世之人。知大圣人之所作為。出於尋常萬萬也。豈不盛哉。伏如有灵。能作禍福。凡有殃咎。宜加臣身。上大怒。将加愈極刑。裴度崔群為言。愈雖狂。發於忠悃。宜寬容以開言路。乃貶愈為潮州刺史。

初愈有侄名湘子。性散誕無拘束。愈勸之力斈。湘子曰。吾所斈非公所知。作詩曰。

青山雲水窟　此地是吾家　徹夜流瓊液
凌晨咀落霞　琴彈碧玉調　炉煉白硃砂
宝鼎存金虎　鉛田养白鴉　一瓢藏世界

三尺斬妖邪　觧造逡巡酒　能開頃刻花

有人未訪我　同共看仙葩

公曰：子能奪造化之權乎？湘子曰：試為之。將見逡巡之間而成酒，頃刻而開花，內出一金牌，題云：雲橫秦嶺家何在，雪擁藍關馬不前。公未諭其意。湘子曰：他日見之。至是公被貶至藍關，時天大雨雪，馬怯寒不能前。愈見雲橫秦嶺，雪擁藍關，目前景象宛然前日卷中詩句。又見一人遠遠冒雪而來，為之掃雪。公乃回想昔日吟詩自嘆云：

一封朝奏九重天　夕貶潮陽路八千

本為圣朝除弊政　敢将衰朽惜残年
雲横秦嶺家何在　雪擁藍関馬不前
知汝遠来应有意　可收吾骨瘴江边

初潮州沿海邑也。海有鰐魚，揚波作浪，吞舟食人，屢為潮害。潮人四時設祭，費至鉅万，犹不能息其暴。邑民患苦，愈至，士民以為言，愈乃作文遣之，鰐便不至。潮人至今頌之，立祠祀焉。後歐陽永叔祭韓文公文有云：能馴鰐魚之暴，而不能弭皇甫鎛、李逢吉之謗是也。潮有僧號太顛，愈聞之，三上書求敎，太顛不赴。忽一日自往請之，愈曰：三請不来，為甚麼不招而来？太顛

曰三請不来爲侍郎。不請自来爲伏光。顛常與愈講
論心経曰。还識這箇麼。太虚雖廣。不能包其体。日
月雖明。不能喻其光。寛則遍法界。窄也不容針。
又曰。卵然无我。自然到家。　又曰。到這裡方知伏法
平等。无有高下。会帰一体。无伏可做。无衆生可度。
又曰。有色有空。堕落二見。不見空色。不被物縛。
又曰。眼是色不能見。只是真空能見。耳是色不能聞。
只是真空能聞。講畢。愈首肯焉。
後憲宗服金丹燥怒暴崩。穆宗即位。乃召愈爲兵部
侍郎。时成德郎度王庭湊圍牛元翼于深州。官軍救

之不能進朝廷患之遣韓愈宣慰知已故舊咸以為憂愈曰。止君之仁。死臣之義夫何憂焉遂往至鎮庭凑以兵威恐之愈厉声責庭凑曰天子以尚書有將帥才。故賜之節鉞。不知尚書乃不能。反與健児語耶甲士前曰。先太師為国擊走朱滔。血食猶在此何負朝廷乃以為賊乎。愈曰汝曹尚能記先太師則善矣自禄山思明以来至。元濟思道其子孫今尚有存者乎。田令公以魏將帰朝廷子孫狹提皆為美官。王承元以北軍帰朝廷弱冠建節刘悟李祐皆為節度使汝曹亦聞之乎庭凑謂愈曰侍郎来欲何為愈曰神

衆諸軍如牛元翼者不少但朝廷顧大体不可棄之尚書何為圍之不置廷湊曰即日出之於是出元翼于深州礼韓愈而帰之爲愈之帰也朝廷敬重内外欽服帝乃以韓愈為京兆尹愈為京兆六軍不敢犯法私相謂曰是尚欲燒佛骨何可犯也

愈平生以文章自任自晋迄隋佛老道盛圣道不断如帶諸儒倚天下正議助為神怪愈独唱然引圣争四海之惑昔孟子距楊墨去孔子纔二百年愈排二家乃去千餘歲撥衰反正功與齊而力倍之自愈没后其言大行学者仰之如太山北斗云仕唐官至吏

部侍郎謚文公封昌黎伯

○周敦頤

周敦頤字茂叔道州營道人初因舅鄭向任爲分寧主簿有獄久不决敦頤至一訊立办邑人驚曰老吏不如也調南安司理有囚法不当死轉運使王逵欲深治之敦頤力与办逵不听敦頤委手板将棄官去曰如此尚可仕乎殺人以媚人吾不爲也逵悟因浔釋敦頤博学力行著太極啚明天地之根源究万物之終始著通書四十篇發明太極之蘊言約而道大文質而義真浔孔孟之本源大有功於学者嘗爲南安

司理通判程珦以其學為知道因使二子顥頤往受業焉熙寧二年改知南康軍敦頤既至南康即築室于蓮花峯下前有溪合於湓江取營道所居濂溪以名之學者號為濂溪先生性好觀蓮作愛蓮說畧曰予獨愛蓮花之出于泥而不染濯清漣而不妖中通而外直不蔓不枝香遠益清亭亭净植可遠觀而不褻玩者焉時佛印禪師寓于鸞峰之上敦頤謁見相與講道問曰天命之謂性率性之謂道禪門何得謂無心是道佛印云疑則不參敦頤曰參則不疑畢竟以何為道佛印曰滿目青山一任看敦頤心醉一日

忽見窗草生意勃然乃曰與自家意思一般以偈呈佛印云昔本不迷今不悟心融境会豁幽潜草深窗外松当道尽日令人看不厭佛印和云大道体宽无不在何拘動植與飛潜行观坐看了无礙色取心求心自厭由是命佛印作青松社主人追嫓白蓮故事初釋慧遠招陶潜入白蓮社潜謂許飲即来遠許之乃攢眉而去故云白蓮故事後寧宗十二年簽書樞密院事希夷奏言周敦頤程顥程頤張載四人為百代絶學之倡乞定議賜謚朝廷從之

○邵雍

邵雍字堯夫河南人雍少时自雄其才慷慨欲樹功

桊於書无所不讀。始爲學。即堅苦刻厲。寒不爐。暑不扇。夜不就席者數年。已而嘆曰。昔人尚友于古。而吾独未及四方。於是踰河汾。涉淮漢。周流齊魯宋鄭之墟。幡然來歸曰。道在是矣。遂不復出。雍天性高遠。初受易於北海李之才。之才受易於河南穆脩。脩受於种放。放受於陳摶。源流最遠。之才遂授雍以河洛圖書。伏羲六十四卦圖像。雍由是探賾索隱。妙悟神契。洞徹蘊奥。汪洋浩博。多其所自得者。及其學益老。德益卲。玩心高明。以观夫天地之運化。陰陽之消長。遠而古今世變。微而飛走草木之精性。深造曲暢。庶几

所謂不惑而非依倣象類億則屢中者遂衍伏羲先天之旨著書十万餘言然古之知其道者鮮矣初至洛蓬蓽環堵不蔽風雨躬樵爨以事親雖平居屢空而怡然有所甚樂人莫能窺及富弼司馬光吕公著諸賢退居洛者雅敬雍恒相從游焉仁宗加祐四年召雍不至先是治平中雍與客散步天津橋上聞杜鵑声惨然不樂客問其故雍曰洛陽旧无杜鵑今始至天下将治地氣自北而南将乱自南而北今南方地氣至矣禽鳥飛類得氣之先者也不二年上用南人作相專務變更天下自此多事矣後神宗以王安

石叅知政事。信用其言。变風俗。立法度。朝廷紛更。雍之言果驗。云时新法沒行。吏牵迫不可爲。或投劾去。雍門生故友居州縣者。或貽書訪之。雍曰。此正賢者所当尽力之时。新法固严。能寬一分。則民受一分之賜矣。投劾何益哉。留守王拱辰薦雍遺逸。授將作主簿。後舉逸士。補潁州團練推官。雍皆固辭。乃受命。竟稱疾不之官。

程顥常與雍議論終日。退而嘆曰。堯夫内圣外王之学也。雍智慮絶人。遇事能前知。程頤嘗曰。其心虚明。自能知之。當指食桌而問曰。此桌安在地上。不知天地安在甚處。雍為之極論其理。以至六

合之外。程顥嘆曰：平生惟見周茂叔論至此，然不及堯夫之詳也。雍居嘗作詩，其中有曰：梧桐月向怀中照，楊柳風来面上吹。又曰：頻頻到口微成醉，拍拍滿怀都是春。其胸襟之洒落也何如哉。又曰：卷舒万古興亡事，出入幾重雲水山。又曰：堯舜揖讓三杯酒，湯武放伐一局棊。其雄視千古也何如哉。又曰：恍惚陰陽初變化，氤氳天地乍回旋。中間些子好光景，安得工夫入語言。又曰：讀書每到天根處，長恨諸公問極玄。此実仲尼无知之妙，无言之境也。非不欲言也，不能言也；非不欲答也，不能答也。然非実探天根之处

窺詭恍惚之域其氣能知之雍德氣粹然望之知其賢然不事表襮不設防畛群居燕笑終日不為甚異與人言樂道其善而隱其惡有就問學則答之未嘗強以語人人無貴賤少長一接以誠故賢者悅其德不賢者服其化及病危篤司馬光張載程顥程頤晨夕候之尋卒年六十七贈著作郎後賜謚康節先生顥嘗為之銘墓称雍之道純一不雜就其所至可謂安且誠矣

○張載

張載字敬夫長安人載山君質朴年二十未嘗讀書

張子坐虎

皮講易經

一日負薪粥於郡見郡刺史前来儀衛衆整前導声唱行人辟易人謂載曰速回避刺史公来也恐不便載問曰此何人曰官也官何以為之曰讀書人為之載嘿然回家廣志讀書精研周易雖冣冬盛暑未嘗輟手不數年弟子從者甚衆性好談兵嘗以書謁范仲淹〻〻謂之曰儒者自有名教可樂何事於兵因勸之讀中庸載乃訪諸釋老累年無所得反而求之六經嘗坐虎皮講易京師听從者甚衆一日程顥程頤至與論易次日載語人曰比見二程深明易道吾所弗及汝輩可師之即撤坐輟講與二程論道學之

要渙然自信曰吾道自足何事旁求於是盡棄異學淳如也舉進士調雲岩令以敦本善俗為先每月吉具酒食召鄉人高年會縣廷親勸酬之使人知養老事長之義因訪民疾苦及告所以訓戒之意帝初即位一新百度思得才哲之士呂公著薦載有古學召見問治道載對曰為政不法三代者終苟道也帝悦以為崇文校書與王安石議新法不合移疾屏居南山下終日危坐一室左右簡編俯而讀仰而思有得則識之或中夜起坐取燭以書與諸生講學每告以知禮成性變化氣質之道學必如聖人而後已以為

知人而不知天求為賢人而不求為聖人此秦漢以来学者大弊也故其学以尊礼貴德楽天安命以易為宗以中庸為体以孔孟為法学古力行為関中士人宗师世称為横渠先生著正蒙東西銘行于世程顥嘗有言曰西銘明理一而分殊擴前圣所未發與孟子性善养氣之論同功

○程顥

程顥字伯淳河南人以經術為諸儒倡初舉進士調晉城縣令民以事至縣者必告以孝弟忠信度郷村遠近為伍保使之力役相恤凡孤煢殘廢者責之親

職鄉党使无失所鄉必有校擇子弟之秀者聚而教之鄉民為社会為立科條旌其善惡使有劝有耻在世三年民愛之如父母至是呂公著荐為都史帝數召見顥前後進說甚多大要以正心窒欲求言育才為言務以誠意感悟人主常劝帝防未萌之欲及弗輕天下士帝俯躬曰當為卿戒之

顥嘗曰新法之行乃吾党激成之當時自愧不能以誠感上心遂致今日之禍豈可獨罪王安石也顥資性过人充养有道和粹之氣盈于面背門人交友从之歲久未尝見其忿厲之容遇事優為雖倉卒不動

声色自十五六時與弟頤聞汝南周敦頤論學遂厭科舉之習慨然有求道之志自秦漢以来未有臻斯理者其言曰道之不明異端害之也是皆正路之蓁蕪聖門之閉塞闢之而後可以入道又深有意經濟至是召為宗正寺丞未至而卒士大夫識與不識莫不哀傷文彦博采衆論題其墓曰明道先生從祀孔子廟庭

○程頤

程頤顥之弟也年十八上書仁宗欲黜世俗之論以王道為心治平元豐間大臣屢荐不起至是司馬光呂公著共疏其行義曰伏見河南處士程頤力學好

古安貧守節言必忠信動遵礼度年踰五十不求仕進道儒者之高蹈圣世之逸民望擢不次使士類有所矜式召為校書郎及入對改崇政殿說書頤上劄子言習與智長化與心成今陛下春秋方富雖睿圣得於天資而輔養之道不可不至大率一日之中接賢士大夫之時多親寺人宮女之時少則氣質变化自然而成願選名儒入侍劝講〻罷留之分直以備訪問或有少失隨事献規歲月積久必能養成圣德頤一日講顏子不改其樂章講畢乃復言曰陋巷之士仁義在躬忘其貧賤人主崇高奉養備極苟不知

季安能不為富貴所移且顏子王佐之才而簞食瓢
飲季氏魯國之蠹也而富於周公魯君之用舍如此
非後世之監乎聞者嘆服
頤入侍容貌極莊時文彥博以太師同平章事或侍
立終日不懈人或問之曰君之嚴視潞公之恭孰得
孰失頤曰潞公四朝大臣事幼主不得不恭吾以布
衣職輔導亦不敢不自重也其以師道自尊如此
頤請就崇政延和殿講讀給事中顧臨以為不可頤
上疏曰臣近以迩英漸熱乞就崇政延和殿而給事
中以為不可臣料臨之意不過謂講官不可坐於殿

上以尊君為説臣不暇遠引只以本朝故事言之大祖皇帝召王君索講易真宗令崔順正講尚書邢昺講春秋皆在殿上坐講立講之義始於明肅太后夫祖宗尊儒重道傳於世豈獨子孫所当法萬世所當法也今世俗之人能為尊君之説而不知尊君之道人君惟道德益高則益尊若勢位則崇高極矣尊嚴至矣不可復加也且天下重任惟宰相與經筵天下治乱係宰相君德成就責經筵蓋朝廷不可不尊師道不可不重貴匕尊矣其義一也

一日講罷未退帝忽起憑檻戲折柳枝頤進曰方春

發生不可無故摧折帝不悦未几罷頤崇政殿説書頤在經筵之每進講色甚莊多用古礼蘇軾謂其不近人情嫉之毎加玩侮光之卒也百官方有慶礼事畢欲往吊喪頤不可曰子於是日哭則不歌或曰不言歌則不哭軾曰此枉死市叔孫通制此礼也頤怒二人遂成隙於是頤門人右司諫賈易左正言朱光庭等劾軾館職策問訕謗軾因乞補郡殿中侍御史呂陶言臺諫當徇至公不可假借事权以報私隙遂置不問於是御史中丞胡宗愈左諫議大夫孔文仲給事中顧臨連章力詆頤不宜在經筵会帝患瘡疹不出

頤詣宰相問曰帝不御殿知否曰不知曰上疾而宰相不知可為寒心翌日呂公著以頤言奏遂詣問疾帝不悅乃罷出管勾西京国子監時呂公著與當国群臣咸升朝不能不以類相從遂有洛黨蜀黨朔黨之語洛黨以頤為首而朱光庭賈易為輔蜀黨以蘇軾為首而呂陶等為輔朔黨以刘摯梁燾王岩叟刘安世為首而輔之者尤衆是時熙豐用事之臣休退散地怨入骨髓陰伺間隙而諸矦不悟各為朋比以相訾議惟呂大防秦人戇直無黨范祖禹司馬光不立黨頤論神仙曰若説飛昇白日之類則无若言居

山林間保形煉氣以延年益寿則有之有詩云若道此身能不死古今誰是長生人或有語道氣者問於伊川曰君亦有術乎对曰吾嘗夏葛而冬裘飢食而渴飲節嗜欲定心志如斯而已矣時奸人用事禁元祐之斈甚謹出其党為諸路斈使專糾其事伊川之門斈者無几馬伸自[illegible]别登弟不樂馳騖以階進晦迹州縣人無知者至是自吏部求為西京司法曹事銳然為親依之計至則因張繹以求見伊川初以其非時恐貽累不仰就贄凡十反俞恭且曰使伸得聞道雖死何憾况不至於死者乎伊川聞而嘆曰此真有

志者遂引而進之自不出入凡三年公暇公事之暇雖風雨必日一造焉同僚相忌至以飛語中傷而不碩也後朝廷擬頤判登聞鼓院蘇軾曰頤入朝恐不肯靜太后納之范祖禹言頤經術行義天下共知但草茅人未習朝廷事則有之寧有他故如言者所指乞召劝講必有補圣明不听至大观元年卒頤于書無所不讀其學本於誠以大學論語孟子中庸為標句而達于六經嘗言今農夫初寒暑雨深耕易耨播種五谷吾得而食之百工技藝作為器物吾得而用之介胄之士披堅執銳以守土宇吾得而安之無功澤

及人而浪度歲月晏然為天地間一蠹惟綴緝聖人遺書庶几有補尔於是著易春秋傳平生誨人不倦故學者出其門最多淵源所漸皆為名士而刘絢李籲謝良佐游酢張繹蘇昞吕大臨吕大鈞鈞大方弟尹焞楊時盛德尤著世稱頤為伊川先生

○楊時

楊時南劍將樂人今延平府初第進士第聞程顥兄弟講孔孟絶學于河洛時調官不赴以師礼見顥于潁川相得甚歡其歸也顥目送之曰吾道南矣及顥卒又師事程頤于洛蓋年四十矣一日頤偶瞑坐時與游

師侍立不去頤既覺則門外雪深一尺矣後時歷仕瀏陽餘杭蕭山三縣皆有惠政民思之不忘幕德望日重四方之士不遠千里從之游號曰龜山先生會蔡京客張黨言于京曰宗社危于旦夕宜盡引舊德老成置諸左右以開導上心京問其人黨以時對京因薦之又会路允迪自高麗还言高麗国主問龜山安在於是朝廷乃召時為秘書郎時在朝知無不言然不見德及太斈生畢李綱擂壞登聞鼓喧呼動地帝恐生變具歛乞用時以靖太斈帝因召对時言諸生忠於朝廷非有他意但擇老成有行誼者為之長

楊時表奏蔡京

試則將自定前曰無以逾卿於是乃以時爲国子祭
酒時上言蔡京蠹国害民幾危社稷人所切齒而論
其罪者莫知其所本也盖京以继述神宗爲名实挾
王安石以圖身利故今日之禍安石有以啟之安石
挾管仲商鞅之術飾六藝以奸言变乱祖宗法度当
時司馬光已言其爲害当見於数十年之後今日之
禍若合符契伏望追奪王爵明詔中外毁去配享之
像使邪說淫詞不爲学者之惑疏上帝詔罷安石配
享降居從祀之列是時諸生習用王氏学以取科第
者已数十年不復知其非及聞時言群論籍籍於是

諫議大夫馮澥，澥疏詆時，乃罷時祭酒，遂以徽猷閣待制致仕。時凡所論列，皆切於世道，而其大者，則闢王氏，排和議，論三鎮不可棄云。時與釋東林總友善。時每謂總曰：禪學雖高，與儒學未有所得。總曰：儒學緊要處亦記得些，且道君子無入而不自得，自得不甚廣。時默然。總又與時言十識，第八菴摩羅識，唐言白淨無垢；第九阿賴耶識，唐言善惡種子。白淨無垢，即孟子之言性善。性善則可謂能探其本，言善惡種子乃是於善惡未萌處看。時然之，於是服膺，自帶南幸。時奉祠，優游林泉，以著書講學為事。東南學者推時

為程氏正宗。胡宏罗從彦皆其弟子。以紹興五年卒年八十三

朱熹

朱文公名熹。字元晦。徽州婺源人。少有求道之志。父松。知饒州。病亟。属曰。胡憲刘勉之刘子翬三人學有渊源。吾所敬畏。吾即死。汝往事之。熹就學焉。及登進士。為同安主簿。俄聞延平李侗學于羅從彦。得伊洛之正。遂徒步往從之。故其學以窮理致知反躬實踐。而主於居敬。孝宗初即位。熹上对事。言金人于我有不共戴天之仇。不可和。隆興初。復召入对。言今日所

當為者非戰無以復仇非守無以制勝與湯思退議論不合而歸陳俊卿劉珙薦之累召不至帝曰熹安貧守道廉退可加乃以熹主管台州崇道觀

劉子翬太師忠顯公韐之仲子以父死国难痛忿致疾棄興化通判隱居武夷山中朱熹從游子翬以易之不遠復三言（三字也）俾佩之終身熹得道統之正自子翬始學者称為屏山先生胡憲安国從子紹興中與勉之俱入太學聞涪陵譙定受易學于頤二人往受學久未有得定曰心為物汙故不去有見惟學乃可明耳憲悟曰所謂學者非克己工夫耶自是一意

下第不求人知。一日揖諸生歸崇安故山。力田賣藥以奉其親。從遊者日衆。號籍溪先生。劉勉之從譙定劉安世楊時受學。卒業。歸崇安。即邑近郊結草為堂讀書其中。力耕自給。澹然無求於世。惟與胡憲劉子翬。日相往來講論。學者號為白水先生

淳熙八年。以朱熹提舉浙東常平茶鹽公事。時浙東大飢。丞相王淮薦熹。熹至部。即移書他郡。募米商蠲其征（米稅也）。遂輳集。熹日鉤防民隱。按行境内。郡縣官吏憚其風采。至自引去。所部肅然。帝謂淮曰。朱熹政事。却有可觀。淮言修舉荒政。是行其所學。民被其惠

宜進職以徵之乃進熹直徽猷閣
初乾道四年民甚艱食熹請於府得常平米六百石
賑貸夏受粟於倉冬則加息計米以償自後隨年斂
散歉蠲其息之半大飢則盡蠲之凡十有四年得息
米造倉三間及以元數六百石還府見儲米三千一
百石以為社倉不復收息每石只收耗米三升以故
一鄉四十五里間雖遇凶年人不缺食其法以十家
為甲甲推一人為首五十家則一人通曉者為社首
其逃軍及衣食不缺者並不得入甲其應入甲者又
問其愿與不愿與者開具一家大小口若干大口一

石小口五斗五歲以下不預置其籍以貸之至是朝廷下熹社倉法于諸路以惠天下九年徙朱熹提点江西刑獄熹遂奉祠熹行部至台州知州唐仲友為民所訟熹按得其寔仲友淮之姻家也已除江西提刑未行而熹論之淮匿其章不以聞熹論益力章前後六上淮不得已奪仲友新命以授熹熹辭不拜遂差主管台州崇道觀淮以仲友故怨朱熹欲阻之以大府丞陳賈為監察御史賈因面对首論曰臣伏見近世士大夫有所謂道學者以謹獨為能以践履為高以正心誠意克己復礼為事若

文公表

奏仲友

此之類皆學者所共學也而乃謂已独能之夷攷其行又大不然不免于假其名以濟其偽者耶臣願陛下明詔中外痛革此習蓋指熹也帝從之由是道學之名貽禍于世

及王淮罷周必大薦熹為江西提刑入奏事或要于路曰正心誠意之論上所厭聞慎勿復言熹曰吾平生所學惟此四字豈可隱默以欺吾君乎及入对首言陛下居虛明應物之地而天理有所未純人欲有所未盡是以為善不能充其量除惡不能去其根臣願自今以往一念之發必察夫天理人欲果天理耶則

敬以充之而不使少有壅遏果人欲耶則堅以遏之而不使少有凝滯。帝加納之乃以熹為崇政殿說書熹辭不至報熹進封事詞甚切至疏入。夜漏下七刻帝已就寢亟起秉烛讀之終篇。明日除主管太乙宫及崇政殿說書

初黄裳為加王府翊善。光宗諭之曰加王進學。皆卿之功裳謝曰若欲進德修業追跡古先哲王須尋天下第一等人乃可。帝問為誰裳以朱熹对。又彭龜年為加王府直講因講魯莊公不能制其母。云母不可制当制其侍御之人王問此誰之說龜年对曰朱熹

也。王深善之，自後每講必問熹之說何如。及王即位，
趙汝愚薦熹，遂自知潭州召入經筵兼侍講。熹在朝
四十六日，進講者七，內引奏事者再。熹惓惓於致君，知
无不言，言無不盡，亦頗見眾憚。韓侂胄惡之，使優人
峩冠闊袖，象大儒戲於帝前，因乘間言熹迂闊不可
用。帝方倚任侂胄，乃出手批除熹官。趙汝愚上疏留
熹，不听。

熹時家居，草封事數万言，極陳奸邪蔽主之禍，因以
明汝愚之冤。韓侂胄欲害汝愚，謀於京鏜。鏜曰：彼宗姓也，誣以謀危社稷，則一網打盡矣。侂胄然之，以李沐嘗怨汝愚，引為左右正言，使奏汝愚以同姓居相位，將不利于社稷，乞罷其政以安天位。

帝從之汝愚既去大权悉归侂胄矣繕寫已具子弟諸生更進迭諫以為必且賈禍熹不聽門人蔡元定請蓍龜決之遇遯之同人熹默然取奏稿焚之因更號遯翁

韓侂胄命沈繼祖誣論熹十罪且言熹剽竊程張之餘論以喫菜事魔之妖術簧鼓後進張浮駕誕私立品題收召四方無行之徒以益其黨其徒蔡元定佐熹為妖詔熹落職罷祠竄元定于道州

元定生而穎異父發傳覽群書以程氏語錄邵氏經世張子正蒙授元定曰此孔孟正脉也元定深涵其義既長辨析益精登建陽西山絶頂忍飢啖薺以讀

書聞熹名往師之熹叩其學大驚曰此吾老友不當在弟子列會僞學僞党之論起元定曰吾其不免乎及聞貶不辭家即就道熹與從遊者數百人餞別蕭寺中坐客興嘆有泣下者熹微視元定不異平時因喟然曰友朋相愛之情季通不挫之志可謂兩得矣至舂陵遠近來學者日衆愛元定者謂宜謝生徒元定曰彼以學來吾忍拒之若有禍患亦非閉門塞竇所能避也貽書訓諸子曰獨行不愧影獨寢不愧衾勿以吾得罪故遂懈其志在道逾年卒學者尊為西山先生

時攻僞學日急而熹日與諸生講學不休。己未寢疾
辛酉改大學誠意章。此爲熹之絶筆甲子卒于正寢
是日大風拔木。洪水崩山其門人如黄榦李燔張洽
陳淳李方子黄灝蔡沈最知名榦之言曰。道之正統
待人而後傳由孔子而后曾子。〻思淂其微至孟子
而始著。由孟子而後周程張繼其絶至熹而始著矣
以爲知言榦初見熹夜不設榻熹語人曰直卿志堅
思苦與之處甚有益因妻以女。及熹病革。以深衣及
所著書授榦與之訣曰。吾道之託在此吾無憾矣
李燔初見熹〻告以曾子弘毅之語。燔因以弘名其

熹嘗語人曰榦進學可畏處事不苟他日任斯道者必榦也榦嘗曰凡人不必待仕方為功業但隨力量到處有以及物即功業也張洽自少用力於敬平居不異常人至义所當為則勇不可奪

陳淳少習舉子業林宗臣見而奇之謂曰此非圣人事業也因授以近思録淳讀之遂尽棄其業而學焉及熹至漳淳受學熹語之曰吾南来喜得陳淳由是所聞皆切要語义理貫通恬退自守名播天下

李方子端謹純篤初見熹熹謂曰觀子為人自是而过但寬大中要規矩和緩中要果决方子遂以果名

朝廷追贈元定

甚矣嘗自言於學問雖未能周盡然幸於大本有見處此心常太然不為物欲所潰耳

後加泰元年韓侂冑被誅乃賜煥章閣待制朱熹謚曰文從祀孔子廟庭仍贈處士蔡元定迪功郎

制曰士之遇不遇天也其或擯斥於生前而獲伸於死後天理昭、未有久而不定者尔學問有源操履无玷杜門著書物无預於外者不幸見誣亦直遂竄謫今是非已定尔則殂矣其贈以官慰尔泉下

刻孔門儒教列傳四卷大尾終

古籍珍选·四书三绝 二

[宋]朱熹 章句 [清]郑板桥 手书

王海燕 编选

大学中庸章句

吉林出版集团股份有限公司
全国百佳图书出版单位

图书在版编目（CIP）数据

大学中庸章句 /（宋）朱熹章句；（清）郑板桥手书；王海燕编选 . -- 长春 : 吉林出版集团股份有限公司，2025. 5. --（古籍珍选）. -- ISBN 978-7-5731-5694-5

Ⅰ . B222.12

中国国家版本馆 CIP 数据核字第 2025J8Q890 号

上海进步书局《四书集注》原版封面

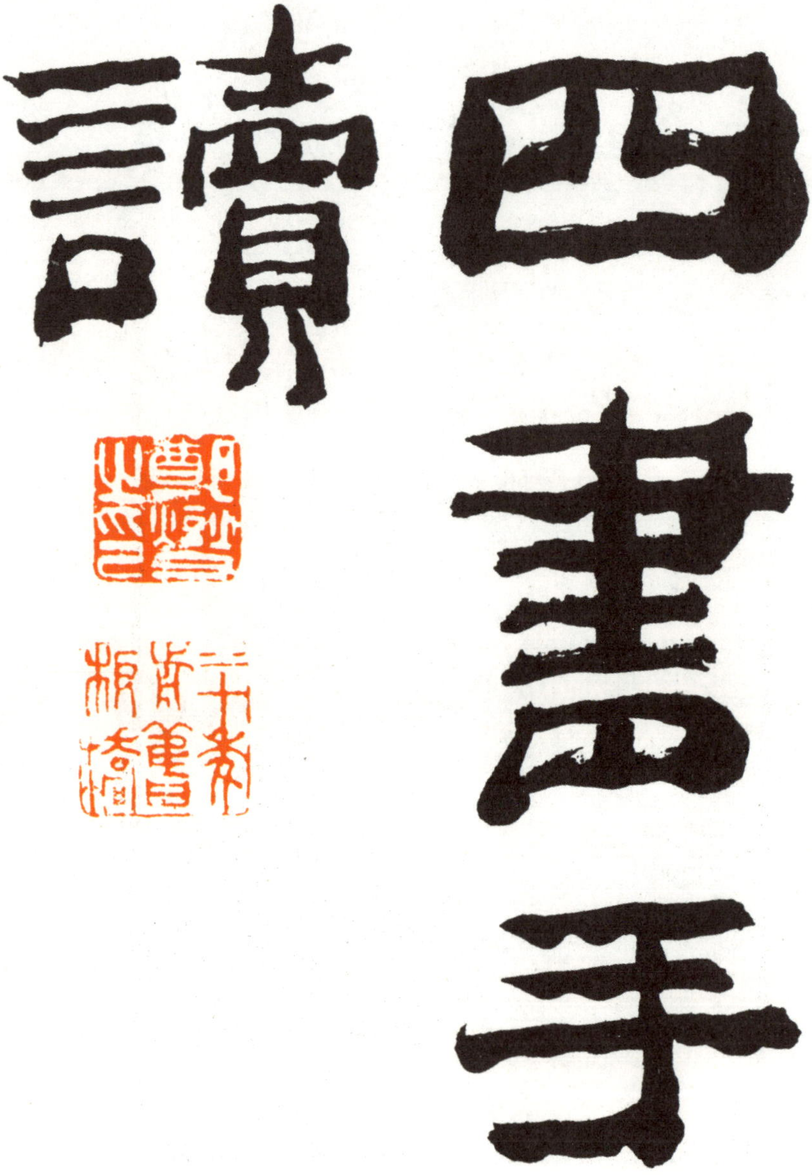

郑板桥手书四书扉页

至聖孔子像
德配天地
道冠古今
生民未有
萬世之師
山東曲阜縣人生周靈王二十一年十月庚子即夏正八月二十七日

儒家至圣孔子画像

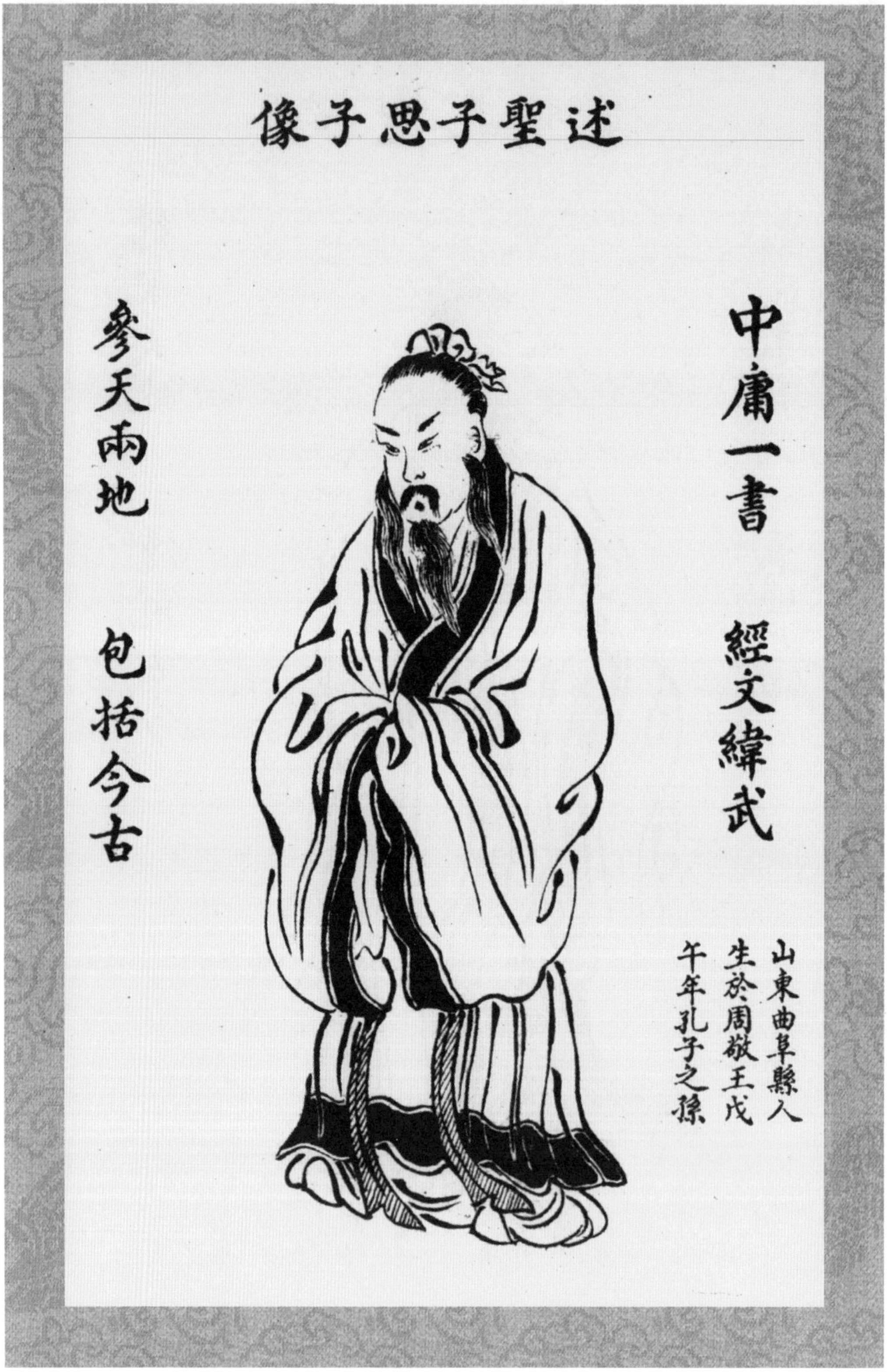
述聖子思子像
中庸一書 經文緯武
參天兩地 包括今古
山東曲阜縣人
生於周敬王戊
午年孔子之孫

儒家述圣子思画像

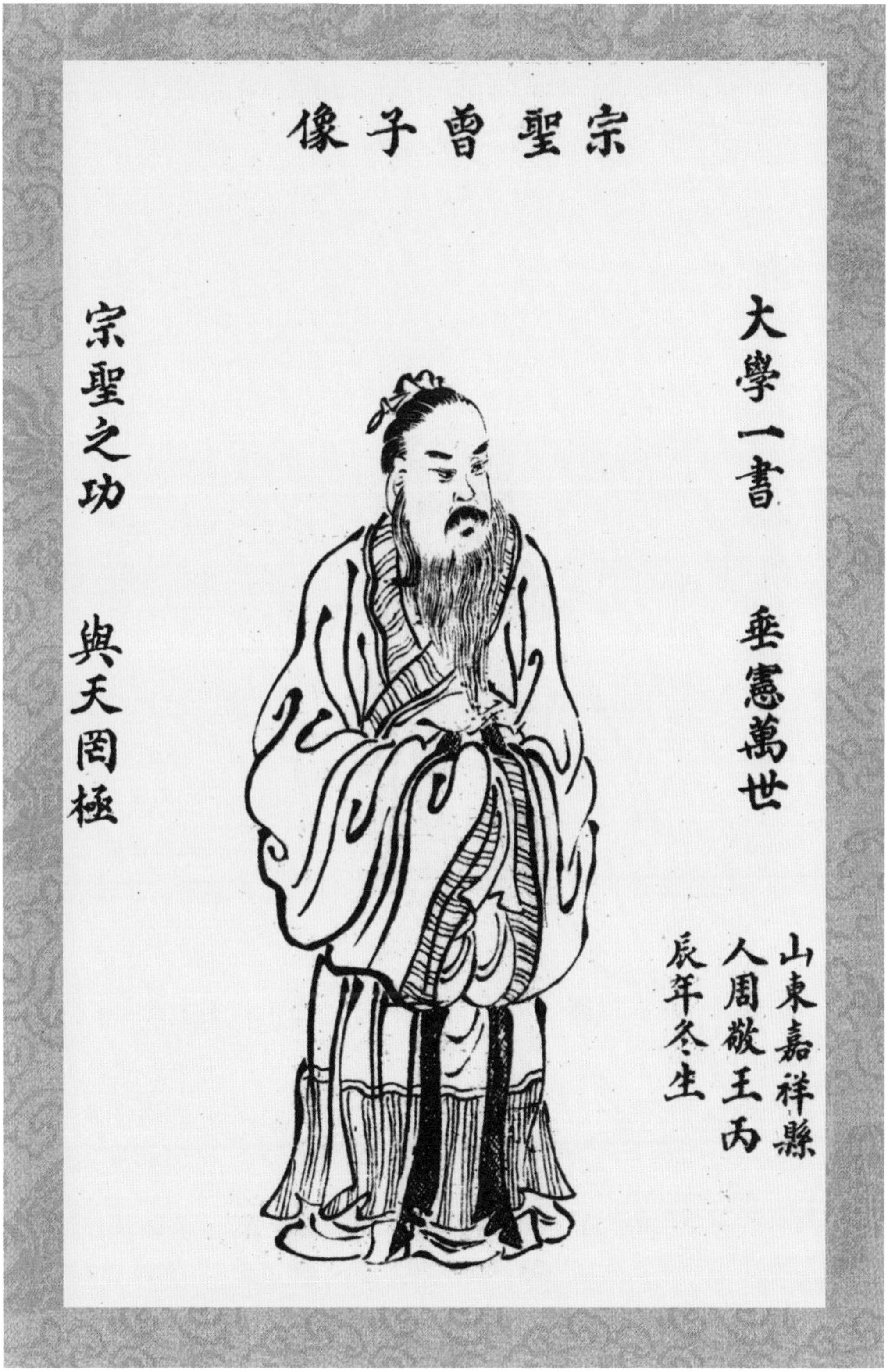
宗聖曾子像
大學一書
垂憲萬世
山東嘉祥縣人周敬王丙辰年冬生
宗聖之功
與天罔極

儒家宗圣曾子画像

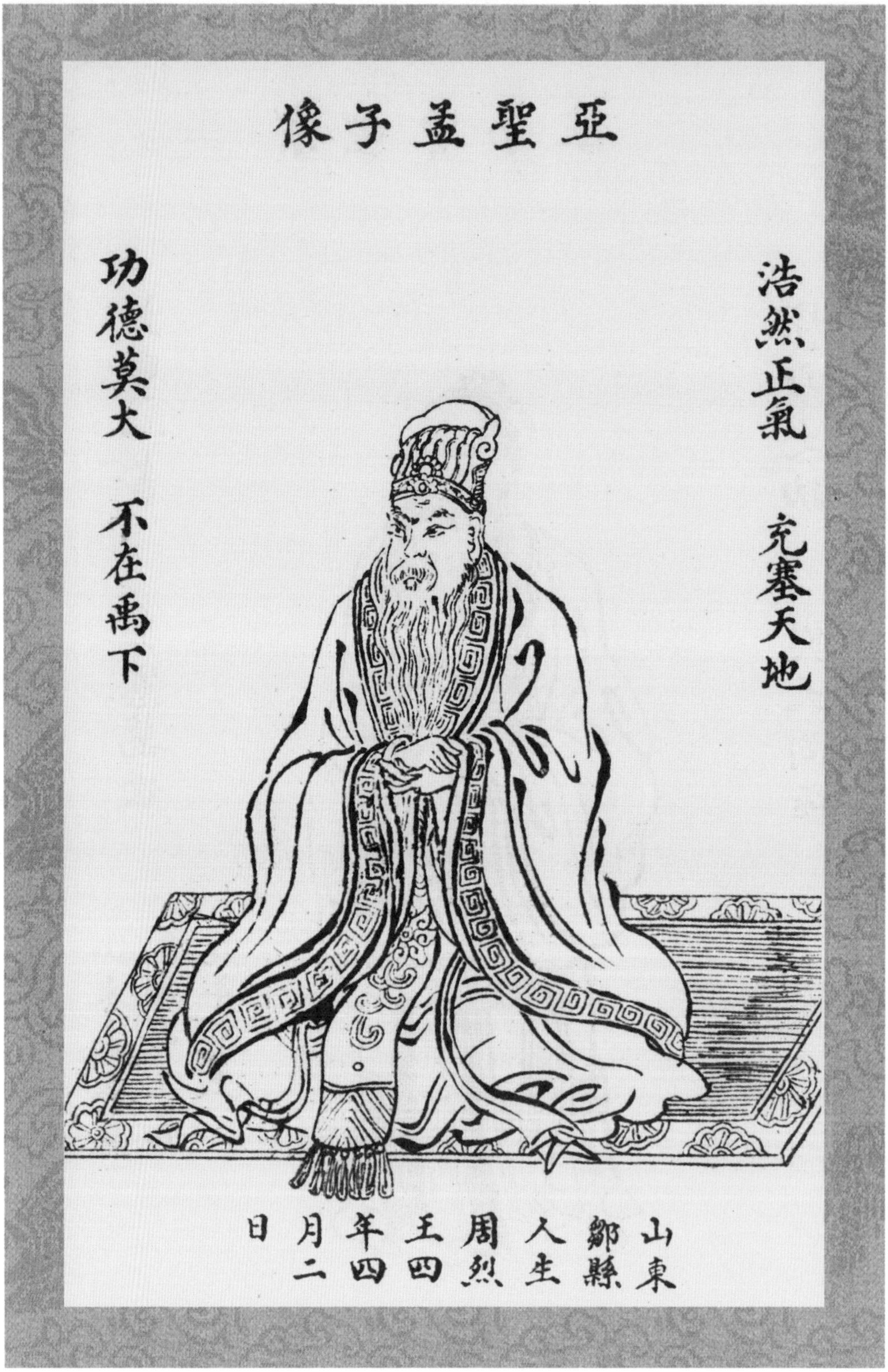
亞聖孟子像
浩然正氣　充塞天地
功德莫大　不在禹下
山東鄒縣人生周烈王四年四月二日

儒家亚圣孟子画像

孔子弟子画像（图一）

孔子弟子画像（图二）

孔子弟子画像（图三）

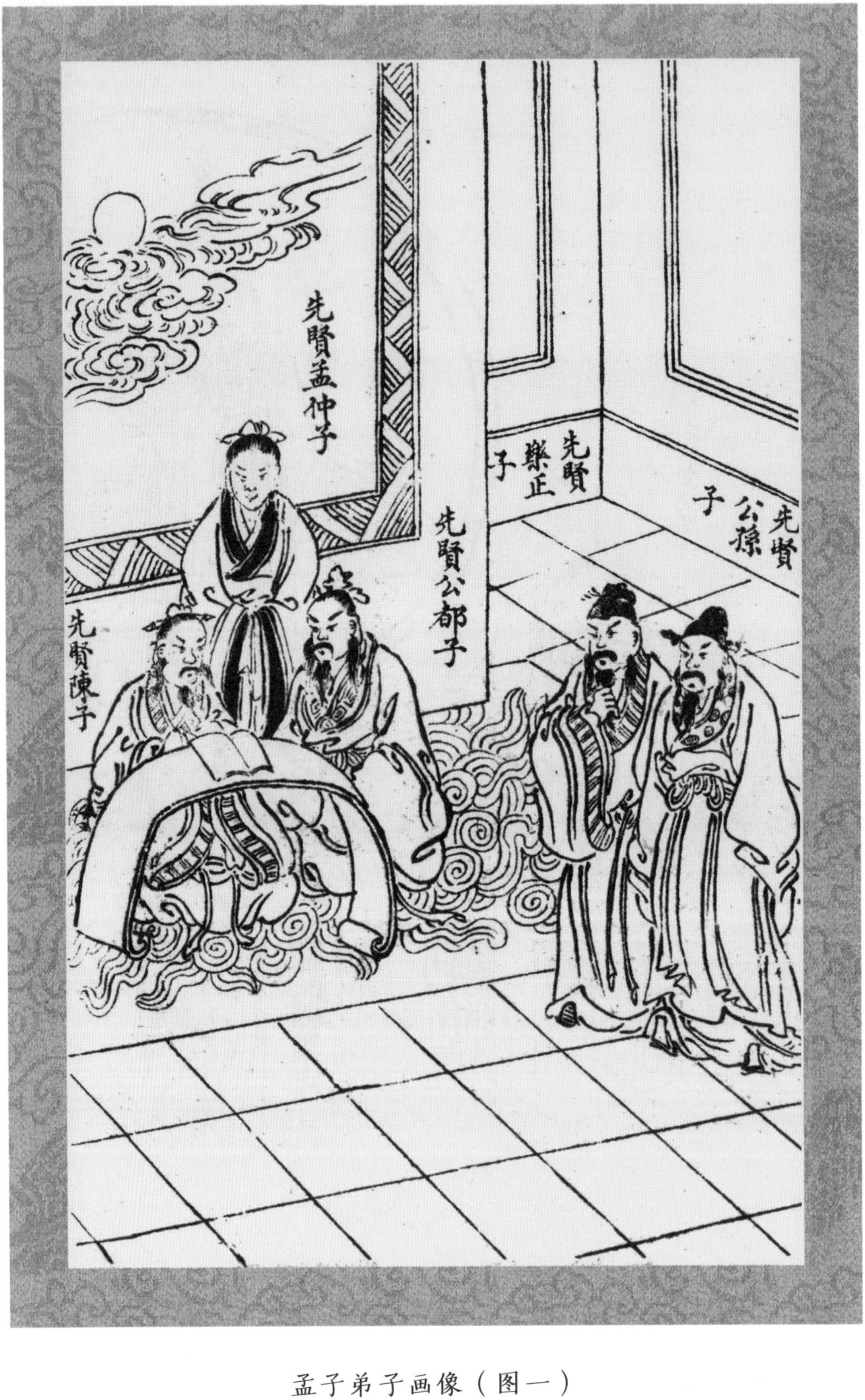
先賢孟仲子
先賢樂正子
先賢公孫子
先賢公都子
先賢陳子

孟子弟子画像（图一）

孟子弟子画像（图二）

孟子弟子画像（图三）

编选说明

凡古玩书画珍品最重流传有绪。唐代人物画大师阎立本所绘孔子弟子画像图，经有清历代宫藏有识之人鉴定，确认为真迹无疑。但对于画中的人物认定却几经颠覆周折。

本画原为清初顺治内府所藏，后赐予大学士宋权，由宋氏父子私藏。后来被转卖于市肆之间。百余年后复有乾隆年间的协办大学士兼户部尚书蒋溥购得，呈送于乾隆，遂又成为宫藏珍品。

该画原名为《阎立本历代将相图》，但蒋溥在乾隆二十二年为该画所作的题跋中，认为图中人物的冠带服饰均为同一时代，而非『历代』，所以应改为《阎立本古贤图》。

到了乾隆丁未年，王杰、曹文埴、彭元瑞、董诰四位阁臣大师合跋称：该画中人物的服饰冠带符合两汉前礼制，并经与《三礼图》认证，判定画中为周代人物。并且认为此图既非《将相图》，也非《古贤图》，而是孔子弟子的画像图。但有一个可疑之处：画中人物只有五十九位，而相传孔子的弟子为七十二人。四阁臣考证又认为，孔子弟子七十二人的说法并非一定，《史记》与《孔子家语》所记载便有不同；且汉代的孔子弟子的庙画像就有七十七人；即使是七十二人，也可能在近千年的流传中有所错漏也未可知。而后，此画便以《阎立本画孔子弟子图》为名流传后世。

本次将该画收入《古籍珍选·四书三绝》一并出版，仍沿用此名。原画像为一长卷，且原图中各人物均未榜题其名。所以本书只将该长卷中的人物一一切割为独立版面，而无以加注其名。

除了阎立本的画作，《孔门儒教图传》分册中还收录了《孔门儒教列传》，源自郑振铎先生《西谛书目》所收明刊本，现藏于中国国家图书馆善本部。该书共一百五十三篇（幅），现扉页缺失，前三页残损，其余完好；记载了自孔子至朱熹共四十五位儒家人物的主要事迹。为便于读者参照了解，本书亦将《史记》中的孔门诸圣与弟子列传附上。

所谓『四书三绝』：孔门四圣著述由朱子章句、集注为『文绝』；阎立本所绘孔子弟子图为『画绝』；郑板桥手书四书为『书绝』。以朱熹、阎立本、郑板桥三方大家的作品合刊而称『绝』，绝非虚名。本书共分七册：阎立本绘图为首册；民国年间上海进步书局出版的《四书集注》六册，依原版对书郑板桥手迹合编，各为一册。诚望此书的出版，能为读者提供一席最高品级的思想文化艺术雅餐礼宴。

编者

目　录

四书集注　学庸

四书集注　学庸

論平聲

道上聲如道之去聲 善上聲如善之去聲 去上聲 汚音烏 夫音扶 處上聲下同 近上聲若

大學

大舊音泰今讀如字

朱熹章句

子程子曰。大學孔氏之遺書。而初學入德之門也。於今可見古人為學次第者。獨賴此篇之存。而論孟次之。學者必由是而學焉。則庶乎其不差矣。

大學之道。在明明德。在親民。在止於至善。程子曰。親當作新。○大學者。大人之學也。明明之也。明德者。人之所得乎天。而虛靈不昧。以具衆理而應萬事者也。但為氣禀所拘。人欲所蔽。則有時而昏。然其本體之明。則有未嘗息者。故學者當因其所發而遂明之。以復其初也。新者。革其舊之謂也。言既自明其明德。又當推以及人。使之亦有以去其舊染之污也。止者。必至於是而不遷之意。至善。則事理當然之極也。言明明德新民。皆當止於至善之地而不遷。蓋必其有以盡夫天理之極。而無一毫人欲之私也。此三者。大學之綱領也。

知止而后有定。定而后能靜。靜而后能安。安而后能慮。慮而后能得。后與後同。後倣此。○止者。所當止之地。即至善之所在也。知之。則志有定向。靜。謂心不妄動。安。謂所處而安。慮。謂處事精詳。得。謂得其所止。

物有本末。事有終始。知所先後。則近道矣。明德為本。新民為末。知止為始。能得為終。本始所先。末終所後。此結上文兩節之意。

古之欲明明德於天下者。先治其國。欲治其國者。先齊其家。欲齊其家者。先脩其身。欲脩其身者。先正其心。欲正其心者。先誠其意。欲誠其意者。先致其知。致知在格物。治平聲。後倣此。○明明德於天下者。使天下之人皆有以明其明德也。心者。身之所主也。誠。實也。意者。心之所發也。實其心之所發。欲其必自慊而無自欺也。致。推極也。知。猶識也。推極吾之識。欲其所知無不盡也。格。至也。物。猶事也。窮至事物之理。欲其極處無不到也。此八者。大學之條目也。

物格而后知至。

近之去聲　治平聲下　治國去聲　上上聲下　去聲錯音　措傳去聲　別必列反　傳去聲　去上聲下同

知至而后意誠。意誠而后心正。心正而后身脩。身脩而后家齊。家齊而后國治。國治而后天下平。治，去聲，後倣此。○物格者，物理之極處無不到也。知至者，吾心之所知無不盡也。知既盡，則意可得而實矣。意既實，則心可得而正矣。脩身以上，明明德之事也。齊家以下，新民之事也。物格知至，則知所止矣。意誠以下，則皆得所止之序也。

自天子以至於庶人，壹是皆以脩身為本。壹是，一切也。正心以上，皆所以脩身也。齊家以下，則舉此而錯之耳。

其本亂而末治者否矣。其所厚者薄，而其所薄者厚，未之有也。本，謂身也。所厚，謂家也。此兩節結上文兩節之意。

右經一章，蓋孔子之言，而曾子述之。凡二百五字。其傳十章，則曾子之意而門人記之也。舊本頗有錯簡，今因程子所定，而更考經文，別為序次如左。凡千五百四十六字。○凡傳文，雜引經傳，若無統紀，然文理接續，血脈貫通，深淺始終，至為精密。熟讀詳味，久當見之，今不盡釋也。

康誥曰：克明德。康誥，周書。克，能也。

大甲曰：顧諟天之明命。大，讀作泰。諟，古是字。○大甲，商書。顧，謂常目在之也。諟，猶此也，或曰審也。天之明命，即天之所以與我，而我之所以為德者也。常目在之，則無時不明矣。

帝典曰：克明峻德。峻，書作俊。○帝典，堯典，虞書。峻，大也。

皆自明也。結所引書，皆言自明己德之意。

右傳之首章。釋明明德。此通下三章至止於信，舊本誤在沒世不忘之下。

湯之盤銘曰：苟日新，日日新，又日新。盤，沐浴之盤也。銘，名其器以自警之辭也。苟，誠也。湯以人之洗濯其心以去惡，如沐浴其身以去垢。故銘其盤，言誠

閒去聲　蔚紆弗反　興去聲　鑢

能一日有以滌其舊染之汚而自新，則當因其已新者而日日新之，又日新之，不可略有間斷也。

康誥曰：「作新民。」鼓之舞之之謂作，言振起其自新之民也。詩曰：「周雖舊邦，其命維新。」詩大雅文王之篇。言周國雖舊，至於文王，能新其德以及於民，而始受天命也。是故君子無所不用其極。自新新民，皆欲止於至善也。

右傳之二章。釋新民。

詩云：「邦畿千里，惟民所止。」詩商頌玄鳥之篇。邦畿，王者之都也。止，居也，言物各有所當止之處也。詩云：「緡蠻黃鳥，止于丘隅。」子曰：「於止，知其所止，可以人而不如鳥乎？」緡，詩作綿。○詩小雅緜蠻之篇。緡蠻，鳥聲。丘隅，岑蔚之處。子曰以下，孔子說詩之辭。言人當知所當止之處也。詩云：「穆穆文王，於緝熙敬止！」為人君，止於仁；為人臣，止於敬；為人子，止於孝；為人父，止於慈；與國人交，止於信。於緝之於，音烏。○詩文王之篇。穆穆，深遠之意。於，歎美辭。緝，繼續也。熙，光明也。敬止，言其無不敬而安所止也。引此而言聖人之止，無非至善。五者乃其目之大者也。學者於此，究其精微之蘊，而又推類以盡其餘，則於天下之事，皆有以知其所止而無疑矣。詩云：「瞻彼淇澳，菉竹猗猗。有斐君子，如切如磋，如琢如磨。瑟兮僩兮，赫兮喧兮。有斐君子，終不可諠兮。」如切如磋者，道學也；如琢如磨者，自脩也；瑟兮僩兮者，恂慄也；赫兮喧兮者，威儀也；有斐君子，終不可諠兮者，道盛德至善，民之不能忘也。澳，於六反。菉，詩作綠。猗，叶韻音阿。僩，下版反。喧，詩作咺；諠，詩作諼；並況晚反。恂，鄭氏讀作峻。○詩衛風淇澳之篇。淇，水名。澳，隈也。猗猗，美盛貌。興也。斐，文貌。切以刀鋸，琢以椎鑿，皆裁物使成形質也。磋以鑢鐋，磨以沙石，皆治物使其滑澤也。治骨角者，既切而復磋之；治玉石者，既琢而復磨之；皆言其治之有緒，而益致其精也。瑟，嚴密之貌。僩，武毅之貌。赫喧，宣著盛大之貌。諠，忘也。道，

大學　二

音虖錫他浪反復扶又反省星上聲治平聲

衍與羨同延面反閒遵京本從月按許氏說文及

言也。學謂講習討論之事、自脩者省察克治之功。恂慄、戰懼也。威、可畏也。儀、可象也。引詩而釋之、以明明明德者之止於至善。道學自脩、言其所以得之之由。恂慄威儀、言其德容表裏之盛。卒乃指其實而歎美之也。詩云。於戲前王不忘。君子賢其賢。而親其親。小人樂其樂。而利其利。此以沒世不忘也。於戲音嗚呼。樂音洛。詩周頌烈文之篇。於戲歎辭。前王、謂文武也。君子、謂其後賢後王。小人、謂後民也。此言前王所以新民者止於至善、使天下後世無一物不得其所、所以既沒世而人思慕之、愈久而不忘也。此兩節咏歎淫泆、其味深長、當熟玩之。

右傳之三章。釋止於至善。此章內自引淇澳詩以下、舊本誤在誠意章下。

子曰。聽訟、吾猶人也。必也使無訟乎。無情者、不得盡其辭。大畏民志。此謂知本。猶人、不異於人也。情、實也。引夫子之言、而言聖人能使無實之人、不敢盡其虛誕之辭。蓋我之明德既明、自然有以畏服民之心志。故訟不待聽而自無也。觀於此言、可以知本末之先後矣。

右傳之四章。釋本末。此章舊本誤在止於信下。

此謂知本。程子曰、衍文也。此謂知之至也。此句之上、別有闕文、此特其結語耳。

右傳之五章。蓋釋格物致知之義。而今亡矣。此章舊本通下章、誤在經文之下。閒嘗竊取程子之意以補之曰。所謂致知在格物者。言欲致吾之知。在即物而窮其理也。蓋人心之靈。莫不有知。而天下之物。莫不有理。惟於理有未窮。故其知有不盡也。是以大學始教。

洪武正韻並無閒字俗從日字

去上聲下同 閒本音古閑反此音閑係借用 處上聲 沮上聲

必使學者即凡天下之物，莫不因其已知之理而益窮之，以求至乎其極。至於用力之久，而一旦豁然貫通焉，則衆物之表裏精粗無不到，而吾心之全體大用無不明矣。此謂物格，此謂知之至也。

所謂誠其意者：毋自欺也。如惡惡臭，如好好色，此之謂自謙。故君子必慎其獨也。惡、好上字，皆去聲。謙讀為慊，苦劫反。○誠其意者，自修之首也。毋者，禁止之辭。自欺云者，知為善以去惡，而心之所發有未實也。謙，快也，足也。獨者，人所不知而己所獨知之地也。言欲自修者知為善以去其惡，則當實用其力，而禁止其自欺。使其惡惡則如惡惡臭，好善則如好好色，皆務決去，而求必得之，以自快足於己，不可徒苟且以徇外而為人也。然其實與不實，蓋有他人所不及知而己獨知之者，故必謹之於此以審其幾焉。

小人閒居為不善，無所不至，見君子而后厭然，揜其不善，而著其善。人之視己，如見其肺肝然，則何益矣。此謂誠於中，形於外，故君子必慎其獨也。閒音閑。厭，鄭氏讀作黶。○閒居，獨處也。厭然，消沮閉藏之貌。此言小人陰為不善，而陽欲揜之，則是非不知善之當為與惡之當去也；但不能實用其力以至此耳。然欲揜其惡而卒不可揜，欲詐為善而卒不可詐，則亦何益之有哉！此君子所以重以為戒，而必謹其獨也。

曾子曰：「十目所視，十手所指，其嚴乎！」引此以明上文之意。言雖幽獨之中，而其善惡之不可揜如此。可畏之甚也。

富潤屋，德潤身，心廣體胖，故君子必誠其意。胖，步丹反。○胖，安舒也。言富則能潤屋矣，德則能潤身矣，故心無愧怍，則廣大寬平，而體常舒泰，德之潤身者然也。蓋善之實於中而形於外者如此，故又言此以結之。

厭平聲

右傳之六章。釋誠意。經曰，欲誠其意，先致其知。又曰，知至而后意誠。蓋心體之明有所未盡，則其所發必有不能實用其力，而苟焉以自欺者。然或已明而不謹乎此，則其所明又非已有而無以為進德之基。故此章之指，必承上章而通考之，然後有以見其用力之始終，其序不可亂而功不可闕如此云。

所謂脩身在正其心者。身有所忿懥，則不得其正。有所恐懼，則不得其正。有所好樂，則不得其正。有所憂患，則不得其正。程子曰，身有之身當作心。忿，弗粉反。懥，敕值反。好、樂並去聲。○忿懥，怒也。蓋是四者皆心之用，而人所不能無者。然一有之而不能察，則欲動情勝，而其用之所行，或不能不失其正矣。

心不在焉，視而不見，聽而不聞，食而不知其味。心有不存，則無以檢其身。是以君子必察乎此而敬以直之，然後此心常存而身無不脩也。

此謂脩身在正其心。

右傳之七章。釋正心脩身。此亦承上章以起下章。蓋意誠則真無惡而實有善矣，所以能存是心以檢其身。然或但知誠意，而不能密察此心之存否，則有無以直內而脩身也。○自此以下，並以舊文為證。

所謂齊其家在脩其身者。人之其所親愛而辟焉，之其所賤惡而辟焉，之其所畏敬而辟焉，之其所哀矜而辟焉，之其所敖惰而辟焉。故好而知其惡，惡而知其美者，天下鮮矣。辟，讀為僻。惡而之惡、敖、好並去聲。鮮，上聲。○人，謂衆人。之，猶於也。辟，猶偏也。五者在人本有當然之則，然常人之情惟其所向而不加察焉，則必陷於一偏而身不脩矣。

故諺有之曰。人莫知其子之惡，莫知其苗之碩。諺，音彥。碩，叶韻，時若反。○諺，俗語也。溺愛者不明，貪得者無厭，是則偏之為害，而家之所以不齊也。

此謂身不脩，不可以齊其家。

强上聲　帥與率同　少與並去

右傳之八章。釋脩身齊家。

所謂治國必先齊其家者，其家不可教，而能教人者無之。故君子不出家，而成教於國。孝者，所以事君也；弟者，所以事長也；慈者，所以使衆也。弟，去聲。長，上聲。○身修則家可教矣；孝、弟、慈，所以修身而教於家者也；然而國之所以事君事長使衆之道，不外乎此。此所以家齊於上，而教成於下也。康誥曰：「如保赤子。」心誠求之，雖不中不遠矣。未有學養子而后嫁者也。中，去聲。○此引書而釋之，又明立教之本不假强爲，在識其端而推廣之耳。

一家仁，一國興仁；一家讓，一國興讓；一人貪戾，一國作亂。其機如此。此謂一言僨事，一人定國。僨，音奮。○一人，謂君也。機，發動所由也。僨，覆敗也。此言教成於國之效。

堯舜帥天下以仁，而民從之；桀紂帥天下以暴，而民從之。其所令反其所好，而民不從。是故君子有諸己而后求諸人，無諸己而后非諸人。所藏乎身不恕，而能喻諸人者，未之有也。好，去聲。○此又承上文一人定國而言。有善於己，然後可以責人之善；無惡於己，然後可以正人之惡。皆推己以及人，所謂恕也，不如是，則所令反其所好，而民不從矣。喻，曉也。

故治國在齊其家。通結上文。

詩云：「桃之夭夭，其葉蓁蓁。之子于歸，宜其家人。」宜其家人，而后可以教國人。夭，平聲。蓁，音臻。○詩周南桃夭之篇。夭夭，少好貌。蓁蓁，美盛貌。興也。之子，猶言是子，此指女子之嫁者而言也。婦人謂嫁曰歸。宜，猶善也。

詩云：「宜兄宜弟。」宜兄宜弟，而后可以教國聲。蓼音六。鳲音尸。　度待洛反，下同。捷疾業反。　處上聲。操平聲。

人。詩小雅蓼蕭篇。詩云：「其儀不忒，正是四國。」其為父子兄弟足法，而后民法之也。

詩曹風鳲鳩篇。忒，差也。

此謂治國在齊其家。

此三引詩，皆以詠歎上文之事，而又結之如此。其味深長，最宜潛玩。

右傳之九章。釋齊家治國。

所謂平天下在治其國者：上老老而民興孝，上長長而民興弟，上恤孤而民不倍，是以君子有絜矩之道也。

長，上聲。弟，去聲。倍與背同。絜，胡結反。○老老，所謂老吾老也。興，謂有所感發而興起也。孤者，幼而無父之稱。絜，度也。矩，所以為方也。言此三者，上行下效，捷於影響，所謂家齊而國治也。亦可以見人心之所同，而不可使有一夫之不獲矣。是以君子必當因其所同，推以度物，使彼我之間各得分願，則上下四旁均齊方正，而天下平矣。

所惡於上，毋以使下；所惡於下，毋以事上；所惡於前，毋以先後；所惡於後，毋以從前；所惡於右，毋以交於左；所惡於左，毋以交於右。此之謂絜矩之道。

惡、先，並去聲。○此覆解上文絜矩二字之義。如不欲上之無禮於我，則必以此度下之心，而亦不敢以此無禮使之；不欲下之不忠於我，則必以此度上之心，而亦不敢以此不忠事之。至於前後左右，無不皆然，則身之所處，上下四旁，長短廣狹，彼此如一，而無不方矣。彼同有是心而興起焉者，又豈有一夫之不獲哉。所操者約，而所及者廣，此平天下之要道也。故章內之意，皆自此而推之。

詩云：「樂只君子，民之父母。」民之所好好之，民之所惡惡之，此之謂民之父母。

樂，音洛。只，音紙。好、惡，並去聲，下並同。○詩小雅南山有臺之篇。只，語助辭。言能絜矩而以民心為己心，則是愛民如子，而民愛之如父母矣。

詩云：「節彼南山，維石巖巖。赫赫師尹，民具爾瞻。」有國者不可以不慎，辟則為天下僇矣。

節，讀為截。辟，讀為僻。僇與戮同。○詩小雅節南山之篇。節，截然

大音太

註中慎古本皆作謹避宋諱也

見形向反

高大貌。師尹，周太師尹氏也。具，俱也。辟，偏也。言在上者人所瞻仰，不可不謹。若不能絜矩，而好惡徇於一己之偏，則身弒國亡，為天下之大僇矣。

詩云。殷之未喪師。克配上帝。儀監于殷。峻命不易。道得衆則得國。失衆則失國。喪，去聲。儀，詩作宜。峻，詩作駿。易，去聲。○詩文王篇。師，衆也。配，對也。配上帝，言其為天下君，而對乎上帝也。監，視也。峻，大也。不易，言難保也。道，言也。引詩而言此，以結上文兩節之意。有天下者，能存此心而不失，則所以絜矩而與民同欲者，自不能已矣。

是故君子先慎乎德。有德此有人。有人此有土。有土此有財。有財此有用。先慎乎德，承上文不可不謹而言。德，即所謂明德。有人，謂得衆。有土，謂得國。有國則不患無財用矣。

德者本也。財者末也。本上文而言。

外本內末。爭民施奪。人君以德為外，以財為內，則是爭鬥其民，而施之以劫奪之教也。蓋財者人之所同欲，不能絜矩而欲專之，則民亦起而爭奪矣。

是故財聚則民散。財散則民聚。外本內末故財聚，爭民施奪故民散，反是則有德而有人矣。

是故言悖而出者。亦悖而入。貨悖而入者。亦悖而出。悖，布內反。○悖，逆也。此以言之出入，明貨之出入也。自先慎乎德以下至此，又因財貨以明能絜矩與不能者之得失也。

康誥曰。惟命不于常。道善則得之。不善則失之矣。道，言也。因上文引文王詩之意而申言之，其丁寧反覆之意益深切矣。

楚書曰。楚國無以為寶。惟善以為寶。楚書，楚語。言不寶金玉而寶善人也。

舅犯曰。亡人無以為寶。仁親以為寶。舅犯，晉文公舅狐偃，字子犯。亡人，文公時為公子，出亡在外也。仁，愛也。事見檀弓。此兩節又明不外本而內末之意。

秦誓曰。若有一个臣。斷斷兮。無他技。其心休休焉。其如有容焉。人之有技。若己有之。人之彥聖。其心好之。不啻若自其口出。寔能容之。以能保我子孫黎民。尚亦有利哉。人之有技。媢嫉以

殖承職反

惡之人之彥聖，而違之俾不通。寔不能容，以不能保我子孫黎民，亦曰殆哉。个，古賀反，書作介。斷，丁亂反。媢，音冒。○秦誓，周書。斷斷，誠一之貌。彥，美士也。聖，通明也。尚，庶幾也。媢，忌也。違，拂戾也。殆，危也。唯仁人放流之，迸諸四夷，不與同中國。此謂唯仁人為能愛人，能惡人。迸，讀為屏，古字通用。○迸，猶逐也。言有此媢嫉之人，妨賢而病國，則仁人必深惡而痛絕之。以其至公無私，故能得好惡之正如此也。見賢而不能舉，舉而不能先，命也；見不善而不能退，退而不能遠，過也。命，鄭氏云當作慢，程子云當作怠，未詳孰是。遠，去聲。○若此者，知所愛惡矣，而未能盡愛惡之道，蓋君子而未仁者也。好人之所惡，惡人之所好，是謂拂人之性，菑必逮夫身。菑，古災字。夫，音扶。○拂，逆也。好善而惡惡，人之性也；至於拂人之性，則不仁之甚者也。自秦誓至此，又皆以申言好惡公私之極，以明上文所引南山有臺、節南山之意。是故君子有大道，必忠信以得之，驕泰以失之。君子，以位言之。道，謂居其位而脩己治人之術。發己自盡為忠，循物無違謂信。驕者矜高，泰者侈肆。此因上所引文王、康誥之意而言。章內三言得失，而語益加切，蓋至此而天理存亡之幾決矣。生財有大道，生之者眾，食之者寡，為之者疾，用之者舒，則財恒足矣。恒，胡登反。○呂氏曰：國無游民，則生者眾矣；朝無幸位，則食者寡矣；不奪農時，則為之疾矣；量入為出，則用之舒矣。愚按：此因有土有財而言，以明足國之道在乎務本而節用，非必外本內末而後財可聚也。自此以至終篇，皆一意也。仁者以財發身，不仁者以身發財。發，猶起也。仁者散財以得民，不仁者亡身以殖貨。未有上好仁而下不好義者也，未有好義其事不終者也，未有府庫財非其財者也。上好仁以愛其下，則下好義以忠其上；所以事必有終，而府庫之財無悖出之患也。孟獻子曰：畜馬乘，不察於雞豚；伐冰之家，不畜牛羊；百乘之家，

斂按說文正韻從欠俗作斂非

不畜聚斂之臣。與其有聚斂之臣。寧有盜臣。此謂國不以利爲利。以義爲利也。畜許六反。乘斂並去聲。○孟獻子。魯之賢大夫仲孫蔑也。畜馬乘。士初試爲大夫者也。伐冰之家。卿大夫以上。喪祭用冰者也。百乘之家。有采地者也。君子寧亡己之財。而不忍傷民之力。故寧有盜臣。而不畜聚斂之臣。此謂以下。釋獻子之言也。長國家而務財用者。必自小人矣。彼爲善之。小人之使爲國家。菑害並至。雖有善者。亦無如之何矣。此謂國不以利爲利。以義爲利也。長上聲。彼爲善之。此句上下。疑有闕文誤字。○自。由也。言由小人導之也。此一節。深明以利爲利之害。而重言以結之。其丁寧之意切矣。

右傳之十章。釋治國平天下。此章之義。務在與民同好惡而不專其利。皆推廣絜矩之意也。能如是。則親賢樂利各得其所。而天下平矣。

凡傳十章。前四章。統論綱領旨趣。後六章。細論條目工夫。其第五章。乃明善之要。第六章。乃誠身之本。在初學。尤爲當務之急。讀者不可以其近而忽之也。

復扶又反　卷上聲　索色窄反

幾平聲

中庸

中者不偏不倚無過不及之名庸平常也

朱熹章句

子程子曰不偏之謂中不易之謂庸中者天下之正道庸者天下之定理此篇乃孔門傳授心法子思恐其久而差也故筆之於書以授孟子其書始言一理中散為萬事末復合為一理放之則彌六合卷之則退藏於密其味無窮皆實學也善讀者玩索而有得焉則終身用之有不能盡者矣

天命之謂性率性之謂道修道之謂教

命猶令也性即理也天以陰陽五行化生萬物氣以成形而理亦賦焉猶命令也於是人物之生因各得其所賦之理以為健順五常之德所謂性也率循也道猶路也人物各循其性之自然則其日用事物之間莫不各有當行之路是則所謂道也修品節之也性道雖同而氣稟或異故不能無過不及之差聖人因人物之所當行者而品節之以為法於天下則謂之教若禮樂刑政之屬是也蓋人知己之有性而不知其出於天知事之有道而不知其由於性知聖人之有教而不知其因吾之所固有者裁之也故子思於此首發明之而董子所謂道之大原出於天亦此意也

道也者不可須臾離也可離非道也是故君子戒慎乎其所不睹恐懼乎其所不聞

離去聲○道者日用事物當行之理皆性之德而具於心無物不有無時不然所以不可須臾離也若其可離則豈率性之謂哉是以君子之心常存敬畏雖不見聞亦不敢忽所以存天理之本然而不使離於須臾之頃也

莫見乎隱莫顯乎微故君子慎其獨也

見音現○隱暗處也微細事也獨者人所不知而己所獨知之地也言幽暗之中細微之事跡雖未形而幾則已動人雖不知而己獨知之則是天下之事無有著見明顯而過於此者是以君子既常戒懼而於此尤加謹焉所以遏人欲於將萌而不使其潛滋暗長於隱微之中以至離道之遠也

喜怒哀樂之未

長上聲　謬，靡幼反　本原四句當如此讀法　去上聲　夫音扶　處上聲

發。謂之中。發而皆中節。謂之和。中也者。天下之大本也。和也者。天下之達道也。樂，音洛。中節之中，去聲。○喜怒哀樂，情也。其未發，則性也。無所偏倚，故謂之中。發皆中節，情之正也，無所乖戾，故謂之和。大本者，天命之性，天下之理皆由此出，道之體也。達道者，循性之謂，天下古今之所共由，道之用也。此言性情之德，以明道不可離之意。

致中和。天地位焉。萬物育焉。致，推而極之也。位者，安其所也。育者，遂其生也。自戒懼而約之，以至於至靜之中，無少偏倚，而其守不失，則極其中而天地位矣。自謹獨而精之，以至於應物之處，無少差謬，而無適不然，則極其和而萬物育矣。蓋天地萬物本吾一體，吾之心正，則天地之心亦正矣，吾之氣順，則天地之氣亦順矣。故其效驗至於如此。此學問之極功，聖人之能事，初非有待於外，而修道之教亦在其中矣。是其一體一用，雖有動靜之殊，然必其體立而後用有以行，則其實亦非有兩事也。故於此合而言之，以結上文之意。

右第一章。子思述所傳之意以立言。首明道之本原出於天而不可易。其實體備於己而不可離。次言存養省察之要。終言聖神功化之極。蓋欲學者於此反求諸身而自得之。以去夫外誘之私。而充其本然之善。楊氏所謂一篇之體要是也。其下十章。蓋子思引夫子之言。以終此章之義。

仲尼曰。君子中庸。小人反中庸。中庸者，不偏不倚，無過不及，而平常之理，乃天命所當然，精微之極致也。唯君子為能體之，小人反是。

君子之中庸也。君子而時中。小人之中庸也。小人而無忌憚也。王肅本作小人之反中庸也，程子亦以為然，今從之。○君子之所以為中庸者，以其有君子之德，而又能隨時以處中也。小人之所以反中庸者，以其有小人之心，而又無所忌憚也。蓋中無定體，隨時而在，是乃平常之理也。君子知其在我，故能戒謹不睹，恐懼不聞，而無時不中。小人不知有此，則肆欲妄

屬音燭　行去聲

知愚知者去聲餘俱平聲離去聲

行而無所忌憚矣。

右第二章。此下十章皆論中庸以釋首章之義。文雖不屬，而意實相承也。變和言庸者，游氏曰：以性情言之，則曰中和；以德行言之，則曰中庸是也。然中庸之中，實兼中和之義。

子曰：中庸其至矣乎！民鮮能久矣。鮮，上聲，下同。○過則失中，不及則未至，故惟中庸之德為至。然亦人所同得，初無難事，但世教衰，民不興行，故鮮能之，今已久矣。論語無能字。

右第三章。

子曰：道之不行也，我知之矣，知者過之，愚者不及也。道之不明也，我知之矣，賢者過之，不肖者不及也。知者之知，去聲。○道者，天理之當然，中而已矣。知愚賢不肖之過不及，則生稟之異而失其中也。知者知之過，既以道為不足行；愚者不及知，又不知所以行，此道之所以常不行也。賢者行之過，既以道為不足知；不肖者不及行，又不求所以知，此道之所以常不明也。

人莫不飲食也，鮮能知味也。道不可離，人自不察，是以有過不及之弊。

右第四章。

子曰：道其不行矣夫！夫，音扶。○由不明，故不行。

右第五章。此章承上章而舉其不行之端，以起下章之意。

子曰：舜其大知也與！舜好問而好察邇言，隱惡而揚善，執其兩端，

樂音洛　量去聲　度待洛反　與音預

別必列反　好去聲　帀作答反　知去聲

奉上聲　著陟略反

知去聲　易去聲

用其中於民。其斯以為舜乎。知去聲。與平聲。好去聲。○舜之所以為大知者，以其不自用而取諸人也。邇言者，淺近之言，猶必察焉，其無遺善可知。然於其言之未善者則隱而不宣，其善者則播而不匿，其廣大光明又如此，則人孰不樂告以善哉。兩端，謂眾論不同之極致。蓋凡物皆有兩端，如小大厚薄之類，於善之中又執其兩端，而量度以取中，然後用之，則其擇之審而行之至矣。然非在我之權度精切不差，何以與此。此知之所以無過不及，而道之所以行也。

右第六章。

子曰。人皆曰予知。驅而納諸罟擭陷阱之中。而莫之知辟也。人皆曰予知。擇乎中庸。而不能期月守也。予知之知去聲。罟音古。擭胡化反。阱才性反。辟與避同。期居之反。○罟，網也；擭，機檻也；陷阱，坑坎也；皆所以揜取禽獸者也。擇乎中庸，辨別眾理，以求所謂中庸，即上章好問用中之事也。期月，帀一月也。言知禍而不知避，以況能擇而不能守，皆不得為知也。

右第七章。承上章大知而言，又舉不明之端，以起下章也。

子曰。回之為人也。擇乎中庸。得一善。則拳拳服膺。而弗失之矣。回，孔子弟子顏淵名。拳拳，奉持之貌。服，猶著也。膺，胸也。奉持而著之心胸之間，言能守也。顏子蓋真知之，故能擇能守如此，此行之所以無過不及，而道之所以明也。

右第八章。

子曰。天下國家可均也。爵祿可辭也。白刃可蹈也。中庸不可能也。均，平治也。三者亦知仁勇之事，天下之至難也，然皆倚於一偏，故資之近而力能勉者，皆足以能之。至於中庸，雖若易能，然非義精仁熟，而無一毫人欲之私者，不能及也。三者難而易，中庸易而難，此民之所以鮮能也。

聲下同 解上聲 好去聲 横去聲 衽而審反 勁音竟 塞憎入聲 著直略反 行去聲下如字 知去聲

右第九章。亦承上章以起下章。

子路問强。子路，孔子弟子仲由也。子路好勇，故問强。子曰。南方之强與。北方之强與。抑而强與。與，平聲。抑，語辭。而，汝也。寬柔以教。不報無道。南方之强也。君子居之。寬柔以教，謂含容巽順以誨人之不及也。不報無道，謂横逆之來，直受之而不報也。南方風氣柔弱，故以含忍之力勝人為强，君子之道也。衽金革。死而不厭。北方之强也。而强者居之。衽，席也。金，戈兵之屬。革，甲冑之屬。北方風氣剛勁，故以果敢之力勝人為强，强者之事也。故君子和而不流。强哉矯。中立而不倚。强哉矯。國有道。不變塞焉。强哉矯。國無道。至死不變。强哉矯。此四者，汝之所當强也。矯，强貌。詩曰「矯矯虎臣」是也。倚，偏著也。塞，未達也。國有道，不變未達之所守；國無道，不變平生之所守也。此則所謂中庸之不可能者，非有以自勝其人欲之私，不能擇而守也。君子之强，孰大於是。夫子以是告子路者，所以抑其血氣之剛，而進之以德義之勇也。

右第十章。

子曰。素隱行怪。後世有述焉。吾弗為之矣。素，按漢書當作索，蓋字之誤也。索隱行怪，言深求隱僻之理，而過為詭異之行也。然以其足以欺世而盜名，故後世或有稱述之者。此知之過而不擇乎善，行之過而不用其中，不當强而强者也，聖人豈為之哉。君子遵道而行。半塗而廢。吾弗能已矣。遵道而行，則能擇乎善矣；半塗而廢，則力之不足也。此其知雖足以及之，而行有不逮，當强而不强者也。已，止也。聖人於此，非勉焉而不敢廢，蓋至誠無息，自有所不能止也。君子依乎中庸。遯世不見知而不悔。唯聖者能之。不為索隱行怪，則依乎中庸而已。不能半塗而廢，是以遯世不見知而不悔也。此中庸之成德，知之盡、仁之至、不賴勇而裕如者，正吾夫子之事，而猶不自居也。故曰唯聖者能之而已。

中庸 三

造，七到反。

施，去聲。覆，數救反。麓，音鹿。鴟，處脂反。

為，去聲。

右第十一章。子思所引夫子之言、以明首章之義者止此、蓋此篇大旨、以知仁勇三達德為入道之門、故於篇首、即以大舜顏淵子路之事明之、舜知也、顏淵仁也、子路勇也、三者廢其一、則無以造道而成德矣、餘見第二十章。

君子之道費而隱。費，符未反。○費，用之廣也、隱，體之微也。夫婦之愚、可以與知焉。及其至也、雖聖人亦有所不知焉。夫婦之不肖、可以能行焉。及其至也、雖聖人亦有所不能焉。天地之大也、人猶有所憾。故君子語大、天下莫能載焉。語小、天下莫能破焉。與，去聲。○君子之道、近自夫婦居室之間、遠而至於聖人天地之所不能盡、其大無外、其小無內、可謂費矣、然其理之所以然、則隱而莫之見也、蓋可知可能者、道中之一事、及其至而聖人不知不能、則舉全體而言、聖人固有所不能盡也、侯氏曰、聖人所不知、如孔子問禮問官之類、所不能、如孔子不得位、堯舜病博施之類、愚謂人所憾於天地、如覆載生成之偏、及寒暑災祥之不得其正者。詩云、鳶飛戾天。魚躍于淵。言其上下察也。鳶，余專反。○詩大雅旱麓之篇、鳶、鴟類、戾、至也、察、著也、子思引此詩以明化育流行、上下昭著、莫非此理之用、所謂費也、然其所以然者、則非見聞所及、所謂隱也、故程子曰、此一節子思喫緊為人處、活潑潑地、讀者其致思焉。君子之道、造端乎夫婦。及其至也、察乎天地。結上文。

右第十二章。子思之言。蓋以申明首章。道不可離之意也。其下八章。雜引孔子之言。以明之。

子曰。道不遠人。人之為道而遠人。不可以為道。道者、率性而已、固眾人之所能知能行者也、故常不遠於人、若為道者厭

豳音彬　別必列反　下同　當去聲　易去聲　背音佩　度待洛反　行如字　訒忍去聲　行顧言行之行並去聲　放上

其卑近以爲不足爲而反務爲高遠難行之事則非所以爲道矣。詩云：伐柯伐柯，其則不遠。執柯以伐柯，睨而視之，猶以爲遠。故君子以人治人，改而止。睨研計反。○詩豳風伐柯之篇。柯，斧柄。則，法也。睨，邪視也。言人執柯伐木以爲柯者，彼柯長短之法，在此柯耳。然猶有彼此之別，故伐者視之猶以爲遠也。若以人治人，則所以爲人之道，各在當人之身，初無彼此之別。故君子之治人也，即以其人之道，還治其人之身。其人能改，即止不治。蓋責之以其所能知能行，非欲其遠人以爲道也。張子所謂以衆人望人則易從是也。

忠恕違道不遠，施諸己而不願，亦勿施於人。盡己之心爲忠，推己及人爲恕。違，去也，如春秋傳齊師違穀七里之違。言自此至彼，相去不遠，非背而去之之謂也。道，即其不遠人者是也。施諸己而不願亦勿施於人，忠恕之事也。以己之心度人之心，未嘗不同，則道之不遠於人者可見。故己之所不欲，則勿以施之於人，亦不遠人以爲道之事。張子所謂以愛己之心愛人則盡仁是也。

君子之道四，丘未能一焉：所求乎子，以事父，未能也；所求乎臣，以事君，未能也；所求乎弟，以事兄，未能也；所求乎朋友，先施之，未能也。庸德之行，庸言之謹，有所不足，不敢不勉，有餘不敢盡；言顧行，行顧言，君子胡不慥慥爾！子、臣、弟、友，四字絕句。○求，猶責也。道不遠人，凡己之所以責人者，皆道之所當然也，故反之以自責而自修焉。庸，平常也。行者，踐其實。謹者，擇其可。德不足而勉，則行益力；言有餘而訒，則謹益至。謹之至則言顧行矣；行之力則行顧言矣。慥慥，篤實貌。言君子之言行如此，豈不慥慥乎，贊美之也。凡此皆不遠人以爲道之事。張子所謂以責人之心責己則盡道是也。

右第十三章。道不遠人者，夫婦所能，丘未能一者，聖人所不能，皆費也。而其所以然者，則至隱存焉。下章放此。

君子素其位而行，不願乎其外。素，猶見在也。言君子但因見在所居之位而爲其所當爲，無慕乎其外之心也。素富貴，行乎富貴；素貧賤，行乎貧賤；素夷狄，行乎夷狄；素患難，行乎患難。君子聲。見，形甸反，下同。援，音袁。畫，胡化反。

而物，下坊本有之字。齊之，其齊，音齋。齊不

無入而不自得焉。難，去聲。○此言素其位而行也。在上位不陵下。在下位不援上。正己而不求於人，則無怨。上不怨天。下不尤人。援，平聲。○此言不願乎其外也。故君子居易以俟命。小人行險以徼幸。易，去聲。○易，平地也。居易，素位而行也。俟命，不願乎外也。徼，求也。幸，謂所不當得而得者。子曰。射有似乎君子。失諸正鵠。反求諸其身。正，音征。鵠，工毒反。○畫布曰正，棲皮曰鵠，皆侯之中，射之的也。子思引此孔子之言，以結上文之意。

右第十四章。子思之言也。凡章首無子曰字者放此。

君子之道。辟如行遠必自邇。辟如登高必自卑。辟、譬同。詩曰。妻子好合。如鼓瑟琴。兄弟既翕。和樂且耽。宜爾室家。樂爾妻帑。好，去聲。耽，詩作湛，亦作耽。樂，音洛。○詩小雅常棣之篇。鼓瑟琴，和也。翕，亦合也。耽，亦樂也。帑，子孫也。子曰。父母其順矣乎。夫子誦此詩而贊之曰：人能和於妻子，宜於兄弟如此，則父母其安樂之矣乎。子思引詩及此語，以明行遠自邇、登高自卑之意。

右第十五章。

子曰。鬼神之為德。其盛矣乎。程子曰：鬼神，天地之功用，而造化之迹也。張子曰：鬼神者，二氣之良能也。愚謂以二氣言，則鬼者陰之靈也，神者陽之靈也。以一氣言，則至而伸者為神，反而歸者為鬼，其實一物而已。為德，猶言性情功效。視之而弗見。聽之而弗聞。體物而不可遺。鬼神無形與聲，然物之終始，莫非陰陽合散之所為，是其為物之體，而物所不能遺也。其言體物，猶易所謂幹事。使天下之人。齊明盛服。以承祭祀。洋洋乎如在其上。如在其左右。齊，側皆反。○齊之為言齊也，所以齊不齊而致其齊也。明，猶潔也。洋洋，流動充滿之意。能使人畏敬奉承，而發見昭著如此，乃其體物而不可遺之驗也。孔子曰：其氣發揚於上為

齊如字見形向反焄音熏　樂音洛行去聲　累上聲　著音酌

昭明焄蒿悽愴此百物之精也神之著也正謂此爾

詩曰。神之格思。不可度思。矧可射思。度待洛反射音亦詩作斁。○詩大雅抑之篇格來也矧況也射厭也言厭怠而不敬也思語辭

夫微之顯。誠之不可揜。如此夫。夫音扶。○誠者真實無妄之謂陰陽合散無非實者故其發見之不可揜如此

右第十六章。不見不聞隱也體物如在則亦費矣此前三章以其費之小者而言此後三章以其費之大者而言此一章兼費隱包小大而言

子曰。舜其大孝也與。德為聖人。尊為天子。富有四海之內。宗廟饗之。子孫保之。與平聲。○子孫謂虞思陳胡公之屬

故大德必得其位。必得其祿。必得其名。必得其壽。舜年百有十歲

故天之生物。必因其材而篤焉。故栽者培之。傾者覆之。材質也篤厚也栽植也氣至而滋息為培氣反而遊散則覆

詩曰。嘉樂君子。憲憲令德。宜民宜人。受祿于天。保佑命之。自天申之。詩大雅假樂之篇假當依此作嘉憲當依詩作顯申重也

故大德者。必受命。受命者受天命為天子也

右第十七章。此由庸行之常推之以極其至見道之用廣也而其所以然者則為體微矣後二章亦此意

子曰。無憂者。其惟文王乎。以王季為父。以武王為子。父作之。子述之。此言文王之事書言王季其勤王家蓋其所作亦積功累仁之事也

武王纘大王王季文王之緒。壹戎衣而有天下。身不失天下之顯名。尊為天子。富有四海之內。宗廟饗之。子孫保之。大音泰下同○此言武王之事纘繼也大王王季之父也書云大王肇基王迹詩云至于大王實始翦商緒業也戎衣甲冑之屬壹戎衣武成文言一著戎衣以伐紂也

武王末受命。周公

组音祖　紺古暗反

成文武之德。追王大王王季。上祀先公以天子之禮。斯禮也。達乎諸侯大夫及士庶人。父為大夫。子為士。葬以大夫。祭以士。父為士。子為大夫。葬以士。祭以大夫。期之喪。達乎大夫。三年之喪。達乎天子。父母之喪。無貴賤一也。追王之王，去聲。○此言周公之事。末，猶老也。追王，蓋推文武之意，以及乎王迹之所起也。先公，組紺以上至后稷也。上祀先公以天子之禮，又推大王王季之意，以及於無窮也。制為禮法，以及天下，使葬用死者之爵，祭用生者之祿。喪服自期以下，諸侯絕，大夫降，而父母之喪，上下同之，推己以及人也。

右第十八章。

夫音扶

子曰。武王周公。其達孝矣乎。達，通也。承上章而言，武王周公之孝，乃天下之人通謂之孝，猶孟子之言達尊也。

夫孝者。善繼人之志。善述人之事者也。上章言武王纘大王王季文王之緒，以有天下，而周公成文武之德，以追崇其先祖，此繼志述事之大者也。下文又以其所制祭祀之禮，通於上下者言之。

適音的

春秋。修其祖廟。陳其宗器。設其裳衣。薦其時食。祖廟，天子七，諸侯五，大夫三，適士二，官師一。宗器，先世所藏之重器，若周之赤刀、大訓、天球、河圖之屬也。裳衣，先祖之遺衣服，祭則設之以授尸也。時食，四時之食，各有其物，如春行羔豚，膳膏香之類是也。

觶音至

宗廟之禮。所以序昭穆也。序爵。所以辨貴賤也。序事。所以辨賢也。旅酬下為上。所以逮賤也。燕毛。所以序齒也。昭，如字。為，去聲。○宗廟之次，左為昭，右為穆，而子孫亦以為序。有事於太廟，則子姓、兄弟、羣昭、羣穆咸在而不失其倫焉。爵，公、卿、大夫也。事，宗祝有司之職事也。旅，眾也。酬，導飲也。旅酬之禮，賓弟子、兄弟之子各舉觶於其長而眾相酬。蓋宗廟之中以有事為榮，故逮及賤者，使亦得以申其敬也。燕毛，祭畢而燕，則以毛髮之色別長幼，為坐次也。齒，年數也。

踐其位。行其禮。奏其樂。敬其所

省生上聲

括官入聲　葦音委　殺音晒　惻音測　怛丹入聲

尊。愛其所親。事死如事生。事亡如事存。孝之至也。（踐猶履也。其指先王也。所尊所親，先王之祖考子孫臣庶也。始死謂之死。既葬則曰反而亡焉。皆指先王也。此結上文兩節，皆繼志述事之意也。）郊社之禮。所以事上帝也。宗廟之禮。所以祀乎其先也。明乎郊社之禮。禘嘗之義。治國其如示諸掌乎。（郊，祭天。社，祭地。不言后土者，省文也。禘，天子宗廟之大祭，追祭太祖之所自出於太廟，而以太祖配之也。嘗，秋祭也。四時皆祭，舉其一耳。禮必有義，對舉之，互文也。示與視同。視諸掌，言易見也。此與論語文意大同小異，記有詳略耳。）

右第十九章。

哀公問政。（哀公，魯君，名蔣。）子曰。文武之政。布在方策。其人存。則其政舉。其人亡。則其政息。（方，版也。策，簡也。息，猶滅也。有是君，有是臣，則有是政矣。）人道敏政。地道敏樹。夫政也者。蒲盧也。（夫，音扶。○敏，速也。蒲盧，沈括以為蒲葦是也。以人立政，猶以地種樹，其成速矣，而蒲葦又易生之物，其成尤速也。言人存政舉，其易如此。）故為政在人。取人以身。修身以道。修道以仁。（此承上文人道敏政而言也。為政在人，家語作為政在於得人，語意尤備。人，謂賢臣。身，指君身。道者，天下之達道。仁者，天地生物之心，而人得以生者，所謂元者善之長也。言人君為政在於得人，而取人之則又在修身。能仁其身，則有君有臣，而政無不舉矣。）仁者人也。親親為大。義者宜也。尊賢為大。親親之殺。尊賢之等。禮所生也。（殺，去聲。○人，指人身而言。具此生理，自然便有惻怛慈愛之意，深體味之可見。宜者，分別事理，各有所宜也。禮，則節文斯二者而已。）在下位不獲乎上。民不可得而治矣。（鄭氏曰：此句在下，誤重在此。）故君子。不可以不修身。思修身。不可以不事親。思事親。不可以不知人。思知人。不可以不知天。（為政在人，取人以身長，上聲。分，去聲。與，去聲。懦，奴臥反。

故不可以不修身。修身以道，修道以仁，故思修身，不可以不事親。欲盡親親之仁，必由尊賢之義，故又當知人。親親之殺，尊賢之等，皆天理也，故又當知天。

天下之達道五，所以行之者三。曰：君臣也，父子也，夫婦也，昆弟也，朋友之交也。五者，天下之達道也。知、仁、勇三者，天下之達德也。所以行之者一也。

知，去聲。○達道者，天下古今所共由之路，即書所謂五典，孟子所謂「父子有親，君臣有義，夫婦有別，長幼有序，朋友有信」是也。知，所以知此也；仁，所以體此也；勇，所以强此也；謂之達德者，天下古今所同得之理也。一則誠而已矣。達道雖人所共由，然無是三德，則無以行之；達德雖人所同得，然一有不誠，則人欲間之，而德非其德矣。程子曰：「所謂誠者，止是誠實此三者。三者之外，更別無誠。」

或生而知之，或學而知之，或困而知之，及其知之一也。或安而行之，或利而行之，或勉强而行之，及其成功一也。

强，上聲。○知之者之所知，行之者之所行，謂達道也。以其分而言，則所以知者知也，所以行者仁也，所以至於知之成功而一者勇也。以其等而言，則生知安行者知也，學知利行者仁也，困知勉行者勇也。蓋人性雖無不善，而氣稟有不同者，故聞道有蚤莫，行道有難易，然能自强不息，則其至一也。呂氏曰：「所入之塗雖異，而所至之域則同，此所以為中庸。若乃企生知安行之資為不可幾及，輕困知勉行謂不能有成，此道之所以不明不行也。」

子曰：好學近乎知，力行近乎仁，知恥近乎勇。

子曰二字衍文。好近乎知之知，並去聲。○此言未及乎達德而求以入德之事。通上文三知為知，三行為仁，則此三近者，勇之次也。呂氏曰：「愚者自是而不求，自私者徇人欲而忘返，懦者甘為人下而不辭。故好學非知，然足以破愚；力行非仁，然足以忘私；知恥非勇，然足以起懦。」

知斯三者，則知所以修身；知所以修身，則知所以治人；知所以治人，則知所以治天下國家矣。

斯三者，指三近而言。人者，對己之稱。天下國家，則盡乎人矣。言此以結上文修身之意，起下文九經之端也。

凡為天下國家有九經，曰：修身也，尊賢也，親親也，敬大臣也，體羣臣也，子庶民也，來百工也，柔遠人也，懷諸

處音杵　別必列反　施去聲　省悉井反　令平聲　稍為　委並

侯也。經常也。體，謂設以身處其地而察其心也。子，如父母之愛其子也。柔遠人，所謂無忘賓旅者也。此列九經之目也。呂氏曰：天下國家之本在身，故修身為九經之本。然必親師取友，然後修身之道進，故尊賢次之。道之所進，莫先其家，故親親次之。由家以及朝廷，故敬大臣、體羣臣次之。由朝廷以及其國，故子庶民、來百工次之。由其國以及天下，故柔遠人、懷諸侯次之。此九經之序也。視羣臣猶吾四體，視百姓猶吾子，此視臣視民之別也。修身則道立，尊賢則不惑，親親則諸父昆弟不怨，敬大臣則不眩，體羣臣則士之報禮重，子庶民則百姓勸，來百工則財用足，柔遠人則四方歸之，懷諸侯則天下畏之。此言九經之效也。道立，謂道成於己而可為民表，所謂皇建其有極是也。不惑，謂不疑於理。不眩，謂不迷於事。敬大臣則信任專，而小臣不得以間之，故臨事而不眩也。來百工則通功易事，農末相資，故財用足。柔遠人則天下之旅皆悅而願出於其塗，故四方歸。懷諸侯則德之所施者博，而威之所制者廣矣，故曰天下畏之。齊明盛服，非禮不動，所以修身也。去讒遠色，賤貨而貴德，所以勸賢也。尊其位，重其祿，同其好惡，所以勸親親也。官盛任使，所以勸大臣也。忠信重祿，所以勸士也。時使薄斂，所以勸百姓也。日省月試，既稟稱事，所以勸百工也。送往迎來，嘉善而矜不能，所以柔遠人也。繼絕世，舉廢國，治亂持危，朝聘以時，厚往而薄來，所以懷諸侯也。齊側皆反。去，上聲。遠、好、惡、斂並去聲。既，許氣反。稟，彼錦、力錦二反。稱，去聲。朝，音潮。○此言九經之事也。官盛任使，謂官屬眾盛，足任使令也，蓋大臣不當親細事，故所以優之者如此。忠信重祿，謂待之誠而養之厚，蓋以身體之而知其所賴乎上者如此也。既讀曰餼。餼稟，稍食也。稱事，如周禮稾人職，曰考其弓弩以上下其食是也。往則為之授節以送之，來則豐其委積以迎之。朝，謂諸侯見於天子。聘，謂諸侯使大夫來獻。王制比年一小聘，三年一大聘，五年一朝。厚往薄來，謂燕賜厚而納貢薄。凡為天下國家有九經，所以

去聲　積子賜反　現比毗至反　躓音至

上知字音智

行之者一也。一者，誠也。一有不誠，則是九者皆為虛文矣，此九經之實也。

凡事豫則立，不豫則廢。言前定則不跲，事前定則不困，行前定則不疚，道前定則不窮。跲，其劫反。行，去聲。○凡事，指達道、達德、九經之屬。豫，素定也。跲，躓也。疚，病也。此承上文，言凡事皆欲先立乎誠，如下文所推是也。

在下位不獲乎上，民不可得而治矣；獲乎上有道，不信乎朋友，不獲乎上矣；信乎朋友有道，不順乎親，不信乎朋友矣；順乎親有道，反諸身不誠，不順乎親矣；誠身有道，不明乎善，不誠乎身矣。此又以在下位者，推言素定之意。反諸身不誠，謂反求諸身而所存所發，未能真實而無妄也。不明乎善，謂未能察於人心天命之本然，而真知至善之所在也。

誠者，天之道也；誠之者，人之道也。誠者不勉而中，不思而得，從容中道，聖人也。誠之者，擇善而固執之者也。中，並去聲。從，七容反。○此承上文誠身而言。誠者，真實無妄之謂，天理之本然也。誠之者，未能真實無妄，而欲其真實無妄之謂，人事之當然也。聖人之德，渾然天理，真實無妄，不待思勉而從容中道，則亦天之道也。未至於聖，則不能無人欲之私，而其為德不能皆實。故未能不思而得，則必擇善，然後可以明善；未能不勉而中，則必固執，然後可以誠身，此則所謂人之道也。不思而得，生知也。不勉而中，安行也。擇善，學知以下之事。固執，利行以下之事也。

博學之，審問之，慎思之，明辨之，篤行之。此誠之之目也。學、問、思、辨，所以擇善而為知，學而知也。篤行，所以固執而為仁，利而行也。程子曰：「五者廢其一，非學也。」

有弗學，學之弗能弗措也；有弗問，問之弗知弗措也；有弗思，思之弗得弗措也；有弗辨，辨之弗明弗措也；有弗行，行之弗篤弗措也。人一能之己百之，人十能之己千之。君子之學

要平聲。為去聲、夫音扶。鹵音魯。莽莫古莫後莫朗三反。紐女九反。復扶又反。覆音福

不為則已，為則必要其成，故常百倍其功。此困而知、勉而行者也，勇之事也。

果能此道矣。雖愚必明。雖柔必強。明者擇善之功，強者固執之效。呂氏曰：君子所以學者，為能變化氣質而已。德勝氣質，則愚者可進於明，柔者可進於強。不能勝之，則雖有志於學，亦愚不能明，柔不能強而已矣。蓋均善而無惡者，性也，人所同也；昏明強弱之稟不齊者，才也，人所異也。誠之者，所以反其同而變其異也。夫以不美之質，求變而美，非百倍其功，不足以致之。今以鹵莽滅裂之學，或作或輟，以變其不美之質，及不能變，則曰天質不美，非學所能變。是果於自棄，其為不仁甚矣。

右第二十章。此引孔子之言，以繼大舜、文、武、周公之緒，明其所傳之一致，舉而措之，亦猶是耳。蓋包費隱、兼小大，以終十二章之意。章內語誠始詳，而所謂誠者，實此篇之樞紐也。又按：孔子家語亦載此章，而其文尤詳。成功一也之下，有公曰：子之言美矣！至矣！寡人實固，不足以成之也。故其下復以子曰起答辭。今無此問辭，而猶有子曰二字。蓋子思刪其繁文以附于篇，而所刪有不盡者，今當為衍文也。博學之以下，家語無之，意彼有闕文，抑此或子思所補也歟？

自誠明。謂之性。自明誠。謂之教。誠則明矣。明則誠矣。自，由也。德無不實而明無不照者，聖人之德。所性而有者也，天道也。先明乎善，而後能實其善者，賢人之學。由教而入者也，人道也。誠則無不明矣，明則可以至於誠矣。

右第二十一章。子思承上章夫子天道、人道之意而立言也。自此以下十二章。皆子思之言。以反覆推明此章之意。

唯天下至誠。為能盡其性。能盡其性。則能盡人之性。能盡人之性。則能盡物之性。能盡物之性。則可以贊天地之化育。可以贊天地之化育。則可以與天地參矣。天下至誠，謂聖人之德之實，天下莫能加也。盡其性者，德無不實，故無人欲之私，而天命之在我者，察之由之，巨細精粗，無毫髮之不盡也。人物之

處上聲當去聲

龜字諸本互異此從洪武正韻筮音誓

性亦我之性，但以所賦形氣不同而有異耳。能盡之者，謂知之無不明而處之無不當也。贊，猶助也。與天地參，謂與天地並立為三也。此自誠而明者之事也。

右第二十二章。言天道也。

其次致曲。曲能有誠，誠則形，形則著，著則明，明則動，動則變，變則化。唯天下至誠為能化。其次，通大賢以下凡誠有未至者而言也。致，推致也。曲，一偏也。形者，積中而發外。著，則又加顯矣。明，則又有光輝發越之盛也。動者，誠能動物。變者，物從而變。化，則有不知其所以然者。蓋人之性無不同，而氣則有異，故惟聖人能舉其性之全體而盡之。其次則必自其善端發見之偏，而悉推致之，以各造其極也。曲無不致，則德無不實，而形、著、動、變之功自不能已。積而至於能化，則其至誠之妙，亦不異於聖人矣。

右第二十三章。言人道也。

至誠之道，可以前知。國家將興，必有禎祥；國家將亡，必有妖孽。見乎蓍龜，動乎四體。禍福將至：善，必先知之；不善，必先知之。故至誠如神。見，音現。○禎祥者，福之兆。妖孽者，禍之萌。蓍，所以筮。龜，所以卜。四體，謂動作威儀之閒，如執玉高卑，其容俯仰之類。凡此皆理之先見者也。然唯誠之至極，而無一毫私偽留於心目之間者，乃能有以察其幾焉。神，謂鬼神。

右第二十四章。言天道也。

誠者自成也，而道自道也。道也之道，音導。○言誠者物之所以自成，而道者人之所當自行也。誠以心言，本也；道以理言，用也。

誠者物之終始，不誠無物。是故君子誠之為貴。天下之物，皆實理之所為，故必得是理，然後有是物。所得之理既盡，則是物亦盡而無有矣。故人之心一有不實，則雖有所為亦如無有，而君子必以誠為貴也。蓋人之心能無不實，乃為有以自成，而道之在我者亦無不行矣。

誠者，非自成己而已也，所以成物也。成

見音現　覆扶又反

己仁也。成物知也。性之德也。合外內之道也。故時措之宜也。知，去聲。○誠雖所以成己，然既有以自成，則自然及物，而道亦行於彼矣。仁者體之存，知者用之發，是皆吾性之固有，而無內外之殊。既得於己，則見於事者，以時措之，而皆得其宜也。

右第二十五章。言人道也。

故至誠無息。既無虛假，自無間斷。不息則久，久則徵。久，常於中也。徵，驗於外也。徵則悠遠，悠遠則博厚，博厚則高明。此皆以其驗於外者言之。鄭氏所謂至誠之德，著於四方者是也。存諸中者既久，則驗於外者益悠遠而無窮矣。悠遠，故其積也廣博而深厚。博厚，故其發也高大而光明。博厚所以載物也。高明所以覆物也。悠久所以成物也。悠久，即悠遠，兼內外而言之也。本以悠遠致高厚，而高厚又悠久也。此言聖人與天地同用。博厚配地，高明配天，悠久無疆。此言聖人與天地同體。如此者，不見而章，不動而變，無為而成。見，音現。○見，猶示也。不見而章，以配地而言也。不動而變，以配天而言也。無為而成，以無疆而言也。天地之道，可一言而盡也：其為物不貳，則其生物不測。此以下，復以天地明至誠無息之功用。天地之道，可一言而盡，不過曰誠而已。不貳，所以誠也。誠故不息，而生物之多，有莫知其所以然者。天地之道，博也，厚也，高也，明也，悠也，久也。言天地之道，誠一不貳，故能各極其盛，而有下文生物之功。今夫天，斯昭昭之多，及其無窮也，日月星辰繫焉，萬物覆焉。今夫地，一撮土之多，及其廣厚，載華嶽而不重，振河海而不洩，萬物載焉。今夫山，一卷石之多，及其廣大，草木生之，禽獸居之，寶藏興焉。今夫

累魯水反 間斷並去聲 奉上聲燖音前復扶又反應音

水。一勺之多。及其不測。黿鼉蛟龍魚鱉生焉。貨財殖焉。夫音扶華藏並去聲卷平聲勺市若反。昭昭猶耿耿小明也此指其一處而言之及其無窮猶十二章及其至也之意蓋舉全體而言也振收也卷區也此四條皆以發明由其不貳不息以致盛大而能生物之意然天地山川實非由積累而後大讀者不以辭害意可也詩云。維天之命。於穆不已。蓋曰。天之所以為天也。於乎不顯。文王之德之純。蓋曰。文王之所以為文也。純亦不已。於音烏乎音呼。詩周頌維天之命篇於歎辭穆深遠也不顯猶言豈不顯也純純一不雜也引此以明至誠無息之意程子曰天道不已文王純於天道亦不已純則無二無雜不已則無間斷先後

右第二十六章。言天道也。

大哉聖人之道。包下文兩節而言。洋洋乎發育萬物。峻極于天。峻高大也此言道之極於至大而無外也優優大哉。禮儀三百。威儀三千。優優充足有餘之意禮儀經禮也威儀曲禮也此言道之入於至小而無間也待其人而後行。總結上兩節故曰。苟不至德。至道不凝焉。致德謂其人至道指上兩節而言也凝聚也成也故君子尊德性而道問學。致廣大而盡精微。極高明而道中庸。溫故而知新。敦厚以崇禮。尊者恭敬奉持之意德性者吾所受於天之正理道由也溫猶燖溫之溫謂故學之矣復時習之也敦加厚也尊德性所以存心而極乎道體之大也道問學所以致知而盡乎道體之細也二者修德凝道之大端也不以一毫私意自蔽不以一毫私欲自累涵泳乎其所已知敦篤乎其所已能此皆存心之屬也析理則不使有毫釐之差處事則不使有過不及之謬理義則日知其所未知節文則日謹其所未謹此皆致知之屬也蓋非存心無以致知而存心者又不可以不致知故此五句大小相資首尾相應聖賢所示入德之方莫詳於此學者宜盡心焉是故居上不驕。為下不倍。國有道。其言足以興。國無道。

復音伏　杞音起

其默足以容。詩曰。既明且哲。以保其身。其此之謂與。倍與背同。與平聲。○興謂興起在位也。詩大雅烝民之篇。

右第二十七章。言人道也。

子曰。愚而好自用。賤而好自專。生乎今之世。反古之道。如此者。烖及其身者也。好去聲。烖古災字。○以上孔子之言，子思引之。反，復也。

非天子。不議禮。不制度。不考文。此以下子思之言。禮，親疏貴賤相接之體也。度，品制。文，書名。

今天下。車同軌。書同文。行同倫。行去聲。○今，子思自謂當時也。軌，轍迹之度。倫，次序之體。三者皆同，言天下一統也。

雖有其位。苟無其德。不敢作禮樂焉。雖有其德。苟無其位。亦不敢作禮樂焉。鄭氏曰：言作禮樂者，必聖人在天子之位。

子曰。吾說夏禮。杞不足徵也。吾學殷禮。有宋存焉。吾學周禮。今用之。吾從周。此又引孔子之言。杞，夏之後。徵，證也。宋，殷之後。三代之禮，孔子皆嘗學之而能言其意；但夏禮既不可考證，殷禮雖存，又非當世之法，惟周禮乃時王之制，今日所用。孔子既不得位，則從周而已。

右第二十八章。承上章為下不倍而言，亦人道也。

王天下有三重焉。其寡過矣乎。王去聲。○呂氏曰：三重，謂議禮、制度、考文。惟天子得以行之，則國不異政，家不殊俗，而人得寡過矣。

上焉者。雖善無徵。無徵不信。不信民弗從。下焉者。雖善不尊。不尊不信。不

復 扶又反

行 如字

信民弗從。上焉者，謂時王以前，如夏商之禮雖善，而皆不可考。下焉者，謂聖人在下，如孔子雖善於禮，而不在尊位也。

故君子之道。本諸身。徵諸庶民。考諸三王而不繆。建諸天地而不悖。質諸鬼神而無疑。百世以俟聖人而不惑。此君子，指王天下者而言。其道，即議禮、制度、考文之事也。本諸身，有其德也。徵諸庶民，驗其所信從也。建，立也，立於此而參於彼也。天地者，道也。鬼神者，造化之迹也。百世以俟聖人而不惑，所謂聖人復起，不易吾言者也。

質諸鬼神而無疑。知天也。百世以俟聖人而不惑。知人也。知天知人，知其理也。

是故君子動而世為天下道。行而世為天下法。言而世為天下則。遠之則有望。近之則不厭。動，兼言行而言。道，兼法則而言。法，法度也。則，準則也。

詩曰。在彼無惡。在此無射。庶幾夙夜。以永終譽。君子未有不如此而蚤有譽於天下者也。惡，去聲。射，音妒，詩作斁。○詩周頌振鷺之篇。射，厭也。所謂此者，指本諸身以下六事而言。

右第二十九章。承上章居上不驕而言，亦人道也。

仲尼祖述堯舜。憲章文武。上律天時。下襲水土。祖述者，遠宗其道。憲章者，近守其法。律天時者，法其自然之運。襲水土者，因其一定之理。皆兼內外該本末而言也。

辟如天地之無不持載。無不覆幬。辟如四時之錯行。如日月之代明。辟，音譬。幬，徒報反。○錯，猶迭也。此言聖人之德。

萬物並育而不相害。道並行而不相悖。小德川流。大德敦化。此天地之所以為大也。悖，猶背也。天覆地載，萬物並育於其間而不相害；四時日月，錯行代明而不相悖。所

見音現　生知如字　貊音麥　比毗至反　著陟略反

以不害不悖者，小德之川流；所以並育並行者，大德之敦化。小德者，全體之分；大德者，萬殊之本。川流者，如川之流，脈絡分明而往不息也。敦化者，敦厚其化，根本盛大而出無窮也。此言天地之道，以見上文取辟之意也。

右第三十章。言天道也。

唯天下至聖，為能聰明睿知，足以有臨也；寬裕溫柔，足以有容也；發強剛毅，足以有執也；齊莊中正，足以有敬也；文理密察，足以有別也。知，去聲。齊，側皆反。別，彼列反。○聰明睿知，生知之質。臨，謂居上而臨下也。其下四者，乃仁義禮知之德。文，文章也。理，條理也。密，詳細也。察，明辨也。

溥博淵泉，而時出之。溥博，周徧而廣闊也。淵泉，靜深而有本也。出，發見也。言五者之德，充積於中，而以時發見於外也。

溥博如天，淵泉如淵。見而民莫不敬，言而民莫不信，行而民莫不說。見，音現。說，音悅。○言其充積極其盛，而發見當其可也。

是以聲名洋溢乎中國，施及蠻貊。舟車所至，人力所通，天之所覆，地之所載，日月所照，霜露所隊，凡有血氣者，莫不尊親，故曰配天。施，去聲。隊，音墜。○舟車所至以下，蓋極言之。配天，言其德之所及，廣大如天也。

右第三十一章。承上章而言小德之川流，亦天道也。

唯天下至誠，為能經綸天下之大經，立天下之大本，知天地之化育。夫焉有所倚？夫，音扶。焉，於虔反。○經、綸，皆治絲之事。經者，理其緒而分之；綸者，比其類而合之也。經，常也。大經者，五品之人倫。大本者，所性之全體也。惟聖人之德極誠無妄，故於人倫各盡其當然之實，而皆可以為天下後世法，所謂經綸之也。其於所性之全體，無一毫人欲之偽以雜之，而天下之道千變萬化皆由此出，所謂立之也。其於天地之化育，則亦其極誠無妄者有默契焉，非但聞見之知而已。此皆至誠無妄，自然之功用，夫豈有所倚著於物而後能哉？

禪音丹 暴步卜反 并去聲

肫肫其仁。淵淵其淵。浩浩其天。肫，之純反。○肫肫，懇至貌，以經綸而言也。淵淵，靜深貌，以立本而言也。浩浩，廣大貌，以知化而言也。其淵其天，則非特如之而已。

苟不固聰明聖知達天德者，其孰能知之。聖知之知，去聲。○固，猶實也。鄭氏曰：唯聖人能知聖人也。

右第三十二章。承上章而言大德之敦化，亦天道也。前章言至聖之德，此章言至誠之道。然至誠之道，非至聖不能知；至聖之德，非至誠不能為，則亦非二物矣。此篇言聖人天道之極致，至此而無以加矣。

詩曰。衣錦尚絅。惡其文之著也。故君子之道，闇然而日章。小人之道，的然而日亡。君子之道，淡而不厭，簡而文，溫而理。知遠之近，知風之自，知微之顯，可與入德矣。衣，去聲。絅，口迥反。惡，去聲。闇，於感反。○前章言聖人之德，極其盛矣。此復自下學立心之始言之，而下文又推之以至其極也。詩國風衛碩人、鄭之丰，皆作衣錦褧衣。褧，絅同，禪衣也。尚，加也。古之學者為己，故其立心如此。尚絅，故闇然；衣錦，故有日章之實。淡、簡、溫，絅之襲於外也；不厭而文且理焉，錦之美在中也。小人反是，則暴於外而無實以繼之，是以的然而日亡也。遠之近，見於彼者由於此也。風之自，著乎外者本乎內也。微之顯，有諸內者形諸外也。有為己之心，而又知此三者，則知所謹而可入德矣。故下文引詩言謹獨之事。

詩云。潛雖伏矣，亦孔之昭。故君子內省不疚，無惡於志。君子之所不可及者，其唯人之所不見乎。惡，去聲。○詩小雅正月之篇。承上文言莫見乎隱、莫顯乎微也。疚，病也。無惡於志，猶言無愧於心，此君子謹獨之事也。

詩云。相在爾室，尚不愧于屋漏。故君子不動而敬，不言而信。相，去聲。○詩大雅抑之篇。相，視也。屋漏，室西北隅也。承上文又言君子之戒謹恐懼，無時不然，不待言動而後敬信，則其為己之功益加密矣。故下文引詩并言其效。

詩曰。奏假無言，時靡有爭。是故君子不賞而民勸，不怒而民威

莝音剉　為去聲

於鈇鉞。假格同。鈇音夫。○詩商頌烈祖之篇。奏，進也。承上文而遂及其效，言進而感格於神明之際，極其誠敬，無有言說而人自化之也。威，畏也。鈇，莝斫刀也。鉞，斧也。詩曰：「不顯惟德！百辟其刑之。」是故君子篤恭而天下平。詩周頌烈文之篇。不顯，說見二十六章，此借引以為幽深玄遠之意。承上文言天子有不顯之德，而諸侯法之，則其德愈深而效愈遠矣。篤，厚也。篤恭，言不顯其敬也。篤恭而天下平，乃聖人至德淵微，自然之應，中庸之極功也。

詩云：「予懷明德，不大聲以色。」子曰：「聲色之於以化民，末也。」詩曰：「德輶如毛」，毛猶有倫。「上天之載，無聲無臭」，至矣。輶，由、酉二音。○詩大雅皇矣之篇。引之以明上文所謂不顯之德者，正以其不大聲與色也。又引孔子之言，以為聲色乃化民之末務，今但言不大之而已，則猶有聲色者存，是未足以形容不顯之妙。不若烝民之詩所言「德輶如毛」，則庶乎可以形容矣，而又自以為謂之毛，則猶有可比者，是亦未盡其妙。不若文王之詩所言「上天之載，無聲無臭」，然後乃為不顯之至耳。蓋聲臭有氣無形，在物最為微妙，而猶曰無之，故惟此可以形容不顯篤恭之妙。非此德之外，又別有是三等，然後為至也。

右第三十三章。子思因前章極致之言，反求其本，復自下學為己謹獨之事，推而言之，以馴致乎篤恭而天下平之盛。又贊其妙，至於無聲無臭而後已焉。蓋舉一篇之要而約言之，其反復丁寧示人之意，至深切矣，學者其可不盡心乎！

郑板桥手书四书 大学中庸

板橋生平最不喜人過目不忘而四書五經自家又未嘗時刻而稍忘無他當忘者不容不忘不當忘者不容不忘耳戊申之春讀書天寧寺呫嗶之暇戲同陸徐諸硯友賽經生熟市坊間印格日默三五篇或一二篇或七八十餘紙或興之所至間可三二十篇不兩月而竣工雖字有真草訛減之不齊而語句之間實無毫釐錯謬固誦讀之勤亦刻苦之驗

也
孔夫子刪書聖也秦始皇燒書暴也則非始
皇与孔子前人著作亦已妄加芟除矣近見有
腐儒乞乞傖以全禮不便初學甚且爲而便
兩闈簡而爲體語又簡而爲提要爲心典殊
可痛恨夫使禮果可刪前人亦何必著之爲
經既已著之爲經吾人烏從而刪之不幾於法
孔子而師始皇乎可乎不可乎而要之亦無足深
怪此老傖腐儒之見亦僅爲不便幼學而便兩

闒夫不便爲學則其見不出乎小兒不便而闒
劓其見不過望着中舉中進士做個小官弄
幾個錢養活老婆兒女以言夫日月經天江河
行地處而正心誠意出而致君澤民其義固
詆乎嶷辨也而必沾沾焉與之論可刪不可刪
亦何異饋聾以聲諭瞽以色
黄涪翁有杜詩抄本趙松雪有左傳抄本
皆爲當時欣慕後人珍藏至有爭之而致訟
若板橋既無涪翁之勁拔又鄙松雪之滑熟徒

矜奇異創為真隸相参之瀆而雜以行草究之師心自用無足觀也博雅之士輩仍重之以經而書法之優劣萬不必計

大學

序

大學之書古之大學所以教人之法也蓋自天降生民則既莫不與之以仁義禮智之性矣然其氣質之稟或不能齊是以不能皆有以知其性之所有而全之也一有聰明睿智能盡其性者出於其間則天必命之以為億兆之君師使之治而教之以復其性此伏羲神農黃帝堯舜所以繼天立極而司徒之職典樂之官所由設也三代之隆其灋寖備然後王宮國都以

大學序 一

及閭巷莫不有學人生八歲則自王公以下
至於庶人之子弟皆入小學而教之以灑掃應
對進退之節禮樂射御書數之文及其十
有五年則自天子之元子衆子以至公卿大夫
元士之適子與凡民之俊秀皆入大學而教之
以窮理正心脩己治人之道此又學校之教大
小之節所以分也夫以學校之設其廣如此教之
之術其次第節目之詳又如此而其所以為教
則又皆本之人君躬行心得之餘不待求之

步青山房

民生日用彝倫之外是以當世之人無不學其學焉者無不有以知其性分之所固有職分之所當爲而各俛焉以盡其力此古昔盛時所以治隆於上俗美於下而非後世之所能及周之衰賢聖之君不作學校之政不脩教化陵夷風俗頹敗時則有若孔子之聖而不得君師之位以行其政教於是獨取先王之法誦而傳之以詔後世若曲禮少儀內則弟子職諸篇固小學之支流餘裔而此篇者則因小學

之成功以著大學之明灋外有以極其規模之
大而內有以盡其節目之詳者也三千之徒
蓋莫不聞其說而曾氏之傳獨得其宗於是
作為傳義以發其意及孟子沒而其傳泯焉
則其書雖存而知者鮮矣自是以來俗儒記
誦詞章之習其功倍於小學而無用異端虛
無寂滅之教其高過於大學而無實其他權
謀術數一切以就功名之說與夫百家衆技之
流所以惑世誣民充塞仁義者又紛然雜出

乎其間使其君子不幸而不得聞大道之要
而小人不幸而不得蒙至治之澤晦盲否塞
反覆沉痼以及五季之衰而壞亂極矣天運
循環無往不復宋德隆盛治教休明於是河
南程氏兩夫子出而有以接乎孟氏之傳實
始尊信此篇而表章之既又為之次其簡編
發其歸趣然後古者大學教人之法聖經賢
傳之指粲然復明於世雖以熹之不敏亦幸
私淑而與有聞焉顧其為書猶頗放失是以

大學序

忘其固陋采而輯之間亦竊附己意補其闕
略以俟後之君子極知僭踰無所逃罪然於
國家化民成俗之意學者脩己治人之方則
未必無小補云淳熙己酉二月甲子新安朱熹
序

大學

子程子曰大學孔氏之遺書而初學入德之門也於今可見古人爲學次第者獨賴此篇之存而論孟次之學者必由是而學焉則庶乎其不差矣

大學之道在明明德在親民在止於至善 知止而后有定定而后能靜靜而后能安安而后能慮慮而后能得 物有本末事有終始知所先後則

近道矣 古之欲明〻德於天下者先治其國欲
治其國者先齊其家欲齊其家者先脩其身
欲脩其身者先正其心欲正其心者先誠其意
欲誠其意者先致其知致知在格物 物格而
后知至知至而后意誠意誠而后心正心正而后身
脩身脩而后家齊家齊而后國治國治而后天
下平 自天子以至於庶人壹是皆以脩身爲

本

其本亂而末治者否矣其所厚者薄而其所薄者厚未之有也

右經一章蓋孔子之言而曾子述之其傳十章則曾子之意而門人記之也舊本頗有錯簡今因程子所定而更考經文別為序次如左

康誥曰克明德　大甲曰顧諟天之明命　帝典曰克明峻德　皆自明也

右傳之首章釋明明德

湯之盤銘曰苟日新日日新又日新　康誥曰作新民　詩曰周雖舊邦其命維新　是故君子無所不用其極

右傳之二章釋新民

詩云邦畿千里惟民所止　詩云緡蠻黃鳥止
于丘隅子曰於止知其所止可以人而不如鳥乎
詩云穆穆文王於緝熙敬止為人君止於仁為人
臣止於敬爲人子止於孝為人父止於慈与國人

交止於信　詩云瞻彼淇澳菉竹猗〻有斐君子如切如磋如琢如磨瑟兮僩兮赫兮喧兮有斐君子終不可諠兮如切如磋者道學也如琢如磨者自脩也瑟兮僩兮者恂慄也赫兮喧兮者威儀也有斐君子終不可諠兮者道盛德至善民之不能忘也　詩云於戲前王不忘君子賢其賢

而親其親小人樂其樂而利其利此以沒世不忘
也

右傳之三章釋止於至善

子曰聽訟吾猶人也必也使無訟乎無情者不得
盡其辭大畏民志此謂知本

右傳之四章釋本末

此謂知本此謂知之至也

右傳之五章蓋釋格物致知之義而今亡矣間嘗竊取程子之意以補之曰所謂致知在格物者言欲致吾之知在即物而窮其理也蓋人心之靈莫不有知而天下之物莫不有理惟於理有未窮故其知有不盡也是以大學始教必

使學者即凡天下之物莫不因其已知之理而益窮之以求至乎其極至於用力之久而一旦豁然貫通焉則衆物之表裏精粗無不到而吾心之全體大用無不明矣此謂物格此謂知之至也

所謂誠其意者毋自欺也如惡惡臭如好好色此

之謂自謙故君子必慎其獨也　小人閒居為不
善無所不至見君子而后厭然揜其不善而著其
善人之視己如見其肺肝然則何益矣此謂誠於
中形於外故君子必慎其獨也　曾子曰十目所視
十手所指其嚴乎　富潤屋德潤身心廣體胖
故君子必誠其意

右傳之六章釋誠意

所謂脩身在正其心者身有所忿懥則不得其正有所恐懼則不得其正有所好樂則不得其正有所憂患則不得其正

心不在焉視而不見聽而不聞食而不知其味

此謂脩身在正其心

右傳之七章釋正心脩身

所謂齊其家在脩其身者人之其所親愛而辟焉之其所賤惡而辟焉之其所畏敬而辟焉之其所哀矜而辟焉之其所敖惰而辟焉故好而知其惡惡而知其美者天下鮮矣 故諺有之曰人莫知其子之惡莫知其苗之碩 此謂身不脩不可以齊其家

右傳之八章釋脩身齊家

所謂治國必先齊其家者其家不可教而能教人者無之故君子不出家而成教於國孝者所以事君也弟者所以事長也慈者所以使衆也　康誥曰如保赤子心誠求之雖不中不遠矣未有學養子而后嫁者也　一家仁一國興仁一家讓一國興讓一人貪戾一國作亂其機如此此謂一言

僨事一人定國　堯舜帥天下以仁而民從之桀紂帥天下以暴而民從之其所令反其所好而民不從是故君子有諸己而后求諸人無諸己而后非諸人所藏乎身不恕而能喻諸人未之有也

故治國在齊其家　詩云桃之夭夭其葉蓁蓁之子于歸宜其家人宜其家人而后可以教國人　詩云宜兄宜弟宜兄宜弟而后可以教國人　詩

云其儀不忒正是四國其為父子兄弟足法而后民灋之也　此謂治國在齊其家

右傳之九章釋齊家治國

所謂平天下在治其國者上老老而民興孝上長長而民興弟上恤孤而民不倍是以君子有絜矩之道也　所惡於上毋以使下所惡於下毋以

事上所惡於前毋以先後所惡於後毋以從前所
惡於右毋以交於左所惡於左毋以交於右此之
謂絜矩之道　詩云樂只君子民之父母民之
所好好之民之所惡惡之此之謂民之父母　詩云
節彼南山維石巖巖赫赫師尹民具爾瞻有國
者不可以不慎辟則為天下僇矣　詩云殷之未

喪師克配上帝儀監於殷峻命不易道得衆則得國失衆則失國　是故君子先慎乎德有德此有人有人此有土有土此有財有財此有用德者本也財者末也　外本內末爭民施奪是故財聚則民散財散則民聚　是故言悖而出者亦悖而入貨悖而入者亦悖而出　康誥曰惟

命不于常道善則得之不善則失之矣　楚書
曰楚國無以為寶惟善以為寶　舅犯曰亡人
無以為寶仁親以為寶　秦誓曰若有一个臣
斷斷兮無他技其心休休焉其如有容焉人之有
技若己有之人之彥聖其心好之不啻若自其口
出寔能容之以能保我子孫黎民尚亦有利哉人

之有技媢嫉以惡之人之彥聖而違之俾不通寔不能容以不能保我子孫黎民亦曰殆哉唯仁人放流之迸諸四夷不與同中國此謂唯仁人爲能愛人能惡人 見賢而不能舉舉而不能先命也見不善而不能退退而不能遠過也 好人之所惡惡人之所好是謂拂人之性菑必逮

夫身　是故君子有大衜必忠信以得之驕泰
以失之　生財有大道生之者衆食之者寡爲
之者疾用之者舒則財恒足矣　仁者以財發
身不仁者以身發財　未有上好仁而下不好義
者也未有好義其事不終者也未有府庫財非
其財者也　孟獻子曰畜馬乘不察於雞豚伐

冰之家不畜牛羊百乘之家不畜聚斂之臣與其有聚斂之臣寧有盜臣此謂國不以利爲利以義爲利也　長國家而務財用者必自小人矣彼爲善之小人之使爲國家菑害並至雖有善者亦無之何矣此謂國不以利爲利以義爲利也

右傳之十章釋治國平天下凡傳十章前四章統論經領指趣後六章細論條目工夫其第五章乃明善之要第六章乃誠身之本在初學尤爲當務之急讀者不可以其近而忽之也

中庸

序

中庸何為而作也子思子憂道學之失其傳而作也蓋自上古聖神繼天立極而道統之傳有自來矣其見於經則允執厥中者堯之所以授舜也人心惟危道心惟微惟精惟一允執厥中者舜之所以授禹也堯之一言至矣盡矣而舜復益之以三言者則所以明夫堯之一言必如是而後可庶幾也蓋嘗論之心之虛靈知覺一而已矣而以為有人心道心之異者

則以其或生於形氣之私或原於性命之正
而所以為知覺者不同是以或危殆而不安或
微妙而難見耳然人莫不有是形故雖上智
不能無人心亦莫不有是性故雖下愚不能
無道心二者雜於方寸之間而不知所以治之則
危者愈危微者愈微而天理之公卒無以勝
夫人欲之私矣精則察夫二者之間而不雜
也一則守其本心之正而不離也從事於斯無
少間斷必使道心常為一身之主而人心每

聽命焉則危者安微者著而動靜云為自
無過不及之差矣夫堯舜禹天下之大聖
也以天下相傳天下之大事也以天下之大聖
行天下之大事而其授受之際丁寧告戒不
過如此則天下之理豈有以加於此哉自是以
來聖聖相承若成湯文武之為君皋陶伊
傅周召之為臣既皆以此而接夫道統之傳
若吾夫子則雖不得其位而所以繼往聖開
來學其功反有賢於堯舜者然當是時

中庸

見而知之者惟顏氏曾氏之傳得其宗及
曾氏之再傳而復得夫子之孫子思則去聖
遠而異端起矣子思懼夫愈久而愈失其
真也於是推本堯舜以來相傳之意質
以平日所聞父師之言更互演繹作為此書
以詔後之學者蓋其憂之也深故其言之也
切其慮之也遠故其說之也詳其曰天命率性
則道心之謂也其曰擇善固執則精一之謂也
其曰君子時中則執中之謂也世之相後千有

餘年而其言之不異如合符節歷選前聖之
書所以提挈綱維開示蘊奧未有若是其明
且盡者也自是而又再傳以得孟氏為能推
明是書以承先聖之統及其沒而遂失其傳
焉則吾道之所寄不越乎言語文字之間而
異端之說日新月盛以至於老佛之徒則弥
近理而大亂真矣然而尚幸此書之不泯故程
夫子兄弟者出得有所考以續夫千載不傳
之緒得有所據以斥夫二家似是之非蓋子

思之功於是為大而微程夫子則亦莫能因其
語而得其心也惜乎其所以為說者不傳而凡
石氏之所輯錄僅出於其門人之所記是以
大義雖明而微言未析至其門人所自為說則
雖頗詳盡而多所發明然倍其師說而淫於
老佛者亦有之矣熹自蚤歲即嘗受讀而
竊疑之沉潛反復蓋亦有年一旦恍然似有以
得其要領者然後乃敢會衆說而折其衷既
為定著章句一篇以俟後之君子而一二同志

復取吕氏書刪其繁亂名以輯略且記所嘗
論辨取舍之意別為或問以附其後然後此
書之旨支分節解脈絡貫通詳略相因巨
細畢舉而凡諸說之同異得失亦得以曲暢
旁通而各極其趣雖於道統之傳不敢妄
議然初學之士或有取焉則庶乎升高行
遠之一助云爾淳熙己酉春三月戊申新安
朱熹序

中庸

子程子曰不偏之謂中不易之謂庸中者天下之正道庸者天下之定理此篇乃孔門傳授心法子思恐其久而差也故筆之於書以授孟子其書始言一理中散為萬事末復合為一理放之則弥六合卷之則退藏於密其味無窮皆實學也善讀者

玩索而有得焉則終身用之有不能盡者矣

天命之謂性率性之謂道脩道之謂教 道也者不可須臾離也可離非道也是故君子戒慎乎其所不睹恐懼乎其所不聞 莫見乎隱莫顯乎微故君子慎其獨也 喜怒哀樂之未發

謂之中發而皆中節謂之和中也者天下之大本也和也者天下之達道也　致中和天地位焉萬物育焉

右第一章子思述所傳之意以立言首明道之本原出於天而不可易其實體備於己而不可離次言存養省察之要

終言聖神功化之極蓋欲學者於此反求諸身而自得之以去夫外誘之私而充其本然之善楊氏所謂一篇之體要是也其下十章蓋子思引夫子之言以終此章之義

仲尼曰君子中庸小人反中庸　君子之中庸也君子而時中小人之反中庸也小人而無忌憚也

右第二章

子曰中庸其至矣乎民鮮能久矣

右第三章

子曰道之不行也我知之矣知者過之愚者不及也道之不明也我知之矣賢者過之不肖者不及也人莫不飲食也鮮能知味也

右第四章

子曰道其不行矣夫

右第五章

子曰舜其大智也與舜好問而好察邇言隱惡而揚善執其兩端用其中於民其斯以為舜乎

右第六章

子曰人皆曰予知驅而納諸罟擭陷阱之中而莫

之知辟也人皆曰予知擇乎中庸而不能期月守也

右第七章

子曰回之爲人也擇乎中庸得一善則拳拳服膺而弗失之矣

右第八章

子曰天下國家可均也爵祿可辭也白刃可蹈也

子曰天下國家可均也爵祿可辭也白刃可蹈也
中庸不可能也

右第九章

子路問強 子曰南方之強與北方之強與抑而
強與 寬柔以教不報無道南方之強也君子居
之 衽金革死而不厭北方之強也而強者居之
故君子和而不流強哉矯中立而不倚強哉矯國有

故君子和而不流强哉矯中立而不倚强哉矯國有道不變塞焉强哉矯國無道至死不變强哉矯

右第十章

子曰索隱行怪後世有述焉吾弗為之矣君子遵道而行半塗而廢吾弗能已矣君子依乎中庸遯世不見知而不悔唯聖者能之

右第十一章

君子之道費而隱　夫婦之愚可以與知焉及其至也雖聖人亦有所不知焉夫婦之不肖可以能行焉及其至也雖聖人亦有所不能焉天地之大也人猶有所憾故君子語大天下莫能載焉語小天下莫能破焉　詩云鳶飛戾天魚躍于

淵言其上下察也　君子之道造端乎夫婦及其至也察乎天地

右第十二章子思之言蓋以申明首章道不可離之意也其下八章雜引孔子之言以明之

子曰道不遠人人之爲道而遠人不可以爲道

詩云伐柯伐柯其則不遠執柯以伐柯睨而視之猶以爲遠故君子以人治人改而止　忠恕違道不遠施諸己而不願亦毋施於人　君子之道四丘未能一焉所求乎子以事父未能也所求乎臣以事君未能也所求乎弟以事兄未能也所求乎朋友先施之未能也庸德之行庸言之謹有所

不足不敢不勉有餘不敢盡言顧行行顧言君子胡不慥慥爾

右第十三章

君子素其位而行不願乎其外　素富貴行乎富貴素貧賤行乎貧賤素夷狄行乎夷狄素患難行乎患難君子無入而不自得焉

在上位不陵下在下位不援上正己而不求於人則
無怨上不怨天下不尤人　故君子居易以俟命
小人行險以徼幸　子曰射有似乎君子失諸正
鵠反求諸其身

右第十四章

君子之道辟如行遠必自邇辟如登高必自卑

詩曰妻子好合如鼓瑟琴兄弟既翕和樂且耽宜尔室家樂爾妻孥 子曰父母其順矣乎

右第十五章

子曰鬼神之爲德其盛矣乎 視之而弗見聽之而弗聞體物而不可遺 使天下之人齊明盛服以承祭祀洋洋乎如在其上如在其左右

詩曰神之格思不可度思矧可射思　夫微之顯誠之不可揜如此夫

右第十六章

子曰舜其大孝也與德為聖人尊為天子富有四海之内宗廟饗之子孫保之　故大德必得其位必得其祿必得其名必得其壽　故天之生物必因其財而篤焉故栽者培之傾者覆之

詩曰嘉樂君子憲憲令德宜民宜人受祿于天保
佑命之自天申之　故大德者必受命

右第十七章

子曰無憂者其惟文王乎以王季為父以武王為
子父作之子述之　武王纘大王王季文王之緒
壹戎衣而有天下身不失天下之顯名尊為天
子富有四海之內宗廟饗之子孫保之　武王

末受命周公成文武之德追王大王王季上祀先公以天子之禮斯礼也達乎諸侯大夫及士庶人父為大夫子為士葬以大夫祭以士父為士子為大夫葬以士祭以大夫期之喪達乎大夫三年之喪達乎天子無貴賤一也

右第十八章

子曰武王周公其達孝矣乎　夫孝者善繼人之志善述人之事者也　春秋脩其祖廟陳其宗器設其裳衣薦其時食　宗廟之禮所以序昭穆也序爵所以辨貴賤也序事所以辨賢也旅酬下爲上所以逮賤也燕毛所以序齒也　踐其位行其禮奏其樂敬其所尊愛其所

親事死如事生事亡如事存孝之至也 郊社之禮所以事上帝也宗廟之禮所以祀乎其先也明乎郊社之礼禘嘗之義治國其如示諸掌乎

右第十九章

哀公問政 子曰文武之政布在方策其人存則其政舉其人亡則其政息 人道敏政地道敏樹

夫政也者蒲蘆也　故爲政在人取人以身脩身以道脩道以仁　仁者人也親親爲大義者宜也尊賢爲大親親之殺尊賢之等禮所生也　故君子不可以不脩身思脩身不可以不事親思事親不可以不知人思知人不可以不知天　天下之達道五所以行之者三曰君臣也父子也夫婦也昆弟也朋友之交也五者天下之達道也知仁勇三

者天下之達德也所以行之者一也　或生而知之或學而知之或困而知之及其知之一也或安而行之或利而行之或勉強而行之及其成功一也　好學近乎知力行近乎仁知恥近乎勇　知斯三者則知所以脩身知所以脩身則知所以治人知所以治人則知所以治天下國家矣　凡爲天下國家有九經曰脩身也尊賢也親親也敬大臣也體羣臣也子庶民也來百工也柔遠人也懷諸侯也

脩身則道立，尊賢則不惑，親親則諸父昆弟不怨，敬大臣則不眩，體羣臣則士之報禮重，子庶民則百姓勸，來百工則財用足，柔遠人則四方歸之，懷諸侯則天下畏之。

齊明盛服，非禮不動，所以脩身也；去讒遠色，賤貨而貴德，所以勸賢也；尊其位，重其祿，同其好惡，所以勸親親也；官盛任使，所

以勸大臣也忠信重祿所以勸士也時使薄歛所
以勸百姓也日省月試既稟稱事所以勸百工也
送往迎來嘉善而矜不能所以柔遠人也繼絕世
舉廢國治亂持危朝聘以時厚往而薄來所
以懷諸侯也　凡為天下國家有九經所以行之
者一也　凡事豫則立不豫則廢言前定則不

跲事前定則不困行前定則不疚道前定則不窮 在下位不獲乎上民不可得而治矣獲乎上有道不信乎朋友不獲乎上矣信乎朋友有道不順乎親不信乎朋友矣順乎親有道反諸身不誠不順乎親矣誠身有道不明乎善不誠乎身矣 誠者天之道也誠之者人之道也誠者不

勉而中不思而得從容中道聖人也誠之者擇善
而固執之者也　博學之審問之慎思之明辨之
篤行之　有弗學學之弗能弗措也有弗問
問之弗知弗措也有弗思思之弗得弗措也有
弗辨辨之弗明弗措也有弗行行之弗篤弗
措也人一能之己百之人十能之己千之　果能此

道矣雖愚必明雖柔必强

右第二十章

自誠明謂之性自明誠謂之教誠則明矣明則誠矣

右第二十一章子思承上章夫子天道人道之意而立言也自此以下十二章皆子

思之言以反覆推明此章之意

唯天下至誠爲能盡其性能盡其性則能盡人之性能盡人之性則能盡物之性能盡物之性則可以贊天地之化育可以贊天地之化育則可以與天地參矣

右第二十二章

其次致曲〻能有誠〻〻則形形則著著則明〻〻則

動〻則變〻則化唯天下至誠為能化

右第二十三章

至誠之道可以前知國家將興必有禎祥國家將亡必有妖孽見乎蓍龜動乎四體禍福將至善必先知之不善必先知之故至誠如神

右第二十四章

誠者自成也而道自道也

誠者物之終始不誠無物是故君子誠之為貴

誠者非自成己而已也所以成物也成己仁也成物知也性之德也合外內之道也故時措之宜也

右第二十五章

故至誠無息　不息則久久則徵　徵則悠遠
悠遠則博厚博厚則高明　博厚所以載物
也高明所以覆物也悠久所以成物也　博厚配
地高明配天悠久無疆　如此者不見而章不動
而變無為而成　天地之道可一言而盡也其為
物不貳則其生物不測　天地之道博也厚也

高也明也悠也久也　今夫天斯昭昭之多及其
無窮也日月星辰繫焉萬物覆焉今夫地一撮
土之多及其廣厚載華嶽而不重振河海而
不洩萬物載焉今夫山一卷石之多及其廣大
草木生之禽獸居之寶藏興焉今夫水一勺之
多及其不測黿鼉蛟龍魚鱉生焉貨財殖焉

詩云維天之命於穆不已蓋曰天之所以爲天也於乎不顯文王之德之純蓋曰文王之所以爲文也純亦不已

右第二十六章

大哉聖人之道　洋洋乎發育萬物峻極于天

優優大哉禮儀三百威儀三千　待其人而

後行　故曰苟不至德至道不凝焉　故君子尊
德性而道問學致廣大而盡精微極高明而道
中庸溫故而知新敦厚以崇禮　是故居上不驕
為下不倍國有道其言足以興國無道其默足
以容詩曰既明且哲以保其身其此之謂與
右第二十七章

子曰愚而好自用賤而好自專生乎今之世反古之道如此者烖及其身者也　非天子不議禮不制度不考文　今天下車同軌書同文行同倫　雖有其位苟無其德不敢作禮樂焉雖有其德苟無其位亦不敢作禮樂焉　子曰吾說夏禮杞不足徵也吾學殷禮有宋存焉吾學周禮今用

之吾從周

右第二十八章

王天下有三重焉其寡過矣乎 上焉者雖善無徵無徵不信不信民弗從下焉者雖善不尊不尊不信不信民弗從 故君子之道本諸身徵諸庶民考諸三王而不謬建諸天地而不悖質諸

鬼神而無疑百世以俟聖人而不惑　質諸鬼神
而無疑知天也百世以俟聖人而不惑知人也　是
故君子動而世爲天下道行而世爲天下灋言而
世爲天下則遠之則有望近之則不厭　詩曰在
彼無惡在此無射庶幾夙夜以永終譽君子未
有不如此而蚤有譽於天下者也

右第二十九章

仲尼祖述堯舜憲章文武上律天時下襲水土辟如天地之無不持載無不覆幬辟如四時之錯行如日月之代明　萬物並育而不相害道並行而不相悖小德川流大德敦化此天地之所以為大也

右第三十章

唯天下至聖為能聰明睿知足以有臨也寬裕溫柔足以有容也發強剛毅足以有執也齊莊中正足以有敬也文理密察足以有別也 溥博淵泉而時出之 溥博如天淵泉如淵見而民莫不敬言而民莫不信行而民莫不說 是以聲名

洋溢乎中國施及蠻貊舟車所至人力所通天之所覆地之所載日月所照霜露所隊凡有血氣者莫不尊親故曰配天

右第三十一章

唯天下至誠爲能經綸天下之大經立天下之大本知天地之化育夫焉有所倚　肫肫其仁淵淵

其淵浩浩其天　苟不固聰明聖知達天德者其孰能知之

右第三十二章

詩曰衣錦尚絅惡其文之著也故君子之道闇然而日章小人之道的然而日亡君子之道淡而不厭簡而文溫而理知遠之近知風之自知微之顯可

與入德矣　詩云潛雖伏矣亦孔之昭故君子內省不疚無惡於志君子之所不可及者其唯人之所不見乎　詩云相在爾室尚不愧于屋漏故君子不動而敬不言而信　詩曰奏假無言時靡有爭是故君子不賞而民勸不怒而民威於鈇鉞　詩曰不顯惟德百辟其刑之是故君子篤恭而天下平

詩云予懷明德不大聲以色子曰聲色之於以化民末也詩曰德輶如毛毛猶有倫上天之載無聲無臭至矣

右第三十三章子思因前章極致之言反求其本復自下學爲己謹獨之

事推而言之以馴致乎篤恭而天下平
之盛又贊其妙至於無聲無臭而
後已焉蓋舉一篇之要而約言之其反
復丁寧示人之意至深切矣學者其可
不盡心乎

论语集注

（上）

古籍珍选·四书三绝 三

[宋]朱熹 集注 [清]郑板桥 手书

王海燕 编选

吉林出版集团股份有限公司
全国百佳图书出版单位

图书在版编目（CIP）数据

论语集注．上 /（宋）朱熹集注；（清）郑板桥手书；王海燕编选．-- 长春：吉林出版集团股份有限公司，2025. 5. --（古籍珍选）. -- ISBN 978-7-5731-5694-5

Ⅰ．B222.22

中国国家版本馆 CIP 数据核字第 20251NF679 号

上海进步书局《四书集注》原版封面

郑板桥手书四书扉页

至聖孔子像
德配天地
道冠古今
生民未有
萬世之師
山東曲阜縣人生周靈王二十一年十月庚子即夏正八月二十七日

儒家至圣孔子画像

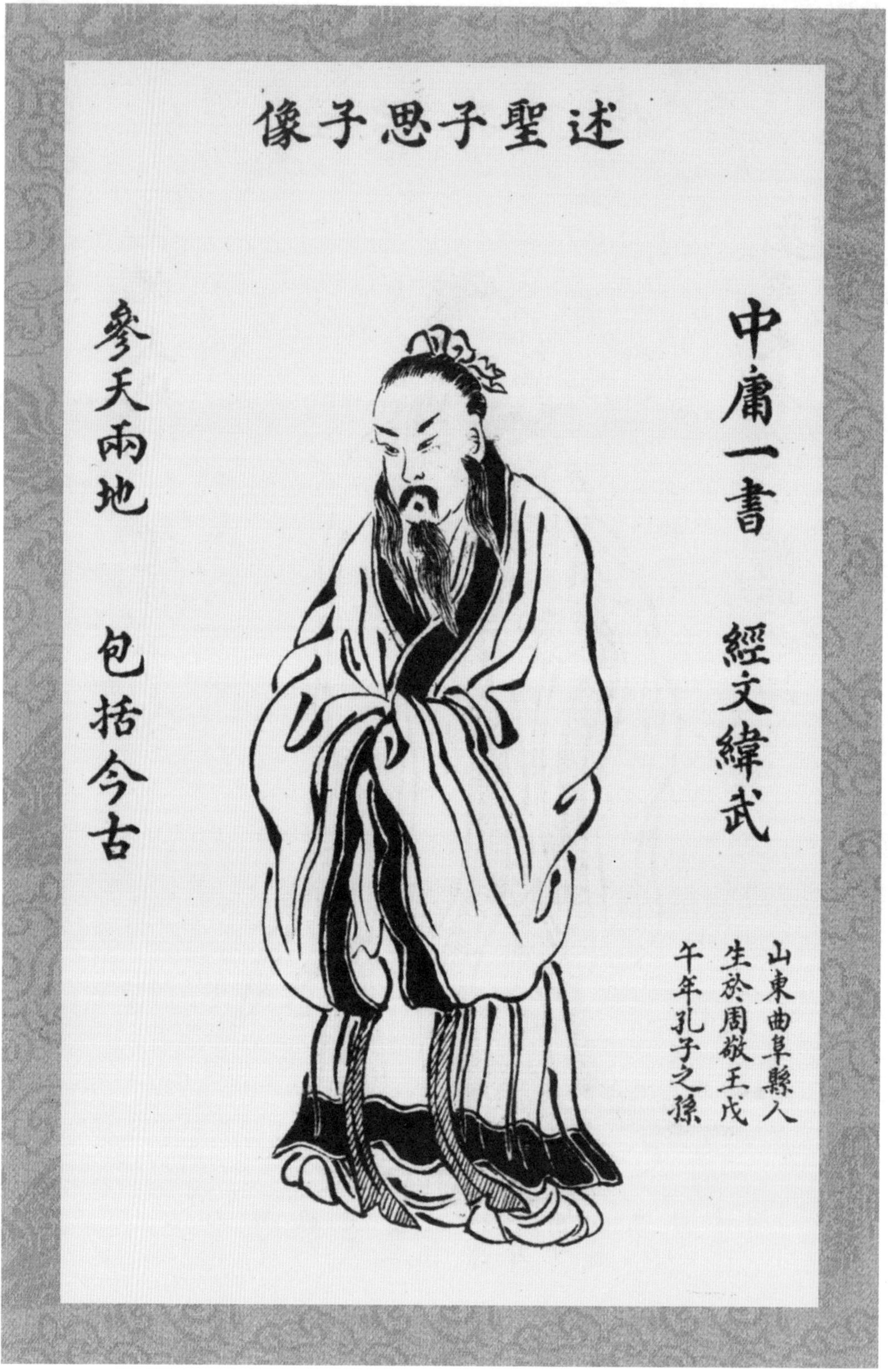
述聖子思子像
中庸一書
經文緯武
參天兩地
包括今古
山東曲阜縣人
生於周敬王戊
午年孔子之孫

儒家述圣子思画像

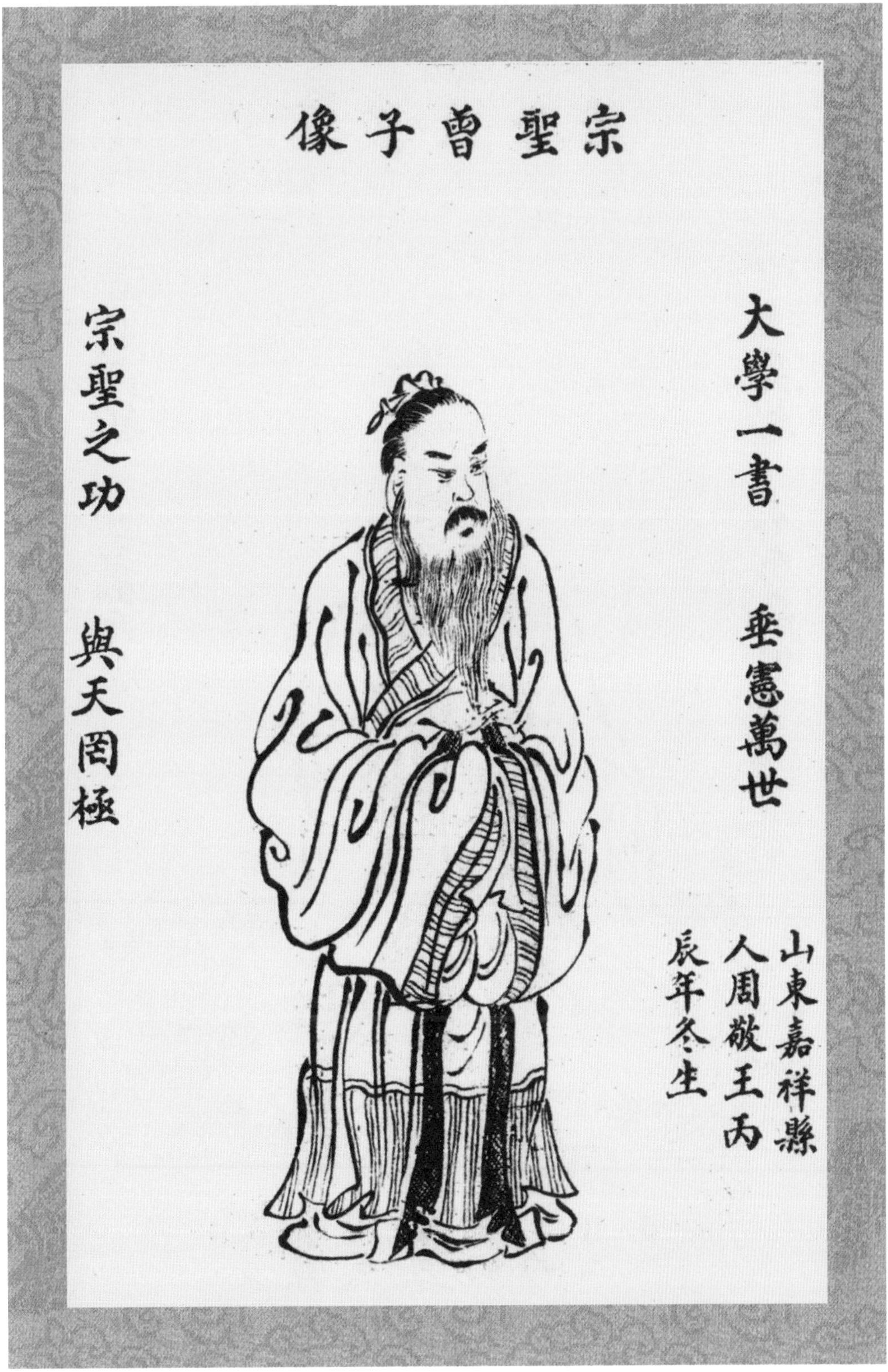
宗聖曾子像
大學一書
垂憲萬世
宗聖之功
與天罔極
山東嘉祥縣
人周敬王丙
辰年冬生

儒家宗圣曾子画像

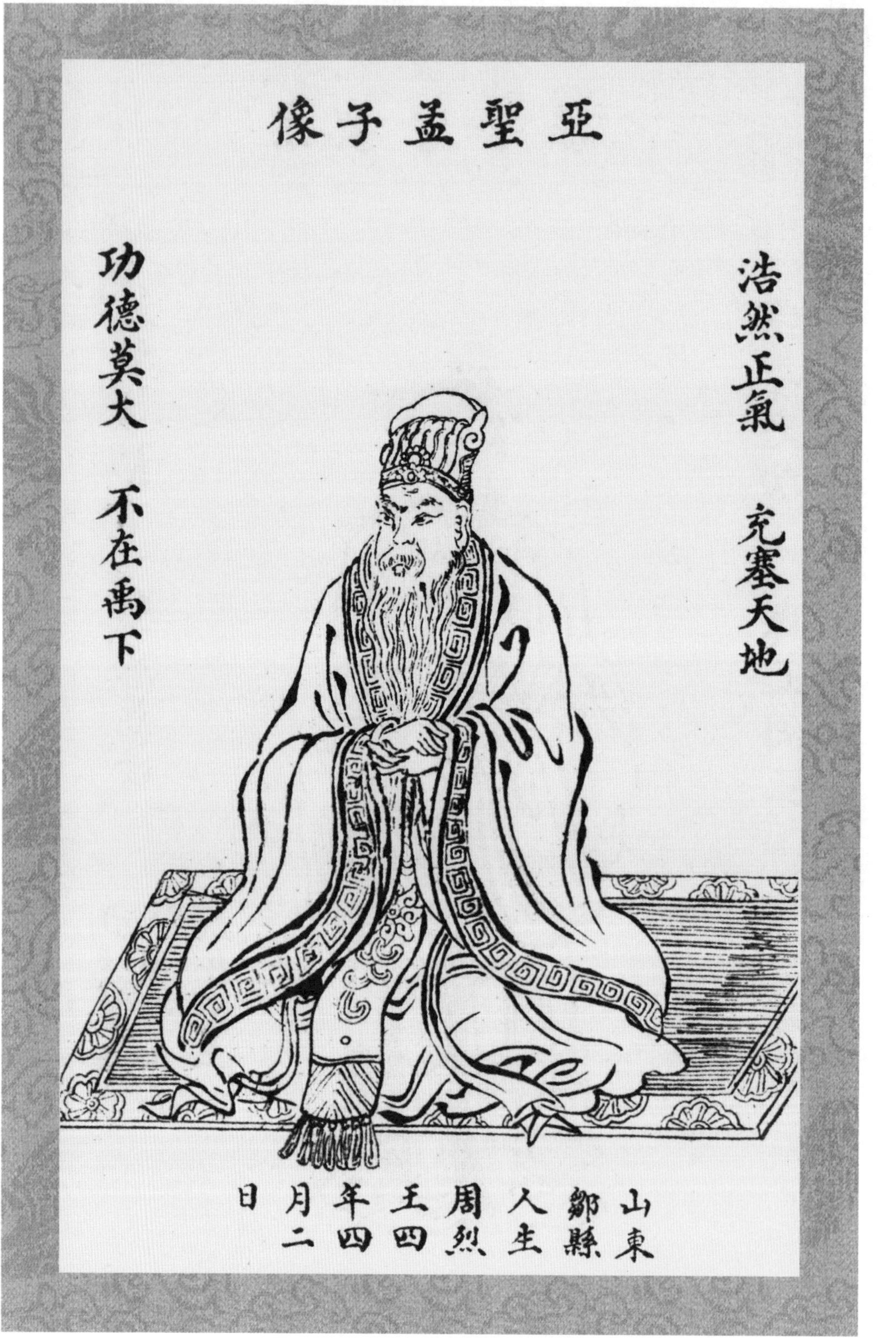
亞聖孟子像
浩然正氣 充塞天地
功德莫大 不在禹下
山東鄒縣人生周烈王四年四月二日

儒家亚圣孟子画像

孔子弟子画像（图一）

孔子弟子画像（图二）

孔子弟子画像（图三）

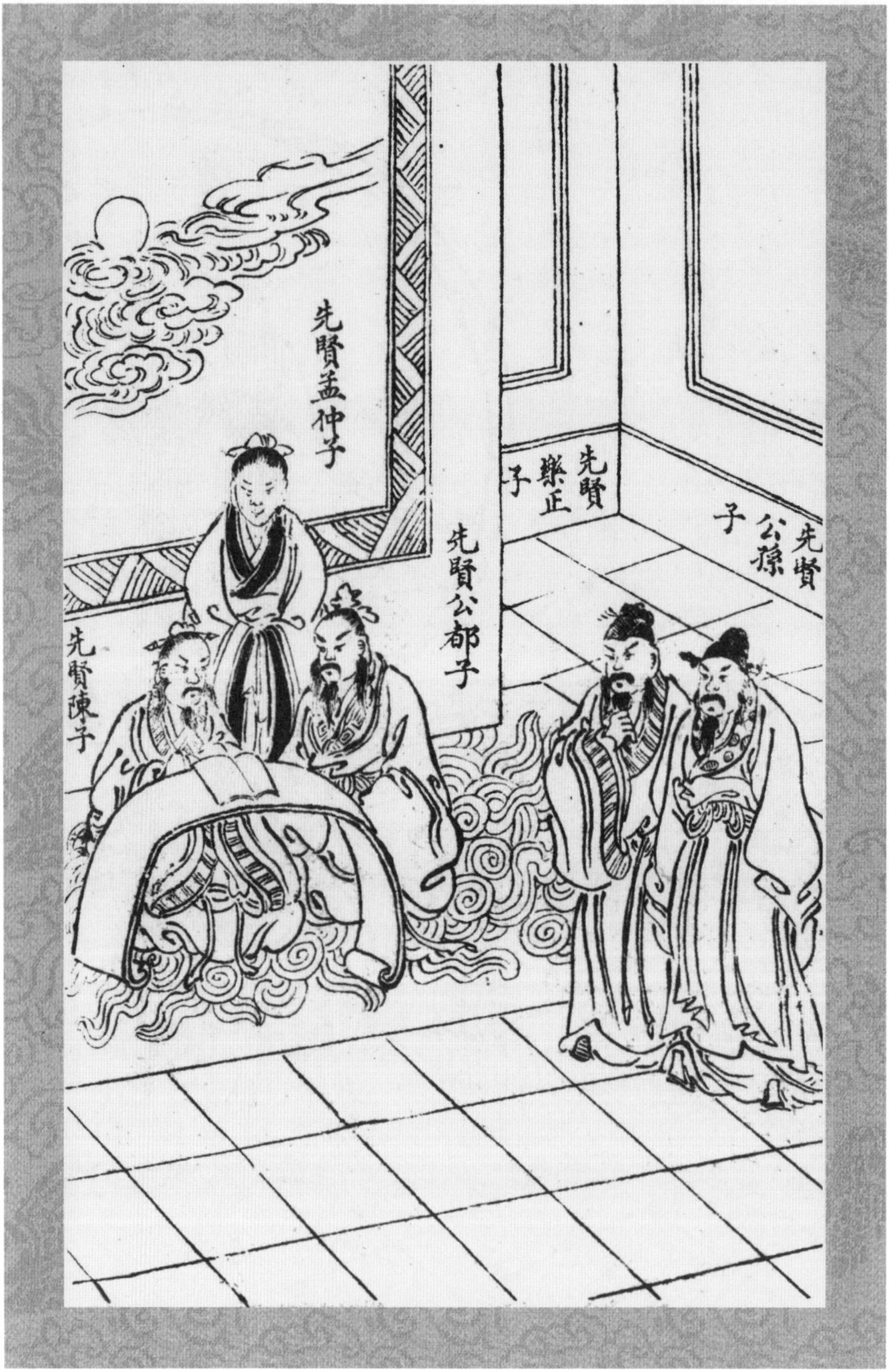
先賢孟仲子
先賢公都子
先賢陳子
先賢樂正子
先賢公孫子

孟子弟子画像（图一）

孟子弟子画像（图二）

孟子弟子画像（图三）

编选说明

凡古玩书画珍品最重流传有绪。唐代人物画大师阎立本所绘孔子弟子画像图，经有清历代宫藏有识之人鉴定，确认为真迹无疑。但对于画中的人物认定却几经颠覆周折。

本画原为清初顺治内府所藏，后赐予大学士宋权，由宋氏父子私藏。后来被转卖于市肆之间。百余年后复有乾隆年间的协办大学士兼户部尚书蒋溥购得，呈送于乾隆，遂又成为宫藏珍品。

该画原名为《阎立本历代将相图》，但蒋溥在乾隆二十二年为该画所作的题跋中，认为图中人物的冠带服饰均为同一时代，而非『历代』，所以应改为《阎立本古贤图》。

到了乾隆丁未年，王杰、曹文埴、彭元瑞、董诰四位阁臣大师合跋称：该画中人物的服饰冠带符合两汉前礼制，并经与《三礼图》认证，判定画中为周代人物。并且认为此图既非《将相图》，也非《古贤图》，而是孔子弟子的画像图。但有一个可疑之处：画中人物只有五十九位，而相传孔子的弟子为七十二人。四阁臣考证又认为，孔子弟子七十二人的说法并非一定，《史记》与《孔子家语》所记载便有不同；且汉代的孔子弟子的庙画像就有七十七人；即使是七十二人，也可能在近千年的流传中有所错漏也未可知。而后，此画便以《阎立本画孔子弟子图》为名流传后世。

本次将该画收入《古籍珍选·四书三绝》一并出版，仍沿用此名。原画像为一长卷，且原图中各人物均未榜题其名。所以本书只将该长卷中的人物一一切割为独立版面，而无以加注其名。

除了阎立本的画作，《孔门儒教图传》分册中还收录了《孔门儒教列传》，源自郑振铎先生《西谛书目》所收明刊本，现藏于中国国家图书馆善本部。该书共一百五十三篇（幅），现扉页缺失，前三页残损，其余完好；记载了自孔子至朱熹共四十五位儒家人物的主要事迹。为便于读者参照了解，本书亦将《史记》中的孔门诸圣与弟子列传附上。

所谓『四书三绝』：孔门四圣著述由朱子章句、集注为『文绝』；阎立本所绘孔子弟子图为『画绝』；郑板桥手书四书为『书绝』。以朱熹、阎立本、郑板桥三方大家的作品合刊而称『绝』，绝非虚名。本书共分七册：阎立本绘图为首册；民国年间上海进步书局出版的《四书集注》六册，依原版对书郑板桥手迹合编，各为一册。诚望此书的出版，能为读者提供一席最高品级的思想文化艺术雅餐礼宴。

编者

目录

论语（上）

四书集注

上论

數音朔下同 重平聲 復扶又反 齊側皆反 長上聲 悖音佩 復扶又反

論語卷之一

朱熹集註

學而第一

此為書之首篇故所記多務本之意乃入道之門積德之基學者之先務也凡十六章

子曰學而時習之不亦說乎。說悅同。○學之為言效也人性皆善而覺有先後後覺者必效先覺之所為乃可以明善而復其初也習鳥數飛也學之不已如鳥數飛也說喜意也既學而又時時習之則所學者熟而中心喜說其進自不能已矣程子曰習重習也時復思繹浹洽於中則說也又曰學者將以行之也時習之則所學者在我故說謝氏曰時習者無時而不習坐如尸坐時習也立如齊立時習也

有朋自遠方來不亦樂乎。樂音洛。○朋同類也自遠方來則近者可知程子曰以善及人而信從者衆故可樂又曰說在心樂主發散在外

人不知而不慍不亦君子乎。慍紆問反。○慍含怒意君子成德之名尹氏曰學在己知不知在人何慍之有程子曰雖樂於及人不見是而無悶乃所謂君子愚謂及人而樂者順而易不知而不慍者逆而難故惟成德者能之然德之所以成亦曰學之正習之熟說之深而不已焉耳。程子曰樂由說而後得非樂不足以語君子。

○有子曰其為人也孝弟而好犯上者鮮矣不好犯上而好作亂者未之有也。弟好皆去聲鮮上聲下同。○有子孔子弟子名若善事父母為孝善事兄長為弟犯上謂干犯在上之人鮮少也作亂則為悖逆爭鬭之事矣此言人能孝弟則其心和順少好犯上必不好作亂也

君子務本本立而道生孝弟也者其為仁之本與。與平聲。○務專力也本猶根也仁者愛之理心之德也為仁猶曰行仁與者疑辭謙退不敢質言也言君子凡事專用力於根本根本既立則其道自生若上文所謂孝弟乃是為仁之本學者務此則仁道自此而生也○程子曰孝弟順德也故不好犯上豈復有逆理亂常之事德有本本立則其道充大孝弟行於家而後仁愛及於物所謂親親而仁民也故為仁以孝弟為本論性則以仁為孝弟之本或問孝弟為仁之本此是由孝弟可以至仁否曰非也謂行仁自孝弟始孝弟是仁之一事謂之行仁之本則可謂是仁之本則不可蓋仁是性也孝弟是用也性中只有箇仁義禮智四者而已曷嘗有孝弟來然仁主於愛愛莫大於愛親故曰孝弟也者其為仁之本與

○子曰巧言令色鮮矣仁。巧好令善也好其言善其色致飾於外務以悅人則人欲肆而本心之德亡矣聖人辭不迫切專言鮮則絕無可知學者所當深戒也○程子曰知巧言令色之非仁則知仁矣

○曾子曰吾日三

治平聲

復芳服反又音伏行去聲德行同為去聲好去聲下同

省吾身。為人謀而不忠乎。與朋友交而不信乎。傳不習乎。省，悉井反。為，去聲。傳，平聲。○曾子，孔子弟子，名參，字子輿。盡己之謂忠。以實之謂信。傳，謂受之於師。習，謂熟之於己。曾子以此三者日省其身，有則改之，無則加勉，其自治誠切如此，可謂得為學之本矣。而三者之序，則又以忠信為傳習之本也。○尹氏曰：曾子守約，故動必求諸身。謝氏曰：諸子之學，皆出於聖人，其後愈遠而愈失其真。獨曾子之學，專用心於內，故傳之無弊，觀於子思孟子可見矣。惜乎，其嘉言善行，不盡傳於世也。其幸存而未泯者，學者其可不盡心乎。

○子曰。道千乘之國。敬事而信。節用而愛人。使民以時。道、乘，皆去聲。○道，治也。千乘，諸侯之國，其地可出兵車千乘者也。敬者，主一無適之謂。敬事而信者，敬其事而信於民也。時，謂農隙之時。言治國之要，在此五者，亦務本之意也。○程子曰：此言至淺，然當時諸侯果能此，亦足以治其國矣。聖人言雖至近，上下皆通。此三言者，若推其極，堯舜之治亦不過此。若常人之言近，則淺近而已矣。楊氏曰：上不敬則下慢，不信則下疑，下慢而疑，事不立矣。敬事而信，以身先之也。易曰：節以制度，不傷財，不害民。蓋侈用則傷財，傷財必至於害民，故愛民必先於節用。然使之不以其時，則力本者不獲自盡，雖有愛人之心，而人不被其澤矣。然此特論其所存而已，未及為政也。苟無是心，則雖有政，不行焉。胡氏曰：凡此數者，又皆以敬為主。愚謂五者反復相因，各有次第，讀者宜細推之。

○子曰。弟子入則孝。出則弟。謹而信。汎愛衆。而親仁。行有餘力。則以學文。弟子之弟，上聲。則弟之弟，去聲。○謹者，行之有常也。信者，言之有實也。汎，廣也。衆，謂衆人。親，近也。仁，謂仁者。餘力，猶言暇日。以，用也。文，謂詩書六藝之文。○程子曰：為弟子之職，力有餘則學文，不脩其職而先文，非為己之學也。尹氏曰：德行，本也。文藝，末也。窮其本末，知所先後，可以入德矣。洪氏曰：未有餘力而學文，則文滅其質；有餘力而不學文，則質勝而野。愚謂力行而不學文，則無以考聖賢之成法，識事理之當然，而所行或出於私意，非但失之於野而已。

○子夏曰。賢賢易色。事父母能竭其力。事君能致其身。與朋友交言而有信。雖曰未學。吾必謂之學矣。子夏，孔子弟子，姓卜，名商。賢人之賢，而易其好色之心，好善有誠也。致，猶委也。委致其身，謂不有其身也。四者皆人倫之大者，而行之必盡其誠，學求如是而已。故子夏言有能如是之人，苟非生質之美，必其務學之至。雖或以為未嘗為學，我必謂之已學也。○游氏曰：三代之學，皆所以明人倫也。能是四者，則於人倫厚矣。學之為道，何以加此。子夏以文學名，而其言如此，則古人之所謂學者可知矣。故學而一篇，大抵皆在於務本。吳氏曰：子夏之言，其意善矣。然詞氣之間，抑揚太過，其流之弊，將或至於廢學。必若上章夫子之言，然後為無弊也。

○子曰。君子

易去聲　長上聲　樂音洛　易去聲　下同　行去聲

不重。則不威。學則不固。重，厚重。威，威嚴。固，堅固也。輕乎外者，必不能堅乎內，故不厚重則無威嚴，而所學亦不堅固也。主忠信。人不忠信，則事皆無實，為惡則易，為善則難，故學者必以是為主焉。程子曰：人道惟在忠信，不誠則無物，且出入無時，莫知其鄉者，人心也。若無忠信，豈復有物乎。無友不如己者。無、毋通，禁止辭也。友所以輔仁，不如己，則無益而有損。過則勿憚改。勿，亦禁止之辭。憚，畏難也。自治不勇，則惡日長，故有過則當速改，不可畏難而苟安也。程子曰：學問之道無他也，知其不善，則速改以從善而已。○程子曰：君子自修之道當如是也。游氏曰：君子之道，以威重為質，而學以成之。學之道，必以忠信為主，而以勝己者輔之。然或吝於改過，則終無以入德，而賢者未必樂告以善道，故以過勿憚改終焉。

○曾子曰。慎終追遠。民德歸厚矣。慎終者，喪盡其禮。追遠者，祭盡其誠。民德歸厚，謂下民化之，其德亦歸於厚。蓋終者，人之所易忽也，而能謹之；遠者，人之所易亡也，而能追之：厚之道也。故以此自為，則己之德厚，下民化之，則其德亦歸於厚也。

○子禽問於子貢曰。夫子至於是邦也。必聞其政。求之與。抑與之與。之與之與，平聲，下同。○子禽，姓陳，名亢。子貢，姓端木，名賜。皆孔子弟子。或曰：亢，子貢弟子。未知孰是。抑，反語辭。子貢曰。夫子溫良恭儉讓以得之。夫子之求之也。其諸異乎人之求之與。溫，和厚也。良，易直也。恭，莊敬也。儉，節制也。讓，謙遜也。五者，夫子之盛德光輝接於人者也。其諸，語辭也。人，他人也。言夫子未嘗求之，但其德容如是，故時君敬信，自以其政就而問之耳，非若他人必求之而後得也。聖人過化存神之妙，未易窺測，然即此而觀，則其德盛禮恭而不願乎外，亦可見矣。學者所當潛心而勉學也。○謝氏曰：學者觀於聖人威儀之間，亦可以進德矣。若子貢亦可謂善觀聖人矣，亦可謂善言德行矣。今去聖人千五百年，以此五者想見其形容，尚能使人興起，而況於親炙之者乎。張敬夫曰：夫子至是邦必聞其政，而未有能委國而授之以政者。蓋見聖人之儀型而樂告之者，秉彝好德之良心也，而私欲害之，是以終不能用耳。

○子曰。父在。觀其志。父沒。觀其行。三年無改於父之道。可謂孝矣。行，去聲。○父在，子不得自專，而志則可知。父沒，然後其行可見。故觀此足以知其人之善惡。然又必能三年無改於父之道，乃見其孝，不然，則所行雖善，亦不得為孝矣。○尹氏曰：如其道，雖終身無改可也。如其非道，何待三年。然則三年無改者，孝子之心有所不忍故也。游氏曰：三年無改，亦謂在所當改而可以未改者耳。

○有子曰。禮之用。和為貴。先王之道斯為美。小大由之。禮者，天理之節

從十容反　復扶又反　中去聲　行去聲　勝平聲　諂音產　復扶又反

文人事之儀則也和者從容不迫之意蓋禮之為體雖嚴然皆出於自然之理故其為用必從容而不迫乃為可貴先王之道此其所以為美而小事大事無不由之也有所不行知和而和不以禮節之亦不可行也承上文而言如此而復有所不行者以其徒知和之為貴而一於和不復以禮節之則亦非復禮之本然矣所以流蕩忘返而亦不可行也○程子曰禮勝則離故禮之用和為貴先王之道以斯為美而小大由之樂勝則流故有所不行者知和而和不以禮節之亦不可行范氏曰凡禮之體主於敬而其用則以和為貴敬者禮之所以立也和者樂之所由生也若有子可謂達禮樂之本矣愚謂嚴而泰和而節此理之自然禮之全體也毫釐有差則失其中正而各倚於一偏其不可行均矣

○有子曰信近於義言可復也恭近於禮遠恥辱也因不失其親亦可宗也近遠皆去聲○信約信也義者事之宜也復踐言也恭致敬也禮節文也因猶依也宗猶主也言約信而合其宜則言必可踐矣致恭而中其節則能遠恥辱矣所依者不失其可親之人則亦可以宗而主之矣此言人之言行交際皆當謹之於始而慮其所終不然則因仍苟且之間將有不勝其自失之悔者矣

○子曰君子食無求飽居無求安敏於事而慎於言就有道而正焉可謂好學也已好去聲○不求安飽者志有在而不暇及也敏於事者勉其所不足慎於言者不敢盡其所有餘也然猶不敢自是而必就有道之人以正其是非則可謂好學矣凡言道者皆謂事物當然之理人之所共由者也○尹氏曰君子之學能是四者可謂篤志力行者矣然不取正於有道未免有差如楊墨學仁義而差者也其流至於無父無君謂之好學可乎

○子貢曰貧而無諂富而無驕何如子曰可也未若貧而樂富而好禮者也樂音洛好去聲○諂卑屈也驕矜肆也常人溺於貧富之中而不知所以自守故必有二者之病無諂無驕則知自守矣而未能超乎貧富之外也凡曰可者僅可而有所未盡之辭也樂則心廣體胖而忘其貧好禮則安處善樂循理亦不自知其富矣子貢貨殖蓋先貧後富而嘗用力於自守者故以此為問而夫子答之如此蓋許其所已能而勉其所未至也

子貢曰詩云如切如磋如琢如磨其斯之謂與磋七多反與平聲○詩衛風淇澳之篇言治骨角者既切之而復磋之治玉石者既琢之而復磨之治之已精而益求其精也子貢自以無諂無驕為至矣聞夫子之言又知義理之無窮雖有得焉而未可遽自足也故引是詩以明之

子曰賜也始可與言詩已矣告諸往而

造七到反 騖音務　處上聲　駉古熒反　治去聲 遠去聲 探平聲

知來者。往者其所已言者來者其所未言者。○愚按此章問答其淺深高下固不待辨説而明矣然不切則磋無所施不琢則磨無所措故學者雖不可安於小成而不求造道之極致亦不可騖於虛遠而不察切己之實病也○

子曰。不患人之不己知。患不知人也。尹氏曰君子求在我者故不患人之不己知不知人則是非邪正或不能辨故以為患也

為政第二 凡二十四章

子曰。為政以德。譬如北辰。居其所。而衆星共之。共音拱亦作拱。○政之為言正也所以正人之不正也德之為言得也行道而有得於心也北辰北極天之樞也居其所不動也共向也言衆星四面旋繞而歸向之也為政以德則無為而天下歸之其象如此程子曰為政以德然後無為范氏曰為政以德則不動而化不言而信無為而成所守者至簡而能御煩所處者至靜而能制動所務者至寡而能服衆

○子曰。詩三百。一言以蔽之。曰思無邪。詩三百十一篇言三百者舉大數也蔽猶蓋也思無邪魯頌駉篇之辭凡詩之言善者可以感發人之善心惡者可以懲創人之逸志其用歸於使人得其情性之正而已然其言微婉且或各因一事而發求其直指全體則未有若此之明且盡者故夫子言詩三百篇而惟此一言足以盡其義蓋其示人之意亦深切矣○程子曰思無邪者誠也范氏曰學者必務知要知要則能守約守約則足以盡博矣經禮三百曲禮三千亦可以一言以蔽之曰毋不敬

○子曰。道之以政。齊之以刑。民免而無恥。道音導下同。○道猶引導謂先之也政謂法制禁令也齊所以一之也道之而不從者有刑以一之也免而無恥謂苟免刑罰而無所羞愧蓋雖不敢為惡而為惡之心未嘗忘也道之以德齊之以禮。有恥且格。禮謂制度品節也格至也言躬行以率之則民固有所觀感而興起矣而其淺深厚薄之不一者又有禮以一之則民恥於不善而又有以至於善也一説格正也書曰格其非心。○愚謂政者為治之具刑者輔治之法德禮則所以出治之本而德又禮之本也此其相為終始雖不可以偏廢然政刑能使民遠罪而已德禮之效則有以使民日遷善而不自知故治民者不可徒恃其末又當深探其本也

○子曰。吾十有五。而志於學。古者十五而入太學心之所之謂之志此所謂學即大學之道也志乎此則念念在此而為之不厭矣三十而立。有以自立則守之固而無所事志矣四十而不惑。於事物之所當然皆無所疑則知之明而無所事守矣五十而知天命。天命即天道之流行而賦於物者乃事物所以當然之故也知此則知極其精而不惑又

中去聲下同　為去聲　瑩余定反　累魯水反　放上聲　背音佩　為去聲　語音御　渾上聲　為分並去聲　彘音滯　畜許六反

不足言矣。**六十而耳順。**聲入心通，無所違逆，知之之至，不思而得也。**七十而從心所欲，不踰矩。**從，如字。○從，隨也。矩，法度之器，所以為方者也。隨其心之所欲而自不過於法度，安而行之，不勉而中也。○程子曰：孔子生而知者也，言亦由學而至，所以勉進後人也。立，能自立於斯道也。不惑，則無所疑矣。知天命，窮理盡性也。耳順，所聞皆通也。從心所欲不踰矩，則不勉而中矣。又曰：孔子自言其進德之序如此者，聖人未必然，但為學者立法，使之盈科而後進，成章而後達耳。胡氏曰：聖人之教亦多術，然其要使人不失其本心而已。欲得此心者，惟志乎聖人所示之學，循其序而進焉。至於一疵不存，萬理明盡之後，則其日用之間，本心瑩然，隨所意欲，莫非至理。蓋心即體，欲即用，體即道，用即義，聲為律而身為度矣。又曰：聖人言此，一以示學者當優游涵泳，不可躐等而進；一以示學者當日就月將，不可半途而廢也。愚謂聖人生知安行，固無積累之漸，然其心未嘗自謂已至此也。是其日用之間，必有獨覺其進而人不及知者。故因其近似以自明，欲學者以是為則而自勉，非心實自聖而姑為是退託也。後凡言謙辭之屬，意皆倣此。

○**孟懿子問孝。子曰：無違。**孟懿子，魯大夫仲孫氏，名何忌。無違，謂不背於理。**樊遲御，子告之曰：孟孫問孝於我，我對曰無違。**樊遲，孔子弟子，名須。御，為孔子御車也。孟孫，即仲孫也。夫子以懿子未達而不能問，恐其失指，而以從親之令為孝，故語樊遲以發之。**樊遲曰：何謂也？子曰：生事之以禮，死葬之以禮，祭之以禮。**生事葬祭，事親之始終具矣。禮，即理之節文也。人之事親，自始至終，一於禮而不苟，其尊親也至矣。是時三家僭禮，故夫子以是警之。然語意渾然，又若不專為三家發者，所以為聖人之言也。○胡氏曰：人之欲孝其親，心雖無窮，而分則有限。得為而不為，與不得為而為之，均於不孝。所謂以禮者，為其所得為者而已矣。

○**孟武伯問孝。子曰：父母唯其疾之憂。**武伯，懿子之子，名彘。言父母愛子之心，無所不至，唯恐其有疾病，常以為憂也。人子體此，而以父母之心為心，則凡所以守其身者，自不容於不謹矣，豈不可以為孝乎？舊說，人子能使父母不以其陷於不義為憂，而獨以其疾為憂，乃可為孝，亦通。

○**子游問孝。子曰：今之孝者，是謂能養。至於犬馬，皆能有養；不敬，何以別乎？**養，去聲。別，彼列反。○子游，孔子弟子，姓言，名偃。養，謂飲食供奉也。犬馬待人而食，亦若養然。言人畜犬馬，皆能有以養之，若能養其親而敬不至，則與養犬馬者何異？甚言不敬之罪，所以深警之也。○胡氏曰：世俗事親，能養足矣。狎恩恃愛，而不知其漸流於不敬，則非小失也。子游，聖門高弟，未必至此，聖人直恐其愛踰於敬，故以是深警發之也。

○**子夏問孝。子曰：色難。有事，弟子服其**

曾平聲　背音佩　難去聲　處上聲　省悉井反　樂音洛　重平聲　夫音扶　舍上聲　幾平聲

勞，有酒食，先生饌，曾是以為孝乎？」食音嗣。○色難，謂事親之際，惟色為難也。食，飯也。先生，父兄也。饌，飲食之也。曾，猶嘗也。蓋孝子之有深愛者，必有和氣；有和氣者，必有愉色；有愉色者，必有婉容；故事親之際，惟色為難耳，服勞奉養未足為孝也。舊說，承順父母之色為難，亦通。○程子曰：「告懿子，告衆人者也。告武伯者，以其人多可憂之事。子游能養，而或失於敬；子夏能直義，而或少溫潤之色。各因其材之高下，與其所失而告之，故不同也。」

○子曰：「吾與回言終日，不違如愚。退而省其私，亦足以發，回也不愚。」回，孔子弟子，姓顏，字子淵。不違者，意不相背，有聽受而無問難也。私，謂燕居獨處，非進見請問之時。發，謂發明所言之理。愚聞之師曰：「顏子深潛純粹，其於聖人體段已具。其聞夫子之言，默識心融，觸處洞然，自有條理。故終日言，但見其不違如愚人而已。及退省其私，則見其日用動靜語默之間，皆足以發明夫子之道，坦然由之而無疑，然後知其不愚也。」

○子曰：「視其所以，以，為也。為善者為君子，為惡者為小人。觀其所由，觀，比視為詳矣。由，從也。事雖為善，而意之所從來者有未善焉，則亦不得為君子矣。或曰：「由，行也。謂所以行其所為者也。」察其所安。察，則又加詳矣。安，所樂也。所由雖善，而心之所樂者不在於是，則亦偽耳，豈能久而不變哉？人焉廋哉？人焉廋哉？」焉，於虔反。廋，所留反。○焉，何也。廋，匿也。重言以深明之。○程子曰：「在己者能知言窮理，則能以此察人如聖人也。」

○子曰：「溫故而知新，可以為師矣。」溫，尋繹也。故者，舊所聞。新者，今所得。言學能時習舊聞，而每有新得，則所學在我，而其應不窮，故可以為人師。若夫記問之學，則無得於心，而所知有限，故學記譏其不足以為人師，正與此意互相發也。

○子曰：「君子不器。」器者，各適其用而不能相通。成德之士，體無不具，故用無不周，非特為一材一藝而已。

○子貢問君子。子曰：「先行其言而後從之。」周氏曰：「先行其言者，行之於未言之前；而後從之者，言之於既行之後。」○范氏曰：「子貢之患，非言之艱而行之艱，故告之以此。」

○子曰：「君子周而不比，小人比而不周。」比，必二反。○周，普遍也。比，偏黨也。皆與人親厚之意，但周公而比私耳。○君子小人所為不同，如陰陽晝夜，每每相反。然究其所以分，則在公私之際，毫釐之差耳。故聖人於周比、和同、驕泰之屬，常對舉而互言之，欲學者察乎兩間，而審其取舍之幾也。

○子曰：「學而不思則罔，思而不學則殆。」不求諸心，故昏而無得。不習其事，故危而不安。○程子曰：「博學、審問、慎思、明辨、篤行五者，廢其一，非學也。」

○子曰：「攻乎異端，斯害也已！」范氏曰：「攻，專治也，故治木石金

遠去聲駸音浸好去聲强上聲奉符用反 行去聲 錯倉故反好去聲惡去聲 樂音洛欲之爲去聲語音

至之工曰攻異端非聖人之道而別爲一端如楊墨是也其率天下至於無父無君專治而欲精之爲害甚矣○程子曰佛氏之言比之楊墨尤爲近理所以其害爲尤甚學者當如淫聲美色以遠之不爾則駸駸然入於其中矣

○子曰。由。誨女知之乎。知之爲知之。不知爲不知。是知也。女音汝○由孔子弟子姓仲字子路子路好勇蓋有强其所不知以爲知者故夫子告之曰我教女以知之之道乎但所知者則以爲知所不知者則以爲不知如此則雖或不能盡知而無自欺之蔽亦不害其爲知矣況由此而求之又有可知之理乎

○子張學干祿。子張孔子弟子姓顓孫名師干求也祿仕者之奉也子曰。多聞闕疑。愼言其餘。則寡尤。多見闕殆。愼行其餘。則寡悔。言寡尤。行寡悔。祿在其中矣。行寡之行去聲○呂氏曰疑者所未信殆者所未安程子曰尤罪自外至者也悔理自內出者也愚謂多聞見者學之博闕疑殆者擇之精愼言行者守之約凡言在其中者皆不求而自至之辭言此以救子張之失而進之也○程子曰脩天爵則人爵至君子言行能謹得祿之道也子張學干祿故告之以此使定其心而不爲利祿動若顏閔則無此問矣或疑如此亦有不得祿者孔子蓋曰耕也餒在其中惟理可爲者爲之而已矣

○哀公問曰。何爲則民服。孔子對曰。舉直錯諸枉。則民服。舉枉錯諸直。則民不服。哀公魯君名蔣凡君問皆稱孔子對曰者尊君也錯捨置也諸衆也程子曰舉錯得義則人心服○謝氏曰好直而惡枉天下之至情也順之則服逆之則去必然之理也然或無道以照之則以直爲枉以枉爲直者多矣是以君子大居敬而貴窮理也

○季康子問使民敬忠以勸。如之何。子曰。臨之以莊則敬。孝慈則忠。舉善而教不能則勸。季康子魯大夫季孫氏名肥莊謂容貌端嚴也臨民以莊則民敬於己孝於親慈於衆則民忠於己善者舉之而不能者教之則民有所勸而樂於爲善○張敬夫曰此皆在我所當爲非爲欲使民敬忠以勸而爲之也然能如是則其應蓋有不期然而然者矣

○或謂孔子曰。子奚不爲政。定公初年孔子不仕故或人疑其不爲政也子曰。書云孝乎。惟孝友于兄弟。施於有政。是亦爲政。奚其爲爲政。書周書君陳篇書云孝乎者言書之言孝如此也善兄弟曰友書言君陳能孝於親友于兄弟又能推廣此心以爲一家之政孔子引之言如此則是亦爲政

御要平聲 輗音尼 乘去聲　王去聲 識楚禁反　論平聲 說約 孔子至舞於庭十字句記

矣。何必居位乃為為政乎。蓋孔子之不仕，有難以語或人者，故託此以告之，要之至理亦不外是。

○子曰：「人而無信，不知其可也。大車無輗，小車無軏，其何以行之哉？」輗，五兮反。軏，音月。○大車，謂平地任載之車。輗，轅端橫木，縛軛以駕牛者。小車，謂田車、兵車、乘車。軏，轅端上曲，鉤衡以駕馬者。車無此二者，則不可以行，人而無信，亦猶是也。

○子張問：「十世可知也？」陸氏曰：「也，一作乎。」○王者易姓受命為一世。子張問自此以後，十世之事，可前知乎？子曰：「殷因於夏禮，所損益，可知也；周因於殷禮，所損益，可知也。其或繼周者，雖百世可知也。」馬氏曰：「所因，謂三綱五常。所損益，謂文質三統。」愚按：三綱，謂君為臣綱，父為子綱，夫為妻綱。五常，謂仁、義、禮、智、信。文質，謂夏尚忠，商尚質，周尚文。三統，謂夏正建寅為人統，商正建丑為地統，周正建子為天統。三綱五常，禮之大體，三代相繼，皆因之而不能變。其所損益，不過文章制度小過不及之間，而其已然之迹，今皆可見。則自今以往，或有繼周而王者，雖百世之遠，所因所革，亦不過此，豈但十世而已乎！聖人所以知來者蓋如此，非若後世讖緯術數之學也。○胡氏曰：「子張之問，蓋欲知來，而聖人言其既往者以明之也。夫自脩身以至於為天下，不可一日而無禮。天敘天秩，人所共由，禮之本也。商不能改乎夏，周不能改乎商，所謂天地之常經也。若乃制度文為，或太過則當損，或不足則當益，益之損之，與時宜之，而所因者不壞，是古今之通義也。因往推來，雖百世之遠，不過如此而已矣。」

○子曰：「非其鬼而祭之，諂也。非其鬼，謂非其所當祭之鬼。諂，求媚也。見義不為，無勇也。」知而不為，是無勇也。

論語卷之二

八佾第三

凡二十六章。通前篇末二章，皆論禮樂之事。

孔子謂季氏，「八佾舞於庭，是可忍也，孰不可忍也？」佾，音逸。○季氏，魯大夫季孫氏也。佾，舞列也，天子八，諸侯六，大夫四，士二。每佾人數，如其佾數。或曰：每佾八人。未詳孰是。季氏以大夫而僭用天子之禮樂，孔子言其此事尚忍為之，則何事不可忍為。或曰：忍，容忍也。蓋深疾之之辭。○范氏曰：「樂舞之數，自上而下，降殺以兩而已，故兩之間，不可以毫髮僭差也。孔子為政，先正禮樂，則季氏之罪不容誅矣。」謝氏曰：「君子於其所不當為不敢須臾處，不忍故也。而季氏忍此矣，則雖弒父與君，亦何所憚而不為乎？」

○三家者以雍徹。子曰：「『相維辟

者語也是可忍二句方是孔子語孔子口中未嘗說舞八佾但是字指此故記者繫之今通將氏字讀安去聲非上聲分去聲為去

公天子穆穆奚取於三家之堂徹直列反相去聲○三家魯大夫孟孫叔孫季孫之家也雍周頌篇名徹祭畢而收其俎也天子宗廟之祭則歌雍以徹是時三家僭而用之相助也辟公諸侯也穆穆深遠之意天子之容也此雍詩之詞孔子引之言三家之堂非有此事亦何取於此義而歌之乎譏其無知妄作以取僭竊之罪○程子曰周公之功固大矣皆臣子之分所當為魯安得獨用天子禮樂哉成王之賜伯禽之受皆非也其因襲之弊遂使季氏僭八佾三家僭雍徹故仲尼譏之

○子曰人而不仁如禮何人而不仁如樂何游氏曰人而不仁則人心亡矣其如禮樂何哉言雖欲用之而禮樂不為之用也○程子曰仁者天下之正理失正理則無序而不和李氏曰禮樂待人而後行苟非其人則雖玉帛交錯鐘鼓鏗鏘亦將如之何哉然記者序此於八佾雍徹之後疑其為僭禮樂者發也

○林放問禮之本林放魯人見世之為禮者專事繁文而疑其本之不在是也故以為問子曰大哉問孔子以時方逐末而放獨有志於本故大其問蓋得其本則禮之全體無不在其中矣禮與其奢也寧儉喪與其易也寧戚易去聲○易治也孟子曰易其田疇在喪禮則節文習熟而無哀痛慘怛之實者也戚則一於哀而文不足耳禮貴得中奢易則過於文儉戚則不及而質二者皆未合禮然凡物之理必先有質而後有文則質乃禮之本也○范氏曰夫祭與其敬不足而禮有餘也不若禮不足而敬有餘也喪與其哀不足而禮有餘也不若禮不足而哀有餘也禮失之奢喪失之易皆不能反本而隨其末故也禮奢而備不若儉而不備之愈也喪易而文不若戚而不文之愈也儉者物之質戚者心之誠故為禮之本楊氏曰禮始諸飲食故汙尊而抔飲為之簠簋籩豆罍爵之飾所以文之也則其本儉而已喪不可以徑情而直行為之衰麻哭踊之數所以節之也則其本戚而已周衰世方以文滅質而林放獨能問禮之本故夫子大之而告之以此

○子曰夷狄之有君不如諸夏之亡也吳氏曰亡古無字通用○程子曰夷狄且有君長不如諸夏之僭亂反無上下之分也○尹氏曰孔子傷時之亂而歎之也亡非實亡也雖有之不能盡其道爾

○季氏旅於泰山子謂冉有曰女弗能救與對曰不能子曰嗚呼曾謂泰山不如林放乎女音汝與平聲○旅祭名泰山山名在魯地禮諸侯祭封內山川季氏祭之僭也冉有孔子弟子名求時為季氏宰救謂救其陷於僭竊之罪嗚呼歎辭言神不享非禮欲季氏知其無益而自止又進林放以厲冉有也○范氏曰冉有從季氏夫子豈不知其不可告也然而聖人不輕絕人盡己之心安知冉有之不能救季氏之不可諫也既不能正則美林放以明泰山之不可誣是亦教誨之道也

○子曰君子無所爭必也射乎揖讓而升下

聲放聲治聲音夫扶　汙哇音別衰音篕癸音衰隹上分聲曾層
去　平怛達音　音抔杯音篕斧音罍雷音音長聲去　音

而飲。其爭也君子。飲，去聲。○揖讓而升者，大射之禮，耦進三揖而後升堂也。下而飲，謂射畢揖降，以俟衆耦皆降，勝者乃揖不勝者升，取觶立飲也。言君子恭遜不與人爭，惟於射而後有爭。然其爭也雍容揖遜乃如此，則其爭也君子，而非若小人之爭矣。

○子夏問曰：巧笑倩兮，美目盼兮，素以爲絢兮。何謂也？倩，七練反。盼，普莧反。絢，呼縣反。○此逸詩也。倩，好口輔也。盼，目黑白分也。素，粉地，畫之質也。絢，采色，畫之飾也。言人有此倩盼之美質，而又加以華采之飾，如有素地而加采色也。子夏疑其反謂以素爲飾，故問之。

子曰：繪事後素。繪，胡對反。○繪事，繪畫之事也。後素，後於素也。考工記曰：繪畫之事後素功。謂先以粉地爲質，而後施五采，猶人有美質，然後可加文飾。

曰：禮後乎？子曰：起予者商也！始可與言詩已矣。禮必以忠信爲質，猶繪事必以粉素爲先。起，猶發也。起予，言能起發我之志意。謝氏曰：子貢因論學而知詩，子夏因論詩而知學，故皆可與言詩。○楊氏曰：甘受和，白受采，忠信之人，可以學禮。苟無其質，禮不虛行。此繪事後素之說也。孔子曰繪事後素，而子夏曰禮後乎，可謂能繼其志矣。非得之言意之表者能之乎？商、賜可與言詩者以此。若夫玩心於章句之末，則其爲詩也固而已矣。所謂起予，則亦相長之義也。

○子曰：夏禮吾能言之，杞不足徵也；殷禮吾能言之，宋不足徵也。文獻不足故也。足，則吾能徵之矣。杞，夏之後。宋，殷之後。徵，證也。文，典籍也。獻，賢也。言二代之禮，我能言之，而二國不足取以爲證，以其文獻不足故也。文獻若足，則我能取之，以證吾言矣。

○子曰：禘自既灌而往者，吾不欲觀之矣。禘，大計反。○趙伯循曰：禘，王者之大祭也。王者既立始祖之廟，又推始祖所自出之帝，祀之於始祖之廟，而以始祖配之也。成王以周公有大勳勞，賜魯重祭。故得禘於周公之廟，以文王爲所出之帝，而周公配之，然非禮矣。灌者，方祭之始，用鬱鬯之酒灌地，以降神也。魯之君臣，當此之時，誠意未散，猶有可觀，自此以後，則浸以懈怠而無足觀矣。蓋魯祭非禮，孔子本不欲觀，至此而失禮之中又失禮焉，故發此歎也。○謝氏曰：夫子嘗曰：我欲觀夏道，是故之杞，而不足證也；我欲觀商道，是故之宋，而不足證也。又曰：我觀周道，幽厲傷之，吾舍魯何適矣。魯之郊禘，非禮也，周公其衰矣！考之杞宋已如彼，考之當今又如此，孔子所以深歎也。

○或問禘之說。子曰：不知也。知其說者之於天下也，其如示諸斯乎！指其掌。先王報本追遠之意，莫深於禘。非仁孝誠敬之至，不足以與此，非或人之所及也。而不王不禘之法，又魯之所當諱者，故以不知答之。示，與視同。指其掌，弟子記夫子言

誣無解至繪作非和聲夫扶長聲欝匆曹亮懈隘　舍聲與聲齋啗
音　音　俗畫　去　音　上　遠反　反尺反居反　上　去　側反

此而自指其實。言其明且易也。蓋知禘之說，則理無不明，誠無不格，而治天下不難矣。聖人於此，豈真有所不知也哉。

○祭如在，祭神如神在。程子曰：「祭，祭先祖也。祭神，祭外神也。祭先主於孝，祭神主於敬。」愚謂此門人記孔子祭祀之誠意。

子曰：「吾不與祭，如不祭。」與，去聲。○又記孔子之言以明之。言己當祭之時，或有故不得與，而使他人攝之，則不得致其如在之誠。故雖已祭，而此心缺然，如未嘗祭也。○范氏曰：「君子之祭，七日戒，三日齊，必見所祭者，誠之至也。是故郊則天神格，廟則人鬼享，皆由己以致之也。有其誠則有其神，無其誠則無其神，可不謹乎？吾不與祭如不祭，誠為實，禮為虛也。」

○王孫賈問曰：「與其媚於奧，寧媚於竈，何謂也？」王孫賈，衛大夫。媚，親順也。室西南隅為奧。竈者，五祀之一，夏所祭也。凡祭五祀，皆先設主而祭於其所，然後迎尸而祭於奧，略如祭宗廟之儀。如祀竈，則設主於竈陘，祭畢，而更設饌於奧以迎尸也。故時俗之語，因以奧有常尊，而非祭之主；竈雖卑賤，而當時用事。喻自結於君，不如阿附權臣也。賈，衛之權臣，故以此諷孔子。

子曰：「不然，獲罪於天，無所禱也。」天，即理也；其尊無對，非奧竈之可比也。逆理，則獲罪於天矣，豈媚於奧竈所能禱而免乎？言但當順理，非特不當媚竈，亦不可媚於奧也。○謝氏曰：「聖人之言，遜而不迫。使王孫賈而知此意，不為無益；使其不知，亦非所以取禍。」

○子曰：「周監於二代，郁郁乎文哉！吾從周。」郁，於六反。○監，視也。二代，夏商也。言其視二代之禮而損益之。郁郁，文盛貌。○尹氏曰：「三代之禮至周大備，夫子美其文而從之。」

○子入大廟，每事問。或曰：「孰謂鄹人之子知禮乎？入大廟，每事問。」子聞之，曰：「是禮也。」大，音泰。鄹，側留反。○大廟，魯周公廟。此蓋孔子始仕之時，入而助祭也。鄹，魯邑名。孔子父叔梁紇，嘗為其邑大夫。孔子自少以知禮聞，故或人因此而譏之。孔子言是禮者，敬謹之至，乃所以為禮也。○尹氏曰：「禮者，敬而已矣。雖知亦問，謹之至也，其為敬莫大於此。謂之不知禮者，豈足以知孔子哉？」

○子曰：「射不主皮，為力不同科，古之道也。」為，去聲。○射不主皮，鄉射禮文。為力不同科，孔子解禮之意如此也。皮，革也，布侯而棲革於其中以為的，所謂鵠也。科，等也。古者射以觀德，但主於中，而不主於貫革，蓋以人之力有強弱，不同等也。記曰：「武王克商，散軍郊射，而貫革之射息。」正謂此也。周衰，禮廢，列國兵爭，復尚貫革，故孔子歎之。○楊氏曰：「中可以學而能，力不可以強而至。聖人言古之道，所以正今之失。」

○子貢欲去告朔之餼羊。去，起呂反。告，古篤反。餼，許氣反。○告朔之禮：古者天子常以季冬，頒來歲十二月之朔于諸侯，諸侯受而藏之祖廟。月朔，則以特羊告廟，請而行之。餼，生牲也。魯自文公始不視朔，而有司猶供此羊，故子貢欲去

監吉暫反　絖下沒反　少去聲　樓音西　鵠音谷　中去聲　下同　復扶又反　強而之強上聲　識音志　雎七余反

之。子曰。賜也。爾愛其羊。我愛其禮。愛猶惜也。子貢蓋惜其無實而妄費。然禮雖廢，羊存猶得以識之而可復焉。若併去其羊，則此禮遂亡矣，孔子所以惜之。○楊氏曰。告朔，諸侯所以稟命於君親，禮之大者。魯不視朔矣，然羊存則告朔之名未泯，而其實因可舉。此夫子所以惜之也。

○子曰。事君盡禮。人以為諂也。黃氏曰。孔子於事君之禮，非有所加也，如是而後盡爾。時人不能，反以為諂。故孔子言之，以明禮之當然也。○程子曰。聖人事君盡禮，當時以為諂。若他人言之，必曰我事君盡禮，小人以為諂。而孔子之言止於如此。聖人道大德宏，此亦可見。

○定公問。君使臣。臣事君。如之何。孔子對曰。君使臣以禮。臣事君以忠。定公，魯君，名宋。二者皆理之當然，各欲自盡而已。○呂氏曰。使臣不患其不忠，患禮之不至；事君不患其無禮，患忠之不足。尹氏曰。君臣以義合者也。故君使臣以禮，則臣事君以忠。

○子曰。關雎樂而不淫。哀而不傷。樂音洛。○關雎，周南國風詩之首篇也。淫者，樂之過而失其正者也。傷者，哀之過而害於和者也。關雎之詩，言后妃之德，宜配君子。求之未得，則不能無寤寐反側之憂；求而得之，則宜其有琴瑟鐘鼓之樂。蓋其憂雖深而不害於和，其樂雖盛而不失其正，故夫子稱之如此。欲學者玩其辭，審其音，而有以識其性情之正也。

○哀公問社於宰我。宰我對曰。夏后氏以松。殷人以柏。周人以栗。曰。使民戰栗。宰我，孔子弟子，名予。三代之社不同者，古者立社，各樹其土之所宜木以為主也。戰栗，恐懼貌。宰我又言周所以用栗之意如此。豈以古者戮人於社，故附會其說與。子聞之曰。成事不說。遂事不諫。既往不咎。遂事，謂事雖未成，而勢不能已者。孔子以宰我所對，非立社之本意，又啟時君殺伐之心，而其言已出，不可復救，故歷言此以深責之，欲使謹其後也。○尹氏曰。古者各以所宜木名其社，非取義於木也。宰我不知而妄對，故夫子責之。

○子曰。管仲之器小哉。管仲，齊大夫，名夷吾，相桓公霸諸侯。器小，言其不知聖賢大學之道，故局量褊淺，規模卑狹，不能正身修德以致主於王道。或曰。管仲儉乎。曰。管氏有三歸。官事不攝。焉得儉。焉，於虔反。○或人蓋疑器小之為儉。三歸，臺名。事見說苑。攝，兼也。家臣不能具官，一人常兼數事。管仲不然，皆言其侈。然則管仲知禮乎。曰。邦君樹塞門。管氏亦樹塞門。邦君為兩君之好。有反

與音余 相去聲 量去聲 見形甸反 屏音丙下同 復扶又反下同 治音持 得見不見一見如字

坫。管氏亦有反坫。管氏而知禮。孰不知禮。好，去聲。坫，丁念反。○或人又疑不儉為知禮。屏謂之樹。塞，猶蔽也。設屏於門，以蔽內外也。好，謂好會。坫在兩楹之間，獻酬飲畢，則反爵於其上。此皆諸侯之禮，而管仲僭之，不知禮也。○愚謂孔子譏管仲之器小，其旨深矣。或人不知而疑其儉，故斥其奢以明其非儉。或又疑其知禮，故又斥其僭，以明其不知禮。蓋雖不復明言器小之所以然，而其所以小者，於此亦可見矣。故程子曰：奢而犯禮，其器之小可知。蓋器大則自知禮而無此失矣。此言當深味也。蘇氏曰：自修身正家以及於國，則其本深，其及者遠，是謂大器。揚雄所謂大器猶規矩準繩，先自治而後治人者是也。管仲三歸反坫，桓公內嬖六人，而霸天下，其本固已淺矣。管仲死，桓公薨，天下不復宗齊。楊氏曰：夫子大管仲之功而小其器。蓋非王佐之才，雖能合諸侯正天下，其器不足稱也。道學不明，而王霸之略混為一途。故聞管仲之器小，則疑其為儉，以不儉告之，則又疑其知禮。蓋世方以詭遇為功，而不知為之範，則不悟其小宜矣。

○子語魯大師樂曰。樂其可知也。始作。翕如也。從之。純如也。皦如也。繹如也。以成。語，去聲。大，音泰。從，音縱。○語，告也。大師，樂官名。時音樂廢缺，故孔子教之。翕，合也。從，放也。純，和也。皦，明也。繹，相續不絕也。成，樂之一終也。○謝氏曰：五音六律不具，不足以為樂。翕如，言其合也。五音合矣，清濁高下，如五味之相濟而後和，故曰純如。合而和矣，欲其無相奪倫，故曰皦如。然豈宮自宮而商自商乎？不相反而相連，如貫珠可也，故曰繹如也以成。

○儀封人請見。曰。君子之至於斯也。吾未嘗不得見也。從者見之。出曰。二三子。何患於喪乎。天下之無道也久矣。天將以夫子為木鐸。請見、見之之見，賢遍反。從、喪，皆去聲。○儀，衛邑。封人，掌封疆之官，蓋賢而隱於下位者也。君子，謂當時賢者。至此皆得見之，自言其平日不見絕於賢者，而求以自通也。見之，謂通使得見。喪，謂失位去國，禮曰喪欲速貧是也。木鐸，金口木舌，施政教時所振，以警眾者也。言亂極當治，天必將使夫子得位設教，不久失位也。封人一見夫子而遽以是稱之，其所得於觀感之間者深矣。或曰：木鐸所以徇于道路，言天使夫子失位，周流四方以行其教，如木鐸之徇於道路也。

○子謂韶。盡美矣。又盡善也。謂武。盡美矣。未盡善也。韶，舜樂。武，武王樂。美者，聲容之盛。善者，美之實也。舜紹堯致治，武王伐紂救民，其功一也，故其樂皆盡美。然舜之德，性之也，又以揖遜而有天下；武王之德，反之也，又以征誅而得天下，故其實有不同者。○程子曰：成湯放桀，惟有慙德，武王亦然，故未盡善。堯舜湯武，其揆一也。征伐非其所欲，所遇之時然爾。

○子曰。居上不寬。為禮不敬。臨

治去聲 好去聲 間去聲 上上聲 當去聲 繫如字又音計一作係同 離去聲 舍上聲下

喪不哀吾何以觀之哉 居上主於愛人故以寬為本為禮以敬為本臨喪以哀為本既無其本則以何者而觀其所行之得失哉

里仁第四 凡二十六章

子曰里仁為美擇不處仁焉得知 處上聲焉於虔反知去聲○里有仁厚之俗為美擇里而不居於是焉則失其是非之本心而不得為知矣

○子曰不仁者不可以久處約不可以長處樂仁者安仁知者利仁 樂音洛知去聲○約窮困也利猶貪也蓋深知篤好而必欲得之也不仁之人失其本心久約必濫久樂必淫惟仁者則安其仁而無適不然知者則利於仁而不易所守蓋雖深淺之不同然皆非外物所能奪矣○謝氏曰仁者心無內外遠近精粗之間非有所存而自不亡非有所理而自不亂如目視而耳聽手持而足行也知者謂之有所見則可謂之有所得則未可有所存斯不亡有所理斯不亂未能無意也安仁則一利仁則二安仁者非顏閔以上去聖人為不遠不知此味也諸子雖有卓越之才謂之見道不惑則可然未免於利之也

○子曰惟仁者能好人能惡人 好惡皆去聲○惟之為言獨也蓋無私心然後好惡當於理程子所謂得其公正是也○游氏曰好善而惡惡天下之同情然人每失其正者心有所繫而不能自克也惟仁者無私心所以能好惡也

○子曰苟志於仁矣無惡也 惡如字○苟誠也志者心之所之也其心誠在於仁則必無為惡之事矣○楊氏曰苟志於仁未必無過舉也然而為惡則無矣

○子曰富與貴是人之所欲也不以其道得之不處也貧與賤是人之所惡也不以其道得之不去也 惡去聲○不以其道得之謂不當得而得之然於富貴則不處於貧賤則不去君子之審富貴而安貧賤也如此

君子去仁惡乎成名 惡平聲○言君子所以為君子以其仁也若貪富貴而厭貧賤則是自離其仁而無君子之實矣何所成其名乎

君子無終食之間違仁造次必於是顛沛必於是 造七到反沛音貝○終食者一飯之頃造次急遽苟且之時顛沛傾覆流離之際蓋君子之不去乎仁如此不但富貴貧賤取舍之間而已也○言君子為仁自富貴貧賤取舍之間以至於終食造次顛沛之頃無時無處而不用其力也然取舍之分明然後存養之功密存養之功密則其取舍之分益明矣

上論 卷二 里仁

分同去聲　易去聲下同　掾俞絹反　復扶又反　傳去聲　趣平聲

○子曰，我未見好仁者，惡不仁者。好仁者，無以尚之。惡不仁者，其為仁矣，不使不仁者加乎其身。好惡皆去聲。○夫子自言未見好仁者、惡不仁者。蓋好仁者真知仁之可好，故天下之物，無以加之。惡不仁者真知不仁之可惡，故其所以為仁者，必能絕去不仁之事，而不使少有及於其身。此皆成德之事，故難得而見之也。

有能一日用其力於仁矣乎。我未見力不足者。言好仁惡不仁者，雖不可見，然或有人果能一旦奮然用力於仁，則我又未見其力有不足者。蓋為仁在己，欲之則是，而志之所至，氣必至焉。故仁雖難能，而至之亦易也。

蓋有之矣，我未之見也。蓋，疑辭。有之，謂有用力而力不足者。蓋人之氣質不同，故疑亦容或有此昏弱之甚，欲進而不能者，但我偶未之見耳。蓋不敢終以為易，而又歎人之莫肯用力於仁也。○此章言仁之成德，雖難其人，然學者苟能實用其力，則亦無不可至之理。但用力而不至者，今亦未見其人焉，此夫子所以反復而歎息之也。

○子曰，人之過也，各於其黨。觀過，斯知仁矣。黨，類也。程子曰，人之過也，各於其類。君子常失於厚，小人常失於薄。君子過於愛，小人過於忍。尹氏曰，於此觀之，則人之仁不仁可知矣。○吳氏曰，後漢吳祐謂掾以親故受汙辱之名，所謂觀過知仁，是也。愚按此亦但言人雖有過，猶可即此而知其厚薄，非謂必俟其有過，而後賢否可知也。

○子曰，朝聞道，夕死可矣。道者，事物當然之理。苟得聞之，則生順死安，無復遺恨矣。朝夕，所以甚言其時之近。○程子曰，言人不可以不知道，苟得聞道，雖死可也。又曰，皆實理也，人知而信者為難。死生亦大矣，非誠有所得，豈以夕死為可乎。

○子曰，士志於道，而恥惡衣惡食者，未足與議也。心欲求道，而以口體之奉不若人為恥，其識趣之卑陋甚矣，何足與議於道哉。○程子曰，志於道而心役乎外，何足與議也。

○子曰，君子之於天下也，無適也，無莫也，義之與比。適，丁歷反。比，必二反。○適，專主也。春秋傳曰，吾誰適從，是也。莫，不肯也。比，從也。○謝氏曰，適，可也。莫，不可也。無可無不可，苟無道以主之，不幾於猖狂自恣乎。此老佛之學所以自謂心無所住而能應變，而卒得罪於聖人也。聖人之學不然，於無可無不可之間，有義存焉。然則君子之心，果有所倚乎。

○子曰，君子懷德，小人懷土。君子懷刑，小人懷惠。懷，思念也。懷德，謂存其固有之善。懷土，謂溺其所處之安。懷刑，謂畏法。懷惠，謂貪利。君子小人趣向不同，公私之間而已矣。○尹氏曰，樂善惡不善，所以為君子。苟安務得，所以為

呼荒故反下同　渾上聲　當去聲　於音烏　復扶又反

小人。○子曰：放於利而行，多怨。放上聲。○孔氏曰：放，依也。多怨，謂多取怨。○程子曰：欲利於己，必害於人，故多怨。

○子曰：能以禮讓為國乎？何有？不能以禮讓為國，如禮何？讓者，禮之實也。何有，言不難也。言有禮之實以為國，則何難之有。不然，則其禮文雖具，亦且無如之何矣，而況於為國乎？

○子曰：不患無位，患所以立。不患莫己知，求為可知也。所以立，謂所以立乎其位者。可知，謂可以見知之實。○程子曰：君子求其在己者而已。

○子曰：參乎！吾道一以貫之。曾子曰：唯。參，所金反。唯，上聲。○參乎者，呼曾子之名而告之。貫，通也。唯者，應之速而無疑者也。聖人之心，渾然一理，而泛應曲當，用各不同。曾子於其用處，蓋已隨事精察而力行之，但未知其體之一爾。夫子知其真積力久，將有所得，是以呼而告之。曾子果能默契其指，即應之速而無疑也。子出。門人問曰：何謂也？曾子曰：夫子之道，忠恕而已矣。盡己之謂忠，推己之謂恕。而已矣者，竭盡而無餘之辭也。夫子之一理渾然而泛應曲當，譬則天地之至誠無息，而萬物各得其所也。自此之外，固無餘法，而亦無待於推矣。曾子有見於此而難言之，故借學者盡己、推己之目以著明之，欲人之易曉也。蓋至誠無息者，道之體也，萬殊之所以一本也；萬物各得其所者，道之用也，一本之所以萬殊也。以此觀之，一以貫之之實可見矣。或曰：中心為忠，如心為恕。於義亦通。○程子曰：以己及物，仁也；推己及物，恕也，違道不遠是也。忠恕一以貫之：忠者天道，恕者人道；忠者無妄，恕者所以行乎忠也；忠者體，恕者用，大本達道也。此與違道不遠異者，動以天爾。又曰：維天之命，於穆不已，忠也；乾道變化，各正性命，恕也。又曰：聖人教人各因其才，吾道一以貫之，惟曾子為能達此，孔子所以告之也。曾子告門人曰：夫子之道，忠恕而已矣。亦猶夫子之告曾子也。中庸所謂忠恕違道不遠，斯乃下學上達之義。

○子曰：君子喻於義，小人喻於利。喻，猶曉也。義者，天理之所宜。利者，人情之所欲。○程子曰：君子之於義，猶小人之於利也。唯其深喻，是以篤好。楊氏曰：君子有舍生而取義者，以利言之，則人之所欲無甚於生，所惡無甚於死，孰肯舍生而取義哉？其所喻者義而已，不知利之為利故也。小人反是。

○子曰：見賢思齊焉，見不賢而內自省也。省，悉井反。○思齊者，冀己亦有是善；內自省者，恐己亦有是惡。○胡氏曰：見人之善惡不同，而無不反諸身者，則不徒羨人而甘自棄，不徒責人而忘自責矣。

○子曰：事父母幾諫，見志不從，又敬不違，勞而不怨。此章與內則之言相表裏。幾，微也。微諫，所謂父母有過，下氣怡色，柔聲以諫也。見志不從，又敬

撻他達反　省悉并反　則坊本作即　見賢遍反　複音福　行去聲　為去聲　易去聲

不違所謂諫若不入起敬起孝悅則復諫也勞而不怨所謂與其得罪於鄉黨州閭寧熟諫父母怒不悅而撻之流血不敢疾怨起敬起孝也

○子曰。父母在。不遠遊。遊必有方。遠遊則去親遠而為日久定省曠而音問疏不惟己之思親不置亦恐親之念我不忘也遊必有方如己告云之東則不敢更適西欲親必知己之所在而無憂召己則必至而無失也范氏曰子能以父母之心為心則孝矣。

○子曰。三年無改於父之道。可謂孝矣。胡氏曰己見首篇此蓋複出而逸其半也

○子曰。父母之年。不可不知也。一則以喜。一則以懼。知猶記憶也常知父母之年則既喜其壽又懼其衰而於愛日之誠自有不能已者

○子曰。古者言之不出。恥躬之不逮也。言古者以見今之不然逮及也行不及言可恥之甚古者所以不出其言為此故也○范氏曰君子之於言也不得已而後出之非言之難而行之難也人惟其不行也是以輕言之言之如其所行行之如其所言則出諸其口必不易矣

○子曰。以約失之者鮮矣。鮮上聲○謝氏曰不侈然以自放之謂約尹氏曰凡事約則鮮失非止謂儉約也

○子曰。君子欲訥於言。而敏於行。行去聲○謝氏曰放言易故欲訥力行難故欲敏○胡氏曰自吾道一貫至此十章疑皆曾子門人所記也

○子曰。德不孤。必有鄰。鄰猶親也德不孤立必有類應故有德者必有其類從之如居之有鄰也

○子游曰。事君數。斯辱矣。朋友數。斯疏矣。數色角反○程子曰數煩數也胡氏曰事君諫不行則當去導友善不納則當止至於煩瀆則言者輕聽者厭矣是以求榮而反辱求親而反疏也范氏曰君臣朋友皆以義合故其事同也

論語卷之三

公冶長第五

此篇皆論古今人物賢否得失蓋格物窮理之一端也凡二十七章胡氏以為疑多子貢之徒所記云

子謂公冶長。可妻也。雖在縲絏之中。非其罪也。以其子妻之。妻去聲下同縲力追

之妻如字　攣呂緣反　縚音滔　長音掌　簠音甫　簋音鬼　盛平聲　治音持

反。縲息列反。○公冶長孔子弟子。妻爲之妻也。縲黑索也。絏攣也。古者獄中以黑索拘攣罪人。長之爲人無所考。而夫子稱其可妻。其必有以取之矣。又言其人雖嘗陷於縲絏之中。而非其罪。則固無害於可妻也。夫有罪無罪。在我而已。豈以自外至者爲榮辱哉。

子謂南容。邦有道不廢。邦無道免於刑戮。以其兄之子妻之。南容孔子弟子。居南宮。名縚。又名适。字子容。謚敬叔。孟懿子之兄也。不廢言必見用也。以其謹於言行。故能見用於治朝。免禍於亂世也。事又見第十一篇。○或曰。公冶長之賢不及南容。故聖人以其子妻長。而以兄子妻容。蓋厚於兄而薄於己也。程子曰。此以己之私心窺聖人也。凡人避嫌者。皆內不足也。聖人自至公。何避嫌之有。況嫁女必量其才而求配。尤不當有所避也。若孔子之事。則其年之長幼。時之先後。皆不可知。惟以爲避嫌則大不可。避嫌之事。賢者且不爲。況聖人乎。

○子謂子賤。君子哉若人。魯無君子者。斯焉取斯。焉於虔反。○子賤孔子弟子。姓宓。名不齊。上斯斯此人。下斯斯此德。子賤蓋能尊賢取友以成其德者。故夫子既歎其賢。而又言若魯無君子。則此人何所取以成此德乎。因以見魯之多賢也。○蘇氏曰。稱人之善。必本其父兄師友。厚之至也。

○子貢問曰。賜也何如。子曰。女器也。曰。何器也。曰。瑚璉也。女音汝。瑚音胡。璉力展反。○器者有用之成材。夏曰瑚。商曰璉。周曰簠簋。皆宗廟盛黍稷之器。而飾以玉。器之貴重而華美者也。子貢見孔子以君子許子賤。故以己爲問。而孔子告之以此。然則子貢雖未至於不器。其亦器之貴者歟。

○或曰。雍也仁而不佞。雍孔子弟子。姓冉。字仲弓。佞口才也。仲弓爲人重厚簡默。而時人以佞爲賢。故美其優於德。而病其短於才也。

子曰。焉用佞。禦人以口給。屢憎於人。不知其仁。焉用佞。焉於虔反。○禦當也。猶應答也。給辨也。憎惡也。言何用佞乎。佞人所以應答人者。但以口取辨而無情實。徒多爲人所憎惡爾。我雖未知仲弓之仁。然其不佞。乃所以爲賢。不足以爲病也。再言焉用佞。所以深曉之。○或疑仲弓之賢。而夫子不許其仁。何也。曰。仁道至大。非全體而不息者。不足以當之。如顏子亞聖。猶不能無違於三月之後。況仲弓雖賢。未及顏子。聖人固不得而輕許之也。

○子使漆雕開仕。對曰。吾斯之未能信。子說。說音悅。○漆雕開孔子弟子。字子若。斯指此理而言。信謂真知其如此。而無毫髮之疑也。開自言未能如此。未可以治人。故夫子說其篤志。○程子曰。漆雕開已見大意。故夫子說之。又曰。古人見道分明。故其言如此。謝氏曰。開之學無可考。然聖人使之仕。必其材可以仕矣。至於心術之微。則一毫不自得。不害其爲未信。此聖人所不能知。而開自知之。其材可以仕。而其器不安於小成。他日所就。其可量乎。夫子所以說之也。

○子曰。道不行。乘桴浮

公冶長

度待洛反

傳去聲後凡言春秋傳者同

語音御

重平聲

於海。從我者。其由與。子路聞之喜。子曰。由也好勇過我。無所取材。桴音孚。從、好並去聲。與平聲。材與裁同，古字借用。○桴，筏也。程子曰：浮海之歎，傷天下之無賢君也。子路勇於義，故謂其能從己，皆假設之言耳。子路以為實然，而喜夫子之與己，故夫子美其勇，而譏其不能裁度事理，以適於義也。

○孟武伯問子路仁乎。子曰。不知也。子路之於仁，蓋日月至焉者。或在或亡，不能必其有無，故以不知告之。又問。子曰。由也。千乘之國。可使治其賦也。不知其仁也。乘去聲。○賦，兵也。古者以田賦出兵，故謂兵為賦，春秋傳所謂悉索敝賦是也。言子路之才，可見者如此，仁則不能知也。求也何如。子曰。求也。千室之邑。百乘之家。可使為之宰也。不知其仁也。千室，大邑。百乘，卿大夫之家。宰，邑長家臣之通號。赤也何如。子曰。赤也。束帶立於朝。可使與賓客言也。不知其仁也。朝音潮。○赤，孔子弟子，姓公西，字子華。

○子謂子貢曰。女與回也孰愈。女音汝，下同。○愈，勝也。對曰。賜也何敢望回。回也聞一以知十。賜也聞一以知二。一，數之始。十，數之終。二者，一之對也。顏子明睿所照，即始而見終。子貢推測而知，因此而識彼。無所不悅，告往知來，是其驗矣。子曰。弗如也。吾與女弗如也。與，許也。○胡氏曰：子貢方人，夫子既語以不暇，又問其與回孰愈，以觀其自知之如何。聞一知十，上知之資，生知之亞也。聞一知二，中人以上之資，學而知之之才也。子貢平日以己方回，見其不可企及，故喻之如此。夫子以其自知之明，而又不難於自屈，故既然之，又重許之。此其所以終聞性與天道，不特聞一知二而已也。

○宰予晝寢。子曰。朽木不可雕也。糞土之牆。不可杇也。於予與何誅。朽，許久反。杇，音汙。與，平聲，下同。○晝寢，謂當晝而寐。朽，腐也。雕，刻畫也。杇，鏝也。言其志氣昏惰，教無所施也。與，語辭。誅，責也。言不足責，乃所以深責之。子曰。始吾於人也。聽其言而信其行。今吾於人也。聽其言而觀其行。於予與改是。

行音幸　强上聲　復扶又反　圉音語　而妻去聲

行，去聲。○宰予能言而行不逮，故孔子自言於予之事而改此失，亦以重警之也。胡氏曰：「予曰」疑衍文，不然，則非一日之言也。○范氏曰：君子之於學，惟日孜孜，斃而後已，惟恐其不及也。宰予晝寢，自棄孰甚焉，故夫子責之。胡氏曰：宰予不能以志帥氣，居然而倦，是宴安之氣勝，儆戒之志惰也。古之聖賢未嘗不以懈惰荒寧為懼，勤勵不息自強，此孔子所以深責宰予也。聽言觀行，聖人不待是而後能，亦非緣此而盡疑學者，特因此立教，以警羣弟子，使謹於言而敏於行耳。

○子曰：吾未見剛者。或對曰：申棖。子曰：棖也慾，焉得剛？

焉，於虔反。○剛，堅強不屈之意，最人所難能者，故夫子歎其未見。申棖，弟子姓名。慾，多嗜慾也。多嗜慾，則不得為剛矣。○程子曰：人有慾則無剛，剛則不屈於慾。謝氏曰：剛與慾正相反。能勝物之謂剛，故常伸於萬物之上；為物揜之謂慾，故常屈於萬物之下。自古有志者少，無志者多，宜夫子之未見也。棖之慾不可知，其為人得非悻悻自好者乎？故或者疑以為剛，然不知此其所以為慾爾。

○子貢曰：我不欲人之加諸我也，吾亦欲無加諸人。子曰：賜也，非爾所及也。

子貢言我所不欲人加於我之事，我亦不欲以此加之於人。此仁者之事，不待勉強，故夫子以為非子貢所及。○程子曰：我不欲人之加諸我，吾亦欲無加諸人，仁也；施諸己而不願，亦勿施於人，恕也。恕則子貢或能勉之，仁則非所及矣。愚謂無者自然而然，勿者禁止之謂，此所以為仁恕之別。

○子貢曰：夫子之文章，可得而聞也；夫子之言性與天道，不可得而聞也。

文章，德之見乎外者，威儀文辭皆是也。性者，人所受之天理；天道者，天理自然之本體，其實一理也。言夫子之文章，日見乎外，固學者所共聞；至於性與天道，則夫子罕言之，而學者有不得聞者。蓋聖門教不躐等，子貢至是始得聞之，而歎其美也。○程子曰：此子貢聞夫子之至論而歎美之言也。

○子路有聞，未之能行，唯恐有聞。

前所聞者既未及行，故恐復有所聞而行之不給也。○范氏曰：子路聞善，勇於必行，門人自以為弗及也，故著之。若子路，可謂能用其勇矣。

○子貢問曰：孔文子何以謂之文也？子曰：敏而好學，不恥下問，是以謂之文也。

好，去聲。○孔文子，衛大夫，名圉。凡人性敏者多不好學，位高者多恥下問。故謚法有以勤學好問為文者，蓋亦人所難也。孔圉得謚為文，以此而已。○蘇氏曰：孔文子使太叔疾出其妻而妻之。疾通於初妻之娣，文子怒，將攻之。訪於仲尼，仲尼不對，命駕而行。疾奔宋，文子使疾弟遺室孔姞。其為人如此而謚曰文，此子貢之所以疑而問也。孔子不沒其善，言能如此，亦足以為文矣，非經天緯地之文也。

○子謂子產有君子之道四

娣大計反　姞渠吉反　僑音喬　恪克各反　洫况域反　數上聲下同　知去聲　栱音拱　穀奴口反　於音烏　菟音徒　聞去聲

焉。其行己也恭。其事上也敬。其養民也惠。其使民也義。子產，鄭大夫公孫僑。恭，謙遜也。敬，謹恪也。惠，愛利也。使民義，如都鄙有章、上下有服、田有封洫、廬井有伍之類。○吳氏曰：數其事而責之者，其所善者多也，臧文仲不仁者三、不知者三是也。數其事而稱之者，猶有所未至也，子產有君子之道四焉是也。今或以一言蓋一人，一事蓋一時，皆非也。

○子曰：晏平仲善與人交，久而敬之。晏平仲，齊大夫，名嬰。程子曰：人交久則敬衰，久而能敬，所以為善。

○子曰：臧文仲居蔡，山節藻棁，何如其知也？棁，章悅反。知，去聲。○臧文仲，魯大夫臧孫氏，名辰。居，猶藏也。蔡，大龜也。節，柱頭斗栱也。藻，水草名。棁，梁上短柱也。蓋為藏龜之室，而刻山於節、畫藻於棁也。當時以文仲為知，孔子言其不務民義，而諂瀆鬼神如此，安得為知？春秋傳所謂作虛器，即此事也。○張子曰：山節藻棁為藏龜之室，祀爰居之義，同歸於不知宜矣。

○子張問曰：令尹子文三仕為令尹，無喜色；三已之，無慍色。舊令尹之政，必以告新令尹。何如？子曰：忠矣。曰：仁矣乎？曰：未知，焉得仁？知，如字。焉，於虔反。○令尹，官名，楚上卿執政者也。子文，姓鬬，名穀於菟。其為人也，喜怒不形，物我無間，知有其國而不知有其身，其忠盛矣，故子張疑其仁。然其所以三仕三已而告新令尹者，未知其皆出於天理而無人欲之私也，是以夫子但許其忠，而未許其仁也。

崔子弒齊君，陳文子有馬十乘，棄而違之。至於他邦，則曰：猶吾大夫崔子也。違之。之一邦，則又曰：猶吾大夫崔子也。違之。何如？子曰：清矣。曰：仁矣乎？曰：未知，焉得仁？乘，去聲。○崔子，齊大夫，名杼。齊君，莊公，名光。陳文子，亦齊大夫，名須無。十乘，四十匹也。違，去也。文子潔身去亂，可謂清矣，然未知其心果見義理之當然，而能脫然無所累乎？抑不得已於利害之私，而猶未免於怨悔也。故夫子特許其清，而不許其仁。○愚聞之師曰：當理而無私心，則仁矣。今以是而觀二子之事，雖其制行之高，若不可及，然皆未有以見其必當於理，而真無私心也。子張未識仁體，而悅於苟難，遂以小者信其大者，夫子之不許也宜哉。讀者於此，更以上章不知其仁、後篇仁則吾不知之語，并與三仁夷齊之事觀之，則彼此交盡，而仁之為義可識矣。今以他書考之，子文之相楚，所謀者無非僭王猾夏之事。文子之仕齊，既失正君討賊之義，又不數歲而復反於齊焉，則其不仁亦可見矣。

○

杍直吕反　當去聲下同行去聲　并去聲　復扶又反　沈俗作沉非　掠力約反予或作與

季文子三思而後行。子聞之曰：再斯可矣。三去聲。○季文子，魯大夫，名行父。每事必三思而後行，若使晉而求遭喪之禮以行，亦其一事也。斯，語辭。程子曰：為惡之人，未嘗知有思，有思則為善矣。然至於再則已審，三則私意起而反惑矣，故夫子譏之。○愚按：季文子慮事如此，可謂詳審，而宜無過舉矣。而宣公篡立，文子乃不能討，反為之使齊而納賂焉，豈非程子所謂私意起而反惑之驗與？是以君子務窮理而貴果斷，不徒多思之為尚。

○子曰：甯武子，邦有道則知，邦無道則愚。其知可及也，其愚不可及也。知，去聲。○甯武子，衛大夫，名俞。按春秋傳，武子仕衛，當文公、成公之時。文公有道，而武子無事可見，此其知之可及也。成公無道，至於失國，而武子周旋其間，盡心竭力，不避艱險。凡其所處，皆知巧之士所深避而不肯為者，而能卒保其身以濟其君，此其愚之不可及也。○程子曰：邦無道能沈晦以免患，故曰不可及也。亦有不當愚者，比干是也。

○子在陳曰：歸與！歸與！吾黨之小子狂簡，斐然成章，不知所以裁之。與，平聲。斐，音匪。○此孔子周流四方，道不行而思歸之歎也。吾黨小子，指門人之在魯者。狂簡，志大而畧於事也。斐，文貌。成章，言其文理成就，有可觀者。裁，割正也。夫子初心，欲行其道於天下，至是而知其終不用也。於是始欲成就後學，以傳道於來世。又不得中行之士而思其次，以為狂士志意高遠，猶或可與進於道也。但恐其過中失正，而或陷於異端耳，故欲歸而裁之也。

○子曰：伯夷、叔齊不念舊惡，怨是用希。伯夷、叔齊，孤竹君之二子。孟子稱其不立於惡人之朝，不與惡人言。與鄉人立，其冠不正，望望然去之，若將浼焉。其介如此，宜若無所容矣，然其所惡之人，能改即止，故人亦不甚怨之也。○程子曰：不念舊惡，此清者之量。又曰：二子之心，非夫子孰能知之？

○子曰：孰謂微生高直？或乞醯焉，乞諸其鄰而與之。醯，呼西反。○微生姓，高名，魯人，素有直名者。醯，醋也。人來乞時，其家無有，故乞諸鄰家以與之。夫子言此，譏其曲意徇物，掠美市恩，不得為直也。○程子曰：微生高所枉雖小，害直為大。范氏曰：是曰是，非曰非，有謂有，無謂無，曰直。聖人觀人於其一介之取予，而千駟萬鍾從可知焉。故以微事斷之，所以教人不可不謹也。

○子曰：巧言、令色、足恭，左丘明恥之，丘亦恥之。匿怨而友其人，左丘明恥之，丘亦恥之。足，將樹反。○足，過也。程子曰：左丘明，古之聞人也。謝氏曰：二者之可恥，有甚於穿窬也。左丘明恥之，其所養可知矣。夫子自言丘亦恥之，蓋竊比老彭之意。又以深戒學者，使察乎此而立心以直也。

○顏淵季路侍。

處上聲　鮮上聲　靮音的

子曰。盍各言爾志。盍音合。○盍。何不也。子路曰。願車馬衣輕裘。與朋友共。敝之而無憾。衣去聲。○衣。服之也。裘。皮服。敝。壞也。憾。恨也。顏淵曰。願無伐善。無施勞。伐。誇也。善。謂有能。施。亦張大之意。勞。謂有功。易曰。勞而不伐是也。或曰。勞。勞事也。勞事非己所欲。故亦不欲施之於人。亦通。子路曰。願聞子之志。子曰。老者安之。朋友信之。少者懷之。老者養之以安。朋友與之以信。少者懷之以恩。一說。安之。安我也。信之。信我也。懷之。懷我也。亦通。○程子曰。夫子安仁。顏淵不違仁。子路求仁。又曰。子路顏淵孔子之志。皆與物共者也。但有小大之差爾。又曰。子路勇於義者。觀其志。豈可以勢利拘之哉。亞於浴沂者也。顏子不自私己。故無伐善。知同於人。故無施勞。其志可謂大矣。然未免出於有意也。至於夫子。則如天地之化工。付與萬物而己不勞焉。此聖人之所為也。今夫羈靮以御馬。而不以制牛。人皆知羈靮之作在乎人。而不知羈靮之生由於馬。聖人之化。亦猶是也。先觀二子之言。後觀聖人之言。分明天地氣象。凡看論語。非但欲理會文字。須要識得聖賢氣象。

○子曰。已矣乎。吾未見能見其過而內自訟者也。已矣乎者。恐其終不得見而歎之也。內自訟者。口不言而心自咎也。人有過而能自知者鮮矣。知過而能內自訟者為尤鮮。能內自訟。則其悔悟深切。而能改必矣。夫子自恐終不得見而歎之。其警學者深矣。

○子曰。十室之邑。必有忠信如丘者焉。不如丘之好學也。焉。如字。屬上句。好。去聲。○十室。小邑也。忠信如聖人。生質之美者也。夫子生知而未嘗不好學。故言此以勉人。言美質易得。至道難聞。學之至則可以為聖人。不學則不免為鄉人而已。可不勉哉。

雍也第六

凡二十八章。篇內第十四章以前。大意與前篇同。

子曰。雍也可使南面。南面者。人君聽治之位。言仲弓寬洪簡重。有人君之度也。仲弓問子桑伯子。子曰。可也簡。子桑伯子。魯人。胡氏以為疑即莊周所稱子桑戶者是也。仲弓以夫子許己南面。故問伯子如何。可者。僅可而有所未盡之辭。簡者。不煩之謂。仲弓曰。居敬而行簡。以臨其民。不亦可乎。居簡而行簡。無乃大簡乎。大音泰。○言自處以敬。則中有主而自治嚴。如是而行簡以臨民。則事不煩而民不擾。所以為

與平聲　復扶又反下同　與去聲　媸尺之反　慊古簟反　使如字　為去聲　下為之同　下使去聲

可若先自處以簡則中無主而自治疏矣而所行又簡豈不失之太簡而無法度之可守乎家語記伯子不衣冠而處夫子譏其欲同人道於牛馬然則伯子蓋太簡者而仲弓疑夫子之過許與

子曰雍之言然

仲弓蓋未喻夫子可字之意而其所言之理有默契焉者故夫子然之○程子曰子桑伯子之簡雖可取而未盡善故夫子云可也仲弓因言內主於敬而簡則為要直內存乎簡而簡則為疏略可謂得其旨矣又曰居敬則心中無物故所行自簡居簡則先有心於簡而多一簡字矣故曰太簡

○哀公問弟子孰為好學孔子對曰有顏回者好學不遷怒不貳過不幸短命死矣今也則亡未聞好學者也

好去聲亡與無同○遷移也貳復也怒於甲者不移於乙過於前者不復於後顏子克己之功至於如此可謂真好學矣短命者顏子三十二而卒也既云今也則亡又言未聞好學者蓋深惜之又以見真好學者之難得也○程子曰顏子之怒在物不在己故不遷有不善未嘗不知知之未嘗復行不貳過也又曰喜怒在事則理之當喜怒者也不在血氣則不遷若舜之誅四凶也可怒在彼己何與焉如鑑之照物妍媸在彼隨物應之而已何遷之有又曰如顏子地位豈有不善所謂不善只是微有差失纔差失便能知之纔知之便更不萌作張子曰慊於己者不使萌於再或曰詩書六藝七十子非不習而通也而夫子獨稱顏子為好學顏子之所好果何學歟程子曰學以至乎聖人之道也學之道奈何曰天地儲精得五行之秀者為人其本也真而靜其未發也五性具焉曰仁義禮智信形既生矣外物觸其形而動於中矣其中動而七情出焉曰喜怒哀懼愛惡欲情既熾而益蕩其性鑿矣故學者約其情使合於中正其心養其性而已然必先明諸心知所往然後力行以求至焉若顏子之非禮勿視聽言動不遷怒貳過者則其好之篤而學之得其道也然其未至於聖人者守之也非化之也假之以年則不日而化矣今人乃謂聖人生知非學可至而所以為學者不過記誦文辭之間其亦異乎顏子之學矣

○子華使於齊冉子為其母請粟子曰與之釜請益曰與之庾冉子與之粟五秉

使為並去聲○子華公西赤也使為孔子使也釜六斗四升庾十六斗秉十六斛

子曰赤之適齊也乘肥馬衣輕裘吾聞之也君子周急不繼富

衣去聲○乘肥馬衣輕裘言其富也急窮迫也周者補不足繼者續有餘

原思為之宰與之粟九百辭

原思孔子弟子名憲孔子為魯司寇時以思為宰粟宰之祿也九百不言其量不可考

子曰毋以與爾鄰里鄉黨乎

毋禁止辭五家為鄰二十五家為里萬二千五百家為鄉五百家為黨言常祿不當辭有餘自可推之以周貧乏蓋鄰里

中去聲行去聲　閒去聲　竟坊本作境

鄉黨有相周之義。○程子曰。夫子之使子華。子華之為夫子使。義也。而冉子乃為之請。聖人寬容。不欲直拒人。故與之少。所以示不當與也。請益而與之亦少。所以示不當益也。求未達而自與之多。則已過矣。故夫子非之。蓋赤苟至乏。則夫子必自周之。不待請矣。原思為宰。則有常祿。思辭其多。故又教以分諸鄰里之貧者。蓋亦莫非義也。張子曰。於斯二者。可見聖人之用財矣。

○子謂仲弓曰。犂牛之子。騂且角。雖欲勿用。山川其舍諸。犂。利之反。騂。息營反。舍。上聲。○犂。雜文。騂。赤色。周人尚赤。牲用騂。角。角周正。中犧牲也。用。用以祭也。山川。山川之神也。言人雖不用。神必不舍也。仲弓父賤而行惡。故夫子以此譬之。言父之惡。不能廢其子之善。如仲弓之賢。自當見用於世也。然此論仲弓云爾。非與仲弓言也。○范氏曰。以瞽瞍為父而有舜。以鯀為父而有禹。古之聖賢。不繫於世類。尚矣。子能改父之過。變惡以為美。則可謂孝矣。

○子曰。回也。其心三月不違仁。其餘則日月至焉而已矣。三月。言其久。仁者。心之德。心不違仁者。無私欲而有其德也。日月至焉者。或日一至焉。或月一至焉。能造其域而不能久也。○程子曰。三月。天道小變之節。言其久也。過此則聖人矣。不違仁。只是無纖毫私欲。少有私欲。便是不仁。尹氏曰。此顏子於聖人。未達一間者也。若聖人則渾然無間斷矣。張子曰。始學之要。當知三月不違與日月至焉。內外賓主之辨。使心意勉勉循循而不能已。過此幾非在我者。

○季康子問。仲由可使從政也與。子曰。由也果。於從政乎何有。曰。賜也可使從政也與。曰。賜也達。於從政乎何有。曰。求也可使從政也與。曰。求也藝。於從政乎何有。與。平聲。○從政。謂為大夫。果。有決斷。達。通事理。藝。多才能。○程子曰。季康子問三子之才。可以從政乎。夫子答以各有所長。非惟三子。人各有所長。能取其長。皆可用也。

○季氏使閔子騫為費宰。閔子騫曰。善為我辭焉。如有復我者。則吾必在汶上矣。費。音秘。為。去聲。汶。音問。○閔子騫。孔子弟子。名損。費。季氏邑。汶。水名。在齊南魯北境上。閔子不欲臣季氏。令使者善為己辭。言若再來召我。則當去之齊。○程子曰。仲尼之門。能不仕大夫之家者。閔子曾子數人而已。謝氏曰。學者能少知內外之分。皆可以樂道而忘人之勢。況閔子得聖人為之依歸。彼其視季氏不義之富貴。不啻犬彘。又從而臣之。豈其心哉。在聖人則有不然者。蓋居亂邦見惡人。在聖人則可。自聖人以下。剛則必取禍。柔則必取辱。閔子豈不能早見而豫待之乎。如由也不得其死。求也為季氏附益。夫豈其本心哉。蓋既無先見之知。又無克亂之才故也。然則閔子其賢乎。

○伯

癩音賴　應平聲　瓠音互　處上聲　簞鄲羽反　令平聲　語音御

牛有疾，子問之，自牖執其手，曰：「亡之，命矣夫！斯人也而有斯疾也！斯人也而有斯疾也！」夫音扶。○伯牛，孔子弟子，姓冉，名耕。有疾，先儒以為癩也。牖，南牖也。禮：病者居北牖下，君視之，則遷於南牖下，使君得以南面視己。時伯牛家以此禮尊孔子，孔子不敢當，故不入其室，而自牖執其手，蓋與之永訣也。命，謂天命。言此人不應有此疾，而今乃有之，是乃天之所命也。然則非其不能謹疾而有以致之，亦可見矣。○侯氏曰：「伯牛以德行稱，亞於顏閔。故其將死也，孔子尤痛惜之。」

○子曰：「賢哉，回也！一簞食，一瓢飲，在陋巷。人不堪其憂，回也不改其樂。賢哉，回也！」食音嗣。樂音洛。○簞，竹器。食，飯也。瓢，瓠也。顏子之貧如此，而處之泰然，不以害其樂，故夫子再言「賢哉回也」以深歎美之。○程子曰：「顏子之樂，非樂簞瓢陋巷也，不以貧窶累其心而改其所樂也，故夫子稱其賢。」又曰：「簞瓢陋巷非可樂，蓋自有其樂爾。其字當玩味，自有深意。」又曰：「昔受學於周茂叔，每令尋仲尼顏子樂處，所樂何事？」愚按：程子之言，引而不發，蓋欲學者深思而自得之。今亦不敢妄為之說。學者但當從事於博文約禮之誨，以至於欲罷不能而竭其才，則庶乎有以得之矣。

○冉求曰：「非不說子之道，力不足也。」子曰：「力不足者，中道而廢。今女畫。」說音悅。女音汝。○力不足者，欲進而不能。畫者，能進而不欲。謂之畫者，如畫地以自限也。○胡氏曰：「夫子稱顏回不改其樂，冉求聞之，故有是言。然使求說夫子之道，誠如口之說芻豢，則必將盡力以求之，何患力之不足哉？畫而不進，則日退而已矣，此冉求之所以局於藝也。」

○子謂子夏曰：「女為君子儒，無為小人儒。」儒，學者之稱。程子曰：「君子儒為己，小人儒為人。」○謝氏曰：「君子小人之分，義與利之間而已。然所謂利者，豈必殖貨財之謂？以私滅公，適己自便，凡可以害天理者皆利也。子夏文學雖有餘，然意其遠者大者或昧焉，故夫子語之以此。」

○子游為武城宰。子曰：「女得人焉爾乎？」曰：「有澹臺滅明者，行不由徑，非公事，未嘗至於偃之室也。」女音汝。澹，徒甘反。○武城，魯下邑。澹臺姓，滅明名，字子羽。徑，路之小而捷者。公事，如飲射讀法之類。不由徑，則動必以正，而無見小欲速之意可知。非公事不見邑宰，則其有以自守，而無枉己徇人之私可見矣。○楊氏曰：「為政以人才為先，故孔子以得人為問。如滅明者，觀其二事之小，而其正大之情可見矣。後世有不由徑者，人必以為迂；不至其室，人必以為簡。非孔氏之徒，其孰能知而取之？」愚謂持身以滅明為法，則無苟賤之羞；取人以子游為法，則無邪媚之惑。

○子曰：

還音旋。揜與掩同。操平聲。　猶之之字坊本作言　躐音列

孟之反不伐。奔而殿。將入門。策其馬。曰。非敢後也。馬不進也。殿，去聲。○孟之反，魯大夫，名側。胡氏曰，反即莊周所稱孟子反者是也。伐，誇功也。奔，敗走也。軍後曰殿。策，鞭也。戰敗而還，以後為功，反奔而殿，故以此言自揜其功也。事在哀公十一年。○謝氏曰，人能操無欲上人之心，則人欲日消，天理日明，而凡可以矜己誇人者，皆無足道矣。然不知學者欲上人之心，無時而忘也。若孟之反，可以為法矣。

○子曰。不有祝鮀之佞。而有宋朝之美。難乎免於今之世矣。鮀，徒河反。○祝，宗廟之官。鮀，衛大夫，字子魚，有口才。朝，宋公子，有美色。言衰世好諛悅色，非此難免，蓋傷之也。

○子曰。誰能出不由戶。何莫由斯道也。言人不能出不由戶，何故乃不由此道耶。怪而歎之之辭。○洪氏曰，人知出必由戶，而不知行必由道。非道遠人，人自遠爾。

○子曰。質勝文則野。文勝質則史。文質彬彬。然後君子。野，野人，言鄙略也。史，掌文書，多聞習事，而誠或不足也。彬彬，猶班班，物相雜而適均之貌。言學者當損有餘，補不足，至於成德，則不期然而然矣。○楊氏曰，文質不可以相勝。然質之勝文，猶之甘可以受和，白可以受采也。文勝而至於滅質，則其本亡矣。雖有文，將安施乎。然則與其史也，寧野。

○子曰。人之生也直。罔之生也幸而免。程子曰，生理本直。罔，不直也，而亦生者，幸而免爾。

○子曰。知之者。不如好之者。好之者。不如樂之者。好，去聲。樂，音洛。○尹氏曰，知之者，知有此道也。好之者，好而未得也。樂之者，有所得而樂之也。○張敬夫曰，譬之五穀，知者，知其可食者也。好者，食而嗜之者也。樂者，嗜之而飽者也。知而不能好，則是知之未至也。好之而未及於樂，則是好之未至也。此古之學者，所以自強而不息者與。

○子曰。中人以上。可以語上也。中人以下。不可以語上也。以上之上，上聲。語，去聲。○語，告也。言教人者，當隨其高下而告語之，則其言易入，而無躐等之弊也。○張敬夫曰，聖人之道，精粗雖無二致，但其施教，則必因其材而篤焉。蓋中人以下之質，驟而語之太高，非惟不能以入，且將妄意躐等，而有不切於身之弊，亦終於下而已矣。故就其所及而語之，是乃所以使之切問近思，而漸進於高遠也。

○樊遲問知。子曰。務民之義。敬鬼神而遠之。可謂知矣。問仁。曰。仁者先難而後獲。可謂仁矣。知、遠，皆去聲。○民亦

易音異　治去聲　復扶又反　背音佩

人也。獲，謂得也。專用力於人道之所宜，而不惑於鬼神之不可知，知者之事也。先其事之所難，而後其效之所得，仁者之心也。此必因樊遲之失而告之。○程子曰：人多信鬼神，惑也。而不信者又不能敬，能敬能遠，可謂知矣。又曰：先難，克己也。以所難為先，而不計所獲，仁也。呂氏曰：當務為急，不求所難知；力行所知，不憚所難為。

○子曰：知者樂水，仁者樂山；知者動，仁者靜；知者樂，仁者壽。知，去聲。樂，上二字並五教反，下一字音洛。○樂，喜好也。知者達於事理而周流無滯，有似於水，故樂水；仁者安於義理而厚重不遷，有似於山，故樂山。動靜以體言，樂壽以效言也。動而不括故樂，靜而有常故壽。○程子曰：非體仁知之深者，不能如此形容之。

○子曰：齊一變，至於魯；魯一變，至於道。孔子之時，齊俗急功利，喜夸詐，乃霸政之餘習。魯則重禮教，崇信義，猶有先王之遺風焉，但人亡政息，不能無廢墜爾。道，則先王之道也。言二國之政俗有美惡，故其變而之道有難易。○程子曰：夫子之時，齊強魯弱，孰不以為齊勝魯也，然魯猶存周公之法制。齊由桓公之霸，為從簡尚功之治，太公之遺法變易盡矣，故一變乃能至魯。魯則修舉廢墜而已，一變則至於先王之道也。愚謂二國之俗，惟夫子為能變之而不得試。然因其言以考之，則其施為緩急之序，亦略可見矣。

○子曰：觚不觚，觚哉！觚哉！觚，音孤。○觚，棱也，或曰酒器，或曰木簡，皆器之有棱者也。不觚者，蓋當時失其制而不為棱也。觚哉觚哉，言不得為觚也。○程子曰：觚而失其形制，則非觚也。舉一器，而天下之物莫不皆然。故君而失其君之道，則為不君；臣而失其臣之職，則為虛位。范氏曰：人而不仁，則非人；國而不治，則不國矣。

○宰我問曰：仁者，雖告之曰：井有仁焉，其從之也？子曰：何為其然也？君子可逝也，不可陷也；可欺也，不可罔也。劉聘君曰：有仁之仁當作人，今從之。從，謂隨之於井而救之也。宰我信道不篤，而憂為仁之陷害，故有此問。逝，謂使之往救；陷，謂陷之於井；欺，謂誑之以理之所有；罔，謂昧之以理之所無。蓋身在井上，乃可以救井中之人；若從之於井，則不復能救之矣。此理甚明，人所易曉，仁者雖切於救人而不私其身，然不應如此之愚也。

○子曰：君子博學於文，約之以禮，亦可以弗畔矣夫！夫，音扶。○約，要也。畔，背也。君子學欲其博，故於文無不考；守欲其要，故其動必以禮。如此，則可以不背於道矣。○程子曰：博學於文而不約之以禮，必至於汗漫。博學矣，又能守禮而由於規矩，則亦可以不畔道矣。

○子見南子，子路不說。夫子矢之曰：予所否者，天厭之！天厭之！說，音悅。否，方九反。○南子，衛靈公之夫人，有淫行。孔子至衛，南子請見，孔子辭謝，不

行去聲與音預重平聲京本不及上無無字行去聲造七到反痿痹音委皮施去聲

得已而見之。蓋古者仕於其國，有見其小君之禮。而子路以夫子見此淫亂之人為辱，故不悅。矢，誓也。所，誓辭也，如云「所不與崔慶者」之類。否，謂不合於禮，不由其道也。厭，棄絕也。聖人道大德全，無可不可。其見惡人，固謂在我有可見之禮，則彼之不善，我何與焉。然此豈子路所能測哉？故重言以誓之，欲其姑信此而深思以得之也。

○子曰：「中庸之為德也，其至矣乎！民鮮久矣。」鮮，上聲。

中者，無過不及之名也。庸，平常也。至，極也。鮮，少也。言民少此德，今已久矣。○程子曰：「不偏之謂中，不易之謂庸。中者天下之正道，庸者天下之定理。自世教衰，民不興於行，少有此德久矣。」

○子貢曰：「如有博施於民而能濟衆，何如？可謂仁乎？」子曰：「何事於仁！必也聖乎！堯舜其猶病諸！施，去聲。○博，廣也。仁以理言，通乎上下。聖以地言，則造其極之名也。乎者，疑而未定之辭。病，心有所不足也。言此何止於仁，必也聖人能之乎！則雖堯舜之聖，其心猶有所不足於此也。以是求仁，愈難而愈遠矣。

夫仁者，己欲立而立人，己欲達而達人。夫，音扶。○以己及人，仁者之心也。於此觀之，可以見天理之周流而無間矣。狀仁之體，莫切於此。

能近取譬，可謂仁之方也已。」譬，喻也。方，術也。近取諸身，以己所欲譬之他人，知其所欲亦猶是也。然後推其所欲以及於人，則恕之事而仁之術也。於此勉焉，則有以勝其人欲之私，而全其天理之公矣。○程子曰：「醫書以手足痿痹為不仁，此言最善名狀。仁者以天地萬物為一體，莫非己也。認得為己，何所不至？若不屬己，自與己不相干。如手足之不仁，氣已不貫，皆不屬己。故博施濟衆，乃聖人之功用。仁至難言，故止曰：『己欲立而立人，己欲達而達人，能近取譬，可謂仁之方也已。』欲令如是觀仁，可以得仁之體。」又曰：「論語言『堯舜其猶病諸』者二。夫博施者，豈非聖人之所欲？然必五十乃衣帛，七十乃食肉。聖人之心，非不欲少者亦衣帛食肉也，顧其養有所不贍爾，此病其施之不博也。濟衆者，豈非聖人之所欲？然治不過九州。聖人非不欲四海之外亦兼濟也，顧其治有所不及爾，此病其濟之不衆也。推此以求，修己以安百姓，則為病可知。苟以吾治已足，則便不是聖人。」呂氏曰：「子貢有志於仁，徒事高遠，未知其方。孔子教以於己取之，庶近而可入。是乃為仁之方，雖博施濟衆，亦由此進。」

論語卷之四

述而第七

此篇多記聖人謙己誨人之辭，及其容貌行事之實。凡三十七章。

閒音閑　爲去聲　着陟畧反　復扶又反　下同

趣去聲　閒去聲　脡他

子曰。述而不作。信而好古。竊比於我老彭。好去聲。○述傳舊而已。作則創始也。故作非聖人不能。而述則賢者可及。竊比。尊之之辭。我。親之之辭。老彭。商賢大夫。見大戴禮。蓋信古而傳述者也。孔子刪詩書。定禮樂。贊周易。修春秋。皆傳先王之舊。而未嘗有所作也。故其自言如此。蓋不惟不敢當作者之聖。而亦不敢顯然自附於古之賢人。蓋其德愈盛而心愈下。不自知其辭之謙也。然當是時作者畧備。夫子蓋集羣聖之大成而折衷之。其事雖述。而功則倍於作矣。此又不可不知也。

○子曰。默而識之。學而不厭。誨人不倦。何有於我哉。識音志。又如字。○識。記也。默識。謂不言而存諸心也。一說。識。知也。不言而心解也。前說近是。何有於我。言何者能有於我也。三者已非聖人之極至。而猶不敢當。則謙而又謙之辭也。

○子曰。德之不修。學之不講。聞義不能徙。不善不能改。是吾憂也。尹氏曰。德必修而後成。學必講而後明。見善能徙。改過不吝。此四者日新之要也。苟未能之。聖人猶憂。况學者乎。

○子之燕居。申申如也。夭夭如也。燕居。閒暇無事之時。楊氏曰。申申。其容舒也。夭夭。其色愉也。○程子曰。此弟子善形容聖人處也。爲申申字說不盡。故更著夭夭字。今人燕居之時。不怠惰放肆。必太嚴厲。嚴厲時著此四字不得。怠惰放肆時亦著此四字不得。惟聖人便自有中和之氣。

○子曰。甚矣吾衰也。久矣吾不復夢見周公。復扶又反。○孔子盛時。志欲行周公之道。故夢寐之閒。如或見之。至其老而不能行也。則無復是心。而亦無復是夢矣。故因此而自歎其衰之甚也。○程子曰。孔子盛時。寤寐常存行周公之道。及其老也。則志慮衰而不可以有爲矣。蓋存道者心。無老少之異。而行道者身。老則衰也。

○子曰。志於道。志者。心之所之之謂。道則人倫日用之閒所當行者是也。知此而心必之焉。則所適者正。而無他歧之惑矣。據於德。據音倨。○據者。執守之意。德則行道而有得於心者也。得之於心而守之不失。則終始惟一。而有日新之功矣。依於仁。依者。不違之謂。仁則私欲盡去而心德之全也。功夫至此而無終食之違。則存養之熟。無適而非天理之流行矣。游於藝。游者。玩物適情之謂。藝則禮樂之文。射御書數之法。皆至理所寓。而日用之不可闕者也。朝夕游焉。以博其義理之趣。則應務有餘。而心亦無所放矣。○此章言人之爲學當如是也。蓋學莫先於立志。志道則心存於正而不他。據德則道得於心而不失。依仁則德性常用而物欲不行。游藝則小物不遺而動息有養。學者於此。有以不失其先後之序。輕重之倫焉。則本末兼該。內外交養。日用之閒。無少閒隙。而涵泳從容。忽不自知其入於聖賢之域矣。

○子曰。自行束脩以上。吾未嘗無誨焉。脩。脯也。十脡爲束。古者相見。必執贄以爲禮。束脩其至薄者。蓋

述而

鼎反　弁去聲　見音現　與音豫　齊也如字下並同

人之有生同具此理故聖人之於人無不欲其入於善但不知來學則無往教之禮故苟以禮來則無不有以教之也

○子曰不憤不啓不悱不發舉一隅不以三隅反則不復也 憤房粉反悱芳匪反復扶又反○憤者心求通而未得之意悱者口欲言而未能之貌啓謂開其意發謂達其辭物之有四隅者舉一可知其三反者還以相證之義復再告也上章已言聖人誨人不倦之意因并記此欲學者勉於用力以為受教之地也○程子曰憤悱誠意之見於色辭者也待其誠至而後告之既告之又必待其自得乃復告爾又曰不待憤悱而發則知之不能堅固待其憤悱而後發則沛然矣

○子食於有喪者之側未嘗飽也 臨喪哀不能甘也 子於是日哭則不歌 哭謂弔哭一日之內餘哀未忘自不能歌也○謝氏曰學者於此二者可見聖人情性之正也能識聖人之情性然後可以學道

○子謂顏淵曰用之則行舍之則藏惟我與爾有是夫 舍上聲夫音扶○尹氏曰用舍無與於己行藏安於所遇命不足道也顏子幾於聖人故亦能之 子路曰子行三軍則誰與 萬二千五百人為軍大國三軍子路見孔子獨美顏淵自負其勇意夫子若行三軍必與己同 子曰暴虎馮河死而無悔者吾不與也必也臨事而懼好謀而成者也 馮皮冰反好去聲○暴虎徒搏馮河徒涉懼謂敬其事成謂成其謀言此皆以抑其勇而教之然行師之要實不外此子路蓋不知也○謝氏曰聖人於行藏之間無意無必其行非貪位其藏非獨善也若有欲心則不用而求行舍之而不藏矣是以惟顏子為可以與於此子路雖非有欲心者然未能無固必也至以行三軍為問則其論益卑矣夫子之言蓋因其失而救之夫不謀無成不懼必敗小事尚然而況於行三軍乎

○子曰富而可求也雖執鞭之士吾亦為之如不可求從吾所好 好去聲○執鞭賤者之事設言富若可求則雖身為賤役以求之亦所不辭然有命焉非求之可得也則安於義理而已矣何必徒取辱哉○蘇氏曰聖人未嘗有意於求富也豈問其可不可哉為此語者特以明其決不可求爾楊氏曰君子非惡富貴而不求以其在天無可求之道也

○子之所慎齊戰疾 齊側皆反○齊之為言齊也將祭而齊其思慮之不齊者以交於神明也誠之至與不至神之饗與不饗皆決於此戰則衆之死生國之存亡繫焉疾又吾身之所以死生存亡者皆不可以不謹也○尹氏曰夫子無所不謹弟子記其大者耳

○子在齊聞韶三月不知肉味

蒯古怪反 聵五怪反 蹝所綺反 渾上聲 處上聲 處去聲 易去聲 坊本作理性情

曰：不圖為樂之至於斯也。史記三月上有學之二字。不知肉味，蓋心一於是而不及乎他也。曰：不意舜之作樂至於如此之美，則有以極其情文之備，而不覺其歎息之深也，蓋非聖人不足以及此。○范氏曰：韶盡美又盡善，樂之無以加者也。故學之三月，不知肉味，而歎美之如此。誠之至，感之深也。

○冉有曰：夫子為衛君乎？子貢曰：諾。吾將問之。為，去聲。○為，猶助也。衛君，出公輒也。靈公逐其世子蒯聵。公薨，而國人立蒯聵之子輒。於是晉納蒯聵而輒拒之。時孔子居衛，衛人以蒯聵得罪於父，而輒嫡孫當立，故冉有疑而問之。諾，應辭也。

入曰：伯夷叔齊何人也？曰：古之賢人也。曰：怨乎？曰：求仁而得仁，又何怨？出曰：夫子不為也。伯夷、叔齊，孤竹君之二子。其父將死，遺命立叔齊。父卒，叔齊遜伯夷。伯夷曰：父命也。遂逃去。叔齊亦不立而逃之，國人立其中子。其後武王伐紂，夷齊扣馬而諫。武王滅商，夷齊恥食周粟，去隱於首陽山，遂餓而死。怨，猶悔也。君子居是邦，不非其大夫，況其君乎？故子貢不斥衛君，而以夷齊為問。夫子告之如此，則其不為衛君可知矣。蓋伯夷以父命為尊，叔齊以天倫為重。其遜國也，皆求所以合乎天理之正，而即乎人心之安。既而各得其志焉，則視棄其國猶敝蹝爾，何怨之有？若衛輒之據國拒父而惟恐失之，其不可同年而語明矣。○程子曰：伯夷、叔齊遜國而逃，諫伐而餓，終無怨悔，夫子以為賢，故知其不與輒也。

○子曰：飯疏食飲水，曲肱而枕之，樂亦在其中矣。不義而富且貴，於我如浮雲。飯，符晚反。食，音嗣。枕，去聲。樂，音洛。○飯，食之也。疏食，粗飯也。聖人之心，渾然天理，雖處困極，而樂亦無不在焉。其視不義之富貴，如浮雲之無有，漠然無所動於其中也。○程子曰：非樂疏食飲水也，雖疏食飲水，不能改其樂也。不義之富貴，視之輕如浮雲然。又曰：須知所樂者何事。

○子曰：加我數年，五十以學易，可以無大過矣。劉聘君見元城劉忠定公，自言嘗讀他論，加作假，五十作卒。蓋加、假聲相近而誤讀，卒與五十字相似而誤分也。愚按：此章之言，史記作假我數年，若是我於易則彬彬矣。加正作假，而無五十字。蓋是時孔子年已幾七十矣，五十字誤無疑也。學易，則明乎吉凶消長之理，進退存亡之道，故可以無大過。蓋聖人深見易道之無窮，而言此以教人，使知其不可不學，而又不可以易而學也。

○子所雅言，詩、書、執禮，皆雅言也。雅，常也。執，守也。詩以理情性，書以道政事，禮以謹節文，皆切於日用之實，故常言之。禮獨言執者，以人所執守而言，非徒誦說而已也。○程子曰：孔子雅素之言，止於如此。若性與天道，則有不可得而聞者，要在默而識之也。謝氏曰：此因學易之語而類記之。

○葉公問孔子於子

易、語並去聲

向，式亮反

幾，平聲，下同

路。子路不對。葉，舒涉反。○葉公，楚葉縣尹沈諸梁，字子高，僭稱公也。葉公不知孔子，必有非所問而問者，故子路不對。抑亦以聖人之德，實有未易名言者與。子曰：女奚不曰，其為人也，發憤忘食，樂以忘憂，不知老之將至云爾。未得則發憤而忘食，已得則樂之而忘憂。以是二者，俛焉日有孳孳，而不知年數之不足，但自言其好學之篤耳。然深味之，則見其全體至極，純亦不已之妙，有非聖人不能及者。蓋凡夫子之自言類如此，學者宜致思焉。

○子曰：我非生而知之者，好古，敏以求之者也。好，去聲。○生而知之者，氣質清明，義理昭著，不待學而知也。敏，速也，謂汲汲也。○尹氏曰：孔子以生知之聖，每云好學者，非惟勉人也，蓋生而可知者義理爾，若夫禮樂名物，古今事變，亦必待學而後有以驗其實也。

○子不語：怪，力，亂，神。怪異、勇力、悖亂之事，非理之正，固聖人所不語。鬼神，造化之迹，雖非不正，然非窮理之至，有未易明者，故亦不輕以語人也。○謝氏曰：聖人語常而不語怪，語德而不語力，語治而不語亂，語人而不語神。

○子曰：三人行，必有我師焉。擇其善者而從之，其不善者而改之。三人同行，其一我也。彼二人者，一善一惡，則我從其善而改其惡焉。是二人者，皆我師也。○尹氏曰：見賢思齊，見不賢而內自省，則善惡皆我之師，進善其有窮乎。

○子曰：天生德於予，桓魋其如予何。魋，徒雷反。○桓魋，宋司馬向魋也。出於桓公，故又稱桓氏。魋欲害孔子。孔子言天既賦我以如是之德，則桓魋其奈我何。言必不能違天害己。

○子曰：二三子以我為隱乎。吾無隱乎爾。吾無行而不與二三子者，是丘也。諸弟子以夫子之道高深不可幾及，故疑其有隱，而不知聖人作止語默無非教也，故夫子以此言曉之。與，猶示也。○程子曰：聖人之道猶天然，門弟子親炙而冀及之，然後知其高且遠也。使誠以為不可及，則趨向之心不幾於怠乎。故聖人之教，常俯而就之如此，非獨使資質庸下者勉思企及，而才氣高邁者亦不敢躐易而進也。呂氏曰：聖人體道無隱，與天象昭然，莫非至教。常以示人，而人自不察。

○子以四教：文，行，忠，信。行，去聲。○程子曰：教人以學文修行而存忠信也。忠信，本也。

○子曰：聖人，吾不得而見之矣；得見君子者，斯可矣。聖人，神明不測之號。君子，才德出眾之名。子曰：善人，吾不得而見之矣；得見有恒者，斯

亹音燭

少去聲為養並去聲

較音角

治平聲

匿音逆

可矣。恒胡登反。○子曰字疑衍文。恒，常久之意。張子曰：有恒者不貳其心，善人者志於仁而無惡。

亡而為有，虛而為盈，約而為泰，難乎有恒矣。亡讀為無。○三者皆虛夸之事，凡若此者，必不能守其常也。○張敬夫曰：聖人、君子以學言，善人、有恒者以質言。愚謂有恒者之與聖人，高下固懸絕矣，然未有不自有恒而能至於聖者也。故章末申言有恒之義，其示人入德之門，可謂深切而著明矣。

○子釣而不綱，弋不射宿。射食亦反。○綱，以大繩屬網，絕流而漁者也。弋，以生絲繫矢而射也。宿，宿鳥。○洪氏曰：孔子少貧賤，為養與祭，或不得已而釣弋，如獵較是也。然盡物取之，出其不意，亦不為也。此可見仁人之本心矣。待物如此，待人可知；小者如此，大者可知。

○子曰：蓋有不知而作之者，我無是也。多聞，擇其善者而從之；多見而識之；知之次也。識音志。○不知而作，不知其理而妄作也。孔子自言未嘗妄作，蓋亦謙辭。然亦可見其無所不知也。識，記也。所從不可不擇，記則善惡皆當存之，以備參考。如此者雖未能實知其理，亦可以次於知之者也。

○互鄉難與言，童子見，門人惑。見賢遍反。○互鄉，鄉名。其人習於不善，難與言善。惑者，疑夫子不當見之也。

子曰：與其進也，不與其退也，唯何甚？人潔己以進，與其潔也，不保其往也。疑此章有錯簡。人潔至往也十四字，當在與其進也之前。潔，修治也。與，許也。往，前日也。言人潔己而來，但許其能自潔耳，固不能保其前日所為之善惡也；但許其進而來見耳，非許其既退而為不善也。蓋不追其既往，不逆其將來，以是心至，斯受之耳。唯字上下疑又有闕文，大抵亦不為已甚之意。○程子曰：聖人待物之洪如此。

○子曰：仁遠乎哉？我欲仁，斯仁至矣。仁者，心之德，非在外也。放而不求，故有以為遠者；反而求之，則即此而在矣，夫豈遠哉？○程子曰：為仁由己，欲之則至，何遠之有？

○陳司敗問昭公知禮乎？孔子曰：知禮。陳，國名。司敗，官名，即司寇也。昭公，魯君，名裯。習於威儀之節，當時以為知禮。故司敗以為問，而孔子答之如此。

孔子退，揖巫馬期而進之，曰：吾聞君子不黨，君子亦黨乎？君取於吳為同姓，謂之吳孟子。君而知禮，孰不知禮？取七住反。○巫馬姓，期字，孔子弟子，名施。司敗揖而進之也。相助匿非曰黨。禮不娶同姓，而魯與吳皆姬姓。謂之吳孟子者，諱

復音覆　從七容反　勝平聲　處音杵　行去聲　有坊本作而鮮上

之使若宋女子姓者然。巫馬期以告。子曰：「丘也幸，苟有過，人必知之。」孔子不可自謂諱君之惡，又不可以娶同姓為知禮，故受以為過而不辭。○吳氏曰：魯蓋夫子父母之國，昭公，魯之先君也。司敗又未嘗顯言其事，而遽以知禮為問，其對之宜如此也。及司敗以為有黨，而夫子受以為過，蓋夫子之盛德，無所不可也。然其受以為過也，亦不正言其所以過，初若不知孟子之事者，可以為萬世之法矣。

○子與人歌而善，必使反之，而後和之。和，去聲。○反，復也。必使復歌者，欲得其詳而取其善也。而後和之者，喜得其詳而與其善也。此見聖人氣象從容，誠意懇至，而其謙遜審密，不掩人善又如此。蓋一事之微，而衆善之集，有不可勝既者焉，讀者宜詳味之。

○子曰：「文，莫吾猶人也。躬行君子，則吾未之有得。」莫，疑辭。猶人，言不能過人，而尚可以及人。未之有得，則全未有得，皆自謙之辭。而足以見言行之難易緩急，欲人之勉其實也。○謝氏曰：文雖聖人無不與人同，故不遜；躬行君子，斯可以入聖，故不居；猶言君子道者三，我無能焉。

○子曰：「若聖與仁，則吾豈敢？抑為之不厭，誨人不倦，則可謂云爾已矣。」公西華曰：「正唯弟子不能學也。」此亦夫子之謙辭也。聖者，大而化之。仁，則心德之全而人道之備也。為之，謂為仁聖之道。誨人，亦謂以此教人也。然不厭不倦，非己有之則不能，所以弟子不能學也。○晁氏曰：當時有稱夫子聖且仁者，以故夫子辭之。苟辭之而已焉，則無以進天下之材，率天下之善，將使聖與仁為虛器，而人終莫能至矣。故夫子雖不居仁聖，而必以為之不厭、誨人不倦自處也。可謂云爾已矣者，無他之辭也。公西華仰而歎之，其亦深知夫子之意矣。

○子疾病，子路請禱。子曰：「有諸？」子路對曰：「有之。誄曰：『禱爾于上下神祇。』」子曰：「丘之禱久矣。」誄，力軌反。○禱，謂禱於鬼神。有諸，問有此理否。誄者，哀死而述其行之詞也。上下，謂天地。天曰神，地曰祇。禱者，悔過遷善，以祈神之佑也。無其理則不必禱，既曰有之，則聖人未嘗有過，無善可遷，其素行固已合於神明，故曰丘之禱久矣。又士喪禮，疾病行禱五祀，蓋臣子迫切之至情，有不能自已者，初不請於病者而後禱也。故孔子之於子路，不直拒之，而但告以無所事禱之意。

○子曰：「奢則不孫，儉則固。與其不孫也，寧固。」孫，去聲。○孫，順也。固，陋也。奢儉俱失中，而奢之害大。○晁氏曰：不得已而救時之弊也。

○子曰：「君子坦蕩蕩，小人長戚戚。」坦，平也。蕩蕩，寬廣貌。程子曰：君子循理，故常舒泰；小人役於物，故多憂戚。

聲 渾上聲 見音現 知音智 行去聲

大音泰 下同 張上聲 復扶又反 傳去聲

復扶反

○程子曰。君子坦蕩蕩。心廣體胖。

○子溫而厲。威而不猛。恭而安。厲。嚴肅也。人之德性。本無不備。而氣質所賦。鮮有不偏。惟聖人全體渾然。陰陽合德。故其中和之氣見於容貌之間者如此。門人熟察而詳記之。亦可見其用心之密矣。抑非知足以知聖人而善言德行者。不能記。故程子以為曾子之言。學者所宜反復而玩味也。

泰伯第八 凡二十一章

子曰。泰伯其可謂至德也已矣。三以天下讓。民無得而稱焉。泰伯。周大王之長子。至德。謂德之至極。無以復加者也。三讓。謂固遜也。無得而稱。其遜隱微。無迹可見也。蓋大王三子。長泰伯。次仲雍。次季歷。大王之時。商道寖衰。而周日彊大。季歷又生子昌。有聖德。大王因有翦商之志。而泰伯不從。大王遂欲傳位季歷以及昌。泰伯知之。即與仲雍逃之荊蠻。於是大王乃立季歷。傳國至昌。而三分天下有其二。是為文王。文王崩。子發立。遂克商而有天下。是為武王。夫以泰伯之德。當商周之際。固足以朝諸侯有天下矣。乃棄不取而又泯其迹焉。則其德之至極為何如哉。蓋其心即夷齊扣馬之心。而事之難處有甚焉者。宜夫子之歎息而贊美之也。泰伯不從事見春秋傳。

○子曰。恭而無禮則勞。慎而無禮則葸。勇而無禮則亂。直而無禮則絞。葸。絲里反。絞。古卯反。○葸。畏懼貌。絞。急切也。無禮則無節文。故有四者之弊。

君子篤於親。則民興於仁。故舊不遺。則民不偷。君子。謂在上之人也。興。起也。偷。薄也。○張子曰。人道知所先後。則恭不勞。慎不葸。勇不亂。直不絞。民化而德厚矣。○吳氏曰。君子以下。當自為一章。乃曾子之言也。愚按此一節與上文不相蒙。而與首篇慎終追遠之意相類。吳說近是。

○曾子有疾。召門弟子曰。啟予足。啟予手。詩云。戰戰兢兢。如臨深淵。如履薄冰。而今而後。吾知免夫。小子。夫。音扶。○啟。開也。曾子平日以為身體受於父母。不敢毀傷。故於此使弟子開其衾而視之。詩小旻之篇。戰戰。恐懼。兢兢。戒謹。臨淵。恐墜。履冰。恐陷也。曾子以其所保之全示門人。而言其所以保之之難如此。至於將死。而後知其得免於毀傷也。小子。門人也。語畢而又呼之。以致反復丁寧之意。其警之也深矣。○程子曰。君子曰終。小人曰死。君子保其身以沒。為終其事也。故曾子以全歸為免矣。尹氏曰。父母全而生之。子全而歸之。曾子臨終而啟手足。為是故也。非有得於道。能如是乎。范氏曰。身體猶不可虧也。況虧其行以辱其親

為去聲 識音志 倍背 並音佩 見音現 勝平聲下同

乎。

○曾子有疾。孟敬子問之。孟敬子，魯大夫仲孫氏，名捷。問之者，問其疾也。曾子言曰。鳥之將死。其鳴也哀。人之將死。其言也善。言，自言也。鳥畏死，故鳴哀。人窮反本，故言善。此曾子之謙辭，欲敬子知其所言之善而識之也。君子所貴乎道者三。動容貌。斯遠暴慢矣。正顏色。斯近信矣。出辭氣。斯遠鄙倍矣。籩豆之事。則有司存。遠、近並去聲。○貴，猶重也。容貌，舉一身而言。暴，粗厲也。慢，放肆也。信，實也。正顏色而近信，則非色莊也。辭，言語。氣，聲氣也。鄙，凡陋也。倍，與背同，謂背理也。籩，竹豆。豆，木豆。言道雖無所不在，然君子所重者，在此三事而已。是皆修身之要、為政之本，學者所當操存省察，而不可有造次顛沛之違者也。若夫籩豆之事，器數之末，道之全體固無不該，然其分則有司之守，而非君子之所重矣。○程子曰：動容貌，舉一身而言也。周旋中禮，暴慢斯遠矣。正顏色則不妄，斯近信矣。出辭氣，正由中出，斯遠鄙倍。三者正身而不外求，故曰籩豆之事則有司存。尹氏曰：養於中則見於外，曾子蓋以修己為為政之本。若乃器用事物之細，則有司存焉。

○曾子曰。以能問於不能。以多問於寡。有若無。實若虛。犯而不校。昔者吾友。嘗從事於斯矣。校，計校也。友，馬氏以為顏淵是也。顏子之心，惟知義理之無窮，不見物我之有間，故能如此。○謝氏曰：不知有餘在己，不足在人；不必得為在己，失為在人，非幾於無我者不能也。

○曾子曰。可以託六尺之孤。可以寄百里之命。臨大節而不可奪也。君子人與。君子人也。與，平聲。○其才可以輔幼君、攝國政，其節至於死生之際而不可奪，可謂君子矣。與，疑辭。也，決辭。設為問答，所以深著其必然也。○程子曰：節操如是，可謂君子矣。

○曾子曰。士不可以不弘毅。任重而道遠。弘，寬廣也。毅，強忍也。非弘不能勝其重，非毅無以致其遠。仁以為己任。不亦重乎。死而後已。不亦遠乎。仁者，人心之全德，而必欲以身體而力行之，可謂重矣。一息尚存，此志不容少懈，可謂遠矣。○程子曰：弘而不毅，則無規矩而難立；毅而不弘，則隘陋而無以居之。又曰：弘大剛毅，然後能勝重任而遠到。

○子曰。興於詩。興，起也。詩本性情，有邪有正，其為言既易知，而吟詠之間，抑揚反覆，其感人又易入，故學者之初，所以興起其好善惡惡之心，而不能自已者，必於此而得之。

更平聲 和去聲 滓則氏反 夫音扶 灑埽冠並去聲 吝音藺 齋音問 治去聲

立於禮禮以恭敬辭遜為本而有節文度數之詳可以固人肌膚之會筋骸之束故學者之中所以能卓然自立而不為事物之所搖奪者必於此而得之成於樂樂有五聲十二律更唱迭和以為歌舞八音之節可以養人之性情而蕩滌其邪穢消融其查滓故學者之終所以至於義精仁熟而自和順於道德者必於此而得之是學之成也○按內則十歲學幼儀十三學樂誦詩二十而後學禮則此三者非小學傳授之次乃大學終身所得之難易先後淺深也程子曰天下之英才不為少矣特以道學不明故不得有所成就夫古人之詩如今之歌曲雖閭里童稚皆習聞之而知其說故能興起今雖老師宿儒尚不能曉其義況學者乎是不得興於詩也古人自灑埽應對以至冠昏喪祭莫不有禮今皆廢壞是以人倫不明治家無法是不得立於禮也古人之樂聲音所以養其耳采色所以養其目歌詠所以養其性情舞蹈所以養其血脈今皆無之是不得成於樂也是以古之成材也易今之成材也難

○子曰民可使由之不可使知之民可使之由於是理之當然而不能使之知其所以然也○程子曰聖人設教非不欲人家喻而戶曉也然不能使之知但能使之由之爾若曰聖人不使民知則是後世朝四暮三之術也豈聖人之心乎

○子曰好勇疾貧亂也人而不仁疾之已甚亂也好去聲○好勇而不安分則必作亂惡不仁之人而使之無所容則必致亂二者之心善惡雖殊然其生亂則一也

○子曰如有周公之才之美使驕且吝其餘不足觀也已才美謂智能技藝之美驕矜夸吝鄙嗇也○程子曰此甚言驕吝之不可也蓋有周公之德則自無驕吝若但有周公之才而驕吝焉亦不足觀矣又曰驕氣盈吝氣歉愚謂驕吝雖有盈歉之殊然其勢常相因蓋驕者吝之枝葉吝者驕之本根故嘗驗之天下之人未有驕而不吝吝而不驕者也

○子曰三年學不至於穀不易得也易去聲○穀祿也至疑當作志為學之久而不求祿如此之人不易得也○楊氏曰雖子張之賢猶以干祿為問況其下者乎然則三年學而不至於穀宜不易得也

○子曰篤信好學守死善道好去聲○篤厚而力也不篤信則不能好學然篤信而不好學則所信或非其正不守死則不能以善其道然守死而不足以善其道則亦徒死而已蓋守死者篤信之效善道者好學之功

危邦不入亂邦不居天下有道則見無道則隱見賢遍反○君子見危授命則仕危邦者無可去之義在外則不入可也亂邦未危而刑政紀綱紊矣故潔其身而去之天下舉一世而言無道則隱其身而不見也此惟篤信好學守死善道者能之

邦有道貧且賤焉恥也邦無道富且貴焉恥也世治而無可行之道世亂而無能守之節碌碌庸人

上論 卷四 泰伯

碌音祿 齧倪結反 契私列反 陶音遙 夭於沼反 散上聲 治外治內之治平聲

不足以為士矣可恥之甚也○晁氏曰有學有守而去就之義潔出處之分明然後為君子之全德也

○子曰不在其位不謀其政

程子曰不在其位則不任其事也若君大夫問而告者則有矣

○子曰師摯之始關雎之亂洋洋乎盈耳哉

摯音志雎七余反○師摯魯樂師名摯也亂樂之卒章也史記曰關雎之亂以為風始洋洋美盛意孔子自衛反魯而正樂適師摯在官之初故樂之美盛如此

○子曰狂而不直侗而不愿悾悾而不信吾不知之矣

侗音通悾音空○侗無知貌愿謹厚也悾悾無能貌吾不知之者甚絕之之辭亦不屑之教誨也○蘇氏曰天之生物氣質不齊其中材以下有是德則有是病有是病必有是德故馬之蹄齧者必善走其不善者必馴有是病而無是德則天下之棄才也

○子曰學如不及猶恐失之

言人之為學既如有所不及矣而其心猶竦然惟恐其或失之警學者當如是也○程子曰學如不及猶恐失之不得放過纔說姑待明日便不可也

○子曰巍巍乎舜禹之有天下也而不與焉

與去聲○巍巍高大之貌不與猶言不相關言其不以位為樂也

○子曰大哉堯之為君也巍巍乎唯天為大唯堯則之蕩蕩乎民無能名焉

唯猶獨也則猶準也蕩蕩廣遠之稱也言物之高大莫有過於天者而獨堯之德能與之準故其德之廣遠亦如天之不可以言語形容也

巍巍乎其有成功也煥乎其有文章

成功事業也煥光明之貌文章禮樂法度也堯之德不可名其可見者此爾○尹氏曰天道之大無為而成唯堯則之以治天下故民無得而名焉所可名者其功業文章巍然煥然而已

○舜有臣五人而天下治

治去聲○五人禹稷契皋陶伯益

武王曰予有亂臣十人

書泰誓之辭馬氏曰亂治也十人謂周公旦召公奭太公望畢公榮公太顛閎夭散宜生南宮适其一人謂文母劉侍讀以為子無臣母之義蓋邑姜也九人治外邑姜治內或曰亂本作乿古治字也

孔子曰才難不其然乎唐虞之際於斯為盛有婦人焉九人而已

稱孔子者上係武王君臣之際記者謹之才難蓋古語而孔子然之也才者德之用也唐虞堯舜有天下之號際交會之間言周室人才之多惟唐虞之際乃盛於此降自夏商皆不能及然猶但有此數人爾是才之難得也

三分天下有其二以

雍去聲 斷音短 罅虛訝反 潦音老 譽平聲 京本純不句

服事殷。周之德。其可謂至德也已矣。〔春秋傳曰。文王率商之畔國以事紂。蓋天下歸文王者六州。荆梁雍豫徐揚也。惟青兗冀尚屬紂耳。范氏曰。文王之德足以代商。天與之。人歸之。乃不取而服事焉。所以為至德也。孔子因武王之言而及文王之德。且與泰伯皆以至德稱之。其旨微矣。或曰。宜斷三分以下。別以孔子曰起之。而自為一章。〕

○子曰。禹。吾無閒然矣。菲飲食。而致孝乎鬼神。惡衣服。而致美乎黻冕。卑宮室。而盡力乎溝洫。禹。吾無閒然矣。〔閒去聲。菲音匪。黻音弗。洫呼域反。○閒。罅隙也。謂指其罅隙而非議之也。菲。薄也。致孝鬼神。謂享祀豐潔。衣服。常服。黻。蔽膝也。以韋為之。冕。冠也。皆祭服也。溝洫。田間水道。以正疆界。備旱潦者也。或豐或儉。各適其宜。所以無罅隙之可議也。故再言以深美之。○楊氏曰。薄於自奉。而所勤者民之事。所致飾者宗廟朝廷之禮。所謂有天下而不與也。夫何閒然之有。〕

論語卷之五

子罕第九 凡三十章

子罕言利。與命。與仁。〔罕。少也。程子曰。計利則害義。命之理微。仁之道大。皆夫子所罕言也。〕

○達巷黨人曰。大哉孔子。博學而無所成名。〔達巷。黨名。其人姓名不傳。博學無所成名。蓋美其學之博。而惜其不成一藝之名也。〕子聞之。謂門弟子曰。吾何執。執御乎。執射乎。吾執御矣。〔執。專執也。射御皆一藝。而御為人僕。所執尤卑。言欲使我何所執以成名乎。然則吾將執御矣。聞人譽己。承之以謙也。○尹氏曰。聖人道全而德備。不可以偏長目之也。達巷黨人見孔子之大。意其所學者博。而惜其不以一善得名於世。蓋慕聖人而不知者也。故孔子曰。欲使我何所執而得為名乎。然則吾將執御矣。〕

○子曰。麻冕。禮也。今也純。儉。吾從衆。〔麻冕。緇布冠也。純。絲也。儉。謂省約。緇布冠。以三十升布為之。升八十縷。則其經三千四百縷矣。細密難成。不如用絲之省約。〕拜下。禮也。今拜乎上。泰也。雖違衆。吾從下。〔臣與君行禮。當拜於堂下。君辭之。乃升成拜。泰。驕慢也。○程子曰。君子處世。事之無害於義者。從俗可也。害於義。則不可從矣。〕

○子絕四。

非知之知去聲識如字　少去聲　坊本聖人之言

毋意。毋必。毋固。毋我。絕無之盡者。毋，史記作無是也。意，私意也。必，期必也。固，執滯也。我，私己也。四者相為終始，起於意，遂於必，留於固，而成於我也。蓋意必常在事前，固我常在事後，至於我又生意，則物欲牽引，循環不窮矣。○程子曰：此毋字非禁止之辭。聖人絕此四者，何用禁止。張子曰：四者有一焉，則與天地不相似。楊氏曰：非知足以知聖人，詳視而默識之，不足以記此。

○子畏於匡。畏者，有戒心之謂。匡，地名。史記云：陽虎曾暴於匡，夫子貌似陽虎，故匡人圍之。曰：文王既沒，文不在茲乎。道之顯者謂之文，蓋禮樂制度之謂。不曰道而曰文，亦謙辭也。茲，此也，孔子自謂。天之將喪斯文也，後死者不得與於斯文也。天之未喪斯文也，匡人其如予何。喪、與，並去聲。○馬氏曰：文王既沒，故孔子自謂後死者。言天若欲喪此文，則必不使我得與於此文。今我既得與於此文，則是天未欲喪此文也。天既未欲喪此文，則匡人其奈我何。言必不能違天害己也。

○大宰問於子貢曰：夫子聖者與。何其多能也。大，音泰。與，平聲。○孔氏曰：大宰，官名，或吳或宋，未可知也。與者，疑辭。大宰蓋以多能為聖也。子貢曰：固天縱之將聖，又多能也。縱，猶肆也，言不為限量也。將，殆也，謙若不敢知之辭。聖無不通，多能乃其餘事，故言又以兼之。子聞之，曰：大宰知我乎。吾少也賤，故多能鄙事。君子多乎哉。不多也。言由少賤故多能，而所能者鄙事爾，非以聖而無不通也。且多能非所以率人，故又言君子不必多能以曉之。牢曰：子云，吾不試，故藝。牢，孔子弟子，姓琴，字子開，一字子張。試，用也。言由不為世用，故得以習於藝而通之。○吳氏曰：弟子記夫子此言之時，子牢因言昔之所聞有如此者。其意相近，故并記之。

○子曰：吾有知乎哉。無知也。有鄙夫問於我，空空如也。我叩其兩端而竭焉。叩，音口。○孔子謙言己無知識，但其告人，雖於至愚，不敢不盡耳。叩，發動也。兩端，猶言兩頭。言終始、本末、上下、精粗，無所不盡。○程子曰：聖人之教人，俯就之若此，猶恐眾人以為高遠而不親也。聖人之道，必降而自卑，不如此則人不親。賢人之言，則引而自高，不如此則道不尊。觀於孔子、孟子，則可見矣。尹氏曰：聖人之言，上下兼盡。即其近，眾人皆可與知；極其至，則雖聖人亦無以加焉。是之謂兩端。如答樊遲之問仁知，兩端竭盡，無餘蘊矣。若夫語上而遺下，語理而遺物，則豈聖人之言哉。

○子曰：鳳鳥不至，河不出圖，吾已矣夫。

著音着

差楚懈反 下同

夫音扶。○鳳，靈鳥，舜時來儀，文王時鳴於岐山。河圖，河中龍馬負圖，伏羲時出，皆聖王之瑞也。已，止也。○張氏曰：鳳至圖出，文明之祥。伏羲舜文之瑞不至，則夫子之文章，知其已矣。

子見齊衰者、冕衣裳者與瞽者。見之，雖少，必作。過之，必趨。齊，音咨。衰，七雷反。少，去聲。○齊衰，喪服。冕，冠也。衣，上服。裳，下服。冕而衣裳，貴者之盛服也。瞽，無目者。作，起也。趨，疾行也。或曰：少，當作坐。○范氏曰：聖人之心，哀有喪，尊有爵，矜不成人。其作與趨，蓋有不期然而然者。尹氏曰：此聖人之誠心，內外一者也。

顏淵喟然歎曰：仰之彌高，鑽之彌堅。瞻之在前，忽焉在後。喟，苦位反。鑽，祖官反。○喟，歎聲。仰彌高，不可及。鑽彌堅，不可入。在前在後，恍惚不可為象。此顏淵深知夫子之道，無窮盡、無方體，而歎之也。

夫子循循然善誘人。博我以文，約我以禮。循循，有次序貌。誘，引進也。博文約禮，教之序也。言夫子道雖高妙，而教人有序也。侯氏曰：博我以文，致知格物也。約我以禮，克己復禮也。程子曰：此顏子稱聖人最切當處，聖人教人，惟此二事而已。

欲罷不能。既竭吾才，如有所立卓爾。雖欲從之，末由也已。卓，立貌。末，無也。此顏子自言其學之所至也。蓋悅之深而力之盡，所見益親，而又無所用其力也。吳氏曰：所謂卓爾，亦在乎日用行事之間，非所謂窈冥昏默者。程子曰：到此地位，功夫尤難，直是峻絕，又大段著力不得。楊氏曰：自可欲之謂善，充而至於大，力行之積也。大而化之，則非力行所及矣，此顏子所以未達一間也。○程子曰：此顏子所以為深知孔子而善學之者也。胡氏曰：無上事而喟然歎，此顏子學既有得，故述其先難之故、後得之由，而歸功於聖人也。高堅前後，語道體也。仰鑽瞻忽，未領其要也。惟夫子循循善誘，先博我以文，使我知古今，達事變；然後約我以禮，使我尊所聞，行所知。如行者之赴家，食者之求飽，是以欲罷而不能，盡心盡力，不少休廢。然後見夫子所立之卓然，雖欲從之，末由也已。是蓋不怠所從，必求至乎卓立之地也。抑斯歎也，其在請事斯語之後，三月不違之時乎。

○子疾病，子路使門人為臣。夫子時已去位，無家臣。子路欲以家臣治其喪，其意實尊聖人，而未知所以尊也。

病閒，曰：久矣哉，由之行詐也！無臣而為有臣。吾誰欺？欺天乎。閒，如字。○病閒，少差也。病時不知，既差乃知其事，故言我之不當有家臣，人皆知之，不可欺也。而為有臣，則是欺天而已。人而欺天，莫大之罪。引以自歸，其責子路深矣。

且予與其死於臣之手也，無寍死於二三子之手乎。且予縱不得大葬，予死於

簣音責　衒音眩　售音壽　種上聲　仞去聲

道路乎。無寧，寧也。大葬，謂君臣禮葬。死於道路，謂棄而不葬。又曉之以不必然之故。○范氏曰：曾子將死，起而易簀，曰：吾得正而斃焉，斯已矣。子路欲尊夫子，而不知無臣之不可為有臣，是以陷於行詐，罪至欺天。君子之於言動，雖微不可不謹。夫子深懲子路，所以警學者也。楊氏曰：非知至而意誠，則用智自私，不知行其所無事，往往自陷於行詐欺天而莫之知也。其子路之謂乎。

○子貢曰：有美玉於斯，韞匵而藏諸？求善賈而沽諸？子曰：沽之哉！沽之哉！我待賈者也。韞，紆粉反。匵，徒木反。賈，音嫁。○韞，藏也。匵，匱也。沽，賣也。子貢以孔子有道不仕，故設此二端以問也。孔子言固當賣之，但當待賈而不當求之耳。○范氏曰：君子未嘗不欲仕也，又惡不由其道。士之待禮，猶玉之待賈也。若伊尹之耕於野，伯夷、太公之居於海濱，世無成湯文王，則終焉而已，必不枉道以從人，衒玉而求售也。

○子欲居九夷。東方之夷有九種。欲居之者，亦乘桴浮海之意。或曰：陋，如之何？子曰：君子居之，何陋之有？君子所居則化，何陋之有。

○子曰：吾自衛反魯，然後樂正，雅頌各得其所。魯哀公十一年冬，孔子自衛反魯。是時周禮在魯，然詩樂亦頗殘缺失次。孔子周流四方，參互考訂，以知其說。晚知道終不行，故歸而正之。

○子曰：出則事公卿，入則事父兄，喪事不敢不勉，不為酒困，何有於我哉？說見第七篇，然此則其事愈卑而意愈切矣。

○子在川上曰：逝者如斯夫！不舍晝夜。夫，音扶。舍，上聲。○天地之化，往者過，來者續，無一息之停，乃道體之本然也。然其可指而易見者，莫如川流。故於此發以示人，欲學者時時省察，而無毫髮之間斷也。○程子曰：此道體也。天運而不已，日往則月來，寒往則暑來，水流而不息，物生而不窮，皆與道為體，運乎晝夜，未嘗已也。是以君子法之，自強不息。及其至也，純亦不已焉。又曰：自漢以來，儒者皆不識此義。此見聖人之心，純亦不已也。純亦不已，乃天德也。有天德，便可語王道，其要只在謹獨。愚按：自此至終篇，皆勉人進學不已之辭。

○子曰：吾未見好德如好色者也。好，去聲。○謝氏曰：好好色，惡惡臭，誠也。好德如好色，斯誠好德矣，然民鮮能之。○史記：孔子居衛，靈公與夫人同車，使孔子為次乘，招搖市過之。孔子醜之，故有是言。

○子曰：譬如為山，未成一簣，止，吾止也；譬如平地，雖覆一簣，進，吾往也。簣，求位反。覆，芳服反。○簣，土籠也。書曰：為山九仞，功虧一簣。夫子之言，蓋出於此。言

少去聲　忤五故反　說音悅　語去聲　枲想里反

山成而但少一簣其止者吾自止耳平地而方覆一簣其進者吾自往耳蓋學者自彊不息則積少成多中道而止則前功盡棄其止其往皆在我而不在人也

○子曰語之而不惰者其回也與語去聲與平聲○惰懈怠也范氏曰顏子聞夫子之言而心解力行造次顛沛未嘗違之如萬物得時雨之潤發榮滋長何有於惰此羣弟子所不及也

○子謂顏淵曰惜乎吾見其進也未見其止也進止二字說見上章顏子既死而孔子惜之言其方進而未已也

○子曰苗而不秀者有矣夫秀而不實者有矣夫夫音扶○穀之始生曰苗吐華曰秀成穀曰實蓋學而不至於成有如此者是以君子貴自勉也

○子曰後生可畏焉知來者之不如今也四十五十而無聞焉斯亦不足畏也已焉知之焉於虔反○孔子言後生年富力彊足以積學而有待其勢可畏安知其將來不如我之今日乎然或不能自勉至於老而無聞則不足畏矣言此以警人使及時勉學也曾子曰五十而不以善聞則不聞矣蓋述此意○尹氏曰少而不勉老而無聞則亦已矣自少而進者安知其不至於極乎是可畏也

○子曰法語之言能無從乎改之為貴巽與之言能無說乎繹之為貴說而不繹從而不改吾末如之何也已矣法語者正言之也巽言者婉而導之也繹尋其緒也法言人所敬憚故必從然不改則面從而已巽言無所乖忤故必說然不繹則又不足以知其微意之所在也○楊氏曰法言若孟子論行王政之類是也巽言若其論好貨好色之類是也語之而不達拒之而不受猶之可也其或喻焉則尚庶幾其能改繹矣從且說矣而不改繹焉則是終不改繹也已雖聖人其如之何哉

○子曰主忠信毋友不如己者過則勿憚改重出而逸其半

○子曰三軍可奪帥也匹夫不可奪志也侯氏曰三軍之勇在人匹夫之志在己故帥可奪而志不可奪如可奪則亦不足謂之志矣

○子曰衣敝縕袍與衣狐貉者立而不恥者其由也與衣去聲縕紆粉反貉胡各反與平聲○敝壞也縕枲著也袍衣有著者也蓋衣之賤者狐貉以狐貉之皮為裘衣之貴者子路之志如此則能不以貧富動其心而可以進於道矣故夫子稱之

不忮不

著直呂反 復扶又反下同 治平聲 稱去聲下如字 為去聲 援平聲 與去聲 易去聲 思去聲 離去聲 中去聲

求何用不臧忮之豉反。忮害也求貪也臧善也言能不忮不求則何為不善乎此衛風雄雉之詩孔子引之以美子路也呂氏曰貧與富交強者必忮弱者必求子路終身誦之子曰是道也何足以臧終身誦之則自喜其能而不復求進於道矣故夫子復言此以警之。謝氏曰恥惡衣惡食學者之大病善心不存蓋由於此子路之志如此其過人遠矣然以衆人而能此則可以為善矣子路之賢宜不止此而終身誦之則非所以進於日新也故激而進之

○子曰歲寒然後知松柏之後彫也范氏曰小人之在治世或與君子無異惟臨利害遇事變然後君子之所守可見也。謝氏曰士窮見節義世亂識忠臣欲學者必周於德

○子曰知者不惑仁者不憂勇者不懼明足以燭理故不惑理足以勝私故不憂氣足以配道義故不懼此學之序也

○子曰可與共學未可與適道可與適道未可與立可與立未可與權可與者言其可與共為此事也程子曰可與共學知所以求之也可與適道知所往也可與立者篤志固執而不變也權稱錘也所以稱物而知輕重者也可與權謂能權輕重使合義也。楊氏曰知為己則可與共學矣學足以明善然後可與適道信道篤然後可與立知時措之宜然後可與權洪氏曰易九卦終於巽以行權權者聖人之大用未能立而言權猶人未能立而欲行鮮不仆矣程子曰漢儒以反經合道為權故有權變權術之論皆非也權只是經也自漢以下無人識權字愚按先儒誤以此章連下文偏其反而為一章故以反經合道之說程子非之是矣然以孟子嫂溺援之以手之義推之則權與經亦當有辨

○唐棣之華偏其反而豈不爾思室是遠而棣大計反。唐棣郁李也偏晉書作翩然則反亦當與翻同言華之搖動也而語助也此逸詩也於六義屬興上兩句無意義但以起下兩句之辭耳其所謂爾亦不知其何所指也子曰未之思也夫何遠之有夫音扶。夫子借其言而反之蓋前篇仁遠乎哉之意。程子曰聖人未嘗言易以驕人之志亦未嘗言難以阻人之進但曰未之思也夫何遠之有此言極有涵蓄意思深遠

鄉黨第十

楊氏曰聖人之所謂道者不離乎日用之間也故夫子之平日一動一靜門人皆審視而詳記之尹氏曰甚矣孔門諸子之嗜學也於聖人之容色言動無不謹書而備錄之以貽後世今讀其書即其事究然如聖人之在目也雖然聖人豈拘拘而為之者哉蓋盛德之至動容周旋自中乎禮耳學者欲潛心於聖人宜於此求焉舊說凡一章今分為十七節

知先去 並去聲　辟音璧與躄同　紓音舒為相並去聲棖除直反闑倪結反屏音丙宁音柱摳驅

孔子於鄉黨恂恂如也似不能言者恂相倫反○恂恂信實之貌似不能言者謙卑遜順不以賢知先人也鄉黨父兄宗族之所在故孔子居之其容貌辭氣如此其在宗廟朝廷便便言唯謹爾朝直遙反下同便旁連反○便便辯也宗廟禮法之所在朝廷政事之所出言不可以不明辨故必詳問而極言之但謹而不放爾○此一節記孔子在鄉黨宗廟朝廷言貌之不同

○朝與下大夫言侃侃如也與上大夫言誾誾如也侃苦旦反誾魚巾反○此君未視朝時也王制諸侯上大夫卿下大夫五人許氏說文侃侃剛直也誾誾和悅而諍也君在踧踖如也與與如也踧子六反踖子亦反與平聲或如字○君在視朝也踧踖恭敬不寧之貌與與威儀中適之貌張子曰與與不忘向君也亦通○此一節記孔子在朝廷事上接下之不同也

○君召使擯色勃如也足躩如也擯必刃反躩驅若反○擯主國之君所使出接賓者勃變色貌躩盤辟貌皆敬君命故也揖所與立左右手衣前後襜如也襜亦占反○所與立謂同為擯者也擯用命數之半如上公九命則用五人以次傳命揖左人則左其手揖右人則右其手襜整貌趨進翼如也疾趨而進張拱端好如鳥舒翼賓退必復命曰賓不顧矣紓君敬也○此一節記孔子為君擯相之容

○入宮門鞠躬如也如不容鞠躬曲身也公門高大而若不容敬之至也立不中門行不履閾閾于逼反○中門中於門也謂當棖闑之間君出入處也閾門限也禮士大夫出入君門由闑右不踐閾謝氏曰立中門則當尊行履閾則不恪過位色勃如也足躩如也其言似不足者位君之虛位謂門屏之間人君宁立之處所謂宁也君雖不在過之必敬不敢以虛位而慢之也言似不足不敢肆也攝齊升堂鞠躬如也屏氣似不息者齊音咨○攝摳也齊衣下縫也禮將升堂兩手摳衣使去地尺恐躡之而傾跌失容也屏藏也息鼻息出入者也近至尊氣容肅也出降一等逞顏色怡怡如也沒階趨進翼如也復其位踧踖如也陸氏曰趨下本無進字俗本有之誤○等階之級也逞放也漸遠所尊舒氣解顏怡怡和悅也沒階下盡階也趨走就位也復位踧踖敬之餘也○此一節記孔子在朝之容

○執圭鞠躬如也如

侯反 跌音 迭京 本趣 下有 進字 令從 之坊 本無 蹪之 隴反 離去 聲 為去 聲 齊側 皆反 緣俞 絹反 著直 暑反 縐側 救反 裼先 的反 齊側

不勝。上如揖，下如授。勃如戰色，足蹜蹜，如有循。勝，平聲。蹜，色六反。○圭，諸侯命圭。聘問鄰國，則使大夫執以通信。如不勝，執主器，執輕如不克，敬謹之至也。上如揖，下如授，謂執圭平衡，手與心齊，高不過揖，卑不過授也。戰色，戰而色懼也。蹜蹜，舉足促狹也。如有循，記所謂舉前曳踵，言行不離地，如緣物也。

享禮，有容色。享，獻也。既聘而享，用圭璧，有庭實。有容色，和也。儀禮曰：發氣滿容。

私覿，愉愉如也。私覿，以私禮見也。愉愉，則又和矣。○此一節，記孔子為君聘於鄰國之禮也。晁氏曰：孔子定公九年仕魯，至十三年適齊，其間絕無朝聘往來之事。疑使擯執圭兩條，但孔子嘗言其禮當如此爾。

○君子不以紺緅飾。紺，古暗反。緅，側由反。○君子，謂孔子。紺，深青揚赤色，齊服也。緅，絳色。三年之喪，以飾練服也。飾，領緣也。

紅紫不以為褻服。紅紫，閒色不正，且近於婦人女子之服也。褻服，私居服也。言此則不以為朝祭之服可知。

當暑，袗絺綌，必表而出之。袗，單也。葛之精者曰絺，麤者曰綌。表而出之，謂先著裏衣，表絺綌而出之於外，欲其不見體也。詩所謂蒙彼縐絺是也。

緇衣，羔裘；素衣，麑裘；黃衣，狐裘。麑，研奚反。○緇，黑色。羔裘用黑羊皮。麑，鹿子，色白。狐，色黃。衣以裼裘，欲其相稱。

褻裘長，短右袂。長欲其溫，短右袂，所以便作事。

必有寢衣，長一身有半。長，去聲。○齊主於敬，不可解衣而寢，又不可著明衣而寢，故別有寢衣，其半蓋以覆足。程子曰：此錯簡，當在齊必有明衣布之下。愚謂如此，則此條與明衣變食，既得以類相從，而褻裘狐貉，亦得以類相從矣。

狐貉之厚以居。狐貉，毛深溫厚，私居取其適體。

去喪，無所不佩。去，上聲。○君子無故，玉不去身。觿礪之屬，亦皆佩也。

非帷裳，必殺之。殺，去聲。○朝祭之服，裳用正幅如帷，要有襞積，而旁無殺縫。其餘若深衣，要半下，齊倍要，則無襞積而有殺縫矣。

羔裘玄冠不以弔。喪主素，吉主玄。弔必變服，所以哀死。

吉月，必朝服而朝。吉月，月朔也。孔子在魯致仕時如此。○此一節，記孔子衣服之制。蘇氏曰：此孔氏遺書，雜記曲禮，非特孔子事也。

○齊，必有明衣，布。齊，側皆反。○齊必沐浴，浴竟即著明衣，所以明潔其體也。以布為之。此下脫前章寢衣一節。

齊必變食，居必遷坐。變食，謂不飲酒，不茹葷。遷坐，易常處也。○此一節，記孔子謹齊之事。楊氏曰：齊所以交神，故致潔變常以盡敬。

○食不厭精，膾不厭細。食，音嗣。○食，飯也。精，鑿也。牛羊與魚之腥，聶而切之為膾。食精則能養人，膾麤則能害人。不厭，言以是為善，非謂必欲如是也。

食饐而餲，魚餒而肉敗，不食。色惡

皆不如鷓傜音饗璧所反　離聲丁反食如以去買本賣上　處杵
反去字音齊咨音殺戒　去斷亂　以字為聲坊作去聲　音

不食。臭惡不食。失飪不食。不時不食。食饐之食音嗣。饐於冀反。餲烏邁反。飪而甚反。○饐，飯傷熱濕也。餲，味變也。魚爛曰餒。肉腐曰敗。色惡臭惡，未敗而色臭變也。飪，烹調生熟之節也。不時，五穀不成，果實未熟之類。此數者皆足以傷人，故不食。割不正不食。不得其醬不食。割肉不方正者不食，造次不離於正也。漢陸續之母，切肉未嘗不方，斷葱以寸為度，蓋其質美，與此暗合也。食肉用醬，各有所宜，不得則不食，惡其不備也。此二者無害於人，但不以嗜味而苟食耳。肉雖多，不使勝食氣。唯酒無量，不及亂。食音嗣。量，去聲。○食以穀為主，故不使肉勝食氣。酒以為人合歡，故不為量，但以醉為節而不及亂耳。程子曰：不及亂者，非惟不使亂志，雖血氣亦不可使亂，但浹洽而已可也。沽酒市脯不食。沽、市，皆買也。恐不精潔，或傷人也，與不嘗康子之藥同意。不撤薑食。薑，通神明，去穢惡，故不撤。不多食。適可而止，無貪心也。祭於公，不宿肉。祭肉不出三日。出三日，不食之矣。助祭於公，所得胙肉，歸即頒賜，不俟經宿者，不留神惠也。家之祭肉，則不過三日，皆以分賜。蓋過三日，則肉必敗，而人不食之，是褻鬼神之餘也。但比君所賜胙，可少緩耳。食不語，寢不言。答述曰語，自言曰言。范氏曰：聖人存心不他，當食而食，當寢而寢，言語非其時也。楊氏曰：肺為氣主而聲出焉，寢食則氣窒而不通，語言恐傷之也。亦通。雖疏食菜羹，瓜祭，必齊如也。食，音嗣。陸氏曰：魯論瓜作必。○古人飲食，每種各出少許，置之豆間之地，以祭先代始為飲食之人，不忘本也。齊，嚴敬貌。孔子雖薄物必祭，其祭必敬，聖人之誠也。○此一節，記孔子飲食之節。謝氏曰：聖人飲食如此，非極口腹之欲，蓋養氣體，不以傷生，當如此。然聖人之所不食，窮口腹者或反食之，欲心勝而不暇擇也。

○席不正，不坐。謝氏曰：聖人心安於正，故於位之不正者，雖小不處。鄉人飲酒，杖者出，斯出矣。杖者，老人也。六十杖於鄉。未出不敢先，既出不敢後。鄉人儺，朝服而立於阼階。儺，乃多反。○儺，所以逐疫，周禮方相氏掌之。阼階，東階也。儺雖古禮而近於戲，亦必朝服而臨之者，無所不用其誠敬也。或曰：恐其驚先祖五祀之神，欲其依己而安也。此一節，記孔子居鄉之事。

○問人於他邦，再拜而送之。拜送使者，如親見之，敬也。康子饋藥，拜而受之。曰：丘未達，不敢嘗。范氏曰：凡賜食，必嘗以拜。藥未達則不敢嘗。受而不飲，則虛人之賜，故告之如此。然則可飲而飲，不可飲而不飲，皆在其中矣。楊氏曰：大夫有賜，拜而受之，禮也。未達不敢嘗，謹疾也。必告之，直也。○此一節，記孔子與人交之誠意。

○

賤畜之畜許又反餕音俊畜之之畜許六反朝音潮

上上聲見形遍反

廐焚。子退朝。曰。傷人乎。不問馬。非不愛馬。然恐傷人之意多。故未暇問。蓋貴人賤畜。理當如此。○君賜食。必正席先嘗之。君賜腥。必熟而薦之。君賜生。必畜之。食恐或餕餘。故不以薦。正席先嘗。如對君也。言先嘗。則餘當以頒賜矣。腥。生肉。熟而薦之祖考。榮君賜也。畜之者。仁君之惠。無故不敢殺也。侍食於君。君祭先飯。飯。扶晚反。○周禮。王日一舉。膳夫授祭品嘗食。王乃食。故侍食者。君祭則己不祭而先飯。若為君嘗食然。不敢當客禮也。疾。君視之。東首。加朝服。拖紳。首。去聲。拖。徒我反。○東首。以受生氣也。病臥不能著衣束帶。又不可以褻服見君。故加朝服於身。又引大帶於上也。君命召。不俟駕行矣。急趨君命。行出而駕車隨之。○此一節。記孔子事君之禮。○入太廟。每事問。重出。○朋友死。無所歸。曰。於我殯。朋友以義合。死無所歸。不得不殯。朋友之饋。雖車馬。非祭肉。不拜。朋友有通財之義。故雖車馬之重不拜。祭肉則拜者。敬其祖考。同於己親也。○此一節。記孔子交朋友之義。寢不尸。居不容。尸。謂偃臥似死人也。居。居家。容。容儀。范氏曰。寢不尸。非惡其類於死也。惰慢之氣。不設於身體。雖舒布其四體。而亦未嘗肆耳。居不容。非惰也。但不若奉祭祀見賓客而已。申申夭夭是也。見齊衰者。雖狎必變。見冕者與瞽者。雖褻必以貌。狎。謂素親狎。褻。謂燕見。貌。謂禮貌。餘見前篇。凶服者式之。式負版者。式。車前橫木。有所敬。則俯[illegible]憑之。負版。持邦國圖籍者。式此二者。哀有喪。重民數也。人惟萬物之靈。而王者之所天也。故周禮獻民數於王。王拜受之。況其下者。敢不敬乎。有盛饌。必變色而作。敬主之禮。非以其饌也。迅雷風烈。必變。迅。疾也。烈。猛也。必變者。所以敬天之怒。記曰。若有疾風迅雷甚雨則必變。雖夜必興。衣服冠而坐。○此一節。記孔子容貌之變。○升車。必正立執綏。綏。挽以上車之索也。范氏曰。正立執綏。則心體無不正。而誠意肅恭矣。蓋君子莊敬無所不在。升車則見於此也。車中不內顧。不疾言。不親指。內顧。回視也。禮曰。顧不過轂。三者皆失容。且惑人。○此一節。記孔子升車之容。○色斯舉矣。翔而後集。言鳥見人之顏色不善。則飛去。回翔審視而後下止。人之見幾而作。審擇所處。亦當如此。然此上下。必有闕文矣。曰。山梁雌雉。時哉時哉。子路

共具之共九用反共

共之。三嗅而作。共，九用反，又居勇反。嗅，許又反。○邢氏曰：梁，橋也。時哉，言雉之飲啄得其時。子路不達，以為時物而共具之。孔子不食，三嗅其氣而起。晁氏曰：石經嗅作戞，謂雉鳴也。劉聘君曰：嗅當作狊，古闃反。張兩翅也。見爾雅。愚按：如後兩說，則共字當為拱執之意。然此必有闕文，不可彊為之說。姑記所聞，以俟知者。

郑板桥手书四书

论语

板橋生平最不喜人過目不忘而四書五經自家文未嘗時刻而稍忘無他當忘者不容不忘不當忘者不容不、、忘耳戊卯之春讀書天寧寺呫嗶之暇戲同陸徐諸硯友賽經生熟市坊間印格日默三五葉或一二葉或七八十餘紙或興之所至間可三二十葉不兩月而峻工雖字有真艸訛滅之不齊而語句之間實無毫釐錯謬固誦讀之勤亦刻苦之驗

也
孔夫子删書聖也秦始皇燒書暴也則非始
皇與孔子前人著作不仍妄加芟除矣近見有
腐儒之儈以全禮不便幼學甚且爲不便
兩闈簡而為體註又簡而爲提要爲心典殊
可痛恨夫使禮果可删前人亦何必著之爲
經既已著之為經吾人更從而删之不幾非法
孔子而師始皇乎可乎不可乎而要之亦無足深
怪此老儈腐儒之見亦僅為不便幼學而便兩

闌夫不便爲學則其見不出乎小兒不便而闌則其見不過望着中舉中進士做個小官弄幾個錢養活老婆兒女以言夫日月經天江河行地處而正心誠意出而致君澤民其義固昭乎無辨也而必沾沾焉于之論可刪不可刪亦何異饋聾以聲諭瞽以色黃涪翁有杜詩抄本趙松雪有左傳抄本皆爲當時欣慕後人珍藏至有爭之而致訟者板橋既無涪翁之勁拔又鄙松雪之滑熟徒

矜奇異創爲真隸相參之瀆而雜以行草究之師心自用無足觀也博雅之士輩仍重之以經而書法之優劣萬不必計

論語

序說

史記世家曰孔子名丘字仲尼其先宋人父叔梁紇母顏氏以魯襄公二十二年庚戌之歲十一月庚子生孔子於魯昌平鄉陬邑爲兒嬉戲常陳俎豆設禮容及長爲委吏料量平爲司職吏畜蕃息適周問禮於老子既反而弟子益進昭公二十五年甲申孔子年三十五而昭公奔齊魯亂於是適齊爲高昭子家臣以通乎景公公欲封以尼谿之田

論語序 一 [illegible]山房

晏嬰不可公惑之孔子遂行反乎魯定公
元年壬辰孔子年四十三而季氏強僭其臣
陽虎作亂專政故孔子不仕而退脩詩書
禮樂弟子彌衆九年庚子孔子年五十一
公山不狃以費畔季氏召孔子欲往而卒不
行定公以孔子為中都宰一年四方則之
遂為司空又為大司寇十年辛丑相定公
會齊侯于夾谷齊人歸魯侵地十二年癸
卯使仲由為季氏宰墮三都收其甲兵

孟氏不肯墮成圍之不克十四年乙巳孔子年五十六攝行相事誅少正卯與聞國政三月魯國大治齊人歸女樂以沮之季桓子受之郊又不致膰俎於大夫孔子行適衛主於子路妻兄顏濁鄒家適陳過匡匡人以爲陽虎而拘之既解還衛主蘧伯玉家見南子去適宋司馬桓魋欲殺之又去適陳主司城貞子家居三歲而反于衛靈公不能用晉趙氏家臣佛肸以中

牟畔召孔子孔子欲往亦不果將西見趙簡子至河而反又主蘧伯玉家靈公問陳不對而行復如陳季桓子卒遺言謂康子必召孔子其臣止之康子乃召冉求孔子如蔡及葉楚昭王將以書社地封孔子令尹子西不可乃止又反乎衛時靈公已卒衛君輒欲得孔子為政而冉求為季氏將與齊戰有功康子乃召孔子而孔子歸魯實哀公之十一年丁巳而孔子年

六十八矣然魯終不能用孔子孔子亦不求仕
乃叙書傳禮記删詩正樂序易彖繫象
説卦文言弟子蓋三千焉身通六藝者
七十二人十四年庚申魯西狩獲麟孔子
作春秋明年辛酉子路死于衛十六年壬戌
四月己丑孔子卒年七十三葬魯城北泗上弟
子皆服心喪三年而去惟子貢廬於冢上
凡六年孔子生鯉字伯魚先卒伯魚生伋
字子思作中庸

何氏曰魯論語二十篇齊論語別有問王知道凡二十二篇其二十篇中章句頗多於魯論古論出孔子壁中分堯曰下章子張問以爲一篇有兩子張凡二十一篇篇次不與齊魯論同

程子曰論語之書成於有子曾子之門人故其書獨二子以子稱

程子曰讀論語有讀了全然無事者有讀了後其中得一兩句喜者有讀了後知好之

者有讀了後直有不知手之舞之足之蹈之者

程子曰今人不會讀書如讀論語未讀時是此等人讀了後又只是此等人便是不曾讀

程子曰頤自十七八讀論語當時已曉文義讀之愈久但覺意味深長

論語

學而第一

子曰學而時習之不亦說乎有朋自遠方來不亦
樂乎人不知而不慍不亦君子乎　有子曰其為
人也孝弟而好犯上者鮮矣不好犯上而好作亂者
未之有也君子務本本立而道生孝弟也者其為
仁之本與　子曰巧言令色鮮矣仁　曾子曰吾日
三省吾身為人謀而不忠乎與朋友交而不信

乎傳不習乎　子曰道千乘之國敬事而信節
用而愛人使民以時　子曰弟子入則孝出則弟
謹而信汎愛衆而親仁行有餘力則以學文
子夏曰賢賢易色事父母能竭其力事君能致
其身與朋友交言而有信雖曰未學吾必謂之
學矣　子曰君子不重則不威學則不固主忠信
無友不如己者過則勿憚改　曾子曰慎終追遠
民德歸厚矣　子禽問於子貢曰夫子至於是

邦也必聞其政求之與抑与之與子貢曰夫子溫良恭儉讓以得之夫子之求之也其諸異乎人之求之與 子曰父在觀其志父沒觀其行三年無改於父之道可謂孝矣 有子曰禮之用龢爲貴先王之道斯爲美小大由之有所不行知和而和不以禮節之亦不可行也 有子曰信近於義言可復也恭近於礼遠恥辱也因不失其親亦

可宗也　子曰君子食無求飽居無求安敏於事
而慎於言就有道而正焉可謂好學也已　子貢
曰貧而無諂富而無驕何如子曰可也未若貧而樂
富而好禮者也子貢曰詩云如切如磋如琢如磨其斯
之謂與子曰賜也始可與言詩已矣告諸往而知來
者　子曰不患人之不己知患不知人也

爲政第二

子曰爲政以德譬如北辰居其所而衆星共之

子曰詩三百一言以蔽之曰思無邪

子曰道之以政齊之以刑民免而無恥道之以德齊之以禮有恥且格

子曰吾十有五而志于學三十而立四十而不惑五十而知天命六十而耳順七十而從心所欲不踰矩

孟懿子問孝子曰無違樊遲御子告之曰孟孫問孝於我我對曰無違樊遲曰何謂也子

曰生事之以禮死葬之以禮祭之以禮　孟武伯問孝子曰父母唯其疾之憂　子游問孝子曰今之孝者是謂能養至於犬馬皆能有養不敬何以別乎　子夏問孝子曰色難有事弟子服其勞有酒食先生饌曾是以為孝乎　子曰吾與回言終日不違如愚退而省其私亦足以發回也不愚　子曰視其所以觀其所由察其所安人焉廋

哉人焉廋哉　子曰溫故而知新可以為師矣
子曰君子不器　子貢問君子子曰先行其言而
後從之　子曰君子周而不比小人比而不周　子
曰學而不思則罔思而不學則殆　子曰攻乎異
端斯害也已　子曰由誨女知之乎知之為知之不
知為不知是知也　子張學干祿子曰多聞闕
疑慎言其餘則寡尤多見闕殆慎行其餘則寡

悔言寡尤行寡悔祿在其中矣　哀公問曰何為則民服孔子對曰舉直錯諸枉則民服舉枉錯諸直則民不服　季康子問使民敬忠以勸如之何子曰臨之以莊則敬孝慈則忠舉善而教不能則勸　或謂孔子曰子奚不為政子曰書云孝乎惟孝友于兄弟施於有政是亦為政奚其為為政　子曰人而無信不知其可也大車無輗小車

無軏其何以行之哉　子張問十世可知也子曰殷因於夏禮所損益可知也周因於殷禮所損益可知也其或繼周者雖百世可知也　子曰非其鬼而祭之諂也見義不為無勇也

八佾第三

孔子謂季氏八佾舞於庭是可忍也孰不可忍也

三家者以雍徹子曰相維辟公天子穆穆奚取

於三家之堂　子曰人而不仁如禮何人而不仁如樂
何　林放問禮之本子曰大哉問禮與其奢也寧
儉喪與其易也寧戚　子曰夷狄之有君不如諸
夏之亡也　季氏旅於泰山子謂冉有曰女弗能
救與對曰不能子曰嗚呼曾謂泰山不如林放乎
子曰君子無所爭必也射乎揖讓而升下而飲
其爭也君子　子夏問曰巧笑倩兮美目盼兮

素以爲絢兮何謂也子曰繪事後素曰禮後乎子曰起予者商也始可與言詩已矣 子曰夏禮吾能言之杞不足徵也殷禮吾能言之宋不足徵也文獻不足故也足則吾能徵之矣 子曰禘自既灌而往者吾不欲觀之矣 或問禘之說子曰不知也知其說者之於天下也其如示諸斯乎指其掌 祭如在祭神如神在子曰吾不與祭如不祭

王孫賈問曰與其媚於奧寧媚於竈何謂也子曰不然獲罪於天無所禱也　子曰周監於二代郁郁乎文哉吾從周　子入大廟每事問或曰孰謂鄹人之子知禮乎入大廟每事問子聞之曰是礼也　子曰射不主皮為力不同科古之道也　子貢欲去告朔之餼羊子曰賜也尔愛其羊我愛其礼　子曰事君盡禮人以為諂也　定公問君

使臣臣事君如之何孔子對曰君使臣以禮臣事君以忠 子曰關雎樂而不淫哀而不傷 哀公問社於宰我宰我對曰夏后氏以松殷人以柏周人以栗曰使民戰栗子聞之曰成事不說遂事不諫既往不咎 子曰管仲之器小哉或曰管仲儉乎曰管氏有三歸官事不攝焉得儉然則管仲知禮乎曰邦君樹塞門管氏亦樹塞門邦君為

兩君之好有反坫管氏亦有反坫管氏而知禮孰
不知礼　子語魯大師樂曰樂其可知也始作翕如
也從之純如也皦如也繹如也以成　儀封人請見
曰君子之至於斯也吾未嘗不得見也從者見之出
曰二三子何患於喪乎天下之無道也久矣天將
以夫子為木鐸　子謂韶盡美矣又盡善也謂
武盡美矣未盡善也　子曰居上不寬為禮不

敬臨喪不哀吾何以觀之哉

里仁第四

子曰里仁爲美擇不處仁焉得知　子曰不仁者不可以久處約不可以長處樂仁者安仁知者利仁　子曰惟仁者能好人能惡人　子曰苟志於仁矣無惡也　子曰富與貴是人之所欲也不以其道得之不處也貧與賤是人之所惡也不以其

衜得之不去也君子去仁惡乎成名君子無終食之間違仁造次必於是顛沛必於是　子曰我未見好仁者惡不仁者好仁者無以尚之惡不仁者其爲仁矣不使不仁者加乎其身有能一日用其力於仁矣乎我未見力不足者蓋有之矣我未之見也　子曰人之過也各於其黨觀過斯知仁矣　子曰朝聞道夕死可矣　子曰士志於道而恥

惡衣惡食者未足與議也　子曰君子之於天下也無適也無莫也義之與比　子曰君子懷德小人懷土君子懷刑小人懷惠　子曰放於利而行多怨　子曰能以禮讓爲國乎何有不能以禮讓爲國如禮何　子曰不患無位患所以立不患莫己知求爲可知也　子曰參乎吾道一以貫之曾子曰唯子出門人問曰何謂也曾子曰夫子之道忠恕而

已矣　子曰君子喻於義小人喻於利　子曰見
賢思齊焉見不賢而內自省也　子曰事父母幾
諫見志不從又敬不違勞而不怨　子曰父母在不
遠遊遊必有方　子曰父母之年不可不知也一則
以喜一則以懼　子曰古者言之不出恥躬之不逮
也　子曰以約失之者鮮矣　子曰君子欲訥於言
而敏於行　子曰德不孤必有鄰　子游曰事君

數斯辱矣朋友數斯疏矣

公冶長第五

子謂公冶長可妻也雖在縲絏之中非其罪也以其子妻之子謂南容邦有道不廢邦無道免於刑戮以其兄之子妻之

子謂子賤君子哉若人魯無君子者斯焉取斯

子貢問曰賜也何如子曰女器也曰何器也曰瑚璉也

或曰雍也仁而

不佞子曰焉用佞禦人以口給屢憎於人不知其仁
焉用佞　子使漆雕開仕對曰吾斯之未能信子
說　子曰道不行乘桴浮於海從我者其由與子
路聞之喜子曰由也好勇過我無所取材　孟武
伯問子路仁乎子曰不知也又問子曰由也千乘之國
可使治其賦也不知其仁也求也何如子曰求也千
室之邑百乘之家可使為之宰也不知其仁也赤也

何如子曰赤也束帶立於朝可使與賓客言也不知其仁也　子謂子貢曰女與回也孰愈對曰賜也何敢望回〻也聞一以知十賜也聞一以知二子曰弗如也吾與女弗如也　宰予晝寢子曰朽木不可雕也糞土之墻不可杇也於予與何誅始吾於人也聽其言而信其行今吾於人也聽其言而觀其行於予與改是　子曰吾未見剛者或對曰申

棖子曰：棖也慾，焉得剛？

子貢曰：我不欲人之加諸我也，吾亦欲無加諸人。子曰：賜也，非爾所及也。

子貢曰：夫子之文章，可得而聞也；夫子之言性與天道，不可得而聞也。

子路有聞，未之能行，唯恐有聞。

子貢問曰：孔文子何以謂之文也？子曰：敏而好學，不恥下問，是以謂之文也。

子謂子產有君子之道四焉：其行己也恭，其事上也敬，其養民也

惠其使民也義　子曰晏平仲善與人交久而敬
之　子曰臧文仲居蔡山節藻梲何如其知也
子張問曰令尹子文三仕爲令尹無喜色三已之無
慍色舊令尹之政必以告新令尹何如子曰忠矣曰
仁矣乎曰未知焉得仁崔子弑齊君陳文子有馬
十乘棄而違之至於他邦則曰猶吾大夫崔子也
違之之一邦則又曰猶吾大夫崔子也違之何如

子曰清矣曰仁矣乎曰未知焉得仁　季文子三
思而後行子聞之曰再斯可矣　子曰甯武子邦
有道則知邦無道則愚其知可及也其愚不可
及也　子在陳曰歸與歸與吾黨之小子狂簡
斐然成章不知所以裁之　子曰伯夷叔齊不念
舊惡怨是用希　子曰孰謂微生高直或乞
醯焉乞諸其鄰而與之　子曰巧言令色足恭左

丘明恥之丘亦恥之匿怨而友其人左丘明恥之丘亦恥之 顏淵季路侍子曰盍各言尔志子路曰願車馬衣輕裘与朋友共敝之而無憾顏淵曰願無伐善無施勞子路曰願聞子之志子曰老者安之朋友信之少者懷之 子曰已矣乎吾未見能見其過而內自訟者也 子曰十室之邑必有忠信如丘者焉不如丘之好學也

雍也第六

子曰雍也可使南面仲弓問子桑伯子子曰可也簡仲弓曰居敬而行簡以臨其民不亦可乎居簡而行簡無乃大簡乎子曰雍之言然

哀公問弟子孰為好學孔子對曰有顏回者好學不遷怒不貳過不幸短命死矣今也則亡未聞好學者也

子華使於齊冉子為其母請粟子曰與之釜請

益曰與之庾冉子與之粟五秉子曰赤之適齊也
乘肥馬衣輕裘吾聞之也君子周急不繼富原
思為之宰與之粟九百辭子曰毋以與爾鄰里鄉
黨乎子謂仲弓曰犁牛之子騂且角雖欲勿
用山川其舍諸子曰回也其心三月不違仁其餘
則日月至焉而已矣季康子問仲由可使從政
也與子曰由也果於從政乎何有曰賜也可使從政

也与曰賜也達於從政乎何有曰求也可使從政也
與曰求也藝於從政乎何有　季氏使閔子騫為
費宰閔子騫曰善為我辭焉如有復我者則
吾必在汶上矣　伯牛有疾子問之自牖執其手
曰亡之命矣夫斯人也而有斯疾也斯人也而有斯
疾也　子曰賢哉回也一簞食一瓢飲在陋巷人

不堪其憂回也不改其樂賢哉回也　冉求曰非不
說子之道力不足也子曰力不足者中道而廢今女
畫　子謂子夏曰女爲君子儒無爲小人儒
子游爲武城宰子曰女得人焉爾乎曰有澹臺滅
明者行不由徑非公事未嘗至於偃之室也　子曰
孟之反不伐奔而殿將入門策其馬曰非敢後也
馬不進也　子曰不有祝鮀之佞而有宋朝之美

難乎免於今之世矣　子曰誰能出不由戶何莫
由斯道也　子曰質勝文則野文勝質則史文
質彬彬然後君子　子曰人之生也直罔之生也幸
而免　子曰知之者不如好之者好之者不如樂之
者　子曰中人以上可以語上也中人以下不可以語
上也　樊遲問知子曰務民之義敬鬼神而遠之可
謂知矣問仁曰仁者先難而後獲可謂仁矣　子曰

知者樂水仁者樂山知者動仁者靜知者樂仁者
壽　子曰齊一變至於魯魯一變至於道　子曰
觚不觚觚哉觚哉　宰我問曰仁者雖告之曰井
有仁焉其從之也子曰何為其然也君子可逝也不
可陷也可欺也不可罔也　子曰君子博學於文
約之以禮亦可以弗畔矣夫　子見南子子路不說
夫子矢之曰予所否者天厭之天厭之　子曰中庸

之爲德也其至矣乎民鮮久矣　子貢曰如有博施於民而能濟衆何如可謂仁乎子曰何事於仁必也聖乎堯舜其猶病諸夫仁者己欲立而立人己欲達而達人能近取譬可謂仁之方也已

述而第七

子曰述而不作信而好古竊比於我老彭　子曰默

而識之學而不厭誨人不倦何有於我哉 子曰
德之不脩學之不講聞義不能徙不善不能改
是吾憂也 子之燕居申申如也夭夭如也 子曰
甚矣吾衰也久矣吾不復夢見周公 子曰志於
道據於德依於仁游於藝 子曰自行束脩以
上吾未嘗無誨焉 子曰不憤不啓不悱不發舉
一隅不以三隅反則不復也 子食於有喪者之

側未嘗飽也子於是日哭則不歌　子謂顏淵曰
用之則行舍之則藏惟我與爾有是夫子路曰子
行三軍則誰與子曰暴虎馮河死而無悔者吾
不與也必也臨事而懼好謀而成者也　子曰富而
可求也雖執鞭之士吾亦為之如不可求從吾所
好　子之所慎齊戰疾　子在齊聞韶三月不知

肉味曰不圖爲樂之至於斯也　冉有曰夫子爲衛
君乎子貢曰諾吾將問之入曰伯夷叔齊何人也
曰古之賢人也曰怨乎曰求仁而得仁又何怨出曰
夫子不爲也　子曰飯疏食飲水曲肱而枕之樂亦
在其中矣不義而富且貴於我如浮雲　子曰加我
數年五十以學易可以無大過矣　子所雅言詩

書執禮皆雅言也　葉公問孔子於子路子路不
對子曰女奚不曰其爲人也發憤忘食樂以忘憂不
知老之將至云尓　子曰我非生而知之者好古敏以
求之者也　子不語怪力亂神　子曰三人行必有
我師焉擇其善者而從之其不善者而改之
子曰天生德於予桓魋其如予何　子曰二三子以我

爲隱乎吾無隱乎爾吾無行而不與二三子者是丘也　子以四教文行忠信　子曰聖人吾不得而見之矣得見君子者斯可矣善人吾不得而見之矣得見有恆者斯可矣亡而爲有虛而爲盈約而爲泰難乎有恆矣　子釣而不綱弋不射宿　子曰蓋有不知而作之者我無是也多聞擇其

善者而從之多見而識之知之次也 互鄉難與言童子見門人惑子曰人潔己以進與其潔也不保其往也與其進也不與其退也唯何甚 子曰仁遠乎哉我欲仁斯仁至矣 陳司敗問昭公知禮乎孔子曰知禮孔子退揖巫馬期而進之曰吾聞君子不黨君子亦黨乎君取於吳為同姓謂之吳孟子

君而知礼孰不知禮巫馬期以告子曰丘也幸苟有過人必知之　子與人歌而善必使反之而後和之

子曰文莫吾猶人也躬行君子則吾未之有得

子曰若聖與仁則吾豈敢抑為之不厭誨人不倦則可謂云爾已矣公西華曰正唯弟子不能學也

子疾病子路請禱子曰有諸子路對曰有之誄曰禱尒于上下神祇子曰丘之禱久矣 子曰奢則不遜儉則固與其不孫也寧固 子曰君子坦蕩蕩小人長戚戚 子溫而厲威而不猛恭而安

泰伯第八

子曰泰伯其可謂至德也已矣三以天下讓民無

得而稱焉　子曰恭而無禮則勞慎而無禮則
葸勇而無禮則亂直而無禮則絞君子篤於親
則民興於仁故舊不遺則民不偷　曾子有疾
召門弟子曰啟予足啟予手詩云戰戰兢兢如臨
深淵如履薄冰而今而後吾知免夫小子　曾子

有疾孟敬子問之曾子言曰鳥之將死其鳴也
哀人之將死其言也善君子所貴乎道者三動
容貌斯遠暴慢矣正顏色斯近信矣出辭氣斯
遠鄙倍矣籩豆之事則有司存　曾子曰以能
問於不能以多問於寡有若無實若虛犯而不

校昔者吾友嘗從事於斯矣　曾子曰可以託
六尺之孤可以寄百里之命臨大節而不可奪也
君子人與君子人也　曾子曰士不可以不弘毅任重
而道遠仁以為己任不亦重乎死而後已不亦遠乎
子曰興於詩立於禮成於樂　子曰民可使由

之不可使知之　子曰好勇疾貧亂也人而不仁疾
之已甚亂也　子曰如有周公之才之美使驕且
吝其餘不足觀也已　子曰三年學不至於穀不
易得也　子曰篤信好學守死善道危邦不入
亂邦不居天下有道則見無道則隱邦有道貧

且賤焉恥也邦無道富且貴焉恥也　子曰不在其位不謀其政　子曰師摯之始關雎之亂洋洋乎盈耳哉　子曰狂而不直侗而不愿悾悾而不信吾不知之矣　子曰學如不及猶恐失之　子曰巍巍乎舜禹之有天下也而不与焉　子曰大哉堯之

爲君也巍巍乎唯天爲大唯堯則之蕩蕩乎民無
能名焉巍巍乎其有成功也煥乎其有文章
舜有臣五人而天下治武王曰予有亂臣十人孔子
曰才難不其然乎唐虞之際於斯爲盛有婦人
焉九人而已三分天下有其二以服事殷周之德其

可謂至德也已矣　子曰禹吾無間然矣菲飲食而致孝乎鬼神惡衣服而致美乎黻冕卑宮室而盡力乎溝洫禹吾無間然矣

子罕第九

子罕言利與命与仁　達巷黨人曰大哉孔子博學而無所成名子聞之謂門弟子曰吾何執

執御乎執射乎吾執御矣　子曰麻冕禮也今
也純儉吾從衆拜下禮也今拜乎上泰也雖違衆
吾從下　子絕四毋意毋必毋固毋我　子畏於
匡曰文王既沒文不在茲乎天之將喪斯文也後
死者不得與於斯文也天之未喪斯文也匡人其
如予何　大宰問於子貢曰夫子聖者與何其多
能也子貢曰固天縱之將聖又多能也子聞之曰

大宰知我乎吾少也賤故多能鄙事君子多乎哉不多也牢曰子云吾不試故藝

子曰吾有知乎哉無知也有鄙夫問於我空空如也我叩其兩端而竭焉

子曰鳳鳥不至河不出圖吾已矣夫

子見齊衰者冕衣裳者与瞽者見之雖少必作過之必趨

顔淵喟然嘆曰仰之彌高鑽之彌堅瞻之在前忽焉在後夫子循循然善誘人博我以文

約我以禮欲罷不能既竭吾才如有所立卓爾雖
欲從之末由也已　子疾病子路使門人為臣病間
曰久矣哉由之行詐也無臣而為有臣吾誰欺〻
天乎且予與其死於臣之手也無寧死於二三子
之手乎且予縱不得大葬予死於道路乎　子貢
曰有美玉於斯韞匵而藏諸求善賈而沽諸子
曰沽之哉沽之哉我待賈者也　子欲居九夷或

曰陋如之何子曰君子居之何陋之有 子曰吾自
衛反魯然後樂正雅頌各得其所 子曰出則
事公卿入則事父兄喪事不敢不勉不爲酒困
何有於我哉 子在川上曰逝者如斯夫不舍晝
夜 子曰吾未見好德如好色者也 子曰譬如爲山
未成一簣止吾止也譬如平地雖覆一簣進吾往也
子曰語之而不惰者其回也與 子謂顏淵曰惜

乎吾見其進也未見其止也

子曰苗而不秀者有矣夫秀而不實者有矣夫

子曰後生可畏焉知來者之不如今也四十五十而無聞焉斯亦不足畏也已

子曰法語之言能無從乎改之為貴巽與之言能無說乎繹之為貴說而不繹從而不改吾末如之何也已矣

子曰三軍可奪帥也匹夫不可奪志

也

子曰衣敝縕袍與衣狐貉者立而不恥者其由也與不忮不求何用不臧子路終身誦之子曰是道也何足以臧

子曰歲寒然後知松柏之後彫也

子曰知者不惑仁者不憂勇者不懼

子曰可与共學未可与適道可与適道未可與立可與立未可与權

唐棣之華偏其反而豈不爾思室是遠而子曰未之思也夫何遠之有

鄉黨第十

孔子於鄉黨恂恂如也似不能言者其在宗廟朝廷便便言唯謹爾　朝與下大夫言侃侃如也與上大夫言誾誾如也君在踧踖如也與與如也　君召使擯色勃如也足躩如也揖所與立左右手衣前後襜如也趨進翼如也賓退必復命曰賓不顧矣入公門鞠躬如也立不中門行不履閾過位色勃

如也足躩如也其言似不足者攝齊升堂鞠躬如也屏氣似不息者出降一等逞顏色怡怡如也沒階趨翼如也復其位踧踖如也　執圭鞠躬如也如不勝上如揖下如授勃如戰色足蹜蹜如有循享禮有容色私覿愉愉如也　君子不以紺緅飾紅紫不以為褻服當暑袗絺綌必表而出之緇衣羔裘

素衣麑裘黃衣狐裘褻裘長短右袂狐貉之
厚以居去喪無所不佩非帷裳必殺之羔裘玄冠
不以弔吉月必朝服而朝　齊必有明衣布必有
寢衣長一身有半齊必變食居必遷坐　食不厭
精膾不厭細食饐而餲魚餒而肉敗不食色惡不
食臭惡不食失飪不食不時不食割不正不食不
得其醬不食肉雖多不使勝食氣惟酒無量

不及亂沽酒市脯不食不撤薑食不多食祭於
公不宿肉祭肉不出三日出三日不食之矣食不語寢
不言雖疏食菜羹瓜祭必齊如也　席不正不坐
鄉人飲酒杖者出斯出矣鄉人儺朝服而立於阼
階　問人於他邦再拜而送之康子饋藥拜而
受之曰丘未達不敢嘗　廄焚子退朝曰傷人乎

不問馬

君賜食，必正席先嘗之；君賜腥，必熟而薦之；君賜生，必畜之。侍食於君，君祭，先飯。疾，君視之，東首，加朝服，拖紳。君命召，不俟駕行矣。

朋友死，無所歸，曰：「於我殯。」朋友之饋，雖車馬，非祭肉，不拜。

寢不尸，居不容。見齊衰者，雖狎必變。見冕者與瞽者，雖褻必以貌。凶服者式之，式

負版者有盛饌必變色而作迅雷風烈必變
升車必正立執綏車中不內顧不疾言不親指
色斯舉矣翔而後集曰山梁雌雉時哉時哉子
路共之三嗅而作

四子侍坐
子路曾皙冉有公西
華侍坐子曰盍各言
爾志三子以富强措
相對獨點有春風沂
水之趣夫子喟然嘆
曰吾與點也

论语集注

（下）

古籍珍选·四书三绝

四

［宋］朱熹　集注
［清］郑板桥　手书
王海燕　编选

吉林出版集团股份有限公司
全国百佳图书出版单位

图书在版编目（CIP）数据

论语集注．下 /（宋）朱熹集注；（清）郑板桥手书；王海燕编选．-- 长春：吉林出版集团股份有限公司，2025. 5. --（古籍珍选）. -- ISBN 978-7-5731-5694-5

Ⅰ．B222.22

中国国家版本馆 CIP 数据核字第 20257AF544 号

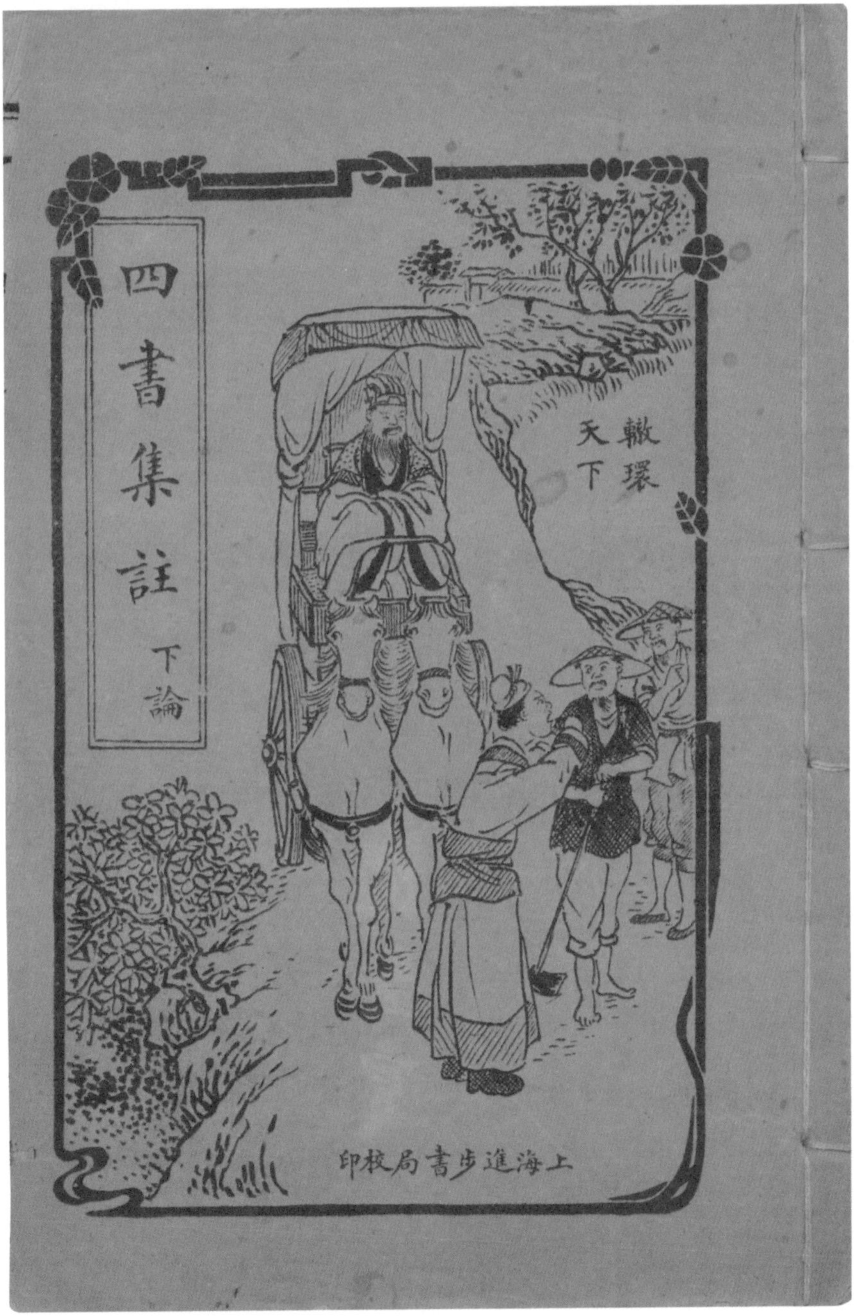

上海进步书局《四书集注》原版封面

郑板桥手书四书扉页

目录

四书集注 下论

京本無之字

玷店音 見現音

論語卷之六

朱熹集註

先進第十一

此篇多評弟子賢否。凡二十五章。胡氏曰：此篇記閔子騫言行者四，而其一直稱閔子，疑閔氏門人所記也。

子曰：「先進於禮樂，野人也；後進於禮樂，君子也。先進後進，猶言前輩後輩。野人，謂郊外之民。君子，謂賢士大夫也。程子曰：先進於禮樂，文質得宜，今反謂之質朴，而以為野人。後進之於禮樂，文過其質，今反謂之彬彬，而以為君子。蓋周末文勝，故時人之言如此，不自知其過於文也。如用之，則吾從先進。」用之，謂用禮樂。孔子既述時人之言，又自言其如此，蓋欲損過以就中也。

○子曰：「從我於陳、蔡者，皆不及門也。」從，去聲。○孔子嘗厄於陳蔡之間，弟子多從之者，此時皆不在門。故孔子思之，蓋不忘其相從於患難之中也。

德行：顏淵，閔子騫，冉伯牛，仲弓。言語：宰我，子貢。政事：冉有，季路。文學：子游，子夏。行，去聲。弟子因孔子之言，記此十人，而并目其所長，分為四科。孔子教人各因其材，於此可見。○程子曰：四科乃從夫子於陳蔡者爾，門人之賢者固不止此。曾子傳道而不與焉，故知十哲世俗論也。

○子曰：「回也非助我者也，於吾言無所不說。」說，音悅。助我，若子夏之起予，因疑問而有以相長也。顏子於聖人之言，默識心通，無所疑問。故夫子云然，其辭若有憾焉，其實乃深喜之。○胡氏曰：夫子之於回，豈真以助我望之。蓋聖人之謙德，又以深贊顏子云爾。

○子曰：「孝哉閔子騫！人不間於其父母昆弟之言。」間，去聲。○胡氏曰：父母兄弟稱其孝友，人皆信之無異辭者，蓋其孝友之實，有以積於中而著於外，故夫子歎而美之。

○南容三復白圭，孔子以其兄之子妻之。三、妻，並去聲。○詩大雅抑之篇曰：「白圭之玷，尚可磨也；斯言之玷，不可為也。」南容一日三復此言，事見家語，蓋深有意於謹言也。此邦有道所以不廢，邦無道所以免禍，故孔子以兄子妻之。○范氏曰：言者行之表，行者言之實，未有易其言而能謹於行者。南容欲謹其言如此，則必能謹其行矣。

○季康子問：「弟子孰為好學？」孔子對曰：「有顏回者好學，不幸短命死矣，今也則亡。」好，去聲。

先，去聲。賻，音附。復，扶又反。鬻，余六反。當，去聲。躐，力涉反。

范氏曰：哀公、康子問同而對有詳略者，臣之告君，不可不盡。若康子者，必待其能問乃告之，此教誨之道也。

○顏淵死，顏路請子之車以為之椁。

顏路，淵之父，名無繇。少孔子六歲，孔子始教而受學焉。椁，外棺也。請為椁，欲賣車以買椁也。

子曰：才不才，亦各言其子也。鯉也死，有棺而無椁。吾不徒行以為之椁。以吾從大夫之後，不可徒行也。

鯉，孔子之子伯魚也，先孔子卒。言鯉之才雖不及顏淵，然已與顏路以父視之，則皆子也。孔子時已致仕，尚從大夫之列，言後，謙辭。○胡氏曰：孔子遇舊館人之喪，嘗脫驂以賻之矣。今乃不許顏路之請，何耶？葬可以無椁，驂可以脫而復求，大夫不可以徒行，命車不可以與人而鬻諸市也。且為所識窮乏者得我，而勉強以副其意，豈誠心與直道哉？或者以為君子行禮，視吾之有無而已。夫君子之用財，視義之可否，豈獨視有無而已哉？

○顏淵死。子曰：噫！天喪予！天喪予！

喪，去聲。○噫，傷痛聲。悼道無傳，若天喪己也。

○顏淵死，子哭之慟。從者曰：子慟矣。

從，去聲。○慟，哀過也。

曰：有慟乎？

哀傷之至，不自知也。

非夫人之為慟而誰為？

夫，音扶。為，去聲。○夫人，謂顏淵。言其死可惜，哭之宜慟，非他人之比也。○胡氏曰：痛惜之至，施當其可，皆情性之正也。

○顏淵死，門人欲厚葬之，子曰：不可。

喪具稱家之有無，貧而厚葬，不循理也。故夫子止之。

門人厚葬之。

蓋顏路聽之。

子曰：回也視予猶父也，予不得視猶子也。非我也，夫二三子也。

歎不得如葬鯉之得宜，以責門人也。

○季路問事鬼神。子曰：未能事人，焉能事鬼？敢問死。曰：未知生，焉知死？

焉，於虔反。○問事鬼神，蓋求所以奉祭祀之意。而死者人之所必有，不可不知，皆切問也。然非誠敬足以事人，則必不能事神；非原始而知所以生，則必不能反終而知所以死。蓋幽明始終，初無二理，但學之有序，不可躐等，故夫子告之如此。○程子曰：晝夜者，死生之道也。知生之道，則知死之道；盡事人之道，則盡事鬼之道。死生人鬼，一而二，二而一者也。或言夫子不告子路，不知此乃所以深告之也。

○閔子侍側，誾誾如也；子路，行行如也；冉有、子貢，侃侃如也。子樂。

誾、侃，音義見前篇。行，胡浪反。樂，音洛。○行行，剛強之貌。子樂者，

悝音恢 難去聲 藏去聲 下如字

夫音扶

惡去聲 下如字 已音矣 知去聲 長上聲

樂得英才而教育之。

若由也不得其死然。

尹氏曰：子路剛強，有不得其死之理，故因以戒之。其後子路卒死於衛孔悝之難。洪氏曰：漢書引此句上有曰字。或云上文樂字即曰字之誤。

○魯人為長府。

長府，藏名。藏貨財曰府。為，蓋改作之。

閔子騫曰：仍舊貫，如之何？何必改作？

仍，因也。貫，事也。王氏曰：改作，勞民傷財。在於得已，則不如仍舊貫之善。

子曰：夫人不言，言必有中。

夫，音扶。中，去聲。○言不妄發，發必當理，惟有德者能之。

○子曰：由之瑟奚為於丘之門？

程子曰：言其聲之不和，與己不同也。家語云：子路鼓瑟，有北鄙殺伐之聲。蓋其氣質剛勇而不足於中和，故其發於聲者如此。

○門人不敬子路。子曰：由也升堂矣，未入於室也。

門人以夫子之言，遂不敬子路，故夫子釋之。升堂入室，喻入道之次第。言子路之學，已造乎正大高明之域，特未深入精微之奧耳，未可以一事之失而遽忽之也。

○子貢問：師與商也孰賢？子曰：師也過，商也不及。

子張才高意廣，而好為苟難，故常過中。子夏篤信謹守，而規模狹隘，故常不及。

曰：然則師愈與？

與，平聲。○愈，猶勝也。

子曰：過猶不及。

道以中庸為至。賢知之過，雖若勝於愚不肖之不及，然其失中則一也。○尹氏曰：中庸之為德也，其至矣乎！夫過與不及，均也。差之毫釐，繆以千里。故聖人之教，抑其過，引其不及，歸於中道而已。

○季氏富於周公，而求也為之聚斂而附益之。

為，去聲。○周公以王室至親，有大功，位冢宰，其富宜矣。季氏以諸侯之卿，而富過之，非攘奪其君，刻剝其民，何以得此？冉有為季氏宰，又為之急賦稅以益其富。

子曰：非吾徒也。小子鳴鼓而攻之可也。

非吾徒，絕之也。小子鳴鼓而攻之，使門人聲其罪以責之也。聖人之惡黨惡而害民也如此。然師嚴而友親，故已絕之，而猶使門人正之，又見其愛人之無已也。○范氏曰：冉有以政事之才，施於季氏，故為不善至於如此。由其心術不明，不能反求諸身，而以仕為急故也。

○柴也愚，

柴，孔子弟子，姓高，字子羔。愚者，知不足而厚有餘。家語記其足不履影，啟蟄不殺，方長不折。執親之喪，泣血三年，未嘗見齒。避難而行，不徑不竇。可以見其為人矣。

參也魯，

魯，鈍也。程子曰：參也竟以魯得之。又曰：曾子之學，誠篤而已。聖門學者，聰明才辯，不為不多，而卒傳其道，乃質魯之人爾。故學以誠實為貴也。尹氏曰：曾子之才魯，故其學也確，所以能深造乎道也。

師也辟，

辟，婢亦反。○辟，便辟也。謂習於容止，少誠實也。

由也喭。

喭，五旦反。○喭，粗俗也。傳稱喭者，謂俗論也。○楊氏曰：四者性之偏，語之使知自勵也。吳氏曰：此章之首

見音現 便平聲 傳去聲 語音御 數音朔 窶郡羽反 中音仲 逡七均反

脫子曰二字。或疑下章子曰。當在此章之首。而通為一章。○子曰。回也其庶乎。屢空。庶近也。言近道也。屢空。數至空匱也。不以貧窶動心而求富。故屢至於空匱也。言其近道。又能安貧也。賜不受命。而貨殖焉。億則屢中。中去聲。○命謂天命。貨殖。貨財生殖也。億。意度也。言子貢不如顏子之安貧樂道。然其才識之明。亦能料事而多中也。程子曰。子貢之貨殖。非若後人之豐財。但此心未忘耳。然此亦子貢少時事。至聞性與天道。則不為此矣。○范氏曰。屢空者。簞食瓢飲。屢絕而不改其樂也。天下之物。豈有可動其中者哉。貧富在天。而子貢以貨殖為心。則是不能安受天命矣。其言而多中者。億而已。非窮理樂天者也。夫子嘗曰。賜不幸言而中。是使賜多言也。聖人之不貴言也如是。○子張問善人之道。子曰。不踐迹。亦不入於室。善人。質美而未學者也。程子曰。踐迹。如言循塗守轍。善人雖不必踐舊迹。而自不為惡。然亦不能入聖人之室也。○張子曰。善人欲仁而未志於學者也。欲仁。故雖不踐成法。亦不蹈於惡。有諸己也。由不學。故無自而入聖人之室也。○子曰。論篤是與。君子者乎。色莊者乎。與如字。○言但以其言論篤實而與之。則未知其為君子者乎。為色莊者乎。言不可以言貌取人也。○子路問聞斯行諸。子曰。有父兄在。如之何其聞斯行之。冉有問聞斯行諸。子曰。聞斯行之。公西華曰。由也問聞斯行諸。子曰。有父兄在。求也問聞斯行諸。子曰。聞斯行之。赤也惑。敢問。子曰。求也退。故進之。由也兼人。故退之。兼人。謂勝人也。張敬夫曰。聞義固當勇為。然有父兄在。則有不可得而專者。若不稟命而行。則反傷於義矣。子路有聞。未之能行。惟恐有聞。則於所當為。不患其不能為矣。特患為之之意或過。而於所當稟命者有闕耳。若冉求之資稟。失之弱。不患其不稟命也。患其於所當為者。逡巡畏縮。而為之不勇耳。聖人一進之。一退之。所以約之於義理之中。而使之無過不及之患也。○子畏於匡。顏淵後。子曰。吾以女為死矣。曰。子在。回何敢死。女音汝。○後。謂相失在後。何敢死。謂不赴鬬而必死也。胡氏曰。先王之制。民生於三。事之如一。惟其所在。則致死焉。況顏淵之於孔子。恩義兼盡。又非他人之為師弟子者而已。即夫子不幸而遇難。回必捐生以赴之矣。捐生以赴之矣。而不死。則必上告天子。下告方伯。請討以復讎。不但已也。夫子而在。則回何為而不愛其死。以犯匡人之鋒乎。○

曾音層　費音秘　女音汝下同

季子然問仲由冉求可謂大臣與。與，平聲。○子然，季氏之弟。自多其家得臣二子，故問之。子曰吾以子為異之問。曾由與求之問。異，非常也。曾，猶乃也。輕二子以抑季然也。所謂大臣者。以道事君。不可則止。以道事君者，不從君之欲。不可則止者，必行己之志。今由與求也。可謂具臣矣。具臣，謂備臣數而已。曰然則從之者與。與，平聲。○意二子既非大臣，則從季氏之所為而已。子曰弑父與君。亦不從也。言二子雖不足於大臣之道，然君臣之義則聞之熟矣，弑逆大故必不從之，蓋深許二子以死難不可奪之節，而又以陰折季氏不臣之心也。○尹氏曰：季氏專權僭竊，二子仕其家而不能正也，知其不可而不能止也，可謂具臣矣。是時季氏已有無君之心，故自多其得人。意其可使從己也，故曰弑父與君亦不從也，其庶乎二子可免矣。

○子路使子羔為費宰。子路為季氏宰而舉之也。子曰賊夫人之子。夫，音扶，下同。○賊，害也。言子羔質美而未學，遽使治民，適以害之。子路曰有民人焉。有社稷焉。何必讀書。然後為學。言治民事神，皆所以為學。子曰是故惡夫佞者。惡，去聲。○治民事神，固學者事，然必學之已成，然後可仕以行其學。若初未嘗學而使之即仕以為學，其不至於慢神而虐民者幾希矣。子路之言，非其本意，但理屈詞窮，而取辨於口以禦人耳。故夫子不斥其非，而特惡其佞也。范氏曰：古者學而後入政，未聞以政學者也。蓋道之本在於修身，而後及於治人，其說具於方冊。讀而知之，然後能行。何可以不讀書也？子路乃欲使子羔以政為學，失先後本末之序矣。不知其過，而以口給禦人，故夫子惡其佞也。

○子路曾皙冉有公西華侍坐。坐，才卧反。○皙，曾參父，名點。子曰以吾一日長乎爾。毋吾以也。長，上聲。○言我雖年少長於女，然女勿以我長而難言。蓋誘之盡言以觀其志，而聖人和氣謙德，於此亦可見矣。居則曰不吾知也。如或知爾。則何以哉。言女平居則言人不知我，如或有人知女，則女將何以為用也。子路率爾而對曰千乘之國。攝乎大國之間。加之以師旅。因之以饑饉。由也為之。比及三年。可使有勇。且知方也。

長音掌　見形甸反　頫音挑　去聲　與去聲　袷音夾　祓音弗　墠音善

夫子哂之。乘去聲。饑音機。饉音僅。比必二反，下同。哂，詩忍反。○率爾，輕遽之貌。攝，管束也。二千五百人為師，五百人為旅。因，仍也。穀不熟曰饑，菜不熟曰饉。方，向也，謂向義也。民向義，則能親其上，死其長矣。哂，微笑也。求爾何如？對曰：方六七十，如五六十，求也為之，比及三年，可使足民。如其禮樂，以俟君子。求爾何如，孔子問也。下放此。方六七十里，小國也。如，猶或也。五六十里，則又小矣。足，富足也。俟君子，言非己所能。冉有謙退，又以子路見哂，故其詞益遜。赤爾何如？對曰：非曰能之，願學焉。宗廟之事，如會同，端章甫，願為小相焉。相，去聲。○公西華志於禮樂之事，嫌以君子自居，故將言己志而先為遜詞，言未能而願學也。宗廟之事，謂祭祀。諸侯時見曰會，衆頫曰同。端，玄端服。章甫，禮冠。相，贊君之禮者。言小，亦謙辭。點爾何如？鼓瑟希，鏗爾，舍瑟而作，對曰：異乎三子者之撰。子曰：何傷乎？亦各言其志也。曰：莫春者，春服既成，冠者五六人，童子六七人，浴乎沂，風乎舞雩，詠而歸。夫子喟然歎曰：吾與點也。鏗，苦耕反。舍，上聲。撰，士免反。莫、冠，並去聲。沂，魚依反。雩音于。○四子侍坐，以齒為序，則點當次對。以方鼓瑟，故夫子先問求、赤而後及點也。希，間歇也。作，起也。撰，具也。莫春，和煦之時。春服，單袷之衣。浴，盥濯也，今上巳祓除是也。沂，水名，在魯城南，地志以為有溫泉焉，理或然也。風，乘涼也。舞雩，祭天禱雨之處，有壇墠樹木也。詠，歌也。曾點之學，蓋有以見夫人欲盡處，天理流行，隨處充滿，無少欠闕。故其動靜之際，從容如此。而其言志，則又不過即其所居之位，樂其日用之常，初無舍己為人之意。而其胸次悠然，直與天地萬物上下同流，各得其所之妙，隱然自見於言外。視三子之規規於事為之末者，其氣象不侔矣，故夫子歎息而深許之。而門人記其本末獨加詳焉，蓋亦有以識此矣。三子者出，曾皙後。曾皙曰：夫三子者之言何如？子曰：亦各言其志也已矣。夫音扶。曰：夫子何哂由也？點以子路之志乃所優為，而夫子哂之，故請其說。曰：為國以禮，其言不讓，是故哂之。夫子蓋許其能，特哂其不遜。唯求則非邦也與？安見方六七

柔坊　本作游　雩音于　勝平聲　復扶又反

十。如五六十。而非邦也者。與，平聲，下同。○曾點以冉求亦欲為國而不見哂，故微問之。而夫子之答無貶詞，蓋亦許之。唯赤則非邦也與。宗廟會同，非諸侯而何。赤也為之小，孰能為之大。此亦曾皙問而夫子答也。孰能為之大，言無能出其右者，亦許之之詞。○程子曰：古之學者優柔厭飫，有先後之序。如子路、冉有、公西赤言志如此，夫子許之，亦以此自是實事。後之學者好高，如人游心千里之外，然自身却只在此。又曰：孔子與點，蓋與聖人之志同，便是堯舜氣象也。誠異三子者之撰，特行有不掩焉耳，此所謂狂也。子路等所見者小，子路只為不達為國以禮道理，是以哂之。若達，却便是這氣象也。又曰：三子皆欲得國而治之，故孔子不取。曾點，狂者也，未必能為聖人之事，而能知夫子之志。故曰浴乎沂，風乎舞雩，詠而歸，言樂而得其所也。孔子之志，在於老者安之，朋友信之，少者懷之，使萬物莫不遂其性。曾點知之，故夫子喟然歎曰：吾與點也。又曰：曾點、漆雕開已見大意。

顏淵第十二

凡二十四章

顏淵問仁。子曰：克己復禮為仁。一日克己復禮，天下歸仁焉。為仁由己，而由人乎哉。仁者，本心之全德。克，勝也。己，謂身之私欲也。復，反也。禮者，天理之節文也。為仁者，所以全其心之德也。蓋心之全德，莫非天理，而亦不能不壞於人欲。故為仁者必有以勝私欲而復於禮，則事皆天理，而本心之德復全於我矣。歸，猶與也。又言一日克己復禮，則天下之人皆與其仁，極言其效之甚速而至大也。又言為仁由己而非他人所能預，又見其機之在我而無難也。日日克之，不以為難，則私欲淨盡，天理流行，而仁不可勝用矣。程子曰：非禮處便是私意。既是私意，如何得仁？須是克盡己私，皆歸於禮，方始是仁。又曰：克己復禮，則事事皆仁，故曰天下歸仁。謝氏曰：克己須從性偏難克處克將去。

顏淵曰：請問其目。子曰：非禮勿視，非禮勿聽，非禮勿言，非禮勿動。顏淵曰：回雖不敏，請事斯語矣。目，條件也。顏淵聞夫子之言，則於天理人欲之際，已判然矣，故不復有所疑問，而直請其條目也。非禮者，己之私也。勿者，禁止之辭。是人心之所以為主，而勝私復禮之機也。私勝，則動容周旋無不中禮，而日用之間，莫非天理之流行矣。事，如事事之事。請事斯語，顏子默識其理，又自知其力有以勝之，故直以為己任而不疑也。○程子曰：顏子問克己復禮之目，子曰：非禮勿視，非禮勿聽，非禮勿言，非禮勿動。四者身之用也。由乎中而應乎外，制於外所以養其中也。顏淵事斯語，所以進於聖人。後之學

向式亮反　魋徒回反　語音御去上聲　復扶又反

聖人者宜服膺而勿失也因箴以自警其視箴曰心兮本虛應物無迹操之有要視為之則蔽交於前其中則遷制之於外以安其內克己復禮久而誠矣其聽箴曰人有秉彝本乎天性知誘物化遂亡其正卓彼先覺知止有定閑邪存誠非禮勿聽其言箴曰人心之動因言以宣發禁躁妄內斯靜專矧是樞機興戎出好吉凶榮辱惟其所召傷易則誕傷煩則支己肆物忤出悖來違非法不道欽哉訓辭其動箴曰哲人知幾誠之於思志士勵行守之於為順理則裕從欲惟危造次克念戰兢自持習與性成聖賢同歸愚按此章問答乃傳授心法切要之言非至明不能察其幾非至健不能致其決故惟顏子得聞之而凡學者亦不可以不勉也程子之箴發明親切學者尤宜深玩

○仲弓問仁。子曰。出門如見大賓。使民如承大祭。己所不欲。勿施於人。在邦無怨。在家無怨。仲弓曰。雍雖不敏。請事斯語矣。敬以持己恕以及物則私意無所容而心德全矣內外無怨亦以其效言之使以自考也○程子曰孔子言仁只說出門如見大賓使民如承大祭看其氣象便須心廣體胖動容周旋中禮惟謹獨便是守之之法或問出門使民之時如此可也未出門使民之時如之何曰此儼若思時也有諸中而後見於外觀其出門使民之時其敬如此則前乎此者敬可知矣非因出門使民然後有此敬也愚按克己復禮乾道也主敬行恕坤道也顏冉之學其高下淺深於此可見然學者誠能從事於敬恕之間而有得焉亦將無己之可克矣

○司馬牛問仁。司馬牛孔子弟子名犁向魋之弟子曰。仁者其言也訒。訒音刃○訒忍也難也仁者心存而不放故其言若有所忍而不易發蓋其德之一端也夫子以牛多言而躁故告之以此使其於此而謹之則所以為仁之方不外是矣曰。其言也訒。斯謂之仁矣乎。子曰。為之難。言之得無訒乎。牛意仁道至大不但如夫子之所言故夫子又告之以此蓋心常存故事不苟事不苟故其言自有不得而易者非強閉之而不出也楊氏曰觀此及下章再問之語牛之易其言可知○程子曰雖為司馬牛多言故及此然聖人之言亦止此為是愚謂牛之為人如此若不告之以其病之所切而泛以為仁之大槩語之則以彼之躁必不能深思以去其病而終無自以入德矣故其告之如此蓋聖人之言雖有高下大小之不同然其切於學者之身而皆為入德之要則又初不異也讀者其致思焉

○司馬牛問君子。子曰。君子不憂不懼。向魋作亂牛常憂懼故夫子告之以此曰。不憂不懼。斯謂之君子矣乎。子曰。內省不疚。夫何憂何懼。夫音扶○牛之再問猶前章之意故復告之以此疚病也言由其平日所為無愧於心故能內省不疚而自無憂懼未可遽以為易而忽之也○晁

漬子賜反 行去聲 殺所戒反 語去聲

氏曰不憂不懼由乎德全而無疵故無入而不自得非實有憂懼而強排遣之也

〇司馬牛憂曰人皆有兄弟我獨亡牛有兄弟而云然者憂其為亂而將死也

子夏曰商聞之矣蓋聞之夫子死生有命富貴在天命稟於有生之初非今所能移天莫之為而為非我所能必但當順受而已君子敬而無失與人恭而有禮四海之內皆兄弟也君子何患乎無兄弟也既安於命又當修其在己者故又言苟能持己以敬而不間斷接人以恭而有節文則天下之人皆愛敬之如兄弟矣蓋子夏欲以寬牛之憂故為是不得已之辭讀者不以辭害意可也〇胡氏曰子夏四海皆兄弟之言特以廣司馬牛之意意圓而語滯者也惟聖人則無此病矣且子夏知此而以哭子喪明則蔽於愛而昧於理是以不能踐其言爾

〇子張問明子曰浸潤之譖膚受之愬不行焉可謂明也已矣浸潤之譖膚受之愬不行焉可謂遠也已矣譖莊蔭反愬蘇路反〇浸潤如水之浸灌滋潤漸漬而不驟也譖毀人之行也膚受謂肌膚所受利害切身如易所謂剝牀以膚切近災者也愬愬己之冤也毀人者漸漬而不驟則聽者不覺其入而信之深矣愬冤者急迫而切身則聽者不及致詳而發之暴矣二者難察而能察之則可見其心之明而不蔽於近矣此亦必因子張之失而告之故其辭繁而不殺以致丁寧之意云〇楊氏曰驟而語之與利害不切於身者不行焉有不待明者能之也故浸潤之譖膚受之愬不行然後謂之明而又謂之遠遠則明之至也書曰視遠惟明

〇子貢問政子曰足食足兵民信之矣言倉廩實而武備修然後教化行而民信於我不離叛也

子貢曰必不得已而去於斯三者何先曰去兵去上聲下同〇言食足而信孚則無兵而守固矣

子貢曰必不得已而去於斯二者何先曰去食自古皆有死民無信不立民無食必死然死者人之所必不免無信則雖生而無以自立不若死之為安故寧死而不失信於民使民亦寧死而不失信於我也〇程子曰孔門弟子善問直窮到底如此章者非子貢不能問非聖人不能答也愚謂以人情而言則兵食足而後吾之信可以孚於民以民德而言則信本人之所固有非兵食所得而先也是以為政者當身率其民而以死守之不以危急而可棄也

〇棘子成曰君子質而已矣何

去上聲 差楚宜反 合音蛤 貉音陌 祗音支 施去聲

以文為。棘子成衛大夫疾時人文勝故為此言 子貢曰。惜乎夫子之說君子也。駟不及舌。言子成之言乃君子之意然言出於舌則駟馬不能追之又惜其失言也 文猶質也。質猶文也。虎豹之鞟。猶犬羊之鞟。鞟其郭反○鞟皮去毛者也言文質等耳不可相無若必盡去其文而獨存其質則君子小人無以辨矣夫棘子成矯當時之弊固失之過而子貢矯子成之弊又無本末輕重之差胥失之矣

○哀公問於有若曰。年饑用不足。如之何。稱有若者君臣之辭用謂國用公意蓋欲加賦以足用也 有若對曰。盍徹乎。徹通也均也周制一夫受田百畝而與同溝共井之人通力合作計畝均收大率民得其九公取其一故謂之徹魯自宣公稅畝又逐畝什取其一則為什而取二矣故有若請但專行徹法欲公節用以厚民也 曰。二吾猶不足。如之何其徹也。二即所謂什二也公以有若不喻其旨故言此以示加賦之意 對曰。百姓足。君孰與不足。百姓不足。君孰與足。民富則君不至獨貧民貧則君不能獨富有若深言君民一體之意以止公之厚斂為人上者所宜深念也○楊氏曰仁政必自經界始經界正而後井地均穀祿平而軍國之需皆量是以為出焉故一徹而百度舉矣上下寧憂不足乎以二猶不足而教之徹疑若迂矣然什一天下之中正多則桀寡則貉不可改也後世不究其本而唯末之圖故征斂無藝費出無經而上下困矣又惡知盡徹之當務而不為迂乎

○子張問崇德辨惑。子曰。主忠信。徙義。崇德也。主忠信則本立徙義則日新 愛之欲其生。惡之欲其死。既欲其生。又欲其死。是惑也。惡去聲○愛惡人之常情也然人之生死有命非可得而欲也以愛惡而欲其生死則惑矣既欲其生又欲其死則惑之甚也 誠不以富。亦祗以異。此詩小雅我行其野之詞也舊說夫子引之以明欲其生死者不能使之生死如此詩所言不足以致富而適足以取異也程子曰此錯簡當在第十六篇齊景公有馬千駟之上因此下文亦有齊景公字而誤也○楊氏曰堂堂乎張也難與並為仁矣則非誠善補過不蔽於私者故告之如此

○齊景公問政於孔子。齊景公名杵臼魯昭公末年孔子適齊 孔子對曰。君君。臣臣。父父。子子。此人道之大經政事之根本也是時景公失政而大夫陳氏厚施於國景公又多內嬖而不立太子其君臣父子之間皆失其道故夫子告之以此 公曰。善哉。信

背音　佩　故作　政令　因官　本作　故

如君不君，臣不臣，父不父，子不子，雖有粟，吾得而食諸。景公善孔子之言而不能用，其後果以繼嗣不定，啓陳氏弒君簒國之禍。○楊氏曰：君之所以君，臣之所以臣，父之所以父，子之所以子，是必有道矣。景公知善夫子之言，而不知反求其所以然，蓋悅而不繹者。齊之所以卒於亂也。

○子曰：片言可以折獄者，其由也與？折，之舌反。與，平聲。○片言，半言。折，斷也。子路忠信明決，故言出而人信服之，不待其辭之畢也。子路無宿諾。宿，留也，猶宿怨之宿。急於踐言，不留其諾也。記者因夫子之言而記此，以見子路之所以取信於人者，由其養之有素也。○尹氏曰：小邾射以句繹奔魯，曰：使季路要我，吾無盟矣。千乘之國，不信其盟，而信子路之一言，其見信於人可知矣。一言而折獄者，信在言前，人自信之故也。不留諾，所以全其信也。

○子曰：聽訟，吾猶人也。必也使無訟乎！○范氏曰：聽訟者，治其末，塞其流也。正其本，清其源，則無訟矣。○楊氏曰：子路片言可以折獄，而不知以禮遜為國，則未能使民無訟者也。故又記孔子之言，以見聖人不以聽訟為難，而以使民無訟為貴。

○子張問政。子曰：居之無倦，行之以忠。居，謂存諸心。無倦，則始終如一。行，謂發於事。以忠，則表裏如一。○程子曰：子張少仁。無誠心愛民，則必倦而不盡心，故告之以此。

○子曰：博學於文，約之以禮，亦可以弗畔矣夫！重出

○子曰：君子成人之美，不成人之惡。小人反是。成者，誘掖獎勸以成其事也。君子小人所存，既有厚薄之殊，而其所好，又有善惡之異。故其用心不同如此。

○季康子問政於孔子。孔子對曰：政者，正也。子帥以正，孰敢不正？范氏曰：未有己不正而能正人者。○胡氏曰：魯自中葉，政由大夫，家臣效尤，據邑背叛，不正甚矣。故孔子以是告之，欲康子以正自克，而改三家之故。惜乎康子之溺於利欲而不能也。

○季康子患盜，問於孔子。孔子對曰：苟子之不欲，雖賞之不竊。言子不貪欲，則雖賞民使之為盜，民亦知恥而不竊。○胡氏曰：季氏竊柄，康子奪嫡，民之為盜，固其所也。盍亦反其本耶？孔子以不欲啓之，其旨深矣。奪嫡事見春秋傳。

○季康子問政於孔子曰：如殺無道，以就有道，何如？孔子對曰：子為政，焉用殺？

仆音赴　詰去結反　窒音質　背音佩　治平聲去上聲　省悉井反

子欲善而民善矣君子之德風小人之德草草上之風必偃焉於虔反○為政者民所視效何以殺為欲善則民善矣上一作尚加也偃仆也○尹氏曰殺之為言豈為人上之語哉以身教者從以言教者訟而況於殺乎

○子張問士何如斯可謂之達矣達者德孚於人而行無不得之謂子曰何哉爾所謂達者子張務外夫子蓋已知其發問之意故反詰之將以發其病而藥之也子張對曰在邦必聞在家必聞言名譽著聞也子曰是聞也非達也聞與達相似而不同乃誠偽之所以分學者不可不審也故夫子既明辨之下文又詳言之夫達也者質直而好義察言而觀色慮以下人在邦必達在家必達夫音扶下同好下皆去聲○內主忠信而所行合宜審於接物而卑以自牧皆自修於內不求人知之事然德修於己而人信之則所行自無窒礙矣夫聞也者色取仁而行違居之不疑在邦必聞在家必聞行去聲○善其顏色以取於仁而行實背之又自以為是而無所忌憚此不務實而專務求名者故虛譽雖隆而實德則病矣○程子曰學者須是務實不要近名有意近名大本已失更學何事為名而學則是偽也今之學者大抵為名為名與為利雖清濁不同然其利心則一也尹氏曰子張之學病在乎不務實故孔子告之皆篤實之事充乎內而發乎外者也當時門人親受聖人之教而差失有如此者況後世乎

○樊遲從遊於舞雩之下曰敢問崇德修慝辨惑慝吐得反○胡氏曰慝之字從心從匿蓋惡之匿於心者修者治而去之子曰善哉問善其切於為己先事後得非崇德與攻其惡無攻人之惡非修慝與一朝之忿忘其身以及其親非惑與與平聲○先事後得猶言先難後獲也為所當為而不計其功則德日積而不自知矣專於治己而不責人則己之惡無所匿矣知一朝之忿為甚微而禍及其親為甚大則有以辨惑而懲其忿矣樊遲麤鄙近利故告之以此三者皆所以救其失也○范氏曰先事後得上義而下利也人惟有欲利之心故德不崇惟不自省己過而知人之過故慝不修感物而易動者莫如忿忘其身以及其親惑之甚者也惑之甚者必起於細微能辨之於早則不至於大惑矣故懲忿所以辨惑也

○樊遲問仁

子曰愛人。問知。子曰知人。上知字去聲，下如字。○愛人，仁之施。知人，知之務。樊遲未達。曾氏曰：遲之意，蓋以愛欲其周，而知有所擇，故疑二者之相悖爾。

子曰：舉直錯諸枉，能使枉者直。舉直錯枉者，知也。使枉者直，則仁矣。如此，則二者不惟不相悖，而反相為用矣。樊遲退，見子夏曰：鄉也吾見於夫子而問知，子曰舉直錯諸枉，能使枉者直，何謂也？鄉，去聲。見，賢遍反。○遲以夫子之言，專為知者之事。又未達所以能使枉者直之理。子夏曰：富哉言乎！歎其所包者廣，不止言知。舜有天下，選於衆，舉皋陶，不仁者遠矣。湯有天下，選於衆，舉伊尹，不仁者遠矣。選，息戀反。陶，音遙。遠，如字。○伊尹，湯之相也。不仁者遠，言人皆化而為仁，不見有不仁者，若其遠去爾，所謂使枉者直也。子夏蓋有以知夫子之兼仁知而言矣。○程子曰：聖人之語，因人而變化。雖若有淺近者，而其包含無所不盡，觀於此章可見矣。非若他人之言，語近則遺遠，語遠則不知近也。尹氏曰：學者之問也，不獨欲聞其說，又必欲知其方；不獨欲知其方，又必欲為其事。如樊遲之問仁知也，夫子告之盡矣。樊遲未達，故又問焉，而猶未知其何以為之也。及退而問諸子夏，然後有以知之。使其未喻，則必將復問矣。既問於師，又辨諸友，當時學者之務實也如是。

復扶又反

○子貢問友。子曰：忠告而善道之，不可則止，無自辱焉。告，工毒反。道，去聲。○友所以輔仁，故盡其心以告之，善其說以道之。然以義合者也，故不可則止。若以數而見疏，則自辱矣。

○曾子曰：君子以文會友，以友輔仁。講學以會友，則道益明；取善以輔仁，則德日進。

論語卷之七

子路第十三 凡三十章

行去聲

子路問政。子曰：先之，勞之。勞，如字。○蘇氏曰：凡民之行，以身先之，則不令而行。凡民之事，以身勞之，則雖勤不怨。請益。曰：無倦。無，古本作毋。○

復扶又反　禰音你　當去聲　聵音會　郢音影

吳氏曰勇者喜於有為而不能持久故以此告之○程子曰子路問政孔子既告之矣及請益則曰無倦而已未嘗復有所告姑使之深思也

○仲弓為季氏宰問政子曰先有司赦小過舉賢才 有司衆職也宰兼衆職然事必先之於彼而後考其成功則已不勞而事畢舉矣過失誤也大者於事或有所害不得不懲小者赦之則刑不濫而人心悦矣賢有德者才有能者舉而用之則有司皆得其人而政益修矣 曰焉知賢才而舉之曰舉爾所知爾所不知人其舍諸 焉於虔反舍上聲○仲弓慮無以盡知一時之賢才故孔子告之以此程子曰人各親其親然後不獨親其親仲弓曰焉知賢才而舉之子曰舉爾所知爾所不知人其舍諸便見仲弓與聖人用心之大小推此義則一心可以興邦一心可以喪邦只在公私之間爾○范氏曰不先有司則君行臣職矣不赦小過則下無全人矣不舉賢才則百職廢矣失此三者不可以為季氏宰況天下乎

○子路曰衛君待子而為政子奚先 衛君謂出公輒也是時魯哀公之十年孔子自楚反乎衛 子曰必也正名乎 是時出公不父其父而禰其祖名實紊矣故孔子以正名為先○謝氏曰正名雖為衛君而言然為政之道皆當以此為先 子路曰有是哉子之迂也奚其正 迂謂遠於事情言非今日之急務也 子曰野哉由也君子於其所不知蓋闕如也 野謂鄙俗責其不能闕疑而率爾妄對也 名不正則言不順言不順則事不成 楊氏曰名不當其實則言不順言不順則無以考實而事不成 事不成則禮樂不興禮樂不興則刑罰不中刑罰不中則民無所措手足 中去聲○范氏曰事得其序之謂禮物得其和之謂樂事不成則無序而不和故禮樂不興禮樂不興則施之政事皆失其道故刑罰不中 故君子名之必可言也言之必可行也君子於其言無所苟而已矣 程子曰名實相須一事苟則其餘皆苟矣○胡氏曰衛世子蒯聵恥其母南子之淫亂欲殺之不果而出奔靈公欲立公子郢郢辭公卒夫人立之又辭乃立蒯聵之子輒以拒蒯聵夫蒯聵欲殺母得罪於父而輒據國以拒父皆無父之人也其不可有國也明矣夫子為政而以正名為先必將具其事之本末告諸天王請於方伯命公子郢而立之則人倫正天理得名正言順而事成矣夫子告之之詳如此而子路終不喻也故事輒不去卒死其難徒知食焉不避其難

縷音呂　風坊本作諷　斂去聲

之為義而不知食糲之食為非義也。

○樊遲請學稼。子曰。吾不如老農。請學為圃。曰。吾不如老圃。種五穀曰稼。種蔬菜曰圃。樊遲出。子曰。小人哉。樊須也。小人。謂細民。孟子所謂小人之事者也。上好禮。則民莫敢不敬。上好義。則民莫敢不服。上好信。則民莫敢不用情。夫如是。則四方之民襁負其子而至矣。焉用稼。好。去聲。夫。音扶。襁。居丈反。焉。於虔反。○禮義信。大人之事也。好義。則事合宜。情。誠實也。敬服用情。蓋各以其類而應也。襁。織縷為之。以約小兒於背者。○楊氏曰。樊遲遊聖人之門。而問稼圃。志則陋矣。辭而闢之可也。待其出而後言其非。何也。蓋於其問也。自謂農圃之不如。則拒之者至矣。須之學疑不及此。而不能問。不能以三隅反矣。故不復。及其既出。則懼其終不喻也。求老農老圃而學焉。則其失愈遠矣。故復言之。使知前所言者意有在也。

○子曰。誦詩三百。授之以政。不達。使於四方。不能專對。雖多。亦奚以為。使。去聲。○專。獨也。詩本人情。該物理。可以驗風俗之盛衰。見政治之得失。其言溫厚和平。長於風諭。故誦之者。必達於政而能言也。○程子曰。窮經將以致用也。世之誦詩者。果能從政而專對乎。然則其所學者。章句之末耳。此學者之大患也。

○子曰。其身正。不令而行。其身不正。雖令不從。

○子曰。魯衛之政。兄弟也。魯。周公之後。衛。康叔之後。本兄弟之國。而是時衰亂。政亦相似。故孔子歎之。

○子謂衛公子荊善居室。始有。曰。苟合矣。少有。曰。苟完矣。富有。曰。苟美矣。公子荊。衛大夫。苟。聊且粗略之意。合。聚也。完。備也。言其循序而有節。不以欲速盡美累其心。○楊氏曰。務為全美。則累物而驕吝之心生。公子荊皆曰苟而已。則不以外物為心。其欲易足故也。

○子適衛。冉有僕。僕。御車也。子曰。庶矣哉。庶。眾也。冉有曰。既庶矣。又何加焉。曰。富之。庶而不富。則民生不遂。故制田里。薄賦斂以富之。曰。既富矣。又何加焉。曰。教之。富而不教。則近於禽獸。故必立學校。明禮義以教之。○胡氏曰。天生斯民。立之司牧。而寄以三事。然自三代之後。能舉此職者。百無一二。漢之文明。唐之太宗。亦云庶且富矣。西京之教無聞

浹即業反 漸將廉反

冉有坊本作冉子 京本夫子作孔子 幾平聲

馬明帝尊師重傳臨雍拜老宗戚子弟莫不受學唐太宗大召名儒增廣生員教亦至矣然而未知所以教也三代之教天子公卿躬行於上言行政事皆可師法彼二君者其能然乎

○子曰苟有用我者朞月而已可也三年有成

朞月謂周一歲之月也可者僅辭言綱紀布也有成治功成也○尹氏曰孔子歎當時莫能用己也故云然愚按史記此蓋為衛靈公不能用而發

○子曰善人為邦百年亦可以勝殘去殺矣誠哉是言也

勝平聲去上聲○為邦百年言相繼而久也勝殘化殘暴之人使不為惡也去殺謂民化於善可以不用刑殺也蓋古有是言而夫子稱之程子曰漢自高惠至於文景黎民醇厚幾致刑措庶乎其近之矣○尹氏曰勝殘去殺不為惡而已善人之功如是若夫聖人則不待百年其化亦不止此

○子曰如有王者必世而後仁

王者謂聖人受命而興也三十年為一世仁謂教化浹也程子曰周自文武至於成王而後禮樂興即其效也○或問三年必世遲速不同何也程子曰三年有成謂法度紀綱有成而化行也漸民以仁摩民以義使之浹於肌膚淪於骨髓而禮樂可興所謂仁也此非積久何以能致

○子曰苟正其身矣於從政乎何有不能正其身如正人何

○冉子退朝子曰何晏也對曰有政子曰其事也如有政雖不吾以吾其與聞之

朝音潮與去聲○冉有時為季氏宰朝季氏之私朝也晏晚也政國政事家事以用也禮大夫雖不治事猶得與聞國政是時季氏專魯其於國政蓋有不與同列議於公朝而獨與家臣謀於私室者故夫子為不知者而言此必季氏之家事耳若是國政我嘗為大夫雖不見用猶當與聞今既不聞則是非國政也語意與魏徵獻陵之對略相似其所以正名分抑季氏而教冉有之意深矣

○定公問一言而可以興邦有諸孔子對曰言不可以若是其幾也

幾期也詩曰如幾如式言一言之間未可以如此而必期其效

人之言曰為君難為臣不易

易去聲○當時有此言也

如知為君之難也不幾乎一言而興邦乎

因此言而知為君之難則必戰戰兢兢臨深履薄而無一事之敢忽然則此言也豈不可以必期於興邦乎為定公言故不及臣也

曰一言而喪邦有諸孔子對曰言不可以若是其

葉音涉　攘如羊反

幾也。人之言曰。予無樂乎為君。唯其言而莫予違也。喪去聲、下同。樂音洛。言他無所樂、惟樂此耳。○如其善而莫之違也。不亦善乎。如不善而莫之違也。不幾乎一言而喪邦乎。○范氏曰。如不善而莫之違、則忠言不至於耳。君日驕而臣日諂。未有不喪邦者也。○謝氏曰。知為君之難、則必敬謹以持之。惟其言而莫予違、則讒諂面諛之人至矣。邦未必遽興喪也。而興喪之源分於此。然此非識微之君子、何足以知之。

○葉公問政。音義並見第七篇。子曰。近者說。遠者來。說音悅。○被其澤則說。聞其風則來。然必近者說而後遠者來也。

○子夏為莒父宰。問政。子曰。無欲速。無見小利。欲速則不達。見小利則大事不成。父音甫。○莒父、魯邑名。欲事之速成、則急遽無序、而反不達。見小者之為利、則所就者小、而所失者大矣。○程子曰。子張問政。子曰。居之無倦。行之以忠。子夏問政。子曰。無欲速。無見小利。子張常過高而未仁。子夏之病、常在近小。故各以切己之事告之。

○葉公語孔子曰。吾黨有直躬者。其父攘羊。而子證之。語去聲。○直躬、直身而行者。有因而盜曰攘。孔子曰。吾黨之直者異於是。父為子隱。子為父隱。直在其中矣。為去聲。○父子相隱、天理人情之至也。故不求為直、而直在其中。○謝氏曰。順理為直。父不為子隱、子不為父隱、於理順耶。瞽瞍殺人、舜竊負而逃、遵海濱而處。當是時、愛親之心勝、其於直不直、何暇計哉。

○樊遲問仁。子曰。居處恭。執事敬。與人忠。雖之夷狄。不可棄也。恭主容、敬主事。恭見於外、敬主乎中。之夷狄不可棄、勉其固守而勿失也。○程子曰。此是徹上徹下語。聖人初無二語也。充之則睟面盎背。推而達之、則篤恭而天下平矣。胡氏曰。樊遲問仁者三。此最先。先難次之。愛人其最後乎。

○子貢問曰。何如斯可謂之士矣。子曰。行己有恥。使於四方。不辱君命。可謂士矣。使去聲。○此其志有所不為、而其材足以有為者也。子貢能言、故以使事告之。蓋為使之難、不獨貴於能言而已。曰。敢問其次。曰。宗族稱孝焉。鄉黨稱弟焉。

量音亮　量去聲數上聲　復扶又反　別必列反　論去聲

弟去聲○此本立而材不足者故為其次曰敢問其次曰言必信行必果硜硜然小人哉抑亦可以為次矣行去聲硜苦耕反○果必行也硜小石之堅確者小人言其識量之淺狹也此其本末皆無足觀然亦不害其為自守也故聖人猶有取焉下此則市井之人不復可為士矣曰今之從政者何如子曰噫斗筲之人何足算也筲所交反算亦作筭悉亂反○今之從政者蓋如魯三家之屬噫心不平聲斗量名容十升筲竹器容斗二升斗筲之人言鄙細也算數也子貢之問每下故夫子以是警之○程子曰子貢之意蓋欲為皎皎之行聞於人者夫子告之皆篤實自得之事

○子曰不得中行而與之必也狂狷乎狂者進取狷者有所不為也狷音絹○行道也狂者志極高而行不掩狷者知未及而守有餘蓋聖人本欲得中道之人而教之然既不可得而徒得謹厚之人則未必能自振拔而有為也故不若得此狂狷之人猶可因其志節而激勵裁抑之以進於道非與其終於此而已也○孟子曰孔子豈不欲中道哉不可必得故思其次也如琴張曾晳牧皮者孔子之所謂狂也其志嘐嘐然曰古之人古之人夷考其行而不掩焉者也狂者又不可得欲得不屑不潔之士而與之是狷也是又其次也

○子曰南人有言曰人而無恒不可以作巫醫善夫恒胡登反夫音扶○南人南國之人恒常久也巫所以交鬼神醫所以寄死生故雖賤役而尤不可以無常孔子稱其言而善之不恒其德或承之羞此易恒卦九三爻辭承進也子曰不占而已矣復加子曰以別易文也其義未詳楊氏曰君子於易苟玩其占則知無常之取羞矣其為無常也蓋亦不占而已矣意亦略通

○子曰君子和而不同小人同而不和和者無乖戾之心同者有阿比之意○尹氏曰君子尚義故有不同小人尚利安得而和

○子貢問曰鄉人皆好之何如子曰未可也鄉人皆惡之何如子曰未可也不如鄉人之善者好之其不善者惡之好惡並去聲○一鄉之人宜有公論矣然其間亦各以類自為好惡也故善者好之而惡者不惡則必其有苟合之行惡者惡之而善者不好則必其無可好之實

○子曰君子易事而難說也說之不以道不說也及其使

別必列反　并去聲　渾上聲

人也。器之。小人難事而易說也。說之雖不以道說也。及其使人也求備焉。易，去聲。說，音悅。○器之，謂隨其材器而使之也。君子之心公而恕，小人之心私而刻，天理人欲之間，每相反而已矣。

○子曰。君子泰而不驕。小人驕而不泰。君子循理，故安舒而不矜肆。小人逞欲，故反是。

○子曰。剛毅木訥近仁。程子曰：木者，質樸。訥者，遲鈍。四者，質之近乎仁者也。楊氏曰：剛毅則不屈於物欲，木訥則不至於外馳，故近仁。

○子路問曰。何如斯可謂之士矣。子曰。切切偲偲。怡怡如也。可謂士矣。朋友切切偲偲。兄弟怡怡。胡氏曰：切切，懇到也。偲偲，詳勉也。怡怡，和悅也。皆子路所不足，故告之。又恐其混於所施，則兄弟有賊恩之禍，朋友有善柔之損，故又別而言之。

○子曰。善人教民七年。亦可以即戎矣。教民者，教之以孝弟忠信之行，務農講武之法。即，就也。戎，兵也。民知親其上，死其長，故可以即戎。○程子曰：七年云者，聖人度其時可矣。如云期月、三年、百年、一世、大國五年、小國七年之類，皆當思其作為何如乃有益。

○子曰。以不教民戰。是謂棄之。以，用也。言用不教之民以戰，必有敗亡之禍，是棄其民也。

憲問第十四

胡氏曰：此篇疑原憲所記。凡四十七章。

憲問恥。子曰。邦有道穀。邦無道穀。恥也。憲，原思名。穀，祿也。邦有道不能有為，邦無道不能獨善，而但知食祿，皆可恥也。憲之狷介，其於邦無道穀之可恥，固知之矣；至於邦有道穀之可恥，則未必知也。故夫子因其問而并言之，以廣其志，使知所以自勉而進於有為也。

○克伐怨欲不行焉。可以為仁矣。此亦原憲以其所能而問也。克，好勝。伐，自矜。怨，忿恨。欲，貪欲。子曰。可以為難矣。仁則吾不知也。有是四者而能制之，使不得行，可謂難矣。仁則天理渾然，自無四者之累，不行不足以言之也。○程子曰：人而無克伐怨欲，惟仁者能之。有之而能制其情使不行，斯亦難能也。謂之仁則未也。此聖人開示之深，惜乎憲之不能再問也。或曰：四者不行，固不得為仁矣。然亦豈非所謂克己之事、求仁之方乎？曰：克去己私以復乎

去上聲下同　滲所禁切　便平聲

相去聲　浞士角反　澆五弔反　寺音侍

禮則私欲不留而天理之本然者得矣若但制而不行則是未有拔去病根之意而容其潛藏隱伏於胸中也豈克己求仁之謂哉學者察於二者之閒則其所以求仁之功益親切而無滲漏矣

○子曰士而懷居不足以為士矣。居謂意所便安處也

○子曰邦有道危言危行邦無道危行言孫。行孫並去聲○危高峻也孫卑順也尹氏曰君子之持身不可變也至於言則有時而不敢盡以避禍也然則為國者使士言孫豈不殆哉

○子曰有德者必有言有言者不必有德仁者必有勇勇者不必有仁。有德者和順積中英華發外能言者或便佞口給而已仁者心無私累見義必為勇者或血氣之強而已○尹氏曰有德者必有言徒能言者未必有德也仁者必有勇徒能勇者未必有仁也

○南宮适問於孔子曰羿善射奡盪舟俱不得其死然禹稷躬稼而有天下夫子不答南宮适出子曰君子哉若人尚德哉若人适古活反羿音詣奡五報反盪土浪反○南宮适即南容也羿有窮之君善射滅夏后相而篡其位其臣寒浞又殺羿而代之奡春秋傳作澆浞之子也力能陸地行舟後為夏后少康所誅禹平水土暨稷播種身親稼穡之事禹受舜禪而有天下稷之後至周武王亦有天下适之意蓋以羿奡比當世之有權力者而以禹稷比孔子也故孔子不答然适之言如此可謂君子之人而有尚德之心矣不可以不與故俟其出而贊美之

○子曰君子而不仁者有矣夫未有小人而仁者也夫音扶○謝氏曰君子志於仁矣然毫忽之閒心不在焉則未免為不仁也

○子曰愛之能勿勞乎忠焉能勿誨乎蘇氏曰愛而勿勞禽犢之愛也忠而勿誨婦寺之忠也愛而知勞之則其為愛也深矣忠而知誨之則其為忠也大矣

○子曰為命裨諶草創之世叔討論之行人子羽修飾之東里子產潤色之裨婢之反諶時林反○裨諶以下四人皆鄭大夫草略也創造也謂造為草稾也世叔游吉也春秋傳作子太叔討尋究也論講議也行人掌使之官子羽公孫揮也修飾謂增損之東里地名子產所居也潤色謂加以文采也鄭國之為辭命必更此四賢之手而成詳審精密各盡所長是以應對諸侯鮮有敗事孔子言此蓋善之也

○或問子產子曰惠

沮在呂反　勝音升　紇下沒反　見音現　渾上聲　樂音洛　語音御　下語如字　復扶又反

人也。子產之政，不專於寬，然其心則一以愛人為主。故孔子以為惠人，蓋舉其重而言也。問子西。曰：「彼哉！彼哉！」子西，楚公子申，能遜楚國，立昭王，而改紀其政，亦賢大夫也。然不能革其僭王之號。昭王欲用孔子，又沮止之。其後卒召白公以致禍亂，則其為人可知矣。彼哉者，外之之辭。問管仲。曰：「人也。奪伯氏駢邑三百，飯疏食，沒齒無怨言。」人也，猶言此人也。伯氏，齊大夫。駢邑，地名。齒，年也。蓋桓公奪伯氏之邑以與管仲，伯氏自知己罪，而心服管仲之功，故窮約以終身而無怨言。荀卿所謂「與之書社三百，而富人莫之敢拒」者，即此事也。○或問：「管仲子產孰優？」曰：「管仲之德，不勝其才。子產之才，不勝其德。然於聖人之學，則概乎其未有聞也。」

○子曰：「貧而無怨難，富而無驕易。」易，去聲。○處貧難，處富易，人之常情。然人當勉其難，而不可忽其易也。

○子曰：「孟公綽為趙魏老則優，不可以為滕薛大夫。」公綽，魯大夫。趙魏，晉卿之家。老，家臣之長。大家勢重，而無諸侯之事；家老望尊，而無官守之責。優，有餘也。滕薛，二國名。大夫，任國政者。滕薛國小政繁，大夫位高責重。然則公綽蓋廉靜寡欲，而短於才者也。○楊氏曰：「知之弗豫，枉其才而用之，則為棄人矣。此君子所以患不知人也。言此，則孔子之用人可知矣。」

○子路問成人。子曰：「若臧武仲之知，公綽之不欲，卞莊子之勇，冉求之藝，文之以禮樂，亦可以為成人矣。」知，去聲。○成人，猶言全人。武仲，魯大夫，名紇。莊子，魯卞邑大夫。言兼此四子之長，則知足以窮理，廉足以養心，勇足以力行，藝足以泛應，而又節之以禮，和之以樂，使德成於內，而文見乎外。則材全德備，渾然不見一善成名之迹；中正和樂，粹然無復偏倚駁雜之蔽，而其為人也亦成矣。然亦之為言，非其至者，蓋就子路之所可及而語之也。若論其至，則非聖人之盡人道，不足以語此。曰：「今之成人者何必然？見利思義，見危授命，久要不忘平生之言，亦可以為成人矣。」復加曰字者，既答而復言也。授命，言不愛其生，持以與人也。久要，舊約也。平生，平日也。有是忠信之實，則雖其才知禮樂有所未備，亦可以為成人之次也。○程子曰：「知之明，信之篤，行之果，天下之達德也。若孔子所謂成人，亦不出此三者。武仲，知也；公綽，仁也；卞莊子，勇也；冉求，藝也。須是合此四人之能，文之以禮樂，亦可以為成人矣。然而論其大成，則不止於此。若今之成人，有忠信而不及於禮樂，則又其次者也。」又曰：「臧武仲之知，非正也。若文之以禮樂，則無不正矣。」又曰：「語成人之名，非聖人孰能之？孟子曰：『唯聖人然後可以踐形。』如此方可以稱成人之名。」胡氏曰：「今之成人以下，乃子路之言。蓋不復聞斯行之之勇，而有終身誦之

憲問

論去聲　樂音洛　重平聲　相去聲

之國矣。未詳是否。

○子問公叔文子於公明賈曰：信乎，夫子不言不笑不取乎？公叔文子，衛大夫公孫枝也。公明姓，賈名，亦衛人。文子為人，其詳不可知，然必廉靜之士，故當時以三者稱之。公明賈對曰：以告者過也。夫子時然後言，人不厭其言；樂然後笑，人不厭其笑；義然後取，人不厭其取。子曰：其然？豈其然乎？厭者，苦其多而惡之之辭。事適其可，則人不厭，而不覺其有是矣。是以稱之或過，而以為不言不笑不取也。然此言也，非禮義充溢於中，得時措之宜者不能。文子雖賢，疑未及此，但君子與人為善，不欲正言其非也，故曰其然，豈其然乎，蓋疑之也。

○子曰：臧武仲以防求為後於魯，雖曰不要君，吾不信也。要，平聲。○防，地名，武仲所封邑也。要，有挾而求也。武仲得罪奔邾，自邾如防，使請立後而避邑，以示若不得請，則將據邑以叛，是要君也。范氏曰：要君者無上，罪之大者也。武仲之邑，受之於君，得罪出奔，則立後在君，非己所得專也，而據邑以請，由其好知而不好學也。楊氏曰：武仲卑辭請後，其跡非要君者，而意實要之。夫子之言，亦春秋誅意之法也。

○子曰：晉文公譎而不正，齊桓公正而不譎。譎，古穴反。○晉文公，名重耳。齊桓公，名小白。譎，詭也。二公皆諸侯盟主，攘夷狄以尊周室者也。雖其以力假仁，心皆不正，然桓公伐楚，仗義執言，不由詭道，猶為彼善於此。文公則伐衛以致楚，而陰謀以取勝，其譎甚矣。二君他事亦多類此，故夫子言此以發其隱。

○子路曰：桓公殺公子糾，召忽死之，管仲不死。曰：未仁乎？糾，居黝反。召，音邵。○按春秋傳，齊襄公無道，鮑叔牙奉公子小白奔莒。及無知弒襄公，管夷吾、召忽奉公子糾奔魯。魯人納之，未克，而小白入，是為桓公。使魯殺子糾而請管、召，召忽死之，管仲請囚。鮑叔牙言於桓公以為相。子路疑管仲忘君事讎，忍心害理，不得為仁也。子曰：桓公九合諸侯，不以兵車，管仲之力也。如其仁！如其仁！九，春秋傳作糾，督也，古字通用。不以兵車，言不假威力也。如其仁，言誰如其仁者，又再言以深許之。蓋管仲雖未得為仁人，而其利澤及人，則有仁之功矣。

○子貢曰：管仲非仁者與？桓公殺公子糾，不能死，又相之。與，平聲。相，去聲。○子貢意不死猶可，相之則已甚矣。子曰：管仲相桓公，

縊一計反 圉語音 度待洛反

霸諸侯。一匡天下。民到于今受其賜。微管仲。吾其被髮左衽矣。被皮寄反。衽而審反。○霸與伯同。長也。匡。正也。尊周室。攘夷狄。皆所以正天下也。微。無也。衽。衣衿也。被髮左衽。夷狄之俗也。豈若匹夫匹婦之為諒也。自經於溝瀆而莫之知也。諒。小信也。經。縊也。莫之知。人不知也。後漢書引此文。莫字上有人字。○程子曰。桓公。兄也。子糾。弟也。仲私於所事。輔之以爭國。非義也。桓公殺之雖過。而糾之死實當。仲始與之同謀。遂與之同死可也。知輔之爭為不義。將自免以圖後功亦可也。故聖人不責其死而稱其功。若使桓弟而糾兄。管仲所輔者正。桓奪其國而殺之。則管仲之與桓。不可同世之讐也。若計其後功而與其事桓。聖人之言。無乃害義之甚。啟萬世反覆不忠之亂乎。如唐之王珪魏徵。不死建成之難。而從太宗。可謂害於義矣。後雖有功。何足贖哉。愚謂管仲有功而無罪。故聖人獨稱其功。王魏先有罪而後有功。則不以相掩可也。

○公叔文子之臣大夫僎。與文子同升諸公。僎。士免反。○臣。家臣。公。公朝。謂薦之與己同進為公朝之臣也。子聞之曰。可以為文矣。文者順理而成章之謂。謚法亦有所謂錫民爵位曰文者。○洪氏曰。家臣之賤而引之使與己並。有三善焉。知人。一也。忘己。二也。事君。三也。

○子言衛靈公之無道也。康子曰。夫如是。奚而不喪。夫音扶。喪。去聲。○喪。失位也。孔子曰。仲叔圉治賓客。祝鮀治宗廟。王孫賈治軍旅。夫如是。奚其喪。仲叔圉。即孔文子也。三人皆衛臣。雖未必賢。而其才可用。靈公用之。又各當其才。○尹氏曰。衛靈公之無道宜喪也。而能用此三人。猶足以保其國。而況有道之君。能用天下之賢才者乎。詩曰。無競維人。四方其訓之。

○子曰。其言之不怍。則為之也難。大言不慚。則無必為之志。而不自度其能否矣。欲踐其言。豈不難哉。

○陳成子弒簡公。成子。齊大夫。名恒。簡公。齊君。名壬。事在春秋哀公十四年。孔子沐浴而朝。告於哀公曰。陳恒弒其君。請討之。朝。音潮。○是時孔子致仕居魯。沐浴齊戒以告君。重其事而不敢忽也。臣弒其君。人倫之大變。天理所不容。人人得而誅之。況鄰國乎。故夫子雖已告老。而猶請哀公討之。公曰。告夫三子。夫音扶。下同。○三子。三家也。時政在三家。哀公不得自專。故使孔子告之。孔子曰。以吾從大夫之後。不敢不

沮在呂反 復扶又反 下同 勝平聲 事去聲 瑗于眷反 省悉井反 重直用反

告也。君曰告夫三子者。孔子出而自言如此。意謂弒君之賊，法所必討；大夫謀國，義所當告。君乃不能自命三子，而使我告之邪？之三子告，不可。孔子曰：以吾從大夫之後，不敢不告也。以君命往告，而三子魯之強臣，素有無君之心，實與陳氏聲勢相倚，故沮其謀；而夫子復以此應之，其所以警之者深矣。○程子曰：左氏記孔子之言曰：陳恆弒其君，民之不予者半。以魯之衆，加齊之半，可克也。此非孔子之言。誠若此言，是以力不以義也。若孔子之志，必將正名其罪，上告天子，下告方伯，而率與國以討之。至於所以勝齊者，孔子之餘事也，豈計魯人之衆寡哉？當是時，天下之亂極矣，因是足以正之，周室其復興乎？魯之君臣終不從之，可勝惜哉！胡氏曰：春秋之法，弒君之賊，人得而討之。仲尼此舉，先發後聞可也。

○子路問事君。子曰：勿欺也，而犯之。犯，謂犯顏諫爭。○范氏曰：犯非子路之所難也，而以不欺為難。故夫子教以先勿欺而後犯也。

○子曰：君子上達，小人下達。君子循天理，故日進乎高明；小人徇人欲，故日究乎汙下。

○子曰：古之學者為己，今之學者為人。為，去聲。○程子曰：為己，欲得之於己也；為人，欲見知於人也。○程子曰：古之學者為己，其終至於成物；今之學者為人，其終至於喪己。愚按：聖賢論學者用心得失之際，其說多矣，然未有如此言之切而要者。於此明辨而日省之，則庶乎其不昧於所從矣。

○蘧伯玉使人於孔子。使，去聲，下同。○蘧伯玉，衛大夫，名瑗。孔子居衛，嘗主於其家。既而反魯，故伯玉使人來也。孔子與之坐而問焉，曰：夫子何為？對曰：夫子欲寡其過而未能也。使者出。子曰：使乎！使乎！與之坐，敬其主以及其使也。夫子，指伯玉也。言其但欲寡過而猶未能，則其省身克己，常若不及之意可見矣。使者之言愈自卑約，而其主之賢益彰，亦可謂深知君子之心，而善於辭令者矣。故夫子再言使乎以重美之。按莊周稱伯玉行年五十而知四十九年之非，又曰伯玉行年六十而六十化。蓋其進德之功，老而不倦。是以踐履篤實，光輝宣著。不惟使者知之，而夫子亦信之也。

○子曰：不在其位，不謀其政。重出。

○曾子曰：君子思不出其位。此艮卦之象辭也。曾子蓋嘗稱之，記者因上章之語而類記之也。○范氏曰：物各止其所，而天下之理得矣。故君子所思不出其位，而君臣上下大小，皆得其職也。

○子曰：君子恥其言而過其行。行，去聲。○恥者，不敢盡之意。過者，欲有餘之辭。

○子曰：君子道者三，我無

復扶又反　夫音扶　復芳服反 易並去聲

能焉。仁者不憂，知者不惑，勇者不懼。」知，去聲。○自責以勉人也。○子貢曰：「夫子自道也。」道，言也。自道，猶云謙辭。○尹氏曰：「成德以仁為先，進學以知為先。故夫子之言，其序有不同者以此。」

○子貢方人。子曰：「賜也賢乎哉？夫我則不暇。」夫，音扶。○方，比也。乎哉，疑辭。比方人物而較其短長，雖亦窮理之事，然專務為此，則心馳於外，而所以自治者疏矣。故褒之而疑其辭，復自貶以深抑之。○謝氏曰：「聖人責人，辭不迫切而意已獨至如此。」

○子曰：「不患人之不己知，患其不能也。」凡章指同而文不異者，一言而重出也。文小異者，屢言而各出也。此章凡四見，而文皆有異。則聖人於此一事，蓋屢言之，其丁寧之意亦可見矣。

○子曰：「不逆詐，不億不信，抑亦先覺者，是賢乎！」逆，未至而迎之也。億，未見而意之也。詐，謂人欺己。不信，謂人疑己。抑，反語辭。言雖不逆不億，而於人之情偽，自然先覺，乃為賢也。○楊氏曰：「君子一於誠而已，然未有誠而不明者。故雖不逆詐、不億不信，而常先覺也。若夫不逆不億而卒為小人所罔焉，斯亦不足觀也已。」

○微生畝謂孔子曰：「丘何為是栖栖者與？無乃為佞乎？」與，平聲。○微生，姓，畝，名也。畝名呼夫子而辭甚倨，蓋有齒德而隱者。栖栖，依依也。為佞，言其務為口給以悅人也。孔子曰：「非敢為佞也，疾固也。」疾，惡也。固，執一而不通也。聖人之於達尊，禮恭而言直如此，其警之亦深矣。

○子曰：「驥不稱其力，稱其德也。」驥，善馬之名。德，謂調良也。○尹氏曰：「驥雖有力，其稱在德。人有才而無德，則亦奚足尚哉？」

○或曰：「以德報怨，何如？」或人所稱，今見老子書。德，謂恩惠也。子曰：「何以報德？言於其所怨，既以德報之矣，則人之有德於我者，又將何以報之乎？以直報怨，以德報德。」於其所怨者，愛憎取舍，一以至公而無私，所謂直也。於其所德者，則必以德報之，不可忘也。○或人之言，可謂厚矣。然以聖人之言觀之，則見其出於有意之私，而怨德之報皆不得其平也。必如夫子之言，然後二者之報各得其所。然怨有不讎，而德無不報，則又未嘗不厚也。此章之言，明白簡約，而其指意曲折反復。如造化之簡易易知，而微妙無窮，學者所宜詳玩也。

○子曰：「莫我知也夫！」夫，音扶。○夫子自歎，以發子貢之問也。子貢曰：「何為其莫知子也？」子曰：「不怨天，不尤人。下學而上達。知我者其天乎！」不得於天而不

幾平聲 語去聲

治去聲

蕢音匱

處上聲

怨天不合於人而不尤人但知下學而自然上達此但自言其反己自修循序漸進耳無以甚異於人而致其知也然深味其語意則見其中自有人不及知而天獨知之之妙蓋在孔門惟子貢之智幾足以及此故特語以發之惜乎其猶有所未達也○程子曰不怨天不尤人在理當如此又曰下學上達意在言表又曰學者須守下學上達之語乃學之要蓋凡下學人事便是上達天理然習而不察則亦不能以上達矣

○公伯寮愬子路於季孫子服景伯以告曰夫子固有惑志於公伯寮吾力猶能肆諸市朝朝音潮○公伯寮魯人子服氏景謚伯字魯大夫子服何也夫子指季孫言其有疑於寮之言也肆陳尸也言欲誅寮子曰道之將行也與命也道之將廢也與命也公伯寮其如命何與平聲○謝氏曰雖寮之愬行亦命也其實寮無如之何愚謂言此以曉景伯安子路而警伯寮耳聖人於利害之際則不待決於命而後泰然也

○子曰賢者辟世辟去聲下同○天下無道而隱若伯夷太公是也其次辟地去亂國適治邦其次辟色禮貌衰而去其次辟言有違言而後去也○程子曰四者雖以大小次第言之然非有優劣也所遇不同耳

○子曰作者七人矣李氏曰作起也言起而隱去者今七人矣不可知其誰何必求其人以實之則鑿矣

○子路宿於石門晨門曰奚自子路曰自孔氏曰是知其不可而為之者與與平聲○石門地名晨門掌晨啓門蓋賢人隱於抱關者也自從也問其何所從來也○胡氏曰晨門知世之不可而不為故以是譏孔子然不知聖人之視天下無不可為之時也

○子擊磬於衛有荷蕢而過孔氏之門者曰有心哉擊磬乎荷去聲○磬樂器荷擔也蕢草器也此荷蕢者亦隱士也聖人之心未嘗忘天下此人聞其磬聲而知之則亦非常人矣既而曰鄙哉硜硜乎莫己知也斯已而已矣深則厲淺則揭硜苦耕反莫己之己音紀餘音以揭起例反○硜硜石聲亦專確之意以衣涉水曰厲攝衣涉水曰揭此兩句衛風匏有苦葉之詩也譏孔子人不知己而不止不能適淺深之宜子曰果哉末之難矣果哉歎其果於忘世也末無也聖人心同天地視天下猶一家中國猶一人不能一日忘也故聞荷蕢之言而歎其果於忘世且言人之出處若但如此則亦無所難矣

○子

大音泰　分去聲　知去聲　蹲音存踞音據　冠去聲令平聲　長上聲少

張曰。書云。高宗諒陰。三年不言。何謂也。高宗。商王武丁也。諒陰。天子居喪之名。未詳其義。子曰。何必高宗。古之人皆然。君薨。百官總己以聽於冢宰三年。言君薨則諸侯亦然。總己。謂總攝己職。冢宰。太宰也。百官聽於冢宰。故君得以三年不言也。○胡氏曰。位有貴賤。而生於父母無以異者。故三年之喪。自天子達於庶人。子張非疑此也。殆以為人君三年不言。則臣下無所稟令。禍亂或由此起也。孔子告以聽於冢宰。則禍亂非所憂矣。

○子曰。上好禮。則民易使也。好易皆去聲。○謝氏曰。禮達而分定。故民易使。

○子路問君子。子曰。修己以敬。曰。如斯而已乎。曰。修己以安人。曰。如斯而已乎。曰。修己以安百姓。修己以安百姓。堯舜其猶病諸。修己以敬。夫子之言。至矣盡矣。而子路少之。故再以其充積之盛。自然及物者告之。無他道也。人者。對己而言。百姓則盡乎人矣。堯舜猶病。言不可以有加於此。以抑子路。使反求諸近也。蓋聖人之心無窮。世雖極治。然豈能必知四海之內。果無一物不得其所哉。故堯舜猶以安百姓為病。若曰吾治已足。則非所以為聖人矣。○程子曰。君子修己以安百姓。篤恭而天下平。唯上下一於恭敬。則天地自位。萬物自育。氣無不和。而四靈畢至矣。此體信達順之道。聰明睿知皆由是出。以此事天饗帝。

○原壤夷俟。子曰。幼而不孫弟。長而無述焉。老而不死。是為賊。以杖叩其脛。孫弟並去聲。長上聲。叩音口。脛其定反。○原壤。孔子之故人。母死而歌。蓋老氏之流。自放於禮法之外者。夷。蹲踞也。俟。待也。言見孔子來而蹲踞以待之也。述。猶稱也。賊者。害人之名。以其自幼至老。無一善狀。而久生於世。徒足以敗常亂俗。則是賊而已矣。脛。足骨也。孔子既責之。而因以所曳之杖。微擊其脛。若使勿蹲踞然。

○闕黨童子將命。或問之曰。益者與。與平聲。○闕黨。黨名。童子。未冠者之稱。將命。謂傳賓主之言。或人疑此童子學有進益。故孔子使之傳命以寵異之也。

○子曰。吾見其居於位也。見其與先生並行也。非求益者也。欲速成者也。禮。童子當隅坐隨行。孔子言吾見此童子。不循此禮。非能求益。但欲速成爾。故使之給使令之役。觀長少之序。習揖遜之容。蓋所以抑而教之。非寵而異之也。

去聲　行音杭　復扶又反　與音預　見音現

論語卷之八

衛靈公第十五 凡四十一章

衛靈公問陳於孔子。孔子對曰。俎豆之事。則嘗聞之矣。軍旅之事。未之學也。明日遂行。陳去聲。○陳謂軍師行伍之列。俎豆禮器。尹氏曰。衛靈公無道之君也。復有志於戰伐之事。故答以未學而去之。

在陳絕糧。從者病。莫能興。從去聲。○孔子去衛適陳。興起也。

子路慍見曰。君子亦有窮乎。子曰。君子固窮。小人窮斯濫矣。見賢遍反。○何氏曰。濫溢也。言君子固有窮時。不若小人窮則放溢為非。程子曰。固窮者固守其窮。亦通。○愚謂聖人當行而行。無所顧慮。處困如亨。無所怨悔。於此可見。學者宜深味之。

○子曰。賜也。女以予為多學而識之者與。女音汝。識音志。與平聲。下同。○子貢之學。多而能識矣。夫子欲其知所本也。故問以發之。

對曰。然。非與。方信而忽疑。蓋其積學功至而亦將有得也。

曰。非也。予一以貫之。說見第四篇。然彼以行言。而此以知言也。○謝氏曰。聖人之道大矣。人不能偏觀而盡識。宜其以為多學而識之也。然聖人豈務博者哉。如天之於衆形。匪物物刻而雕之也。故曰予一以貫之。德輶如毛。毛猶有倫。上天之載。無聲無臭。至矣。尹氏曰。孔子之於曾子。不待其問而直告之以此。曾子復深喻之曰唯。若子貢則先發其疑而後告之。而子貢終亦不能如曾子之唯也。二子所學之淺深。於此可見。愚按夫子之於子貢。屢有以發之。而他人不與焉。則顏曾以下諸子所學之淺深。又可見矣。

○子曰。由。知德者鮮矣。鮮上聲。○由呼子路之名而告之也。德謂義理之得於己者。非己有之。不能知其意味之實也。○自第一章至此。疑皆一時之言。此章蓋為慍見發也。

○子曰。無為而治者。其舜也與。夫何為哉。恭己正南面而已矣。與平聲。夫音扶。○無為而治者。聖人德盛而民化。不待其有所作為也。獨稱舜者。紹堯之後。而又得人以任衆職。故尤不見其有為之迹也。恭己者。聖人敬德之容。既無所為。則人之所見如此而已。

○子張問行。猶問達之意也。子曰。言忠信。行篤敬。雖蠻貊

軛音戹　離去聲　著直畧反　滓莊里反　渾上聲　鰌音秋　父音甫　隕羽敏反　惡音烏

之邦行矣。言不忠信，行不篤敬，雖州里行乎哉？行篤行不之行，去聲。貊，亡百反。○子張意在得行於外，故夫子反於身而言之，猶答干祿問達之意也。篤，厚也。蠻，南蠻。貊，北狄。二千五百家為州。立則見其參於前也，在輿則見其倚於衡也，夫然後行。參，七南反。夫，音扶。○其者，指忠信篤敬而言。參，讀如毋往參焉之參，言與我相參也。衡，軛也。言其於忠信篤敬，念念不忘，隨其所在，常若有見，雖欲頃刻離之而不可得。然後一言一行，自然不離於忠信篤敬，而蠻貊可行也。子張書諸紳。紳，大帶之垂者。書之，欲其不忘也。○程子曰：學要鞭辟近裏著己而已。博學而篤志，切問而近思，言忠信，行篤敬，立則見其參於前，在輿則見其倚於衡，即此是學。質美者明得盡，查滓便渾化，却與天地同體。其次惟莊敬以持養之，及其至則一也。

○子曰：直哉史魚！邦有道如矢，邦無道如矢。史，官名。魚，衛大夫，名鰌。如矢，言直也。史魚自以不能進賢退不肖，既死猶以尸諫，故夫子稱其直。事見家語。君子哉蘧伯玉！邦有道則仕，邦無道則可卷而懷之。伯玉出處合於聖人之道，故曰君子。卷，收也。懷，藏也。如於孫林父甯殖放弒之謀，不對而出，亦其事也。○楊氏曰：史魚之直，未盡君子之道。若蘧伯玉，然後可免於亂世。若史魚之如矢，則雖欲卷而懷之，有不可得也。

○子曰：可與言而不與之言，失人；不可與言而與之言，失言。知者不失人，亦不失言。知，去聲。

○子曰：志士仁人，無求生以害仁，有殺身以成仁。志士，有志之士。仁人，則成德之人也。理當死而求生，則於其心有不安矣，是害其心之德也。當死而死，則心安而德全矣。○程子曰：實理得之於心自別。實理者，實見得是，實見得非也。古人有捐軀隕命者，若不實見得，惡能如此？須是實見得生不重於義，生不安於死也。故有殺身以成仁者，只是成就一箇是而已。

○子貢問為仁。子曰：工欲善其事，必先利其器。居是邦也，事其大夫之賢者，友其士之仁者。賢以事言，仁以德言。夫子嘗謂子貢悅不若己者，故以是告之。欲其有所嚴憚切磋以成其德也。○程子曰：子貢問為仁，非問仁也，故孔子告之以為仁之資而已。

○顏淵問為邦。顏子王佐之才，故問治天下之道。曰為邦者，謙辭。子曰：行夏之時。夏時，謂以斗柄初昏建寅之月為歲

京本無謂字　覆敷救反　旒音流　更平聲　飭音勅　易去聲　辟同僻

首也。天開於子。地闢於丑。人生於寅。故斗柄建此三辰之月。皆可以為歲首。而三代迭用之。夏以寅為人正。商以丑為地正。周以子為天正也。然時以作事。則歲月自當以人為紀。故孔子嘗曰吾得夏時焉。而說者以為謂夏小正之屬。蓋取其時之正。與其令之善。而於此又以告顏子也。乘殷之輅。輅音路。亦作路。○商輅。木輅也。輅者。大車之名。古者以木為車而已。至商而有輅之名。蓋始異其制也。周人飾以金玉。則過侈而易敗。不若商輅之樸素渾堅。而等威已辨。為質而得其中也。服周之冕。周冕有五。祭服之冠也。冠上有覆。前後有旒。黃帝以來。蓋已有之。而制度儀等。至周始備。然其為物小。而加於眾體之上。故雖華而不為靡。雖費而不及奢。夫子取之。蓋亦以為文而得其中也。樂則韶舞。取其盡善盡美。放鄭聲。遠佞人。鄭聲淫。佞人殆。遠。去聲。○放。謂禁絕之。鄭聲。鄭國之音。佞人。卑諂辯給之人。殆。危也。○程子曰。問政多矣。惟顏淵告之以此。蓋三代之制。皆因時損益。及其久也。不能無弊。周衰。聖人不作。故孔子斟酌先王之禮。立萬世常行之道。發此以為之兆爾。由是求之。則餘皆可考也。張子曰。禮樂。治之法也。放鄭聲。遠佞人。法外意也。一日不謹。則法壞矣。虞夏君臣。更相飭戒。意蓋如此。又曰。法立而能守。則德可久。業可大。鄭聲佞人。能使人喪其所守。故放遠之。尹氏曰。此所謂百王不易之大法。孔子之作春秋。蓋此意也。孔顏雖不得行之於時。然其為治之法。可得而見矣。

○子曰。人無遠慮。必有近憂。蘇氏曰。人之所履者。容足之外。皆為無用之地。而不可廢也。故慮不在千里之外。則患在几席之下矣。

○子曰。已矣乎。吾未見好德如好色者也。好。去聲。○已矣乎。歎其終不得而見之也。

○子曰。臧文仲其竊位者與。知柳下惠之賢。而不與立也。者與之與。平聲。○竊位。言不稱其位而有愧於心。如盜得而陰據之也。柳下惠。魯大夫展獲。字禽。食邑柳下。謚曰惠。與立。謂與之並立於朝。范氏曰。臧文仲為政於魯。若不知賢。是不明也。知而不舉。是蔽賢也。不明之罪小。蔽賢之罪大。故孔子以為不仁。又以為竊位。

○子曰。躬自厚。而薄責於人。則遠怨矣。遠。去聲。○責己厚。故身益修。責人薄。故人易從。所以人不得而怨之。

○子曰。不曰如之何。如之何者。吾末如之何也已矣。如之何如之何者。孰思而審處之辭也。不如是而妄行。雖聖人亦無如之何矣。

○子曰。羣居終日。言不及義。好行小慧。難矣哉。好。去聲。○小慧。私智也。言不及義。則放辟邪侈之心滋。好行小慧。則行險僥倖之機熟。難矣哉者。言其無以入德。而將有患害也。

○子曰。君子義以為質。禮以行之。孫

處音杵　惡上去聲下同　强上聲

以出之信以成之君子哉。孫去聲。○義者制事之本，故以爲質幹。而行之必有節文，出之必以退遜，成之必在誠實，乃君子之道也。○程子曰：義以爲質，如質幹然。禮行此，孫出此，信成此。此四句只是一事，以義爲本。又曰：敬以直内，則義以方外。義以爲質，則禮以行之，孫以出之，信以成之。

○子曰：君子病無能焉，不病人之不己知也。

○子曰：君子疾沒世而名不稱焉。范氏曰：君子學以爲己，不求人知。然沒世而名不稱焉，則無爲善之實可知矣。

○子曰：君子求諸己，小人求諸人。謝氏曰：君子無不反求諸己，小人反是。此君子小人所以分也。○楊氏曰：君子雖不病人之不己知，然亦疾沒世而名不稱也。雖疾沒世而名不稱，然所以求者，亦反諸己而已。小人求諸人，故違道干譽，無所不至。三者文不相蒙，而義實相足，亦記言者之意。

○子曰：君子矜而不爭，羣而不黨。莊以持己曰矜。然無乖戾之心，故不爭。和以處衆曰羣。然無阿比之意，故不黨。

○子曰：君子不以言舉人，不以人廢言。

○子貢問曰：有一言而可以終身行之者乎？子曰：其恕乎！己所不欲，勿施於人。推己及物，其施不窮，故可以終身行之。○尹氏曰：學貴於知要。子貢之問，可謂知要矣。孔子告以求仁之方也。推而極之，雖聖人之無我，不出乎此。終身行之，不亦宜乎。

○子曰：吾之於人也，誰毁誰譽？如有所譽者，其有所試矣。譽平聲。○毁者，稱人之惡而損其眞。譽者，揚人之善而過其實。夫子無是也。然或有所譽者，則必嘗有以試之，而知其將然矣。聖人善善之速，而無所苟如此。若其惡惡，則已緩矣。是以雖有以前知其惡，而終無所毁也。斯民也，三代之所以直道而行也。斯民者，今此之人也。三代，夏商周也。直道，無私曲也。言吾之所以無所毁譽者，蓋以此民，即三代之時所以善其善、惡其惡而無所私曲之民，故我今亦不得而枉其是非之實也。○尹氏曰：孔子之於人也，豈有意於毁譽之哉？其所以譽之者，蓋試而知其美故也。斯民也，三代所以直道而行，豈得容私於其間哉。

○子曰：吾猶及史之闕文也，有馬者借人乘之，今亡矣夫！夫音扶。○楊氏曰：史闕文，馬借人，此二事孔子猶及見之。今亡已夫，悼時之益偷也。愚謂此必有爲而言。蓋雖細故，而時變之大者可知矣。○胡氏曰：此章義疑，不可强解。

○子曰：巧言亂德。小

衛靈公

為去聲下如字　涖音利

不忍則亂大謀。巧言變亂是非，聽之使人喪其所守。小不忍，如婦人之仁、匹夫之勇皆是。

○子曰：衆惡之，必察焉；衆好之，必察焉。好惡並去聲。○楊氏曰：惟仁者能好惡人。衆好惡之而不察，則或蔽於私矣。

○子曰：人能弘道，非道弘人。弘，廓而大之也。人外無道，道外無人。然人心有覺，而道體無為，故人能大其道，道不能大其人也。張子曰：心能盡性，人能弘道也；性不知檢其心，非道弘人也。

○子曰：過而不改，是謂過矣。過而能改，則復於無過。唯不改，則其過遂成，而將不及改矣。

○子曰：吾嘗終日不食，終夜不寢，以思句無益句不如學也。此為思而不學者言之。蓋勞心以必求，不如遜志而自得也。李氏曰：夫子非思而不學者，特垂語以教人爾。

○子曰：君子謀道不謀食。耕也，餒在其中矣；學也，祿在其中矣。君子憂道不憂貧。餒，奴罪反。○耕所以謀食，而未必得食。學所以謀道，而祿在其中。然其學也，憂不得乎道而已；非為憂貧之故，而欲為是以得祿也。○尹氏曰：君子治其本而不恤其末，豈以在外者為憂樂哉。

○子曰：知及之，仁不能守之；雖得之，必失之。知，去聲。○知足以知此理，而私欲間之，則無以有之於身矣。知及之，仁能守之，不莊以涖之，則民不敬。涖，臨也。謂臨民也。知此理而無私欲以間之，則所知者在我而不失矣。然猶有不莊者，蓋氣習之偏，或有厚於內而不嚴於外者，是以民不見其可畏而慢易之。下句放此。知及之，仁能守之，莊以涖之，動之不以禮，未善也。動之，動民也。猶曰鼓舞而作興之云爾。禮謂義理之節文。○愚謂學至於仁，則善有諸己而大本立矣。涖之不莊，動之不以禮，乃其氣稟學問之小疵，然亦非盡善之道也。故夫子歷言之，使知德愈全則責愈備，不可以為小節而忽之也。

○子曰：君子不可小知，而可大受也；小人不可大受，而可小知也。此言觀人之法。知，我知之也。受，彼所受也。蓋君子於細事未必可觀，而材德足以任重；小人雖器量淺狹，而未必無一長可取。

○子曰：民之於仁也，甚於水火。水火，吾見蹈而死者矣，未見蹈

俗本一日上無以字

復論之復扶又反

處上聲

仁而死者也 民之於水火所賴以生不可一日無其於仁也亦然但水火外物而仁在己無水火不過害人之身而不仁則失其心是仁有甚於水火而尤不可以一日無者也況水火或有時而殺人仁則未嘗殺人亦何憚而不為哉李氏曰此夫子勉人為仁之語下章放此

○子曰當仁不讓於師 當仁以仁為己任也雖師亦無所遜言當勇往而必為也蓋仁者人所自有而自為之非有爭也何遜之有○程子曰為仁在己無所與遜若善名在外則不可不遜

○子曰君子貞而不諒 貞正而固也諒則不擇是非而必於信

○子曰事君敬其事而後其食 後與後獲之後同食祿也君子之仕也有官守者修其職有言責者盡其忠皆以敬吾之事而已不可先有求祿之心也

○子曰有教無類 人性皆善而其類有善惡之殊者氣習之染也故君子有教則人皆可以復於善而不當復論其類之惡矣

○子曰道不同不相為謀 為去聲○不同如善惡邪正之類

○子曰辭達而已矣 辭取達意而止不以富麗為工

○師冕見及階子曰階也及席子曰席也皆坐子告之曰某在斯某在斯 見賢遍反○師樂師瞽者冕名再言某在斯歷舉在坐之人以詔之

師冕出子張問曰與師言之道與 與平聲○聖門學者於夫子之一言一動無不存心省察如此

子曰然固相師之道也 相去聲○相助也古者瞽必有相其道如此蓋聖人於此非作意而為之但盡其道而已○尹氏曰聖人處己為人其心一致無不盡其誠故也有志於學者求聖人之心於斯亦可見矣范氏曰聖人不侮鰥寡不虐無告可見於此推之天下無一物不得其所矣

季氏第十六 洪氏曰此篇或以為齊論凡十四章

季氏將伐顓臾 顓音專臾音俞○顓臾國名魯附庸也

冉有季路見於孔子曰季氏將有事於顓臾 見賢遍反○按左傳史記二子仕季氏不同時此云爾者疑子路嘗從孔子自衛反魯再仕季氏不久而復之衛也

孔子曰求無乃爾是過與 與平聲○冉求為季氏聚斂尤用事故夫子獨責之

夫顓臾昔者先王以為東蒙主且在邦域之中矣是社稷

> 當易並去聲
> 龜字從洪武正韻已音紀
> 坊本作公君
> 并去聲

之臣也何以伐為。夫音扶○東蒙山名先王封顓臾於此山之下使主其祭在魯地七百里之中社稷猶云公家是時四分魯國季氏取其二孟孫叔孫各取其一獨附庸之國尚為公臣季氏又欲取以自益故孔子言顓臾乃先王封國則不可伐在邦域之中則不必伐是社稷之臣則非季氏所當伐也此事理之至當不易之定體而一言盡其曲折如此非聖人不能也

冉有曰夫子欲之吾二臣者皆不欲也。夫子指季孫冉有實與謀以夫子非之故歸咎於季氏

孔子曰求周任有言曰陳力就列不能者止危而不持顛而不扶則將焉用彼相矣。任平聲焉於虔反相去聲下同○周任古之良史陳布也列位也相瞽者之相也言二子不欲則當諫諫而不聽則當去也

且爾言過矣虎兕出於柙龜玉毀於櫝中是誰之過與。兕徐履反柙戶甲反櫝音獨與平聲○兕野牛也柙檻也櫝匱也言在柙而逸在櫝而毀典守者不得辭其過明二子居其位而不去則季氏之惡已不得不任其責也

冉有曰今夫顓臾固而近於費今不取後世必為子孫憂。夫音扶○固謂城郭完固費季氏之私邑此則冉求之飾辭然亦可見其實與季氏之謀矣

○孔子曰求君子疾夫舍曰欲之而必為之辭。夫音扶舍上聲欲之謂貪其利○

丘也聞有國有家者不患寡而患不均不患貧而患不安蓋均無貧和無寡安無傾。寡謂民少貧謂財乏均謂各得其分安謂上下相安季氏之欲取顓臾患寡與貧耳然是時季氏據國而魯君無民則不均矣君弱臣強互生嫌隙則不安矣均則不患於貧而和和則不患於寡而安安則不相疑忌而無傾覆之患

夫如是故遠人不服則修文德以來之既來之則安之。夫音扶○內治修然後遠人服有不服則修德以來之亦不當勤兵於遠

今由與求也相夫子遠人不服而不能來也邦分崩離析而不能守也。子路雖不與謀而素不能輔之以義亦不得為無罪故并責之遠人謂顓臾分崩離析謂四分公室家臣屢叛

而謀動干戈於邦內吾

屏音丙 去上聲 箝其廉反 說音悅

恐季孫之憂不在顓臾而在蕭牆之內也 干楯也戈戟也蕭牆屏也言不均不和內變將作其後哀公果欲以越伐魯而去季氏○謝氏曰當是時三家強公室弱冉求又欲伐顓臾以附益之夫子所以深罪之為其瘠魯以肥三家也洪氏曰二子仕於季氏凡季氏所欲為必以告於夫子則因夫子之言而救止者宜亦多矣伐顓臾之事不見於經傳其以夫子之言而止也與

○孔子曰天下有道則禮樂征伐自天子出天下無道則禮樂征伐自諸侯出自諸侯出蓋十世希不失矣自大夫出五世希不失矣陪臣執國命三世希不失矣 先王之制諸侯不得變禮樂專征伐陪臣家臣也逆理愈甚則其失之愈速大約世數不過如此 天下有道則政不在大夫 言不得專政 天下有道則庶人不議 上無失政則下無私議非箝其口使不敢言也○此章通論天下之勢

○孔子曰祿之去公室五世矣政逮於大夫四世矣故夫三桓之子孫微矣 夫音扶○魯自文公薨公子遂殺子赤立宣公而君失其政歷成襄昭定凡五公逮及也自季武子始專國政歷悼平桓子凡四世而為家臣陽虎所執三桓三家皆桓公之後此以前章之說推之而知其當然也○此章專論魯事疑與前章皆定公時語蘇氏曰禮樂征伐自諸侯出宜諸侯之強也而魯以失政政逮於大夫宜大夫之強也而三桓以微何也強生於安安生於上下之分定今諸侯大夫皆陵其上則無以令其下矣故皆不久而失之也

○孔子曰益者三友損者三友友直友諒友多聞益矣友便辟友善柔友便佞損矣 便平聲辟婢亦反○友直則聞其過友諒則進於誠友多聞則進於明便習熟也便辟謂習於威儀而不直善柔謂工於媚說而不諒便佞謂習於口語而無聞見之實三者損益正相反也○尹氏曰自天子以至於庶人未有不須友以成者而其損益有如是者可不謹哉

○孔子曰益者三樂損者三樂樂節禮樂樂道人之善樂多賢友益矣樂驕樂樂佚遊樂宴樂損矣 樂五教反禮樂之樂音岳驕樂宴樂之樂音洛○節謂辨其制度聲容之節驕樂則

季氏

少音邵　畀音計　懲音呈

侈肆而不知節。佚遊則惰慢而惡聞善。宴樂則淫溺而狎小人。三者損益亦相反也。○尹氏曰，君子之於好樂，可不謹哉。

○孔子曰：侍於君子有三愆：言未及之而言謂之躁，言及之而不言謂之隱，未見顏色而言謂之瞽。

君子，有德位之通稱。愆，過也。瞽，無目，不能察言觀色。○尹氏曰，時然後言，則無三者之過矣。

○孔子曰：君子有三戒：少之時，血氣未定，戒之在色；及其壯也，血氣方剛，戒之在鬭；及其老也，血氣既衰，戒之在得。

血氣，形之所待以生者，血陰而氣陽也。得，貪得也。隨時知戒，以理勝之，則不為血氣所使也。○范氏曰，聖人同於人者血氣也，異於人者志氣也。血氣有時而衰，志氣則無時而衰也。少未定、壯而剛、老而衰者，血氣也。戒於色、戒於鬭、戒於得者，志氣也。君子養其志氣，故不為血氣所動，是以年彌高而德彌邵也。

○孔子曰：君子有三畏：畏天命，畏大人，畏聖人之言。

畏者，嚴憚之意也。天命者，天所賦之正理也。知其可畏，則其戒謹恐懼，自有不能已者。而付畀之重，可以不失矣。大人聖言，皆天命所當畏。知畏天命，則不得不畏之矣。

小人不知天命而不畏也，狎大人，侮聖人之言。

侮，戲玩也。不知天命，故不識義理，而無所忌憚如此。○尹氏曰，三畏者，修己之誠當然也。小人不務修身誠己，則何畏之有。

○孔子曰：生而知之者上也，學而知之者次也，困而學之又其次也，困而不學，民斯為下矣。

困，謂有所不通。言人之氣質不同，大約有此四等。○楊氏曰，生知、學知以至困學，雖其質不同，然及其知之一也。故君子惟學之為貴。困而不學，然後為下。

○孔子曰：君子有九思：視思明，聽思聰，色思溫，貌思恭，言思忠，事思敬，疑思問，忿思難，見得思義。

難，去聲。○視無所蔽，則明無不見。聽無所壅，則聰無不聞。色，見於面者。貌，舉身而言。思問則疑不蓄，思難則忿必懲，思義則得不苟。○程子曰，九思各專其一。謝氏曰，未至於從容中道，無時而不自省察也。雖有不存焉者寡矣，此之謂思誠。

○孔子曰：見善如不及，見不善如探湯。吾

見音現

見其人矣吾聞其語矣探吐南反○真知善惡而誠好惡之顏曾閔冉之徒蓋能之矣語蓋古語也隱居以求其志行義以達其道吾聞其語矣未見其人也求其志守其所達之道也達其道行其所求之志也蓋惟伊尹太公之流可以當之當時若顏子亦庶乎此然隱而未見又不幸而蚤死故夫子云然

○齊景公有馬千駟死之日民無德而稱焉伯夷叔齊餓於首陽之下民到于今稱之駟四馬也首陽山名其斯之謂與與平聲○胡氏曰程子以為第十二篇錯簡誠不以富亦祇以異當在此章之首今詳文勢似當在此句之上言人之所稱不在於富而在於異也愚謂此說近是而章首當有孔子曰字蓋闕文耳大抵此書後十篇多闕誤

○陳亢問於伯魚曰子亦有異聞乎亢音剛○亢以私意窺聖人疑必陰厚其子對曰未也嘗獨立鯉趨而過庭曰學詩乎對曰未也不學詩無以言鯉退而學詩事理通達而心氣和平故能言他日又獨立鯉趨而過庭曰學禮乎對曰未也不學禮無以立鯉退而學禮品節詳明而德性堅定故能立聞斯二者當獨立之時所聞不過如此其無異聞可知陳亢退而喜曰問一得三聞詩聞禮又聞君子之遠其子也遠去聲○尹氏曰孔子之教其子無異於門人故陳亢以為遠其子

○邦君之妻君稱之曰夫人夫人自稱曰小童邦人稱之曰君夫人稱諸異邦曰寡小君異邦人稱之亦曰君夫人寡寡德謙辭○吳氏曰凡語中所載如此類者不知何謂或古有之或夫子嘗言之不可考也

論語卷之九

令平聲瞰苦濫反數音朔復扶又反稱去聲孫音遜詘與屈同為去聲信與伸同信也如字治平聲漸

陽貨第十七

凡二十六章

陽貨欲見孔子孔子不見歸孔子豚孔子時其亡也而往拜之遇諸塗[歸如字一作饋○陽貨季氏家臣名虎嘗囚季桓子而專國政欲令孔子來見己而孔子不往貨以禮大夫有賜於士不得受於其家則往拜其門故瞰孔子之亡而歸之豚欲令孔子來拜而見之也]謂孔子曰來予與爾言曰懷其寶而迷其邦可謂仁乎曰不可好從事而亟失時可謂知乎曰不可日月逝矣歲不我與孔子曰諾吾將仕矣[好亟知並去聲○懷寶迷邦謂懷藏道德不救國之迷亂亟數也失時謂不及事幾之會將者且然而未必之辭貨語皆譏孔子而諷使速仕孔子固未嘗如此而亦非不欲仕也但不仕於貨耳故直據理答之不復與辯若不諭其意者○陽貨之欲見孔子雖其善意然不過欲使助己為亂耳故孔子不見者義也其往拜者禮也必時其亡而往者欲其稱也遇諸塗而不避者不終絕也隨問而對者理之直也對而不辯者言之孫而亦無所詘也楊氏曰揚雄謂孔子於陽貨也敬所不敬為詘身以信道非知孔子者蓋道外無身身外無道身詘矣而可以信道吾未之信也]

○子曰性相近也習相遠也[此所謂性兼氣質而言者也氣質之性固有美惡之不同矣然以其初而言則皆不甚相遠也但習於善則善習於惡則惡於是始相遠耳○程子曰此言氣質之性非言性之本也若言其本則性即是理理無不善孟子之言性善是也何相近之有哉]

○子曰唯上知與下愚不移[知去聲○此承上章而言人之氣質相近之中又有美惡一定而非習之所能移者○程子曰人性本善有不可移者何也語其性則皆善也語其才則有下愚之不移所謂下愚有二焉自暴自棄也人苟以善自治則無不可移雖昏愚之至皆可漸磨而進也惟自暴者拒之以不信自棄者絕之以不為雖聖人與居不能化而入也仲尼之所謂下愚也然其質非必昏且愚也往往強戾而才力有過人者商辛是也聖人以其自絕於善謂之下愚然考其歸則誠愚也或曰此與上章當合為一子曰二字蓋衍文也]

○子之武城聞絃歌之聲[絃琴瑟也時子游為武城宰以禮樂為教故邑人皆絃歌也]夫子莞爾而笑曰割雞焉用牛刀[莞華版反焉於虔反○莞爾小笑貌蓋喜之也因言其治小邑何必用此大道也]子游對曰昔者偃也聞諸夫子曰

予康反　浼音每　瓠音互

君子學道則愛人，小人學道則易使也。」易，去聲。○君子小人以位言之。子游所稱，蓋夫子之常言。言君子小人皆不可以不學，故武城雖小，亦必教以禮樂。

子曰：「二三子！偃之言是也。前言戲之耳。」嘉子游之篤信，又以解門人之惑也。○治有大小，而其治之必用禮樂，則其為道一也。但眾人多不能用，而子游獨行之。故夫子驟聞而深喜之，因反其言以戲之。而子游以正對，故復是其言，而自實其戲也。

○公山弗擾以費畔，召，子欲往。弗擾，季氏宰。與陽虎共執桓子，據邑以叛。

子路不說，曰：「末之也已，何必公山氏之之也？」說，音悅。○末，無也。言道既不行，無所往矣，何必公山氏之往乎？

子曰：「夫召我者，而豈徒哉？如有用我者，吾其為東周乎？」夫，音扶。○豈徒哉，言必用我也。為東周，言興周道於東方。○程子曰：「聖人以天下無不可有為之人，亦無不可改過之人，故欲往。然而終不往者，知其必不能改故也。」

○子張問仁於孔子。孔子曰：「能行五者於天下為仁矣。」請問之。曰：「恭、寬、信、敏、惠。恭則不侮，寬則得眾，信則人任焉，敏則有功，惠則足以使人。」行是五者，則心存而理得矣。於天下，言無適而不然，猶所謂雖之夷狄不可棄者。五者之目，蓋因子張所不足而言耳。任，倚仗也，又言其效如此。○張敬夫曰：「能行此五者於天下，則其心公平而周遍可知矣，然恭其本與？」李氏曰：「此章與六言、六蔽、五美、四惡之類，皆與前後文體大不相似。」

○佛肸召，子欲往。佛，音弼。肸，許密反。○佛肸，晉大夫趙氏之中牟宰也。

子路曰：「昔者由也聞諸夫子曰：『親於其身為不善者，君子不入也。』佛肸以中牟畔，子之往也，如之何？」子路恐佛肸之浼夫子，故問此以止夫子之行。親，猶自也。不入，不入其黨也。

子曰：「然，有是言也。不曰堅乎，磨而不磷；不曰白乎，涅而不緇。磷，力刃反。涅，乃結反。○磷，薄也。涅，染皂物。言人之不善，不能浼己。楊氏曰：「磨不磷，涅不緇，而後無可無不可。堅白不足，而欲自試於磨涅，其不磷緇也者，幾希。」

吾豈匏瓜也哉？焉能繫而不食？」焉，於虔反。

陽貨

更平聲

廣矩訂女為矣乎是訓詞非問詞下一句正是當為之故諸家辨六云字兩

〇匏，瓠也。匏瓜繫於一處而不能飲食，人則不如是也。〇張敬夫曰：子路昔者之所聞，君子守身之常法；夫子今日之所言，聖人體道之大權也。然夫子於公山、佛肸之召皆欲往者，以天下無不可變之人，無不可為之事也。其卒不往者，知其人之終不可變，而事之終不可為耳。一則生物之仁，一則知人之智也。

〇子曰：由也，女聞六言六蔽矣乎？對曰：未也。女，音汝，下同。〇蔽，遮掩也。

居！吾語女。語，去聲。〇禮：君子問更端，則起而對。故孔子諭子路，使還坐而告之。

好仁不好學，其蔽也愚；好知不好學，其蔽也蕩；好信不好學，其蔽也賊；好直不好學，其蔽也絞；好勇不好學，其蔽也亂；好剛不好學，其蔽也狂。好知，並去聲。〇六言皆美德，然徒好之而不學以明其理，則各有所蔽。愚若可陷可罔之類。蕩謂窮高極廣而無所止。賊謂傷害於物。勇者剛之發，剛者勇之體。狂，躁率也。〇范氏曰：子路勇於為善，其失之者未能好學以明之也，故告之以此。曰勇、曰剛、曰信、曰直，又皆所以救其偏也。

〇子曰：小子何莫學夫詩？夫，音扶。〇小子，弟子也。

詩，可以興，感發志意。可以觀，考見得失。可以羣，和而不流。可以怨。怨而不怒。

邇之事父，遠之事君。人倫之道，詩無不備，二者舉重而言。

多識於鳥獸草木之名。其緒餘又足以資多識。〇學詩之法，此章盡之。讀是經者所宜盡心也。

〇子謂伯魚曰：女為周南、召南矣乎？人而不為周南、召南，其猶正牆面而立也與？女，音汝。與，平聲。〇為，猶學也。周南、召南，詩首篇名。所言皆修身齊家之事。正牆面而立，言即其至近之地，而一物無所見，一步不可行。

〇子曰：禮云禮云，玉帛云乎哉？樂云樂云，鍾鼓云乎哉？敬而將之以玉帛，則為禮；和而發之以鐘鼓，則為樂。遺其本而專事其末，則豈禮樂之謂哉？〇程子曰：禮只是一個序，樂只是一個和。只此兩字含蓄多少義理。天下無一物無禮樂。且如置此兩椅，一不正，便是無序。無序便乖，乖便不和。又如盜賊至為不道，然亦有禮樂。蓋必有總屬，必相聽順，乃能為盜。不然，則叛亂無統，不能一日相聚而為盜也。禮樂無處無之，學者要須識得。

〇子曰：色厲而內荏，譬諸小人，其猶穿窬之盜也與？荏，而審反。與，平聲。〇厲，威嚴也。荏，柔弱也。小人，細民也。穿，穿壁。窬，踰牆。言

乎哉 内想 出意 思 只音 止音 音倚 識音 志蓄 音旭 仇滄 柱曰 鄙夫 精神 伎俩 全用 在一 既字 馮道 十主 蔡京 五入 相劉 棉花 耐彈 萬安

其無實盜名，而常畏人知也。○子曰：「鄉原，德之賊也。」鄉者，鄙俗之意。原，與愿同。荀子原愨，註讀作愿是也。鄉原，鄉人之愿者也。蓋其同流合汙以媚於世，故在鄉人之中，獨以愿稱。夫子以其似德非德，而反亂乎德，故以為德之賊而深惡之。詳見孟子末篇。○子曰：「道聽而塗說，德之棄也。」雖聞善言，不為已有，是自棄其德也。○王氏曰：「君子多識前言往行以畜其德。道聽塗說，則棄之矣。」○子曰：「鄙夫可與事君也與哉？與，平聲。○鄙夫，庸惡陋劣之稱。其未得之也，患得之。既得之，患失之。何氏曰：「患得之，謂患不能得之。」苟患失之，無所不至矣。」小則吮癰舐痔，大則弒父與君，皆生於患失而已。○胡氏曰：「許昌靳裁之有言曰：『士之品大槩有三：志於道德者，功名不足以累其心；志於功名者，富貴不足以累其心；志於富貴而已者，則亦無所不至矣。』志於富貴，即孔子所謂鄙夫也。」○子曰：「古者民有三疾，今也或是之亡也。氣失其平則為疾，故氣稟之偏者亦謂之疾。昔所謂疾，今亦亡之，傷俗之益衰也。古之狂也肆，今之狂也蕩；古之矜也廉，今之矜也忿戾；古之愚也直，今之愚也詐而已矣。」狂者，志願太高。肆，謂不拘小節。蕩則踰大閑矣。矜者，持守太嚴。廉，謂稜角陗厲。忿戾則至於爭矣。愚者，暗昧不明。直，謂徑行自遂。詐則挾私妄作矣。○范氏曰：「末世滋偽。豈惟賢者不如古哉？民性之蔽，亦與古人異矣。」○子曰：「巧言令色，鮮矣仁。」重出。○子曰：「惡紫之奪朱也，惡鄭聲之亂雅樂也，惡利口之覆邦家者。」惡，去聲。覆，芳服反。○朱，正色。紫，間色。雅，正也。利口，捷給。覆，傾敗也。○范氏曰：「天下之理，正而勝者常少，不正而勝者常多，聖人所以惡之也。利口之人，以是為非，以非為是，以賢為不肖，以不肖為賢。人君苟悅而信之，則國家之覆也不難矣。」○子曰：「予欲無言。」學者多以言語觀聖人，而不察其天理流行之實，有不待言而著者。是以徒得其言，而不得其所以言，故夫子發此以警之。子貢曰：「子如不言，則小子何述焉？」子貢正以言語觀聖人者，故疑而問之。子曰：「天何言哉？四時行焉，百物生焉，天何言哉？」四時行，百物生，莫非天理發見流行之實，不待言而可見。聖人一動一靜，莫非妙道精義之發，亦天而已，豈待言而顯哉？此亦開示子貢之切，惜乎其終不喻也。○程子曰：孔子之

看三 台星 冀復 用 吮祖 充切 音焉 癰音 雍舐 善指 切音 士痔 音雄 池上 聲積 去聲 者非 亡與 無通 冀註 而 已矣 總綰 上 隋去 聲音

道。譬如日星之明猶患門人未能盡曉故曰予欲無言若顔子即便默識其他則未免疑問故曰小子何述。又曰天何言哉四時行焉百物生焉則可謂至明白矣愚按此與前篇無隱之意相發學者詳之

○孺悲欲見孔子孔子辭以疾將命者出戶取瑟而歌使之聞之

孺悲魯人嘗學士喪禮於孔子當是時必有以得罪者故辭以疾而又使知其非疾以警教之也程子曰此孟子所謂不屑之教誨所以深教之也

○宰我問三年之喪期已久矣

期音基下同○期周年也

君子三年不為禮禮必壞三年不為樂樂必崩

恐居喪不習而崩壞也

舊穀既沒新穀既升鑽燧改火期可已矣

鑽祖官反○沒盡也升登也燧取火之木也改火春取榆柳之火夏取棗杏之火夏季取桑柘之火秋取柞楢之火冬取槐檀之火亦一年而周也已止也言期年則天運一周時物皆變喪至此可止也尹氏曰短喪之說下愚且恥言之宰我親學聖人之門而以是為問者有所疑於心而不敢強焉爾

子曰食夫稻衣夫錦於女安乎 曰安

夫音扶下同衣去聲女音汝下同○禮父母之喪既殯食粥粗衰既葬疏食水飲受以成布期而小祥始食菜果練冠縓緣要絰不除無食稻衣錦之理夫子欲宰我反求諸心自得其所以不忍者故問之以此而宰我不察也

女安則為之夫君子之居喪食旨不甘聞樂不樂居處不安故不為也今女安則為之

樂上如字下音洛○此夫子之言也旨亦甘也初言女安則為之絕之之辭又發其不忍之端以警其不察而再言女安則為之以深責之

宰我出子曰予之不仁也子生三年然後免於父母之懷夫三年之喪天下之通喪也予也有三年之愛於其父母乎

宰我既出夫子懼其真以為可安而遂行之故深探其本而斥之言由其不仁故愛親之薄如此也懷抱也又言君子所以不忍於親而喪必三年之故使之聞之或能反求而終得其本心也○范氏曰喪雖止於三年然賢者之情則無窮也特以聖人為之中制而不敢過故必俯而就之非以三年之喪為足以報其親也所謂三年然後免於父母之懷特以責宰我之無恩欲其有以跂而及之爾

○子曰飽食終日無所用心難矣哉不有博奕者乎為之猶賢

倘 覆音 福 開去 聲 柞楮 音咋 由 衰音 儺疏 乎聲 食音 嗣期 音基 縣七 絹反 緣去 聲要 乎聲 經音 迭 搽他 章反 跂其 至反

乎已博局戲也奕圍棊也已止也李氏曰聖人非教人博奕也所以甚言無所用心之不可爾○子路曰君子尚勇乎子曰君子義以為上君子有勇而無義為亂小人有勇而無義為盜尚上之也君子為亂小人為盜皆以位而言者也尹氏曰義以為尚則其勇也大矣子路好勇故夫子以此救其失也胡氏曰疑此子路初見孔子時問答也○子貢曰君子亦有惡乎子曰有惡惡稱人之惡者惡居下流而訕上者惡勇而無禮者惡果敢而窒者惡去聲下同唯惡者之惡如字訕所諫反○訕謗毀也窒不通也稱人惡則無仁厚之意下訕上則無忠敬之心勇無禮則為亂果而窒則妄作故夫子惡之曰賜也亦有惡乎惡徼以為知者惡不孫以為勇者惡訐以為直者徼古堯反知孫並去聲訐居謁反○惡徼以下子貢之言也徼伺察也訐謂攻發人之陰私○楊氏曰仁者無不愛則君子疑若無惡矣子貢之有是心也故問焉以質其是非侯氏曰聖賢之所惡如此所謂唯仁者能惡人也○子曰唯女子與小人為難養也近之則不孫遠之則怨近孫遠並去聲○此小人亦謂僕隸下人也君子之於臣妾莊以涖之慈以畜之則無二者之患矣○子曰年四十而見惡焉其終也已惡去聲○四十成德之時見惡於人則止於此而已勉人及時遷善改過也蘇氏曰此亦有為而言不知其為誰也

微子第十八此篇多記聖賢之出處凡十一章

微子去之箕子為之奴比干諫而死微箕二國名子爵也微子紂庶兄箕子比干紂諸父微子見紂無道去之以存宗祀箕子比干皆諫紂殺比干囚箕子以為奴箕子因佯狂而受辱孔子曰殷有三仁焉三人之行不同而同出於至誠惻怛之意故不咈乎愛之理而有以全其心之德也楊氏曰此三人者各得其本心故同謂之仁○

柳下惠為士師三黜人曰子未可以去乎曰直道而事人焉往而

焉許六反　佯音羊　行去聲咈音弗　確音卻　復扶又反　相去聲沮在呂反　辟與避同　趨去聲坊本作

不三黜枉道而事人何必去父母之邦 三去聲焉於虔反○士師獄官黜退也柳下惠三黜不去而其辭氣雍容如此可謂和矣然其不能枉道之意則有確乎其不可拔者是則所謂必以其道而不自失焉者也○胡氏曰此必有孔子斷之之言而亡之矣

○齊景公待孔子曰若季氏則吾不能以季孟之間待之曰吾老矣不能用也孔子行 魯三卿季氏最貴孟氏為下卿孔子去之事見世家然此言必非面語孔子蓋自以告其臣而孔子聞之爾○程子曰季氏強臣君待之之禮極隆然非所以待孔子也以季孟之間待之則禮亦至矣然復曰吾老矣不能用也故孔子去之蓋不繫待之輕重特以不用而去爾

○齊人歸女樂季桓子受之三日不朝孔子行 歸如字或作饋朝音潮○季桓子魯大夫名斯按史記定公十四年孔子為魯司寇攝行相事齊人懼歸女樂以沮之○尹氏曰受女樂而怠於政事如此其簡賢棄禮不足與有為可知矣夫子所以行也所謂見幾而作不俟終日者與○范氏曰此篇記仁賢之出處而折衷以聖人之行所以明中庸之道也

○楚狂接輿歌而過孔子曰鳳兮鳳兮何德之衰往者不可諫來者猶可追已而已而今之從政者殆而 接輿楚人佯狂辟世夫子時將適楚故接輿歌而過其車前也鳳有道則見無道則隱接輿以比孔子而譏其不能隱為德衰也來者可追言及今尚可隱去已止也而語助辭殆危也接輿蓋知尊孔子而趨不同者也

孔子下欲與之言趨而辟之不得與之言 辟去聲○孔子下車蓋欲告之以出處之意接輿自以為是故不欲聞而辟之也

○長沮桀溺耦而耕孔子過之使子路問津焉 沮七余反溺乃歷反○二人隱者耦並耕也時孔子自楚反乎蔡津濟渡處

長沮曰夫執輿者為誰子路曰為孔丘曰是魯孔丘與曰是也曰是知津矣 夫音扶與平聲○執輿執轡在車也蓋本子路御而執轡今下問津故夫子代之也知津言數周流自知津處

問於桀溺桀溺曰子為誰曰為仲由曰是魯孔丘之徒與對曰然曰滔滔者天下

趨
種上聲
去上聲
復扶又反
倨音據
別必列反
饕音叨

皆是也，而誰以易之？且而與其從辟人之士也，豈若從辟世之士哉？」耰而不輟。徒與之與，平聲。滔，土刀反。辟，去聲。耰，音憂。○滔滔，流而不反之意。以，猶與也。言天下皆亂，將誰與變易之？而，汝也。辟人，謂孔子。辟世，桀溺自謂。耰，覆種也。亦不告以津處。子路行以告。夫子憮然曰：「鳥獸不可與同羣，吾非斯人之徒與而誰與？天下有道，丘不與易也。」憮，音武。與，如字。○憮然，猶悵然，惜其不喻己意也。言所當與同羣者，斯人而已，豈可絕人逃世以為潔哉？天下若已平治，則我無用變易之。正為天下無道，故欲以道易之耳。○程子曰：「聖人不敢有忘天下之心，故其言如此也。」張子曰：「聖人之仁，不以無道必天下而棄之也。」

○子路從而後，遇丈人，以杖荷蓧。子路問曰：「子見夫子乎？」丈人曰：「四體不勤，五穀不分。孰為夫子？」植其杖而芸。蓧，徒弔反。植，音值。○丈人，亦隱者。蓧，竹器。分，辨也。五穀不分，猶言不辨菽麥爾。責其不事農業而從師遠遊也。植，立之也。芸，去草也。子路拱而立。知其隱者，敬之也。止子路宿，殺雞為黍而食之，見其二子焉。食，音嗣。見，賢遍反。明日，子路行以告。子曰：「隱者也。」使子路反見之。至，則行矣。孔子使子路反見之，蓋欲告之以君臣之義，而丈人意子路必將復來，故先去之以滅其跡，亦接輿之意也。子路曰：「不仕無義。長幼之節，不可廢也；君臣之義，如之何其廢之？欲潔其身而亂大倫。君子之仕也，行其義也。道之不行，已知之矣。」長，上聲。○子路述夫子之意如此。蓋丈人之接子路甚倨，而子路益恭，丈人因見其二子焉，則於長幼之節，固知其不可廢矣，故因其所明以曉之。倫，序也。人之大倫有五：父子有親，君臣有義，夫婦有別，長幼有序，朋友有信是也。仕所以行君臣之義，故雖知道之不行而不可廢。然謂之義，則事之可否，身之去就，亦自有不可苟者。是以雖不潔身以亂倫，亦非忘義以徇祿也。福州有國初時寫本，路下有反子二字，以此為子路反而夫子言之也。未知是否？○范氏曰：「隱者為高，故往而不返；仕者為通，故溺而不止。不與鳥獸同羣，則決性命之情以饕富貴。此二者皆惑也，

解居 隘反 斷音 短裸 短裸 果力 反 逸七 到反 行去 聲離 去聲 與京 聲所 本上 以此 無 字 坊本 于皆 作於 弛詩 紙反

是以依乎中庸者為難。惟聖人不廢君臣之義，而必以其正，所以或出或處而終不離於道也。○逸民：伯夷、叔齊、虞仲、夷逸、朱張、柳下惠、少連。少，去聲，下同。○逸，遺逸。民者，無位之稱。虞仲，即仲雍，與泰伯同竄荊蠻者。夷逸、朱張，不見經傳。少連，東夷人。○子曰：「不降其志，不辱其身，伯夷、叔齊與！」與，平聲。謂：「柳下惠、少連，降志辱身矣，言中倫，行中慮，其斯而已矣。」中，去聲，下同。○柳下惠事見上。倫，義理之次第也。慮，思慮也。中慮，言有意義合人心。少連事不可考。然記稱其善居喪，三日不怠，三月不解，朞悲哀，三年憂。則行之中慮，亦可見矣。謂：「虞仲、夷逸，隱居放言，身中清，廢中權。仲雍居吳，斷髮文身，裸以為飾。隱居獨善，合乎道之清。放言自廢，合乎道之權。我則異於是，無可無不可。」孟子曰：孔子可以仕則仕，可以止則止，可以久則久，可以速則速。所謂無可無不可也。○謝氏曰：七人隱遯不汙則同，其立心造行則異。伯夷、叔齊，天子不得臣，諸侯不得友，蓋已遯世離羣矣，下聖人一等，此其最高與！柳下惠、少連，雖降志而不枉己，雖辱身而不求合，其心有不屑也。故言能中倫，行能中慮。虞仲、夷逸隱居放言，則言不合先王之法者多矣。然清而不汙也，權而適宜也。與方外之士害義傷教而亂大倫者殊科。是以均謂之逸民。尹氏曰：七人各守其一節，而孔子則無可無不可，此所以常適其可，而異於逸民之徒也。揚雄曰：觀乎聖人則見賢人。是以孟子語夷、惠，亦必以孔子斷之。

大師摯適齊，大，音泰。○大師，魯樂官之長。摯，其名也。亞飯干適楚，三飯繚適蔡，四飯缺適秦，飯，扶晚反。繚，音了。○亞飯以下，以樂侑食之官。干、繚、缺，皆名也。鼓方叔入於河，鼓，擊鼓者。方叔，名。河，河內。播鼗武入於漢，鼗，徒刀反。○播，搖也。鼗，小鼓。兩旁有耳，持其柄而搖之，則旁耳還自擊。武，名也。漢，漢中。少師陽、擊磬襄入於海。少，去聲。○少師，樂官之佐。陽、襄，二人名。襄即孔子所從學琴者。海，海島也。○此記賢人之隱遯，以附前章，然未必夫子之言也。末章放此。張子曰：周衰樂廢，夫子自衛反魯，一嘗治之。其後伶人賤工識樂之正。及魯益衰，三桓僭妄，自大師以下，皆各散之四方，逾河蹈海以去亂。聖人俄頃之助，功化如此。如有用我，期月而可，豈虛語哉？

○周公謂魯公曰：「君子不施其親，不使大臣怨乎不以。故舊無大故，則不棄也。無求備於一人。」施，陸氏本作弛，福本同。○魯公，周公子伯禽也。弛，遺棄也。以，用也。大臣非其人則去之，在其位則不可不用。大故，謂惡逆。李氏曰：四

去上聲 乳去聲 惓音權 遠去聲

者皆君子之事忠厚之至也○胡氏曰此伯禽受封之國周公訓戒之辭魯人傳誦久而不忘也其或夫子嘗與門弟子言之歟

周有八士伯達伯适仲突仲忽叔夜叔夏季隨季騧 騧烏瓜反○或曰成王時人或曰宣王時人蓋一母四乳而生八子也然不可考矣○張子曰記善人之多也○愚按此篇孔子於三仁逸民師摯八士既皆稱贊而品列之於接輿沮溺丈人又每有惓惓接引之意皆衰世之志也其所感者深矣在陳之歎蓋亦如此三仁則無間然矣其餘數君子者亦皆一世之高士若使得聞聖人之道以裁其所過而勉其所不及則其所立豈止於此而已哉

論語卷之十

子張第十九

此篇皆記弟子之言而子夏為多子貢次之蓋孔門自顏子以下穎悟莫若子貢自曾子以下篤實無若子夏故特記之詳焉凡二十五章

子張曰士見危致命見得思義祭思敬喪思哀其可已矣 致命謂委致其命猶言授命也四者立身之大節一有不至則餘無足觀故言士能如此則庶乎其可矣

○子張曰執德不弘信道不篤焉能為有焉能為亡 焉於虔反亡讀作無下同○有所得而守之太狹則德孤有所聞而信之不篤則道廢焉能為有亡猶言不足為輕重

○子夏之門人問交於子張子張曰子夏云何對曰子夏曰可者與之其不可者拒之子張曰異乎吾所聞君子尊賢而容眾嘉善而矜不能我之大賢與於人何所不容我之不賢與人將拒我如之何其拒人也 賢與之與平聲○子夏之言迫狹子張譏之是也但其所言亦有過高之弊蓋大賢雖無所不容然大故亦所當絕不賢固不可以拒人然損友亦所當遠學者不可不察

○子夏曰雖小道必有可觀者焉致遠恐泥是以君子不為也 泥去聲○小道如農圃醫卜之屬泥不通也○楊氏曰百家眾技猶耳目口鼻皆有所明而不能相通非無可觀也致遠則泥矣故君子不為也

儼言上聲

應去聲

子夏曰日知其所亡月無忘其所能可謂好學也已矣亡讀作無好去聲○亡無也謂己之所未有○尹氏曰好學者日新而不失

○子夏曰博學而篤志切問而近思仁在其中矣四者皆學問思辨之事耳未及乎力行而為仁也然從事於此則心不外馳而所存自熟故曰仁在其中矣○程子曰博學而篤志切問而近思何以言仁在其中矣學者要思得之了此便是徹上徹下之道又曰學不博則不能守約志不篤則不能力行切問近思在己者則仁在其中矣又曰近思者以類而推蘇氏曰博學而志不篤則大而無成泛問遠思則勞而無功

○子夏曰百工居肆以成其事君子學以致其道肆謂官府造作之處致極也工不居肆則遷於異物而業不精君子不學則奪於外誘而志不篤尹氏曰學所以致其道也百工居肆必務成其事君子之於學可不知所務哉愚按二說相須其義始備

○子夏曰小人之過也必文文去聲○文飾之也小人憚於改過而不憚於自欺故必文以重其過

○子夏曰君子有三變望之儼然即之也溫聽其言也厲儼然者貌之莊溫者色之和厲者辭之確○程子曰他人儼然則不溫溫則不厲惟孔子全之謝氏曰此非有意於變蓋並行而不相悖也如良玉溫潤而栗然

○子夏曰君子信而後勞其民未信則以為厲己也信而後諫未信則以為謗己也信謂誠意惻怛而人信之也厲猶病也事上使下皆必誠意交孚而後可以有為

○子夏曰大德不踰閑小德出入可也大德小德猶言大節小節閑闌也所以止物之出入言人能先立乎其大者則小節雖或未盡合理亦無害也○吳氏曰此章之言不能無弊學者詳之

○子游曰子夏之門人小子當洒掃應對進退則可矣抑末也本之則無如之何洒色賣反掃素報反○子游譏子夏弟子於威儀容節之間則可矣然此小學之末耳推其本如大學正心誠意之事則無有

○子夏聞之曰噫言游過矣君子之道孰先傳焉孰後倦焉譬諸草木區以別矣君子之道

强上聲 語御音　易去聲　惡平聲

焉可誣也？有始有卒者，其惟聖人乎！」別，必列反。焉，於虔反。○倦，如誨人不倦之倦。區，猶類也。言君子之道，非以其末為先而傳之，非以其本為後而倦教。但學者所至，自有淺深，如草木之有大小，其類固有別矣。若不量其淺深，不問其生熟，而槩以高且遠者強而語之，則是誣之而已。君子之道，豈可如此？若夫始終本末一以貫之，則惟聖人為然，豈可責之門人小子乎？○程子曰：「君子教人有序，先傳以小者近者，而後教以大者遠者。非先傳以近小，而後不教以遠大也。」又曰：「灑掃應對，便是形而上者，理無大小故也。故君子只在謹獨。」又曰：「聖人之道，更無精粗。從灑掃應對，與精義入神，貫通只一理。雖灑掃應對，只看所以然如何。」又曰：「凡物有本末，不可分本末為兩段事。灑掃應對是其然，必有所以然。」又曰：「自灑掃應對上，便可到聖人事。」愚按：程子第一條說此章文意，最為詳盡。其後四條，皆以明精粗本末。其分雖殊，而理則一。學者當循序而漸進，不可厭末而求本。蓋與第一條之意，實相表裏。非謂末即是本，但學其末而本即在此也。

○子夏曰：「仕而優則學，學而優則仕。」優，有餘力也。仕與學理同而事異，故當其事者，必先有以盡其事，而後可及其餘。然仕而學，則所以資其仕者益深；學而仕，則所以驗其學者益廣。

○子游曰：「喪致乎哀而止。」致極其哀，不尚文飾也。楊氏曰：「『喪，與其易也寧戚』，不若禮不足而哀有餘之意。」愚按：「而止」二字，亦微有過於高遠而簡略細微之弊。學者詳之。

○子游曰：「吾友張也為難能也，然而未仁。」子張行過高，而少誠實惻怛之意。

○曾子曰：「堂堂乎張也，難與並為仁矣。」堂堂，容貌之盛。言其務外自高，不可輔而為仁，亦不能有以輔人之仁也。○范氏曰：「子張外有餘而內不足，故門人皆不與其為仁。子曰：『剛毅木訥近仁。』寧外不足而內有餘，庶可以為仁矣。」

○曾子曰：「吾聞諸夫子：人未有自致者也，必也親喪乎！」致，盡其極也。蓋人之真情所不能自已者。○尹氏曰：「親喪固所自盡也，於此不用其誠，惡乎用其誠？」

○曾子曰：「吾聞諸夫子：孟莊子之孝也，其他可能也；其不改父之臣與父之政，是難能也。」孟莊子，魯大夫，名速。其父獻子，名蔑。獻子有賢德，而莊子能用其臣，守其政。故其他孝行雖有可稱，而皆不若此事之為難。

○孟氏使陽膚為士師，問於曾子。曾子曰：「上失其道，民散久矣。如得其情，則哀矜而勿喜！」陽膚，曾子弟子。民散，謂情義乖離，不相維繫。謝氏曰：「民之散也，以使之無道，教之無素。故其犯法也，非迫

省悉井反　仞音刃　分去聲

於不得已則陷於不知也。故得其情則哀矜而勿喜。○子貢曰。紂之不善。不如是之甚也。是以君子惡居下流。天下之惡皆歸焉。惡居之惡，去聲。○下流，地形卑下之處，衆流之所歸。喻人身有汙賤之實，亦惡名之所聚也。子貢言此，欲人常自警省，不可一置其身於不善之地。非謂紂本無罪而虛被惡名也。

○子貢曰。君子之過也。如日月之食焉。過也。人皆見之。更也。人皆仰之。更，平聲。

○衛公孫朝問於子貢曰。仲尼焉學。朝，音潮。焉，於虔反。○公孫朝，衛大夫。子貢曰。文武之道。未墜於地。在人。賢者識其大者。不賢者識其小者。莫不有文武之道焉。夫子焉不學。而亦何常師之有。識，音志。下焉字，於虔反。○文武之道，謂文王武王之謨訓功烈，與凡周之禮樂文章皆是也。在人，言人有能記之者。識，記也。

○叔孫武叔語大夫於朝曰。子貢賢於仲尼。語，去聲。朝，音潮。○武叔，魯大夫，名州仇。子服景伯以告子貢。子貢曰。譬之宮牆。賜之牆也及肩。窺見室家之好。牆卑室淺。夫子之牆數仞。不得其門而入。不見宗廟之美。百官之富。○七尺曰仞。不入其門，則不見其中之所有，言牆高而宮廣也。得其門者或寡矣。夫子之云。不亦宜乎。此夫子，指武叔。

○叔孫武叔毁仲尼。子貢曰。無以為也。仲尼不可毁也。他人之賢者。丘陵也。猶可踰也。仲尼日月也。無得而踰焉。人雖欲自絕。其何傷於日月乎。多見其不知量也。量，去聲。○無以為，猶言無用為此。土高曰丘，大阜曰陵。日月，喻其至高。自絕，謂以謗毁自絕於孔子。多，與祇同，適也。不知量，謂不自知其分量。

推吐雷反

於音烏 喪如字 離去聲

○陳子禽謂子貢曰。子為恭也。仲尼豈賢於子乎。為恭謂為恭敬推遜其師也。子貢曰。君子一言以為知。一言以為不知。言不可不慎也。知去聲。○責子禽不謹言。夫子之不可及也。猶天之不可階而升也。階梯也。大可為也。化不可為也。故曰不可階而升也。夫子之得邦家者。所謂立之斯立。道之斯行。綏之斯來。動之斯和。其生也榮。其死也哀。如之何其可及也。道去聲。○立之。謂植其生也。道引也。謂教之也。行從也。綏安也。來歸附也。動謂鼓舞之也。和所謂於變時雍。言其感應之妙。神速如此。榮謂莫不尊親。哀則如喪考妣。程子曰。此聖人之神化。上下與天地同流者也。○謝氏曰。觀子貢稱聖人語。乃知晚年進德。蓋極於高遠也。夫子之得邦家者。其鼓舞羣動。捷於桴鼓影響。人雖見其變化。而莫窺其所以變化也。蓋不離於聖。而有不可知者存焉。聖而進於不可知之之神矣。此殆難以思勉及也。

堯曰第二十 凡三章

堯曰。咨爾舜。天之曆數在爾躬。允執其中。四海困窮。天祿永終。此堯命舜而禪以帝位之辭。咨嗟歎聲。曆數帝王相繼之次第。猶歲時節氣之先後也。允信也。中者無過不及之名。四海之人困窮。則君祿亦永絕矣。戒之也。舜亦以命禹。舜後遜位於禹。亦以此辭命之。今見於虞書大禹謨。比此加詳。曰。予小子履。敢用玄牡。敢昭告于皇皇后帝。有罪不敢赦。帝臣不蔽。簡在帝心。朕躬有罪。無以萬方。萬方有罪。罪在朕躬。此引商書湯誥之辭。蓋湯既放桀而告諸侯也。與書文大同小異。曰上當有湯字。履蓋湯名。用玄牡。夏尚黑。未變其禮也。簡閱也。言桀有罪。已不敢赦。而天下賢人。皆上帝之臣。已不敢蔽。簡在帝心。惟帝所命。此述其初請命而伐桀之詞也。又言君有罪。非民所致。民有罪。實君所為。見其厚於責己。薄於責

予與通，下同　稱去聲　夫音扶　屏去聲

人之意。此其告諸侯之辭也。周有大賚，善人是富。賚，來代反。○此以下述武王事。賚，予也。武王克商，大賚于四海。見周書武成篇。此言其所富者，皆善人也。詩序云：賚所以錫予善人，蓋本於此。雖有周親，不如仁人。百姓有過，在予一人。此周書泰誓之辭。孔氏曰：周，至也。言紂至親雖多，不如周家之多仁人。謹權量，審法度，修廢官，四方之政行焉。權，稱錘也。量，斗斛也。法度，禮樂制度皆是也。興滅國，繼絕世，舉逸民，天下之民歸心焉。興滅繼絕，謂封黃帝堯舜夏商之後。舉逸民，謂釋箕子之囚，復商容之位。三者皆人心之所欲也。所重：民、食、喪、祭。武成曰：重民五教，惟食喪祭。寬則得眾，信則民任焉，敏則有功，公則說。說音悅。○此於武王之事無所見，恐或泛言帝王之道也。○楊氏曰：論語之書，皆聖人微言，而其徒傳守之，以明斯道者也。故於終篇具載堯舜咨命之言，湯武誓師之意，與夫施諸政事者。以明聖學之所傳者，一於是而已。所以著明二十篇之大旨也。孟子於終篇，亦歷敘堯舜湯文孔子相承之次，皆此意也。

○子張問於孔子曰：何如斯可以從政矣？子曰：尊五美，屏四惡，斯可以從政矣。子張曰：何謂五美？子曰：君子惠而不費，勞而不怨，欲而不貪，泰而不驕，威而不猛。費，芳味反。子張曰：何謂惠而不費？子曰：因民之所利而利之，斯不亦惠而不費乎？擇可勞而勞之，又誰怨？欲仁而得仁，又焉貪？君子無眾寡，無小大，無敢慢，斯不亦泰而不驕乎？君子正其衣冠，尊其瞻視，儼然人望而畏之，斯不亦威而不猛乎？焉，於虔反。子張曰：何謂四惡？子曰：不教而殺謂之虐；不戒視成謂之暴；慢令致

刓吾官反 予通作與 京本無人字

期。謂之賊。猶之與人也。出納之吝。謂之有司。出去聲。○虐謂殘酷不仁。暴謂卒遽無漸。致期刻期也。賊者。切害之意。緩於前而急於後。以誤其民。而必刑之。是賊害之也。猶之。猶言均之也。均之以物與人。而於其出納之際。乃或吝而不果。則是有司之事。而非為政之體。所與雖多。人亦不懷其惠矣。項羽使人有功當封。刻印刓。忍弗能予。卒以取敗。亦其驗也。○尹氏曰。告問政者多矣。未有如此之備者也。故記之以繼帝王之治。則夫子之為政可知也。

○**子曰。不知命。無以為君子也。**程子曰。知命者。知有命而信之也。人不知命。則見害必避。見利必趨。何以為君子。

不知禮。無以立也。不知禮。則耳目無所加。手足無所措。

不知言。無以知人也。言之得失。可以知人之邪正。○尹氏曰。知斯三者。則君子之事備矣。弟子記此以終篇。得無意乎。學者少而讀之。老而不知一言為可用。不幾於侮聖言者乎。夫子之罪人也。可不念哉。

郑板桥手书四书 论语

先進第十一

子曰先進於礼樂野人也後進於禮樂君子也如用之則吾從先進　子曰從我於陳蔡者皆不及門也德行顏淵閔子騫冉伯牛仲弓言語宰我子貢政事冉有季路文學子游子夏　子曰回也非助我者也於吾言無所不說　子曰孝哉閔子

騫人不間於其父母昆弟之言　南容三復白圭
孔子以其兄之子妻之　季康子問弟子孰為好
學孔子對曰有顏回者好學不幸短命死矣今也
則亡　顏淵死顏路請子之車以為之槨子曰
才不才亦各言其子也鯉也死有棺而無槨吾不
徒行以為之槨以吾從大夫之後不可徒行也

顔淵死子曰噫天喪予天喪予　顔淵死子哭之慟從者曰子慟矣曰有慟乎非夫人之爲慟而誰爲　顔淵死門人欲厚葬之子曰不可門人厚葬之子曰回也視予猶父也予不得視猶子也非我也夫二三子也　季路問事鬼神子曰未能事人焉能事鬼敢問死曰未知生焉知死　閔子侍側

誾誾如也子路行行如也冉有子貢侃侃如也子樂若由也不得其死然　魯人為長府閔子騫曰仍舊貫如之何何必改作子曰夫人不言言必有中　子曰由之瑟奚為於丘之門門人不敬子路子曰由也升堂矣未入於室也　子貢問師與商也孰賢子曰師也過商也不及曰然則師愈與子曰過猶不及

季氏富於周公而求也爲之聚歛而附益之子
曰非吾徒也小子鳴鼓而攻之可也　柴也愚參也
魯師也辟由也喭　子曰回也其庶乎屢空賜不
受命而貨殖焉億則屢中　子張問善人之道
子曰不踐跡亦不入於室　子曰論篤是與君子者

乎色莊者乎

子路問聞斯行諸子曰有父兄在如之何其聞斯行之冉有問聞斯行諸子曰聞斯行之公西華曰由也問聞斯行諸子曰有父兄在求也問聞斯行諸子曰聞斯行之赤也惑敢問子曰求也退故進之由也兼人故退之

子畏於匡顏淵後子曰吾以女為死矣曰子在回何敢死

季子然問仲由冉求可謂大臣與子曰吾以子為異之問曾由与求之問所謂大臣者以道事君不可則止今由與求也可謂具臣矣曰然則從之者与子曰弒父與君亦不從也　子路使子羔為費宰子曰賊夫人之子子路曰有民人焉有社稷焉何必讀書然後為學子曰是故惡夫佞者

子路曾皙冉有公西華侍坐子曰以吾一日長乎爾毋吾以也居則曰不吾知也如或知爾則何以哉子路率爾而對曰千乘之國攝乎大國之間加之以師旅因之以饑饉由也為之比及三年可使有勇且知方也夫子哂之求爾何如對曰方六七十如五六十求也為之比及三年可使足民如其禮樂以俟

君子赤爾何如對曰非曰能之願學焉宗廟之事如會同端章甫願爲小相焉點爾何如鼓瑟希鏗爾舍瑟而作對曰異乎三子者之撰子曰何傷乎亦各言其志也曰暮春者春服既成冠者五六人童子六七人浴乎沂風乎舞雩詠而歸夫子喟然嘆曰吾與點也三子者出曾皙後曾皙曰夫三子者

之言何如子曰亦各言其志也已矣曰夫子何哂由也曰為國以禮其言不讓是故哂之唯求則非邦也與安見方六七十如五六十而非邦也者唯赤則非邦也與宗廟會同非諸侯而何赤也為之小孰能為之大

顏淵第十二

顏淵問仁子曰克己復禮為仁一日克己復禮天下

歸仁焉爲仁由己而由人乎哉顏淵曰請問其目子曰非禮勿視非禮勿聽非禮勿言非禮勿動顏淵曰回雖不敏請事斯語矣　仲弓問仁子曰出門如見大賓使民如承大祭己所不欲勿施於人在邦無怨在家無怨仲弓曰雍雖不敏請事斯語矣　司馬牛問仁子曰仁者其言也訒曰其言也訒斯

謂之仁矣乎子曰爲之難言之得無訒乎　司馬
牛問君子子曰君子不憂不懼曰不憂不懼斯謂
之君子矣乎子曰內省不疚夫何憂何懼　司馬
牛憂曰人皆有兄弟我獨亡子夏曰商聞之矣
死生有命富貴在天君子敬而無失與人恭
而有禮四海之內皆兄弟也君子何患乎無兄弟

也

子張問明子曰浸潤之譖膚受之愬不行焉可謂明也已矣浸潤之譖膚受之愬不行焉可謂遠也已矣

子貢問政子曰足食足兵民信之矣子貢曰必不得已而去於斯三者何先曰去兵子貢曰必不得已而去於斯二者何先曰去食自古皆死民無信不立

棘子成曰君子質而已矣何以文

焉子貢曰惜乎夫子之說君子也駟不及舌文猶
質也質猶文也虎豹之鞟猶犬羊之鞟 哀公
問於有若曰年饑用不足如之何有若對曰盍
徹乎曰二吾猶不足如之何其徹也對曰百姓足君
孰與不足百姓不足君孰與足 子張問崇德
辨惑子曰主忠信徙義崇德也愛之欲其生惡

之欲其死既欲其生又欲其死是惑也　齊景
公問政於孔子孔子對曰君君臣臣父父子子公曰
善哉信如君不君臣不臣父不父子不子雖有粟
吾得而食諸　子曰片言可以折獄者其由也與
子路無宿諾　子曰聽訟吾猶人也必也使無訟
乎　子張問政子曰居之無倦行之以忠　子曰

君子成人之美不成人之惡小人反是　季康子問政於孔子孔子對曰政者正也子帥以正孰敢不正　季康子患盜問於孔子孔子對曰苟子之不欲雖賞之不竊　季康子問政於孔子曰如殺無道以就有道何如孔子對曰子為政焉用殺子欲善而民善矣君子之德風小人之德艸草上

之風必偃　子張問士何如斯可謂之達矣子曰
何哉爾所謂達者子張對曰在邦必聞在家必
聞子曰是聞也非達也夫達也者質直而好義察
言而觀色慮以下人在邦必達在家必達夫聞
也者色取仁而行違居之不疑在邦必聞在家必聞
樊遲從遊於舞雩之下曰敢問崇德脩慝辨

惑子曰善哉問先事後得非崇德與攻其惡無
攻人之惡非脩慝與一朝之忿忘其身以及其親
非惑與　樊遲問仁子曰愛人問知子曰知人樊遲
未達子曰舉直錯諸枉能使枉者直樊遲退見
子夏曰鄉也吾見於夫子而問知子曰舉直錯諸
枉能使枉者直何謂也子夏曰富哉言乎舜有

天下選於衆舉皋陶不仁者遠矣湯有天下選於衆舉伊尹不仁者遠矣

子貢問友子曰忠告而善道之不可則止無自辱焉

曾子曰君子以文會友以友輔仁

子路第十三

子路問政子曰先之勞之請益曰無倦

仲弓

爲季氏宰問政子曰先有司赦小過舉賢才曰
焉知賢才而舉之曰舉爾所知爾所不知人其舍
諸
子路曰衛君待子而爲政子將奚先子曰必也
正名乎子路曰有是哉子之迂也奚其正子曰野
哉由也君子於其所不知蓋闕如也名不正則言不
順言不順則事不成事不成則禮樂不興禮樂

不興則刑罰不中刑罰不中則民無所措手足
故君子名之必可言也言之必可行也君子於其言
無所苟而已矣　樊遲請學稼子曰吾不如老農
請學爲圃曰吾不如老圃樊遲出子曰小人哉樊
須也上好禮則民莫敢不敬上好義則民莫敢
不服上好信則民莫敢不用情夫如是則四方之民

襁負其子而至矣焉用稼　子曰誦詩三百授之以政不達使於四方不能專對雖多亦奚以為　子曰其身正不令而行其身不正雖令不從　子曰魯衛之政兄弟也　子謂衛公子荊善居室始有曰苟合矣少有曰苟完矣富有曰苟美矣　子適衛冉有僕子曰庶矣哉冉有曰既庶矣又何加焉

曰富之曰既富矣又何加焉曰教之　子曰苟有
用我者朞月而已可也三年有成　子曰善人爲
邦百年亦可以勝殘去殺矣誠哉是言也　子曰如
有王者必世而後仁　子曰苟正其身矣於從政乎
何有不能正其身如正人何　冉子退朝子曰何晏
也對曰有政子曰其事也如有政雖不吾以吾其與

簡之　定公問一言而可以興邦有諸孔子對曰言
不可以若是其幾也人之言曰爲君難爲臣不易
如知爲君之難也不幾乎一言而興邦乎曰一言
而喪邦有諸孔子對曰言不可以若是其幾也人
之言曰予無樂乎爲君唯其言而莫予違也如其
善而莫之違也不亦善乎如不善而莫之違也不幾

乎一言而喪邦乎　葉公問政子曰近者說遠者來
子夏為莒父宰問政子曰無欲速無見小利欲
速則不達見小利則大事不成　葉公語孔子曰
吾黨有直躬者其父攘羊而子證之孔子曰吾黨
之直者異於是父為子隱子為父隱直在其中矣
樊遲問仁子曰居處恭執事敬與人忠雖之夷

狄不可棄也　子貢問曰何如斯可謂之士矣子曰行己有恥使於四方不辱君命可謂士矣曰敢問其次曰宗族稱孝焉鄉黨稱弟焉曰敢問其次曰言必信行必果硜硜然小人哉抑亦可以爲次矣曰今之從政者何如子曰噫斗筲之人何足算也　子曰不得中行而與之必也狂狷乎狂者進取狷者有所不爲也

子曰南人有言曰人而無恒不可以作巫醫善夫不恒其德或承之羞子曰不占而已矣 子曰君子和而不同小人同而不和 子貢問曰鄉人皆好之何如子曰未可也鄉人皆惡之何如子曰未可也不如鄉人之善者好之其不善者惡之 子曰君子易事而難說也說之不以道不說也及其使人也器之小人

難事而易說也說之雖不以道說也及其使人也求備焉　子曰君子泰而不驕小人驕而不泰　子曰剛毅木訥近仁　子路問曰何如斯可謂之士矣子曰切切偲偲怡怡如也可謂士矣朋友切切偲偲兄弟怡怡　子曰善人教民七年亦可以即戎矣　子曰以不教民戰是謂棄之

憲問第十四

憲問恥子曰邦有道穀邦無道穀恥也　克伐怨欲不行焉可以為仁矣子曰可以為難矣仁則吾不知也　子曰士而懷居不足以為士矣　子曰邦有道危言危行邦無道危行言孫　子曰有德者必有言有言者不必有德仁者必有勇勇者不必有仁

南宮适問於孔子曰羿善射奡盪舟俱不得其死然禹稷躬稼而有天下夫子不荅南宮适出子曰君子哉若人尚德哉若人

子曰君子而不仁者有矣夫未有小人而仁者也

子曰愛之能勿勞乎忠焉能勿誨乎

子曰為命裨諶艸創之世叔討論之行人子羽脩飾之東里子產潤色之

或問子

產子曰惠人也問子西曰彼哉彼哉問管仲曰人也
奪伯氏駢邑三百飯疏食沒齒無怨言　子曰貧
而無怨難富而無驕易　子曰孟公綽爲趙
魏老則優不可以爲滕薛大夫　子路問成人
子曰若臧武仲之知公綽之不欲卞莊子之勇冉
求之藝文之以禮樂亦可以爲成人矣曰今之成

人者何必然見利思義見危授命久要不忘平生之言亦可以為成人矣　子問公叔文子於公明賈曰信乎夫子不言不笑不取乎公明賈對曰以告者過也夫子時然後言人不厭其言樂然後笑人不厭其笑義然後取人不厭其取子曰其然豈其然乎　子曰臧武仲以防求為後於魯雖

曰不要君吾不信也　子曰晉文公譎而不正齊桓
公正而不譎　子路曰桓公殺公子糾召忽死之管
仲不死曰未仁乎子曰桓公九合諸侯不以兵車管
仲之力也如其仁如其仁　子貢曰管仲非仁者與
桓公殺公子糾不能死又相之子曰管仲相桓公霸
諸侯一匡天下民到于今受其賜微管仲吾其

被髮左衽矣豈若匹夫匹婦之為諒也自經於溝瀆而莫之知也　公叔文子之臣大夫僎与文子同升諸公子聞之曰可以為文矣　子言衛靈公之無道也康子曰夫如是奚而不喪孔子曰仲叔圉治賓客祝鮀治宗廟王孫賈治軍旅夫如是奚其喪　子曰其言之不怍則為之也難　陳成子弒簡

公孔子沐浴而朝告於哀公曰陳恒弒其君請討
之公曰告夫三子孔子曰以吾從大夫之後不敢不告
也君曰告夫三子者之三子告不可孔子曰以吾從大
夫之後不敢不告也　子路問事君子曰勿欺也而
犯之　子曰君子上達小人下達　子曰古之學者
為己今之學者為人　蘧伯玉使人於孔子孔子

與之坐而問焉曰夫子何為對曰夫子欲寡其過而未能也使者出子曰使乎使乎 曾子曰君子思不出其位 子曰君子恥其言而過其行 子曰君子道者三我無能焉仁者不憂知者不惑勇者不懼子貢曰夫子自道也 子貢方人子曰賜也賢乎哉夫我則不暇 子曰不患人之不己知

患其不能也　子曰不逆詐不億不信抑亦先覺者是賢乎　微生畝謂孔子曰丘何為是栖栖者與無乃為佞乎孔子曰非敢為佞也疾固也　子曰驥不稱其力稱其德也　或曰以德報怨何如子曰何以報德以直報怨以德報德　子曰莫我知也夫子貢曰何為其莫知子也子曰不怨天不尤人下

學而上達知我者其天乎　公伯寮愬子路於季孫子服景伯以告曰夫子固有惑志於公伯寮吾力猶能肆諸市朝子曰道之將行也與命也道之將廢也與命也公伯寮其如命何　子曰賢者辟世其次辟地其次辟色其次辟言　子曰作者七人矣　子路宿於石門晨門曰奚自子路曰自孔

氏曰是知其不可而爲之者與　子擊磬於衛

有荷蕢而過孔氏之門者曰有心哉擊磬乎既

而曰鄙哉硜硜乎莫己知也斯已而已矣深則厲

淺則揭　子曰果哉末之難矣　子張曰書云高

宗諒陰三年不言何謂也子曰何必高宗古之人皆

然君薨百官總己以聽於冢宰三年　子曰上好

禮則民易使也　子路問君子子曰脩己以敬曰如斯而已乎曰脩己以安人曰如斯而已乎曰脩己以安百姓脩己以安百姓堯舜其猶病諸　原壤夷俟子曰幼而不孫弟長而無述焉老而不死是為賊以杖叩其脛　闕黨童子將命或問之曰益者与子曰吾見其居扵位也見其與先生竝行也

非求益者也欲速成者也

衛靈公第十五

衛靈公問陳於孔子孔子對曰俎豆之事則嘗聞
之矣軍旅之事未之學也明日遂行在陳絕糧從
者病莫能興子路慍見曰君子亦有窮乎子曰君
子固窮小人窮斯濫矣　子曰賜也女以予為多學

而識之者与對曰然非與曰非也予一以貫之
子曰由知德者鮮矣　子曰無爲而治者其舜
也与夫何爲哉恭己正南面而已矣　子張問行子
曰言忠信行篤敬雖蠻貊之邦行矣言不忠
信行不篤敬雖州里行乎哉立則見其參於
前也在輿則見其倚於衡也夫然後行子張書

諸紳　子曰直哉史魚邦有道如矢邦無道如矢君子哉蘧伯玉邦有道則仕邦無道則可卷而懷之　子曰可与言而不與之言失人不可与言而與之言失言知者不失人亦不失言　子曰志士仁人無求生以害仁有殺身以成仁　子貢問為仁子曰工欲善其事必先利其器居是邦

也事其大夫之賢者友其士之仁者 顏淵問為邦子曰行夏之時乘殷之輅服周之冕樂則韶舞放鄭聲遠佞人鄭聲淫佞人殆 子曰人無遠慮必有近憂 子曰臧文仲其竊位者与知柳下惠之賢而不与立也 子曰躬自厚而薄責於人則遠怨矣 子曰不曰如之何如之何者

吾末如之何也已矣　子曰羣居終日言不及義好行小慧難矣哉　子曰君子義以爲質禮以行之孫以出之信以成之君子哉　子曰君子病無能焉不病人之不己知也　子曰君子疾沒世而名不稱焉　子曰君子求諸己小人求諸人　子曰君子矜而不爭羣而不黨　子曰君子不以言舉人不以

人癈言　子貢問曰有一言而可以終身行之者乎子曰其恕乎己所不欲勿施於人　子曰吾之於人也誰毀誰譽如有所譽者其有所試矣斯民也三代之所以直道而行也　子曰吾猶及史之闕文也有馬者借人乘之今亡已夫　子曰巧言亂德小不忍則亂大謀　子曰衆惡之必察焉衆好

之必察焉　子曰人能弘道非道弘人　子曰過而不改是謂過矣　子曰吾嘗終日不食終夜不寢以思無益不如學也　子曰君子謀道不謀食耕也餒在其中矣學也祿在其中矣君子憂道不憂貧　子曰知及之仁不能守之雖得之必失之知及之仁能守之不莊以涖之則民不敬知及之仁能守

之莊以涖之動之不以禮未善也　子曰君子不可
小知而可大受也小人不可大受而可小知也　子曰
民之於仁也甚於水火水火吾見蹈而死者矣未
見蹈仁而死者也　子曰當仁不讓於師　子曰君
子貞而不諒　子曰事君敬其事而後其食　子
曰有教無類　子曰道不同不相爲謀　子曰辭

達而已矣

師冕見及階子曰階也及席子曰席也皆坐子告之曰某在斯某在斯師冕出子張問曰與師言之道与子曰然固相師之道也

季氏第十六

季氏將伐顓臾冉有季路見於孔子曰季氏將有事於顓臾孔子曰求無乃尔是過与夫顓臾

昔者先王以爲東蒙主且在邦域之中矣是社稷之臣也何以伐爲冉有曰夫子欲之吾二臣者皆不欲也孔子曰求周任有言曰陳力就列不能者止危而不持顛而不扶則將焉用彼相矣且爾言過矣虎兕出於柙龜玉毀於櫝中是誰之過與冉有曰今夫顓臾固而近於費今不取後世必爲子

孫憂孔子曰求君子疾夫舍曰欲之而必爲之辭丘
也聞有國有家者不患寡而患不均不患貧而患
不安蓋均無貧和無寡安無傾夫如是故遠人不
服則脩文德以來之既來之則安之今由與求也
相夫子遠人不服而不能來也邦分崩離析而不能
守也而謀動干戈於邦內吾恐季孫之憂不在顓

臾而在蕭墻之內也　孔子曰天下有道則禮樂征伐自天子出天下無道則禮樂征伐自諸侯出自諸侯出蓋十世希不失矣自大夫出五世希不失矣陪臣執國命三世希不失矣天下有道則政不在大夫天下有道則庶人不議　孔子曰祿之去公室五世矣政逮於大夫四世矣故夫三桓之子孫

微矣
孔子曰益者三友損者三友友直友諒友多
聞益矣友便辟友善柔友便佞損矣　孔子曰
益者三樂損者三樂樂節禮樂樂道人之善樂多
賢友益矣樂驕樂樂佚遊樂宴樂損矣　孔
子曰侍於君子有三愆言未及之而言謂之躁
言及之而不言謂之隱未見顏色而言謂之瞽

孔子曰君子有三戒少之時血氣未定戒之在色及其壯也血氣方剛戒之在鬬及其老也血氣既衰戒之在得　孔子曰君子有三畏畏天命畏大人畏聖人之言小人不知天命而不畏也狎大人侮聖人之言　孔子曰生而知之者上也學而知之者次也困而學之又其次也困而不學民斯為下矣　孔子曰君子

有九思視思明聽思聰色思溫貌思恭言思忠事
思敬疑思問忿思難見得思義　孔子曰見善
如不及見不善如探湯吾見其人矣吾聞其語矣
隱居以求其志行義以達其道吾聞其語矣未見
其人也　齊景公有馬千駟死之日民無德而稱焉
伯夷叔齊餓於首陽之下民到于今稱之誠不以

富亦祇以異其斯之謂與　陳亢問於伯魚曰子亦
有異聞乎對曰未也嘗獨立鯉趨而過庭曰學詩
乎對曰未也不學詩無以言鯉退而學詩他日又
獨立鯉趨而過庭曰學禮乎對曰未也不學禮無
以立鯉退而學禮聞斯二者陳亢退而喜曰問一
得三聞詩聞禮又聞君子之遠其子也　邦君之

妻君稱之曰夫人夫人自稱曰小童邦人稱之曰君
夫人稱諸異邦曰寡小君異邦人稱之亦曰君夫
人

陽貨第十七

陽貨欲見孔子孔子不見歸孔子豚孔子時其亡也
而往拜之遇諸塗謂孔子曰來予與爾言曰懷其

寶而迷其邦可謂仁乎曰不可好從事而亟失時可謂知乎曰不可日月逝矣歲不我与孔子曰諾吾將仕矣

子曰性相近也習相遠也

子曰唯上知與下愚不移

子之武城聞絃歌之聲夫子莞爾而笑曰割雞焉用牛刀子游對曰昔者偃也聞諸夫子曰君子學道則愛人小人學道則易

使也子曰二三子偃之言是也前言戲之耳　公山
弗擾以費畔召子欲往子路不說曰末之也已何必
公山氏之之也子曰夫召我者而豈徒哉如有用我者
吾其爲東周乎　子張問仁於孔子孔子曰能行
五者於天下爲仁矣請問之曰恭寬信敏惠恭則
不侮寬則得衆信則人任焉敏則有功惠則足

以使人　佛肸召子欲往子路曰昔者由也聞諸夫
子曰親於其身為不善者君子不入也佛肸以中
牟畔子之往也如之何子曰然有是言也不曰堅乎
磨而不磷不曰白乎涅而不緇吾豈匏瓜也哉焉能
繫而不食　子曰由也女聞六言六蔽矣乎對曰未也
居吾語女好仁不好學其蔽也愚好知不好學其蔽

也蕩好信不好學其蔽也賊好直不好學其蔽也絞好勇不好學其蔽也亂好剛不好學其蔽也狂　子曰小子何莫學夫詩詩可以興可以觀可以羣可以怨邇之事父遠之事君多識於鳥獸艸木之名　子謂伯魚曰女爲周南召南矣乎人而不爲周南召南其猶正牆面而立也與　子曰禮云礼云玉帛云

乎哉樂云樂云鐘鼓云乎哉　子曰色厲而內荏
譬諸小人其猶穿窬之盜也與　子曰鄉原德之
賊也　子曰道聽而塗說德之棄也　子曰鄙夫可與
事君也與哉其未得之也患得之既得之患失之
苟患失之無所不至矣　子曰古者民有三疾今也
或是之亡也古之狂也肆今之狂也蕩古之矜也廉

今之矜也忿戾古之愚也直今之愚也詐而已矣　子曰惡紫之奪朱也惡鄭聲之亂雅樂也惡利口之覆邦家者　子曰予欲無言子貢曰子如不言則小子何述焉子曰天何言哉四時行焉百物生焉天何言哉　孺悲欲見孔子孔子辭以疾將命者出戶取瑟而歌使之聞之　宰我問三年之喪

期已久矣君子三年不為禮禮必壞三年不為樂樂
必崩舊穀既沒新穀既升鑽燧改火期可已矣
子曰食夫稻衣夫錦於女安乎曰安女安則為之
夫君子之居喪食旨不甘聞樂不樂居處不安故
不為也今女安則為之宰我出子曰予之不仁也子
生三年然後免於父母之懷夫三年之喪天下之

通喪也予也有三年之愛於其父母乎　子曰飽
食終日無所用心難矣哉不有博奕者乎為之
猶賢乎已　子路曰君子尚勇乎子曰君子義以
為上君子有勇而無義為亂小人有勇而無義為
盜　子貢曰君子亦有惡乎子曰有惡惡稱人之惡
者惡居下流而訕上者惡勇而無禮者惡果敢而

窒者曰賜也亦有惡乎惡徼以為知者惡不孫以為勇者惡訐以為直者　子曰唯女子與小人為難養也近之則不孫遠之則怨　子曰年四十而見惡焉其終也已

微子第十八

微子去之箕子為之奴比干諫而死孔子曰殷有三

仁焉 柳下惠為士師三黜人曰子未可以去乎曰
直道而事人焉往而不三黜枉道而事人何必去
父母之邦 齊景公待孔子曰若季氏則吾不能
以季孟之間待之曰吾老矣不能用也孔子行
齊人歸女樂季桓子受之三日不朝孔子行 楚
狂接輿歌而過孔子曰鳳兮鳳兮何德之衰往

者不可諫來者猶可追已而已而今之從政者殆
而孔子下欲與之言趨而辟之不得與之言　長
沮桀溺耦而耕孔子過之使子路問津焉長沮
曰夫執輿者為誰子路曰為孔丘曰是魯孔丘與
曰是也曰是知津矣問於桀溺桀溺曰子為誰曰
為仲由曰是魯孔丘之徒與對曰然曰滔滔者天下

皆是也而誰以易之且而与其從辟人之士也豈若
從辟世之士哉耰而不輟子路行以告夫子憮然曰
鳥獸不可与同羣吾非斯人之徒与而誰與天
下有道丘不与易也　子路從而後遇丈人以杖荷
蓧子路問曰子見夫子乎丈人曰四體不勤五穀不
分孰爲夫子植其杖而芸子路拱而立止子路宿殺

雞為黍而食之見其二子焉明日子路行以告子曰隱者也使子路反見之至則行矣子路曰不仕無義長幼之節不可廢也君臣之義如之何其廢之欲潔其身而亂大倫君子之仕也行其義也道之不行已知之矣

逸民伯夷叔齊虞仲夷逸朱張柳下惠少連子曰不降其志不辱其身伯夷叔

齊与謂柳下惠少連降志辱身矣言中倫行中慮其斯而已矣謂虞仲夷逸隱居放言身中清廢中權我則異於是無可無不可　大師摯適齊亞飯干適楚三飯繚適蔡四飯缺適秦鼓方叔入于河播鼗武入于漢少師陽擊磬襄入于海　周公謂魯公曰君子不施其親不使大

臣怨乎不以故舊無大故則不棄也無求備於一
人　周有八士伯達伯适仲突仲忽叔夜叔夏
季隨季騧

子張第十九

子張曰士見危致命見得思義祭思敬喪思哀
其可已矣　子張曰執德不弘信道不篤焉能為

有焉能爲亡　子夏之門人問交於子張子張
曰子夏云何對曰子夏曰可者与之其不可者拒之
子張曰異乎吾所聞君子尊賢而容衆嘉善而
矜不能我之大賢与於人何所不容我之不賢與人
將拒我如之何其拒人也　子夏曰雖小道必有可
觀者焉致遠恐泥是以君子不爲也　子夏曰日知

其所亡月無忘其所能可謂好學也已矣　子夏曰
博學而篤志切問而近思仁在其中矣　子夏曰百
工居肆以成其事君子學以致其道　子夏曰小
人之過也必文　子夏曰君子有三變望之儼然
即之也溫聽其言也厲　子夏曰君子信而後勞其
民未信則以為厲己也信而後諫未信則以為謗

己也　子夏曰大德不踰閑小德出入可也　子游曰子夏之門人小子當洒掃應對進退則可矣抑末也本之則無如之何子夏聞之曰噫言游過矣君子之道孰先傳焉孰後倦焉譬諸艸木區以別矣君子之道焉可誣也有始有卒者其惟聖人乎子夏曰仕而優則學學而優則仕　子游曰喪致乎

哀而已　子游曰吾友張也為難能也然而未仁
曾子曰堂堂乎張也難与並為仁矣　曾子曰吾聞
諸夫子人未有自致者也必也親喪乎　曾子曰
吾聞諸夫子孟莊子之孝也其他可能也其不改父
之臣与父之政是難能也　孟氏使陽膚為士師
問於曾子曾子曰上失其道民散久矣如得其情

則哀矜而勿喜　子貢曰紂之不善不如是之甚
也是以君子惡居下流天下之惡皆歸焉　子貢
曰君子之過也如日月之食焉過也人皆見之更也
人皆仰之　衛公孫朝問於子貢曰仲尼焉學子
貢曰文武之道未墜於地在人賢者識其大者不
賢者識其小者莫不有文武之道焉夫子焉不

學而亦何常師之有

叔孫武叔語大夫於朝曰子貢賢於仲尼子服景伯以告子貢子貢曰譬之宮墻賜之墻也及肩窺見室家之好夫子之墻數仞不得其門而入不見宗廟之美百官之富得其門者或寡矣夫子之云不亦宜乎

叔孫武叔毀仲尼子貢曰無以為也仲尼不可毀也他人之賢者

丘陵也猶可踰也仲尼日月也無得而踰焉人雖欲自絕其何傷於日月乎多見其不知量也陳子禽謂子貢曰子為恭也仲尼豈賢於子乎子貢曰君子一言以為知一言以為不知言不可不慎也夫子之不可及也猶天之不可階而升也夫子之得邦家者所謂立之斯立道之斯行綏之斯來動之斯和

其生也榮其死也哀如之何其可及也

堯曰第二十

堯曰咨爾舜天之曆數在爾躬允執其中四海困窮天祿永終舜亦以命禹曰予小子履敢用玄牡敢昭告于皇皇后帝有罪不敢赦帝臣不蔽簡在帝心朕躬有罪無以萬方萬方有罪罪在朕躬

周有大賚善人是富雖有周親不如仁人百姓有過在予一人謹權量審法度脩廢官四方之政行焉興滅國繼絕世舉逸民天下之民歸心焉所重民食喪祭寬則得衆信則民任焉敏則有功公則說

子張問於孔子曰何如斯可以從政矣子曰尊五美屏四惡斯可以從政矣子張

曰何謂五美子曰君子惠而不費勞而不怨欲而不
貪泰而不驕威而不猛子張曰何謂惠而不費子曰
因民之所利而利之斯不亦惠而不費乎擇可勞
而勞之又誰怨欲仁而得仁又焉貪君子無衆寡
無小大無敢慢斯不亦泰而不驕乎君子正其衣冠
尊其瞻視儼然人望而畏之斯不亦威而不猛乎

子張曰何謂四惡子曰不教而殺謂之虐不戒視成謂之暴慢令致期謂之賊猶之與人也出納之吝謂之有司

子曰不知命無以為君子也不知禮無以立也不知言無以知人也

古籍珍选·四书三绝 五

[宋]朱熹 集注 [清]郑板桥 手书 王海燕 编选

孟子集注

（上）

吉林出版集团股份有限公司
全国百佳图书出版单位

图书在版编目（CIP）数据

孟子集注．上 /（宋）朱熹集注；（清）郑板桥手书；王海燕编选．-- 长春：吉林出版集团股份有限公司，2025. 5. --（古籍珍选）. -- ISBN 978-7-5731-5694-5

Ⅰ．B222.52

中国国家版本馆 CIP 数据核字第 20252K49F9 号

上海进步书局《四书集注》原版封面

郑板桥手书四书扉页

至聖孔子像
德配天地
道冠古今
生民未有
萬世之師
山東曲阜縣人生周靈王二十一年十月庚子即夏正八月二十七日

儒家至圣孔子画像

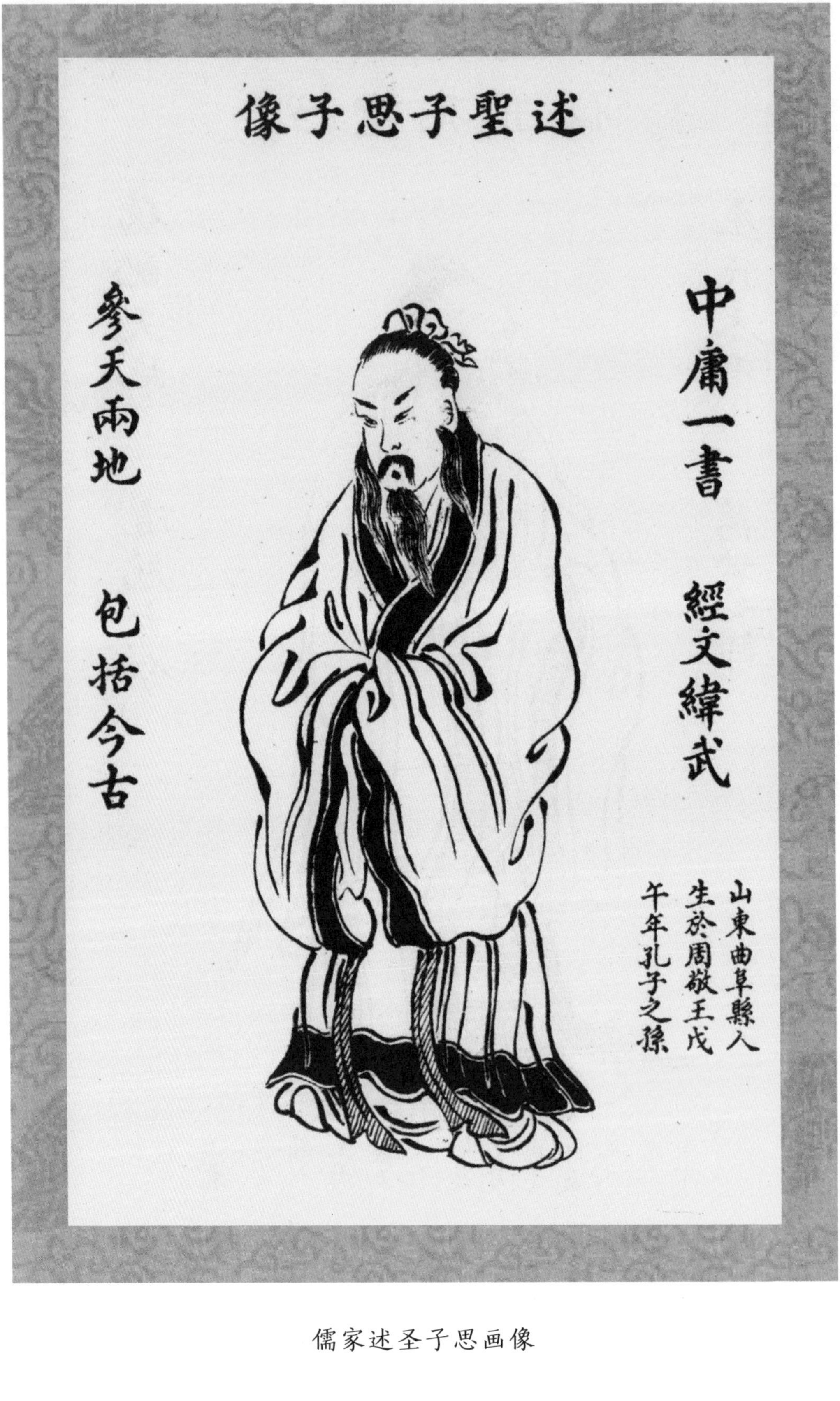
述聖子思子像
中庸一書
經文緯武
參天兩地
包括今古
山東曲阜縣人
生於周敬王戊
午年孔子之孫

儒家述圣子思画像

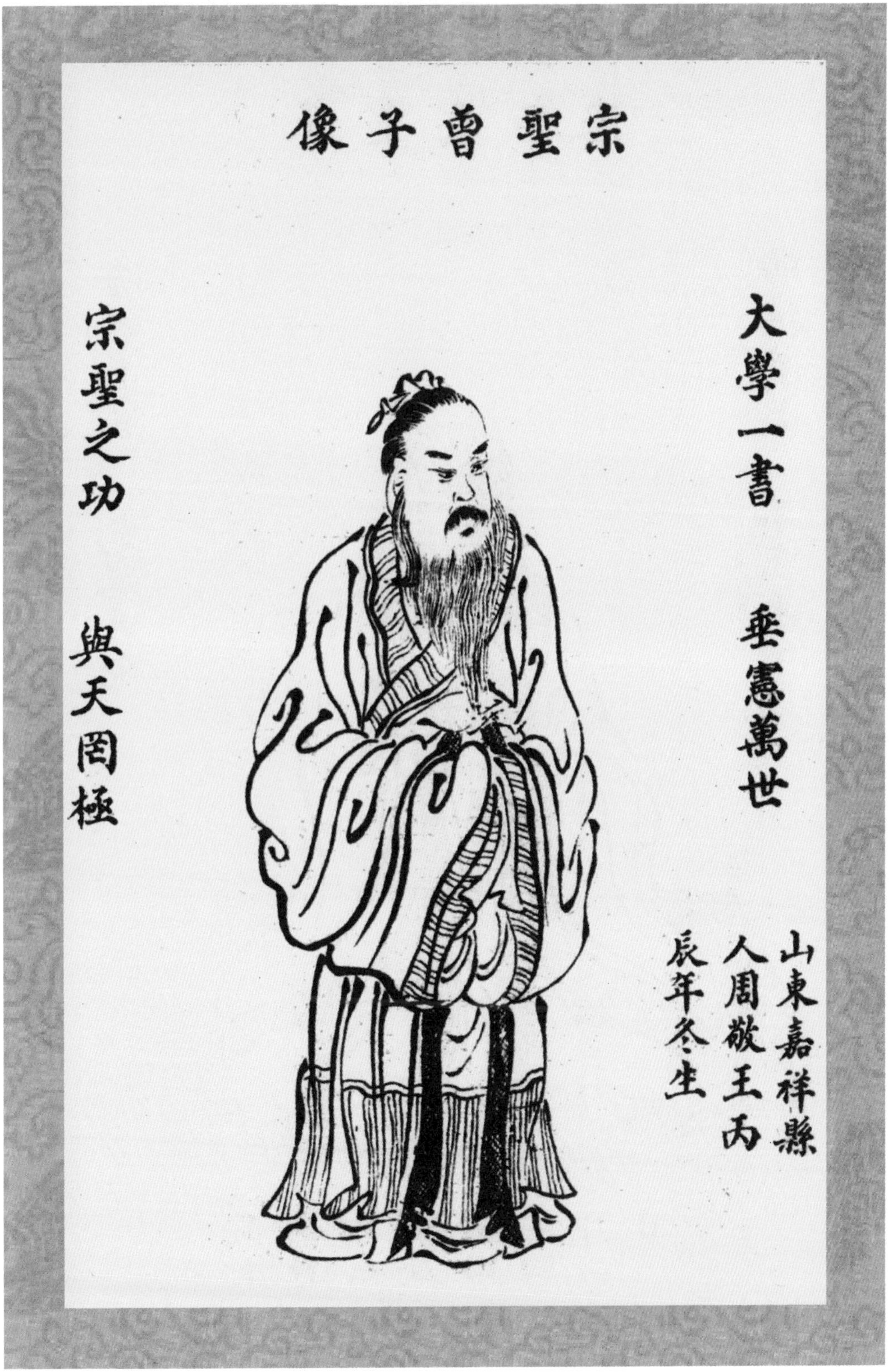
宗聖曾子像
大學一書
垂憲萬世
山東嘉祥縣人周敬王丙辰年冬生
宗聖之功
與天罔極

儒家宗圣曾子画像

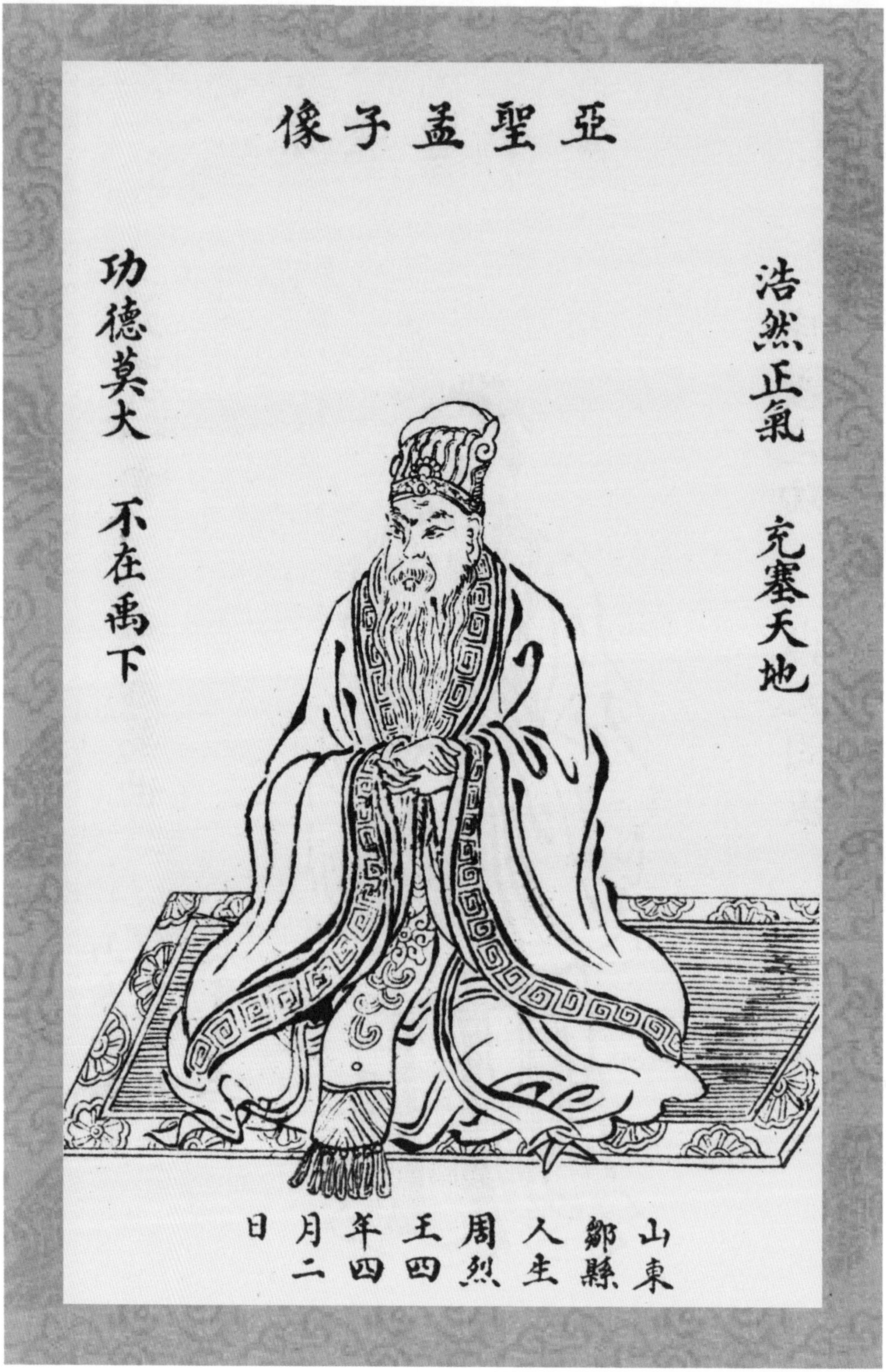
亞聖孟子像
浩然正氣 充塞天地
功德莫大 不在禹下
山東鄒縣人生周烈王四年四月二日

儒家亚圣孟子画像

孔子弟子画像（图一）

孔子弟子画像（图二）

孔子弟子画像（图三）

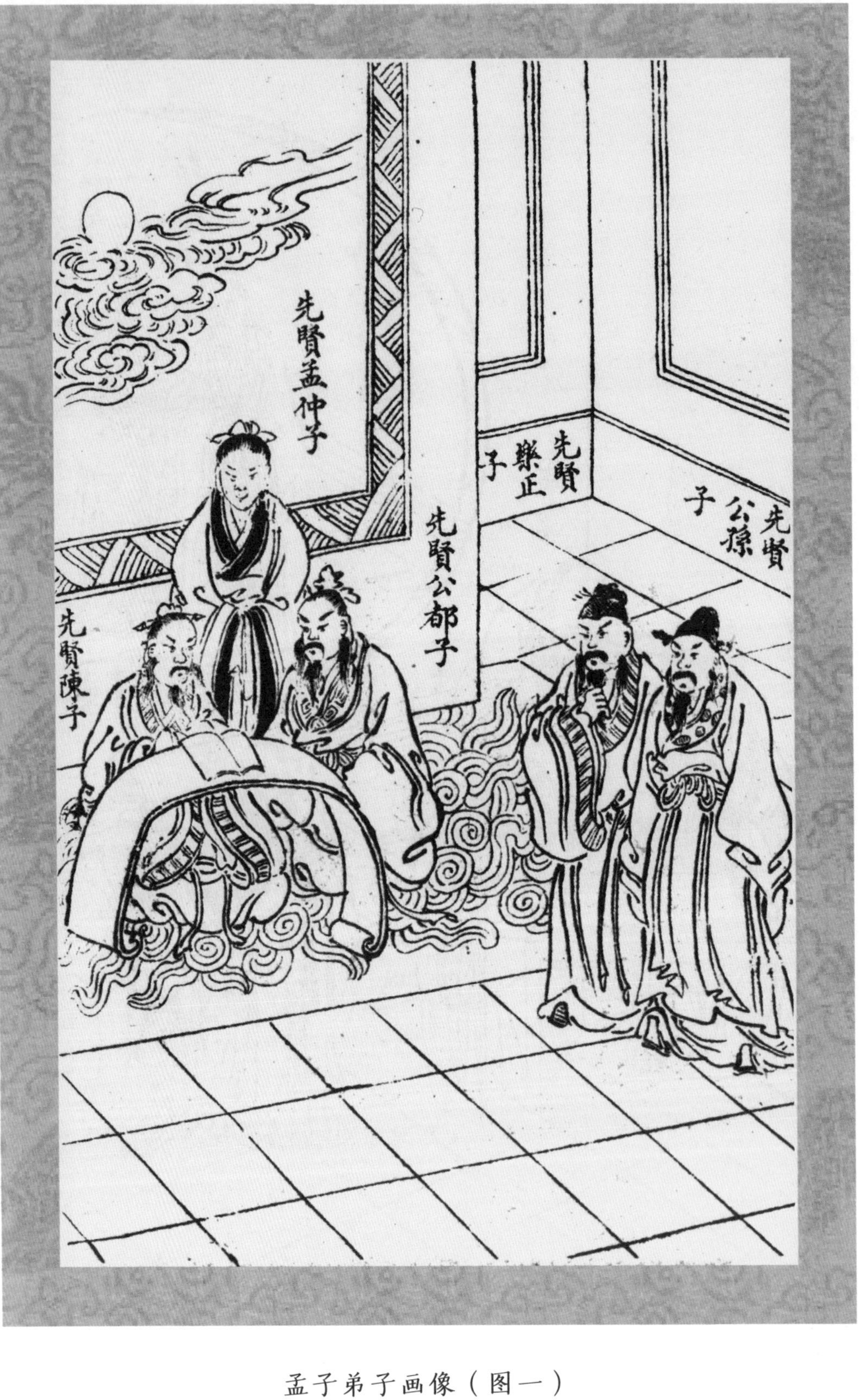
先賢孟仲子
先賢樂正子
先賢公孫丑
先賢公都子
先賢陳子

孟子弟子画像（图一）

孟子弟子画像（图二）

孟子弟子画像（图三）

编选说明

凡古玩书画珍品最重流传有绪。唐代人物画大师阎立本所绘孔子弟子画像图，经有清历代宫藏有识之人鉴定，确认为真迹无疑。但对于画中的人物认定却几经颠覆周折。

本画原为清初顺治内府所藏，后赐予大学士宋权，由宋氏父子私藏。后来被转卖于市肆之间。百余年后复有乾隆年间的协办大学士兼户部尚书蒋溥购得，呈送于乾隆，遂又成为宫藏珍品。

该画原名为《阎立本历代将相图》，但蒋溥在乾隆二十二年为该画所作的题跋中，认为图中人物的冠带服饰均为同一时代，而非『历代』，所以应改为《阎立本古贤图》。

到了乾隆丁未年，王杰、曹文埴、彭元瑞、董诰四位阁臣大师合跋称：该画中人物的服饰冠带符合两汉前礼制，并经与《三礼图》认证，判定画中为周代人物。并且认为此图既非《将相图》，也非《古贤图》，而是孔子弟子的画像图。但有一个可疑之处：画中人物只有五十九位，而相传孔子的弟子为七十二人。四阁臣考证又认为，孔子弟子七十二人的说法并非一定，《史记》与《孔子家语》所记载便有不同；且汉代的孔子弟子的庙画像就有七十七人；即使是七十二人，也可能在近千年的流传中有所错漏也未可知。而后，此画便以《阎立本画孔子弟子图》为名流传后世。

本次将该画收入《古籍珍选·四书三绝》一并出版，仍沿用此名。原画像为一长卷，且原图中各人物均未榜题其名。所以本书只将该长卷中的人物一一切割为独立版面，而无以加注其名。

除了阎立本的画作，《孔门儒教图传》分册中还收录了《孔门儒教列传》，源自郑振铎先生《西谛书目》所收明刊本，现藏于中国国家图书馆善本部。该书共一百五十三篇（幅），现扉页缺失，前三页残损，其余完好；记载了自孔子至朱熹共四十五位儒家人物的主要事迹。为便于读者参照了解，本书亦将《史记》中的孔门诸圣与弟子列传附上。

所谓『四书三绝』：孔门四圣著述由朱子章句、集注为『文绝』；阎立本所绘孔子弟子图为『画绝』；郑板桥手书四书为『书绝』。以朱熹、阎立本、郑板桥三方大家的作品合刊而称『绝』，绝非虚名。本书共分七册：阎立本绘图为首册；民国年间上海进步书局出版的《四书集注》六册，依原版对书郑板桥手迹合编，各为一册。诚望此书的出版，能为读者提供一席最高品级的思想文化艺术雅餐礼宴。

编者

目录

四书集注

上孟

罃於耕反　畿音祈，采音菜　繆靡幼反

孟子卷之一

梁惠王章句上 凡七章

朱熹集註

孟子見梁惠王。梁惠王，魏侯罃也。都大梁，僭稱王，謚曰惠。史記：惠王三十五年，卑禮厚幣以招賢者，而孟軻至梁。王曰：「叟！不遠千里而來，亦將有以利吾國乎？」叟，長老之稱。王所謂利，蓋富國强兵之類。孟子對曰：「王何必曰利？亦有仁義而已矣。仁者，心之德、愛之理。義者，心之制、事之宜也。此二句乃一章之大旨，下文乃詳言之。後多放此。王曰『何以利吾國』，大夫曰『何以利吾家』，士庶人曰『何以利吾身』，上下交征利而國危矣。萬乘之國弑其君者，必千乘之家；千乘之國弑其君者，必百乘之家。萬取千焉，千取百焉，不為不多矣。苟為後義而先利，不奪不饜。乘，去聲。饜，於豔反。○此言求利之害，以明上文何必曰利之意也。征，取也。上取乎下，下取乎上，故曰交征。國危，謂將有弑奪之禍。乘，車數也。萬乘之國者，天子畿內地方千里，出車萬乘。千乘之家者，天子之公卿采地方百里，出車千乘也。千乘之國，諸侯之國。百乘之家，諸侯之大夫也。弑，下殺上也。饜，足也。言臣之於君，每十分而取其一分，亦已多矣。若又以義為後而以利為先，則不弑其君而盡奪之，其心未肯以為足也。未有仁而遺其親者也，未有義而後其君者也。此言仁義未嘗不利，以明上文亦有仁義而已之意也。遺，猶棄也。後，不急也。言仁者必愛其親，義者必急其君。故人君躬行仁義而無求利之心，則其下化之，自親戴於己也。王亦曰仁義而已矣，何必曰利？」重言之，以結上文兩節之意。○此章言仁義根於人心之固有，天理之公也。利心生於物我之相形，人欲之私也。循天理，則不求利而自無不利；徇人欲，則求利未得而害已隨之。所謂毫釐之差，千里之繆。此孟子之書所以造端託始之深意，學者所宜精察而明辨也。○太史公曰：余讀孟子書，至梁惠王問「何以利吾國」，未嘗不廢書而歎也。曰：嗟乎！利誠亂之始也。夫子罕言利，常防其源也。故曰「放於利而行，多怨」。自天子以至於庶人，好利

牣音刃　牝婢忍反　卹坊本作恤

之弊倘以異哉程子曰君子未嘗不欲利但專以利為心則有害惟仁義則不求利而未嘗不利也當是之時天下之人惟利是求而不復知有仁義故孟子言仁義而不言利所以拔本塞源而救其弊此聖賢之心也

○孟子見梁惠王王立於沼上顧鴻鴈麋鹿曰賢者亦樂此乎樂音洛篇內同○沼池也鴻鴈之大者麋鹿之大者孟子對曰賢者而後樂此不賢者雖有此不樂也此一章之大指詩云經始靈臺經之營之庶民攻之不日成之經始勿亟庶民子來王在靈囿麀鹿攸伏麀鹿濯濯白鳥鶴鶴王在靈沼於牣魚躍文王以民力為臺為沼而民歡樂之謂其臺曰靈臺謂其沼曰靈沼樂其有麋鹿魚鼈古之人與民偕樂故能樂也亟音棘麀音憂鶴詩作翯戶角反於音烏○此引詩而釋之以明賢者而後樂此之意詩大雅靈臺之篇經量度也靈臺文王臺名也營謀為也攻治也不日不終日也亟速也言文王戒以勿亟也子來如子來趨父事也靈囿靈沼臺下有囿囿中有沼也麀牝鹿也伏安其所不驚動也濯濯肥澤貌鶴鶴潔白貌於歎美辭牣滿也孟子言文王雖用民力而民反歡樂之既加以美名而又樂其所有蓋由文王能愛其民故民樂其樂而文王亦得以享其樂也湯誓曰時日害喪予及女偕亡民欲與之偕亡雖有臺池鳥獸豈能獨樂哉害音曷喪去聲女音汝○此引書而釋之以明不賢者雖有此不樂之意也湯誓商書篇名時是也日指夏桀害何也桀嘗自言吾有天下如天之有日日亡吾乃亡耳民怨其虐故因其自言而目之曰此日何時亡乎若亡則我寧與之俱亡蓋欲其亡之甚也孟子引此以明君獨樂而不卹其民則民怨之而不能保其樂也

○梁惠王曰寡人之於國也盡心焉耳矣河內凶則移其民於河東移其粟於河內河東凶亦然察鄰國之政無如寡人之用心者鄰國之民不加少寡人之民

窊夏反反粥余六反治平聲撙祖本反饑荒之饑從幾飢餓

不加多。何也。寡人諸侯自稱言寡德之人也河內河東皆魏地凶歲不熟也移民以就食移粟以給其老稚之不能移者孟子對曰。王好戰請以戰喻。填然鼓之。兵刃既接。棄甲曳兵而走。或百步而後止。或五十步而後止。以五十步笑百步。則何如。曰。不可。直不百步耳。是亦走也。曰。王如知此。則無望民之多於鄰國也。好去聲填音田○填鼓音也兵以鼓進以金退直猶但也言此以譬鄰國不卹其民惠王能行小惠然皆不能行王道以養其民不可以此而笑彼也楊氏曰移民移粟荒政之所不廢也然不能行先王之道而徒以是為盡心焉則末矣

不違農時。穀不可勝食也。數罟不入洿池。魚鼈不可勝食也。斧斤以時入山林。材木不可勝用也。穀與魚鼈不可勝食。材木不可勝用。是使民養生喪死無憾也。養生喪死無憾。王道之始也。勝音升數音促罟音古洿音烏○農時謂春耕夏耘秋收之時凡有興作不違此時至冬乃役之也不可勝食言多也數密也罟網也洿窊下之地水所聚也古者網罟必用四寸之目魚不滿尺市不得粥人不得食山林川澤與民共之而有厲禁草木零落然後斧斤入焉此皆為治之初法制未備且因天地自然之利而撙節愛養之事也然飲食宮室所以養生祭祀棺槨所以送死皆民所急而不可無者今皆有以資之則人無所恨矣王道以得民心為本故以此為王道之始

五畝之宅。樹之以桑。五十者。可以衣帛矣。雞豚狗彘之畜。無失其時。七十者。可以食肉矣。百畝之田。勿奪其時。數口之家。可以無飢矣。謹庠序之教。申之以孝悌之義。頒白者。不負戴於道路矣。七十者。衣帛食肉。黎民不飢不寒。然而不王者。未之有也。衣去聲畜勑六反數去聲王去聲凡有天

梁惠王

之饑從几按洪武正韻牋補汪來虞方伯說重且用反

黔其連反左右並去聲裁京本作財財裁通用賑音振通作振復扶又反

下者人稱之曰王則平聲據其身臨天下而言曰王則去聲後皆放此○五畝之宅一夫所受二畝半在田二畝半在邑田中不得有木恐妨五穀故於牆下植桑以供蠶事五十始衰非帛不煖未五十者不得衣也畜養也時謂孕字之時如孟春犧牲毋用牝之類也七十非肉不飽未七十者不得食也百畝之田亦一夫所受至此則經界正井地均無不受田之家矣庠序皆學名也申重也丁寧反覆之意善事父母為孝善事兄長為悌頒與斑同老人頭半白黑者也負任在背戴任在首夫民衣食不足則不暇治禮義而飽煖無教則又近於禽獸故既富而教以孝悌則人知愛親敬長而代其勞不使之負戴於道路矣衣帛食肉但言七十舉重以見輕也黎黑也黎民黑髮之人猶秦言黔首也少壯之人雖不得衣帛食肉然亦不至於飢寒也此言盡法制品節之詳極財成輔相之道以左右民是王道之成也

狗彘食人食。而不知檢。塗有餓莩。而不知發。人死。則曰非我也。歲也。是何異於刺人而殺之。曰非我也。兵也。王無罪歲。斯天下之民至焉。莩平表反剌七亦反○檢制也莩餓死人也發發倉廩以賑貸也歲謂歲之豐凶也惠王不能制民之產又使狗彘得以食人之食則與先王制度品節之意異矣至於民飢而死猶不知發則其所移特民間之粟而已乃以民不加多歸罪於歲凶是知刃之殺人而不知操刃者之殺人也不罪歲則必能自反而益修其政天下之民至焉則不但多於鄰國而已○程子曰孟子之論王道不過如此可謂實矣又曰孔子之時周室雖微天下猶知尊周之為義故春秋以尊周為本至孟子時七國爭雄天下不復知有周而生民之塗炭已極當是時諸侯能行王道則可以王矣此孟子所以勸齊梁之君也蓋王者天下之義主也聖賢亦何心哉視天命之改與未改耳

○梁惠王曰。寡人願安承教。承上章言願安意以受教孟子對曰。殺人以梃與刃。有以異乎。曰無以異也。梃徒頂反○梃杖也以刃與政。有以異乎。曰無以異也。孟子又問而王答也曰庖有肥肉。廄有肥馬。民有飢色。野有餓莩。此率獸而食人也。厚斂於民以養禽獸而使民飢以死則無異於驅獸以食人矣獸相食。且人惡之。為民父母行政。不免於率獸而食人。惡在其為民父母也。惡之之惡去聲惡在之惡平聲○君者民之父母也惡在猶言何在也仲尼曰。始作俑者。其無後乎。為其象

從去聲下同 少去聲 數音朔 阱通作穽 才性反 論去聲

人而用之也？如之何其使斯民飢而死也？俑，音勇。為，去聲。○俑，從葬木偶人也。古之葬者，束草為人以為從衛，謂之芻靈，略似人形而已。中古易之以俑，則有面目機發，而太似人矣。故孔子惡其不仁，而言其必無後也。孟子言此作俑者，但用象人以葬，孔子猶惡之，況實使民飢而死乎？○李氏曰：為人君者，固未嘗有率獸食人之心。然徇一己之欲，而不卹其民，則其流必至於此。故以為民父母告之。夫父母之於子，為之就利避害，未嘗頃刻而忘於懷，何至視之不如犬馬乎？

○梁惠王曰：晉國，天下莫強焉，叟之所知也。及寡人之身，東敗於齊，長子死焉；西喪地於秦七百里；南辱於楚。寡人恥之，願比死者一洒之，如之何則可？長，上聲。喪，去聲。比，必二反。洒，與洗同。○魏本晉大夫魏斯，與韓氏、趙氏共分晉地，號曰三晉。故惠王猶自謂晉國。惠王三十年，齊擊魏，破其軍，虜太子申。十七年，秦取魏少梁，後魏又數獻地於秦。又與楚將昭陽戰，敗，亡其七邑。比，猶為也。言欲為死者雪其恥也。

孟子對曰：地方百里而可以王。百里，小國也。然能行仁政，則天下之民歸之矣。王如施仁政於民，省刑罰，薄稅斂，深耕易耨，壯者以暇日修其孝悌忠信，入以事其父兄，出以事其長上，可使制梃以撻秦楚之堅甲利兵矣。省，所梗反。斂，力驗反。易，去聲。耨，奴豆反。長，上聲。○省刑罰，薄稅斂，此二者仁政之大目也。易，治也。耨，耘也。盡己之謂忠，以實之謂信。君行仁政，則民得盡力於農畝，而又有暇日以修禮義，是以尊君親上而樂於效死也。彼奪其民時，使不得耕耨以養其父母，父母凍餓，兄弟妻子離散。養，去聲。○彼，謂敵國也。彼陷溺其民，王往而征之，夫誰與王敵？夫，音扶。○陷，陷於阱；溺，溺於水，暴虐之意。征，正也。以彼暴虐其民，而率吾尊君親上之民，往正其罪。彼民方怨其上而樂歸於我，則誰與我為敵哉？故曰：仁者無敵。王請勿疑！仁者無敵，蓋古語也。百里可王，以此而已。恐王疑其迂闊，故勉使勿疑也。○孔子曰：惠王之志在於報怨，孟子之論在於救民，所謂惟天吏則可以伐之，蓋孟子之本意。

○孟子見梁襄王。襄王，惠王子，名赫。出，語人曰：望之不似人君，就之而不見所畏焉。卒然

倣音放　坊本　及我下有宋字　辟音壁　伯霸同　亦坊本　作上

問曰天下惡乎定吾對曰定于一（語去聲卒七沒反惡平聲○語告也不似人君不見所畏言其無威儀也卒然急遽之貌蓋容貌辭氣乃德之符其外如此則其中之所存者可知王問列國分爭天下當何所定孟子對以必合于一然後定也）孰能一之（王問也）對曰不嗜殺人者能一之（嗜甘也）孰能與之（王復問也與猶歸也）對曰天下莫不與也王知夫苗乎七八月之間旱則苗槁矣天油然作雲沛然下雨則苗浡然興之矣其如是孰能禦之今夫天下之人牧未有不嗜殺人者也如有不嗜殺人者則天下之民皆引領而望之矣誠如是也民歸之由水之就下沛然誰能禦之（夫音扶浡音勃由當作猶古字借用後多倣此○周七八月夏五六月也油然雲盛貌沛然雨盛貌浡然興起貌禦禁止也人牧謂牧民之君也領頸也蓋好生惡死人心所同故人君不嗜殺人則天下悅而歸之○蘇氏曰孟子之言非苟為大而已然不深原其意而詳究其實未有不以為迂者矣予觀孟子以來自漢高祖及光武及唐太宗及我太祖皇帝能一天下者四君皆以不嗜殺人致之其餘殺人愈多而天下愈亂秦晉及隋力能合之而好殺不已故或合而復分或遂以亡國孟子之言豈偶然而已哉）

○齊宣王問曰齊桓晉文之事可得聞乎（齊宣王姓田氏名辟疆諸侯僭稱王也齊桓公晉文公皆霸諸侯者）孟子對曰仲尼之徒無道桓文之事者是以後世無傳焉臣未之聞也無以則王乎（道言也董子曰仲尼之門五尺童子羞稱五伯為其先詐力而後仁義也亦此意也以已通用無已必欲言之而不止也王謂王天下之道）曰德何如則可以王矣曰保民而王莫之能禦也（保愛護也）曰若寡人者可以保民乎哉曰可曰何由知吾可也曰臣聞之胡齕曰王坐於堂上有牽牛而過堂下者王見之曰牛何之對曰將以釁鐘王

郄，乞逆反　吝，林去聲　别，彼列反。難，去聲

曰。舍之。吾不忍其觳觫。若無罪而就死地。對曰。然則廢釁鐘與。曰。何可廢也。以羊易之。不識有諸。

齕音核、舍上聲、觳音斛、觫音速、與平聲。○胡齕、齊臣也。釁鐘、新鑄鐘成、而殺牲取血、以塗其釁郄也。觳觫、恐懼貌。孟子述所聞胡齕之語、而問王不知果有此事否。

曰。有之。曰。是心足以王矣。百姓皆以王為愛也。臣固知王之不忍也。

王見牛之觳觫而不忍殺、即所謂惻隱之心、仁之端也。擴而充之、則可以保四海矣。故孟子指而言之、欲王察識於此、而擴充之也。愛、猶吝也。

王曰。然。誠有百姓者。齊國雖褊小。吾何愛一牛。即不忍其觳觫。若無罪而就死地。故以羊易之也。

言以羊易牛、其迹似吝、實有如百姓所譏者、然我之心不如是也。

曰。王無異於百姓之以王為愛也。以小易大。彼惡知之。王若隱其無罪而就死地。則牛羊何擇焉。王笑曰。是誠何心哉。我非愛其財。而易之以羊也。宜乎百姓之謂我愛也。

惡平聲。○異、怪也。隱、痛也。擇、猶分也。言牛羊皆無罪而死、何所分別、而以羊易牛乎。孟子故設此難、欲王反求而得其本心。王不能然、故卒無以自解於百姓之言也。

曰。無傷也。是乃仁術也。見牛未見羊也。君子之於禽獸也。見其生。不忍見其死。聞其聲。不忍食其肉。是以君子遠庖廚也。

遠去聲。○無傷、言雖有百姓之言、不為害也。術、謂法之巧者。蓋殺牛既所不忍、釁鐘又不可廢。於此無以處之、則此心雖發而終不得施矣。然見牛、則此心已發而不可遏、未見羊、則其理未形而無所妨。故以羊易牛、則二者得以兩全而無害、此所以為仁之術也。聲、謂將死而哀鳴也。蓋人之於禽獸、同生而異類。故用之以禮、而不忍之心、施於見聞之所及。其所以必遠庖廚者、亦以預養是心、而廣為仁之術也。

王說曰。詩云。他人有心。予忖度之。夫子之謂也。夫我乃

復扶又反

太坊本作泰下同

行之反而求之不得吾心夫子言之於我心有戚戚焉此心之所以合於王者何也

說音悅忖七本反度待洛反夫我之夫音扶。詩小雅巧言之篇戚戚心動貌王因孟子之言而前日之心復萌乃知此心不從外得然猶未知所以反其本而推之也

曰有復於王者曰吾力足以舉百鈞而不足以舉一羽明足以察秋毫之末而不見輿薪則王許之乎曰否今恩足以及禽獸而功不至於百姓者獨何與然則一羽之不舉為不用力焉輿薪之不見為不用明焉百姓之不見保為不用恩焉故王之不王不為也非不能也

與平聲為不之為去聲。復白也鈞三十斤百鈞至重難舉也羽鳥羽一羽至輕易舉也秋毫之末毛至秋而末銳小而難見也輿薪以車載薪大而易見也許猶可也今恩以下又孟子之言也蓋天地之性人為貴故人之與人又為同類而相親是以惻隱之發則於民切而於物緩推廣仁術則仁民易而愛物難今王此心能及物矣則其保民而王非不能也但自不肯為耳

曰不為者與不能者之形何以異曰挾太山以超北海語人曰我不能是誠不能也為長者折枝語人曰我不能是不為也非不能也故王之不王非挾太山以超北海之類也王之不王是折枝之類也

語去聲為長之為去聲長上聲折之舌反。形狀也挾以腋持物也超躍而過也為長者折枝以長者之命折草木之枝言不難也是心固有不待外求擴而充之在我而已何難之有

老吾老以及人之老幼吾幼以及人之幼天下可運於掌詩云刑于寡妻至于兄弟以御于家邦言舉斯心

畜許六反易去聲下同齊莊皆反復扶又反稱去聲下同錘直追反度上如字獨坊本作誠莅音利

加諸彼而已。故推恩足以保四海，不推恩無以保妻子。古之人所以大過人者，無他焉，善推其所為而已矣。今恩足以及禽獸，而功不至於百姓者，獨何與？

與，平聲。○老，以老事之也。吾老，謂我之父兄；人之老，謂人之父兄。幼，以幼畜之也。吾幼，謂我之子弟；人之幼，謂人之子弟。運於掌，言易也。詩大雅思齊之篇。刑，法也。寡妻，寡德之妻，謙辭也。御，治也。不能推恩，則衆叛親離，故無以保妻子。蓋骨肉之親，本同一氣，又非但若人之同類而已。故古人必由親親推之，然後及於仁民；又推其餘，然後及於愛物，皆由近以及遠，自易以及難。今王反之，則必有故矣。故復推本而再問之。

權，然後知輕重；度，然後知長短。物皆然，心為甚。王請度之。

度之之度，待洛反。○權，稱錘也。度，丈尺也。度之，謂稱量之也。言物之輕重長短，人所難齊，必以權度度之而後可見。若心之應物，則其輕重長短之難齊，而不可不度以本然之權度，又有甚於物者。今王恩及禽獸，而功不至於百姓，是其愛物之心重且長，而仁民之心輕且短，失其當然之序而不自知也。故上文既發其端，而於此請王度之也。

抑王興甲兵，危士臣，構怨於諸侯，然後快於心與？

與，平聲。○抑，發語辭。士，戰士也。構，結也。孟子以王愛民之心所以輕且短者，必其以是三者為快也。然三事實非人心之所快，有甚於殺觳觫之牛者。故指以問王，欲其以此而度之也。

王曰：否。吾何快於是？將以求吾所大欲也。

不快於此者，心之正也；而必為此者，欲誘之也。欲之所誘者獨在於是。是以其心尚明於他而獨暗於此。此其愛民之心所以輕短，而功不至於百姓也。

曰：王之所大欲，可得聞與？王笑而不言。曰：為肥甘不足於口與？輕煖不足於體與？抑為采色不足視於目與？聲音不足聽於耳與？便嬖不足使令於前與？王之諸臣，皆足以供之，而王豈為是哉？曰：否。吾不為是也。曰：然則王之所大欲可知已。欲辟土地，朝秦楚，莅中國而撫

彊坊本作强

若坊本作如

四夷也。以若所為。求若所欲。猶緣木而求魚也。與平聲。為肥、抑為、豈為、不為之為。皆去聲。便令皆平聲。辟與闢同。朝音潮。○便嬖、近習嬖幸之人也。已、語助辭。辟、開廣也。朝、致其來朝也。秦楚皆大國。莅、臨也。若、如此也。所為、指興兵結怨之事。緣木求魚、言必不可得。王曰。若是其甚與。曰。殆有甚焉。緣木求魚。雖不得魚。無後災。以若所為。求若所欲。盡心力而為之。後必有災。曰。可得聞與。曰。鄒人與楚人戰。則王以為孰勝。曰。楚人勝。曰。然則小固不可以敵大。寡固不可以敵衆。弱固不可以敵彊。海內之地。方千里者九。齊集有其一。以一服八。何以異於鄒敵楚哉。蓋亦反其本矣。甚與、聞與之與。平聲。○殆、蓋。皆發語辭。鄒小國。楚大國。齊集有其一、言集合齊地。其方千里。是有天下九分之一也。以一服八、必不能勝。所謂後災也。反本、說見下文。今王發政施仁。使天下仕者。皆欲立於王之朝。耕者。皆欲耕於王之野。商賈。皆欲藏於王之市。行旅。皆欲出於王之塗。天下之欲疾其君者。皆欲赴愬於王。其若是。孰能禦之。朝音潮。賈音古。愬與訴同。○行貨曰商。居貨曰賈。發政施仁、所以王天下之本也。近者悅、遠者來。則大小彊弱非所論矣。蓋力求所欲。則所欲者反不可得。能反其本。則所欲者不求而至。與首章意同。王曰。吾惛。不能進於是矣。願夫子輔吾志。明以教我。我雖不敏。請嘗試之。惛與昏同。曰。無恒產而有恒心者。惟士為能。若民。則無恒產。因無恒心。苟無恒心。放辟邪侈。無不為已。及陷

樂音洛　衣去聲　為去聲　聞去聲

於罪。然後從而刑之。是罔民也。焉有仁人在位。罔民而可為也。恒胡登反辟與僻同焉於虔反○恒常也產生業也恒產可常生之業也恒心人所常有之善心也士嘗學問知義理故雖無常產而有常心民則不能然矣罔猶羅網欺其不見而取之也是故明君制民之產。必使仰足以事父母。俯足以畜妻子。樂歲終身飽。凶年免於死亡。然後驅而之善。故民之從之也輕。畜許六反下同○輕猶易也此言民有常產而有常心也今也制民之產。仰不足以事父母。俯不足以畜妻子。樂歲終身苦。凶年不免於死亡。此惟救死而恐不贍。奚暇治禮義哉。治平聲凡治字為理物之義者平聲為已理之義者去聲後皆倣此○贍足也此所謂無常產而無常心者也王欲行之。則盍反其本矣。盍何不也使民有常產者又發政施仁之本也說見下文五畝之宅。樹之以桑。五十者可以衣帛矣。雞豚狗彘之畜。無失其時。七十者可以食肉矣。百畝之田。勿奪其時。八口之家。可以無飢矣。謹庠序之教。申之以孝悌之義。頒白者不負戴於道路矣。老者衣帛食肉。黎民不飢不寒。然而不王者。未之有也。音見前篇○此言制民之產之法也趙氏曰八口之家次上農夫也此王政之本常生之道故孟子為齊梁之君各陳之也楊氏曰為天下者舉斯心加諸彼而已然雖有仁心仁聞而民不被其澤者不行先王之道故也故以制民之產告之○此章言人君當黜霸功行王道而王道之要不過推其不忍之心以行不忍之政而已齊王非無此心而奪於功利之私不能擴充以行仁政雖以孟子反覆曉告精切如此而蔽錮已深終不能悟是可歎也

梁惠王章句下 凡十六章

由 坊本作猶

莊暴見孟子曰。暴見於王。王語暴以好樂。暴未有以對也。曰。好樂何如。孟子曰。王之好樂甚。則齊國其庶幾乎。見於之見音現。下見於同。語去聲。下同。好去聲。篇內並同。○莊暴，齊臣也。庶幾，近辭也。言近於治。

他日。見於王曰。王嘗語莊子以好樂。有諸。王變乎色。曰。寡人非能好先王之樂也。直好世俗之樂耳。變色者，慚其好之不正也。

曰。王之好樂甚。則齊其庶幾乎。今之樂。由古之樂也。今樂，世俗之樂。古樂，先王之樂。

曰。可得聞與。曰。獨樂樂。與人樂樂。孰樂。曰。不若與人。曰。與少樂樂。與衆樂樂。孰樂。曰。不若與衆。聞與之與平聲。樂樂下字音洛。孰樂亦音洛。○獨樂不若與人，與少樂不若與衆，亦人之常情也。

臣請為王言樂。為去聲。○此以下皆孟子之言也。

今王鼓樂於此。百姓聞王鐘鼓之聲。管籥之音。舉疾首蹙頞而相告曰。吾王之好鼓樂。夫何使我至於此極也。父子不相見。兄弟妻子離散。今王田獵於此。百姓聞王車馬之音。見羽旄之美。舉疾首蹙頞而相告曰。吾王之好田獵。夫何使我至於此極也。父子不相見。兄弟妻子離散。此無他。不與民同樂也。蹙子六反。頞音遏。夫音扶。同樂之樂音洛。○鐘鼓管籥，皆樂器也。舉，皆也。疾首，頭痛也。蹙，聚也。頞，額也。人憂戚則蹙其額。極，窮也。羽旄，旌屬。不與民同樂，謂獨樂其身而不恤其民，使之窮困也。

今王鼓樂於此。百姓聞王鐘鼓之聲。管籥之音。舉欣

幾平聲 樂音洛 濩胡故反 蕃音煩 隙乞逆反 騖音務

欣然有喜色而相告曰吾王庶幾無疾病與何以能鼓樂也今王田獵於此百姓聞王車馬之音見羽旄之美舉欣欣然有喜色而相告曰吾王庶幾無疾病與何以能田獵也此無他與民同樂也病與之與平聲同樂之樂音洛

○與民同樂者推好樂之心以行仁政使民各得其所也

今王與百姓同樂則王矣

好樂而能與百姓同之則天下之民歸之矣所謂齊其庶幾者如此○范氏曰戰國之時民窮財盡人君獨以南面之樂自奉其身孟子切於救民故因齊王之好樂開導其善心深勸其與民同樂而謂今樂由古樂其實今樂古樂何可同也但與民同樂之意則無古今之異耳若必欲以禮樂治天下當如孔子之言必用韶舞必放鄭聲蓋孔子之言為邦之正道孟子之言救時之急務所以不同楊氏曰樂以和為主使人聞鐘鼓管絃之音而疾首蹙頞則雖奏以咸英韶濩無補於治也故孟子告齊王以此姑正其本而已○

齊宣王問曰文王之囿方七十里有諸孟子對曰於傳有之

囿音又傳直戀反○囿者蕃育鳥獸之所古者四時之田皆於農隙以講武事然不欲馳騖於稼穡場圃之中故度閒曠之地以為囿然文王七十里之囿其亦三分天下有其二之後也與傳謂古書

曰若是其大乎曰民猶以為小也曰寡人之囿方四十里民猶以為大何也曰文王之囿方七十里芻蕘者往焉雉兔者往焉與民同之民以為小不亦宜乎

芻音初蕘音饒○芻草也蕘薪也

臣始至於境問國之大禁然後敢入臣聞郊關之內有囿方四十里殺其麋鹿者如殺人之罪則是方四十里為阱於國中民以為大不亦宜乎

阱才性反○禮入國而問禁國外百里為郊郊外有關阱坎地以陷獸者言陷民於死也○

齊宣王問曰交鄰國有道乎孟子對曰有惟仁

較計 坊本作校計

下旅 字京

者爲能以大事小。是故湯事葛。文王事昆夷。惟智者爲能以小事大。故太王事獯鬻。句踐事吳。獯音熏。鬻音育。句音鉤。○仁人之心、寬洪惻怛、而無較計大小彊弱之私、故小國雖或不恭、而吾所以事之之心自不能已、智者明義理、識時勢、故大國雖見侵陵、而吾所以事之之禮尤不敢廢、湯事見後篇、文王事見詩大雅、太王事見後章、所謂狄人、即獯鬻也、句踐、越王名、事見國語、史記、以大事小者。樂天者也。以小事大者。畏天者也。樂天者保天下。畏天者保其國。樂音洛。○天者、理而已矣、大之事小、小之事大、皆理之當然也、自然合理、故曰樂天、不敢違理、故曰畏天、包含徧覆、無不周徧、保天下之氣象也、制節謹度、不敢縱逸、保一國之規模也、詩云。畏天之威。于時保之。詩周頌我將之篇、時、是也、王曰。大哉言矣。寡人有疾。寡人好勇。言以好勇、故不能事大而恤小也、對曰。王請無好小勇。夫撫劍疾視曰。彼惡敢當我哉。此匹夫之勇。敵一人者也。王請大之。夫撫之夫音扶、惡平聲、○疾視、怒目而視也、小勇、血氣所爲、大勇、義理所發、詩云。王赫斯怒。爰整其旅。以遏徂莒。以篤周祜。以對于天下。此文王之勇也。文王一怒而安天下之民。詩大雅皇矣篇、赫赫然、怒貌、爰、於也、旅、衆也、遏、詩作按、止也、徂、往也、莒、詩作旅、徂莒、謂密人侵阮徂共之衆也、篤、厚也、祜、福也、對、答也、以答天下仰望之心也、此文王之大勇也、書曰。天降下民。作之君。作之師。惟曰其助上帝。寵之四方。有罪無罪。惟我在。天下曷敢有越厥志。一人衡行於天下。武王恥之。此武王之勇也。而武王亦一怒而安天下之民。衡與橫同。○書周書泰誓之篇也、然所引與今書文小異、今且依此解之、寵之四方、寵異之於四方也、有罪者、我得而誅之、無罪者、我得而安之、我既在此、則天下何敢有過越其心志而作亂者乎、衡

好音浩　分去聲　邪音耶

行謂作亂也孟子釋書意如此而言武王亦大勇也今王亦一怒而安天下之民民惟恐王之不好勇也王若能如文武之為則天下之民望其一怒以除暴亂而拯己於水火之中惟恐王之不好勇耳○此章言人君能懲小忿則能卹小事大以交鄰國能養大勇則能除暴救民以安天下張敬夫曰小勇者血氣之怒也大勇者義理之怒也血氣之怒不可有義理之怒不可無知此則可以見性情之正而識天理人欲之分矣

○齊宣王見孟子於雪宮王曰賢者亦有此樂乎孟子對曰有人不得則非其上矣樂音洛下同○雪宮離宮名言人君能與民同樂則人皆有此樂不然則下之不得此樂者必有非其君上之心明人君當與民同樂不可使人有不得者非但當與賢者共之而已也不得而非其上者非也為民上而不與民同樂者亦非也下不安分上不卹民皆非禮也樂民之樂者民亦樂其樂憂民之憂者民亦憂其憂樂以天下憂以天下然而不王者未之有也樂民之樂而民樂其樂則樂以天下矣憂民之憂而民憂其憂則憂以天下矣昔者齊景公問於晏子曰吾欲觀於轉附朝儛遵海而南放于琅邪吾何修而可以比於先王觀也朝音潮放上聲○晏子齊臣名嬰轉附朝儛皆山名也遵循也放至也琅邪齊東南境上邑名觀遊也晏子對曰善哉問也天子適諸侯曰巡狩巡狩者巡所守也諸侯朝於天子曰述職述職者述所職也無非事者春省耕而補不足秋省斂而助不給夏諺曰吾王不遊吾何以休吾王不豫吾何以助一遊一豫為諸侯度狩舒救反省悉井反○述陳也省視也斂收穫也給亦足也夏諺夏時之俗語也豫樂也巡所守巡行諸侯所守之土也述所職陳其所受之職也皆無有無事而空行者而又春秋巡行郊野

糗去又反
糒音備
樂音洛
太坊本作泰
守去聲
址音止
復又扶

察民之所不足而補助之故夏諺以為王者一遊一豫皆有恩惠以及民而諸侯皆取法焉不敢無事慢遊以病其民也今也不然。師行而糧食。飢者弗食。勞者弗息。睊睊胥讒。民乃作慝。方命虐民。飲食若流。流連荒亡。為諸侯憂。睊古縣反。○今謂晏子時也。師衆也。二千五百人為師。春秋傳曰君行師從。糧謂糗糒之屬。睊睊側目貌。胥相也。讒謗也。慝怨惡也。言民不勝其勞而起謗怨也。方逆也。命王命也。若流如水之流無窮極也。流連荒亡解見下文。諸侯謂附庸之國縣邑之長。從流下而忘反。謂之流。從流上而忘反。謂之連。從獸無厭謂之荒。樂酒無厭謂之亡。厭平聲。○此釋上文之義也。從流下謂放舟隨水而下。從流上謂挽舟逆水而上。從獸田獵也。荒廢也。樂酒以飲酒為樂也。亡猶失也。言廢時失事也。先王無流連之樂。荒亡之行。行去聲。惟君所行也。言先王之法今時之弊二者惟在君所行耳。景公說大戒於國。出舍於郊。於是始興發補不足。召太師曰。為我作君臣相說之樂。蓋徵招角招是也。其詩曰。畜君何尤。畜君者。好君也。說音悅為去聲。樂如字。徵陟里反。招與韶同。畜敕六反。○戒告命也。出舍自責以省民也。興發發倉廩也。太師樂官也。君臣己與晏子也。樂有五聲。三曰角為民。四曰徵為事。招舜樂也。其詩徵招角招之詩也。尤過也。言晏子能畜止其君之欲。宜為君之所尤。然其心則何過哉。孟子釋之以為臣能畜止其君之欲。乃是愛其君者也。○尹氏曰。君之與民。貴賤雖不同。然其心未始有異也。孟子之言可謂深切矣。齊王不能推而用之惜哉。

○齊宣王問曰。人皆謂我毀明堂。毀諸。已乎。趙氏曰。明堂太山明堂。周天子東巡守朝諸侯之處。漢時遺址尚在。人欲毀之者。蓋以天子不復巡守。諸侯又不當居之也。王問當毀之乎。且止乎。孟子對曰。夫明堂者。王者之堂也。王欲行王政。則勿毀之矣。夫音扶。○明堂王者所居以出政令之所也。能行王政則亦可以王矣。何必毀哉。王曰。王政可得聞與。對曰。昔者文王之治岐也。耕者九一。仕者

反治平聲　賈音古　悴秦醉反　人民坊本作民人如是坊本作

世祿。關市譏而不征。澤梁無禁。罪人不孥。老而無妻曰鰥。老而無夫曰寡。老而無子曰獨。幼而無父曰孤。此四者。天下之窮民而無告者。文王發政施仁。必先斯四者。詩云。哿矣富人。哀此煢獨。與，平聲。孥音奴。鰥，姑頑反。哿，工可反。煢音瓊。○岐，周之舊國也。九一者，井田之制也。方一里為一井，其田九百畝。中畫井字，界為九區。一區之中，為田百畝。中百畝為公田，外八百畝為私田。八家各受私田百畝，而同養公田，是九分而稅其一也。世祿者，先王之世，仕者之子孫皆教之，教之而成材，則官之；如不足用，亦使之不失其祿。蓋其先世嘗有功德於民，故報之如此，忠厚之至也。關，謂道路之關；市，謂都邑之市。譏，察也。征，稅也。關市之吏，察異服異言之人，而不征商賈之稅也。澤，謂瀦水。梁，謂魚梁。與民同利，不設禁也。孥，妻子也。惡惡止其身，不及妻子也。先王養民之政，導其妻子，使之養其老而卹其幼。不幸而有鰥寡孤獨之人，無父母妻子之養，則尤宜憐卹，故必以為先也。詩，小雅正月之篇。哿，可也。煢，困悴貌。

王曰。善哉言乎。曰。王如善之。則何為不行。王曰。寡人有疾。寡人好貨。對曰。昔者公劉好貨。詩云。乃積乃倉。乃裹餱糧。于槖于囊。思戢用光。弓矢斯張。干戈戚揚。爰方啓行。故居者有積倉。行者有裹糧也。然後可以爰方啓行。王如好貨。與百姓同之。於王何有。餱音侯。槖音托。戢，詩作輯，音集。○王自以為好貨，故取民無制，而不能行此王政。公劉，后稷之曾孫也。詩，大雅公劉之篇。積，露積也。餱，乾糧也。無底曰槖，有底曰囊。皆所以盛餱糧也。戢，安集也。言思安集其人民，以光大其國家也。戚，斧也。揚，鉞也。爰，於也。啓行，言往遷於豳也。何有，言不難也。孟子言公劉之民富足如是，是公劉好貨，而能推己之心以及民也。今王好貨，亦能如此，則其於王天下也，何難之有。

王曰。寡人有疾。寡人好色。對曰。昔者大王好色。愛厥妃。詩云。古公亶父。來朝走馬。率西水滸。至于岐下。爰及姜女。聿來胥宇。

如此父京本作甫誤　難去聲　閒去聲　去上聲　累魯水反

當是時也。內無怨女。外無曠夫。王如好色。與百姓同之。於王何有。大音泰。○王又言此者。好色則心志蠱惑。用度奢侈。而不能行王政也。大王。公劉九世孫。詩大雅緜之篇也。古公。大王之本號。後乃追尊為大王也。亶父。大王名也。來朝走馬。避狄人之難也。率。循也。滸。水涯也。岐下。岐山之下也。姜女。太王之妃也。胥。相也。宇。居也。曠。空也。無怨曠者。是大王好色。而能推己之心以及民也。○楊氏曰。孟子與人君言。皆所以擴充其善心。而格其非心。不止就事論事。若使為人臣者。論事每如此。豈不能堯舜其君乎。愚謂此篇。自首章至此。大意皆同。蓋鍾鼓苑囿游觀之樂。與夫好勇好貨好色之心。皆天理之所有。而人情之所不能無者。然天理人欲。同行異情。循理而公於天下者。聖人之所以盡其性也。縱欲而私於一己者。衆人之所以滅其天也。二者之閒。不能以髮。而其是非得失之歸。相去遠矣。故孟子因時君之問。而剖析於幾微之際。皆所以遏人欲而存天理。其法似疏而實密。其事似易而實難。學者以身體之。則有以識其非曲學阿世之言。而知所以克己復禮之端矣。

○孟子謂齊宣王曰。王之臣。有託其妻子於其友。而之楚遊者。比其反也。則凍餒其妻子。則如之何。王曰。棄之。比必二反。○託。寄也。比。及也。棄。絕也。

曰。士師不能治士。則如之何。王曰。已之。士師。獄官也。其屬有鄉士遂士之官。士師皆當治之。已。罷去也。

曰。四境之內不治。則如之何。王顧左右而言他。治去聲。○孟子將問此。而先設上二事以發之。及此而王不能答也。其憚於自責。恥於下問如此。不足與有為可知矣。○趙氏曰。言君臣上下。各勤其任。無墮其職。乃安其身。

○孟子見齊宣王曰。所謂故國者。非謂有喬木之謂也。有世臣之謂也。王無親臣矣。昔者所進。今日不知其亡也。世臣。累世勳舊之臣。與國同休戚者也。親臣。君所親信之臣。與君同休戚者也。此言喬木世臣。皆故國所宜有。然所以為故國者。則在此而不在彼也。昨日所進用之人。今日有亡去而不知者。則無親臣矣。況世臣乎。

王曰。吾何以識其不才而舍之。舍上聲。○王意以為此亡去者。皆不才之人。我初不知。而誤用之。故今不以其去為意耳。因問何以先識其不才而舍之邪。

曰。國君進賢。如不得已。將使卑踰尊。疏踰戚。可不慎與。與平聲。○如不得已。言謹

論去聲　云坊本作曰　復扶又反　王曰至從

之至也蓋尊尊親親禮之常也然或尊者親者未必賢則必進疏遠之賢而用之是使卑者踰尊疏者踰戚非禮之常故不可不謹也左右皆曰賢未可也諸大夫皆曰賢未可也國人皆曰賢然後察之見賢焉然後用之左右皆曰不可勿聽諸大夫皆曰不可勿聽國人皆曰不可然後察之見不可焉然後去之去上聲○左右近臣其言固未可信諸大夫之言宜可信矣然猶恐其蔽於私也至於國人則其論公矣然猶必察之者蓋人有同俗而為衆所悅者亦有特立而為俗所憎者故必自察之而親見其賢否之實然後從而用舍之則於賢者知之深任之重而不才者不得以幸進矣所謂進賢如不得已者如此左右皆曰可殺勿聽諸大夫皆曰可殺勿聽國人皆曰可殺然後察之見可殺焉然後殺之故曰國人殺之也此言非獨以此進退人才至於用刑亦以此道蓋所謂天命天討皆非人君之所得私也如此然後可以為民父母傳曰民之所好好之民之所惡惡之此之謂民之父母○

齊宣王問曰湯放桀武王伐紂有諸孟子對曰於傳有之傳直戀反○放置也書云成湯放桀於南巢曰臣弒其君可乎桀紂天子湯武諸侯曰賊仁者謂之賊賊義者謂之殘殘賊之人謂之一夫聞誅一夫紂矣未聞弒君也賊害也殘傷也害仁者凶暴淫虐滅絕天理故謂之賊害義者顛倒錯亂傷敗彝倫故謂之殘一夫言衆叛親離不復以為君也書曰獨夫紂蓋四海歸之則為天子天下叛之則為獨夫所以深警齊王垂戒後世也○王勉曰斯言也惟在下者有湯武之仁而在上者有桀紂之暴則可不然是未免於篡弒之罪也○

孟子見齊宣王曰為巨室則必使工師求大木工師得大木則王喜以為能勝其任也匠人斲而小之則王怒以為不勝其任

我十字句。治平聲。

矣。夫人幼而學之。壯而欲行之。王曰。姑舍女所學而從我。則何如。勝平聲。夫音扶。舍上聲。女音汝。下同。○巨室。大宮也。工師。匠人之長。匠人。衆工人也。姑。且也。言賢人所學者大。而王欲小之也。今有璞玉於此。雖萬鎰。必使玉人彫琢之。至於治國家。則曰姑舍女所學而從我。則何以異於教玉人彫琢玉哉。鎰音溢。○璞。玉之在石中者。鎰。二十兩也。玉人。玉工也。不敢自治而付之能者。愛之甚也。治國家則徇私欲而不任賢。是愛國家不如愛玉也。○范氏曰。古之賢者常患人君不能行其所學。而世之庸君亦常患賢者不能從其所好。是以君臣相遇。自古以為難。孔孟終身而不遇。蓋以此耳。

○齊人伐燕。勝之。按史記。燕王噲讓國於其相子之。而國大亂。齊因伐之。燕士卒不戰。城門不閉。遂大勝燕。宣王問曰。或謂寡人勿取。或謂寡人取之。以萬乘之國伐萬乘之國。五旬而舉之。人力不至於此。不取。必有天殃。取之何如。乘去聲。下同。○以伐燕為宣王事。與史記諸書不同。已見序記。孟子對曰。取之而燕民悅。則取之。古之人有行之者。武王是也。取之而燕民不悅。則勿取。古之人有行之者。文王是也。商紂之世。文王三分天下有其二。以服事殷。至武王十三年。乃伐紂而有天下。張子曰。此事閒不容髮。一日之間。天命未絕。則是君臣。當日命絕。則為獨夫。然命之絕否。何以知之。人情而已。諸侯不期而會者八百。武王安得而止之哉。

閒去聲。

以萬乘之國伐萬乘之國。簞食壺漿以迎王師。豈有他哉。避水火也。如水益深。如火益熱。亦運而已矣。簞音丹。食音嗣。○簞。竹器。食。飯也。運。轉也。言齊若更為暴虐。則民將轉而望救於他人矣。○趙氏曰。征伐之道。當順民心。民心悅。則天意得矣。

當平聲。

○齊人伐燕。取之。諸侯將謀救燕。宣王曰。諸侯多謀伐寡人者。何以待之。

虺許偉反 見形甸反

并去聲

按正韻凡闕闕字從

孟子對曰：臣聞七十里為政於天下者，湯是也。未聞以千里畏人者也。

千里畏人，指齊王也。

書曰：湯一征，自葛始。天下信之，東面而征，西夷怨；南面而征，北狄怨。曰：奚為後我？民望之，若大旱之望雲霓也。歸市者不止，耕者不變。誅其君而弔其民，若時雨降。民大悅。書曰：徯我后，后來其蘇。

霓，五稽反。徯，胡禮反。○兩引書，皆商書仲虺之誥文也。與今書文亦小異。一征，初征也。天下信之，信其志在救民，不為暴也。奚為後我，言湯何為不先來征我之國也。霓，虹也。雲合則雨，虹見則止。變，動也。徯，待也。后，君也。蘇，復生也。他國之民皆以湯為我君，而待其來，使己得蘇息也。此言湯之所以七十里而為政於天下也。

今燕虐其民，王往而征之。民以為將拯己於水火之中也，簞食壺漿以迎王師。若殺其父兄，係累其子弟，毀其宗廟，遷其重器，如之何其可也？天下固畏齊之彊也。今又倍地而不行仁政，是動天下之兵也。

累，力追反。○拯，救也。係累，縶縛也。重器，寶器也。畏，忌也。倍地，并燕而增一倍之地也。齊之取燕，若能如湯之征葛，則燕人悅之，而齊可為政於天下矣。今乃不行仁政而肆為殘虐，則無以慰燕民之望，而服諸侯之心，是以不免乎以千里而畏人也。

王速出令，反其旄倪，止其重器，謀於燕眾，置君而後去之，則猶可及止也。

旄與耄同。倪，五稽反。○反，還也。旄，老人也。倪，小兒也。謂所虜略之老小也。猶，尚也。及止，及其未發而止之也。○范氏曰：孟子事齊梁之君，論道德則必稱堯舜，論征伐則必稱湯武。蓋治民不法堯舜，則是為暴；行師不法湯武，則是為亂。豈可謂吾君不能，而舍所學以徇之哉？

○鄒與魯鬨。穆公問曰：吾有司死者三十三人，而民莫之死也。誅之，則不可勝誅；不誅，則疾

鬭俗從門誤

輾音展

偪與逼同　大音泰下並同　坊本造下有也字　令平

視其長上之死而不救。如之何則可也。鬨，胡弄反。勝，平聲。長，上聲，下同。○鬨，鬭聲也。穆公，鄒君也。不可勝誅，言人衆不可盡誅也。長上，謂有司也。民怨其上，故疾視其死而不救也。

孟子對曰：凶年饑歲，君之民老弱轉於溝壑，壯者散而之四方者，幾千人矣；而君之倉廩實，府庫充，有司莫以告，是上慢而殘下也。曾子曰：戒之戒之！出乎爾者，反乎爾者也。夫民今而後得反之也。君無尤焉。幾，上聲。夫，音扶。○轉，飢餓輾轉而死也。充，滿也。上，謂君及有司也。尤，過也。

君行仁政，斯民親其上，死其長矣。君不仁而求富，是以有司知重斂，而不知恤民。故君行仁政，則有司皆愛其民，而民亦愛之矣。○范氏曰：書曰：民惟邦本，本固邦寧。有倉廩府庫，所以為民也。豐年則斂之，凶年則散之，恤其飢寒，救其疾苦。是以民親愛其上，有危難則赴救之，如子弟之衛父兄，手足之捍頭目也。穆公不能反己，猶欲歸罪於民，豈不誤哉？

○滕文公問曰：滕，小國也，閒於齊楚。事齊乎？事楚乎？閒，去聲。○滕，國名。

孟子對曰：是謀非吾所能及也。無已，則有一焉：鑿斯池也，築斯城也，與民守之，效死而民弗去，則是可為也。無已，見前篇。一，謂一說也。效，猶致也。國君死社稷，故致死以守國。至於民亦為之死守而不去，則非有以深得其心者不能也。○此章言有國者當守義而愛民，不可僥倖而苟免。

○滕文公問曰：齊人將築薛，吾甚恐。如之何則可？薛，國名，近滕。齊取其地而城之，故文公以其偪己而恐也。

孟子對曰：昔者大王居邠，狄人侵之，去之岐山之下居焉。非擇而取之，不得已也。邠與豳同。○邠，地名。言大王非以岐下為善，擇取而居之也。詳見下章。

苟為善，後世子孫必有王者矣。君子創業垂統，為可繼也。若

聲 坊本無 但字

舍音捨 論去聲

夫成功則天也。君如彼何哉。彊為善而已矣。夫音扶。彊上聲。○創造。統緒也。言能為善、則如大王雖失其地、而其後世遂有天下、乃天理也。然君子造基業於前、而垂統緒於後、但能不失其正、令後世可繼續而行耳。若夫成功、則豈可必乎。彼齊也、君之力既無如之何、則但彊於為善、使其可繼而俟命於天耳。○此章言人君但當竭力於其所當為、不可徼幸於其所難必。

○

滕文公問曰。滕小國也。竭力以事大國、則不得免焉。如之何則可。

孟子對曰。昔者大王居邠。狄人侵之。事之以皮幣、不得免焉。事之以犬馬、不得免焉。事之以珠玉、不得免焉。乃屬其耆老而告之曰。狄人之所欲者、吾土地也。吾聞之也。君子不以其所以養人者害人。二三子何患乎無君。我將去之。去邠。踰梁山。邑于岐山之下居焉。邠人曰。仁人也。不可失也。從之者如歸市。屬音燭。○皮、謂虎豹麋鹿之皮也。幣、帛也。屬、會集也。土地本生物以養人、今爭地而殺人、是以其所以養人者害人也。邑、作邑也。歸市、人衆而爭先也。

或曰。世守也。非身之所能為也。效死勿去。又言或謂土地乃先人所受而世守之者、非己所能專。但當致死守之、不可舍去。此國君死社稷之常法。傳所謂國滅君死之、正也、正謂此也。

君請擇於斯二者。能如大王則避之、不能則謹守常法。蓋遷國以圖存者、權也。守正而俟死者、義也。審己量力、擇而處之可也。○楊氏曰、孟子之於文公、始告之以效死而已、禮之正也。至其甚恐、則以大王之事告之、非得已也。然無大王之德而去、則民或不從而遂至於亡、則又不若效死之為愈。故又請擇於斯二者。又曰、孟子所論、自世俗觀之、則可謂無謀矣。然理之可為者、不過如此。舍此則必為儀秦之為矣。凡事求可、功求成、取必於智謀之末而不循天理之正者、非聖賢之道也。

○

魯平公將出。嬖人臧倉者請曰。他日君出、則必命有司所之。今乘輿已駕矣。有司未知所之。

敢請。公曰。將見孟子。曰。何哉。君所爲輕身以先於匹夫者。以爲賢乎。禮義由賢者出。而孟子之後喪。踰前喪。君無見焉。公曰諾。乘去聲。○乘輿、君車也。駕、駕馬也。孟子前喪父、後喪母。踰、過也。言其厚母薄父也。諾、應辭也。

樂正子入見曰。君奚爲不見孟軻也。曰。或告寡人曰。孟子之後喪。踰前喪。是以不往見也。曰。何哉君所謂踰者。前以士。後以大夫。前以三鼎。而後以五鼎與。曰。否。謂棺槨衣衾之美也。曰。非所謂踰也。貧富不同也。入見之見音現。與平聲。○樂正子、孟子弟子也。仕於魯。三鼎、士祭禮。五鼎、大夫祭禮。

樂正子見孟子曰。克告於君。君爲來見也。嬖人有臧倉者沮君。君是以不果來也。曰。行或使之。止或尼之。行止非人所能也。吾之不遇魯侯天也。臧氏之子。焉能使予不遇哉。爲去聲。沮慈呂反。尼女乙反。焉於虔反。○克、樂正子名。沮尼、皆止之之意也。言人之行、必有人使之者。其止、必有人尼之者。然其所以行、所以止、則固有天命、而非此人所能使、亦非此人所能尼也。然則我之所遇、豈臧倉之所能爲哉。○此章言聖賢之出處、關時運之盛衰、乃天命之所爲、非人力之可及。

處音杵

孟子卷之二

公孫丑章句上 凡九章

公孫丑問曰。夫子當路於齊。管仲晏子之功。可復許乎。復扶又反。○公孫丑、孟子弟子、齊人也。當

相去聲 乘音勝 易音異

路居要地也。管仲，齊大夫，名夷吾，相桓公，霸諸侯。許，猶期也。孟子未嘗得政，丑蓋設辭以問也。

孟子曰：子誠齊人也，知管仲、晏子而已矣。

齊人但知其國有二子而已，不復知有聖賢之事。

或問乎曾西曰：吾子與子路孰賢？曾西蹵然曰：吾先子之所畏也。曰：然則吾子與管仲孰賢？曾西艴然不悅，曰：爾何曾比予於管仲？管仲得君，如彼其專也；行乎國政，如彼其久也；功烈，如彼其卑也。爾何曾比予於是？

蹵，子六反。艴，音拂，又音勃。曾，並音增。○孟子引曾西與或人問答如此。曾西，曾子之孫。蹵，不安貌。先子，曾子也。艴，怒色也。曾之言則也。烈，猶光也。桓公獨任管仲四十餘年，是專且久也。管仲不知王道而行霸術，故言功烈之卑也。楊氏曰：孔子言子路之才，曰千乘之國可使治其賦也。使其見於施為，如是而已。其於九合諸侯，一匡天下，固有所不逮也。然則曾西推尊子路如此，而羞比管仲者何哉？譬之御者，子路則範我馳驅而不獲者也；管仲之功，詭遇而獲禽耳。曾西，仲尼之徒也，故不道管仲之事。

曰：管仲，曾西之所不為也，而子為我願之乎？

為，去聲。○曰，孟子言也。願，望也。

曰：管仲以其君霸，晏子以其君顯。管仲、晏子猶不足為與？

與，平聲。○顯，顯名也。

曰：以齊王，由反手也。

王，去聲。由、猶通。○反手，言易也。

曰：若是，則弟子之惑滋甚。且以文王之德，百年而後崩，猶未洽於天下；武王、周公繼之，然後大行。今言王若易然，則文王不足法與？

易，去聲，下同。與，平聲。○滋，益也。文王九十七而崩，言百年，舉成數也。文王三分天下纔有其二；武王克商，乃有天下。周公相成王，制禮作樂，然後教化大行。

曰：文王何可當也？由湯至於武丁，賢聖之君六七作。天下歸殷久矣，久則難變也。武丁朝諸侯，有天下，猶運之掌也。

王音旺

馹音日

紂之去武丁。未久也。其故家遺俗。流風善政。猶有存者。又有微子。微仲。王子比干。箕子。膠鬲。皆賢人也。相與輔相之。故久而後失之也。尺地莫非其有也。一民莫非其臣也。然而文王猶方百里起。是以難也。朝音潮、鬲音隔、又音歷、輔相之相、去聲、猶方之猶、與由通、○當、猶敵也、商自成湯至於武丁、中間太甲、太戊、祖乙、盤庚、皆賢聖之君、作、起也、自武丁至紂、凡七世、故家、舊臣之家也、齊人有言曰。雖有智慧。不如乘勢。雖有鎡基。不如待時。今時則易然也。鎡音茲、○鎡基、田器也、時、謂耕種之時、夏后殷周之盛。地未有過千里者也。而齊有其地矣。雞鳴狗吠相聞。而達乎四境。而齊有其民矣。地不改辟矣。民不改聚矣。行仁政而王。莫之能禦也。辟與闢同、○此言其勢之易也、三代盛時、王畿不過千里、今齊已有之、異於文王之百里、又雞犬之聲相聞、自國都以至於四境、言民居稠密也、且王者之不作。未有疏於此時者也。民之憔悴於虐政。未有甚於此時者也。飢者易為食。渴者易為飲。此言其時之易也、自文王至此七百餘年、異於商之賢聖繼作、民苦虐政之甚、異於紂之猶有善政、易為飲食、言飢渴之甚、不待甘美也、孔子曰。德之流行。速於置郵而傳命。郵音尤、○置、驛也、郵、馹也、所以傳命也、孟子引孔子之言如此、當今之時。萬乘之國。行仁政。民之悅之。猶解倒懸也。故事半古之人。功必倍之。惟此時為然。乘、去聲、○倒懸、喻困苦也、所施之事、半於古人、而功倍於古人、由時勢易、而德行速也、

○公孫丑問曰。夫子加齊之卿

撻音塔

相得行道焉。雖由此霸王不異矣。如此則動心否乎。孟子曰。否。我四十不動心。相去聲。○此承上章又設問孟子若得位而行道，則雖由此而成霸王之業，亦不足怪。任大責重如此，亦有所恐懼疑惑而動其心乎。四十彊仕，君子道明德立之時。孔子四十而不惑，亦不動心之謂。曰。若是則夫子過孟賁遠矣。曰。是不難。告子先我不動心。賁音奔。○孟賁，勇士。告子，名不害。孟賁血氣之勇，丑蓋借之以贊孟子不動心之難。孟子言告子未為知道，乃能先我不動心，則此亦未足為難也。曰。不動心有道乎。曰。有。程子曰：心有主，則能不動矣。北宮黝之養勇也。不膚撓。不目逃。思以一毫挫於人。若撻之於市朝。不受於褐寬博。亦不受於萬乘之君。視刺萬乘之君。若刺褐夫。無嚴諸侯。惡聲至。必反之。黝，伊糾反。撓，奴效反。朝，音潮。乘，去聲。○北宮，姓；黝，名。膚撓，肌膚被刺而撓屈也。目逃，目被刺而轉睛逃避也。挫，猶辱也。褐，毛布。寬博，寬大之衣，賤者之服也。不受者，不受其挫也。刺，殺也。嚴，畏憚也。言無可畏憚之諸侯也。黝蓋刺客之流，以必勝為主，而不動心者也。孟施舍之所養勇也。曰。視不勝。猶勝也。量敵而後進。慮勝而後會。是畏三軍者也。舍豈能為必勝哉。能無懼而已矣。舍，上聲，下同。○孟，姓；施，發語聲；舍，名也。會，合戰也。舍自言其戰雖不勝，亦無所懼。若量敵慮勝而後進戰，則是無勇而畏三軍矣。舍蓋力戰之士，以無懼為主，而不動心者也。孟施舍似曾子。北宮黝似子夏。夫二子之勇。未知其孰賢。然而孟施舍守約也。夫音扶。○黝務敵人，舍專守己。子夏篤信聖人，曾子反求諸己。故二子之與曾子、子夏，雖非等倫，然論其氣象，則各有所似。賢，猶勝也。約，要也。言論二子之勇，則未知誰勝；論其所守，則舍比於黝，為得其要也。昔者曾子謂子襄曰。子好勇乎。吾嘗聞大勇於夫子矣。自反而不縮。雖褐寬博。吾不

衡平聲　斷音鍛　將去聲　躓音志　夫音扶

惴焉。自反而縮。雖千萬人。吾往矣。好去聲。惴之瑞反。○此言曾子之勇也。子襄曾子弟子也。夫子孔子也。縮直也。檀弓曰、古者冠縮縫、今也衡縫。又曰棺束縮二衡三。惴恐懼之也。往往而敵之也。孟施舍之守氣。又不如曾子之守約也。言孟施舍雖似曾子、然其所守乃一身之氣、又不如曾子之反身循理所守尤得其要也。孟子之不動心其原蓋出於此。下文詳之。

曰。敢問夫子之不動心。與告子之不動心。可得聞與。告子曰。不得於言。勿求於心。不得於心。勿求於氣。不得於心。勿求於氣可。不得於言。勿求於心。不可。夫志氣之帥也。氣體之充也。夫志至焉。氣次焉。故曰。持其志。無暴其氣。聞與之與平聲。夫志之夫音扶。○此一節、公孫丑之問孟子誦告子之言、又斷以己意而告之也。告子謂於言有所不達、則當舍置其言、而不必反求其理於心。於心有所不安、則當力制其心、而不必更求其助於氣。此所以固守其心而不動之速也。孟子既誦其言而斷之曰、彼謂不得於心而勿求諸氣者、急於本而緩其末、猶之可也。謂不得於言而勿求諸心、則既失於外、而遂遺其內、其不可也必矣。然凡曰可者、亦僅可而有所未盡之辭耳。若論其極、則志固心之所之、而為氣之將帥。然氣亦人之所以充滿於身、而為志之卒徒者也。故志固為至極、而氣即次之。人固當敬守其志、然亦不可不致養其氣。蓋其內外本末、交相培養。此則孟子之心所以未嘗必其不動、而自然不動之大畧也。

既曰志至焉。氣次焉。又曰持其志。無暴其氣者。何也。曰。志壹則動氣。氣壹則動志也。今夫蹶者趨者。是氣也。而反動其心。夫音扶。○公孫丑見孟子言志至而氣次、故問如此則專持其志可矣、又言無暴其氣何也。壹專一也。蹶顛躓也。趨走也。孟子言志之所向專一、則氣固從之。然氣之所在專一、則志亦反為之動、如人顛躓趨走、則氣專在是而反動其心焉。所以既持其志、而又必無暴其氣也。程子曰、志動氣者什九、氣動志者什一。

敢問夫子惡乎長。曰。我知言。我善養吾浩然之氣。惡平聲。○公孫丑復問孟子之不動心、所以異於告子如此者、有何所長而能然、而孟子又詳告之以其故也。知言者、盡心知性、於凡天下之言、無不有以究極其理、而識其是非得失之所以然也。浩然、盛大流行之貌。氣、即所謂體之充者。本自浩然、失養故餒。惟孟子為善養之以復其初也。蓋惟知言、則有以明夫

坊本間下有養字

閒去聲　歉音坎

莒音舉

道義而於天下之事無所疑、養氣則有以配夫道義而於天下之事無所懼、此其所以當大任而不動心也、告子之學與此正相反、其不動心、殆亦冥然無覺、悍然不顧而已爾、

敢問何謂浩然之氣。曰。難言也。

孟子先言知言、而丑先問氣者、承上文方論志氣而言也、難言者、蓋其心所獨得、而無形聲之驗、有未易以言語形容者、故程子曰、觀此一言、則孟子之實有是氣可知矣、

其為氣也至大至剛。以直養而無害。則塞于天地之間。

至大初無限量、至剛不可屈撓、蓋天地之正氣、而人得以生者、其體段本如是也、惟其自反而縮、則得其所養、而又無所作為以害之、則其本體不虧、而充塞無間矣、程子曰、天人一也、更不分別、浩然之氣、乃吾氣也、養而無害、則塞乎天地、一為私意所蔽、則欿然而餒、卻甚小也、謝氏曰、浩然之氣、須於心得其正時識取、又曰、浩然是無虧欠時、

其為氣也。配義與道。無是餒也。

餒奴罪反○配者合而有助之意、義者人心之裁制、道者天理之自然、餒飢乏而氣不充體也、言人能養成此氣、則其氣合乎道義而為之助、使其行之勇決、無所疑憚、若無此氣、則其一時所為、雖未必不出於道義、然其體有所不充、則亦不免於疑懼、而不足以有為矣、

是集義所生者。非義襲而取之也。行有不慊於心。則餒矣。我故曰。告子未嘗知義。以其外之也。

慊口簟口劫二反○集義猶言積善、蓋欲事事皆合於義也、襲掩取也、如齊侯襲莒之襲、言氣雖可以配乎道義、而其養之之始、乃由事皆合義、自反常直、是以無所愧怍、而此氣自然發生於中、非由只行一事、偶合於義、便可掩襲於外而得之也、慊快也、足也、言所行一有不合於義、而自反不直、則不足於心、而其體有所不充矣、然則義豈在外哉、告子不知此理、乃曰仁內義外、而不復以義為事、則必不能集義以生浩然之氣矣、上文不得於言、勿求於心、即外義之意、詳見告子上篇、

必有事焉而勿正。心勿忘。勿助長也。無若宋人然。宋人有閔其苗之不長而揠之者。芒芒然歸。謂其人曰。今日病矣。予助苗長矣。其子趨而往視之。苗則槁矣。天下之不助苗長者寡矣。以為無益而舍之者。不耘苗者也。助之長者。揠苗者也。非徒無益。而又害之。

長上聲、揠烏八反、舍上聲○必有事焉而

顓音專　陂彼義反　本坊本作在

勿正、趙氏程子以七字爲句。近世或并下文心字讀之者亦通。必有事焉、有所事也。如有事於顓臾之有事。正、預期也。春秋傳曰、戰不正勝是也。如作正心、義亦同。此與大學之所謂正心者、語意自不同也。此言養氣者、必以集義爲事、而勿預期其效。其或未充、則但當勿忘其所有事、而不可作爲以助其長、乃集義養氣之節度也。閔、憂也。揠、拔也。芒芒、無知之貌。其人、家人也。病、疲倦也。舍之而不耘者、忘其所有事。揠而助之長者、正之不得而妄有作爲者也。然不耘則失養而已、揠則反以害之。無是二者、則氣得其養而無所害矣。如告子不能集義而欲彊制其心、則必不能免於正助之病。其於所謂浩然者、蓋不惟不善養、而又反害之矣。

何謂知言。曰。詖辭知其所蔽。淫辭知其所陷。邪辭知其所離。遁辭知其所窮。生於其心。害於其政。發於其政。害於其事。聖人復起。必從吾言矣。

詖、彼寄反。復、扶又反。○此公孫丑復問而孟子答之也。詖、偏陂也。淫、放蕩也。邪、邪僻也。遁、逃避也。四者相因、言之病也。蔽、遮隔也。陷、沈溺也。離、叛去也。窮、困屈也。四者亦相因、則心之失也。人之有言、皆本於心。其心明乎正理而無蔽、然後其言平正通達而無病。苟爲不然、則必有是四者之病矣。即其言之病、而知其心之失、又知其害於政事之決然而不可易者如此。非心通於道、而無疑於天下之理、其孰能之。彼告子者、不得於言而不肯求之於心、至爲義外之說、則自不免於四者之病、其何以知天下之言而無所疑哉。程子曰、心通乎道、然後能辨是非、如持權衡以較輕重、孟子所謂知言是也。又曰、孟子知言、正如人在堂上、方能辨堂下人曲直。若猶未免雜於堂下衆人之中、則不能辨決矣。

宰我子貢。善爲說辭。冉牛閔子顏淵。善言德行。孔子兼之。曰。我於辭命。則不能也。然則夫子既聖矣乎。

行、去聲。○此一節、林氏以爲皆公孫丑之問是也。說辭、言語也。德行、得於心而見於行事者也。三子善言德行者、身有之、故言之親切而有味也。公孫丑言數子各有所長、而孔子兼之、然猶自謂不能於辭命。今孟子乃自謂我能知言、又善養氣、則是兼言語德行而有之、然則豈不既聖矣乎。此夫子、指孟子也。○程子曰、孔子自謂不能於辭命者、欲使學者務本而已。

曰。惡。是何言也。昔者子貢問於孔子曰。夫子聖矣乎。孔子曰。聖則吾不能。我學不厭而教不倦也。子貢曰。學不厭。智也。教不倦。仁也。仁且智。夫子既聖矣。夫聖。孔子不居。是何言也。

處音杵

相去聲

惡，平聲。夫聖之夫，音扶。○惡，驚歎辭也。昔者以下，孟子不敢當丑之言，而引孔子子貢問答之辭以告之也。此夫子指孔子也。學不厭者，智之所以自明；教不倦者，仁之所以及物。再言是何言也，以深拒之。昔者竊聞之：子夏、子游、子張皆有聖人之一體，冉牛、閔子、顏淵則具體而微。敢問所安。此一節，林氏亦以為皆公孫丑之問是也。一體，猶一肢也。具體而微，謂有其全體，但未廣大耳。安，處也。公孫丑復問孟子既不敢比孔子，則於此數子欲何所處也。曰：姑舍是。舍，上聲。○孟子言且置是者，不欲以數子所至者自處也。

曰：伯夷、伊尹何如？曰：不同道。非其君不事，非其民不使；治則進，亂則退，伯夷也。何事非君，何使非民；治亦進，亂亦進，伊尹也。可以仕則仕，可以止則止，可以久則久，可以速則速，孔子也。皆古聖人也。吾未能有行焉；乃所願，則學孔子也。治，去聲。○伯夷，孤竹君之長子。兄弟遜國，避紂隱居，聞文王之德而歸之。及武王伐紂，去而餓死。伊尹，有莘之處士。湯聘而用之，使之就桀。桀不能用，復歸於湯。如是者五，乃相湯而伐桀也。三聖人事，詳見此篇之末及萬章下篇。

伯夷、伊尹於孔子，若是班乎？曰：否。自有生民以來，未有孔子也。班，齊等之貌。公孫丑問，而孟子答之以不同也。

曰：然則有同與？曰：有。得百里之地而君之，皆能以朝諸侯有天下；行一不義、殺一不辜而得天下，皆不為也。是則同。與，平聲。朝，音潮。○有，言有同也。以百里而王天下，德之盛也。行一不義、殺一不辜而得天下，有所不為，心之正也。聖人之所以為聖人，其根本節目之大者，惟在於此。於此不同，則亦不足以為聖人矣。

曰：敢問其所以異。曰：宰我、子貢、有若，智足以知聖人，汙不至阿其所好。汙，音蛙。好，去聲。○汙，下也。三子智足以知夫子之道。假使汙下，必不阿私所好而空譽之，明其言之可信也。宰我曰：以予觀

走莫宜反　太坊本作泰　出於俗本作出乎誤　索色角反　鄒坊本作鄭

於夫子。賢於堯舜遠矣。程子曰、語聖則不異、事功則有異。夫子賢於堯舜、語事功也。蓋堯舜治天下、夫子又推其道、以垂教萬世。堯舜之道、非得孔子、則後世亦何所據哉。子貢曰。見其禮而知其政。聞其樂而知其德。由百世之後。等百世之王。莫之能違也。自生民以來。未有夫子也。言大凡見人之禮、則可以知其政。聞人之樂、則可以知其德。是以我從百世之後、差等百世之王、無有能遁其情者、而見其皆莫若夫子之盛也。

有若曰。豈惟民哉。麒麟之於走獸。鳳凰之於飛鳥。太山之於丘垤。河海之於行潦。類也。聖人之於民。亦類也。出於其類。拔乎其萃。自生民以來。未有盛於孔子也。垤、大結反。潦、音老。○麒麟、毛蟲之長。鳳凰、羽蟲之長。垤、蟻封也。行潦、道上無源之水也。出、高出也。拔、特起也。萃、聚也。言自古聖人、固皆異於衆人、然未有如孔子之尤盛者也。○程子曰、孟子此章、擴前聖所未發、學者所宜潛心而玩索也。

○孟子曰。以力假仁者霸。霸必有大國。以德行仁者王。王不待大。湯以七十里。文王以百里。力、謂土地甲兵之力。假仁者、本無是心、而借其事以爲功者也。霸、若齊桓晉文是也。以德行仁、則自吾之得於心者推之、無適而非仁也。以力服人者。非心服也。力不贍也。以德服人者。中心悅而誠服也。如七十子之服孔子也。詩云。自西自東。自南自北。無思不服。此之謂也。贍、足也。詩大雅文王有聲之篇。王霸之心、誠僞不同、故人所以應之者、其不同亦如此。○鄒氏曰、以力服人者、有意於服人、而人不敢不服。以德服人者、無意於服人、而人不能不服。從古以來、論王霸者多矣、未有若此章之深切而著明者也。

○孟子曰。仁則榮。不仁則辱。今惡辱而居不仁。是猶惡溼而居下也。惡、去聲、下同。○好榮惡辱、人之常情。然徒惡之而不去其得之之道、不能免也。如惡之。莫如

強上聲

鴟處脂反鴞音蕭榜七八反

逭音換

貴德而尊士。賢者在位。能者在職。國家閒暇。及是時。明其政刑。雖大國。必畏之矣。閒音閑。○此因其惡辱之情而進之以強仁之事也。貴德猶尚德也。士則指其人而言之。賢有德者。使之在位。則足以正君而善俗。能有才者。使之在職。則足以修政而立事。國家閒暇。可以有為之時也。詳味及字。則惟日不足之意可見矣。

詩云。迨天之未陰雨。徹彼桑土。綢繆牖戶。今此下民。或敢侮予。孔子曰。為此詩者。其知道乎。能治其國家。誰敢侮之。徹直列反。土音杜。綢音稠。繆武彪反。○詩豳風鴟鴞之篇。周公之所作也。迨。及也。徹。取也。桑土。桑根之皮也。綢繆。纏綿補葺也。牖戶。巢之通氣出入處也。予。鳥自謂也。言我之備患詳密如此。今此在下之人。或敢有侮予者乎。周公以鳥之為巢如此。比君之為國。亦當思患而預防之。孔子讀而贊之。以為知道也。

今國家閒暇。及是時。般樂怠敖。是自求禍也。般音盤。樂音洛。敖音傲。○言其縱欲偷安。亦惟日不足也。

禍福無不自己求之者。結上文之意。

詩云。永言配命。自求多福。太甲曰。天作孽。猶可違。自作孽。不可活。此之謂也。孽魚列反。○詩大雅文王之篇。永。長也。言。猶念也。配。合也。命。天命也。此言福之自己求者。太甲。商書篇名。孽。禍也。違。避也。活。生也。書作逭。逭猶緩也。此言禍之自己求者。

○孟子曰。尊賢使能。俊傑在位。則天下之士皆悅而願立於其朝矣。朝音潮。○俊傑。才德之異於眾者。

市。廛而不征。法而不廛。則天下之商皆悅而願藏於其市矣。廛。市宅也。張子曰。或賦其市地之廛。而不征其貨。或治之以市官之法。而不賦其廛。蓋逐末者多則廛以抑之。少則不必廛也。

關。譏而不征。則天下之旅。皆悅而願出於其路矣。解見前篇。

耕者。助而不稅。則天下之農。皆悅而願耕於其野矣。但使出力以助耕公田。而不稅其私田也。

廛。無夫里之布。則天下之

中去聲

民皆悅。而願為之氓矣。氓音盲。○周禮宅不毛者有里布、民無職事者出夫家之征、鄭氏謂宅不種桑麻者罰之使出一里二十五家之布、民無常業者罰之使出一夫百畝之稅、一家力役之征也、今戰國時、一切取之、市宅之民已賦其廛、又令出此夫里之布、非先王之法也、氓、民也、

信能行此五者。則鄰國之民。仰之若父母矣。率其子弟。攻其父母。自生民以來。未有能濟者也。如此則無敵於天下。無敵於天下者。天吏也。然而不王者。未之有也。呂氏曰、奉行天命、謂之天吏、廢興存亡、惟天所命、不敢不從、若湯武是也、○此章言能行王政則寇戎為父子、不行王政則赤子為仇讎、

○孟子曰。人皆有不忍人之心。天地以生物為心、而所生之物、因各得夫天地生物之心以為心、所以人皆有不忍人之心也、

先王有不忍人之心。斯有不忍人之政矣。以不忍人之心。行不忍人之政。治天下可運之掌上。言衆人雖有不忍人之心、然物欲害之、存焉者寡、故不能察識、而推之政事之閒、惟聖人全體此心、隨感而應、故其所行無非不忍人之政也、

所以謂人皆有不忍人之心者。今人乍見孺子。將入於井。皆有怵惕惻隱之心。非所以內交於孺子之父母也。非所以要譽於鄉黨朋友也。非惡其聲而然也。怵音黜、內讀為納、要平聲、惡去聲、下同。○乍、猶忽也、怵惕、驚動貌、惻、傷之切也、隱、痛之深也、此即所謂不忍人之心也、內、結、要、求、聲、名也、言乍見之時、便有此心、隨見而發、非由此三者而然也、程子曰、滿腔子是惻隱之心、謝氏曰、人須是識其真心、方乍見孺子入井之時、其心怵惕、乃真心也、非思而得、非勉而中、天理之自然也、內交要譽惡其聲而然、即人欲之私矣、

由是觀之。無惻隱之心。非人也。無羞惡之心。非人也。無辭讓之心。非人也。無是非之心。非人也。惡去聲、下同。○羞、恥己之不善也、惡、憎人之不善也、辭、解使去己也、讓、推以與人也、是、知其善而以為是也、非、知其惡而以為非也、人之所以為心、

見音現　王音旺　處長並上聲

不外乎是四者故因論惻隱而悉數之言人若無此則不得謂之人所以明其必有也

惻隱之心仁之端也羞惡之心義之端也辭讓之心禮之端也是非之心智之端也

惻隱羞惡辭讓是非情也仁義禮智性也心統性情者也端緒也因其情之發而性之本然可得而見猶有物在中而緒見於外也

人之有是四端也猶其有四體也有是四端而自謂不能者自賊者也謂其君不能者賊其君者也

四體四肢人之所必有者也自謂不能者物欲蔽之耳

凡有四端於我者知皆擴而充之矣若火之始然泉之始達苟能充之足以保四海苟不充之不足以事父母

擴音廓○擴推廣之意充滿也四端在我隨處發見知皆即此推廣而充滿其本然之量則其日新又新將有不能自已者矣能由此而遂充之則四海雖遠亦吾度內無難保者不能充之則雖事之至近而不能矣○此章所論人之性情心之體用本然全具而各有條理如此學者於此反求默識而擴充之則天之所以與我者可以無不盡矣程子曰人皆有是心惟君子為能擴而充之不能然者皆自棄也然其充與不充亦在我而已矣又曰四端不言信者既有誠心為四端則信在其中矣愚按四端之信猶五行之土無定位無成名無專氣而水火金木無不待是以生者故土於四行無不在於四時則寄王焉其理亦猶是也

○孟子曰矢人豈不仁於函人哉矢人惟恐不傷人函人惟恐傷人巫匠亦然故術不可不慎也

函音含○函甲也惻隱之心人皆有之是矢人之心本非不如函人之仁也巫者為人祈祝利人之生匠者作為棺槨利人之死

孔子曰里仁為美擇不處仁焉得智夫仁天之尊爵也人之安宅也莫之禦而不仁是不智也

焉於虔反夫音扶○里有仁厚之俗者猶以為美人擇所以自處而不於仁安得為智乎此孔子之言也仁義禮智皆天所與之良貴而仁者天地生物之心得之最先而兼統四者所謂元者善之長也故曰尊爵在人則為本心全體之德有天理自然之安無人欲陷溺之危人當常在其中而不可須臾離者也故曰安宅此之孟子釋孔子之意以為仁道之大如此而自不為之豈非不智之甚乎

以坊本作已

不仁不智。無禮無義。人役也。人役而恥為役。由弓人而恥為弓。矢人而恥為矢也。由與猶同。○以不仁故不智、不智故不知禮義之所在、如恥之。莫如為仁。此亦因人愧恥之心、而引之使入於仁也、不言智禮義者、仁該全體能為仁、則三者在其中矣、仁者如射。射者正已而後發。發而不中。不怨勝已者。反求諸已而已矣。中去聲。○為仁由已、而由仁乎哉、

○孟子曰。子路人告之以有過則喜。喜其得聞而改之其勇於自修如此周子曰仲由喜聞過、令名無窮焉、今人有過、不喜人規、如諱疾而忌醫、寧滅其身而無悟也、噫、程子曰、子路人告之以有過則喜、亦可謂百世之師矣、禹聞善言則拜。書曰、禹拜昌言、蓋不待有過、而能屈已以受天下之善也、大舜有大焉。善與人同。舍已從人。樂取於人以為善。舍上聲、樂音洛。○言舜之所為、又有大於禹與子路者、善與人同、公天下之善而不為私也、已未善則無所係吝而舍以從人、人有善則不待勉強而取之於已、此善與人同之目也、自耕稼陶漁以至為帝。無非取於人者。舜之側微、耕於歷山、陶於河濱、漁於雷澤、取諸人以為善。是與人為善者也。故君子莫大乎與人為善。與猶許也、助也、取彼之善而為之於我、則彼益勸於為善矣、是我助其為善也、能使天下之人、皆勸於為善、君子之善、孰大於此、○此章言聖賢樂善之誠、初無彼此之閒、故其在人者有以裕於已、在已者有以及於人、

○孟子曰。伯夷非其君不事。非其友不友。不立於惡人之朝。不與惡人言。立於惡人之朝。與惡人言。如以朝衣朝冠坐於塗炭。推惡惡之心。思與鄉人立。其冠不正。望望然去之。若將浼焉。是故諸侯雖有善其辭命而至者。不受也。不受也者。是亦不屑就

王相並去聲

已。朝音潮。惡惡，上去聲，下如字。浼，莫罪反。○塗，泥也。鄉人，鄉里之常人也。望望，去而不顧之貌。浼，汙也。屑，趙氏曰：潔也。說文曰：動作切切也。不屑就，言不以就之為潔，而切切於是也。已，語助辭。柳下惠不羞汙君。不卑小官。進不隱賢。必以其道。遺佚而不怨。阨窮而不憫。故曰。爾為爾。我為我。雖袒裼裸裎於我側。爾焉能浼我哉。故由由然與之偕。而不自失焉。援而止之而止。援而止之而止者。是亦不屑去已。佚音逸。袒音但。裼音錫。裸，魯果反。裎音程。焉能之焉，於虔反。○柳下惠，魯大夫展禽，居柳下而謚惠也。不隱賢，不枉道也。遺佚，放棄也。阨，困也。憫，憂也。爾為爾至焉能浼我哉，惠之言也。袒裼，露臂也。裸裎，露身也。由由，自得之貌。偕，並處也。不自失，不失其正也。援而止之而止者，言欲去而可留也。

孟子曰。伯夷隘。柳下惠不恭。隘與不恭。君子不由也。隘，狹窄也。不恭，簡慢也。夷、惠之行，固皆造乎至極之地。然既有所偏，則不能無弊，故不可由也。

公孫丑章句下

凡十四章。自第二章以下，記孟子出處行實為詳。

孟子曰。天時不如地利。地利不如人和。天時，謂時日支干、孤虛、王相之屬也。地利，險阻、城池之固也。人和，得民心之和也。三里之城。七里之郭。環而攻之而不勝。夫環而攻之。必有得天時者矣。然而不勝者。是天時不如地利也。夫音扶。○三里、七里，城郭之小者。郭，外城。環，圍也。言四面攻圍，曠日持久，必有值天時之善者。城非不高也。池非不深也。兵革非不堅利也。米粟非不多也。委而去之。是地利不如人和也。革，甲也。粟，穀也。委，棄也。言不得民心，民不為守也。故曰：域民不以封疆之界，固國不以山谿之險，威天下不以兵革之利。得道者多助，失道者寡助。寡助之至，親戚畔之；多助之至，天下順之。域，界限也。以天下之所順，攻親戚之所畔；故君子有不戰，戰必勝矣。言不戰則已，戰則必勝。○尹氏曰：言得天下者，凡以得民心而已。

○孟子將朝王，王使人來曰：寡人如就見者也，有寒疾，不可以風。朝將親朝，不識可使寡人得見乎？對曰：不幸而有疾，不能造朝。章內朝並音潮，惟朝將之朝如字。造，七到反，下同。○王，齊王也。孟子本將朝王，王不知而托疾以召孟子，故孟子亦以疾辭也。

明日，出弔於東郭氏。公孫丑曰：昔者辭以病，今日弔，或者不可乎？曰：昔者疾，今日愈，如之何不弔？東郭氏，齊大夫家也。昔者，昨日也。或者，疑辭。辭疾而出弔，與孔子不見孺悲，取瑟而歌同意。

王使人問疾，醫來。孟仲子對曰：昔者有王命，有采薪之憂，不能造朝。今病小愈，趨造於朝，我不識能至否乎？使數人要於路，曰：請必無歸，而造於朝！要，平聲。○孟仲子，趙氏以為孟子之從昆弟，學於孟子者也。采薪之憂，言病不能采薪，謙辭也。仲子權辭以對，又使人要孟子令勿歸而造朝，以實己言。

不得已而之景丑氏宿焉。景子曰：內則父子，外則君臣，人之大倫也。父子主恩，君臣主敬。丑見王之敬子也，未見所以敬王也。曰：惡！是何言也。齊人無以仁義與王言者。豈以仁義為不美也。其心曰是何足與言仁義也云爾。則不敬莫大乎是。我非堯舜之道。不敢以陳於王前。故齊人莫如我敬王也。惡平聲下同。○景丑氏齊大夫家也。景子景丑也。惡歎辭也。景丑所言敬之小者也。孟子所言敬之大者也。

景子曰。否。非此之謂也。禮曰。父召無諾。君命召。不俟駕。固將朝也。聞王命而遂不果。宜與夫禮若不相似然。夫音扶下同。○禮曰。父命呼。唯而不諾。又曰。君命召。在官不俟屨。在外不俟車。言孟子本欲朝王。而聞命中止。似與此禮之意不同也。

曰。豈謂是與。曾子曰。晉楚之富。不可及也。彼以其富。我以吾仁。彼以其爵。我以吾義。吾何慊乎哉。夫豈不義而曾子言之。是或一道也。天下有達尊三。爵一。齒一。德一。朝廷莫如爵。鄉黨莫如齒。輔世長民莫如德。惡得有其一。以慢其二哉。與平聲。慊口簟反。長上聲。○慊恨也。少也。或作嗛字。書以為口銜物也。然則慊亦但為心有所銜之義。其為快為足為恨為少。則因其事而所銜有不同耳。孟子言我之意。非如景子之所言者。因引曾子之言。而云夫此豈是不義。而曾子肯以為言。是或別有一種道理也。達通也。蓋通天下之所尊。有此三者。曾子之語。蓋以德言之也。今齊王但有爵耳。安得以此慢於齒德乎。

故將大有為之君。必有所不召之臣。欲有謀焉。則就之。其尊德樂道。不如是。不足與有為也。樂音洛。○大有為之君。大有作為非常之君也。程子曰。古之人所以必待人君致敬盡禮。而後往者。非欲自為尊大也。為是故耳。

故湯之於伊尹。學焉而後臣之。故不勞而王。桓公之於管仲。

坊本以金餽為孟子兵備一句予作與行音杭

學焉而後臣之。故不勞而霸。先從受學師之也、後以為臣任之也今天下地醜德齊。莫能相尚。無他。好臣其所教。而不好臣其所受教。好去聲。○醜類也。尚過也。所教謂聽從於己、可役使者也。所受教謂己之所從學者也。湯之於伊尹。桓公之於管仲。則不敢召。管仲且猶不可召。而況不為管仲者乎。不為管仲、孟子自謂也。范氏曰、孟子之於齊、處賓師之位、非當仕有官職者、故其言如此。○此章見賓師不以趨走承順為恭、而以責難陳善為敬、人君不以崇高富貴為重、而以貴德尊士為賢、則上下交而德業成矣。

○陳臻問曰。前日於齊。王餽兼金一百而不受。於宋。餽七十鎰而受。於薛。餽五十鎰而受。前日之不受是。則今日之受非也。今日之受是。則前日之不受非也。夫子必居一於此矣。陳臻、孟子弟子。兼金、好金也。其價兼倍於常者。一百、百鎰也。孟子曰。皆是也。皆適於義也。當在宋也。予將有遠行。行者必以贐。辭曰餽贐。予何為不受。贐、徐刃反。○贐、送行者之禮也。當在薛也。予有戒心。辭曰聞戒。故為兵餽之。予何為不受。為兵之為、去聲。○時人有欲害孟子者、孟子設兵以戒備之。薛君以金餽孟子、為兵備。辭曰聞子之有戒心也。若於齊。則未有處也。無處而餽之。是貨之也。焉有君子。而可以貨取乎。焉、於虔反。○無遠行戒心之事、是未有所處也。取、猶致也。○尹氏曰、言君子之辭受取予、惟當於理而已。

○孟子之平陸。謂其大夫曰。子之持戟之士。一日而三失伍。則去之否乎。曰。不待三。去、上聲。○平陸、齊下邑也。大夫、邑宰也。戟、有枝兵也。士、戰士也。伍、行列也。去之、殺之也。然則子之

大坊本作失

中去聲

失伍也，亦多矣。凶年饑歲，子之民，老羸轉於溝壑，壯者散而之四方者，幾千人矣。曰：此非距心之所得爲也。（幾，上聲。○子之失伍，言其失職，猶士之失伍也。距心，大夫名。對言此乃王之失政使然，非我所得專爲也。）曰：今有受人之牛羊而爲之牧之者，則必爲之求牧與芻矣。求牧與芻而不得，則反諸其人乎？抑亦立而視其死與？曰：此則距心之罪也。（爲，去聲。死與之與，平聲。○牧之，養之也。牧，牧地也。芻，草也。孟子言若不得自專，何不致其事而去。）

他日見於王曰：王之爲都者，臣知五人焉。知其罪者，惟孔距心。爲王誦之。王曰：此則寡人之罪也。（見，音現。爲王之爲，去聲。○爲都，治邑也。邑有先君之廟曰都。孔，大夫姓也。爲王誦其語，欲以風曉王也。○陳氏曰：孟子一言而齊之君臣舉知其罪，固足以興邦矣。然而齊卒不得爲善國者，豈非說而不繹，從而不改故耶。）

○孟子謂蚳鼃曰：子之辭靈丘而請士師，似也，爲其可以言也。今既數月矣，未可以言與？（蚳，音遲。鼃，烏花反。爲，去聲。與，平聲。○蚳鼃，齊大夫也。靈丘，齊下邑。似也，言所爲近似有理。可以言，謂士師近王，得以諫刑罰之不中者。）蚳鼃諫於王而不用，致爲臣而去。（致，猶還也。）齊人曰：所以爲蚳鼃則善矣，所以自爲，則吾不知也。（爲，去聲。○譏孟子道不行而不能去也。）公都子以告。（公都子，孟子弟子也。）曰：吾聞之也，有官守者，不得其職則去；有言責者，不得其言則去。我無官守，我無言責也，則吾進退，豈不綽綽然有餘裕哉？（官守，以官爲守者。言責，以言爲責者。綽綽，寬貌。裕，寬意也。孟子居賓師之位，未當受祿，故其進退之際，寬裕如此。尹氏曰：進退久速，當於理而已。）○

使去聲下同還似言反

喪去聲

燕音烟

孟子為卿於齊。出弔於滕。王使蓋大夫。王驩為輔行。王驩朝暮見。反齊滕之路。未嘗與之言行事也。蓋古盍反見音現○蓋齊下邑也王驩王嬖臣也輔行副使也反往而還也行事使事也

公孫丑曰。齊卿之位。不為小矣。齊滕之路。不為近矣。反之而未嘗與言行事。何也。曰。夫既或治之。予何言哉。夫音扶○王驩蓋攝卿以行故曰齊卿夫既或治之言有司已治之矣孟子之待小人不惡而嚴如此

○孟子自齊葬於魯。反於齊。止於嬴。充虞請曰。前日不知虞之不肖。使虞敦匠事。嚴。虞不敢請。今願竊有請也。木若以美然。孟子仕於齊喪母歸葬於魯嬴齊南邑充虞孟子弟子嘗董治作棺之事者也嚴急也木棺木也以已通以美太美也

曰。古者棺椁無度。中古棺七寸。椁稱之。自天子達於庶人。非直為觀美也。然後盡於人心。稱去聲○度厚薄尺寸也中古周公制禮時也椁稱之與棺相稱也欲其堅厚久遠非特為人觀視之美而已

不得不可以為悅。無財不可以為悅。得之為有財。古之人皆用之。吾何為獨不然。不得謂法制所不當得得之為有財言得之而又為有財也或曰為當作而

且比化者。無使土親膚。於人心獨無恔乎。比必二反恔音效○比猶為也化者死者也恔快也言為死者不使土親近其肌膚於人子之心豈不快然無所恨乎

吾聞之也。君子不以天下儉其親。送終之禮所當得為而不自盡是為天下愛惜此物而薄於吾親也

○沈同以其私問曰。燕可伐與。孟子曰。可。子噲不得與人燕。子之不得受燕於子噲。有仕於

此，而子悅之，不告於王，而私與之吾子之祿爵；夫士也，亦無王命而私受之於子，則可乎？何以異於是？伐與之與，平聲。下伐與、殺與，同。夫，音扶。○沈同，齊臣。以私問，非王命也。子噲、子之，事見前篇。諸侯土地人民，受之天子，傳之先君，私以與人，則與者受者皆有罪也。仕，為官也。士，即從仕之人也。

齊人伐燕。或問曰：「勸齊伐燕，有諸？」曰：「未也。沈同問『燕可伐與』？吾應之曰『可』，彼然而伐之也。彼如曰『孰可以伐之』？則將應之曰：『為天吏，則可以伐之。』今有殺人者，或問之曰『人可殺與』？則將應之曰『可』。彼如曰『孰可以殺之』？則將應之曰：『為士師，則可以殺之。』今以燕伐燕，何為勸之哉？」天吏，解見上篇。言齊無道，與燕無異，如以燕伐燕也。史記亦謂孟子勸齊伐燕，蓋傳聞此說之誤。○楊氏曰：「燕固可伐矣，故孟子曰可。使齊王能誅其君，弔其民，何不可之有？乃殺其父兄，虜其子弟，而後燕人畔之。乃以是歸咎孟子之言，則誤矣。」

○燕人畔。王曰：「吾甚慙於孟子。」齊破燕後二年，燕人共立太子平為王。

陳賈曰：「王無患焉。王自以為與周公，孰仁且智？」王曰：「惡！是何言也？」曰：「周公使管叔監殷，管叔以殷畔。知而使之，是不仁也；不知而使之，是不智也。仁智，周公未之盡也，而況於王乎？賈請見而解之。」惡，平聲。○陳賈，齊大夫也。管叔，名鮮，武王弟，周公兄也。武王勝商殺紂，立紂子武庚，而使管叔與弟蔡叔、霍叔監其國。武王崩，成王幼，周公攝政，管叔與武庚畔，周公討而誅之。

見孟子，問曰：「周公何人也？」曰：「古聖人也。」曰：「使管叔監殷，管叔以殷畔也，有諸？」曰：「然。」曰：

坊本從下無而字文去聲

周公知其將畔。而使之與。曰。不知也。然則聖人且有過與。曰。周公弟也。管叔兄也。周公之過。不亦宜乎。與平聲。○言周公乃管叔之弟、管叔乃周公之兄、然則周公不知管叔之將畔而使之、其過有所不免矣、或曰、周公之處管叔不如舜之處象、何也、游氏曰、象之惡已著、而其志不過富貴而已、故舜得以是而全之、若管叔之惡則未著、而其志其才皆非象比也、周公詎忍逆探其兄之惡而棄之耶、周公愛兄宜無不盡者、管叔之事、聖人之不幸也、舜誠信而喜象、周公誠信而任管叔、此天理人倫之至、其用心一也、

且古之君子。過則改之。今之君子。過則順之。古之君子。其過也如日月之食。民皆見之。及其更也。民皆仰之。今之君子。豈徒順之。又從為之辭。更平聲。○順、猶遂也、更、改也、辭、辯也、更之則無損於明、故民仰之、順而為之辭、則其過愈深矣、責賈不能勉其君以遷善改過、而教之以遂非文過也、○林氏曰、齊王慙於孟子、蓋羞惡之心、有不能自已者、使其臣有能因是心而將順之、則義不可勝用矣、而陳賈鄙夫、方且為之曲為辯說、而沮其遷善改過之心、長其飾非拒諫之惡、故孟子深責之、然此書記事散出、而無先後之次、故其說必參考而後通、若以第二篇十章、十一章置之前章之後、此章之前、則孟子之意不待論說而自明矣、

○孟子致為臣而歸。孟子久於齊而道不行、故去也、王就見孟子曰。前日願見而不可得。得侍。同朝甚喜。今又棄寡人而歸。不識可以繼此而得見乎。對曰。不敢請耳。固所願也。朝音潮 他日、王謂時子曰。我欲中國而授孟子室。養弟子以萬鍾。使諸大夫國人。皆有所矜式。子盍為我言之。為去聲。○時子、齊臣也、中國、當國之中也、萬鍾、穀祿之數也、鍾、量名、受六斛四斗、矜、敬也、式、法也、盍、何不也、時子因陳子。而以告孟子。陳子以時子之言告孟子。陳子、即陳臻也、孟子曰。然。夫時子。惡知其不可也。

惡去聲

繆音穆伺音嗣意坊本作義

如使予欲富。辭十萬而受萬。是為欲富乎。夫音扶。惡平聲。○孟子既以道不行而去，則其義不可以復留，而時子不知，則又有難顯言者，故但言設使我欲富，則我前日為卿，嘗辭十萬之祿，今乃受此萬鍾之饋，是我雖欲富，亦不為此也。

季孫曰。異哉子叔疑。使己為政。不用。則亦已矣。又使其子弟為卿。人亦孰不欲富貴。而獨於富貴之中。有私龍斷焉。龍音壟。○此孟子引季孫之語也。季孫、子叔疑，不知何時人。龍斷，岡壟之斷而高也，義見下文。蓋子叔疑者嘗不用，而使其子弟為卿，季孫譏其既不得於此，而又欲求得於彼，如下文賤丈夫登龍斷者之所為也。孟子引此以明道既不行，復受其祿，則無以異此矣。

古之為市者。以其所有。易其所無者。有司者治之耳。有賤丈夫焉。必求龍斷而登之。以左右望而罔市利。人皆以為賤。故從而征之。征商。自此賤丈夫始矣。孟子釋龍斷之說如此。治之，謂治其爭訟。左右望者，欲得此而又取彼也。罔，謂罔羅取之也。從而征之，謂人惡其專利，故就征其稅，後世緣此，遂征商人也。○程子曰：齊王所以處孟子者，未為不可，孟子亦非不肯為國人矜式者，但齊王實非欲尊孟子，乃欲以利誘之，故孟子拒而不受。

○孟子去齊。宿於晝。晝，如字，或曰當作畫，音獲。下同。○畫，齊西南近邑也。

有欲為王留行者。坐而言。不應。隱几而臥。為，去聲。下同。隱，於靳反。○隱，憑也。客坐而言，孟子不應而臥也。

客不悅曰。弟子齊宿而後敢言。夫子臥而不聽。請勿復敢見矣。

曰坐。我明語子。昔者魯繆公無人乎子思之側。則不能安子思。泄柳申詳。無人乎繆公之側。則不能安其身。齊側皆反。復，扶又反。語，去聲。○齊宿，齋戒越宿也。繆公尊禮子思，常使人候伺，道達誠意於其側，乃能安而留之也。泄柳，魯人。申詳，子張之子也。繆公尊之不如子思，然二子義不苟容，非有賢者在其君之左右，維持調護之，則亦不能安其身矣。

子為長者慮。而不及子思。

上孟 卷二 公孫丑 二三

惓音權

絶長者乎。長者絶子乎。長上聲○長者孟子自稱也言齊王不使子來而子自欲為王留我是所以為我謀者不及繆公留子思之事而先絶我也我之卧而不應豈為先絶子乎

○孟子去齊。尹士語人曰。不識王之不可以為湯武則是不明也識其不可。然且至則是干澤也。千里而見王。不遇故去。三宿而後出晝。是何濡滯也。士則玆不悅。語去聲○尹士齊人也干求也澤恩澤也濡滯遲留也

高子以告。高子亦齊人孟子弟子也

曰。夫尹士惡知予哉。千里而見王。是予所欲也。不遇故去。豈予所欲哉。予不得已也。夫音扶下同惡平聲○見王欲以行道也今道不行故不得已而去非本欲如此也

予三宿而出晝。於予心猶以為速。王庶幾改之。王如改諸。則必反予。所改必指一事而言然今不可考矣

夫出晝而王不予追也。予然後浩然有歸志。予雖然。豈舍王哉。王由足用為善。王如用予。則豈徒齊民安。天下之民舉安。王庶幾改之。予日望之。浩然如水之流不可止也楊氏曰齊王天資朴實如好勇好貨好色好世俗之樂皆以直告而不隱於孟子故足以為善若乃其心不然而謬為大言以欺人是人終不可與入堯舜之道矣何善之能為

予豈若是小丈夫然哉。諫於其君而不受則怒。悻悻然見於其面。去則窮日之力而後宿哉。悻形頂反見音現○悻悻怒意也窮盡也

尹士聞之曰。士誠小人也。此章見聖賢行道濟時汲汲之本心愛君澤民惓惓之餘意李氏曰於此見君子憂則違之之情而荷蕢者所以為果也

○孟子去齊。充虞路問曰。夫子若有不豫色然。前日

聞去聲

虞聞諸夫子曰。君子不怨天。不尤人。路問。於路中問也。豫。悅也。尤。過也。此二句實孔子之言。蓋孟子嘗稱之以教人耳。曰。彼一時。此一時也。彼。前日。此。今日。五百年必有王者興。其間必有名世者。自堯舜至湯。自湯至文武。皆五百餘年而聖人出。名世。謂其人德業聞望可名於一世者。為之輔佐。若皐陶、稷、契、伊尹、萊朱、太公望、散宜生之屬。由周而來。七百有餘歲矣。以其數則過矣。以其時考之則可矣。周謂文武之間。數謂五百年之期。時謂亂極思治可以有為之日。於是而不得一有所為。此孟子所以不能無不豫也。夫天未欲平治天下也。如欲平治天下。當今之世。舍我其誰也。吾何為不豫哉。夫音扶。舍上聲。○言當此之時而使我不遇於齊。是天未欲平治天下也。然天意未可知。而其具又在我。我何為不豫哉。然則孟子雖若有不豫然者。而實未嘗不豫也。蓋聖賢憂世之志。樂天之誠。有並行而不悖者。於此見矣。

○孟子去齊。居休。公孫丑問曰。仕而不受祿。古之道乎。休。地名。曰。非也。於崇。吾得見王。退而有去志。不欲變。故不受也。崇亦地名。孟子始見齊王。必有所不合。故有去志。變。謂變其去志。繼而有師命。不可以請。久於齊。非我志也。師命。師旅之命也。國既被兵。難請去也。○孔氏曰。仕而受祿。禮也。不受齊祿。義也。義之所在。禮有時而變。公孫丑欲以一端裁之。不亦誤乎。

孟子卷之三

滕文公章句上 凡五章

滕文公為世子。將之楚。過宋而見孟子。世子。太子也。孟子道性善。言必稱堯

渾上聲 汨音骨 懈居隘反

舜。道、言也。性者、人所稟於天以生之理也。渾然至善、未嘗有惡。人與堯舜初無少異、但衆人汨於私欲而失之、堯舜則無私欲之
蔽、而能充其性爾。故孟子與世子言、每道性善、而必稱堯舜以實之。欲其知仁義不假外求、聖人可學而至、而不懈於用力也。
門人不能悉記其辭、而撮其大旨如此。程子曰、性即理也。天下之理、原其所自、未有不善。喜怒哀樂未發、何嘗不善。發而
中節、即無往而不善。發不中節、然後為不善。故凡言善惡、皆先善而後惡。言吉凶、皆先吉而後凶。言是非、皆先是而後非。世子
自楚反、復見孟子。孟子曰、世子疑吾言乎。夫道一而已矣。復、扶又反。夫、音扶。○時人不知
性之本善、而以聖賢為不可企及、故世子於孟子之言不能無疑、而復來求見、蓋恐別有卑近
易行之說也。孟子知之、故但告之如此、以明古今聖愚本同一性、前言已盡、無復有他說也。成覸謂齊景公曰、
彼丈夫也。我丈夫也。吾何畏彼哉。顏淵曰、舜何人也。予何人也。有
為者亦若是。公明儀曰、文王我師也。周公豈欺我哉。覸、古莧反。○成覸、人姓名。彼、謂聖賢也。有

憒古對反

為者亦若是、言人能有為、則皆如舜也。公明、姓。儀、名。魯賢人也。文王我師也、蓋周公之言。公明儀亦以文王為必可師、故誦周
公之言、而歎其不我欺也。孟子既告世子以道無二致、而復引此三言以明之、欲世子篤信力行、以師聖賢、不當復求他說也。今
滕、絕長補短、將五十里也。猶可以為善國。書曰、若藥不瞑眩、厥疾
不瘳。瞑、莫甸反。眩、音縣。○絕、猶截也。書、商書說命篇。瞑眩、憒亂。言滕國雖小、猶足為治、但恐安於卑近、不能自克、則不足以去
惡而為善也。○愚按、孟子之言性善、始見於此、而詳具於告子之篇。然默識而旁通之、則七篇之中、無非此理。其所以擴
前聖之未發、而有功於聖人之門、程子之言信矣。○滕定公薨、世子謂然友曰、昔者孟子嘗與我言於
宋、於心終不忘。今也不幸至於大故、吾欲使子問於孟子、然後行
事。定公、文公父也。然友、世子之傅也。大故、大喪也。事、謂喪禮。然友之鄒、問於孟子。孟子曰、不亦善乎。親喪固
所自盡也。曾子曰、生事之以禮、死葬之以禮、祭之以禮、可謂孝矣。

伏坊本作仆

諸侯之禮吾未之學也雖然吾嘗聞之矣三年之喪齊疏之服飦
粥之食自天子達於庶人三代共之齊音咨疏所居反飦諸延反○當時諸侯莫能行古喪禮而文公獨能以此為問故孟子善之又言父母之喪固人
子之心所自盡者蓋悲哀之情痛疾之意非自外至宜乎文公於此有所不能自已也但所引曾子之言本孔子告樊遲者豈曾子嘗誦之以告其門人歟三年之喪者子生三年然後免於父母之懷故父母之喪必以三年也齊衣下縫也不緝曰斬衰緝之曰齊
衰疏麤也麤布也飦糜也喪禮三日始食粥既葬乃疏食此古今貴賤通行之禮也然友反命定為三年之喪父兄百官皆不欲
曰吾宗國魯先君莫之行吾先君亦莫之行也至於子之身而反
之不可且志曰喪祭從先祖曰吾有所受之也父兄同姓老臣也滕與魯俱文王之後而魯祖周公為長兄弟宗之故滕
謂魯為宗國也然謂二國不行三年之喪者乃其後世之失非周公之法本然也志記也引志之言而釋其意以為所以如此者蓋為上世以來有所傳受雖或不同不可改也然志所言本謂先王之世舊俗所傳禮文小異而可以通行者耳不謂後世失禮之甚
者也謂然友曰吾他日未嘗學問好馳馬試劍今也父兄百官不我
足也恐其不能盡於大事子為我問孟子然友復之鄒問孟子孟
子曰然不可以他求者也孔子曰君薨聽於冢宰歠粥面深墨即
位而哭百官有司莫敢不哀先之也上有好者下必有甚焉者矣
君子之德風也小人之德草也草尚之風必偃是在世子好為皆去聲復扶又反歠川悅
反○不我足謂不以我滿足其意也然者然其不我足之言不可他求者言當責之於己冢宰六卿之長也歠飲也深墨甚黑色也即就也尚加也論語作上古字通也偃伏也孟子言但在世子自盡其哀而已然友反命世

亡，坊本作忘

子曰：「然。是誠在我。」五月居廬，未有命戒。百官族人可謂曰知。及至葬，四方來觀之，顏色之戚，哭泣之哀，弔者大悅。諸侯五月而葬，未葬，居倚廬於中門之外。居喪不言，故未有命令教戒也。可謂曰知，疑有闕誤。或曰皆謂世子之知禮也。○林氏曰：「孟子之時，喪禮既壞，然三年之喪，惻隱之心，痛疾之意，出於人心之所固有者，初未嘗亡也。惟其溺於流俗之弊，是以喪其良心而不自知耳。文公見孟子而聞性善堯舜之說，則固有以啟發其良心矣，是以至此而哀痛之誠心發焉。及其父兄百官皆不欲行，則亦反躬自責，悼其前行之不足以取信，而不敢有非其父兄百官之心。雖其資質有過人者，而學問之力，亦不可誣也。及其斷然行之，而遠近見聞無不悅服，則以人心之所同然者，自我發之，而彼之心悅誠服，亦有所不期然而然者。人性之善，豈不信哉？」

○滕文公問為國。文公以禮聘孟子，故孟子至滕，而文公問之。

孟子曰：「民事不可緩也。詩云：『晝爾于茅，宵爾索綯；亟其乘屋，其始播百穀。』綯，音陶。亟，紀力反。○民事，謂農事。詩豳風七月之篇。于，往取也。綯，絞也。亟，急也。乘，升也。播，布也。言農事至重，人君不可以為緩而忽之。故引詩言治屋之急如此者，蓋以來春將復始播百穀，而不暇為此也。

民之為道也，有恆產者有恆心，無恆產者無恆心。苟無恆心，放辟邪侈，無不為已。及陷乎罪，然後從而刑之，是罔民也。焉有仁人在位，罔民而可為也？音義並見前篇。

是故賢君必恭儉禮下，取於民有制。恭則能以禮接下，儉則能取民以制。

陽虎曰：『為富不仁矣，為仁不富矣。』陽虎，陽貨，魯季氏家臣也。天理人欲，不容並立。虎之言此，恐為仁之害於富也；孟子引之，恐為富之害於仁也。君子小人，每相反而已矣。

夏后氏五十而貢，殷人七十而助，周人百畝而徹，其實皆什一也。徹者，徹也；助者，藉也。徹，敕列反。藉，子夜反。○此以下，乃言制民常產，與其取之之制也。夏時一夫授田五十畝，而每夫計其五畝之入以為貢。商人始為井田之制，以六百三十畝之地，畫為九區，區七十畝。中為公田，其外八家各授一區，但借其力以助耕公田，而不復稅其私田。周時

授坊本作受

壅於用反

一夫授田百畝。鄉遂用貢法，十夫有溝；都鄙用助法，八家同井。耕則通力而作，收則計畝而分，故謂之徹。其實皆什一者，貢法固以十分之一為常數，惟助法乃是九一，而商制不可考。周制則公田百畝中，以二十畝為廬舍，一夫所耕公田實計十畝，通私田百畝，為十一分而取其一，蓋又輕於什一矣。竊料商制亦當似此，而以十四畝為廬舍，一夫實耕公田七畝，是亦不過什一也。徹，通也，均也。藉，借也。

龍子曰：「治地莫善於助，莫不善於貢。貢者校數歲之中以為常。樂歲粒米狼戾，多取之而不為虐，則寡取之；凶年糞其田而不足，則必取盈焉。為民父母，使民盻盻然，將終歲勤動，不得以養其父母，又稱貸而益之，使老稚轉乎溝壑，惡在其為民父母也？

樂音洛。盻，五禮反，從目從兮，或音普莧反者非。養，去聲。惡，平聲。○龍子，古賢人。狼戾，猶狼藉，言多也。糞，壅也。盈，滿也。盻，恨視也。勤動，勞苦也。稱，舉也。貸，借也。取物於人而出息以償之也。益之，以足取盈之數也。稚，幼子也。

夫世祿，滕固行之矣。

夫音扶。○孟子嘗言文王治岐，耕者九一，仕者世祿，二者王政之本也。今世祿滕已行之，惟助法未行，故取於民者無制耳。蓋世祿者，授之土田，使之食其公田之入，實與助法相為表裏，所以使君子野人各有定業，而上下相安者也。故下文遂言助法。

詩云：『雨我公田，遂及我私。』惟助為有公田。由此觀之，雖周亦助也。

雨，于付反。○詩小雅大田之篇。雨，降雨也。言願天雨於公田，而遂及私田，先公而後私也。當時助法盡廢，典籍不存，惟有此詩，可見周亦用助，故引之也。

設為庠序學校以教之。庠者，養也；校者，教也；序者，射也。夏曰校，殷曰序，周曰庠，學則三代共之，皆所以明人倫也。人倫明於上，小民親於下。

庠以養老為義，校以教民為義，序以習射為義，皆鄉學也。學，國學也。共之，無異名也。倫，序也。父子有親，君臣有義，夫婦有別，長幼有序，朋友有信，此人之大倫也。庠序學校，皆以明此而已。

有王者起，必來取法，是為王者師也。

滕國褊小，雖行仁政，未必能興王業；然為王者師，則雖不有天下，而其澤亦足以及天下矣。聖賢至公無我之心，於此可見。

分井並去聲

詩云。周雖舊邦。其命維新。文王之謂也。子力行之。亦以新子之國。詩大雅文王之篇。言周雖后稷以來。舊為諸侯。其受天命而有天下。則自文王始也。子、指文公。諸侯未踰年之稱也。使畢戰問井地。孟子曰。子之君將行仁政。選擇而使子。子必勉之。夫仁政必自經界始。經界不正。井地不均。穀祿不平。是故暴君汙吏。必慢其經界。經界既正。分田制祿。可坐而定也。夫音扶。○畢戰、滕臣。文公因孟子之言。而使畢戰主為井地之事。故又使之來問其詳也。井地、即井田也。經界、謂治地分田。經畫其溝塗封植之界也。此法不修。則田無定分。而豪強得以兼并。故井地有不均。賦無定法。而貪暴得以多取。故穀祿有不平。此欲行仁政者之所以必從此始。而暴君汙吏則必欲慢而廢之也。有以正之。則分田制祿。可不勞而定矣。夫滕壤地褊小。將為君子焉。將為野人焉。無君子。莫治野人。無野人。莫養君子。夫音扶。養去聲。○言滕地雖小。然其間亦必有為君子而仕者。亦必有為野人而耕者。是以分田制祿之法。不可偏廢也。請野九一而助。國中什一使自賦。此分田制祿之常法。所以治野人使養君子也。野、郊外都鄙之地也。九一而助。為公田而行助法也。國中、郊門之內。鄉遂之地也。田不井授。但為溝洫。使什而自賦其一。蓋用貢法也。周所謂徹法者蓋如此。以此推之。當時非惟助法不行。其貢亦不止什一矣。卿以下。必有圭田。圭田五十畝。此世祿常制之外。又有圭田。所以厚君子也。圭、潔也。所以奉祭祀也。不言世祿者。滕已行之。但此未備耳。餘夫二十五畝。程子曰。一夫上父母。下妻子。以五口八口為率。受田百畝。如有弟。是餘夫也。年十六。別受田二十五畝。俟其壯而有室。然後更受百畝之田。愚按此百畝常制之外。又有餘夫之田。以厚野人也。死徙無出鄉。鄉田同井。出入相友。守望相助。疾病相扶持。則百姓親睦。死謂葬也。徙、謂徙其居也。同井者、八家也。友、猶伴也。守望、防寇盜也。方里而井。井九百畝。其中為公田。八家皆私百畝。

時坊本作世　去上聲　斂去聲　菑與災同　椓竹角反

同養公田。公事畢，然後敢治私事，所以別野人也。養，去聲。別，彼列反。○此詳言井田形體之制，乃周之助法也。公田以為君子之祿，而私田野人之所受。先公後私，所以別君子野人之分也。不言君子，據野人而言，省文耳。上言野及國中二法，此獨詳於治野者，國中貢法當時已行，但取之過於什一爾。此其大畧也；若夫潤澤之，則在君與子矣。」夫，音扶。○井地之法，諸侯皆去其籍，此特其大畧而已。潤澤，謂因時制宜，使合於人情，宜於土俗，而不失乎先王之意也。○呂氏曰：「子張子慨然有意三代之治，論治人先務，未始不以經界為急。講求法制，粲然備具，要之可以行於今，如有用我者，舉而措之耳。嘗曰：『仁政必自經界始。貧富不均，教養無法，雖欲言治，皆苟而已。世之病難行者，未始不以亟奪富人之田為辭，然茲法之行，悅之者眾，苟處之有術，期以數年，不刑一人而可復。所病者，特上之未行耳。』乃言曰：『縱不能行之天下，猶可驗之一鄉。』方與學者議古之法，買田一方，畫為數井，上不失公家之賦役，退以其私正經界，分宅里，立斂法，廣儲蓄，興學校，成禮俗，救菑卹患，厚本抑末，足以推先王之遺法，明當今之可行。有志未就而卒。」○愚按：喪禮經界兩章，見孟子之學，識其大者。是以雖當禮法廢壞之後，制度節文不可復考，而能因畧以致詳，推舊而為新，不屑屑於既往之迹，而能合乎先王之意，真可謂命世亞聖之才矣。

○有為神農之言者許行，自楚之滕，踵門而告文公曰：「遠方之人，聞君行仁政，願受一廛而為氓。」文公與之處。其徒數十人，皆衣褐，捆屨織席以為食。衣，去聲。捆，音閫。○神農，炎帝神農氏。始為耒耜，教民稼穡者也。為其言者，史遷所謂農家者流也。許，姓；行，名也。踵門，足至門也。仁政，上章所言井地之法也。廛，民所居也。氓，野人之稱。褐，毛布，賤者之服也。捆，扣椓之，欲其堅也。以為食，賣以供食也。程子曰：「許行所謂神農之言，乃後世稱述上古之事，失其義理者耳，猶陰陽醫方稱黃帝之說也。」

陳良之徒陳相與其弟辛，負耒耜而自宋之滕，曰：「聞君行聖人之政，是亦聖人也，願為聖人氓。」陳良，楚之儒者。耜所以起土，耒其柄也。陳相見許行而大悅，盡棄其學而學焉。陳相見孟子，道許行之言曰：「滕君則誠賢君也；雖然，未聞道也。賢者與民並耕而食，饔飧而治。

爨七亂反　壞音怪　械下戒反　屬音燭

今也滕有倉廩府庫。則是厲民而以自養也。惡得賢。饔音雍。飧音孫。惡平聲。○饔飧，熟食也。朝曰饔，夕曰飧。言當自炊爨以為食，而兼治民事也。厲，病也。許行此言，蓋欲陰壞孟子分別君子野人之法。孟子曰。許子必種粟而後食乎。曰然。許子必織布而後衣乎。曰否。許子衣褐。許子冠乎。曰冠。曰奚冠。曰冠素。曰自織之與。曰否。以粟易之。曰許子奚為不自織。曰害於耕。曰許子以釜甑爨。以鐵耕乎。曰然。自為之與。曰否。以粟易之。衣，去聲。與，平聲。○釜，所以煮。甑，所以炊。爨，然火也。鐵，耜屬也。此語八反，皆孟子問而陳相對也。以粟易械器者。不為厲陶冶。陶冶亦以其械器易粟者。豈為厲農夫哉。且許子何不為陶冶。舍皆取諸其宮中而用之。何為紛紛然與百工交易。何許子之不憚煩。曰百工之事。固不可耕且為也。舍，去聲。○此孟子言而陳相對也。械器，釜甑之屬也。陶為甑者，冶為釜鐵者。舍，止也。或讀屬上句。舍謂作陶冶之處也。然則治天下。獨可耕且為與。有大人之事。有小人之事。且一人之身。而百工之所為備。如必自為而後用之。是率天下而路也。故曰。或勞心。或勞力。勞心者治人。勞力者治於人。治於人者食人。治人者食於人。天下之通義也。與，平聲。食音嗣。○此以下，皆孟子言也。路，謂奔走道路，無時休息也。治於人者，見治於人也。食人者，出賦稅以給公上也。食於人者，見食於人也。此四句皆古語，而孟子引之也。君子無小人則饑，小人無君子則亂。以此相易，正猶農夫陶冶以粟與械器

鬲音隔　道去

相易乃所以相濟、而非所以相病也、治天下者豈必耕且為哉、當堯之時。天下猶未平。洪水橫流。氾濫於天下。草木暢茂。禽獸繁殖。五穀不登。禽獸偪人。獸蹄鳥跡之道。交於中國。堯獨憂之。舉舜而敷治焉。舜使益掌火。益烈山澤而焚之。禽獸逃匿。禹疏九河。瀹濟漯。而注諸海。決汝漢。排淮泗。而注之江。然後中國可得而食也。當是時也。禹八年於外。三過其門而不入。雖欲耕得乎。瀹音藥濟子禮反漯他合反○天下猶未平者、洪荒之世、生民之害多矣、聖人迭興、漸次除治、至此尚未盡平也、洪、大也、橫流、不由其道而散溢妄行也、氾濫、橫流之貌、暢茂、長盛也、繁殖、衆多也、五穀、稻黍稷麥菽也、登、成熟也、道、路也、獸蹄鳥跡交於中國、言禽獸多也、敷、布也、益、舜臣名、烈、熾也、禽獸逃匿、然後禹得施治水之功、疏、通也、分也、九河、曰徒駭、曰太史、曰馬頰、曰覆釜、曰胡蘇、曰簡、曰潔、曰鉤盤、曰鬲津、瀹、亦疏通之意、濟漯、二水名、決、排、皆去其壅塞也、汝、漢、淮、泗、亦皆水名也、據禹貢及今水路、惟漢水入江、耳、汝泗則入淮、而淮自入海、此謂四水皆入於江、記者之誤也、后稷教民稼穡。樹藝五穀。五穀熟而民人育。人之有道也。飽食煖衣。逸居而無教。則近於禽獸。聖人有憂之。使契為司徒。教以人倫。父子有親。君臣有義。夫婦有別。長幼有序。朋友有信。放勳曰。勞之來之。匡之直之。輔之翼之。使自得之。又從而振德之。聖人之憂民如此。而暇耕乎。契音薛別彼列反長放並上聲勞來皆去聲○言水土平、然後得以教稼穡、衣食足、然後得以施教化、后稷、官名、棄為之、然言教民、則亦非並耕矣、樹、亦種也、藝、殖也、契、亦舜臣名也、司徒、官名也、人之有道、言其皆有秉彝之性也、然無教、則亦放逸怠惰而失之、故聖人設官而教以人倫、亦因其固有者而道之耳、書曰、天敘有典、勅我五典五惇哉、此之謂也、放勳、本史臣贊堯之

聲上
勞上
來如
字

辭。孟子因以為堯號也。德猶惠也。堯言勞者勞之、來者來之、邪者正之、枉者直之、輔以立之、翼以行之、使自得其性矣、又從而提撕警覺以加惠焉、不使其放逸怠惰、而或失之、蓋命契之辭也、

堯以不得舜為己憂。舜以不得禹皋陶為己憂。夫以百畝之不易為己憂者。農夫也。夫音扶、易去聲。○易、治也、堯舜之憂民、非事事而憂之也、急先務而已、所以憂民者其大如此、則不惟不暇耕、而亦不必耕矣、分人以財謂之惠。教人以善謂之忠。為天下得人者謂之仁。是故以天下與人易。為天下得人難。為易並去聲。○分人以財、小惠而已、教人以善、雖有愛民之實、然其所及亦有限而難久、惟若堯之得舜、舜之得禹皋陶、乃所謂為天下得人者、而其恩惠廣大、教化無窮矣、此其所以為仁也、

孔子曰。大哉堯之為君。唯天為大。惟堯則之。蕩蕩乎民無能名焉。君哉舜也。巍巍乎有天下而不與焉。堯舜之治天下。豈無所用其心哉。亦不用於耕耳。與去聲。○則、法也、蕩蕩、廣大之貌、君哉、言盡君道也、巍巍、高大之貌、不與、猶言不相關、言其不以位為樂也、

吾聞用夏變夷者。未聞變於夷者也。陳良楚產也。悅周公仲尼之道。北學於中國。北方之學者。未能或之先也。彼所謂豪傑之士也。子之兄弟。事之數十年。師死而遂倍之。此以下、責陳相倍師而學許行也、夏、諸夏禮義之教也、變夷、變化蠻夷之人也、變於夷、反見變化於蠻夷之人也、產、生也、陳良生於楚、在中國之南、故北遊而學於中國也、先、過也、豪傑、才德出衆之稱、言其能自拔於流俗也、倍、與背同、言陳良用夏變夷、陳相變於夷也、

昔者孔子沒。三年之外。門人治任將歸。入揖於子貢。相嚮而哭。皆失聲。然後歸。子貢反。築室於場。獨居三年。然後歸。他日。子夏子

丁仲耕反　艾音乂　粥余六反

張子游以有若似聖人。欲以所事孔子事之。彊曾子。曾子曰。不可。江漢以濯之。秋陽以暴之。皜皜乎。不可尚已。〔任平聲。彊上聲。暴蒲木反。皜音杲。○三年、古者為師、心喪三年、若喪父而無服也。任、擔也。場、冢上之壇場也。有若似聖人、蓋其言行氣象有似之者、如檀弓所記、子游謂有若之言似夫子之類是也。所事孔子、所以事夫子之禮也。江漢水多、言濯之潔也。秋日燥烈、言暴之乾也。皜皜、潔白貌。尚、加也。言夫子道德明著、光輝潔白、非有若所能彷彿也。或曰、此三語者、孟子贊美曾子之辭也。〕今也南蠻鴃舌之人。非先王之道。子倍子之師而學之。亦異於曾子矣。〔鴃亦作鵙、古役反。○鴃、博勞也、惡聲之鳥。南蠻之聲似之、指許行也。〕吾聞出於幽谷。遷於喬木者。未聞下喬木而入於幽谷者。〔小雅伐木之詩云、伐木丁丁、鳥鳴嚶嚶、出自幽谷、遷于喬木。〕魯頌曰。戎狄是膺。荊舒是懲。周公方且膺之。子是之學。亦為不善變矣。〔魯頌閟宮之篇也。膺、擊也。荊、楚本號也。舒、國名、近楚者也。懲、艾也。按今此詩為僖公之頌、而孟子以周公言之、亦斷章取義也。〕從許子之道。則市賈不貳。國中無偽。雖使五尺之童適市。莫之或欺。布帛長短同。則賈相若。麻縷絲絮輕重同。則賈相若。五穀多寡同。則賈相若。屨大小同。則賈相若。〔賈音價、下同。○陳相又言許子之道如此。蓋神農始為市井、故許行又託於神農而有是說也。五尺之童、言幼小無知也。許行欲使市中所粥之物、皆不論精粗美惡、但以長短輕重多寡大小為價也。〕曰。夫物之不齊。物之情也。或相倍蓰。或相什伯。或相千萬。子比而同之。是亂天下也。巨屨小屨同賈。人豈為之哉。從許子之道。相率而為偽者也。惡能治國家。〔夫音扶。蓰〕

音師又山綺反比必二反惡平聲○倍一倍也蓰五倍也什伯千萬皆倍數也比次也孟子言物之不齊乃其自然之理其有精粗猶其有大小也若大屨小屨同價則人豈肯為其大者哉今不論精粗使之同價是使天下之人皆不肯為其精者而競為濫惡之物以相欺耳

○墨者夷之因徐辟而求見孟子。孟子曰。吾固願見。今吾尚病。病愈。我且往見。夷子不來。

辟音璧又音闢○墨者治墨翟之道者夷姓之名徐辟孟子弟子孟子稱疾疑亦託辭以觀其意之誠否

他日又求見孟子。孟子曰。吾今則可以見矣。不直則道不見。我且直之。吾聞夷子墨者。墨之治喪也。以薄為其道也。夷子思以易天下。豈以為非是而不貴也。然而夷子葬其親厚。則是以所賤事親也。

不見之見音現○又求見則其意已誠矣故因徐辟以質之如此直盡言以相正也莊子曰墨子生不歌死無服桐棺三寸而無椁是墨之治喪以薄為道也易天下謂移易天下之風俗也夷子學於墨氏而不從其教其心必有所不安者故孟子因以詰之

徐子以告夷子。夷子曰。儒者之道。古之人若保赤子。此言何謂也。之則以為愛無差等。施由親始。徐子以告孟子。孟子曰。夫夷子信以為人之親其兄之子。為若親其鄰之赤子乎。彼有取爾也。赤子匍匐將入井。非赤子之罪也。且天之生物也。使之一本。而夷子二本故也。

夫音扶下同匍音蒲匐蒲北反○若保赤子周書康誥篇文此儒者之言也夷子引之蓋欲援儒而入於墨以拒孟子之非已又曰愛無差等施由親始則推墨而附於儒以釋已所以厚葬其親之意皆所謂遁辭也孟子言人之愛其兄子與鄰之子本有差等書之取譬本為小民無知而犯法如赤子無知而入井耳且人物之生必各本於父母而無二乃自然之理若天使之然也故其愛由此立而推以及人自有差等今如夷子之言則是視其父母本無異於路人但其施之之序姑自此始耳非二本而何哉然其於先

螻音婁蛄音姑攢俱官反籠慮紅反虆音預覆數救反

後之間猶知所擇、則又其本心之明、有終不得而息者、此其所以不能受命而自覺其非也、

蓋上世嘗有不葬其親者。其親死、則舉而委之於壑。他日過之、狐狸食之。蠅蚋姑嘬之。其顙有泚、睨而不視。夫泚也。非為人泚。中心達於面目。蓋歸反虆梩而掩之。掩之誠是也。則孝子仁人之掩其親。亦必有道矣。

蚋音汭。嘬楚怪反。泚此禮反。睨音詣。為去聲。虆力追反。梩力知反。○因夷子厚葬其親而言此、以深明一本之意。上世、謂太古也。委、棄也。壑、山水所趨也。蚋、蚊屬。姑、語助聲、或曰、螻蛄也。嘬、攢共食之也。顙、額也。泚、泚然、汗出之貌。睨、邪視也。視、正視也。不能不視、而又不忍正視、哀痛迫切、不能為心之甚也。非為人泚、言非為他人見之而然也。所謂一本者、於此見之、尤為親切。蓋惟至親故如此、在他人、則雖有不忍之心、而其哀痛迫切、不至若此之甚矣。反、覆也。虆、土籠也。梩、土轝也。於是歸而掩覆其親之尸、此葬埋之禮所由起也。此掩其親者、若所當然、則孝子仁人所以掩其親者、必有其道、而不以薄為貴矣。

徐子以告夷子。夷子憮然為閒曰。命之矣。

憮音武。閒如字。○憮然、茫然自失之貌。為閒者、有頃之閒也。命、猶教也。言孟子已教我矣。蓋因其本心之明、以攻其所學之蔽、是以吾之言易入、而彼之惑易解也。

滕文公章句下 凡十章

陳代曰。不見諸侯、宜若小然。今一見之。大則以王。小則以霸。且志曰。枉尺而直尋。宜若可為也。

王去聲。○陳代、孟子弟子也。小、謂小節也。枉、屈也。直、伸也。八尺曰尋。枉尺直尋、猶屈己一見諸侯、而可以致王霸、所屈者小、所伸者大也。

孟子曰。昔齊景公田。招虞人以旌。不至。將殺之。志士不忘在溝壑。勇士不忘喪其元。孔子奚取焉。取非其招不往也。如不待其招而往、

鞅於兩反　而力坊本作其力　中去聲

何哉。喪去聲○田獵也虞人守苑囿之吏也招大夫以旌招虞人以皮冠元首也志士固窮常念死無棺槨棄溝壑而不恨勇士輕生常念戰鬬而死喪其首而不顧也此二句乃孔子歎美虞人之言夫虞人招之不以其物尚守死而不往況君子豈可不待其招而自往見之耶此以上告之以不可往見之意且夫枉尺而直尋者。以利言也。如以利。則枉尋直尺而利。亦可為與。夫音扶與平聲○此以下正所其稱枉尺直尋之非夫所謂枉小而所伸者大則為之者計其利耳一有計利之心則雖枉多伸少而有利亦將為之耶甚言其不可也昔者趙簡子。使王良與嬖奚乘。終日而不獲一禽。嬖奚反命曰。天下之賤工也。或以告王良。良曰。請復之。彊而後可。一朝而獲十禽。嬖奚反命曰。天下之良工也。簡子曰。我使掌與女乘。謂王良。良不可。曰。吾為之範我馳驅。終日不獲一。為之詭遇。一朝而獲十。詩云。不失其馳。舍矢如破。我不貫與小人乘。請辭。乘去聲彊上聲女音汝為去聲舍上聲○趙簡子晉大夫趙鞅也王良善御者也嬖奚簡子幸臣與之乘為之御也復之再乘也彊而後可嬖奚不肯彊之而後肯也一朝自晨至食時也掌專主也範法度也詭遇不正而與禽遇也言奚不善射以法馳驅則不獲廢法詭遇而後中也詩小雅車攻之篇言御者不失其馳驅之法而射者發矢皆中而力今嬖奚不能也貫習也御者且羞與射者比。比而得禽獸。雖若丘陵。弗為也。如枉道而從彼何也。且子過矣。枉己者。未有能直人者也。比必二反○比阿黨也若丘陵言多也○或曰居今之世出處去就不必一一中節欲其一一中節則道不得行矣楊氏曰何其不自重也枉己其能直人乎古之人寧道之不行而不輕其去就是以孔孟雖在春秋戰國之時而進必以正以至終不得行而死也使不卹其去就而可以行道孔孟當先為之矣孔孟豈不欲道之行哉

○景春曰。公孫衍。張儀。豈不誠大丈夫哉。一怒而諸侯懼。安居而

共坊本作供 籍秦昔反

天下熄。（景春人姓名。公孫衍、張儀皆魏人。怒則說諸侯使相攻伐，故諸侯懼也）孟子曰。是焉得為大丈夫乎。子未學禮乎。丈夫之冠也。父命之。女子之嫁也。母命之。往送之門。戒之曰。往之女家。必敬必戒。無違夫子。以順為正者。妾婦之道也。（焉於虔反。冠去聲。女家之女音汝。○加冠於首曰冠。女家，夫家也。婦人內夫家，以嫁為歸也。夫子，夫也。女子從人，以順為正道也。蓋言二子阿諛苟容，竊取權勢，乃妾婦順從之道耳，非丈夫之事也）居天下之廣居。立天下之正位。行天下之大道。得志與民由之。不得志獨行其道。富貴不能淫。貧賤不能移。威武不能屈。此之謂大丈夫。（廣居，仁也。正位，禮也。大道，義也。與民由之，推其所得於人也。獨行其道，守其所得於己也。淫，蕩其心也。移，變其節也。屈，挫其志也。○何叔景曰：戰國之時，聖賢道否，天下不復見其德業之盛，但見姦巧之徒得志橫行。氣燄可畏，遂以為大丈夫。不知由君子觀之，是乃妾婦之道耳，何足道哉）

○周霄問曰。古之君子仕乎。孟子曰。仕。傳曰。孔子三月無君。則皇皇如也。出疆必載質。公明儀曰。古之人。三月無君則弔。（傳直戀反。質與贄同，下同。○周霄，魏人。無君，謂不得仕而事君也。皇皇，如有求而弗得之意。出疆，謂失位而去國也。質，所執以見人者，如士則執雉也。出疆載之者，將以見所適國之君而事之也）三月無君則弔。不以急乎。（周霄問也。以、已通，太也。後章放此）曰。士之失位也。猶諸侯之失國家也。禮曰。諸侯耕助。以供粢盛。夫人蠶繅。以為衣服。犧牲不成。粢盛不潔。衣服不備。不敢以祭。惟士無田。則亦不祭。牲殺器皿。衣服不備。不敢以祭。則不敢以宴。亦不足弔

紘音宏　繭古典反　褘音暉　黼音斧　黻音弗　風音奉

乎。盛音成。繅素刀反。皿武永反。○禮曰、諸侯為籍百畝、冕而青紘、躬秉耒以耕、而庶人助以終畝、收而藏之御廩、以供宗廟之粢盛。使世婦蠶于公桑蠶室、奉繭以示于君、遂獻于夫人、夫人副褘受之、繅三盆手、遂布于三公世婦、使繅以為黼黻文章、而服以祀先王先公。又曰、士有田則祭、無田則薦。黍稷曰粢、在器曰盛。牲殺、牲必特殺也。皿、所以覆器者。

出疆必載質。何也。周霄問也。

曰。士之仕也。猶農夫之耕也。農夫豈為出疆。舍其耒耜哉。為去聲。舍上聲。

曰。晉國亦仕國也。未嘗聞仕如此其急。仕如此其急也。君子之難仕。何也。曰。丈夫生而願為之有室。女子生而願為之有家。父母之心。人皆有之。不待父母之命。媒妁之言。鑽穴隙相窺。踰牆相從。則父母國人皆賤之。古之人未嘗不欲仕也。又惡不由其道。不由其道而往者。與鑽穴隙之類也。為去聲。妁音酌。隙去逆反。惡去聲。○晉國解見首篇。仕國、謂君子遊宦之國。霄意以孟子不見諸侯為難仕、故先問古之君子仕否、然後言此以風切之也。男以女為室、女以男為家。妁、亦媒也。言為父母者、非不願其男女之有室家、而亦惡其不由道。蓋君子雖不潔身以亂倫、而亦不徇利而忘義也。

○彭更問曰。後車數十乘。從者數百人。以傳食於諸侯。不以泰乎。孟子曰。非其道。則一簞食不可受於人。如其道。則舜受堯之天下。不以為泰。子以為泰乎。更平聲。乘、從皆去聲。傳直戀反。簞音丹。食音嗣。○彭更、孟子弟子也。泰、侈也。

曰。否。士無事而食。不可也。言不以舜為泰、但謂今之士、無功而食人之食、則不可也。

曰。子不通功易事。以羨補不足。則農有餘粟。女有餘布。子如通之。則梓匠輪輿。皆得食於子。於此有人焉。入則孝。出則悌。守先王之道。以待後之學者。而不得食於子。子何尊梓匠輪輿。而輕為仁義者哉。羡、延面反。○通功易事、謂通人之功、而交易其事。羡、餘也、有餘、言無所貿易而積於無用也。梓人匠人、木工也。輪人輿人、車工也。

曰。梓匠輪輿。其志將以求食也。君子之為道也。其志亦將以求食與。曰。子何以其志為哉。其有功於子。可食而食之矣。且子食志乎。食功乎。曰。食志。與、平聲。可食而食食志食功之食、皆音嗣、下同。○孟子言自我而言、固不求食。自彼而言、凡有功者則當食之。

曰。有人於此。毀瓦畫墁。其志將以求食也。則子食之乎。曰。否。曰。然則子非食志也。食功也。墁、武安反。食之之食、亦音嗣。○墁、牆壁之飾也。毀瓦畫墁、言無功而有害也。既曰食功、則以士為無事而食者、真尊梓匠輪輿而輕為仁義者矣。

○萬章問曰。宋。小國也。今將行王政。齊楚惡而伐之。則如之何。惡、去聲。○萬章、孟子弟子。宋王偃嘗滅滕伐薛、敗齊楚魏之兵、欲霸天下、疑即此時也。

孟子曰。湯居亳。與葛為鄰。葛伯放而不祀。湯使人問之曰。何為不祀。曰。無以供犧牲也。湯使遺之牛羊。葛伯食之。又不以祀。湯又使人問之曰。何為不祀。曰。無以供粢盛也。湯使亳眾往為之耕。老弱饋食。葛伯率其民。要其有酒食黍稻者奪之。不授者殺之。有童子以黍肉餉。殺而奪之。書曰。葛伯仇餉。此之謂也。遺、唯季反。盛、音成。往為之為、去聲。饋食酒食之食、音

虺許偉反

盛音成

餉要平聲餉式亮反○葛國名伯爵也放而不祀放縱無道不祀先祖也亳衆湯之民其民葛民也授與也餉亦饋也書商書仲虺之誥也仇餉言與餉者為仇也

為其殺是童子而征之。四海之內皆曰非富天下也為匹夫匹婦復讎也。

為去聲○非富天下言湯之心非以天下為富而欲得之也

湯始征自葛載十一征而無敵於天下東面而征西夷怨南面而征北狄怨曰奚為後我民之望之若大旱之望雨也歸市者弗止芸者不變誅其君弔其民如時雨降民大悅書曰徯我后后來其無罰。

載亦始也十一征所征十一國也餘已見前篇

有攸不為臣東征綏厥士女匪厥玄黃紹我周王見休惟臣附於大邑周其君子實玄黃于匪以迎其君子其小人簞食壺漿以迎其小人救民於水火之中取其殘而已矣。

食音嗣○按周書武成篇載武王之言孟子約其文如此然其辭特與今書文不類今姑依此文解之有所不為臣謂助紂為惡而不為周臣者匪與篚同玄黃幣也紹繼也猶言事也言其士女以匪盛玄黃之幣迎武王而事之也商人而曰我周王猶商書所謂我后也休美也言武王能順天休命而事之者皆見休也臣附歸服也孟子又釋其意言商人聞周師之來各以其類相迎者以武王能救民於水火之中取其殘民者誅之而不為暴虐耳君子謂在位之人小人謂細民也

太誓曰我武惟揚侵于之疆則取于殘殺伐用張于湯有光。

太誓周書也今書文亦小異言武王威武奮揚侵彼紂之疆界取其殘賊而殺伐之功因以張大比於湯之伐桀又有光焉引此以證上文取其殘之意

不行王政云爾苟行王政四海之內皆舉首而望之欲以為君齊楚雖大何畏焉。

宋實不能行王政後果為齊所滅王偃走死○尹氏曰為國者能自治而得民心則天下皆將歸往之恨其征伐之不早也尚

使去聲

何彊國之足畏哉。苟不自治，而以彊弱之勢言之，是可畏而已矣。

○孟子謂戴不勝曰：「子欲子之王之善與？我明告子。有楚大夫於此，欲其子之齊語也，則使齊人傅諸？使楚人傅諸？」曰：「使齊人傅之。」曰：「一齊人傅之，衆楚人咻之，雖日撻而求其齊也，不可得矣；引而置之莊嶽之閒數年，雖日撻而求其楚，亦不可得矣。與平聲。咻音休。○戴不勝，宋臣也。齊語，齊人語也。傅，教也。咻，讙也。齊，齊語也。莊嶽，齊街里名也。楚，楚語也。此先設譬以曉之也。子謂薛居州善士也，使之居於王所。在於王所者，長幼卑尊，皆薛居州也，王誰與為不善？在王所者，長幼卑尊，皆非薛居州也，王誰與為善？一薛居州，獨如宋王何？」長上聲。○居州亦宋臣。言小人衆而君子獨，無以成正君之功。

○公孫丑問曰：「不見諸侯何義？」孟子曰：「古者不為臣不見。不為臣，謂未仕於其國者也，此不見諸侯之義也。段干木踰垣而辟之，泄柳閉門而不內，是皆已甚。迫，斯可以見矣。辟去聲。內與納同。○段干木，魏文侯時人。泄柳，魯繆公時人。文侯、繆公欲見此二人，而二人不肯見之，蓋未為臣也。已甚，過甚也。迫，謂求見之切也。陽貨欲見孔子而惡無禮，大夫有賜於士，不得受於其家，則往拜其門。陽貨矙孔子之亡也，而饋孔子蒸豚；孔子亦矙其亡也，而往拜之。當是時，陽貨先，豈得不見？欲見之見音現。惡去聲。矙音勘。○此又引孔子之事，以明可見之節也。欲見孔子，欲召孔子來見己也。惡無禮，畏人以己為無禮也。受於其家，對使人拜受於

睦音奚

家也其門大夫之門也瞯窺也陽貨於魯為大夫孔子為士故以此物及其不在而饋之欲其來拜而見之也先謂先來加禮也

曾子曰。脅肩諂笑。病于夏畦。子路曰。未同而言。觀其色赧赧然。非由之所知也。由是觀之。則君子之所養可知已矣。脅虛業反赧奴簡反○脅肩竦體諂笑強笑皆小人側媚之態也病勞也夏畦夏月治畦之人也言為此者其勞過於夏畦之人也未同而言與人未合而強與之言也赧赧慙而面赤之貌由子路名言非己所知甚惡之之辭也孟子言由此二言觀之則二子之所養可知必不肯不俟其禮之至而輒往見之也○此章言聖人禮義之中正過之者傷於迫切而不洪不及者淪於汙賤而可恥

○戴盈之曰。什一。去關市之征。今玆未能。請輕之。以待來年。然後已。何如。去上聲○盈之亦宋大夫也什一井田之法也關市之征商賈之稅也已止也

孟子曰。今有人日攘其鄰之雞者。或告之曰。是非君子之道。曰。請損之。月攘一雞。以待來年。然後已。攘如羊反○攘物自來而取之也損減也 如知其非義。斯速已矣。何待來年。知義理之不可而不能速改與月攘一雞何以異哉

○公都子曰。外人皆稱夫子好辯。敢問何也。孟子曰。予豈好辯哉。予不得已也。好去聲下同

天下之生久矣。一治一亂。治去聲○生謂生民也一治一亂氣化盛衰人事得失反覆相尋理之常也

當堯之時。水逆行。氾濫於中國。蛇龍居之。民無所定。下者為巢。上者為營窟。書曰。洚水警余。洚水者。洪水也。洚音降又胡貢胡工反○水逆行下流壅塞故水倒流而旁溢也下下地上高地也營窟穴處也書虞書大禹謨也洚水洚洞無涯之水也警戒也此一亂也

使禹治之。禹掘地而注之海。驅蛇龍而放之菹。水由地中行。江淮河漢是

也。險阻既遠，鳥獸之害人者消。然後人得平土而居之。菹，側魚反。○掘地，掘去壅塞也。菹，澤生草者也。地中，兩涯之間也。險阻，謂水之氾濫也。遠，去也。消，除也。此一治也。堯舜既沒，聖人之道衰，暴君代作，壞宮室以為汙池，民無所安息；棄田以為園囿，使民不得衣食。邪說暴行又作，園囿、汙池、沛澤多而禽獸至。及紂之身，天下又大亂。壞，音怪。行，去聲，下同。沛，蒲內反。○暴君，謂夏太康、孔甲、履癸、商武乙之類也。宮室，民居也。沛，草木之所生也。澤，水所鍾也。自堯舜沒至此，治亂非一，及紂而又一大亂也。周公相武王誅紂，伐奄三年討其君，驅飛廉於海隅而戮之，滅國者五十，驅虎豹犀象而遠之，天下大悅。書曰：『丕顯哉，文王謨！丕承哉，武王烈！佑啟我後人，咸以正無缺。』相，去聲。奄，平聲。○奄，東方之國，助紂為虐者也。飛廉，紂幸臣也。五十國，皆紂黨虐民者也。書，周書君牙之篇。丕，大也。顯，明也。謨，謀也。承，繼也。烈，光也。佑，助也。啟，開也。缺，壞也。此一治也。世衰道微，邪說暴行有作，臣弒其君者有之，子弒其父者有之。有作之有，讀為又，古字通用。○此周室東遷之後，又一亂也。孔子懼，作春秋。春秋，天子之事也。是故孔子曰：『知我者，其惟春秋乎！罪我者，其惟春秋乎！』胡氏曰：「仲尼作春秋以寓王法。惇典、庸禮、命德、討罪，其大要皆天子之事也。知孔子者，謂此書之作，遏人欲於橫流，存天理於既滅，為後世慮，至深遠也。罪孔子者，以謂無其位而託二百四十二年南面之權，使亂臣賊子禁其欲而不得肆，則戚矣。」愚謂孔子作春秋以討亂賊，則致治之法垂於萬世，是亦一治也。聖王不作，諸侯放恣，處士橫議，楊朱、墨翟之言盈天下。天下之言，不歸楊，則歸墨。楊氏為我，是無君；

并去聲

也。墨氏兼愛，是無父也。無父無君，是禽獸也。公明儀曰：「庖有肥肉，廐有肥馬，民有飢色，野有餓莩，此率獸而食人也。」楊墨之道不息，孔子之道不著，是邪說誣民，充塞仁義也。仁義充塞，則率獸食人，人將相食。橫、為，皆去聲。莩，皮表反。○楊朱但知愛身，而不復知有致身之義，故無君；墨子愛無差等，而視其至親無異衆人，故無父。無父無君，則人道滅絕，是亦禽獸而已。公明儀之言，義見首篇。充塞仁義，謂邪說徧滿，妨於仁義也。孟子引儀之言，以明楊墨道行，則人皆無父無君，以陷於禽獸，而大亂將起，是亦率獸食人而人又相食也。此又一亂也。吾為此懼，閑先聖之道，距楊墨，放淫辭，邪說者不得作。作於其心，害於其事；作於其事，害於其政。聖人復起，不易吾言矣。為，去聲。復，扶又反。○閑，衛也。放，驅而遠之也。作，起也。事，所行；政，大體也。孟子雖不得志於時，然楊墨之害，自是滅息，而君臣父子之道，賴以不墜，是亦一治也。程子曰：「楊墨之害，甚於申韓；佛氏之害，甚於楊墨。蓋楊氏為我疑於義，墨氏兼愛疑於仁，申韓則淺陋易見。故孟子止闢楊墨，為其惑世之甚也。佛氏之言近理，又非楊墨之比，所以為害尤甚。」

昔者禹抑洪水而天下平，周公兼夷狄，驅猛獸而百姓寧，孔子成春秋而亂臣賊子懼。抑，止也。兼，并之也。總結上文也。詩云：「戎狄是膺，荊舒是懲，則莫我敢承。」無父無君，是周公所膺也。說見上篇。承，當也。我亦欲正人心，息邪說，距詖行，放淫辭，以承三聖者；豈好辯哉？予不得已也。行、好，皆去聲。○詖、淫，解見前篇。辭者，說之詳也。承，繼也。三聖，禹、周公、孔子也。蓋邪說橫流，壞人心術，甚於洪水猛獸之災，慘於夷狄篡弒之禍，故孟子深懼而力救之。再言豈好辯哉，予不得已也，所以深致意焉。然非知道之君子，孰能真知其所以不得已之故哉？

能言距楊墨者，聖人之徒也。言苟有能為此距楊墨之說者，則其所趨正矣，雖未必知道是亦聖人之徒也孟子既答公都子之問而意有未盡故復言此蓋邪說害正人人得而攻之不必聖賢如春秋之法亂臣賊子人人得而誅之不必士師也聖人救世立法之意其切如此若以此意推之則不能攻討而又倡為不必攻討之說者其為邪詖之徒亂賊之黨可知矣○尹氏曰學者於是非之原毫釐有差則害流於生民禍及於後世故孟子辯邪說如是之嚴而自以為承三聖之功也當是時方且以好辯目之是以常人之心而度聖賢之心也

○匡章曰陳仲子豈不誠廉士哉居於陵三日不食耳無聞目無見也井上有李螬食實者過半矣匍匐往將食之三咽然後耳有聞目有見於音烏下於陵同螬音曹咽音宴○匡章陳仲子皆齊人廉有分辨不苟取也於陵地名螬蠐螬蟲也匍匐言無力不能行也咽吞也

孟子曰於齊國之士吾必以仲子為巨擘焉雖然仲子惡能廉充仲子之操則蚓而後可者也擘薄厄反惡平聲蚓音引○巨擘大指也言齊人中有仲子如衆小指中有大指也充推而滿之也操所守也蚓丘蚓也言仲子未得為廉也必若滿其所守之志則惟丘蚓之無求於世然後可以為廉耳

夫蚓上食槁壤下飲黃泉仲子所居之室伯夷之所築與抑亦盜跖之所築與所食之粟伯夷之所樹與抑亦盜跖之所樹與是未可知也夫音扶與平聲○槁壤乾土也黃泉濁水也抑發語辭也言蚓無求於人而自足而仲子未免居室食粟若所從來或有非義則是未能如蚓之廉也

曰是何傷哉彼身織屨妻辟纑以易之也辟音璧纑音盧○辟績也纑練麻也

曰仲子齊之世家也兄戴蓋祿萬鍾以兄之祿為不義之祿而不食也以兄之室為不義之室而不居也辟兄離母處於於陵他日歸則有饋其兄生鵝者己頻顣曰惡用是鶃鶃者

滕文公

米音採吐湯故反

為哉。他日，其母殺是鵝也，與之食之。其兄自外至，曰：「是鶃鶃之肉也。」出而哇之。蓋音閤。辟音避。頻與顰同。顣與蹙同，子六反。惡平聲。鶃魚一反。哇音蛙。○世家，世卿之家。兄名戴，食采於蓋，其入萬鍾也。歸，自於陵歸也。己，仲子也。鶃鶃，鵝聲也。頻顣而言，以其兄受餽為不義也。哇，吐之也。以母則不食，以妻則食之；以兄之室則弗居，以於陵則居之。是尚為能充其類也乎？若仲子者，蚓而後充其操者也。」言仲子以母之食、兄之室為不義而不食不居，其操守如此。至於妻所易之粟，於陵所居之室，既未必伯夷之所為，則亦不義之類耳。今仲子於此則不食不居，於彼則食之居之，豈為能充滿其操守之類者乎？必其無求自足，如丘蚓然，乃為能滿其志而得為廉耳，然豈人之所可為哉？○范氏曰：天之所生，地之所養，惟人為大。人之所以為大者，以其有人倫也。仲子辟兄離母，無親戚君臣上下，是無人倫也。豈有無人倫而可以為廉哉？

郑板桥手书四书

孟子

板橋生平最不喜人過目不忘而四書五經自
家又未嘗時刻而稍忘無他當忘者不容不
忘不當忘者不容不ゝ忘耳戊申之春讀書
天寧寺呫嗶之暇戲同陸徐諸硯友賽經
生熟市坊間印格日默三五紙或一二紙或
七八十餘紙或興之所至間可三二十紙不兩月
而竣工雖字有真草訛減之不齊而語句之間
實無毫釐錯謬固誦讀之勤亦刻苦之驗

也
孔夫子删書聖也秦始皇燒書暴也則非始
皇與孔子前人著作仍妄加芟除矣近見有
腐儒之之傖以全禮不便初學甚且爲不便
兩闈簡而為體詳文簡而爲提要爲心典殊
可痛恨夫使禮果可删前人亦何必著之爲
經既已著之爲經吾人复從而删之不幾於法
孔子而師始皇乎可乎不可乎而要之亦無足深
怪此老傖腐儒之見亦僅爲不便幼學而便兩

闠夫不便務學則其見不出乎小兒不便兩闠
劓其見不過望著中舉中進士做個小官弄
幾個錢養活老婆兒女以言夫日月經天江河
行地處而正心誠意出而致君澤民其義固
茫乎莫辨也而必沾沾焉與之論可删不可删
必何異饋聾以聲諭瞽以色
黃涪翁有杜詩抄本趙松雪有左傳抄本
皆為當時欣慕後人珍藏至有爭之而致訟
者板橋既無涪翁之勁拔又鄙松雪之滑熟徒

矜奇異創爲真隸相參之灋而雜以行草究之師心自用無足觀也博雅之士輩仍重之以經而書法之優劣萬不必計

孟子

孟子序說

史記列傳曰孟軻騶人也受業子思之門人道既通游事齊宣王宣王不能用適梁梁惠王不果所言則見以為迂遠而闊於事情當是之時秦用商鞅楚魏用吳起齊用孫子田忌天下方務於合從連衡以攻伐為賢而孟軻乃述唐虞三代之德是以所如者不合退而與萬章之徒序詩書述仲尼之意作孟子七篇

韓子曰堯以是傳之舜〻以是傳之禹〻以是
傳之湯湯以是傳之文武周公文武周公
傳之孔子孔子傳之孟軻軻之死不得其傳
焉荀與揚也擇焉而不精語焉而不詳　又
曰孟氏醇乎醇者也荀與揚大醇而小疵
又曰孔子之道大而能博門弟子不能徧觀
而盡識也故學焉而皆得其性之所近其
後離散分處諸侯之國又各以其所能授弟
子源遠而末益分惟孟軻師子思而子思之學

出於曾子自孔子沒獨孟軻氏之傳得其
宗故求觀聖人之道者必自孟子始　又曰
揚子雲曰古者楊墨塞路孟子辭而闢之
廓如也夫楊墨行正道廢孟子雖賢聖不
得位空言無施雖切何補然賴其言而今之
學者尚知宗孔氏崇仁義貴王賤霸而已
其大經大法皆亡滅而不救壞爛而不收所謂
存十一於千百安在其能廓如也然向無孟
氏則皆服左衽而言侏離矣故愈嘗推尊

孟氏以為功不在禹下者為此也
或問於程子曰孟子還可謂聖人否程子曰未
敢便道他是聖人然學已到至處 程子
又曰孟子有功於聖門不可勝言仲尼只説一
箇仁字孟子開口便説仁義仲尼只説一箇志
孟子便説許多養氣出來只此二字其功甚
多 又曰孟子有大功於世以其言性善也
又曰孟子性善養氣之論皆前聖所未發
又曰學者全要識時若不識時不足以言

學顏子陋巷自樂以有孔子在焉若孟子
之時世既無人安可不以道自任 又曰孟子
有些英氣才有英氣便有圭角英氣甚
害事如顏子便渾厚不同顏子去聖人只毫
髮間孟子大賢亞聖之次也或曰英氣見於
甚處曰但以孔子之言比之便可見且如冰
與水精非不光比之玉自是有溫潤含蓄
氣象無許多光耀也
楊氏曰孟子一書只是要正人心教人存心養性

収其放心至論仁義禮智則以惻隱羞惡辭讓是非之心為之端論邪說之害則曰生於其心害於其政論事君則曰格君心之非一正君而國定千變萬化只說從心上來人能正心則事無足為者矣大學之脩身齊家治國平天下其本只是正心誠意而已心得其正然後知性之善故孟子遇人便道性善歐陽永叔卻言聖人之教人性非所先可謂誤矣人性上不可添一物堯舜所以為萬世

法而是率性而已所謂率性循天理是也外
邊用計用數假饒立得功業只是人欲之私
與聖賢作處天地懸隔

孟子

梁惠王章句上

孟子見梁惠王。王曰叟不遠千里而來亦將有以利吾國乎孟子對曰王何必曰利亦有仁義而已矣王曰何以利吾國大夫曰何以利吾家士庶人曰何以利吾身上下交征利而國危矣萬乘之國弑其君

者必千乘之家千乘之國弒其君者必百乘之家
萬取千焉千取百焉不為不多矣苟為後義而
先利不奪不饜未有仁而遺其親者也未有義
而後其君者也王亦曰仁義而已矣何必曰利
孟子見梁惠王王立於沼上顧鴻鴈麋鹿曰賢者
亦樂此乎孟子對曰賢者而後樂此不賢者雖有

此不樂也詩云經始靈臺經之營之庶民攻之不日成之經始勿亟庶民子來王在靈囿麀鹿攸伏麀鹿濯濯白鳥鶴鶴王在靈沼於牣魚躍文王以民力為臺為沼而民歡樂之謂其臺曰靈臺謂其沼曰靈沼樂其有麋鹿魚鼈古之人與民偕樂故能樂也湯誓曰時日害喪予及女偕亡民欲与

之偕亡雖有臺池鳥獸豈能獨樂哉

梁惠王曰寡人之於國也盡心焉耳矣河內凶則移其民於河東移其粟於河內河東凶亦然察鄰國之政無如寡人之用心者鄰國之民不加少寡人之民不加多何也孟子對曰王好戰請以戰喻填然鼓之兵刃既接棄甲曳兵而走或百步而後

止或五十步而後止以五十步笑百步則何如曰不可直不百步耳是亦走也曰王如知此則無望民之多於鄰國也不違農時穀不可勝食也數罟不入洿池魚鱉不可勝食也斧斤以時入山林材木不可勝用也穀与魚鱉不可勝食材木不可勝用是使民養生喪死無憾也養生喪死無憾王

道之始也五畝之宅樹之以桑五十者可以衣帛矣
雞豚狗彘之畜無失其時七十者可以食肉矣百畝
之田勿奪其時數口之家可以無飢矣謹庠序之
教申之以孝悌之義頒白者不負戴於道路矣
七十者衣帛食肉黎民不飢不寒然而不王者未之
有也狗彘食人食而不知檢塗有餓莩而不知發

人死則曰非我也歲也是何異於刺人而殺之曰非我也兵也王無罪歲斯天下之民至焉

梁惠王曰寡人願安承教孟子對曰殺人以梃與刃有以異乎曰無以異也曰以刃與政有以異乎曰無以異也曰庖有肥肉廄有肥馬民有飢色野有餓莩此率獸而食人也獸相食且人惡之為民父母

行政不免於率獸而食人惡在其為民父母也
仲尼曰始作俑者其無後乎為其象人而用之也
如之何其使斯民飢而死也
梁惠王曰晉國天下莫強焉叟之所知也及寡人之
身東敗於齊長子死焉西喪地於秦七百里南辱
於楚寡人恥之願比死者一洒之如之何則可孟

子對曰地方百里而可以王〻如施仁政於民省刑罰
薄稅斂深耕易耨壯者以暇日脩其孝悌忠信
入以事其父兄出以事其長上可使制梃以撻秦
楚之堅甲利兵矣彼奪其民時使不得耕耨
以養其父母父母凍餓兄弟妻子離散彼陷溺
其民王往而征之夫誰與王敵故曰仁者無敵王請

勿疑

孟子見梁襄王出語人曰望之不似人君就之而不見所畏焉卒然問曰天下惡乎定吾對曰定于一孰能一之對曰不嗜殺人者能一之孰能與之對曰天下莫不與也王知夫苗乎七八月之間旱則苗槁矣天油然作雲沛然下雨則苗浡然興之矣其

如是孰能禦之今夫天下之人牧未有不嗜殺人者也如有不嗜殺人者則天下之民皆引領而望之矣誠如是也民歸之由水之就下沛然誰能禦之

齊宣王問曰齊桓晉文之事可得聞乎孟子對曰仲尼之徒無道桓文之事者是以後世無傳焉臣未之聞也無以則王乎曰德何如則可以王矣曰保

民而王莫之能禦也曰若寡人者可以保民乎哉曰
可曰何由知吾可也曰臣聞之胡齕曰王坐於堂上有
牽牛而過堂下者王見之曰牛何之對曰將以釁
鐘王曰舍之吾不忍其觳觫若無罪而就死地對
曰然則廢釁鐘與曰何可廢也以羊易之不識有
諸曰有之曰是心足以王矣百姓皆以王為愛也臣固

知王之不忍也王曰然誠有百姓者齊國雖褊小吾何愛一牛即不忍其觳觫若無罪而就死地故以羊易之也曰王無異於百姓之以王為愛也以小易大彼惡知之王若隱其無罪而就死地則牛羊何擇焉王咲曰是誠何心哉我非愛其財而易之以羊也宜乎百姓之為我愛也曰無傷也是乃仁術

也見牛未見羊也君子之於禽獸也見其生不忍
見其死聞其聲不忍食其肉是以君子遠庖廚
也王說曰詩云他人有心予忖度之夫子之謂也夫
我乃行之反而求之不得吾心夫子言之於我心有
戚戚焉此心之所以合於王者何也曰有復於王者曰
吾力足以舉百鈞而不足以舉一羽明足以察秋毫

之末而不見輿薪則王許之乎曰否今恩足以及禽獸而功不至於百姓者獨何与然則一羽之不舉為不用力焉輿薪之不見為不用明焉百姓之不見保為不用恩焉故王之不王不為也非不能也曰不為者与不能者之形何以異曰挾太山以超北海語人曰我不能是誠不能也為長者折枝語人曰我不能是不為也非不能也故王之不王非挾太山

以超北海之類也王之不王是折枝之類也老吾老以及人之老幼吾幼以及人之幼天下可運於掌詩云刑于寡妻至於兄弟以御于家邦言舉斯心加諸彼而已故推恩足以保四海不推恩無以保妻子古之人所以大過人者無他焉善推其所為而已矣今恩足以及禽獸而功不至於百姓者獨何與權然後知輕重度然後知長短物皆然心為甚

王請度之抑王興甲兵危士臣構怨於諸侯然後
快於心與王曰否吾何快於是將以求吾所大欲
也曰王之所大欲可得聞與王笑而不言曰為肥甘
不足於口與輕煖不足於體與抑為采色不足
視於目與聲音不足聽於耳與便嬖不足使令
於前與王之諸臣皆足以供之而王豈為是哉曰否
吾不為是也曰然則王之所大欲可知已欲辟土地

朝秦楚莅中國而撫四夷也以若所為求若所欲猶
緣木而求魚也王曰若是其甚與曰殆有甚焉
緣木求魚雖不得魚無後災以若所為求若所
欲盡心力而為之後必有災曰可得聞與曰鄒人
與楚人戰則王以為孰勝曰楚人勝曰然則小
固不可以敵大寡固不可以敵眾弱固不可以敵強
海內之地方千里者九齊集有其一以一服八何以

異於鄒敵楚哉蓋亦反其本矣今王發政施仁
使天下仕者皆欲立於王之朝耕者皆欲耕於王
之野商賈皆欲藏於王之市行旅皆欲出於王之
塗天下之欲疾其君者皆欲赴愬於王其若是
孰能禦之王曰吾惛不能進於是矣願夫子輔吾
志明以教我我雖不敏請嘗試之曰無恒產而有
恒心者惟士為能若民則無恒產因無恒心苟無

恒心放辟邪侈無不為已及陷於罪然後從而刑之是罔民也焉有仁人在位罔民而可為也是故明君制民之產必使仰足以事父母俯足以畜妻子樂歲終身飽凶年免於死亡然後驅而之善故民之從之也輕今也制民之產仰不足以事父母俯不足以畜妻子樂歲終身苦凶年不免於死亡此惟救死而恐不贍奚暇治禮義哉王欲行之則盍反其

本矣五畝之宅樹之以桑五十者可以衣帛矣雞豚狗彘之畜無失其時七十者可以食肉矣百畝之田勿奪其時八口之家可以無飢矣謹庠序之教申之以孝悌之義頒白者不負戴於道路矣老者衣帛食肉黎民不飢不寒然而不王者未之有也

梁惠王章句下

莊暴見孟子曰暴見於王王語暴以好樂暴未有

以對也曰好樂何如孟子曰王之好樂甚則齊國其
庶幾乎他日見於王曰王嘗語莊子以好樂有諸王
變乎色曰寡人非能好先王之樂也直好世俗之樂
耳曰王之好樂甚則齊其庶幾乎今之樂由古之
樂也曰可得聞与曰獨樂樂与人樂樂孰樂曰不
若与人曰與少樂樂与衆樂樂孰樂曰不若与衆
臣請為王言樂今王鼓樂於此百姓聞王鐘鼓之

聲管籥之音舉疾首蹙頞而相告曰吾王之好
鼓樂夫何使我至於此極也父子不相見兄弟妻
子離散今王田獵於此百姓聞王車馬之音見羽
旄之美舉疾首蹙頞而相告曰吾王之好田獵夫
何使我至於此極也父子不相見兄弟妻子離散
此無他不与民同樂也今王鼓樂於此百姓聞王鐘
鼓之聲管籥之音舉欣欣然有喜色而相告曰

吾王庶幾無疾病與何以能鼓樂也今王田獵於
此百姓聞王車馬之音見羽旄之美舉欣欣然有
喜色而相告曰吾王庶幾無疾病與何以能田獵也
此無他與民同樂也今王與百姓同樂則王矣
齊宣王問曰文王之囿方七十里有諸孟子對曰於
傳有之曰若是其大乎曰民猶以為小也曰寡人之
囿方四十里民猶以為大何也曰文王之囿方七十里

芻蕘者往焉雉兔者往焉與民同之民以為小
不亦宜乎臣始至於境問國之大禁然後敢入臣
聞郊關之內有囿方四十里殺其麋鹿者如殺人
之罪則是方四十里為阱於國中民以為大不亦
宜乎

齊宣王問曰交鄰國有道乎孟子對曰有惟仁
者為能以大事小是故湯事葛文王事昆夷惟

智者為能以小事大故大王事獯鬻句踐事吳以大事小者樂天者也以小事大者畏天者也樂天者保天下畏天者保其國詩云畏天之威于時保之王曰大哉言矣寡人有疾寡人好勇對曰王請無好小勇夫撫劍疾視曰彼惡敢當我哉此匹夫之勇敵一人者也王請大之詩云王赫斯怒爰整其旅以遏徂莒以篤周祜以對于天下此文王之勇也

文王一怒而安天下之民書曰天降下民作之君作之師惟曰其助上帝寵之四方有罪無罪惟我在天下曷敢有越厥志一人衡行於天下武王恥之此武王之勇也而武王亦一怒而安天下之民今王亦一怒而安天下之民民惟恐王之不好勇也

齊宣王見孟子於雪宮王曰賢者亦有此樂乎孟子對曰有人不得則非其上矣不得而非其上者非也

爲民上而不與民同樂者亦非也樂民之樂者民亦樂其樂憂民之憂者民亦憂其憂樂以天下憂以天下然而不王者未之有也昔者齊景公問於晏子曰吾欲觀於轉附朝儛遵海而南放于琅邪吾何脩而可以比於先王觀也晏子對曰善哉問也天子適諸侯曰巡狩巡狩者巡所守也諸侯朝於天子曰述職述職者述所職也無非事者春省耕而補

不足穐省斂而助不給夏諺曰吾王不遊吾何以休
吾王不豫吾何以助一遊一豫為諸侯度今也不然
師行而粮食飢者弗食勞者弗息睊睊胥讒民
乃作慝方命虐民飲食若流流連荒亡為諸侯
憂從流下而忘反謂之流從流上而忘反謂之連
從獸無厭謂之荒樂酒無厭謂之亡先王無流
連之樂荒亡之行惟君所行也景公說大戒於國

出舍於郊於是始興發補不足召太師曰為我作君臣相說之樂蓋徵招角招是也其詩曰畜君何尤畜君者好君也

齊宣王問曰人皆謂我毀明堂毀諸已乎孟子對曰夫明堂者王者之堂也王欲行王政則勿毀之矣王曰王政可得聞與對曰昔者文王之治岐也耕者九一仕者世祿關市譏而不征澤梁無禁罪人不孥

老而無妻曰鰥老而無夫曰寡老而無子曰獨幼而無父曰孤此四者天下之窮民而無告者文王發政施仁必先斯四者詩云哿矣富人哀此煢獨王曰善哉言乎曰王如善之則何為不行王曰寡人有疾寡人好貨對曰昔者公劉好貨詩云乃積乃倉乃裹餱糧于橐于囊思戢用光弓矢斯張干戈戚揚爰方啟行故居者有積倉行者有裹

糧也然後可以爰方啟行王如好貨與百姓同之於王何有王曰寡人有疾寡人好色對曰昔者大王好色愛厥妃詩云古公亶父來朝走馬率西水滸至於岐下爰及姜女聿來胥宇當是時也內無怨女外無曠夫王如好色与百姓同之於王何有

孟子謂齊宣王曰王之臣有託其妻子於其友而之楚遊者比其反也則凍餒其妻子則如之何王曰

棄之曰士師不能治士則如之何王曰已之曰四境之
內不治則如之何王顧左右而言他
孟子見齊宣王曰所謂故國者非謂有喬木之謂
也有世臣之謂也王無親臣矣昔者所進今日不知
其亡也王曰吾何以識其不才而舍之曰國君進賢
如不得已將使卑踰尊疏踰戚可不慎與左右
皆曰賢未可也諸大夫皆曰賢未可也國人皆曰賢

然後察之見賢焉然後用之左右皆曰不可勿聽諸大夫皆曰不可勿聽國人皆曰不可然後察之見不可焉然後去之左右皆曰可殺勿聽諸大夫皆曰可殺勿聽國人皆曰可殺然後察之見可殺焉然後殺之故曰國人殺之也如此然後可以為民父母

齊宣王問曰湯放桀武王伐紂有諸孟子對曰於傳

有之曰臣弑其君可乎曰賊仁者謂之賊賊義者謂之殘殘賊之人謂之一夫聞誅一夫紂矣未聞弑君也

孟子見齊宣王曰為巨室則必使工師求大木工師得大木則王喜以為能勝其任也匠人斲而小之則王怒以為不勝其任矣夫人幼而學之壯而欲行之王曰姑舍女所學而從我則何如今有璞玉於此雖

萬鎰必使玉人彫琢之至於治國家則曰姑舍女所學而從我則何以異於教玉人彫琢玉哉齊人伐燕勝之宣王問曰或謂寡人勿取或謂寡人取之以萬乘之國伐萬乘之國五旬而舉之人力不至於此不取必有天殃取之何如孟子對曰取之而燕民悅則取之古之人有行之者武王是也取之而燕民不悅則勿取古之人有行之者文王是也以萬乘

之國伐萬乘之國簞食壺漿以迎王師豈有他哉避水火也如水益深如火益熱亦運而已矣

齊人伐燕取之諸侯將謀救燕宣王曰諸侯多謀伐寡人者何以待之孟子對曰臣聞七十里為政於天下者湯是也未聞以千里畏人者也書曰湯一征自葛始天下信之東面而征西夷怨南面而征北狄怨曰奚為後我民望之若大旱之望雲霓也歸市者

不止畊者不變誅其君而弔其民若時雨降民大悅書曰徯我后〻來其蘇今燕虐其民王往而征之民以爲將拯己於水火之中也簞食壺漿以迎王師若殺其父兄係累其子弟毀其宗廟遷其重器如之何其可也天下固畏齊之彊也今又倍地而不行仁政是動天下之兵也王速出令反其旄倪止其重器謀於燕衆置君而後去之則猶可及止

也
鄒與魯鬨穆公問曰吾有司死者三十三人而民
莫之死也誅之則不可勝誅不誅則疾視其長上
之死而不救如之何則可也孟子對曰凶年饑歲君
之民老弱轉乎溝壑壯者散而之四方者幾千人
矣而君之倉廩實府庫充有司莫以告是上慢
而殘下也曾子曰戒之戒之出乎爾者反乎爾者也

夫民今而後得反之也君無尤焉君行仁政斯民親其上死其長矣

滕文公問曰滕小國也間於齊楚事齊乎事楚乎孟子對曰是謀非吾所能及也無已則有一焉鑿斯池也築斯城也與民守之效死而民弗去則是可為也

滕文公問曰齊人將築薛吾甚恐如之何則可孟

子對曰昔者大王居邠狄人侵之去之岐山之下居焉非擇而取之不得已也苟為善後世子孫必有王者矣君子創業垂統為可繼也若夫成功則天也君如彼何哉彊為善而已矣

滕文公問曰滕小國也竭力以事大國則不得免焉如之何則可孟子對曰昔者大王居邠狄人侵之事之以皮幣不得免焉事之以犬馬不得免焉

事之以珠玉不得免焉乃屬其耆老而告之曰狄人之所欲者吾土地也吾聞之也君子不以其所以養人者害人二三子何患乎無君我將去之去邠踰梁山邑于岐山之下居焉邠人曰仁人也不可失也從之者如歸市或曰世守也非身之所能為也效死勿去君請擇於斯二者

魯平公將出嬖人臧倉者請曰他日君出則必命

有司所之今乘輿已駕矣有司未知所之敢請公
曰將見孟子曰何哉君所為輕身以先於匹夫者
以為賢乎禮義由賢者出而孟子之後喪踰前
喪君無見焉公曰諾樂正子入見曰君奚為不見
孟軻也曰或告寡人曰孟子之後喪踰前喪是以
不往見也曰何哉君所謂踰者前以士後以大夫前
以三鼎而後以五鼎與曰否謂棺槨衣衾之美也

非所謂踰也貧富不同也樂正子見孟子曰克告於君君為來見也嬖人有臧倉者沮君君是以不果來也曰行或使之止或尼之行止非人所能也吾之不遇魯侯天也臧氏之子焉能使予不遇哉

公孫丑章句上

公孫丑問曰夫子當路於齊管仲晏子之功可復許乎孟子曰子誠齊人也知管仲晏子而已矣或問

乎曾西曰吾子與子路孰賢曾西蹵然曰吾先子之所畏也曰然則吾子與管仲孰賢曾西艴然不悅曰爾何曾比予於管仲管仲得君如彼其專也行乎國政如彼其久也功烈如彼其卑也爾何曾比予於是曰管仲曾西之所不爲也而子爲我願之乎曰管仲以其君霸晏子以其君顯管仲晏子猶不足爲與曰以齊王由反手也曰若是則弟子之

惑滋甚且以文王之德百年而後崩猶未洽於天下
武王周公繼之然後大行今言王若易然則文王
不足法與曰文王何可當也由湯至於武丁賢聖
之君六七作天下歸殷久矣久則難變也武丁朝
諸侯有天下猶運之掌也紂之去武丁未久也其
故家遺俗流風善政猶有存者又有微子微仲
王子比干箕子膠鬲皆賢人也相與輔相之故久

而後失之也尺地莫非其有也一民莫非其臣也然而文王猶方百里起是以難也齊人有言曰雖有智慧不如乘勢雖有鎡基不如待時今時則易然也夏后殷周之盛地未有過千里者也而齊有其地矣雞鳴狗吠相聞而達乎四境而齊有其民矣地不改辟矣民不改聚矣行仁政而王莫之能禦也且王者之不作未有疏於此時者也民

之憔悴於虐政未有甚於此時者也飢者易為食渴者易為飲孔子曰德之流行速於置郵而傳命當今之時萬乘之國行仁政民之悅之猶解倒懸也故事半古之人功必倍之惟此時為然

公孫丑曰夫子加齊之卿相得行道焉雖由此霸王不異矣如此則動心否乎孟子曰否我四十不

動心曰若是則夫子過孟賁遠矣曰是不難告
子先我不動心曰不動心有道乎曰有北宮黝之
養勇也不膚撓不目逃思以一毫挫於人若撻
之於市朝不受於褐寬博亦不受於萬乘之
君視刺萬乘之君若刺褐夫無嚴諸侯惡聲
至必反之孟施舍之所養勇也曰視不勝猶勝也
量敵而後進慮勝而後會是畏三軍者也舍豈

能爲必勝哉能無懼而已矣孟施舍似曾子北
宮黝似子夏夫二子之勇未知其孰賢然而孟
施舍守約也昔者曾子謂子襄曰子好勇乎吾
嘗聞大勇於夫子矣自反而不縮雖褐寬博
吾不惴焉自反而縮雖千萬人吾往矣孟施舍
之守氣又不如曾子之守約也曰敢問夫子之不
動心与告子之不動心可得聞与告子曰不得於

言勿求於心不得於心勿求於氣不得於心勿求
於氣可不得於言勿求於心不可夫志氣之帥
也氣體之充也夫志至焉氣次焉故曰持其志無
暴其氣既曰志至焉氣次焉又曰持其志無暴
其氣者何也曰志壹則動氣〻壹則動志也今夫
蹶者趨者是氣也而反動其心敢問夫子惡乎長
曰我知言我善養吾浩然之氣敢問何謂浩然

之氣曰難言也其為氣也至大至剛以直養而無害則塞於天地之間其為氣也配義與道無是餒也是集義所生者非義襲而取之也行有不慊於心則餒矣我故曰告子未嘗知義以其外之也必有事焉而勿正心勿忘勿助長也無若宋人然宋人有閔其苗之不長而揠之者芒芒然歸謂其人曰今日病矣予助苗長矣其子趨

而往視之苗則槁矣天下之不助苗長者寡矣以
爲無益而舍之者不耘苗者也助之長者揠苗者
也非徒無益而又害之何謂知言曰詖辭知其所
蔽淫辭知其所陷邪辭知其所離遁辭知其所
窮生於其心害於其政發於其政害於其事聖
人復起不易吾言矣宰我子貢善爲說辭冉
牛閔子顏淵善言德行孔子兼之曰我於辭命

則不能也然則夫子既聖矣乎曰惡是何言也昔者子貢問於孔子曰夫子聖矣乎孔子曰聖則吾不能我學不厭而教不倦也子貢曰學不厭智也教不倦仁也仁且智夫子既聖矣夫聖孔子不居是何言也昔者竊聞之子夏子游子張皆有聖人之一體冉牛閔子顏淵則具體而微敢問所安曰姑舍是曰伯夷伊尹何如曰不同道非其君不事非

其民不使治則進亂則退伯夷也何事非君何使非民治亦進亂亦進伊尹也可以仕則仕可以止則止可以久則久可以速則速孔子也皆古聖人也吾未能有行焉乃所願則學孔子也伯夷伊尹与孔子若是班乎曰否自生民以來未有孔子也曰然則有同與曰有得百里之地而君之皆能以朝諸侯有天下行一不義殺一不辜而得天下皆

不爲也是則同曰敢問其所以異曰宰我子貢有若智足以知聖人汙不至阿其所好宰我曰以予觀於夫子賢於堯舜遠矣子貢曰見其禮而知其政聞其樂而知其德由百世之後等百世之王莫之能違也自生民以來未有夫子也有若曰豈惟民哉麒麟之於走獸鳳皇之於飛鳥太山之於丘垤河海之於行潦類也聖人之於民亦類

也出於其類拔乎其萃自生民以來未有盛於
孔子也
孟子曰以力假仁者霸霸必有大國以德行仁者王王
不待大湯以七十里文王以百里以力服人者非心服
也力不贍也以德服人者中心悅而誠服也如七十子之
服孔子也詩云自西自東自南自北無思不服此
之謂也

孟子曰仁則榮不仁則辱今惡辱而居不仁是猶惡濕而居下也如惡之莫如貴德而尊士賢者在位能者在職國家閒暇及是時明其政刑雖大國必畏之矣詩云迨天之未陰雨徹彼桑土綢繆牖户今此下民或敢侮予孔子曰為此詩者其知道乎能治其國家誰敢侮之今國家閒暇及是時般樂怠敖是自求禍也禍福無不自

已求之者詩云永言配命自求多福太甲曰天作
孽猶可違自作孽不可活此之謂也
孟子曰尊賢使能俊傑在位則天下之士皆悅
而願立於其朝矣市廛而不征灋而不廛則天下
之商皆悅而願藏於其市矣關譏而不征則天
下之旅皆悅而願出於其路矣耕者助而不稅則
天下之農皆悅而願耕於其野矣廛無夫里之

者則天下之民皆悅而願爲之氓矣信能行此五者則鄰國之民仰之若父母矣率其子弟攻其父母自生民以來未有能濟者也如此則無敵於天下無敵於天下者天吏也然而不王者未之有也

孟子曰人皆有不忍人之心先王有不忍人之心斯有不忍人之政矣以不忍人之心行不忍人之政治

天下可運之掌上所以謂人皆有不忍人之心者今人乍見孺子將入於井皆有怵惕惻隱之心非所以內交於孺子之父母也非所以要譽於鄉黨朋友也非惡其聲而然也由是觀之無惻隱之心非人也無羞惡之心非人也無辭讓之心非人也無是非之心非人也惻隱之心仁之端也羞惡之心義之端也辭讓之心禮之端也是非之心智之端也人之有是四

端也猶其有四體也有是四端而自謂不能者自賊者也謂其君不能者賊其君者也凡有四端於我者知皆擴而充之矣若火之始然泉之始達苟能充之足以保四海苟不充之不足以事父母

孟子曰矢人豈不仁於函人哉矢人惟恐不傷人函人惟恐傷人巫匠亦然故術不可不慎也孔子曰里仁為美擇不處仁焉得智夫仁天之尊爵

也人之安宅也莫之禦而不仁是不智也不仁不智
無礼無義人役也人役而恥為役由弓人而恥為
弓矢人而恥為矢也如恥之莫如為仁仁者如射射
者正己而後發發而不中不怨勝己者反求諸己而
已矣

孟子曰子路人告之以有過則喜禹聞善言則
拜大舜有大焉善与人同舍己從人樂取於人以

為善自耕稼陶漁以至為帝無非取於人者取
諸人以為善是與人為善者也故君子莫大乎與
人為善
孟子曰伯夷非其君不事非其友不友不立於惡
人之朝不與惡人言立於惡人之朝與惡人言如以
朝衣朝冠坐於塗炭推惡惡之心思與鄉人立
其冠不正望望然去之若將浼焉是故諸侯雖

言善其辭命而至者不受也不受也者是亦不屑就已柳下惠不羞汙君不卑小官進不隱賢必以其道遺佚而不怨阨窮而不憫故曰爾爲爾我爲我雖袒裼裸裎於我側爾焉能浼我哉故由由然與之偕而不自失焉援而止之而止援而止之而止者是亦不屑去已孟子曰伯夷隘柳下惠不恭隘與不恭君子不由也

上孟

公孫丑章句下

孟子曰天時不如地利地利不如人和三里之城七
里之郭環而攻之而不勝夫環而攻之必有得天
時者矣然而不勝者是天時不如地利也城非不
高也池非不深也兵革非不堅利也米粟非不多也
委而去之是地利不如人和也故曰域民不以封疆
之界固國不以山谿之險威天下不以兵革之利

得道者多助失道者寡助寡助之至親戚畔
之多助之至天下順之以天下之所順攻親戚之所
畔故君子有不戰戰必勝矣
孟子將朝王王使人來曰寡人如就見者也有寒
疾不可以風朝將視朝不識可使寡人得見乎
對曰不幸而有疾不能造朝明日出弔於東郭
氏公孫丑曰昔者辭以病今日弔或者不可乎

曰昔者疾今日愈如之何不弔王使人問疾醫來孟仲子對曰昔者有王命有採薪之憂不能造朝今病小愈趨造於朝我不識能至否乎使數人要於路曰請必無歸而造於朝不得已而之景丑氏宿焉景子曰內則父子外則君臣人之大倫也父子主恩君臣主敬丑見王之敬子也未見所以敬王也曰惡是何言也齊人無以仁義与王言

者豈以仁義為不美也其心曰是何足与言仁義
也云尔則不敬莫大乎是我非堯舜之道不敢
以陳於王前故齊人莫如我敬王也景子曰否非此之
謂也礼曰父召無諾君命召不俟駕固将朝也聞
王命而遂不果宜与夫禮若不相似然曰豈謂是
與曾子曰晉楚之富不可及也彼以其富我以吾
仁彼以其爵我以吾義吾何慊乎哉夫豈不義

而曾子言之是或一道也天下有達尊三爵一齒一德朝廷莫如爵鄉黨莫如齒輔世長民莫如德惡得有其一以慢其二哉故將大有為之君必有所不召之臣欲有謀焉則就之其尊德樂道不如是不足與有為也故湯之於伊尹學焉而後臣之故不勞而王桓公之於管仲學焉而後臣之故不勞而霸今天下地醜德齊莫能

相尚無他好臣其所教而不好臣其所受教湯之於伊尹桓公之於管仲則不敢召管仲且猶不可召而況不爲管仲者乎

陳臻問曰前日於齊王餽兼金一百而不受於宋餽七十鎰而受於薛餽五十鎰而受前日之不受是則今日之受非也今日之受是則前日之不受非也夫子必居一於此矣孟子曰皆是也當在宋也

予將有遠行行者必以贐辭曰餽贐予何為不受當在薛也予有戒心辭曰聞戒故為兵餽之予何為不受若於齊則未有處也無處而餽之是貨之也焉有君子而可以貨取乎

孟子之平陸謂其大夫曰子之持戟之士一日而三失伍則去之否乎曰不待三然則子之失伍也亦多矣凶年饑歲子之民老羸轉於溝壑壯者

散而之四方者幾千人矣曰此非距心之所得為也

曰今有受人之牛羊而為之牧之者則必為之求

牧與芻矣求牧與芻而不得則反諸其人乎抑

亦立而視其死與曰此則距心之罪也他日見於王曰

王之為都者臣知五人焉知其罪者惟孔距心為

王誦之王曰此則寡人之罪也

孟子謂蚳鼃曰子之辭靈丘而請士師似也為其可

以言也今既數月矣未可以言與蚳鼃諫於王而不用致為臣而去齊人曰所以為蚳鼃則善矣所以自為則吾不知也公都子以告曰吾聞之也有官守者不得其職則去有言責者不得其言則去我無官守我無言責也則吾進退豈不綽綽然有餘裕哉

孟子為卿於齊出弔於滕王使蓋大夫王驩為

輔行王驩朝暮見反齊滕之路未嘗與之言行事也公孫丑曰齊卿之位不爲小矣齊滕之路不爲近矣反之而未嘗與言行事何也曰夫既或致之予何言哉

孟子自齊葬於魯反於齊止於嬴充虞請曰前日不知虞之不肖使虞敦匠事嚴虞不敢請今願竊有請也木若以美然曰古者棺椁

無度中古棺七寸槨稱之自天子達於庶人非
直為觀美也然後盡於人心不得不可以為悅
無財不可以為悅得之為有財古之人皆用之
吾何為獨不然且比化者無使土親膚於人心
獨無恔乎吾聞之也君子不以天下儉其親
沈同以其私問曰燕可伐與孟子曰可子噲不得
與人燕子之不得受燕於子噲有仕於此而子悅

之不告於王而私與之吾子之祿爵夫士也亦無王命而私受之於子則可乎何以異於是齊人伐燕或問曰勸齊伐燕有諸曰未也沈同問燕可伐與吾應之曰可彼然而伐之也彼如曰孰可以伐之則將應之曰為天吏則可以伐之今有殺人者或問之曰人可殺與則將應之曰可彼如曰孰可以殺之則將應之曰為士師則可以殺

之今以燕伐燕何爲勸之哉

燕人畔王曰吾甚慚於孟子陳賈曰王無患焉王自以爲與周公孰仁且智王曰惡是何言也曰周公使管叔監殷管叔以殷畔知而使之是不仁也不知而使之是不智也仁智周公未之盡也而況於王乎賈請見而解之見孟子問曰周公何人也曰古聖人也曰使管叔監殷管叔以殷畔也有諸曰

然曰周公知其將畔而使之與曰不知也然則聖人
且有過與曰周公弟也管叔兄也周公之過不亦宜
乎且古之君子過則改之今之君子過則順之古
之君子其過也如日月之食民皆見之及其更也
民皆仰之今之君子豈徒順之又從而為之辭
孟子致為臣而歸王就見孟子曰前日願見而不
可得得侍同朝甚喜今又棄寡人而歸不識可

以繼此而得見乎對曰不敢請耳固所願也他日
王謂時子曰我欲中國而授孟子室養弟子以
萬鍾使諸大夫國人皆有所矜式子盍為我
言之時子因陳子而以告孟子陳子以時子之言告
孟子孟子曰然夫時子惡知其不可也如使予
欲富辭十萬而受萬是為欲富乎季孫曰異
哉子叔疑使己為政不用則亦已矣又使其子

弟為卿人亦孰不欲富貴而獨於富貴之中有私龍斷焉古之為市者以其所有易其所無者有司者治之耳有賤丈夫焉必求龍斷而登之以左右望而罔市利人皆以為賤故從而征之征商自此賤丈夫始矣

孟子去齊宿於晝有欲為王留行者坐而言不應隱几而臥客不悅曰弟子齊宿而後敢言夫

子臥而不聽請勿復敢見矣曰坐我明語子昔者
魯繆公無人乎子思之側則不能安子思泄柳
申詳無人乎繆公之側則不能安其身子為長
者慮而不及子思子絕長者乎長者絕子乎
孟子去齊尹士語人曰不識王之不可以為湯
武則是不明也識其不可然且至則是干澤
也千里而見王不遇故去三宿而後出晝是何

濡滯也士則茲不悅高子以告曰夫尹士惡知予
哉千里而見王是予所欲也不遇故去豈予所欲
哉予不得已也予三宿而出晝於予心猶以為
速王庶幾改之王如改諸則必反予夫出晝
而王不予追也予然後浩然有歸志予雖然
豈舍王哉王由足用為善王如用予則豈徒
齊民安天下之民舉安王庶幾改之予日望

之予豈若是小丈夫然哉諫於其君而不受則怒悻悻然見於其面去則窮日之力而後宿哉尹士聞之曰士誠小人也

孟子去齊充虞路問曰夫子若有不豫色然前日虞聞諸夫子曰君子不怨天不尤人曰彼一時此一時也五百年必有王者興其間必有名世者由周而來七百有餘歲矣以其數則過矣以其

時考之則可矣夫天未欲平治天下也如欲平治天下當今之世舍我其誰也吾何為不豫哉

孟子去齊居休公孫丑問曰仕而不受祿古之道乎曰非也於崇吾得見王退而有去志不欲變故不受也繼而有師命不可以請久於齊非我志也

滕文公章句上

滕文公為世子將之楚過宋而見孟子孟子道性善言必稱堯舜世子自楚反復見孟子孟子曰世子疑吾言乎夫道一而已矣成覸謂齊景公曰彼丈夫也我丈夫也吾何畏彼哉顏淵曰舜何人也予何人也有為者亦若是公明儀曰文王我師也周公豈欺我哉今滕絕長補短將五十里也猶可以為善國書曰若藥不瞑眩厥疾不瘳

滕定公薨世子謂然友曰昔者孟子嘗與我言
於宋於心終不忘今也不幸至於大故吾欲使子
問於孟子然後行事然友之鄒問於孟子孟子
曰不亦善乎親喪固所自盡也曾子曰生事之
以礼死葬之以礼祭之以礼可謂孝矣諸侯之禮
吾未之學也雖然吾嘗聞之矣三年之喪齊
疏之服飦粥之食自天子達於庶人三代共之

然友反命定為三年之喪父兄百官皆不欲曰
吾宗國魯先君莫之行吾先君亦莫之行也
至於子之身而反之不可且志曰喪祭從先祖
曰吾有所受之也謂然友曰吾他日未嘗學問
好馳馬試劍今也父兄百官不我足也恐其不
能盡於大事子為我問孟子然友復之鄒問
孟子孟子曰然不可以他求者也孔子曰君薨聽

於冢宰歠粥面深墨即位而哭百官有司莫敢不哀先之也上有好者下必有甚焉者矣君子之德風也小人之德草也草尚之風必偃是在世子然友反命世子曰然是誠在我五月居廬未有命戒百官族人可謂曰知及至葬四方來觀之顏色之戚哭泣之哀弔者大悅

滕文公問為國孟子曰民事不可緩也詩云晝

爾于茅宵爾索綯亟其乘屋其始播百穀民
之為道也有恒產者有恒心無恒產者無恒心
苟無恒心放辟邪侈無不為已及陷乎罪然
後從而刑之是罔民也焉有仁人在位罔民而
可為也是故賢君必恭儉禮下取於民有制
陽虎曰為富不仁矣為仁不富矣夏后氏五十而
貢殷人七十而助周人百畝而徹其實皆什一也

徹者徹也助者藉也龍子曰治地莫善於助莫不
善於貢貢者校數歲之中以為常樂歲粒米
狼戾多取之而不為虐則寡取之凶年糞其田
而不足則必取盈焉為民父母使民盻盻然將終歲
勤動不得以養其父母又稱貸而益之使老稚
轉乎溝壑惡在其為民父母也夫世祿滕固行
之矣詩云雨我公田遂及我私惟助為有公田由

此觀之雖周亦助也設為庠序學校以教之庠者養也校者教也序者射也夏曰校殷曰序周曰庠學則三代共之皆所以明人倫也人倫明於上小民親於下有王者起必來取灋是為王者師也詩云周雖舊邦其命維新文王之謂也子力行之亦以新子之國使畢戰問井地孟子曰子之君將行仁政選擇而使子子必勉之夫仁政必

自經界始經界不正井地不均穀祿不平是故暴君汙吏必慢其經界經界既正分田制祿可坐而定也夫滕壤地褊小將為君子焉將為野人焉無君子莫治野人無野人莫養君子請野九一而助國中什一使自賦卿以下必有圭田圭田五十畝餘夫二十五畝死徙無出鄉鄉田同井出入相友守望相助疾病相扶持則百姓

親睦方里而井井九百畝其中爲公田八家皆私百畝同養公田公事畢然後敢治私事所以別野人也此其大略也若夫潤澤之則在君與子矣

有爲神農之言者許行自楚之滕踵門而告文公曰遠方之人聞君行仁政願受一廛而爲氓文公與之處其徒數十人皆衣褐捆屨織

席以為食陳良之徒陳相與其弟辛負耒耜
而自宋之滕曰聞君行聖人之政是亦聖人也願為
聖人氓陳相見許行而大悦盡棄其學而學
焉陳相見孟子道許行之言曰滕君則誠賢君
也雖然未聞道也賢者與民並耕而食饔飧
而治今也滕有倉廩府庫則是厲民而以自
養也惡得賢孟子曰許子必種粟而後食乎曰

然許子必織布而後衣乎曰否許子衣褐許子冠乎曰冠曰奚冠曰冠素曰自織之與曰否以粟易之曰許子奚為不自織曰害於耕曰許子以釜甑爨以鐵耕乎曰然自為之與曰否以粟易之以粟易械器者不為厲陶冶陶冶亦以其械器易粟者豈為厲農夫哉且許子何不為陶冶舍皆

取諸其宮中而用之何為紛紛然與百工交易何許子之不憚煩曰百工之事固不可耕且為也然則治天下獨可耕且為與有大人之事有小人之事且一人之身而百工之所為備如必自為而後用之是率天下而路也故曰或勞心或勞力勞心者治人勞力者治於人治於人者食人治人者食於人天下之通義也當堯之時天下猶未平

洪水橫流氾濫於天下草木暢茂禽獸繁殖五穀不登禽獸偪人獸蹄鳥跡之道交於中國堯獨憂之舉舜而敷治焉舜使益掌火益烈山澤而焚之禽獸逃匿禹疏九河瀹濟漯而注諸海決汝漢排淮泗而注之江然後中國可得而食也當是時也禹八年於外三過其門而不入雖欲耕得乎后稷教民稼穡樹藝五穀五

穀熟而民人育人之有道也飽食煖衣逸居而無
教則近於禽獸聖人有憂之使契爲司徒教以
人倫父子有親君臣有義夫婦有別長幼有序
朋友有信放勳曰勞之來之匡之直之輔之翼
之使自得之又從而振德之聖人之憂民如此而
暇耕乎堯以不得舜爲己憂舜以不得禹皋
陶爲己憂夫以百畝之不易爲己憂者農夫也

分人以財謂之惠教人以善謂之忠為天下得人
者謂之仁是故以天下與人易為天下得人難孔
子曰大哉堯之為君惟天為大惟堯則之蕩蕩乎
民無能名焉君哉舜也巍巍乎有天下而不與焉
堯舜之治天下豈無所用其心哉亦不用於耕耳
吾聞用夏變夷者未聞變於夷者也陳良楚
產也悅周公仲尼之道北學於中國北方之學者

未能或之先也彼所謂豪傑之士也子之兄弟事之數十年師死而遂倍之昔者孔子沒三年之外門人治任將歸入揖於子貢相向而哭皆失聲然後歸子貢反築室於場獨居三年然後歸他日子夏子張子游以有若似聖人欲以所事孔子事之彊曾子曾子曰江漢以濯之秋陽以暴之皜皜乎不可尚矣今也南蠻鴃舌之人非先王之道子

倍子之師而學之亦異於曾子矣吾聞出於幽谷遷
于喬木者未聞下喬木而入於幽谷者魯頌曰
戎狄是膺荆舒是懲周公方且膺之子是之
學亦為不善變矣從許子之道則市賈不貳國
中無僞雖使五尺之童適市莫之或欺布帛長
短同則賈相若麻縷絲絮輕重同則賈相若
五穀多寡同則賈相若屨大小同則賈相若曰

夫物之不齊物之情也或相倍蓰或相什伯或相
千萬子比而同之是亂天下也巨屨小屨同賈人
豈為之哉從許子之道相率而為偽者也惡能
治國家

墨者夷之因徐辟而求見孟子孟子曰吾固願見
今吾尚病病愈我且往見夷子不來他日又求見孟
子孟子曰吾今則可以見矣不直則道不見我且

直之吾聞夷子墨者墨之治喪也以薄為其道也夷子思以易天下豈以為非是而不貴也然而夷子葬其親厚則是以所賤事親也徐子以告夷子夷子曰儒者之道古之人若保赤子此言何謂也之則以為愛無差等施由親始徐子以告孟子孟子曰夫夷子信以為人之親其兄之子為若親其鄰之赤子乎彼有取爾也赤子匍匐將入井非赤子

之罪也且天之生物也使之一本而夷子二本故也盖上世嘗有不葬其親者其親死則舉而委之於壑他日過之狐狸食之蠅蚋姑嘬之其顙有泚睨而不視夫泚也非為人泚中心達於面目盖歸反虆梩而掩之掩之誠是也則孝子仁人之掩其親亦必有道矣徐子以告夷子夷子憮然為間曰命之矣

滕文公章句下

陳代曰不見諸侯宜若小然今一見之大則以王小則以霸且志曰枉尺而直尋宜若可爲也孟子曰昔齊景公田招虞人以旌不至將殺之志士不忘在溝壑勇士不忘喪其元孔子奚取焉取非其招不往也如不待其招而往何哉且夫枉尺而直尋者以利言也如以利則枉尋直尺而利亦

可為與昔者趙簡子使王良與嬖奚乘終日而不獲一禽嬖奚反命曰天下之賤工也或以告王良良曰請復之彊而後可一朝而獲十禽嬖奚反命曰天下之良工也簡子曰我使掌與女乘謂王良良不可曰吾為之範我馳驅終日不獲一為之詭遇一朝而獲十詩云不失其馳舍矢如破我不貫與小人乘請辭御者且羞與

射者比比而得禽獸雖若丘陵弗為也如枉道而從彼何也且子過矣枉己者未有能直人者也

景春曰公孫衍張儀豈不誠大丈夫哉一怒而諸侯懼安居而天下熄孟子曰是焉得為大丈夫乎子未學禮乎丈夫之冠也父命之女子之嫁也母命之往送之門戒之曰往之女

家必敬必戒無違夫子以順為正者妾婦之道也居天下之廣居立天下之正位行天下之大道得志與民由之不得志獨行其道富貴不能淫貧賤不能移威武不能屈此之謂大丈夫

周霄問曰古之君子仕乎孟子曰仕傳曰孔子三月無君則皇皇如也出疆必載質公明儀曰古

之人三月無君則弔三月無君則弔不亦急乎曰士之失位也猶諸侯之失國家也禮曰諸侯耕助以供粢盛夫人蠶繅以為衣服犧牲不成粢盛不潔衣服不備不敢以祭惟士無田則亦不祭牲殺器皿衣服不備不敢以祭則不敢以宴亦不足弔乎出疆必載質何也曰士之仕也猶農夫之耕也農夫豈為出疆舍其耒耜哉

曰晋國亦仕國也未嘗聞仕如此其急仕如此其急也君子之難仕何也曰丈夫生而願爲之有室女子生而願爲之有家父母之心人皆有之不待父母之命媒妁之言鑽穴隙相窺踰墻相從則父母國人皆賤之古之人未嘗不欲仕也又惡不由其道不由其道而往者與鑽穴隙之類也

彭更問曰後車數十乘從者數百人以傳食
於諸侯不以泰乎孟子曰非其道則一簞食
不可受於人如其道則舜受堯之天下不以
爲泰子以爲泰乎曰否士無事而食不可也曰子
不通功易事以羨補不足則農有餘粟女有
餘布子如通之則梓匠輪輿皆得食於子於
此有人焉入則孝出則弟守先王之道以待

後之學者而不得食於子子何尊梓匠輪
輿而輕為仁義者哉曰梓匠輪輿其志將以
求食也君子之為道也其志亦將以求食與曰
子何以其志為哉其有功於子可食而食之矣
且子食志乎食功乎曰食志曰有人於此毀瓦
畫墁其志將以求食也則子食之乎曰否曰然
則子非食志也食功也

萬章問曰宋小國也今將行王政齊楚惡而伐之則如之何孟子曰湯居亳與葛為鄰葛伯放而不祀湯使人問之曰何為不祀曰無以供犧牲也湯使遺之牛羊葛伯食之又不以祀湯又使人問之曰何為不祀曰無以供粢盛也湯使亳眾往為之耕老弱饋食葛伯率其民要其有酒食黍稻者奪之不授者殺之有

童子以黍肉餉殺而奪之書曰葛伯仇餉此之謂也為其殺是童子而征之四海之內皆曰非富天下也為匹夫匹婦復讎也湯始征自葛載十一征而無敵於天下東面而征西夷怨南面而征北狄怨曰奚為後我民之望之若大旱之望雨也歸市者弗止芸者不變誅其君弔其民如時雨降民大悅書曰徯我后〻來其無罰有攸不

為臣東征綏厥士女匪厥玄黃紹我周王見休
惟臣附於大邑周其君子實玄黃于匪以迎其
君子其小人簞食壺漿以迎其小人救民於水
火之中取其殘而已矣太誓曰我武惟揚侵于
之疆則取于殘殺伐用張于湯有光不行王
政云爾苟行王政四海之內皆舉首而望之欲以
為君齊楚雖大何畏焉

孟子謂戴不勝曰子欲子之王之善與我明告
子有楚大夫於此欲其子之齊語也則使齊人
傅諸使楚人傅諸曰使齊人傅之曰一齊人
傅之眾楚人咻之雖日撻而求其齊也不可得
矣引而置之莊嶽之間數年雖日撻而求其楚
亦不可得矣子謂薛居州善士也使之居於王
所在於王所者長幼卑尊皆薛居州也王誰與

爲不善在王所者長幼卑尊皆非薛居州也王誰與爲善一薛居州獨如宋王何

公孫丑問曰不見諸侯何義孟子曰古者不爲臣不見段干木踰垣而辟之泄柳閉門而不納是皆已甚迫斯可以見矣陽貨欲見孔子而惡無禮大夫有賜於士不得受於其家則往拜其門陽貨矙孔子之亡也而饋孔子蒸豚孔子亦矙其

也而往拜之當是時陽貨先豈得不見曾子
曰脅肩諂咲病于夏畦子路曰未同而言觀其色
赧赧然非由之所知也由是觀之則君子之所養
可知已矣
戴盈之曰什一去關市之征今茲未能請輕之以
待來年然後已何如孟子曰今有人日攘其鄰
之鷄者或告之曰是非君子之道曰請損之月

攘一雞以待來年然後已如知其非義斯速已
矣何待來年

公都子曰外人皆稱夫子好辯敢問何也孟子
曰予豈好辯哉予不得已也天下之生久矣一
治一亂當堯之時水逆行氾濫於中國蛇龍居
之民無所定下者爲巢上者爲營窟書曰洚
水警余洚水者洪水也使禹治之禹掘地而注

之海驅蛇龍而放之菹水由地中行江淮河漢是
也險阻既遠鳥獸之害人者消然後人得平土而
居之堯舜既沒聖人之道衰暴君代作壞宮
室以為汙池民無所安息棄田以為園囿使民
不得衣食邪說暴行又作園囿汙池沛澤多
而禽獸至及紂之身天下又大亂周公相武王誅
紂伐奄三年討其君驅飛廉於海隅而戮之滅

國者五十驅虎豹犀象而遠之天下大悅書曰
丕顯哉文王謨丕承哉武王烈佑啟我後人咸
以正無缺世衰道微邪說暴行有作臣弒其君
者有之子弒其父者有之孔子懼作春秋春秋
天子之事也是故孔子曰知我者其惟春秋乎罪
我者其惟春秋乎聖王不作諸侯放恣處士橫
議楊朱墨翟之言盈天下天下之言不歸楊則

歸墨楊氏爲我是無君也墨氏兼愛是無父也無父無君是禽獸也公明儀曰庖有肥肉廄有肥馬民有飢色野有餓莩此率獸而食人也楊墨之道不息孔子之道不著是邪說誣民充塞仁義也仁義充塞則率獸食人人將相食吾爲此懼閑先聖之道距楊墨放淫辭邪說者不得作作於其心害於其事作於其事害於其政聖

人復起不易吾言矣昔者禹抑洪水而天下平周公兼夷狄驅猛獸而百姓寧孔子成春秋而亂臣賊子懼詩云戎狄是膺荊舒是懲則莫我敢承無父無君是周公所膺也我亦欲正人心息邪說距詖行放淫辭以承三聖者豈好辯哉予不得已也能言距楊墨者聖人之徒也

匡章曰陳仲子豈不誠廉士哉居於陵三日不食

耳無聞目無見也井上有李螬食實者過半
矣匍匐往將食之三咽然後耳有聞目有見
孟子曰於齊國之士吾必以仲子為巨擘焉雖
然仲子惡能廉充仲子之操則蚓而後可者也
夫蚓上食槁壤下飲黃泉仲子所居之室伯夷
之所築與抑亦盜跖之所築與所食之粟伯夷
之所樹與抑亦盜跖之所樹與是未可知也曰是

何傷哉彼身織屨妻辟纑以易之也曰仲子齊之世家也兄戴蓋祿萬鍾以兄之祿為不義之祿而不食也以兄之室為不義之室而不居也辟兄離母處於於陵他日歸則有饋其兄生鵝者己頻顣曰惡用是鶃鶃者為哉他日其母殺是鵝也與之食之其兄自外至曰是鶃鶃之肉

也出而哇之以母則不食以妻則食之以兄之室則
弗居以於陵則居之是尚為能充其類也乎若
仲子者蚓而後充其操者也

孟子集注

（中）

古籍珍选·四书三绝

六

[宋]朱熹 集注 [清]郑板桥 手书 王海燕 编选

吉林出版集团股份有限公司
全国百佳图书出版单位

图书在版编目（CIP）数据

孟子集注．中 /（宋）朱熹集注；（清）郑板桥手书；王海燕编选．-- 长春：吉林出版集团股份有限公司，2025. 5. --（古籍珍选）. -- ISBN 978-7-5731-5694-5

Ⅰ．B222.52

中国国家版本馆 CIP 数据核字第 20259GE756 号

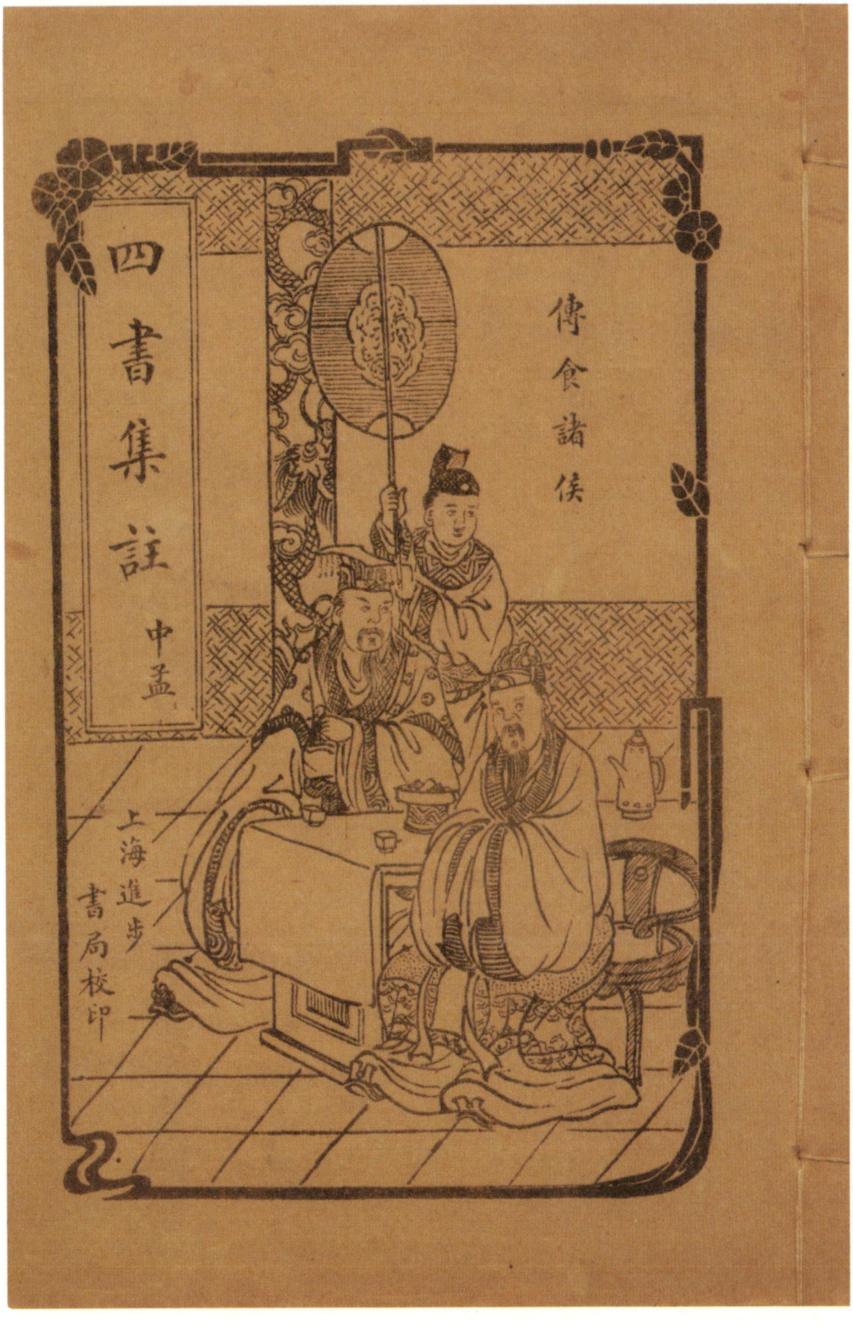

上海进步书局《四书集注》原版封面

郑板桥手书四书扉页

目录

四书集注　中孟

筩音同　大音泰　簇倉木反　洗先上聲　蕤儒追反　射音亦　於平聲　假本作嘉　被去聲

孟子卷之四

朱熹集註

離婁章句上 凡二十八章

孟子曰。離婁之明。公輸子之巧。不以規矩。不能成方員。師曠之聰。不以六律。不能正五音。堯舜之道。不以仁政。不能平治天下。（離婁、古之明目者。公輸子、名班、魯之巧人也。規、所以為員之器也。矩、所以為方之器也。師曠、晉之樂師、知音者也。六律、截竹為筩、陰陽各六、以節五音之上下。黃鍾、大簇、姑洗、蕤賓、夷則、無射、為陽。大呂、夾鍾、仲呂、林鍾、南呂、應鍾、為陰也。五音、宮商角徵羽也。范氏曰、此言治天下、不可無法度。仁政者、治天下之法度也。）今有仁心仁聞。而民不被其澤。不可法於後世者。不行先王之道也。（聞、去聲。○仁心、愛人之心也。仁聞者、有愛人之聲聞於人也。先王之道、仁政是也。范氏曰、齊宣王不忍一牛之死、以羊易之、可謂有仁心。梁武帝終日一食蔬素、宗廟以麪為犧牲、斷死刑必為之涕泣、天下知其慈仁、可謂有仁聞。然而宣王之時、齊國不治。武帝之末、江南大亂。其故何哉。有仁心仁聞、而不行先王之道故也。）故曰。徒善不足以為政。徒法不能以自行。（徒、猶空也。有其心、無其政、是謂徒善。有其政、無其心、是謂徒法。程子嘗言為政須要有綱紀文章、謹權、審量、讀法、平價、皆不可闕。而又曰、必有關雎麟趾之意、然後可以行周官之法度。正謂此也。）詩云。不愆不忘。率由舊章。遵先王之法而過者。未之有也。（詩大雅假樂之篇。愆、過也。率、循也。章、典法也。所行不過差、不遺忘者、以其循用舊典故也。）聖人既竭目力焉。繼之以規矩準繩。以為方員平直。不可勝用也。既竭耳力焉。繼之以六律正五音。不可勝用也。既竭心思焉。繼之以不忍人之政。而仁覆天下矣。（勝、平聲。○準、所以為平。繩、所以為直。覆、被也。此言古之聖人、既竭耳目心思之力、然猶以為未足以徧天下及後世、故制為法

揆度度量音鐸　詆英禮反　見音現

度以繼續之、則其用不窮、而仁之所被者廣矣、故曰。為高必因丘陵。為下必因川澤。為政不因先王之道。可謂智乎。丘陵本高、川澤本下、為高下者因之、則用力少而成功多矣、鄒氏曰、自章首至此、論以仁心仁聞行先王之道、是以惟仁者宜在高位。不仁而在高位。是播其惡於衆也。仁者有仁心仁聞而能擴而充之、以行先王之道者也、播惡於衆、謂貽患於下也、上無道揆也。下無法守也。朝不信道。工不信度。君子犯義。小人犯刑。國之所存者幸也。朝音潮○此言不仁而在高位之禍也、道、義理也、揆、度也、法、制度也、道揆、謂以義理度量事物而制其宜、法守、謂以法度自守、工、官也、度、即法也、君子小人、以位而言也、由上無道揆、故下無法守、無道揆、則朝不信道而君子犯義、無法守、則工不信度而小人犯刑、有此六者、其國必亡、其不亡者、僥倖而已、故曰。城郭不完。兵甲不多。非國之災也。田野不辟。貨財不聚。非國之害也。上無禮。下無學。賊民興。喪無日矣。辟與闢同、喪、去聲○上不知禮、則無以教民、下不知學、則易與為亂、鄒氏曰、自是以惟仁者至此、所以責其君、詩曰。天之方蹶。無然泄泄。蹶、居衛反、泄、弋制反○詩大雅板之篇、蹶、顛覆之意、泄泄、怠緩悅從之貌、言天欲顛覆周室、羣臣無得泄泄然、不急救正之、泄泄猶沓沓也。沓、徒合反○沓沓、即泄泄之意、蓋孟子時人語如此、事君無義。進退無禮。言則非先王之道者。猶沓沓也。非、詆毀也、故曰。責難於君謂之恭。陳善閉邪謂之敬。吾君不能謂之賊。范氏曰、人臣以難事責於君、使其君為堯舜之君者、尊君之大也、開陳善道、以禁閉君之邪心、惟恐其君或陷於有過之地者、敬君之至也、謂其君不能行善道、而不以告者、賊害其君之甚也、鄒氏曰、自詩云天之方蹶至此、所以責其臣○鄒氏曰、此章言為治者、當有仁心仁聞、以行先王之政、而君臣又當各任其責也、

○孟子曰。規矩。方員之至也。聖人。人倫之至也。至、極也、人倫說見前篇、規矩盡所以為方員之理、猶聖人盡所以為人之道、欲為君。盡君道。

謚音示

放音倣

欲為臣。盡臣道。二者皆法堯舜而已矣。不以舜之所以事堯事君。不敬其君者也。不以堯之所以治民治民。賊其民者也。法堯舜以盡君臣之道。猶用規矩以盡方員之極。此孟子所以道性善而稱堯舜也。

孔子曰。道二。仁與不仁而已矣。法堯舜則盡君臣之道而已矣。不法堯舜則慢君賊民而不仁矣。二端之外更無他道。出乎此則入乎彼矣。可不謹哉。

暴其民甚。則身弒國亡。不甚。則身危國削。名之曰幽厲。雖孝子慈孫。百世不能改也。幽暗。厲虐。皆惡謚也。苟得其實則雖有孝子慈孫。愛其祖考之甚者。亦不得廢公義而改之。言不仁之禍必至於此。可懼之甚也。

詩云。殷鑒不遠。在夏后之世。此之謂也。詩大雅蕩之篇。言商紂之所當鑒者。近在夏桀之世。而孟子引之。又欲後人以幽厲為鑒也。

○孟子曰。三代之得天下也以仁。其失天下也以不仁。三代謂夏商周也。禹湯文武以仁得之。桀紂幽厲以不仁失之。國之所以廢興存亡者亦然。國謂諸侯之國。

天子不仁。不保四海。諸侯不仁。不保社稷。卿大夫不仁。不保宗廟。士庶人不仁。不保四體。言必死亡。今惡死亡而樂不仁。是猶惡醉而強酒。惡去聲。樂音洛。強上聲。○此承上文之意而推言之也。

○孟子曰。愛人不親反其仁。治人不治反其智。禮人不答反其敬。治人之治平聲。不治之治去聲。○我愛人而人不親我。則反求諸己。恐我之仁未至也。智敬放此。

行有不得者。皆反求諸己。其身正而天下歸之。不得謂不得其所欲。如不親不治不答是也。反求諸己。謂反其仁反其智反其敬也。如此則其自治益詳。而身無不正矣。天下歸之。極言其效也。

詩云。永言配命。自求多福。解見前篇。○亦承上章而言。○

中孟 卷四 離婁 二

朝 潮音

以女 如字
昏 坊本作婚
般音槃 樂音洛

孟子曰。人有恒言。皆曰天下國家。天下之本在國。國之本在家。家之本在身。恒胡登反。○恒常也。雖常言之而未必知其言之有序也。故推言之而又以家本乎身也。此亦承上章而推言之。大學所謂自天子至於庶人壹是皆以修身為本。為是故也。

○孟子曰。為政不難。不得罪於巨室。巨室之所慕。一國慕之。一國之所慕。天下慕之。故沛然德教。溢乎四海。巨室。世臣大家也。得罪。謂身不正而取怨怒也。麥丘邑人祝齊桓公曰。願主君無得罪於羣臣百姓。意蓋如此。慕。向也。心悅誠服之謂也。沛然。盛大流行之貌。溢。充滿也。蓋巨室之心。難以力服。而國人素所取信。今既悅服。則國人皆服。而吾德教之所施。可以無遠而不至矣。此亦承上章而言。蓋君子不患人心之不服。而患吾身之不修。吾身既修。則人心之難服者先服。而無一人之不服矣。○林氏曰。戰國之世。諸侯失德。巨室擅權。為患甚矣。然或者不修其本而遽欲勝之。則未必能勝。而適以取禍。故孟子推本而言。惟務修德以服其心。彼既悅服。則吾之德教無所留礙。可以及乎天下矣。裴度所謂韓弘輿疾討賊。承宗斂手削地。非朝廷之力能制其死命。特以處置得宜。能服其心故爾。正此類也。

○孟子曰。天下有道。小德役大德。小賢役大賢。天下無道。小役大。弱役強。斯二者天也。順天者存。逆天者亡。有道之世。人皆修德。而位必稱其德之大小。天下無道。人不修德。則但以力相役而已。天者。理勢之當然也。

齊景公曰。既不能令。又不受命。是絕物也。涕出而女於吳。女。去聲。○引此以言小役大、弱役強之事也。令。出令以使人也。受命。聽命於人也。物。猶人也。女。以女與人也。吳。蠻夷之國也。景公羞與為昏而畏其強。故涕泣而以女與之。

今也小國師大國。而恥受命焉。是猶弟子而恥受命於先師也。言小國不修德以自強。其般樂怠敖。皆若效大國之所為者。而獨恥受其教命。不可得也。

如恥之。莫若師文王。師文王。大國五年。小國七年。必為政於天下矣。此因其愧恥之心而勉以修德也。文王之政。布在方策。舉而行之。所謂師文王也。五年七年。以其所乘之勢不同為差。蓋天下雖無道。然修德之至。則道自我行。而大國反為吾役矣。程子曰。五年七年。聖人度其時則可矣。

數去聲 差楚宜反 鬯音唱 逝音誓 系音係

然。凡此類學者皆當思其作為如何，乃有益耳。

詩云：商之孫子，其麗不億。上帝既命，侯于周服。侯服于周，天命靡常。殷士膚敏，裸將于京。孔子曰：仁不可為衆也。夫國君好仁，天下無敵。裸音灌。夫音扶。好去聲。○詩大雅文王之篇。孟子引此詩及孔子之言，以言文王之事。麗，數也。十萬曰億。侯，維也。商士，商孫子之臣也。膚，大也。敏，達也。裸，宗廟之祭，以鬱鬯之酒灌地而降神也。將，助也。言商之孫子衆多，其數不但十萬而已。上帝既命周以天下，則凡此商之孫子，皆臣服于周矣。所以然者，以天命不常，歸於有德故也。是以商士之膚大而敏達者，皆執裸獻之禮，助王祭事於周之京師也。孔子因讀此詩，而言有仁者則雖有十萬之衆，不能當之。故國君好仁，則必無敵於天下也。不可為衆，猶所謂難為兄難為弟云爾。

今也欲無敵於天下而不以仁，是猶執熱而不以濯也。詩云：誰能執熱，逝不以濯。恥受命於大國，是欲無敵於天下也。乃師大國而不師文王，是不以仁也。詩大雅桑柔之篇。逝，語辭也。言誰能執持熱物，而不以水自濯其手乎。○此章言不能自強，則聽天所命；修德行仁，則天命在我。

○孟子曰：不仁者可與言哉？安其危而利其菑，樂其所以亡者。不仁而可與言，則何亡國敗家之有？菑與災同。樂音洛。○安其危利其菑者，不知其為危菑而反以為安利也。所以亡者，謂荒淫暴虐，所以致亡之道也。不仁之人，私欲固蔽，失其本心，故其顛倒錯亂至於如此，所以不可告以忠言，而卒至於敗亡也。

有孺子歌曰：滄浪之水清兮，可以濯我纓；滄浪之水濁兮，可以濯我足。浪音郎。○滄浪，水名。纓，冠系也。孔子曰：小子聽之。清斯濯纓，濁斯濯足矣，自取之也。言水之清濁有以自取之也。聖人聲入心通，無非至理，此類可見。

夫人必自侮，然後人侮之；家必自毀，而後人毀之；國必自伐，而後人伐之。夫音扶。○所謂自取之者。太甲曰：天作孽，猶可違；自作孽，不可活。此之謂也。辭見前篇。○此

於民之民坊本作人鼂音潮錯音醋

乾音干卒倉末反

漸子廉反

章言心存則有以審夫得失之幾，不存則無以辨於存亡之著。禍福之來，皆其自取。

○孟子曰：「桀紂之失天下也，失其民也；失其民者，失其心也。得天下有道：得其民，斯得天下矣；得其民有道：得其心，斯得民矣；得其心有道：所欲與之聚之，所惡勿施爾也。

惡，去聲。○民之所欲，皆為致之，如聚斂然。民之所惡，則勿施於民。鼂錯所謂「人情莫不欲壽，三王生之而不傷；人情莫不欲富，三王厚之而不困；人情莫不欲安，三王扶之而不危；人情莫不欲逸，三王節其力而不盡」，此類之謂也。

民之歸仁也，猶水之就下、獸之走壙也。

走，音奏。○壙，廣野也。言民之所以歸乎此，以其所欲之在乎此也。

故為淵敺魚者，獺也；為叢敺爵者，鸇也；為湯武敺民者，桀與紂也。

為，去聲。敺，與驅同。獺，音闥。爵，與雀同。鸇，諸延反。○淵，深水也。獺，食魚者也。叢，茂林也。鸇，食雀者也。言民之所以去此，以其所欲在彼，而所畏在此也。

今天下之君有好仁者，則諸侯皆為之敺矣。雖欲無王，不可得已。

好、為、王，並去聲。

今之欲王者，猶七年之病求三年之艾也。苟為不畜，終身不得。苟不志於仁，終身憂辱，以陷於死亡。

王，去聲。○艾，草名，所以灸者，乾久益善。夫病已深而欲求乾久之艾，固難卒辦，然自今畜之，則猶或可及；不然，則病日益深，死日益迫，而艾終不可得矣。

詩云：『其何能淑，載胥及溺。』此之謂也。」

詩大雅桑柔之篇。淑，善也。載，則也。胥，相也。言今之所為，其何能善，則相引以陷於亂亡而已。

○孟子曰：「自暴者，不可與有言也；自棄者，不可與有為也。言非禮義，謂之自暴也；吾身不能居仁由義，謂之自棄也。

暴，猶害也。非，猶毀也。自害其身者，不知禮義之為美而非毀之，雖與之言，必不見信也。自棄其身者，猶知仁義之為美，但溺於怠惰，自謂必不能行，與之有為，必不能勉也。程子曰：「人苟以善自治，則無不可移者，雖昏愚之至，皆可漸

也坊本作矣 其坊本作乎

磨而進也惟自暴者拒之以不信自棄者絕之以不為雖聖人與居不能化而入也此所謂下愚之不移也

仁。人之安宅也。義。人之正路也。仁宅已見前篇。義者宜也。乃天理之當行無人欲之邪曲故曰正路。曠安宅而弗居。舍正路而不由。哀哉。舍上聲。○曠空也。由行也。○此章言道本固有而人自絕之是可哀也此聖賢之深戒學者所當猛省也

○孟子曰。道在爾而求諸遠。事在易而求諸難。人人親其親。長其長。而天下平。爾邇古字通用。易去聲。長上聲。○親長在人為甚邇。親之長之在人為甚易。而道初不外是也。舍此而他求則遠且難而反失之。但人人各親其親。各長其長。而天下自平矣

○孟子曰。居下位而不獲於上。民不可得而治也。獲於上有道。不信於友。弗獲於上矣。信於友有道。事親弗悅。弗信於友矣。悅親有道。反身不誠。不悅於親矣。誠身有道。不明乎善。不誠其身矣。獲於上得其上之信任也。誠實也。反身不誠。反求諸身而其所以為善之心有不實也。不明乎善。不能即事以窮理。無以真知善之所在也。游氏曰。欲誠其意先致其知。不明乎善。不誠乎身矣。學至於誠身。則安往而不致其極哉。以內則順乎親。以外則信乎友。以上則可以得君。以下則可以得民矣。是故誠者。天之道也。思誠者。人之道也。誠者。理之在我者皆實而無偽。天道之本然也。思誠者。欲此理之在我者皆實而無偽。人道之當然也。至誠而不動者。未之有也。不誠。未有能動者也。至極也。楊氏曰。動便是驗處。若獲於上信於友悅於親之類是也。○此章述中庸孔子之言。見思誠為修身之本。而明善又為思誠之本。乃子思所聞於曾子。而孟子所受乎子思者。亦與大學相表裏。學者宜潛心焉

○孟子曰。伯夷辟紂。居北海之濱。聞文王作。興曰。盍歸乎來。吾聞西伯善養老者。太公辟紂。居東海之濱。聞文王作。興曰。盍歸乎來。吾聞西伯善養老者。辟去聲。○作興皆起

長上聲 京本暗與上無其意二字 臏賓上聲 墾音懇悝音恢 僞音位

也盍何不也西伯即文王也紂命為西方諸侯之長得專征伐故稱西伯太公姜姓呂氏名尚文王發政必先鰥寡孤獨庶人之老皆無凍餒故伯夷太公來就其養非求仕也二老者天下之大老也而歸之是天下之父歸之也天下之父歸之其子焉往焉於虔反○二老伯夷太公也大老言非常人之老者天下之父言齒德皆尊如衆父然既得其心則天下之心不能外矣蕭何所謂養民致賢以圖天下者其意暗與此合但其意則有公私之辨學者又不可以不察也諸侯有行文王之政者七年之內必為政於天下矣七年以小國而言也大國五年在其中矣

○孟子曰求也為季氏宰無能改於其德而賦粟倍他日孔子曰求非我徒也小子鳴鼓而攻之可也求孔子弟子冉求季氏魯卿宰家臣賦猶取也取民之粟倍於他日也小子弟子也鳴鼓而攻之聲其罪而責之也由此觀之君不行仁政而富之皆棄於孔子者也況於為之強戰爭地以戰殺人盈野爭城以戰殺人盈城此所謂率土地而食人肉罪不容於死為去聲○林氏曰富其君者奪民之財耳而夫子猶惡之況為土地之故而殺人使其肝腦塗地則是率土地而食人之肉其罪之大雖至於死猶不足以容之也故善戰者服上刑連諸侯者次之辟草萊任土地者次之辟與闢同○善戰如孫臏吳起之徒連結諸侯如蘇秦張儀之類辟開墾也任土地謂分土授民使任耕稼之責如李悝盡地力商鞅開阡陌之類也

○孟子曰存乎人者莫良於眸子眸子不能掩其惡胷中正則眸子瞭焉胷中不正則眸子眊焉眸音牟瞭音了眊音耄○良善也眸子目瞳子也瞭明也眊者蒙蒙目不明之貌蓋人與物接之時其神在目故胷中正則神精而明不正則神散而昏聽其言也觀其眸子人焉廋哉焉與虔反廋音搜○廋匿也言亦心之所發故并此以觀則人之邪正不可匿矣然言猶可以僞為眸子則有

遠，去聲。援與救同。徇，旬上聲。爭，去聲，下同。

不容偽者。○孟子曰：「恭者不侮人，儉者不奪人。侮奪人之君，惟恐不順焉，惡得為恭儉？恭儉豈可以聲音笑貌為哉？」惡，平聲。○惟恐不順，言恐人之不順己。聲音笑貌，偽為於外也。

○淳于髡曰：「男女授受不親，禮與？」孟子曰：「禮也。」曰：「嫂溺則援之以手乎？」曰：「嫂溺不援，是豺狼也。男女授受不親，禮也；嫂溺援之以手者，權也。」與，平聲。援，音爰。○淳于，姓；髡，名；齊之辯士。授，與也；受，取也。古禮男女不親授受，以遠別也。援，救之也。權，稱錘也，稱物輕重而往來以取中者也。權而得中，是乃禮也。

曰：「今天下溺矣，夫子之不援，何也？」言今天下大亂，民遭陷溺，亦當從權以援之，不可守先王之正道也。

曰：「天下溺，援之以道；嫂溺，援之以手。子欲手援天下乎？」言天下溺，惟道可以救之，非若嫂溺可手援也。今子欲援天下，乃欲使我枉道求合，則先失其所以援之之具矣。是欲使我以手援天下乎？○此章言直己守道，所以濟時；枉道徇人，徒為失己。

○公孫丑曰：「君子之不教子，何也？」不親教也。

孟子曰：「勢不行也。教者必以正；以正不行，繼之以怒；繼之以怒，則反夷矣。『夫子教我以正，夫子未出於正也。』則是父子相夷也。父子相夷，則惡矣。」夷，傷也。教子者本為愛其子也，繼之以怒，則反傷其子矣。父既傷其子，子之心又責其父曰：「夫子教我以正道，而夫子之身未必自行正道。」則是子又傷其父也。

「古者易子而教之。」易子而教，所以全父子之恩，而亦不失其為教。

「父子之間不責善。責善則離，離則不祥莫大焉。」責善，朋友之道也。○王氏曰：「父有爭子，何也？所謂爭者，非責善也。當不義則爭之而已矣。父之於子也，如何？曰：當不義，則亦戒之而已矣。」

○孟子曰：「事孰為大？事親為大。守孰為大？守身為大。不失

中孟 卷四 離婁 五

坊本平下有矣字

分去聲　適與謫同音責

其身而能事其親者，吾聞之矣。失其身而能事其親者，吾未之聞也。

守身，持守其身，使不陷於不義也。一失其身，則虧體辱親，雖日用三牲之養，亦不足以為孝矣。

孰不為事？事親，事之本也。孰不為守？守身，守之本也。

事親孝，則忠可移於君，順可移於長；身正，則家齊、國治而天下平。

曾子養曾皙，必有酒肉。將徹，必請所與。問有餘，必曰有。曾皙死，曾元養曾子，必有酒肉。將徹，不請所與。問有餘，曰亡矣。將以復進也。此所謂養口體者也。若曾子，則可謂養志也。

養，去聲。復，扶又反。○此承上文事親言之。曾皙，名點，曾子父也。曾元，曾子子也。曾子養其父，每食必有酒肉。食畢將徹去，必請於父曰：此餘者與誰？或父問此物尚有餘否，必曰有。恐親意更欲與人也。曾元不請所與，雖有言無，其意將以復進於親，不欲其與人也。此但能養父母之口體而已。曾子則能承順父母之志，而不忍傷之也。

事親若曾子者，可也。

言當如曾子之養志，不可如曾元但養口體。程子曰：子之身所能為者，皆所當為，無過分之事也。故事親若曾子，可謂至矣，而孟子止曰可也，豈以曾子之孝為有餘哉？

○孟子曰：人不足與適也，政不足閒也。惟大人為能格君心之非。君仁莫不仁，君義莫不義，君正莫不正。一正君而國定矣。

適，音謫。閒，去聲。○趙氏曰：適，過也。閒，非也。格，正也。徐氏曰：格者，物之所取正也。書曰：格其非心。愚謂閒字上亦當有與字。言人君用人之非，不足過謫；行政之失，不足非閒。惟有大人之德，則能格其君心之不正以歸於正，而國無不治矣。大人者，大德之人，正己而物正者也。○程子曰：天下之治亂，繫乎人君之仁與不仁耳。心之非，即害於政，不待乎發之於外也。昔者孟子三見齊王而不言事，門人疑之。孟子曰：我先攻其邪心，心既正，而後天下之事可從而理也。夫政事之失，用人之非，知者能更之，直者能諫之。然非心存焉，則事事而更之，後復有其事，將不勝其更矣；人人而去之，後復用其人，將不勝其去矣。是以輔相之職，必在乎格君心之非，然後無所不正；而欲格君心之非者，非有大人之德，則亦莫之能也。

○孟子曰：有不虞之譽，有求全之毀。

虞，度也。呂氏曰：行不足以致譽而偶得譽，是謂不虞之譽。求免於毀而反致毀，是謂求全之毀。言毀譽之言，未

懲音呈　强上聲

必皆實修己者不可以是遽為憂喜觀人者不可以是輕為進退

○孟子曰人之易其言也無責耳矣易去聲○人之所以輕易其言者以其未遭失言之責故耳蓋常人之情無所懲於前則無所警於後非以為君子之學必俟有責而後不敢易其言也然此豈亦有為而言之與

○孟子曰人之患在好為人師好去聲○王勉曰學問有餘人資於己不得已而應之可也若好為人師則自足而不復有進矣此人之大患也

○樂正子從於子敖之齊子敖王驩字樂正子見孟子孟子曰子亦來見我乎曰先生何為出此言也曰子來幾日矣曰昔者曰昔者則我出此言也不亦宜乎曰舍館未定曰子聞之也舍館定然後求見長者乎長上聲○昔者前日也館客舍也王驩孟子所不與言者則其人可知矣樂正子乃從之行其失身之罪大矣又不早見長者則其罪又有甚者焉故孟子姑以此責之曰克有罪陳氏曰樂正子固不能無罪矣然其勇於受責如此非好善而篤信之其能若是乎世有强辯飾非聞諫愈甚者又樂正子之罪人也

○孟子謂樂正子曰子之從於子敖來徒餔啜也我不意子學古之道而以餔啜也餔博孤反啜昌悅反○徒但也餔食也啜飲也言其不擇所從但求食耳此乃正其罪而切責之

○孟子曰不孝有三無後為大趙氏曰於禮有不孝者三事謂阿意曲從陷親不義一也家貧親老不為祿仕二也不娶無子絕先祖祀三也三者之中無後為大舜不告而娶為無後也君子以為猶告也為無之為去聲○舜告焉則不得娶而終於無後矣告者禮也不告者權也猶告言與告同也蓋權而得中則不離於正矣○范氏曰天下之道有正有權正者萬世之常權者一時之用常道人皆可守權非體道者不能用也蓋權出於不得已者也若父非瞽瞍子非大舜而欲不告而娶則天下之罪人也

○孟子曰仁之實事親是也義之實從兄是也仁主於愛而愛莫切於事親義主於敬而敬莫先於從兄故仁義之道其用至廣而其實不越於事親從兄之閒蓋良心之發最為切近而精實者有子以孝弟為為仁之本其意亦猶此也智之實知斯二

從音 叙

底京本之爾反拺洪武正韻止卽二音共音恭為去聲

鎬胡老反

者。弗去是也。禮之實。節文斯二者是也。樂之實。樂斯二者。樂則生矣。生則惡可已也。惡可已。則不知足之蹈之手之舞之。樂斯樂則之樂音洛。惡平聲。○斯二者指事親從兄而言。知而弗去則見之明而守之固矣。節文謂品節文章。樂則生矣謂和順從容。無所勉强。事親從兄之意油然自生。如草木之有生意也。既有生意則其暢茂條達。自有不可遏者。所謂惡可已也。其又盛則至於手舞足蹈而不自知矣。○此章言事親從兄。良心真切。天下之道。皆原於此。然必知之明而守之固。然後節之密而樂之深也。

○孟子曰。天下大悅。而將歸己。視天下悅而歸己。猶草芥也。惟舜為然。不得乎親。不可以為人。不順乎親。不可以為子。言舜視天下之歸己如草芥。而惟欲得其親而順之也。得者曲為承順以得其心之悅而已。順則有以諭之於道。心與之一。而未始有違。尤人所難也。為人蓋泛言之。為子則愈密矣。舜盡事親之道。而瞽瞍厎豫。瞽瞍厎豫。而天下化。瞽瞍厎豫。而天下之為父子者定。此之謂大孝。瞽瞍。舜父名。厎。致也。豫。悅樂也。瞽瞍至頑。嘗欲殺舜。至是而厎豫焉。書所謂不格姦亦允若是也。蓋舜於此而有以順乎親矣。是以天下之為子者。知天下無不可事之親。顧吾所以事之者未若舜耳。於是莫不勉而為孝。至於其親亦厎豫焉。則天下之為父者。亦莫不慈。所謂化也。子孝父慈。各止其所。而無不安其位之意。所謂定也。為法於天下。可傳於後世。非止一身一家之孝而已。此所以為大孝也。○李氏曰。舜之所以能使瞽瞍厎豫者。盡事親之道。共為子職。不見父母之非而已。昔羅仲素語此云。只為天下無不是底父母。了翁聞而善之曰。唯如此。而後天下之為父子者定。彼臣弒其君。子弒其父者。常始於見其有不是處耳。

離婁章句下 凡三十三章

孟子曰。舜生於諸馮。遷於負夏。卒於鳴條。東夷之人也。諸馮、負夏、鳴條。皆地名。在東方夷服之地。

文王生於岐周。卒於畢郢。西夷之人也。岐周。岐山下周舊邑。近畎夷。畢郢。近豐鎬。今有文王墓。地之相去

乘如字　沍音互

也。千有餘里。世之相後也。千有餘歲。得志行乎中國。若合符節。得志行乎中國，謂舜為天子，文王為方伯，得行其道於天下也。符節，以玉為之，篆刻文字而中分之，彼此各藏其半，有故則左右相合，以為信也。若合符節，言其同也。先聖後聖，其揆一也。揆，度也。其揆一者，言度之而其道無不同也。○范氏曰：言聖人之生，雖有先後遠近之不同，然其道則一也。

○子產聽鄭國之政，以其乘輿濟人於溱洧。乘，去聲。溱音臻。洧，榮美反。○子產，鄭大夫公孫僑也。溱洧，二水名也。子產見人有徒涉此水者，以其所乘之車載而渡之。孟子曰：惠而不知為政。惠謂私恩小利。政則有公平正大之體，綱紀法度之施焉。歲十一月徒杠成，十二月輿梁成，民未病涉也。杠音江。○杠，方橋也。徒杠，可通徒行者。梁，亦橋也。輿梁，可通車輿者。周十一月，夏九月也。周十二月，夏十月也。夏令曰：十月成梁。蓋農功已畢，可用民力，又時將寒沍，水有橋梁，則民不患於徒涉，亦王政之一事也。君子平其政，行辟人可也。焉得人人而濟之？辟與闢同。焉，於虔反。○辟，辟除也，如周禮闔人為之辟之辟。言能平其政，則出行之際，辟除行人，使之避己，亦不為過。況國中之水，當涉者衆，豈能悉以乘輿濟之哉。故為政者，每人而悅之，日亦不足矣。言每人皆欲致私恩以悅其意，則人多日少，亦不足於用矣。諸葛武侯嘗言：治國以大德，不以小惠。得孟子之意矣。

○孟子告齊宣王曰：君之視臣如手足，則臣視君如腹心；君之視臣如犬馬，則臣視君如國人；君之視臣如土芥，則臣視君如寇讎。孔氏曰：宣王之遇臣下，恩禮衰薄，至於昔者所進，今日不知其亡，則其於群臣，可謂邈然無敬矣。故孟子告之以此。手足腹心，相待一體，恩義之至也。如犬馬則輕賤之，然猶有豢養之恩焉。國人，猶言路人，言無怨無德也。土芥則踐踏之而已矣，斬艾之而已矣，其賤惡之又甚矣。寇讎之報，不亦宜乎。王曰：禮為舊君有服，何如斯可為服矣？為，去聲，下為之同。○儀禮曰：以道去君而未絕者，服齊衰三月。王疑孟子之言太甚，故以此禮為問。曰：諫行言聽，膏澤下於民；有故而去，則君使人導之出疆，又

離婁

重平聲

先於其所往。去三年不反。然後收其田里。此之謂三有禮焉。如此則為之服矣。導之出疆。防剽掠也。先於其所往。稱道其賢。欲其收用之也。三年而後收其田祿里居。前此猶望其歸也。今也為臣。諫則不行。言則不聽。膏澤不下於民。有故而去。則君搏執之。又極之於其所往。去之日。遂收其田里。此之謂寇讎。寇讎何服之有。極。窮也。窮之於其所往之國。如晉錮欒盈也。○潘興嗣曰。孟子告齊王之言。猶孔子對定公之意也。而其言有迹。不若孔子之渾然也。蓋聖賢之別如此。楊氏曰。君臣以義合者也。故孟子為齊王深言報施之道。使知為君者。不可不以禮遇其臣耳。若君子之自處。則豈處其薄乎。孟子曰。王庶幾改之。予日望之。君子之言蓋如此。

○孟子曰。無罪而殺士。則大夫可以去。無罪而戮民。則士可以徙。言君子當見幾而作。禍已迫。則不能去矣。

○孟子曰。君仁莫不仁。君義莫不義。張氏曰。此章重出。然上篇主言人臣當以正君為急。此章直戒人君。義亦小異耳。

○孟子曰。非禮之禮。非義之義。大人弗為。察理不精。故有二者之蔽。大人則隨事而順理。因時而處宜。豈為是哉。

○孟子曰。中也養不中。才也養不才。故人樂有賢父兄也。如中也棄不中。才也棄不才。則賢不肖之相去。其閒不能以寸。樂。音洛。○無過不及之謂中。足以有為之謂才。養。謂涵育熏陶。俟其自化也。賢。謂中而才者也。樂有賢父兄者。樂其終能成己也。為父兄者。若以子弟之不賢。遂遽絕之而不能教。則吾亦過中而不才矣。其相去之閒。能幾何哉。

○孟子曰。人有不為也。而後可以有為。程子曰。有不為。知所擇也。惟能有不為。是以可以有為。無所不為者。安能有所為耶。

○孟子曰。言人之不善。當如後患何。此亦有為而言。

○孟子曰。仲尼不為已甚者。已。猶太也。楊氏曰。言聖人所為。本分之外。不加毫末。非孟子真知孔子。不能以是稱之。

誘音又　處音杵　背音佩

○孟子曰。大人者。言不必信。行不必果。惟義所在。行去聲○必猶期也大人言行不先期於信果但義之所在則必從之卒亦未嘗不信果也○尹氏曰主於義則信果在其中矣主於信果則未必合義王勉曰若不合於義而不信不果則妄人爾

○孟子曰。大人者。不失其赤子之心者也。大人之心通達萬變赤子之心則純一無偽而已然大人之所以為大人正以其不為物誘而有以全其純一無偽之本然是以擴而充之則無所不知無所不能而極其大也

○孟子曰。養生者。不足以當大事。惟送死可以當大事。養去聲○事生固當愛敬然亦人道之常耳至於送死則人道之大變孝子之事親舍是無以用其力矣故尤以為大事而必誠必信不使少有後日之悔也

○孟子曰。君子深造之以道。欲其自得之也。自得之。則居之安。居之安。則資之深。資之深。則取之左右逢其原。故君子欲其自得之也。造七到反○造詣也深造之者進而不已之意道則其進為之方也資猶藉也左右身之兩旁言至近而非一處也逢猶值也原本也水之來處也言君子務於深造而必以其道者欲其有所持循以俟夫默識心通自然而得之於己也自得於己則所以處之者安固而不搖處之安固則所藉者深遠而無盡所藉者深則日用之間取之至近無所往而不值其所資之本也○程子曰學不言而自得者乃自得也有安排布置者皆非自得也然必潛心積慮優游厭飫於其間然後可以有得若急迫求之則是私己而已終不足以得之也

○孟子曰。博學而詳說之。將以反說約也。言所以博學於文而詳說其理者非欲以誇多而鬬靡也欲其融會貫通有以反而說到至約之地耳蓋承上章之意而言學非欲其徒博而亦不可以徑約也

○孟子曰。以善服人者。未有能服人者也。以善養人。然後能服天下。天下不心服而王者。未之有也。王去聲○服人者欲以取勝於人養人者欲其同歸於善蓋心之公私小異而人之嚮背頓殊學者於此不可以不審也

○孟子曰。言無實不祥。不祥之實。蔽賢者當之。或曰天下之言無有實不祥者惟蔽賢為不祥之實或曰言而無實者不祥故蔽賢為不祥之實二說不同未知孰是疑或有闕文焉

○徐

數音朔

强上聲

子曰。仲尼亟稱於水曰。水哉水哉。何取於水也。亟去吏反。○亟數也。水哉水哉數美之辭。孟子曰。原泉混混。不舍晝夜。盈科而後進。放乎四海。有本者如是。是之取爾。舍放皆上聲。○原泉有源之水也。混混湧出之貌。不舍晝夜言常出不竭也。盈滿也。科坎也。言其進以漸也。放至也。言水有原本不已而漸進以至于海。如人有實行則亦不已而漸進以至于極也。苟爲無本。七八月之閒雨集。溝澮皆盈。其涸也可立而待也。故聲聞過情。君子恥之。澮古外反。涸下各反。聞去聲。○集聚也。澮田間水道也。涸乾也。如人無實行而暴得虛譽不能長久也。聲聞名譽也。情實也。恥者恥其無實而將不繼也。林氏曰。徐子之爲人必有躐等干譽之病。故孟子以是答之。○鄒氏曰。孔子之稱水。其旨微矣。孟子獨取此者。自徐子之所急者言之也。孔子嘗以聞達告子張矣。達者有本之謂也。聞則無本之謂也。然則學者其可以不務本乎。

○孟子曰。人之所以異於禽獸者幾希。庶民去之。君子存之。幾希少也。庶衆也。人物之生。同得天地之理以爲性。同得天地之氣以爲形。其不同者。獨人於其閒得形氣之正。而能有以全其性。爲少異耳。雖曰少異。然人物之所以分。實在於此。衆人不知此而去之。則名雖爲人。而實無以異於禽獸。君子知此而存之。是以戰兢惕厲。而卒能有以全其所受之正也。舜明於庶物。察於人倫。由仁義行。非行仁義也。物事物也。明則有以識其理也。人倫說見前篇。察則有以盡其理之詳也。物理固非度外。而人倫尤切於身。故其知之有詳畧之異。在舜則皆生而知之也。由仁義行。非行仁義。則仁義已根於心。而所行皆從此出。非以仁義爲美。而後勉强行之。所謂安而行之也。此則聖人之事。不待存之。而無不存矣。○尹氏曰。存之者。君子也。存者。聖人也。君子所存。存天理也。由仁義行。存者能之。

○孟子曰。禹惡旨酒。而好善言。惡好皆去聲。○戰國策曰。儀狄作酒。禹飲而甘之。曰。後世必有以酒亡其國者。遂疏儀狄而絕旨酒。書曰。禹拜昌言。湯執中。立賢無方。執謂守而不失。中者無過不及之名。方猶類也。立賢無方。惟賢則立之於位。不問其類也。文王視民如傷。望道而未之見。而讀爲如。古字通用。○民已安矣。而視之猶若有傷。道已至矣。而望之猶若未見。聖人之愛民深。而求道切如此。不自滿足。終日乾乾之心也。武王不泄

見音現　傳去聲　免音問　殺音曬

邇，不忘遠。泄，狎也。邇者人所易狎而不泄，遠者人所易忘而不忘，德之盛，仁之至也。周公思兼三王，以施四事；其有不合者，仰而思之，夜以繼日；幸而得之，坐以待旦。」三王：禹也，湯也，文、武也。四事，上四條之事也。時異勢殊，故其事或有所不合。思而得之，則其理初不異矣。坐以待旦，急於行也。○此承上章言舜，因歷敘羣聖以繼之，而各舉其一事，以見其憂勤惕厲之意。蓋天理之所以常存，而人心之所以不死也。○程子曰：「孟子所稱，各因其一事而言，非謂武王不能執中立賢，湯却泄邇忘遠也。人謂各舉其盛，亦非也，聖人亦無不盛。」

○孟子曰：「王者之迹熄而詩亡，詩亡然後春秋作。王者之迹熄，謂平王東遷，而政教號令不及於天下也。詩亡，謂黍離降為國風而雅亡也。春秋，魯史記之名。孔子因而筆削之，始於魯隱公之元年，實平王之四十九年也。晉之乘，楚之檮杌，魯之春秋，一也。乘，去聲。檮，音逃。杌，音兀。○乘義未詳。趙氏以為興於田賦乘馬之事。或曰：「取記載當時行事而名之也。」檮杌，惡獸名，古者因以為凶人之號，取記惡垂戒之義也。春秋者，記事者必表年以首事，年有四時，故錯舉以為所記之名也。古者列國皆有史官，掌記時事。此三者皆其所記冊書之名也。其事則齊桓、晉文，其文則史。孔子曰：『其義則丘竊取之矣。』」春秋之時，五霸迭興，而桓、文為盛。史，史官也。竊取者，謙辭也。公羊傳作「其辭則丘有罪焉爾」，意亦如此。蓋言斷之在己，所謂筆則筆，削則削，游、夏不能贊一辭者也。尹氏曰：「言孔子作春秋，亦以史之文載當時之事也，而其義則定天下之邪正，為百王之大法。」○此又承上章歷敘羣聖，因以孔子之事繼之，而孔子之事莫大於春秋，故特言之。

○孟子曰：「君子之澤五世而斬，小人之澤五世而斬。澤，猶言流風餘韻也。父子相繼為一世，三十年亦為一世。斬，絕也。大約君子小人之澤，五世而絕也。楊氏曰：「四世而緦，服之窮也；五世袒免，殺同姓也；六世親屬竭矣。服窮則遺澤寖微，故五世而斬。」予未得為孔子徒也，予私淑諸人也。」私，猶竊也。淑，善也。李氏以為方言是也。人，謂子思之徒也。自孔子卒至孟子游梁時，方百四十餘年，而孟子已老。然則孟子之生，去孔子未百年也。故孟子言予雖未得親受業於孔子之門，然聖人之澤尚存，猶有能傳其學者。故我得聞孔子之道於人，而私竊以善其身，蓋推尊孔子而自謙之辭也。○此又承上三章，歷敘舜禹，至於周孔，而以是終之。其詞雖謙，然其所以自任之重，亦有不得而辭者矣。

○孟子曰：「可以取，可以無取，取傷廉；可以與，可以無與，與傷惠；

度音奪

可以死可以無死死傷勇。先言可以者畧見而自許之辭也後言可以無者深察而自疑之辭也過取固害於廉然過與亦反害其惠過死亦反害其勇蓋過猶不及之意也林氏曰公西華受五秉之粟是傷廉也冉子與之是傷惠也子路之死於衛是傷勇也

○逢蒙學射於羿盡羿之道思天下惟羿為愈己於是殺羿孟子曰是亦羿有罪焉公明儀曰宜若無罪焉曰薄乎云爾惡得無罪逄薄江反惡平聲○羿有窮后羿也逄蒙羿之家衆也羿善射篡夏自立後為家衆所殺愈猶勝也薄言其罪差薄耳

鄭人使子濯孺子侵衛衛使庾公之斯追之子濯孺子曰今日我疾作不可以執弓吾死矣夫問其僕曰追我者誰也其僕曰庾公之斯也曰吾生矣其僕曰庾公之斯衛之善射者也夫子曰吾生何謂也曰庾公之斯學射於尹公之他尹公之他學射於我夫尹公之他端人也其取友必端矣庾公之斯至曰夫子何為不執弓曰今日我疾作不可以執弓曰小人學射於尹公之他尹公之他學射於夫子我不忍以夫子之道反害夫子雖然今日之事君事也我不敢廢抽矢扣輪去其金發乘矢而後反他徒河反矣夫夫尹之夫並音扶去上聲乘去聲○之語助也僕御也尹公他亦衛人也端正也孺子以尹公正人知其取友必正故度庾公必不害己小人庾公自稱也金鏃也扣輪出鏃令不害人乃以射也乘矢四矢也孟子言使羿如子濯孺子得尹公他而教之則必無逄蒙之禍然夷羿篡弑之賊蒙乃逆儔庾斯雖全私恩亦廢公義其事皆無足論者孟子蓋特以取友而言耳

揉，柔上聲。

歷，坊本作曆，按正韻歷曆通用。行，杭音。

○孟子曰：西子蒙不潔，則人皆掩鼻而過之。西子，美婦人。蒙，猶冒也。不潔，污穢之物也。掩鼻，惡其臭也。雖有惡人，齊戒沐浴，則可以祀上帝。齊側皆反。○惡人，醜貌者也。○尹氏曰：此章戒人之喪善，而勉人以自新也。

○孟子曰：天下之言性也，則故而已矣。故者以利為本。性者，人物所得以生之理也。故者，其已然之跡，若所謂天下之故者也。利，猶順也，語其自然之勢也。言事物之理，雖若無形而難知，然其發見之已然，則必有跡而易見。故天下之言性者，但言其故而理自明，猶所謂善言天者必有驗於人也。然其所謂故者，又必本其自然之勢，如人之善、水之下，非有所矯揉造作而然者也。若人之為惡、水之在山，則非自然之故矣。所惡於智者，為其鑿也。如智者若禹之行水也，則無惡於智矣。禹之行水也，行其所無事也。如智者亦行其所無事，則智亦大矣。惡為並去聲。○天下之理，皆本利順，小智之人，務為穿鑿，所以失之。禹之行水，則因其自然之勢而導之，未嘗以私智穿鑿而有所事，是以水得其潤下之性，而不為害也。天之高也，星辰之遠也，苟求其故，千歲之日至，可坐而致也。天雖高，星辰雖遠，然求其已然之跡，則其運有常。雖千歲之久，其日至之度，可坐而得。況於事物之近，若因其故而求之，豈有不得其理者，而何以穿鑿為哉？必言日至者，造曆者以上古十一月甲子朔夜半冬至為曆元也。○程子曰：此章專為智而發。愚謂事物之理，莫非自然。順而循之，則為大智。若用小智而鑿以自私，則害於性而反為不智。程子之言，可謂深得此章之旨矣。

○公行子有子之喪，右師往弔。入門，有進而與右師言者，有就右師之位而與右師言者。公行子，齊大夫。右師，王驩也。孟子不與右師言，右師不悅曰：諸君子皆與驩言，孟子獨不與驩言，是簡驩也。簡，略也。孟子聞之曰：禮，朝廷不歷位而相與言，不踰階而相揖也。我欲行禮，子敖以我為簡。不亦異乎。朝音潮。○是時齊卿大夫以君命弔，各有位次。若周禮，凡有爵者之喪禮，則職喪涖其禁令，序其事，故云朝廷也。歷，更涉也。位，他人之位也。右師未就位，而進與之言，則右師歷己之位矣。右師已就位，而就與之言，則己歷右師之位矣。孟子右師之位又不同階，孟子不敢失此禮，故不與右師言也。

○孟子曰。君子所以異於人者。以其存心也。君子以仁存心。以禮存心。以仁禮存心，言以是存於心而不忘也。仁者愛人。有禮者敬人。此仁禮之施。愛人者。人恒愛之。敬人者。人恒敬之。恒胡登反。○此仁禮之驗。有人於此。其待我以橫逆。則君子必自反也。我必不仁也。必無禮也。此物奚宜至哉。橫去聲，下同。○橫逆，謂強暴不順理也。物，事也。其自反而仁矣。自反而有禮矣。其橫逆由是也。君子必自反也。我必不忠。由與猶同，下放此。○忠者，盡己之謂。我必不忠，恐所以愛敬人者有所不盡其心也。自反而忠矣。其橫逆由是也。君子曰。此亦妄人也已矣。如此則與禽獸奚擇哉。於禽獸又何難焉。難去聲。○奚擇，何異也。又何難焉，言不足與之校也。是故君子有終身之憂。無一朝之患也。乃若所憂則有之。舜人也。我亦人也。舜為法於天下。可傳於後世。我由未免為鄉人也。是則可憂也。憂之如何。如舜而已矣。若夫君子所患則亡矣。非仁無為也。非禮無行也。如有一朝之患。則君子不患矣。夫音扶。○鄉人，鄉里之常人也。君子存心不苟，故無後憂。

○禹稷當平世。三過其門而不入。孔子賢之。事見前篇。

溺音逆　處音杵

顏子當亂世，居於陋巷，一簞食，一瓢飲，人不堪其憂，顏子不改其樂，孔子賢之。（食音嗣。樂音洛。）孟子曰：「禹、稷、顏回同道。（聖賢之道，進則救民，退則修己，其心一而已矣。）禹思天下有溺者，由己溺之也；稷思天下有飢者，由己飢之也，是以如是其急也。（由與猶同。○禹稷身任其職，故以為己責而救之急也。）禹、稷、顏子易地則皆然。（聖賢之心無所偏倚，隨感而應，各盡其道。故使禹稷居顏子之地，則亦能樂顏子之樂；使顏子居禹稷之任，亦能憂禹稷之憂也。）今有同室之人鬭者，救之，雖被髮纓冠而救之，可也。（不暇束髮，而結纓往救，言急也。以喻禹稷。）鄉鄰有鬭者，被髮纓冠而往救之，則惑也，雖閉戶可也。」（喻顏子也。○此章言聖賢心無不同，事則所遭或異；然處之各當其理，是乃所以為同也。尹氏曰：「當其可之謂時，前聖後聖，其心一也，故所遇皆盡善。」）

○公都子曰：「匡章，通國皆稱不孝焉。夫子與之遊，又從而禮貌之，敢問何也？」（匡章，齊人。通國，盡一國之人也。禮貌，敬之也。）孟子曰：「世俗所謂不孝者五：惰其四肢，不顧父母之養，一不孝也；博奕好飲酒，不顧父母之養，二不孝也；好貨財，私妻子，不顧父母之養，三不孝也；從耳目之欲，以為父母戮，四不孝也；好勇鬭很，以危父母，五不孝也。章子有一於是乎？（好、養、從，皆去聲。很，胡懇反。○戮，羞辱也。很，忿戾也。）夫章子，子父責善而不相遇也。（夫音扶。○遇，合也。相責以善而不相合，故為父所逐也。）責善，朋友之道也；父子責善，賊恩之大者。（賊，害

行去聲

遠去聲　處上聲　行去聲

也。朋友當相責以善。父子行之，則害天性之恩也。

夫章子。豈不欲有夫妻子母之屬哉。為得罪於父。不得近。出妻屛子。終身不養焉。其設心以為不若是。是則罪之大者。是則章子已矣。

夫章之夫，音扶。為，去聲。屛，必井反。養，去聲。○言章子非不欲身有夫妻之配，子有子母之屬，但為身不得近於父，故不敢受妻子之養，以自責罰其心，以為不如此，則其罪益大也。○此章之旨，於眾所惡而必察焉，可以見聖賢至公至仁之心矣。楊氏曰：章子之行，孟子非取之也，特哀其志而不與之絕耳。

○曾子居武城。有越寇。或曰。寇至。盍去諸。曰。無寓人於我室。毀傷其薪木。寇退。則曰。修我牆屋。我將反。寇退。曾子反。左右曰。待先生如此其忠且敬也。寇至則先去以為民望。寇退則反。殆於不可。沈猶行曰。是非汝所知也。昔沈猶有負芻之禍。從先生者七十人。未有與焉。

與，去聲。○武城，魯邑名。盍，何不也。左右，曾子之門人也。忠敬，言武城之大夫事曾子，忠誠恭敬也。為民望，言使民望而效之。沈猶行，弟子姓名也。言曾子嘗舍於沈猶氏，時有負芻者作亂，來攻沈猶氏，曾子率其弟子去之，不與其難。言師賓不與臣同。

子思居於衛。有齊寇。或曰。寇至。盍去諸。子思曰。如伋去。君誰與守。

言所以不去之意如此。

孟子曰。曾子子思同道。曾子師也。父兄也。子思臣也。微也。曾子子思易地則皆然。

微，猶賤也。尹氏曰：或遠害，或死難，其事不同者，所處之地不同也。君子之心，不繫於利害，惟其是而已，故易地則皆能為之。○孔氏曰：古之聖賢，言行不同，事業亦異，而其道未始不同也。學者知此，則因所遇而應之，若權衡之稱物，低昂屢變，而不害其為道也。

○儲子曰。王使人瞯夫子。果有以異於人乎。孟子曰。何以異於人哉。堯舜與

處音杵　訕山去聲

人同耳。瞷古莧反。○儲子齊人也。瞷竊視也。聖人亦人耳。豈有異於人哉。○齊人有一妻一妾而處室者。其良人出。則必饜酒肉而後反。其妻問所與飲食者。則盡富貴也。其妻告其妾曰。良人出。則必饜酒肉而後反。問其與飲食者。盡富貴也。而未嘗有顯者來。吾將瞷良人之所之也。蚤起。施從良人之所之。徧國中無與立談者。卒之東郭墦閒之祭者。乞其餘。不足。又顧而之他。此其為饜足之道也。其妻歸。告其妾曰。良人者。所仰望而終身也。今若此。與其妾訕其良人。而相泣於中庭。而良人未之知也。施施從外來。驕其妻妾。施音迤。又音異。墦音燔。施施如字。○章首當有孟子曰字。闕文也。良人。夫也。饜。飽也。顯者。富貴人也。施。邪施而行。不使良人知也。墦。冢也。顧。望也。訕。怨詈也。施施。喜悅自得之貌。

由君子觀之。則人之所以求富貴利達者。其妻妾不羞也而不相泣者。幾希矣。孟子言自君子而觀。今之求富貴者。皆若此人耳。使其妻妾見之。不羞而泣者少矣。言可羞之甚也。○趙氏曰。言今之求富貴者。皆以枉曲之道。昏夜乞哀以求之。而以驕人於白日。與斯人何以異哉。

孟子卷之五

萬章章句上 凡九章

萬章問曰。舜往于田。號泣于旻天。何為其號泣也。孟子曰。怨慕也。

號平聲。○舜往于田，耕歷山時也。仁覆閔下，謂之旻天。號泣于旻天，呼天而泣也。事見虞書大禹謨篇。怨慕，怨己之不得其親而思慕也。

萬章曰：「父母愛之，喜而不忘；父母惡之，勞而不怨。然則舜怨乎？」曰：「長息問於公明高曰：『舜往于田，則吾既得聞命矣；號泣于旻天，于父母，則吾不知也。』公明高曰：『是非爾所知也。』夫公明高以孝子之心，為不若是恝，我竭力耕田，共為子職而已矣，父母之不我愛，於我何哉？

惡去聲。夫音扶。恝苦八反。共平聲。○長息，公明高弟子。公明高，曾子弟子。于父母，亦書辭，言呼父母而泣也。恝，無愁之貌。於我何哉，自責不知己有何罪耳，非怨父母也。楊氏曰：「非孟子深知舜之心，不能為此言。」蓋舜惟恐不順於父母，未嘗自以為孝也；若自以為孝，則非孝矣。

呼去聲

帝使其子九男二女，百官牛羊倉廩備，以事舜於畎畝之中。天下之士多就之者，帝將胥天下而遷之焉。為不順於父母，如窮人無所歸。

為去聲。○帝，堯也。史記云：「二女妻之，以觀其內；九男事之，以觀其外。」又言：「一年所居成聚，二年成邑，三年成都。」是天下之士就之也。胥，相視也。遷之，移以與之也。如窮人之無所歸，言其怨慕迫切之甚也。

妻去聲

天下之士悅之，人之所欲也，而不足以解憂；好色，人之所欲，妻帝之二女，而不足以解憂；富，人之所欲，富有天下，而不足以解憂；貴，人之所欲，貴為天子，而不足以解憂。人悅之、好色、富貴，無足以解憂者，惟順於父母可以解憂。

孟子推舜之心如此，以解上文之意。極天下之欲，不足以解憂，而惟順於父母，可以解憂。孟子真知舜之心哉！

人少，則慕父母；知好色，則慕少艾；

囂音銀

人妻之妻如字

去上並上聲

有妻子。則慕妻子。仕則慕君。不得於君。則熱中。大孝終身慕父母。五十而慕者。予於大舜見之矣。少好皆去聲。○言常人之情因物有遷惟聖人為能不失其本心也艾美好也楚辭戰國策所謂幼艾義與此同不得失意也熱中躁急心熱也言五十者舜攝政時年五十也五十而慕則其終身慕可知矣○此章言舜不以得衆人之所欲為已樂而以不順乎親之心為已憂非聖人之盡性其孰能之

○萬章問曰。詩云。娶妻如之何。必告父母。信斯言也。宜莫如舜。舜之不告而娶何也。孟子曰。告則不得娶。男女居室。人之大倫也。如告則廢人之大倫。以懟父母。是以不告也。懟直類反。○詩齊國風南山之篇也信誠也誠如此詩之言也懟讎怨也舜父頑母嚚常欲害舜告則不聽其娶是廢人之大倫以讎怨於父母也

萬章曰。舜之不告而娶。則吾既得聞命矣。帝之妻舜而不告。何也。曰。帝亦知告焉。則不得妻也。妻去聲。○以女為人妻曰妻程子曰堯妻舜而不告者以君治之而已如今之官府治民之私者亦多

萬章曰。父母使舜完廩。捐階。瞽瞍焚廩。使浚井。出。從而揜之。象曰。謨蓋都君。咸我績。牛羊父母。倉廩父母。干戈朕。琴朕。弤朕。二嫂使治朕棲。象往入舜宮。舜在牀琴。象曰。鬱陶思君爾。忸怩。舜曰。惟茲臣庶。汝其于予治。不識舜不知象之將殺己與。曰。奚而不知也。象憂亦憂。象喜亦喜。弤都禮反忸女六反怩音尼與平聲○完治也捐去也階梯也揜蓋也按史記曰使舜上塗廩瞽瞍從下縱火焚廩舜乃以兩笠自捍而下去得不死後又使舜穿井舜穿井為匿空旁出舜既入深瞽瞍與象共下土實井舜從匿空中出去即其事也象舜異母弟也謨謀也

空音孔 盾淳上聲 琱音彫

葢蓋井也舜所居三年成都故謂之都君咸皆也績功也舜既入井象不知舜已出欲以殺舜為己功也干盾也戈戟也琴舜所彈五絃琴也弤琱弓也象欲以舜之牛羊倉廩與父母而自取此物也二嫂堯二女也棲牀也象欲使為己妻也象往舜宮欲分取所有見舜坐在牀彈琴蓋既出即潛歸其宮也鬱陶思之甚而氣不得伸也象言已思君之甚故來見爾忸怩慙色也臣庶謂其百官也象素憎舜不至其宮故舜見其來而喜使之治其臣庶也孟子言舜非不知其將殺已但見其憂則憂見其喜則喜兄弟之情自有所不能已耳此章所言其有無不可知然舜之心則孟子有以知之矣他亦不足辯也程子曰象憂亦憂象喜亦喜人情天理於是為至

曰然則舜偽喜者與曰否昔者有饋生魚於鄭子產子產使校人畜之池校人烹之反命曰始舍之圉圉焉少則洋洋焉攸然而逝子產曰得其所哉得其所哉校人出曰孰謂子產智予既烹而食之曰得其所哉得其所哉故君子可欺以其方難罔以非其道彼以愛兄之道來故誠信而喜之奚偽焉

圉音語 舒京本紓

與平聲校音效又音教畜許六反○校人主池沼小吏也圉圉困而未舒之貌洋洋則稍縱矣攸然而逝者自得而逝去也方亦道也罔蒙蔽也欺以其方謂誑之以理之所有罔以非其道謂昧之以理之所無象以愛兄之道來所謂欺之以其方也舜本不知其偽故實喜之何偽之有○此章又言舜遭人倫之變而不失天理之常也

○萬章問曰象日以殺舜為事立為天子則放之何也孟子曰封之也或曰放焉

放猶置也置之於此使不得去也萬章疑舜何不誅之孟子言舜實封之而或者誤以為放也

萬章曰舜流共工于幽州放驩兜于崇山殺三苗于三危殛鯀于羽山四罪而天下咸服誅不仁也象至不仁封之有庳有庳之人奚罪焉仁人固如是乎在他人則誅之在弟則封之曰仁人之

把，部鄙反　見，音現

於弟也。不藏怒焉、不宿怨焉、親愛之而已矣。親之欲其貴也、愛之
欲其富也。封之有庳、富貴之也。身為天子、弟為匹夫、可謂親愛之
乎。庳、音鼻。○流、徙也。共工、官名。驩兜、人名。二人比周、相與為黨。三苗、國名。負固不服。殺、殺其君也。殛、誅也。鯀、禹父名。方命圮族、治水無功、皆不仁之人也。幽州、崇山、三危、羽山、有庳、皆地名也。或曰、今道州鼻亭、即有庳之地也。未知是否。萬章疑舜不當封象、使彼有庳之民無罪而遭象之虐、非仁人之心也。藏怒、謂藏匿其怒。宿怨、謂留蓄其怨。
敢問或曰放者。何謂也。曰。象不得有為於其國。天子使吏治其國。而納其貢稅焉。故謂之放。豈得暴彼民哉。雖然。欲常常而見之。故源源而來。不及貢。以政接于有庳。此之謂也。
孟子言象雖封為有庳之君、然不得治其國、天子使吏代之治、而納其所收之貢稅於象、有似於放、故或者以為放也。蓋象至不仁、處之如此、則既不失吾親愛之心、而彼亦不得虐有庳之民也。源源、若水之相繼也。來、謂來朝覲也。不及貢以政接於有庳、謂不待及諸侯朝貢之期、而以政事接見有庳之君。蓋古書之辭、而孟子引以證源源而來之意、見其親愛之無已如此也。○吳氏曰、言聖人不以公義廢私恩、亦不以私恩害公義、舜之於象、仁之至、義之盡也。
○咸丘蒙問曰。語云。盛德之士。君不得而臣。父不得而子。舜南面而立。堯帥諸侯北面而朝之。瞽瞍亦北面而朝之。舜見瞽瞍。其容有蹙。孔子曰。於斯時也。天下殆哉。岌岌乎。不識此語誠然乎哉。孟子曰。否。此非君子之言。齊東野人之語也。堯老而舜攝也。堯典曰。二十有八載。放勳乃徂落。百姓如喪考妣。三年。四海遏密八音。孔子曰。天無

京本弟子下有也字不安下有之字

二日。民無二王。舜既為天子矣。又帥天下諸侯以為堯三年喪。是二天子矣。

朝、音潮。岌、魚及反。○咸丘蒙、孟子弟子。語者、古語也。蹙、顰蹙、不自安也。岌岌、不安貌也。言人倫乖亂、天下將危也。齊東、齊國之東鄙也。孟子言堯但老不治事、而舜攝天子之事耳。堯在時、舜未嘗即天子位、堯何由北面而朝乎。又引書及孔子之言以明之。堯典、虞書篇名。今此文乃見於舜典、蓋古書二篇或合為一耳。言舜攝位二十八年而堯死也。徂、升也。落、降也。人死則魂升而魄降、故古者謂死為徂落。遏、止也。密、靜也。八音、金、石、絲、竹、匏、土、革、木、樂器之音也。

咸丘蒙曰。舜之不臣堯。則吾既得聞命矣。詩云。普天之下。莫非王土。率土之濱。莫非王臣。而舜既為天子矣。敢問瞽瞍之非臣如何。曰。是詩也。非是之謂也。勞於王事。而不得養父母也。曰。此莫非王事。我獨賢勞也。故說詩者。不以文害辭。不以辭害志。以意逆志。是為得之。如以辭而已矣。雲漢之詩曰。周餘黎民。靡有孑遺。信斯言也。是周無遺民也。

不臣堯、不以堯為臣、使北面而朝也。詩小雅北山之篇也。普、徧也。率、循也。此詩今毛氏序云、役使不均、己勞於王事、而不得養其父母焉。其詩下文亦云、大夫不均、我從事獨賢。乃作詩者自言天下皆王臣、何為獨使我以賢才而勞苦乎。非謂天子可臣其父也。文、字也。辭、語也。逆、迎也。雲漢、大雅篇名也。孑、獨立之貌。遺、脫也。言說詩之法、不可以一字而害一句之義、不可以一句而害設辭之志、當以己意迎取作者之志、乃可得之。若但以其辭而已、則如雲漢所言、是周之民真無遺種矣。惟以意逆之、則知作詩者之志在於憂旱、而非真無遺民也。

孝子之至。莫大乎尊親。尊親之至。莫大乎以天下養。為天子父。尊之至也。以天下養。養之至也。詩曰。永言孝思。孝思維則。此之謂也。

養、去聲。○言瞽瞍既為天子之父、則當享天下之養、此舜之所以為尊親養親之至也。豈有使之北面而朝之理乎。詩大雅下武之篇。言人能長言孝思而不忘、則可以為天下法則也。書曰：「祗載見瞽瞍，夔夔齊栗，瞽瞍亦允若。」是為父不得而子也。【見音現。齊側皆反。○書大禹謨篇也。祗，敬也。載，事也。夔夔齊栗，敬謹恐懼之貌。允，信也。若，順也。言舜敬事瞽瞍，往而見之，敬謹如此，瞽瞍亦信而順之也。孟子引此，而言瞽瞍不能以不善及其子，而反見化於其子，則是所謂父不得而子者，而非如咸丘蒙之說也。】

○萬章曰：「堯以天下與舜，有諸？」孟子曰：「否。天子不能以天下與人。」【天下者，天下之天下，非一人之私有故也。】「然則舜有天下也，孰與之？」曰：「天與之。」【萬章問而孟子答也。】「天與之者，諄諄然命之乎？」【諄，之淳反。○萬章問也。諄諄，詳語之貌。】曰：「否。天不言，以行與事示之而已矣。」【行去聲，下同。○行之於身謂之行，措諸天下謂之事。言但因舜之行事，而示以與之之意耳。】

謂之行舜之行，如字

曰：「以行與事示之者，如之何？」曰：「天子能薦人於天，不能使天與之天下；諸侯能薦人於天子，不能使天子與之諸侯；大夫能薦人於諸侯，不能使諸侯與之大夫。昔者堯薦舜於天，而天受之；暴之於民，而民受之。故曰：天不言，以行與事示之而已矣。」【暴，步卜反，下同。○暴，顯也。言下能薦人於上，不能令上必用之。舜為天人所受，是因舜之行與事，而示之以與之之意也。】

曰：「敢問薦之於天，而天受之；暴之於民，而民受之，如何？」曰：「使之主祭，而百神享之，是天受之；使之主事，而事治，百姓安之，是民受之也。天與之，人與之，故曰：天子不能以天下與人。【治，去聲。】舜相堯二十有八載，非人之所能為也，天也。堯崩，三年之喪畢。舜避堯之子於南河之南。天下諸侯朝覲者。不之堯之子而之舜。訟獄者。不之堯之子而之舜。謳歌者。不謳歌堯之子而謳歌舜。故曰天也。夫然後之中國。踐天子位焉。而居堯之宮。逼堯之子。是篡也。非天與也。相去聲。朝音潮。夫音扶。○南河在冀州之南。其南即豫州也。訟獄謂獄不決而訟之也。泰誓曰。天視自我民視。天聽自我民聽。此之謂也。自。從也。天無形。其視聽皆從於民之視聽。民之歸舜如此。則天與之可知矣。

○萬章問曰。人有言。至於禹而德衰。不傳於賢。而傳於子。有諸。孟子曰。否。不然也。天與賢則與賢。天與子則與子。昔者舜薦禹於天。十有七年。舜崩。三年之喪畢。禹避舜之子於陽城。天下之民從之。若堯崩之後。不從堯之子而從舜也。禹薦益於天。七年。禹崩。三年之喪畢。益避禹之子於箕山之陰。朝覲訟獄者。不之益而之啟。曰。吾君之子也。謳歌者。不謳歌益而謳歌啟。曰。吾君之子也。朝音潮。○陽城、箕山之陰。皆嵩山下深谷中可藏處。啟。禹之子也。楊氏曰。此語孟子必有所受。然不可考矣。但云天與賢則與賢。天與子則與子。可以見堯舜禹之心。皆無一毫私意也。

丹朱之不肖。舜之子亦不肖。舜之相堯。禹之相舜也。歷年多。施澤於民久。啟賢。能敬承繼禹之道。益之

京本於桐下十六字為句差楚宜反長上聲壞音怪師艾衙反

相禹也。歷年少，施澤於民未久。舜禹益相去久遠，其子之賢不肖，皆天也，非人之所能為也。莫之為而為者，天也；莫之致而至者，命也。之相之相並去聲。○堯舜之子皆不肖，而舜禹之為相久，此堯舜之子所以不有天下，而舜禹有天下也。禹之子賢，而益相不久，此啟所以有天下，而益不有天下也。然此皆非人力所為而自為，非人力所致而自至者。蓋以理言之謂之天，自人言之謂之命，其實則一而已。

匹夫而有天下者，德必若舜禹，而又有天子薦之者，故仲尼不有天下。○孟子因禹益之事，歷舉此下兩條以推明之。言仲尼之德雖無愧於舜禹，而無天子薦之者，故不有天下。

繼世以有天下，天之所廢，必若桀紂者也，故益伊尹周公不有天下。繼世而有天下者，其先世皆有大功德於民，故必有大惡如桀紂，則天乃廢之。如啟及太甲成王，雖不及益伊尹周公之賢聖，但能嗣守先業，則天亦不廢之。故益伊尹周公，雖有舜禹之德，而亦不有天下。

伊尹相湯以王於天下。湯崩，太丁未立，外丙二年，仲壬四年。太甲顛覆湯之典刑，伊尹放之於桐。三年，太甲悔過，自怨自艾，於桐處仁遷義；三年，以聽伊尹之訓己也，復歸於亳。相王皆去聲。艾音乂。○此承上文言伊尹不有天下之事。趙氏曰：太丁，湯之太子，未立而死。外丙立二年，仲壬立四年，皆太丁弟也。太甲，太丁子也。程子曰：古人謂歲為年。湯崩時，外丙方二歲，仲壬方四歲，惟太甲差長，故立之也。二說未知孰是。顛覆，壞亂也。典刑，常法也。桐，湯墓所在。艾，治也。說文云：芟草也。蓋斬絕自新之意。亳，商所都也。

周公之不有天下，猶益之於夏，伊尹之於殷也。此復言周公所以不有天下之意。

孔子曰：唐虞禪，夏后殷周繼，其義一也。禪音擅。○禪，授也。或禪或繼，皆天命也。聖人豈有私意於其間哉？○尹氏曰：孔子曰唐虞禪，夏后殷周繼，其義一也。孟子曰天與賢則與賢，天與子則與子。知前聖之心者，無如孔子；繼孔子者，孟子而已矣。

○萬章問曰：人有言：伊

媵以證反　處音杵　呼去聲

尹以割烹要湯。有諸。[要平聲下同。○要求也。按史記伊尹欲行道以致君而無由乃為有莘氏之媵臣負俎鼎以滋味說湯致於王道。蓋戰國時有為此說者。]孟子曰。否。不然。伊尹耕於有莘之野。而樂堯舜之道焉。非其義也。非其道也。祿之以天下弗顧也。繫馬千駟弗視也。非其義也。非其道也。一介不以與人。一介不以取諸人。[樂音洛。○莘國名。樂堯舜之道者誦其詩讀其書而欣慕愛樂之也。駟四匹也。介與草芥之芥同。言其辭受取與無大無細一以道義而不苟也。]

湯使人以聘幣之。囂囂然曰。我何以湯之聘幣為哉。我豈若處畎畝之中。由是以樂堯舜之道哉。[囂五高反又戶驕反。○囂囂無欲自得之貌。]

湯三使往聘之。既而幡然改曰。與我處畎畝之中。由是以樂堯舜之道。吾豈若使是君為堯舜之君哉。吾豈若使是民為堯舜之民哉。吾豈若於吾身親見之哉。[幡然變動之貌。於吾身親見之言於我之身親見其道之行不徒誦說嚮慕之而已也。]

天之生此民也。使先知覺後知。使先覺覺後覺也。予天民之先覺者也。予將以斯道覺斯民也。非予覺之而誰也。[此亦伊尹之言也。知謂識其事之所當然。覺謂悟其理之所以然。覺後知後覺。如呼寐者而使之寤也。言天使者天理當然若使之也。程子曰予天民之先覺謂我乃天生此民中盡得民道而先覺者也。既為先覺之民豈可不覺其未覺者。及彼之覺。亦非分我所有以予之也。皆彼自有此理。我但能覺之而已。]

思天下之民。匹夫匹婦。有不被堯舜之澤者。若己推而內之溝中。其自任以天下之重如此。故就湯

遁與遯同　瘍音羊奄與閹同　易去聲

而說之以伐夏救民。推吐回反内音納説音税○書曰昔先正保衡作我先王曰予弗克俾厥后爲堯舜其心愧恥若撻于市一夫不獲則曰時予之辜孟子之言蓋取諸此是時夏桀無道暴虐其民故欲使湯伐夏以救之徐氏曰伊尹樂堯舜之道堯舜揖遜而伊尹説湯以伐夏者時之不同義則一也吾未聞枉己而正人者也況辱己以正天下者乎。聖人之行不同也或遠或近或去或不去歸潔其身而已矣。行去聲○辱己甚於枉己正天下難於正人若伊尹以割烹要湯辱己甚矣何以正天下乎遠謂隱遁也近謂仕近君也言聖人之行雖不必同然其要歸在潔其身而已伊尹豈肯以割烹要湯哉吾聞其以堯舜之道要湯未聞以割烹也。林氏曰以堯舜之道要湯者非實以是要之也道在此而湯之聘自來耳猶子貢言夫子之求之異乎人之求之也愚謂此語亦猶前章所論父不得而子之意伊訓曰天誅造攻自牧宮朕載自亳。伊訓商書篇名孟子引以證伐夏救民之事也今書牧宮作鳴條造載皆始也伊尹言始攻桀無道由我始其事於亳也

○萬章問曰或謂孔子於衛主癰疽於齊主侍人瘠環有諸乎。孟子曰否不然也好事者爲之也。癰於容反疽七余反好去聲○主謂舍於其家以之爲主人也癰疽瘍醫也侍人奄人也瘠姓環名皆時君所近狎之人也好事謂喜造言生事之人也於衛主顏讎由。彌子之妻與子路之妻兄弟也。彌子謂子路曰孔子主我衛卿可得也。子路以告。孔子曰有命。孔子進以禮退以義得之不得曰有命。而主癰疽與侍人瘠環是無義無命也。讎如字又音犨○顏讎由衛之賢大夫也史記作顏濁鄒彌子衛靈公幸臣彌子瑕也徐氏曰禮主於辭遜故進以禮義主於斷制故退以義難進而易退者也在我者有禮義而已得之不得則有命存焉孔子不悅於魯衛。遭宋桓司馬將要而殺之微服而過宋。是時孔子當阨

向式亮反　閒去聲

并去聲　令平聲

主司城貞子，為陳侯周臣。要，平聲。不悅，不樂居其國也。桓司馬，宋大夫向魋也。司城貞子，亦宋大夫之賢者也。陳侯名周。按史記孔子為魯司寇，齊人饋女樂以閒之，孔子遂行，適衛月餘，去衛適宋，司馬魋欲殺孔子，孔子去，至陳，主於司城貞子。孟子言孔子雖當阨難，然猶擇所主，況在齊衛無事之時，豈有主癰疽侍人之事乎。吾聞觀近臣，以其所為主；觀遠臣，以其所主。若孔子主癰疽與侍人瘠環，何以為孔子？近臣，在朝之臣。遠臣，遠方來仕者。君子小人，各從其類，故觀其所為主，與其所主者，而人可知。

〇萬章問曰：或曰百里奚自鬻於秦養牲者，五羊之皮，食牛，以要秦穆公，信乎？孟子曰：否，不然。好事者為之也。食音嗣。好，去聲，下同。百里奚，虞之賢臣。人言其自賣於秦養牲者之家，得五羊之皮，而為之食牛，因以干秦穆公也。

百里奚，虞人也。晉人以垂棘之璧，與屈產之乘，假道於虞以伐虢。宮之奇諫，百里奚不諫。屈，求勿反。乘，去聲。虞、虢皆國名。垂棘之璧，垂棘之地所出之璧也。屈產之乘，屈地所生之良馬也。乘，四匹也。晉欲伐虢，道經於虞，故以此物借道，其實欲并取虞。宮之奇亦虞之賢臣，諫虞公令勿許。虞公不用，遂為晉所滅。百里奚知其不可諫，故不諫而去之秦。

知虞公之不可諫而去之秦，年已七十矣，曾不知以食牛干秦穆公之為汙也，可謂智乎？不可諫而不諫，可謂不智乎？知虞公之將亡而先去之，不可謂不智也。時舉於秦，知穆公之可與有行也而相之，可謂不智乎？相秦而顯其君於天下，可傳於後世，不賢而能之乎？自鬻以成其君，鄉黨自好者不為，而謂賢者為之乎？相，去聲。自好，自愛其身之人也。孟子言百里奚之飯，扶晚反。　處，音杵。

智如此，必知食牛以干主之為汙，其賢又如此，必不肯自鬻以成其君也。然此事當孟子時已無所據，孟子直以事理反覆推之，而知其必不然耳。○范氏曰：古之聖賢未遇之時，鄙賤之事，不恥為之，如百里奚為人養牛，無足怪也。惟是人君不致敬盡禮，則不可得而見，豈有先自汙辱以要其君哉？莊周曰：百里奚爵祿不入於心，故飯牛而牛肥，使穆公忘其賤而與之政。亦可謂知百里奚矣。伊尹、百里奚之事，皆聖賢出處之大節，故孟子不得不辯。尹氏曰：當時好事者之論，大率類此，蓋以其不正之心度聖賢也。

萬章章句下 凡九章

孟子曰：伯夷目不視惡色，耳不聽惡聲。非其君不事，非其民不使。治則進，亂則退。橫政之所出，橫民之所止，不忍居也。思與鄉人處，如以朝衣朝冠坐於塗炭也。當紂之時，居北海之濱，以待天下之清也。故聞伯夷之風者，頑夫廉，懦夫有立志。治，去聲，下同。橫，去聲。朝，音潮。○橫，謂不循法度。頑者，無知覺。廉者，有分辨。懦，柔弱也。餘並見前篇。

伊尹曰：何事非君？何使非民？治亦進，亂亦進。曰：天之生斯民也，使先知覺後知，使先覺覺後覺。予，天民之先覺者也。予將以此道覺此民也。思天下之民，匹夫匹婦有不與被堯舜之澤者，若己推而內之溝中。其自任以天下之重也。與，音預。○何事非君，言所事即君。何使非民，言所使即民。無不可事之君，無不可使之民也。餘見前篇。

柳下惠不羞汙君，不辭小官。進不隱賢，必以其道。遺佚而不怨，阨窮而不憫。與鄉人處，由由然不忍去也。爾為爾，我為我，雖袒裼裸

稅與脫同　思去聲　詘渠勿反　鏄伯各反　闋苦穴反　兒研兮反

裎於我側。爾焉能浼我哉。故聞柳下惠之風者。鄙夫寬。薄夫敦。鄙狹陋也。敦厚也。餘見前篇。孔子之去齊。接淅而行。去魯。曰。遲遲吾行也。去父母國之道也。可以速而速。可以久而久。可以處而處。可以仕而仕。孔子也。淅先歷反○接猶承也。淅漬米水也。漬米將炊。而欲去之速。故以手承水取米而行。不及炊也。舉此一端。以見其久速仕止。各當其可也。或曰。孔子去魯。不稅冕而行。豈得為遲。楊氏曰。孔子欲去之意久矣。不欲苟去。故遲遲其行也。膰肉不至。則得以微罪行矣。故不稅冕而行。非速也。

孟子曰。伯夷聖之清者也。伊尹聖之任者也。柳下惠聖之和者也。孔子聖之時者也。張子曰。無所雜者清之極。無所異者和之極。勉而清。非聖人之清。勉而和。非聖人之和。所謂聖者。不勉不思而至焉者也。孔氏曰。任者。以天下為己責也。愚謂孔子仕止久速。各當其可。蓋兼三子之所以聖者而時出之。非如三子之可以一德名也。或疑伊尹出處。合乎孔子。而不得為聖之時何也。程子曰。終是任底意思在。孔子之謂集大成。集大成也者。金聲而玉振之也。金聲也者。始條理也。玉振之也者。終條理也。始條理者。智之事也。終條理者。聖之事也。此言孔子集三聖之事。而為一大聖之事。猶作樂者。集衆音之小成。而為一大成也。成者。樂之一終。書所謂簫韶九成是也。金鍾屬。聲宣也。如聲罪致討之聲。玉磬也。振收也。如振河海而不洩之振。始始之也。終終之也。條理猶言脉絡。指衆音而言也。智者知之所及。聖者德之所就也。蓋樂有八音。金石絲竹匏土革木。若獨奏一音。則其一音自為始終。而為一小成。猶三子之所知偏於一。而其所就亦偏於一也。八音之中。金石為重。故特為衆音之綱紀。又金始震而玉終詘然也。故並奏八音。則於其未作。而先擊鏄鍾以宣其聲。俟其既闋。而後擊特磬以收其韻。宣以始之。收以終之。二者之間。脉絡貫通。無所不備。則合衆小成。而為一大成。猶孔子之知無不盡。而德無不全也。金聲玉振。始終條理。疑古樂經之言。故兒寬云。惟天子建中和之極。兼總條貫。金聲而玉振之。亦此意也。智譬則巧也。聖譬則力也。由射於百步之外也。其至爾力也。其中非爾力也。中去聲。○此復以射之巧力。發明智聖二字之義。見

并去聲　知音朱　所食如字

孔子巧力俱全，而聖智兼備，三子則力有餘而巧不足，是以一節雖至於聖，而智不足以及乎時中也。○此章言三子之行，各極其一偏；孔子之道，兼全於衆理。所以偏者，由其蔽於始，是以缺於中；所以全者，由其知之至，是以行之盡。三子猶春夏秋冬之各一其時，孔子則太和元氣之流行於四時也。

○北宮錡問曰：「周室班爵祿也，如之何？」錡，魚綺反。○北宮，姓；錡，名；衛人。班，列也。孟子曰：「其詳不可得聞也。諸侯惡其害己也，而皆去其籍。然而軻也嘗聞其略也。惡去聲，去上聲。○當時諸侯兼并僭竊，故惡周制妨害己之所爲也。天子一位，公一位，侯一位，伯一位，子、男同一位，凡五等也。君一位，卿一位，大夫一位，上士一位，中士一位，下士一位，凡六等。此班爵之制也。五等通於天下，六等施於國中。天子之制，地方千里，公侯皆方百里，伯七十里，子、男五十里，凡四等。不能五十里，不達於天子，附於諸侯，曰附庸。此以下，班祿之制也。不能，猶不足也。小國之地不足五十里者，不能自達於天子，因大國以姓名通，謂之附庸，若春秋邾儀父之類是也。天子之卿受地視侯，大夫受地視伯，元士受地視子、男。視，比也。徐氏曰：王畿之內亦制都鄙受地也。元士，上士也。大國地方百里，君十卿祿，卿祿四大夫，大夫倍上士，上士倍中士，中士倍下士，下士與庶人在官者同祿，祿足以代其耕也。十，十倍之也。四，四倍之也。倍，加一倍也。徐氏曰：大國君田三萬二千畝，其入可食二千八百八十人；卿田三千二百畝，可食二百八十八人；大夫田八百畝，可食七十二人；上士田四百畝，可食三十六人；中士田二百畝，可食十八人；下士與庶人在官者田百畝，可食九人至五人。庶人在官，府史胥徒也。愚按：君以下所食之祿，皆助法之公田，藉農夫之力以耕，而收其租。士之無田，與庶人在官者，則但受祿於官，如田之入而已。次國地方七十里，君十卿祿，卿祿三大夫，

孟中　卷五　萬章　九

煨烏回反 燼徐刃反 傳音附 乘去聲

大夫倍上士，上士倍中士，中士倍下士，下士與庶人在官者同祿，祿足以代其耕也。三謂三倍之也。徐氏曰：次國君田二萬四千畝，可食二千一百六十人。卿田二千四百畝，可食二百十六人。小國地方五十里，君十卿祿，卿祿二大夫，大夫倍上士，上士倍中士，中士倍下士，下士與庶人在官者同祿，祿足以代其耕也。二即倍也。徐氏曰：小國君田一萬六千畝，可食千四百四十人。卿田一千六百畝，可食百四十四人。耕者之所獲，一夫百畝。百畝之糞，上農夫食九人，上次食八人，中食七人，中次食六人，下食五人。庶人在官者，其祿以是為差。食音嗣。獲，得也。一夫一婦，佃田百畝。加之以糞，糞多而力勤者為上農，其所收可供九人。其次用力不齊，故有此五等。庶人在官者，其受祿不同，亦有此五等也。○愚按：此章之說與周禮、王制不同，蓋不可考，闕之可也。程子曰：孟子之時，去先王未遠，載籍未經秦火，然而班爵祿之制已不聞其詳。今之禮書，皆掇拾於煨燼之餘，而多出於漢儒一時之傳會，奈何欲盡信而可為之解乎？然則其事固不可一一追復矣。

○萬章問曰：「敢問友。」孟子曰：「不挾長，不挾貴，不挾兄弟而友。友也者，友其德也，不可以有挾也。挾者，兼有而恃之之稱。孟獻子，百乘之家也，有友五人焉：樂正裘、牧仲，其三人，則予忘之矣。獻子之與此五人者友也，無獻子之家者也。此五人者，亦有獻子之家，則不與之友矣。乘去聲，下同。○孟獻子，魯之賢大夫仲孫蔑也。張子曰：獻子忘其勢，五人者忘人之勢。不資其勢而利其有，然後能忘人之勢。若五人者有獻子之家，則反為獻子之所賤矣。非惟百乘之家為然也，雖小國之君亦有之。費惠公曰：吾

糲音利又音臘 妻舜去聲 詘曲勿反

於子思則師之矣。吾於顏般則友之矣。王順長息則事我者也。費音祕，般音班。○惠公，費邑之君也。師，所尊也。友，所敬也。事我者，所使也。非惟小國之君為然也，雖大國之君亦有之。晉平公之於亥唐也，入云則入，坐云則坐，食云則食。雖疏食菜羹，未嘗不飽，蓋不敢不飽也。然終於此而已矣。弗與共天位也，弗與治天職也，弗與食天祿也。士之尊賢者也，非王公之尊賢也。疏食之食音嗣。平公，王公下，諸本多無之字，疑闕文也。○亥唐，晉賢人也。平公造之，唐言入，公乃入；言坐乃坐；言食乃食也。疏食，糲飯也。不敢不飽，敬賢者之命也。○范氏曰：位曰天位，職曰天職，祿曰天祿。言天所以待賢人，使治天民，非人君所得專者也。舜尚見帝，帝館甥於貳室，亦饗舜，迭為賓主，是天子而友匹夫也。尚，上也。舜上而見於帝堯也。館，舍也。禮，妻父曰外舅。謂我舅者，吾謂之甥。堯以女妻舜，故謂之甥。貳室，副宮也。堯舍舜於副宮，而就饗其食。用下敬上，謂之貴貴；用上敬下，謂之尊賢。貴貴尊賢，其義一也。貴貴尊賢，皆事之宜者。然當時但知貴貴，而不知尊賢，故孟子曰其義一也。○此言朋友人倫之一，所以輔仁，故以天子友匹夫而不為詘，以匹夫友天子而不為僭。此堯舜所以為人倫之至，而孟子言必稱之也。

○萬章問曰：「敢問交際何心也？」孟子曰：「恭也。」際，接也。交際，謂人以禮儀幣帛相交接也。曰：「卻之卻之為不恭，何哉？」曰：「尊者賜之，曰『其所取之者，義乎，不義乎』，而後受之，以是為不恭，故弗卻也。」卻，不受而還之也。再言之，未詳。萬章疑交際之間，有所卻者，人便以為不恭，何哉？孟子言尊者之賜，而心竊計其所以得此物者，未知合義與否，必其合義，然後可受，不然則卻之矣，所以卻之為不恭也。曰：「請無以辭卻之，以心卻之，曰『其取諸

暋京本作暋今從書

而較如字

民之不義也。而以他辭無受。不可乎。曰。其交也以道。其接也以禮。斯孔子受之矣。萬章以為彼既得之不義則其餽不可受但無以言辭閒而卻之直以心度其不義而託於他辭以卻之如此可否耶交以道如餽贐聞戒周其飢餓之類接以禮謂辭命恭敬之節孔子受之如受陽貨蒸豚之類也

萬章曰。今有禦人於國門之外者。其交也以道。其餽也以禮。斯可受禦與。曰。不可。康誥曰。殺越人于貨。閔不畏死。凡民罔不譈。是不待教而誅者也。殷受夏。周受殷。所不辭也。於今為烈。如之何其受之。與平聲譈書作憝徒對反○禦止也止人而殺之且奪其貨也國門之外無人之處也萬章以為苟不問其物之所從來而但觀其交接之禮則設有禦人者用其禦得之貨以禮餽我則可受之乎康誥周書篇名越顛越也今書閔作暋無凡民二字譈怨也言殺人而顛越之因取其貨閔然不知畏死凡民無不怨之孟子言此乃不待教戒而當即誅者也如何而可受之乎殷受至為烈十四字語意不倫李氏以為此必有斷簡或闕文者近之而愚意其直為衍字耳然不可考姑闕之可也

曰。今之諸侯取之於民也。猶禦也。苟善其禮際矣。斯君子受之。敢問何說也。曰。子以為有王者作。將比今之諸侯而誅之乎。其教之不改而後誅之乎。夫謂非其有而取之者盜也。充類至義之盡也。孔子之仕於魯也。魯人獵較。孔子亦獵較。獵較猶可。而況受其賜乎。比去聲夫音扶較音角○比連也言今諸侯之取於民固多不義然有王者起必不連合而盡誅之必教之不改而後誅之則其與禦人之盜不待教而誅者不同矣夫禦人於國門之外與非其有而取之二者固皆不義之類然必禦人乃為真盜其謂非有而取為盜者乃推其類至於義之至精至密之處而極言之耳非便以為真盜也然則今之諸侯雖曰取非其有而豈可遽以同於禦人之盜也哉又引孔子之事以明世俗所尚猶或可從況受其賜何為不可乎獵較未詳趙氏以為田獵相較奪禽獸以祭

海坊本作奄

孔子不違、所以小同於俗也。張氏以為獵較所獲之多少也。二說未知孰是、

曰。然則孔子之仕也。非事道與。曰。事道也。事道奚獵較也。曰。孔子先簿正祭器。不以四方之食。供簿正。曰。奚不去也。曰。為之兆也。兆足以行矣。而不行。而後去。是以未嘗有所終三年淹也。與平聲。○此因孔子事而反覆辯論也。事道者、以行道為事也。事道奚獵較也、萬章問也。先簿正祭器、未詳。徐氏曰、先以簿書正其祭器、使有定數、而不以四方難繼之物實之、夫器有常數、實有常品、則其本正矣。彼獵較者、將久而自廢矣。未知是否也。兆、猶卜之兆、蓋事之端也。孔子所以不去者、亦欲小試行道之端、以示於人、使知吾道之果可行也。若其端既可行、而人不能遂行之、然後不得已而必去之。蓋其去雖不輕、而亦未嘗不決、是以未嘗終三年留於一國也。

孔子有見行可之仕。有際可之仕。有公養之仕。於季桓子。見行可之仕也。於衛靈公。際可之仕也。於衛孝公。公養之仕也。見行可、見其道之可行也。際可、接遇以禮也。公養、國君養賢之禮也。季桓子、魯卿季孫斯也。衛靈公、衛侯元也。孝公、春秋史記皆無之、疑出公輒也。因孔子仕魯、而言其仕有此三者。故於魯則兆足以行矣、而不行然後去、而於衛之事、則又受其交際問餽而不卻之一驗也。○尹氏曰、不聞孟子之義、則自好者為於陵仲子而已。聖賢辭受進退、惟義所在。愚按此章文義多不可曉、不必強為之說、

○孟子曰。仕非為貧也。而有時乎為貧。娶妻非為養也。而有時乎為養。為養並去聲、下同。○仕本為行道、而亦有家貧親老、或道與時違、而但為祿仕者、如娶妻本為繼嗣、而亦有為不能親操井臼、而欲資其饋養者、

為貧者。辭尊居卑。辭富居貧。貧富、謂祿之厚薄。蓋仕不為道、已非出處之正、故其所居、但當如此、

辭尊居卑。辭富居貧。惡乎宜乎。抱關擊柝。惡平聲。柝音託、○柝、行夜所擊木也。蓋為貧者雖不主於行道、而亦不可以苟祿、故惟抱關擊柝之吏、位卑祿薄、其職易稱、為所宜居也。李氏曰、道不行矣、為貧而仕者、此其律令也。若不能然、則是貪位慕祿而已矣、

孔子嘗為委吏矣。曰。會計當而已矣。嘗為乘田矣。曰。牛

積音恣

予與通

數音朔

坊本能用下有也字

羊茁壯。長而已矣。委烏偽反，會工外反，當丁浪反，乘去聲，茁阻刮反，長上聲。○此孔子之為貧而仕者也。委吏主委積之吏也。乘田主苑囿芻牧之吏也。茁肥貌。言以孔子大聖，而嘗為賤官，不以為辱者，所謂為貧而仕，官卑祿薄，而職易稱也。位卑而言高。罪也。立乎人之本朝。而道不行。恥也。朝音潮。○以出位為罪，則無行道之責；以廢道為恥，則非竊祿之官。此為貧者之所以必辭尊富，而寧處貧賤也。○尹氏曰：言為貧者不可以居尊，居尊者必欲以行道。

○萬章曰。士之不託諸侯。何也。孟子曰。不敢也。諸侯失國。而後託於諸侯。禮也。士之託於諸侯。非禮也。託，寄也。謂不仕而食其祿也。古者諸侯出奔他國，食其廩餼，謂之寄公。士無爵土，不得比諸侯。不仕而食祿，則非禮也。萬章曰。君餽之粟。則受之乎。曰。受之。受之何義也。曰。君之於氓也。固周之。周，救也。視其空乏則周卹之，無常數，君待民之禮也。曰。周之則受。賜之則不受。何也。曰。不敢也。曰。敢問其不敢何也。曰。抱關擊柝者。皆有常職以食於上。無常職而賜於上者。以為不恭也。賜謂予之祿，有常數，君所以待臣之禮也。曰。君餽之。則受之。不識可常繼乎。曰。繆公之於子思也。亟問。亟餽鼎肉。子思不悅。於卒也。摽使者出諸大門之外。北面稽首再拜而不受。曰。今而後知君之犬馬畜伋。蓋自是臺無餽也。悅賢不能舉。又不能養也。可謂悅賢乎。亟去聲，下同。摽音杓。使去聲。○亟，數也。鼎肉，熟肉也。卒，末也。摽，麾也。數以君命來餽，當拜受之，非養賢之禮，故不悅。而於其末後復來餽時，麾使者出，拜而辭之。犬馬畜伋，言不以人禮待己也。臺，賤官，主使令者。蓋繆公愧悟，自此不復令臺來致餽也。舉，用也。能養者未必能用，況又不能養乎。曰。敢問國君欲養君子。

猥烏悔反　鶩音務，木二音

如何斯可謂養矣。曰。以君命將之。再拜稽首而受。其後廩人繼粟。庖人繼肉。不以君命將之。子思以為鼎肉使己僕僕爾亟拜也。非養君子之道也。（初以君命來餽，則當拜受。其後有司各以其職繼續所無，不以君命來餽，不使賢者有亟拜之勞也。僕僕，煩猥貌。）堯之於舜也。使其子九男事之。二女女焉。百官牛羊倉廩備。以養舜於畎畝之中。後舉而加諸上位。故曰。王公之尊賢者也。（下女字去聲。○能養能舉，悅賢之至也。惟堯舜為能盡之，而後世之所當法也。）

○萬章曰。敢問不見諸侯何義也。孟子曰。在國曰市井之臣。在野曰草莽之臣。皆謂庶人。庶人不傳質為臣。不敢見於諸侯。禮也。（質與贄同。○傳，通也。質者，士執雉，庶人執鶩，相見以自通者也。國內莫非君臣，但未仕者與執贄在位之臣不同，故不敢見也。）

萬章曰。庶人召之役則往役。君欲見之召之則不往見之。何也。曰。往役義也。往見不義也。（往役者，庶人之職。不往見者，士之禮。）且君之欲見之也。何為也哉。曰。為其多聞也。為其賢也。曰。為其多聞也。則天子不召師。而況諸侯乎。為其賢也。則吾未聞欲見賢而召之也。（為，去聲。）繆公亟見於子思曰。古千乘之國以友士何如。子思不悅曰。古之人有言曰。事之云乎。豈曰友之云乎。子思之不悅也。

旃音詹

豈不曰以位，則子君也，我臣也，何敢與君友也？以德，則子事我者也，奚可以與我友？千乘之君求與之友，而不可得也，而況可召與？」（亟、乘皆去聲，召與之與平聲。○孟子引子思之言而釋之，以明不可召之意。）齊景公田，招虞人以旌，不至，將殺之。志士不忘在溝壑，勇士不忘喪其元。孔子奚取焉？取非其招不往也。」（喪，息浪反。說見前篇。）曰：「敢問招虞人何以？」曰：「以皮冠。庶人以旃，士以旂，大夫以旌。（皮冠，田獵之冠也。事見春秋傳。然則皮冠者，虞人之所有事也，故以是招之。庶人，未仕之臣。通帛曰旃。士，謂已仕者。交龍為旂，析羽而注於旂干之首曰旌。）以大夫之招招虞人，虞人死不敢往；以士之招招庶人，庶人豈敢往哉？況乎以不賢人之招招賢人乎？（欲見而召之，是不賢人之招也。以士之招招庶人，則不敢往；以不賢人之招招賢人，則不可往矣。）欲見賢人而不以其道，猶欲其入而閉之門也。夫義，路也；禮，門也。惟君子能由是路，出入是門也。詩云：『周道如底，其直如矢；君子所履，小人所視。』」（夫音扶。底，詩作砥，之履反。○詩小雅大東之篇。底與砥同，礪石也，言其平也。矢，言其直也。視，視以為法也。引此以證上文能由是路之義。）萬章曰：「孔子，君命召，不俟駕而行。然則孔子非與？」曰：「孔子當仕有官職，而以其官召之也。」（與，平聲。○孔子方仕而任職，君以其官名召之，故不俟駕而行。徐氏曰：「孔子、孟子，易地則皆然。」○此章言不見諸侯之義，最為詳悉，更合陳代、公孫丑所問者而觀之，其說乃盡。）

（一）孟子謂萬章曰：「一鄉之善士，斯

行音幸

友一鄉之善士。斯友一國之善士。斯友天下之善士。

天下之善士。言己之善蓋於一鄉，然後能盡友一鄉之善士。推而至於一國天下皆然，隨其高下以為廣狹也。以友天下之善士為未足。

又尚論古之人。頌其詩，讀其書，不知其人可乎。是以論其世也。是尚友也。尚，上同。言進而上也。頌，誦通。論其世，論其當世行事之迹也。言既觀其言，而不可以不知其為人之實，是以又考其行也。夫能友天下之善士，其所友衆矣，猶以為未足，又進而取於古人。是能進其取友之道，而非止為一世之士矣。

○齊宣王問卿。孟子曰。王何卿之問也。王曰。卿不同乎。曰。不同。有貴戚之卿。有異姓之卿。王曰。請問貴戚之卿。曰。君有大過則諫。反覆之而不聽則易位。大過，謂足以亡其國者。易位，易君之位，更立親戚之賢者。蓋與君有親親之恩，無可去之義。以宗廟為重，不忍坐視其亡，故不得已而至於此也。王勃然變乎色。勃然，變色貌。曰。王勿異也。王問臣。臣不敢不以正對。孟子言也。王色定。然後請問異姓之卿。曰。君有過則諫。反覆之而不聽則去。君臣義合，不合則去。此章言大臣之義，親疏不同，守經行權，各有其分。貴戚之卿，小過非不諫也，但必大過而不聽，乃可易位。異姓之卿，大過非不諫也，雖小過而不聽，已可去矣。然三仁貴戚，不能行之於紂，而霍光異姓，乃能行之於昌邑。此又委任權力之不同，不可以執一論也。

郑板桥手书四书

孟子

離婁章句上

孟子曰離婁之明公輸子之巧不以規矩不能成方員師曠之聰不以六律不能正五音堯舜之道不以仁政不能平治天下今有仁心仁聞而民不被其澤不可灋於後世者不行先王之道也故曰徒善不足以爲政徒灋不能以自行詩云不愆

不忘率由舊章遵先王之法而過者未之有也
聖人既竭目力焉繼之以規矩準繩以為方員
平直不可勝用也既竭耳力焉繼之以六律正五
音不可勝用也既竭心思焉繼之以不忍人之政而
仁覆天下矣故曰為高必因丘陵為下必因川澤
為政不因先王之道可謂智乎是以惟仁者宜在

高位不仁而在高位是播其惡於衆也上無道揆也下無法守也朝不信道工不信度君子犯義小人犯刑國之所存者幸也故曰城郭不完甲兵不多非國之災也田野不辟貨財不聚非國之害也上無禮下無學賊民興喪無日矣詩曰天之方蹶無然泄泄泄泄猶沓沓也事君無義進退無

禮言則非先王之道者猶沓〻也故曰責難於君
謂之恭陳善閉邪謂之敬吾君不能謂之賊
孟子曰規矩方員之至也聖人〻倫之至也欲為君
盡君道欲為臣盡臣道二者皆灋堯舜而已矣
不以舜之所以事堯事君不敬其君者也不以堯
之所以治民治民賊其民者也孔子曰道二仁與不

仁而已矣暴其民甚則身弒國亡不甚則身危
國削名之曰幽厲雖孝子慈孫百世不能改也
詩云殷鑒不遠在夏后之世此之謂也
孟子曰三代之得天下也以仁其失天下也以不仁
國之所以廢興存亡者亦然天子不仁不保四海
諸侯不仁不保社稷卿大夫不仁不保宗廟士庶

人不仁不保四體今惡死亡而樂不仁是猶惡醉而強酒

孟子曰愛人不親反其仁治人不治反其智禮人不荅反其敬行有不得者皆反求諸己其身正而天下歸之詩云永言配命自求多福

孟子曰人有恆言皆曰天下國家天下之本在

國〻之本在家〻之本在身

孟子曰爲政不難不得罪於巨室巨室之所慕一國慕之一國之所慕天下慕之故沛然德教溢乎四海

孟子曰天下有道小德役大德小賢役大賢天下無道小役大弱役强斯二者天也順天者存逆天

者也齊景公曰既不能令又不受命是絕物也涕出而女於吳今也小國師大國而恥受命焉是猶弟子而恥受命於先師也如恥之莫若師文王師文王大國五年小國七年必為政於天下矣詩云商之孫子其麗不億上帝既命侯于周服侯服於周天命靡常殷士膚敏祼將於京孔子

曰仁不可爲衆也夫國君好仁天下無敵今也欲無敵於天下而不以仁是猶執熱而不以濯也詩云誰能執熱逝不以濯

孟子曰不仁者可與言哉安其危而利其菑樂其所以亡者不仁而可與言則何亡國敗家之有有孺子歌曰滄浪之水清兮可以濯我纓滄浪

之水濁兮可以濯我足孔子曰小子聽之清斯濯纓濁斯濯足矣自取之也夫人必自侮然後人侮之家必自毀而後人毀之國必自伐而後人伐之太甲曰天作孽猶可違自作孽不可活此之謂也

孟子曰桀紂之失天下也失其民也失其民者失

其心也得天下有道得其民斯得天下矣得其民有道得其心斯得民矣得其心有道所欲與之聚之所惡勿施爾也民之歸仁也猶水之就下獸之走壙也故爲淵敺魚者獺也爲叢敺爵者鸇也爲湯武敺民者桀與紂也今天下之君有好仁者則諸侯皆爲之敺矣雖欲無王不可

得已今之欲王者猶七年之病求三年之艾也苟
爲不畜終身不得苟不志於仁終身憂辱以
陷於死亡詩云其何能淑載胥及溺此之謂也
孟子曰自暴者不可與有言也自棄者不可與
有爲也言非禮義謂之自暴也吾身不能居仁
由義謂之自棄也仁人之安宅也義人之正路也

曠安宅而弗居舍正路而不由哀哉

孟子曰道在邇而求諸遠事在易而求諸難人人親其親長其長而天下平

孟子曰居下位而不獲於上民不可得而治也獲於上有道不信於友弗獲於上矣信於友有道事親弗悅弗信於友矣悅親有道反身不

誠不悅於親矣誠身有道不明乎善不誠其身矣是故誠者天之道也思誠者人之道也至誠而不動者未之有也不誠未有能動者也

孟子曰伯夷辟紂居北海之濱聞文王作興曰盍歸乎來吾聞西伯善養老者太公辟紂居東海之濱聞文王作興曰盍歸乎來吾聞西

伯善養老者二老者天下之大老也而歸之是天下之父歸之也天下之父歸之其子焉往諸侯有行文王之政者七年之内必為政於天下矣

孟子曰求也為季氏宰無能改於其德而賦粟倍他日孔子曰求非我徒也小子鳴鼓而攻之可也由此觀之君不行仁政而富之皆棄於孔子者

也況於為之强戰爭地以戰殺人盈野爭城以戰殺人盈城此所謂率土地而食人肉罪不容於死故善戰者服上刑連諸侯者次之辟艸萊任土地者次之

孟子曰存乎人者莫良於眸子眸子不能掩其惡胷中正則眸子瞭焉胷中不正則眸子眊焉聽其言也觀其眸子人焉廋哉

孟子曰恭者不侮人儉者不奪人侮奪人之君惟恐不順焉惡得為恭儉恭儉豈可以聲音笑貌為哉

淳于髡曰男女授受不親禮與孟子曰禮也曰嫂溺則援之以手乎曰嫂溺不援是豺狼也男女授受不親禮也嫂溺援之以手者權也曰今天下溺矣夫子之不援何也曰天下溺援之以道

嫂溺援之以手子欲以手援天下乎

公孫丑曰君子之不教子何也孟子曰勢不行也教者必以正以正不行繼之以怒繼之以怒則反夷矣夫子教我以正夫子未出於正也則是父子相夷也父子相夷則惡矣古者易子而教之父子之間不責善責善則離離則不祥莫大焉

孟子曰事孰為大事親為大守孰為大守身

爲大不失其身而能事其親者吾聞之矣失其身而能事其親者吾未之聞也孰不爲事事親事之本也孰不爲守守身守之本也曾子養曾晳必有酒肉將徹必請所與問有餘必曰有曾晳死曾元養曾子必有酒肉將徹不請所與問有餘曰無矣將以復進也此所謂養口體者

也若曾子則可謂養志也事親若曾子者可
也
孟子曰人不足與適也政不足閒也惟大人為
能格君心之非君仁莫不仁君義莫不義君正莫
不正一正君而國定矣
孟子曰有不虞之譽有求全之毀

孟子曰人之易其言也無責耳矣

孟子曰人之患在好為人師

樂正子從於子敖之齊樂正子見孟子孟子曰子亦來見我乎曰先生何為出此言也曰子來幾日矣曰昔者曰昔者則我出此言也不亦宜乎曰舍館未定曰子聞之也舍館定然後求見長者乎

曰克有罪

孟子謂樂正子曰子之從於子敖來徒餔啜也我不意子學古之道而以餔啜也

孟子曰不孝有三無後為大舜不告而娶為無後也君子以為猶告也

孟子曰仁之實事親是也義之實從兄是也知

之實知斯二者弗去是也禮之實節文斯二者
是也樂之實樂斯二者樂則生矣生則惡可已
也惡可已則不知足之蹈之手之舞之
孟子曰天下大悅而將歸己視天下說而歸己猶
草芥也惟舜爲然不得乎親不可以爲人不順
乎親不可以爲子舜盡事親之道而瞽瞍厎

豫瞽瞍厎豫而天下化瞽瞍厎豫而天下之爲
父子者定此之謂大孝

離婁章句下

孟子曰舜生於諸馮遷於負夏卒於鳴條東
夷之人也文王生於岐周卒於畢郢西夷之人
也地之相去也千有餘里世之相後也千有餘歲

得志行乎中國若合符節先聖後聖其揆一也

子產聽鄭國之政以其乘輿濟人於溱洧孟子曰惠而不知為政歲十一月徒杠成十二月輿梁成民未病涉也君子平其政行辟人可也焉得人人而濟之故為政者每人而悅之日亦不足矣

孟子告齊宣王曰君之視臣如手足則臣視君如腹心君之視臣如犬馬則臣視君如國人君之視臣如土芥則臣視君如寇讎王曰禮爲舊君有服何如斯可爲服矣曰諫行言聽膏澤下於民有故而去則君使人導之出疆又先於其所往去三年不反然後收其田里此之謂三有禮焉如

此則爲之服矣今也爲臣諫則不行言則不聽膏澤不下於民有故而去則君搏執之又極之於其所往去之日遂收其田里此之謂寇讎寇讎何服之有

孟子曰無罪而殺士則大夫可以去無罪而戮民則士可以徙

孟子曰君仁莫不仁君義莫不義

孟子曰非禮之禮非義之義大人弗為

孟子曰中也養不中才也養不才故人樂有賢父兄也如中也棄不中才也棄不才則賢不肖之相去其間不能以寸

孟子曰人有不為也而後可以有為

孟子曰言人之不善當如後患何

孟子曰仲尼不為已甚者

孟子曰大人者言不必信行不必果惟義所在
孟子曰大人者不失其赤子之心者也
孟子曰養生者不足以當大事惟送死可以
當大事
孟子曰君子深造之以道欲其自得之也自得
之則居之安居之安則資之深資之深則取

之左右逢其原故君子欲其自得之也

孟子曰博學而詳說之將以反說約也

孟子曰以善服人者未有能服人者也以善養人然後能服天下天下不心服而王者未之有也

孟子曰言無實不祥不祥之實蔽賢者當之

徐子曰仲尼亟稱於水曰水哉水哉何取於水
也孟子曰原泉混混不舍晝夜盈科而後進放
乎四海有本者如是是之取爾苟爲無本七八月
之閒雨集溝澮皆盈其涸也可立而待也故
聲聞過情君子恥之

孟子曰人之所以異於禽獸者幾希庶民去之

君子存之舜明於庶物察於人倫由仁義行
非行仁義也
孟子曰禹惡旨酒而好善言湯執中立賢無方文
王視民如傷望道而未之見武王不泄邇不忘遠
周公思兼三王以施四事其有不合者仰而思之
夜以繼日幸而得之坐以待旦

孟子曰王者之迹熄而詩亡詩亡然後春秋作晉之乘楚之檮杌魯之春秋一也其事則齊桓晉文其文則史孔子曰其義則丘竊取之矣

孟子曰君子之澤五世而斬小人之澤五世而斬予未得爲孔子徒也予私淑諸人也

孟子曰可以取可以無取取傷廉可以與可以無與與傷惠

可以死可以無死死之傷勇

逢蒙學射於羿盡羿之道思天下惟羿為愈己於是殺羿孟子曰是亦羿有罪焉公明儀曰宜若無罪焉曰薄乎云爾惡得無罪鄭人使子濯孺子侵衛衛使庾公之斯追之子濯孺子曰今日我疾作不可以執弓吾死矣夫問其僕曰追我者誰也其僕曰庾公之斯也曰吾生矣其

僕曰庾公之斯衛之善射者也夫子曰吾生何
謂也曰庾公之斯學射於尹公之他尹公之他學
射於我夫尹公之他端人也其取友必端矣庾公
之斯至曰夫子何為不執弓曰今日我疾作不可以
執弓曰小人學射於尹公之他尹公之他學射於
夫子我不忍以夫子之道反害夫子雖然今日之
事君事也我不敢廢抽矢扣輪去其金發乘

矣而後反

孟子曰西子蒙不潔則人皆掩鼻而過之雖有惡人齋戒沐浴則可以祀上帝

孟子曰天下之言性也則故而已矣故者以利為本所惡於智者為其鑿也如智者若禹之行水也則無惡於智矣禹之行水也行其所無事也如智者亦行其所無事則智亦大矣天之高也星

辰之遠也苟求其故千歲之日至可坐而致也
公行氏有子之喪右師往弔入門有進而与右師
言者有就右師之位而與右師言者孟子不與右
師言右師不悅曰諸君子皆與驩言孟子獨不
与驩言是簡驩也孟子聞之曰禮朝廷不歷
位而相與言不踰階而相揖也我欲行禮子敖
以我

爲簡不亦異乎

孟子曰君子所以異於人者以其存心也君子以仁存心以禮存心仁者愛人有禮者敬人愛人者人恆愛之敬人者人恆敬之有人於此其待我以橫逆則君子必自反也我必不仁也必無禮也此物奚宜至哉其自反而仁矣自反而有禮矣其橫逆由是也君子必自反也我必不忠自反而忠矣其橫逆由是也君子曰此亦妄人也

已矣如此則與禽獸奚擇哉於禽獸又何難焉是故君子有終身之憂無一朝之患也乃若所憂則有之舜人也我亦人也舜爲法於天下可傳於後世我猶未免爲鄉人也是則可憂也憂之如何如舜而已矣若夫君子所患則亡矣非仁無爲也非禮無行也如有一朝之患則君子不患矣

禹稷當平世三過其門而不入孔子賢之顏子
當亂世居於陋巷一簞食一瓢飲人不堪其憂
顏子不改其樂孔子賢之孟子曰禹稷顏回同
道禹思天下有溺者由己溺之也稷思天下有飢
者由己飢之也是以如是其急也禹稷顏子易
地則皆然今有同室之人鬭者救之雖被髮
纓冠而救之可也鄉鄰有鬭者被髮纓冠而往

公都子曰匡章通國皆稱不孝焉夫子與之遊
又從而禮貌之敢問何也孟子曰世俗所謂不孝
者五惰其四支不顧父母之養一不孝也博奕好
飲酒不顧父母之養二不孝也好貨財私妻子不
顧父母之養三不孝也從耳目之欲以爲父母戮
四不孝也好勇鬭很以危父母五不孝也章子有一
於是乎夫章子子父責善而不相遇也責善朋

友之道也父子責善賊恩之大者夫章子豈不
欲有夫妻子母之屬哉為得罪於父不得近出
妻屏子終身不養焉其設心以為不若是是則
罪之大者是則章子已矣

曾子居武城有越寇或曰寇至盍去諸曰無寓
人於我室毀傷其薪木寇退則曰脩我牆
屋我將反寇退曾子反左右曰待先生如此其

忠且敬也寇至則先去以爲民望寇退則反殆於
不可沈猶行曰是非汝所知也昔沈猶有負芻之
禍從先生者七十人未有與焉子思居於衛有
齊寇或曰寇至盍去諸子思曰如伋去君誰與守
孟子曰曾子子思同道曾子師也父兄也子思臣
也微也曾子子思易地則皆然
儲子曰王使人瞯夫子果有以異於人乎孟子

曰何以異於人哉堯舜與人同耳
齊人有一妻一妾而處室者其良人出則必饜
酒肉而後反其妻問所與飲食者則盡富貴
也其妻告其妾曰良人出則必饜酒肉而後反
問其與飲食者盡富貴也而未嘗有顯者來
吾將瞷良人之所之也蚤起施從良人之所之徧國
中無與立談者卒之東郭墦間之祭者乞其

餘不足之又顧而之他此其為饜足之道也其妻歸告其妾曰良人者所仰望而終身者也今若此與其妾訕其良人而相泣於中庭而良人未之知也施施從外來驕其妻妾由君子觀之則人之所以求富貴利達者其妻妾不羞也而不相泣者幾希矣

萬章章句上

萬章問曰舜往于田號泣于旻天何爲其號泣也孟子曰怨慕也萬章曰父母愛之喜而不忘父母惡之勞而不怨然則舜怨乎曰長息問於公明高曰舜往于田則吾既得聞命矣號泣于旻天于父母則吾不知也公明高曰是非尔所知也夫公明高以孝子之心爲不若是恝我竭力耕田共爲子職而已矣父母之不我愛於我何哉

帝使其子九男二女百官牛羊倉廩備以事舜
於畎畝之中天下之士多就之者帝將胥天下
而遷之焉爲不順於父母如窮人無所歸天下
之士悅之人之所欲也而不足以解憂好色人之所
欲妻帝之二女而不足以解憂富人之所欲富有
天下而不足以解憂貴人之所欲貴爲天子而
不足以解憂人悅之好色富貴無足以解憂者

惟順於父母可以解憂人少則慕父母知好色則慕少艾有妻子則慕妻子仕則慕君不得於君則熱中大孝終身慕父母五十而慕者予於大舜見之矣

萬章問曰詩云娶妻如之何必告父母信斯言也宜莫如舜舜之不告而娶何也孟子曰告則不得娶男女居室人之大倫也如告則廢人之大倫以

懟父母是以不告也萬章曰舜之不告而娶則吾既得聞命矣帝之妻舜而不告何也曰帝亦知告焉則不得妻也萬章曰父母使舜完廩捐階瞽瞍焚廩使浚井出從而揜之象曰謨蓋都君咸我績牛羊父母倉廩父母干戈朕琴朕張朕二嫂使治朕棲象往入舜宮舜在牀琴象曰鬱陶思君爾忸怩舜曰惟茲臣庶汝

其于予治不識舜不知象之將殺己與曰奚而
不知也象憂亦憂象喜亦喜曰然則舜偽喜者
與曰否昔者有饋生魚於鄭子產子產使校
人畜之池校人烹之反命曰始舍之圉圉焉少則
洋洋焉攸然而逝子產曰得其所哉得其所哉
校人出曰孰謂子產智予既烹而食之曰得其
所哉得其所哉故君子可欺以其方難罔以非其

道彼以愛兄之道來故誠信而喜之奚偽焉
萬章問曰象日以殺舜為事立為天子則放之
何也孟子曰封之也或曰放焉萬章曰舜流共工
于幽州放驩兜于崇山殺三苗于三危殛鯀于
羽山四罪而天下咸服誅不仁也象至不仁封之
有庳有庳之人奚罪焉仁人固如是乎在他
人則誅之在弟則封之曰仁人之於弟也不藏

怒焉不宿怨焉親愛之而已矣親之欲其貴也愛之欲其富也封之有庳富貴之也身爲天子弟爲匹夫可謂親愛之乎敢問或曰放者何謂也曰象不得有爲於其國天子使吏治其國而納其貢税焉故謂之放豈得暴彼民哉雖然欲常常而見之故源源而來不及貢以政接于有庳此之謂也

咸丘蒙問曰語云盛德之士君不得而臣父不得而子舜南面而立堯帥諸侯北面而朝之瞽瞍亦北面而朝之舜見瞽瞍其容有蹙孔子曰於斯時也天下殆哉岌岌乎不識此語誠然乎哉孟子曰否此非君子之言齊東野人之語也堯老而舜攝也堯典曰二十有八載放勳乃徂落百姓如喪考妣三年四海遏密八音孔子曰天無二日民無二王舜

既爲天子矣又帥天下諸侯以爲堯三年喪是
二天子矣咸丘蒙曰舜之不臣堯則吾既得聞命
矣詩云普天之下莫非王土率土之濱莫非王
臣而舜既爲天子矣敢問瞽瞍之非臣如何曰
是詩也非是之謂也勞於王事而不得養父母
也曰此莫非王事我獨賢勞也故說詩者不以
文害辭不以辭害志以意逆志是爲得之如以

辭而已矣雲漢之詩曰周餘黎民靡有孑遺信斯言也是周無遺民也孝子之至莫大乎尊親尊親之至莫大乎以天下養爲天子父尊之至也以天下養養之至也詩曰永言孝思孝思維則此之謂也書曰祗載見瞽瞍夔夔齊栗瞽瞍亦允若是爲父不得而子也

萬章曰堯以天下與舜有諸孟子曰否天子不

能以天下与人然則舜有天下也孰與之曰天與之天与之者諄諄然命之乎曰否天不言以行與事示之而已矣曰以行與事示之者如之何曰天子能薦人於天不能使天与之天下諸侯能薦人於天子不能使天子與之諸侯大夫能薦人於諸侯不能使諸侯與之大夫昔者堯薦舜於天而天受之暴之於民而民受之故曰天

不言以行與事示之而已矣曰敢問薦之於天而天受之暴之於民而民受之如何曰使之主祭而百神享之是天受之使之主事而事治百姓安之是民受之也天與之人與之故曰天子不能以天下與人舜相堯二十有八載非人之所能為也天也堯崩三年之喪畢舜避堯之子於南河之南天下諸侯朝覲者不之堯之子而之舜訟

獄者不之堯之子而之舜謳歌者不謳歌堯之子而謳歌舜故曰天也夫然後之中國踐天子位焉而居堯之宮逼堯之子是篡也非天與也太誓曰天視自我民視天聽自我民聽此之謂也

萬章問曰人有言至於禹而德衰不傳於賢而傳於子有諸孟子曰否不然也天與賢則與賢

天与子則与子昔者舜薦禹於天十有七年舜崩三年之喪畢禹避舜之子於陽城天下之民従之若堯崩之後不従堯之子而従舜也禹薦益於天七年禹崩三年之喪畢益避禹之子於箕山之陰朝覲訟獄者不之益而之啓曰吾君之子也謳歌者不謳歌益而謳歌啓曰吾君之子也丹朱之不肖舜之子亦不肖舜之相堯

禹之相舜也歷年多施澤於民久啟賢能敬
承繼禹之道益之相禹也歷年少施澤於民
未久舜禹益相去久遠其子之賢不肖皆天
也非人之所能為也莫之為而為者天也莫之致
而至者命也匹夫而有天下者德必若舜禹而
又有天子薦之者故仲尼不有天下繼世以有天
下天之所廢必若桀紂者也故益伊尹周公不

有天下伊尹相湯以王於天下湯崩太丁未立
外丙二年仲壬四年太甲顛覆湯之典刑伊尹
放之於桐三年太甲悔過自怨自艾於桐處仁
遷義三年以聽伊尹之訓己也復歸於亳周公
之不有天下猶益之於夏伊尹之於殷也孔子
曰唐虞禪夏后殷周繼其義一也
萬章問曰人有言伊尹以割烹要湯有諸孟

孟子

子曰否不然伊尹耕于有莘之野而樂堯舜之道焉非其義也非其道也祿之以天下弗顧也繫馬千駟弗視也非其義也非其道也一介不以與人一介不以取諸人湯使人以幣聘之囂囂然曰我何以湯之聘幣為哉我豈若處畎畝之中由是以樂堯舜之道哉湯三使往聘之既而幡然改曰與我處畎畝之中由是以樂堯舜之道

吾豈若使是君為堯舜之君哉吾豈若使是民為堯舜之民哉吾豈若於吾身親見之哉天之生此民也使先知覺後知使先覺覺後覺也予天民之先覺者也予將以斯道覺斯民也非予覺之而誰也思天下之民匹夫匹婦有不被堯舜之澤者若已推而內之溝中其自任以天下之重如此故就湯而說之以伐夏救民吾未

聞枉己而正人者也況辱己以正天下者乎聖人之行不同也或遠或近或去或不去歸潔其身而已矣吾聞其以堯舜之道要湯未聞以割烹也伊訓曰天誅造攻自牧宮朕載自亳

萬章問曰或謂孔子於衛主癰疽於齊主侍人瘠環有諸乎孟子曰否不然也好事者爲之也於衛主顏讐由彌子之妻與子路之妻兄弟

也彌子謂子路曰孔子主我衛卿可得也子路
以告孔子曰有命孔子進以禮退以義得之不得
曰有命而主癰疽與侍人瘠環是無義無命
也孔子不悅於魯衛遭宋桓司馬將要而殺之
微服而過宋是時孔子當阨主司城貞子為陳
侯周臣吾聞觀近臣以其所為主觀遠臣以

其所主若孔子主癰疽與侍人瘠環何以為孔子

萬章問曰或曰百里奚自鬻於秦養牲者五羊之皮食牛以要秦穆公信乎孟子曰否不然好事者為之也百里奚虞人也晉人以垂棘之璧与屈產之乘假道於虞以伐虢宮之奇諫百里奚不諫知虞公之不可諫而去之秦年

已七十矣曾不知以食牛干秦穆公之為汙也可謂智乎不可諫而不諫可謂不智乎知虞公之將亡而先去之不可謂不智也時舉於秦知穆公之可與有行也而相之可謂不智乎相秦而顯其君於天下可傳於後世不賢而能之乎自鬻以成其君鄉黨自好者不為而謂賢者為之乎

萬章章句下

孟子曰伯夷目不視惡色耳不聽惡聲非其君不事非其民不使治則進亂則退橫政之所出橫民之所止不忍居也思與鄉人處如以朝衣朝冠坐於塗炭也當紂之時居北海之濱以待天下之清也故聞伯夷之風者頑夫廉懦夫有立志伊尹曰何事非君何使非民治亦進亂

亦進曰天之生斯民也使先知覺後知使先覺
覺後覺予天民之先覺者也予將以此道覺
此民也思天下之民匹夫匹婦有不與被堯舜之
澤者若已推而內之溝中其自任以天下之重也
柳下惠不羞汙君不辭小官進不隱賢必以其
道遺佚而不怨阨窮而不憫與鄉人處由由然
不忍去也爾為爾我為我雖袒裼裸裎於我

側爾焉能浼我哉故聞柳下惠之風者鄙夫寬薄夫敦孔子之去齊接淅而行去魯曰遲遲吾行也去父母國之道也可以速而速可以久而久可以處而處可以仕而仕孔子也孟子曰伯夷聖之清者也伊尹聖之任者也柳下惠聖之和者也孔子聖之時者也孔子之謂集大成集大成也者金聲而玉振之也金聲也者始條理也玉振之也者

終條理也始條理者智之事也終條理者聖之事也智譬則巧也聖譬則力也由射於百步之外也其至爾力也其中非爾力也

北宮錡問曰周室班爵祿也如之何孟子曰其詳不可得聞也諸侯惡其害己也而皆去其籍然而軻也嘗聞其略也天子一位公一位侯一位子男同一位凡五等也君一位卿一位大夫一位上士一

位中士一位下士一位凡六等天子之制地方千里
公侯皆方百里伯七十里子男五十里凡四等不能
五十里不達於天子附於諸侯曰附庸天子之
卿受地視侯大夫受地視伯元士受地視子男
大國地方百里君十卿祿卿祿四大夫大夫倍
上士上士倍中士中士倍下士下士與庶人在官者
同祿祿足以代其耕也次國地方七十里君十卿

禄卿禄三大夫大夫倍上士上士倍中士中士倍
下士下士与庶人在官者同禄禄足以代其耕也小
國地方五十里君十卿禄卿禄二大夫大夫倍上
士上士倍中士中士倍下士下士与庶人在官者
同禄禄足以代其耕也耕者之所獲一夫百畝
百畝之糞上農夫食九人上次食八人中食七
人中次食六人下食五人庶人在官者其禄以

是爲差

萬章問曰敢問友孟子曰不挾長不挾貴不挾兄弟而友友也者友其德也不可以有挾也孟獻子百乘之家也有友五人焉樂正裘牧仲其三人則予忘之矣獻子之與此五人者友也無獻子之家者也此五人者亦有獻子之家則不與之友矣非惟百乘之家爲然也雖小國之

君亦嘗之費惠公曰吾於子思則師之矣吾於
顏般則友之矣王順長息則事我者也非惟
小國之君為然也雖大國之君亦有之晉平公之
於亥唐也入云則入坐云則坐食云則食雖疏
食菜羹未嘗不飽蓋不敢不飽也然終於此
已矣弗與共天位也弗與治天職也弗與食天
祿也士之尊賢者也非王公之尊賢也舜尚見

帝々館甥於貳室亦饗舜迭為賓主是天子而友匹夫也用下敬上謂之貴々用上敬下謂之尊賢貴々尊賢其義一也

萬章問曰敢問交際何心也孟子曰恭也曰卻之卻之為不恭何哉曰尊者賜之曰其所取之者義乎不義乎而後受之以是為不恭故弗卻也曰請無以辭卻之以心卻之曰其取諸民之不義

也而以他辭無受不可乎曰其交也以道其接也以禮斯孔子受之矣萬章曰今有禦人於國門之外者其交也以道其餽也以禮斯可受禦與曰不可康誥曰殺越人于貨閔不畏死凡民罔不譈是不待教而誅者也殷受夏周受殷所不辭也於今為烈如之何其受之曰今之諸侯取之於民也猶禦也苟善其禮際矣斯君子受之敢問

何說也曰子以為有王者作將比今之諸侯而誅之乎其教之不改而後誅之乎夫謂非其有而取之者盜也充類至義之盡也孔子之仕於魯也魯人獵較孔子亦獵較獵較猶可而況受其賜乎曰然則孔子之仕也非事道與曰事道也事道奚獵較也曰孔子先簿正祭器不以四方之食供簿正曰奚不去也曰為之兆也兆足以行矣而不行而後去

是以未嘗有所終三年淹也孔子有見行可之仕有際可之仕有公養之仕於季桓子見行可之仕也於衛靈公際可之仕也於衛孝公公養之仕也

孟子曰仕非為貧也而有時乎為貧娶妻非為養也而有時乎為養為貧者辭尊居卑辭富居貧辭尊居卑辭富居貧惡乎宜乎抱關

擊柝孔子嘗為委吏矣曰會計當而已矣嘗為乘田矣曰牛羊茁壯長而已矣位卑而言高罪也立乎人之本朝而道不行恥也

萬章曰士之不託諸侯何也孟子曰不敢也諸侯失國而後託於諸侯禮也士之託於諸侯非禮也萬章曰君餽之粟則受之乎曰受之受之何義也曰君之於氓也固周之曰周之則受賜之

則不受何也曰不敢也曰敢問其不敢何也曰抱
關擊柝者皆有常職以食於上無常職而賜
於上者以爲不恭也曰君餽之則受之不識可常
繼乎曰繆公之於子思也亟問亟餽鼎肉子思不
悅於卒也摽使者出諸大門之外北面稽首再
拜而不受曰今而後知君之犬馬畜伋蓋自是
臺無餽也悅賢不能舉又不能養也可謂悅

賢乎曰敢問國君欲養君子如何斯可謂養矣曰以君命將之再拜稽首而受其後廩人繼粟庖人繼肉不以君命將之子思以為鼎肉使己僕僕爾亟拜也非養君子之道也堯之於舜也使其子九男事之二女女焉百官牛羊倉廩備以養舜於畎畝之中後舉而加諸上位故曰王公之尊賢也

萬章曰敢問不見諸侯何義也孟子曰在國曰
市井之臣在野曰艸莽之臣皆謂庶人庶人
不傳質為臣不敢見於諸侯禮也萬章曰庶
人召之役則往役君欲見之召之則不往見之
何也曰往役義也往見不義也且君之欲見之也
何為也哉曰為其多聞也為其賢也曰為其多
聞也則天子不召師而况諸侯乎為其賢也則吾

亦聞欲見賢而召之也繆公亟見於子思曰古千乘之國以友士何如子思不悅曰古之人有言曰事之云乎豈曰友之云乎子思之不悅也豈不曰以位則子君也我臣也何敢與君友也以德則子事我者也奚可以與我友千乘之君求與之友而不可得也而況可召與齊景公田招虞人以旌不至將殺之志士不忘在溝壑勇士不忘喪其元

孔子奚取焉取非其招不往也曰敢問招虞人何
以曰以皮冠庶人以旃士以旂大夫以旌以大夫之
招招虞人虞人死不敢往以士之招招庶人庶人
豈敢往哉況乎以不賢人之招招賢人乎欲見
賢人而不以其道猶欲其入而閉之門也夫義路也
禮門也惟君子能由是路出入是門也詩云周
道如底其直如矢君子所履小人所視萬章曰孔

子君命召不俟駕而行然則孔子非與曰孔子當仕有官職而以其官召之也

孟子謂萬章曰一鄉之善士斯友一鄉之善士一國之善士斯友一國之善士天下之善士斯友天下之善士以友天下之善士爲未足又尚論古之人頌其詩讀其書不知其人可乎是以論其世也是尚友也

齊宣王問卿孟子曰王何卿之問也王曰卿不同乎曰不同有貴戚之卿有異姓之卿王曰請問貴戚之卿曰君有大過則諫反覆之而不聽則易位王勃然變乎色曰王勿異也王問臣〻不敢不以正對王色定然後請問異姓之卿曰君有過則諫反覆之而不聽則去

孟子集注

（下）

古籍珍选·四书三绝 七

［宋］朱熹 集注 ［清］郑板桥 手书
王海燕 编选

吉林出版集团股份有限公司
全国百佳图书出版单位

图书在版编目（CIP）数据

孟子集注．下 /（宋）朱熹集注；（清）郑板桥手书；王海燕编选．-- 长春：吉林出版集团股份有限公司，2025. 5. --（古籍珍选）. -- ISBN 978-7-5731-5694-5

Ⅰ．B222.52

中国国家版本馆 CIP 数据核字第 2025A84K63 号

上海进步书局《四书集注》原版封面

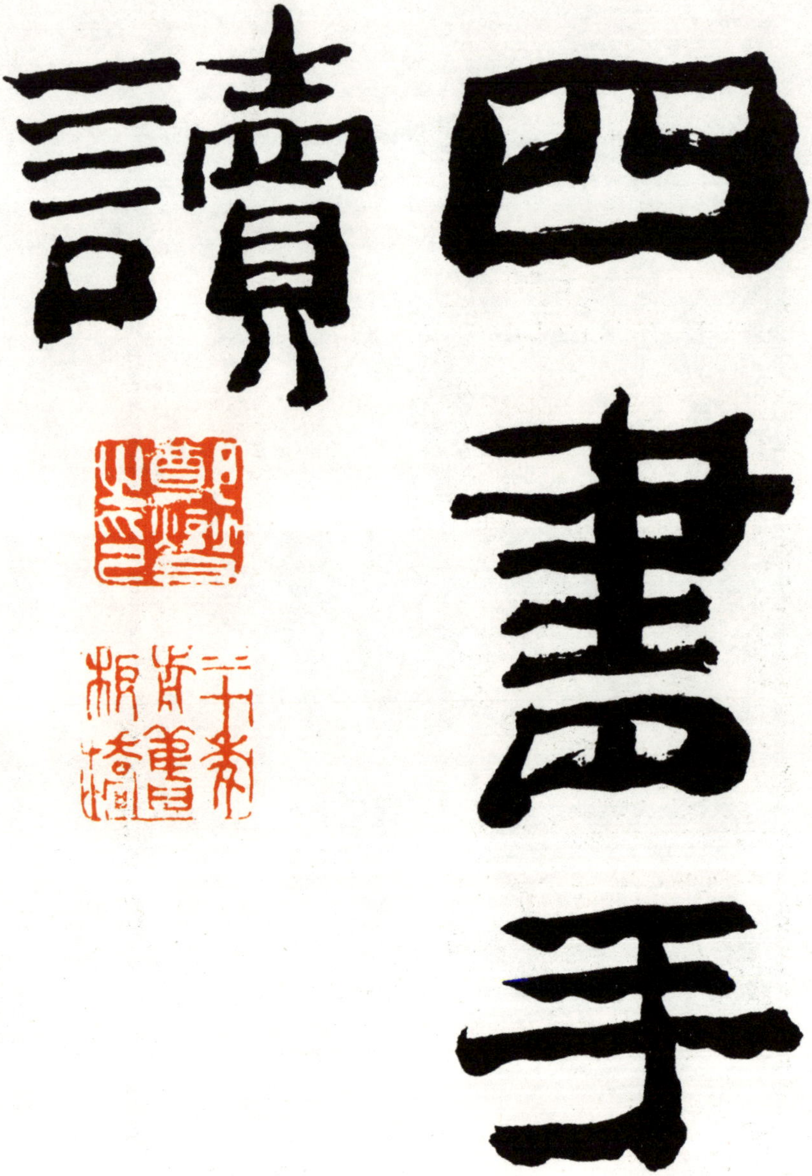

郑板桥手书四书扉页

目录

四书集注

下

孟

柜居旅反　匜音移　揉人九反　潆音萦

孟子卷之六

告子章句上 凡二十章

朱熹集註

告子曰。性、猶杞柳也。義、猶桮棬也。以人性為仁義、猶以杞柳為桮棬。桮音杯。棬丘圓反。○性者、人生所稟之天理也。杞柳、柜柳。桮棬、屈木所為、若卮匜之屬。告子言人性本無仁義、必待矯揉而後成、如荀子性惡之說也。

孟子曰。子能順杞柳之性、而以為桮棬乎。將戕賊杞柳、而後以為桮棬也。如將戕賊杞柳而以為桮棬、則亦將戕賊人以為仁義與。率天下之人而禍仁義者、必子之言夫。戕音牆。與、平聲。夫音扶。○言如此、則天下之人皆以仁義為害性、而不肯為、是因子之言而為仁義之禍也。

○告子曰。性、猶湍水也。決諸東方則東流、決諸西方則西流。人性之無分於善不善也、猶水之無分於東西也。湍、他端反。○湍、波流潆回之貌也。告子因前說而小變之、近於揚子善惡混之說。

孟子曰。水性無分於東西、無分於上下乎。人性之善也、猶水之就下也。人無有不善、水無有不下。言水誠不分東西矣、然豈不分上下乎。性即天理、未有不善者也。

今夫水、搏而躍之、可使過顙。激而行之、可使在山。是豈水之性哉。其勢則然也。人之可使為不善、其性亦猶是也。夫音扶。搏補各反。○搏、擊也。躍、跳也。顙、額也。水之過額在山、皆不就下也。然其本性未嘗不就下、但為搏激所使而逆其性耳。○此章言性本善、故順之而無不善。本無惡、故反之而後為惡、非本無定體、而可以

舛川上聲

無所不為也。

○告子曰。生之謂性。

生，指人物之所以知覺運動者而言。告子論性，前後四章，語雖不同，然其大指不外乎此，與近世佛氏所謂作用是性者略相似。

孟子曰。生之謂性也。猶白之謂白與。曰然。白羽之白也。猶白雪之白。白雪之白。猶白玉之白與。曰然。

與，平聲，下同。○白之謂白，猶言凡物之白者，同謂之白，更無差別也。白羽以下，孟子再問而告子曰然，則是謂凡有生者同是一性矣。

然則犬之性。猶牛之性。牛之性。猶人之性與。

孟子又言若果如此，則犬牛與人皆有知覺，皆能運動，其性皆無以異矣，於是告子自知其說之非而不能對也。○愚按：性者，人之所得於天之理也；生者，人之所得於天之氣也。性，形而上者也；氣，形而下者也。人物之生，莫不有是性，亦莫不有是氣。然以氣言之，則知覺運動，人與物若不異也；以理言之，則仁義禮智之稟，豈物之所得而全哉？此人之性所以無不善，而為萬物之靈也。告子不知性之為理，而以所謂氣者當之，是以杞柳湍水之喻，食色無善無不善之說，縱橫繆戾，紛紜舛錯，而此章之誤乃其本根。所以然者，蓋徒知知覺運動之蠢然者，人與物同；而不知仁義禮智之粹然者，人與物異也。孟子以是折之，其義精矣。

○告子曰。食色性也。仁內也。非外也。義外也。非內也。

告子以人之知覺運動者為性，故言人之甘食悅色者即其性。故仁愛之心生於內，而事物之宜由乎外。學者但當用力於仁，而不必求合於義也。

孟子曰。何以謂仁內義外也。曰彼長而我長之。非有長於我也。猶彼白而我白之。從其白於外也。故謂之外也。

長，上聲，下同。○我長之，我以彼為長也；我白之，我以彼為白也。

曰。異於白馬之白也。無以異於白人之白也。不識長馬之長也。無以異於長人之長與。且謂長者義乎。長之者義乎。

與，平聲，下同。○張氏曰：上異於二字疑衍。李氏曰：或有闕文焉。愚按：白馬白人，所謂彼白而我白之也；長馬長人，所謂彼長而我長之也。白馬白人不異，而長馬長人不同，是乃所謂義也。義不在彼之長，而在我長之之心，則義之非外明矣。

曰。吾弟則愛之。秦人之弟則不愛也。是以我為悅者也。故謂之內。

炙音炅

長楚人之長，亦長吾之長，是以長為悦者也，故謂之外也。言愛主於我，故仁在內；敬主於長，故義在外。曰：耆秦人之炙，無以異於耆吾炙。夫物則亦有然者也。然則耆炙亦有外與。耆與嗜同。夫音扶。○言長之、嗜之，皆出於心也。林氏曰：告子以食色為性，故因其所明者而通之。○自篇首至此四章，告子之辯屢屈，而屢變其說以求勝，卒不聞其能自反而有所疑也。此正其所謂不得於言，勿求於心者，所以卒於鹵莽而不得其正也。

○孟季子問公都子曰：何以謂義內也。孟季子，疑孟仲子之弟也。蓋聞孟子之言而未達，故私論之。曰：行吾敬，故謂之內也。所敬之人雖在外，然知其當敬而行吾心之敬以敬之，則不在外也。鄉人長於伯兄一歲，則誰敬。曰：敬兄。酌則誰先。曰：先酌鄉人。所敬在此，所長在彼，果在外，非由內也。長，上聲。○伯，長也。酌，酌酒也。此皆季子問、公都子答，而季子又言如此，則敬長之心，果不由中出也。公都子不能答，以告孟子。孟子曰：敬叔父乎，敬弟乎。彼將曰：敬叔父。曰：弟為尸，則誰敬。彼將曰：敬弟。子曰：惡在其敬叔父也。彼將曰：在位故也。子亦曰：在位故也。庸敬在兄，斯須之敬在鄉人。惡，平聲。○尸，祭祀所主以象神，雖子弟為之，然敬之當如祖考也。在位，弟在尸位，鄉人在賓客之位也。庸，常也。斯須，暫時也。言因時制宜，皆由中出也。季子聞之曰：敬叔父則敬，敬弟則敬，果在外，非由內也。公都子曰：冬日則飲湯，夏日則飲水，然則飲食亦在外也。此亦上章耆炙之意。○范氏曰：二章問答，大指畧同，皆反覆譬喻，以曉當世，使明仁義之在內，則知人之性善，而皆可以為堯舜矣。

○公都子曰：告子曰：性無善無不善也。此亦生之謂性、食色性也之意。

鑠音爍

近世蘇氏胡氏之說蓋如此。或曰。性可以為善。可以為不善。是故文武興。則民好善。幽厲興。則民好暴。好去聲。○此即湍水之說也。或曰。有性善。有性不善。是故以堯為君而有象。以瞽瞍為父而有舜。以紂為兄之子。且以為君。而有微子啟王子比干。韓子性有三品之說蓋如此。按此文則微子比干皆紂之叔父。而書稱微子為商王元子。疑此或有誤字。今曰性善。然則彼皆非與。與平聲

孟子曰。乃若其情。則可以為善矣。乃所謂然也。乃若發語辭。情者性之動也。人之情本但可以為善而不可以為惡。則性之本善可知矣。若夫為不善。非才之罪也。夫音扶。○才猶材質。人之能也。人有是性。則有是才。性既善則才亦善。人之為不善。乃物欲陷溺而然。非其才之罪也。惻隱之心。人皆有之。羞惡之心。人皆有之。恭敬之心。人皆有之。是非之心。人皆有之。惻隱之心。仁也。羞惡之心。義也。恭敬之心。禮也。是非之心。智也。仁義禮智。非由外鑠我也。我固有之也。弗思耳矣。故曰求則得之。舍則失之。或相倍蓰而無算者。不能盡其才者也。惡去聲。舍上聲。蓰音師。○恭者敬之發於外者也。敬者恭之主於中者也。鑠以火銷金之名。自外以至內也。算數也。言四者之心人所固有。但人自不思而求之耳。所以善惡相去之遠。由不思不求而不能擴充以盡其才也。前篇言是四者為仁義禮智之端。而此不言端者。彼欲其擴而充之。此直因用以著其本體。故言有不同耳。

詩曰。天生蒸民。有物有則。民之秉夷。好是懿德。孔子曰。為此詩者。其知道乎。故有物。必有則。民之秉夷也。故好是懿德。

論去聲　藉音借

好去聲。○詩大雅烝民之篇，蒸詩作烝，衆也。物，事也。則，法也。夷詩作彝，常也。懿，美也。有物必有法，如有耳目則有聰明之德，有父子則有慈孝之心，是民所秉執之常性也，故人之情無不好此懿德者。以此觀之，則人性之善可見，而公都子所問之三說，皆不辯而自明矣。○程子曰：性即理也，理則堯舜至於塗人一也。才稟於氣，氣有清濁，稟其清者為賢，稟其濁者為愚。學而知之，則氣無清濁，皆可至於善而復性之本，湯武身之是也。孔子所言下愚不移者，則自暴自棄之人也。又曰：論性不論氣，不備；論氣不論性，不明。二之則不是。張子曰：形而後有氣質之性，善反之則天地之性存焉。故氣質之性，君子有弗性者焉。愚按：程子此說才字，與孟子本文小異。蓋孟子專指其發於性者言之，故以為才無不善；程子兼指其稟於氣者言之，則人之才固有昏明強弱之不同矣，張子所謂氣質之性是也。二說雖殊，各有所當，然以事理考之，程子為密。蓋氣質所稟雖有不善，而不害性之本善；性雖本善，而不可以無省察矯揉之功，學者所當深玩也。

○孟子曰：「富歲子弟多賴，凶歲子弟多暴，非天之降才爾殊也，其所以陷溺其心者然也。富歲，豐年也。賴，藉也。豐年衣食饒足，故有所賴藉而為善；凶年衣食不足，故有以陷溺其心而為暴。今夫麰麥，播種而耰之，其地同，樹之時又同，浡然而生，至於日至之時，皆熟矣。雖有不同，則地有肥磽，雨露之養，人事之不齊也。夫音扶。麰音牟。耰音憂。磽苦交反。○麰，大麥也。耰，覆種也。日至之時，謂當成熟之期也。磽，瘠薄也。故凡同類者，舉相似也，何獨至於人而疑之？聖人與我同類者。聖人亦人耳，其性之善無不同也。故龍子曰：『不知足而為屨，我知其不為蕢也。』屨之相似，天下之足同也。蕢音匱。○蕢，草器也。不知人足之大小而為之屨，雖未必適中，然必似足形，不至成蕢也。口之於味，有同耆也。易牙先得我口之所耆者也。如使口之於味也，其性與人殊，若犬馬之與我不同類也，則天下何耆皆從易牙之於味也？至於味，天下期於易牙，是天下之口相似也。耆與嗜同，下同。○易牙，古之知味者，言易牙所調之

處音杵　長音掌

味則天下皆以爲美也、惟耳亦然。至於聲。天下期於師曠。是天下之耳相似也。師曠能審音者也、言師曠所和之音、則天下皆以爲美也、惟目亦然。至於子都。天下莫不知其姣也。不知子都之姣者。無目者也。姣古卯反。○子都古之美人也、姣、好也、故曰。口之於味也。有同耆焉。耳之於聲也。有同聽焉。目之於色也。有同美焉。至於心。獨無所同然乎。心之所同然者何也。謂理也。義也。聖人先得我心之所同然耳。故理義之悅我心。猶芻豢之悅我口。然、猶可也、草食曰芻、牛羊是也、穀食曰豢、犬豕是也、程子曰在物爲理、處物爲義、體用之謂也、孟子言人心無不悅理義者、但聖人則先知先覺乎此耳、非有以異於人也、程子又曰理義之悅我心、猶芻豢之悅我口、此語親切有味、須實體察得理義之悅心、真猶芻豢之悅口始得、

○孟子曰。牛山之木嘗美矣。以其郊於大國也。斧斤伐之。可以爲美乎。是其日夜之所息。雨露之所潤。非無萌蘖之生焉。牛羊又從而牧之。是以若彼濯濯也。人見其濯濯也。以爲未嘗有材焉。此豈山之性也哉。蘖五割反。○牛山、齊之東南山也、邑外謂之郊、言牛山之木、前此固嘗美矣、今爲大國之郊、伐之者衆、故失其美耳、息、生長也、日夜之所息、謂氣化流行未嘗間斷、故日夜之間凡物皆有所生長也、萌、芽也、蘖、芽之旁出者也、濯濯、光潔之貌、材、材木也、言山木雖伐、猶有萌蘖、而牛羊又從而害之、是以至於光潔而無草木也、雖存乎人者。豈無仁義之心哉。其所以放其良心者。亦猶斧斤之於木也。旦旦而伐之。可以爲美乎。其日夜之所息。平旦之氣。其好惡

寑音浸

與人相近也者幾希，則其旦晝之所為，有梏亡之矣。梏之反覆，則其夜氣不足以存。夜氣不足以存，則其違禽獸不遠矣。人見其禽獸也，而以為未嘗有才焉者，是豈人之情也哉。好惡並去聲。○良心者，本然之善心，即所謂仁義之心也。平旦之氣，謂未與物接之時，清明之氣也。好惡與人相近，言得人心之所同然也。幾希，不多也。梏，械也。反覆，展轉也。言人之良心雖已放失，然其日夜之間，亦必有所生長。故平旦未與物接，其氣清明之際，良心猶必有發見者。但其發見至微，而旦晝所為之不善，又已隨而梏亡之，如山木既伐，猶有萌蘖，而牛羊又牧之也。晝之所為，既有以害其夜之所息，夜之所息，又不能勝其晝之所為，是以展轉相害。至於夜氣之生，日以寑薄，而不足以存其仁義之良心，則平旦之氣亦不能清，而所好惡遂與人遠矣。故苟得其養，無物不長。苟失其養，無物不消。長，上聲。○山木人心，其理一也。孔子曰：操則存，舍則亡。出入無時，莫知其鄉。惟心之謂與。舍音捨。與，平聲。○孔子言心，操之則在此，舍之則失去，其出入無定時，亦無定處如此。孟子引之，以明心之神明不測，得失之易，而保守之難，不可頃刻失其養。學者當無時而不用其力，使神清氣定，常如平旦之時，則此心常存，無適而非仁義矣。程子曰：心豈有出入，亦以操舍而言耳。操之之道，敬以直內而已。○愚聞之師曰：人，理義之心未嘗無，惟持守之即在爾。若於旦晝之間，不至梏亡，則夜氣愈清。夜氣清，則平旦未與物接之時，湛然虛明，氣象自可見矣。孟子發此夜氣之說，於學者極有力，宜熟玩而深省之也。

○孟子曰：無或乎王之不智也。或，與惑同，疑怪也。王，疑指齊王。雖有天下易生之物也，一日暴之，十日寒之，未有能生者也。吾見亦罕矣，吾退而寒之者至矣，吾如有萌焉何哉。易，去聲。暴，步卜反。見，音現。○暴，溫之也。我見王之時少，猶一日暴之也，我退則諂諛雜進之日多，是十日寒之也。雖有萌蘖之生，我亦安能如之何哉。今夫弈之為數，小數也。不專心致志，則不得也。弈秋，通國之善弈者也。使弈秋誨二人弈，其一人專心致志，惟弈秋之為聽。一人雖聽之，一心以為有鴻鵠將至，思援弓繳而射之。雖與之俱學，弗若之矣。為是其智弗若與？曰：非然也。

夫音扶。繳音灼。射食亦反。為是之為去聲。若與之與平聲。○弈，圍棊也。數，技也。致，極也。弈秋，善弈者名秋也。繳，以繩繫矢而射也。○程子為講官，言於上曰：人主一日之間，接賢士大夫之時多，親宦官宮妾之時少，則可以涵養氣質而薰陶德性。時不能用，識者恨之。范氏曰：人君之心，惟在所養。君子養之以善則智，小人養之以惡則愚。然賢人易疏，小人易親，是以寡不能勝衆，正不能勝邪。自古國家治日常少，而亂日常多，蓋以此也。

○孟子曰：魚，我所欲也；熊掌，亦我所欲也。二者不可得兼，舍魚而取熊掌者也。生，亦我所欲也；義，亦我所欲也。二者不可得兼，舍生而取義者也。

舍上聲。○魚與熊掌皆美味，而熊掌尤美也。

生亦我所欲，所欲有甚於生者，故不為苟得也。死亦我所惡，所惡有甚於死者，故患有所不辟也。

惡、辟皆去聲，下同。○釋所以舍生取義之意。得，得生也。欲生惡死者，雖衆人利害之常情；而欲惡有甚於生死者，乃秉彝義理之良心，是以欲生而不為苟得，惡死而有所不避也。

如使人之所欲莫甚於生，則凡可以得生者，何不用也？使人之所惡莫甚於死者，則凡可以辟患者，何不為也？

設使人無秉彝之良心，而但有利害之私情，則凡可以偷生免死者，皆將不顧禮義而為之矣。

由是則生而有不用也，由是則可以辟患而有不為也。

由其必有秉彝之良心，是以其能舍生取義如此。

是故所欲有甚於生者，所惡有甚於死者，非獨賢者有是心也，人皆有之，賢者能勿喪耳。

喪去聲。○羞惡之心，人皆有之；但衆人汨於利欲而忘之，惟賢者能存之而不喪耳。

咄音賫 啐音翠

種上聲

一簞食。一豆羹。得之則生。弗得則死。嘑爾而與之。行道之人弗受。蹴爾而與之。乞人不屑也。食音嗣。嘑呼故反。蹴子六反。○豆，木器也。嘑，咄啐之貌。行道之人，路中凡人也。蹴，踏踐也。乞人，丐乞之人也。不屑，不以為潔也。言雖欲食之急，而猶惡無禮，有寧死而不食者。是其羞惡之本心，欲惡有甚於生死者，人皆有之也。

萬鍾則不辨禮義而受之。萬鍾於我何加焉。為宮室之美。妻妾之奉。所識窮乏者得我與。為去聲。與平聲。○萬鍾於我何加，言於我身無所增益也。所識窮乏者得我，謂所知識之窮乏者感我之惠也。上言人皆有羞惡之心，此言衆人所以喪之，由此三者。蓋理義之心，雖曰固有，而物欲之蔽，亦人之所易昏也。

鄉為身死而不受。今為宮室之美為之。鄉為身死而不受。今為妻妾之奉為之。鄉為身死而不受。今為所識窮乏者得我而為之。是亦不可以已乎。此之謂失其本心。鄉為並去聲。為之之為，並如字。○言三者身外之物，其得失比生死為甚輕。鄉為身死，猶不肯受嘑蹴之食，今乃為此三者而受無禮義之萬鍾，是豈不可以止乎。本心，謂羞惡之心。○此章言羞惡之心，人所固有。或能決死生於危迫之際，而不免計豐約於宴安之時，是以君子不可頃刻而不省察於斯焉。

○孟子曰。仁。人心也。義。人路也。仁者心之德，程子所謂心如穀種，仁則其生之性是也。然但謂之仁，則人不知其切於己，故反而名之曰人心，則可以見其為此身酬酢萬變之主，而不可須臾失矣。義者行事之宜，謂之人路，則可以見其為出入往來必由之道，而不可須臾舍矣。

舍其路而弗由。放其心而不知求。哀哉。舍上聲。○哀哉二字，最宜詳味，令人惕然有深省處。

人有雞犬放。則知求之。有放心而不知求。程子曰，心至重，雞犬至輕。雞犬放則知求之，心放則不知求，豈愛其至輕而忘其至重哉，弗思而已矣。愚謂上兼言仁義，而此下專論求放心者，能求放心，則不違於仁，而義在其中矣。

學問之道無他。求其放心而已矣。學問之事，固非一端，然其道則在於求其放心而已。蓋能如是則志氣清明，義理昭著，而可以上達。不然則昏昧放逸，雖曰從事於學，而終不能有所發明矣。故程子曰，聖賢千言萬語，只是欲人將已放之心約之使反復入身來自能尋向上去下學而上達也此乃孟子開示切要之言程子又發明之曲盡其指學者宜服膺而勿失也○孟子曰今有無名之指屈而不信非疾痛害事也如有能信之者則不遠秦楚之路為指之不若人也信與伸同為去聲○無名指手之第四指也指不若人則知惡之心不若人則不知惡此之謂不知類也惡去聲○不知類言其不知輕重之等也○孟子曰拱把之桐梓人苟欲生之皆知所以養之者至於身而不知所以養之者豈愛身不若桐梓哉弗思甚也拱兩手所圍也把一手所握也桐梓二木名○孟子曰人之於身也兼所愛兼所愛則兼所養也無尺寸之膚不愛焉則無尺寸之膚不養也所以考其善不善者豈有他哉於己取之而已矣人於一身固當兼養然欲考其所養之善否者惟在反之於身以審其輕重而已矣體有貴賤有小大無以小害大無以賤害貴養其小者為小人養其大者為大人賤而小者口腹也貴而大者心志也今有場師舍其梧檟養其樲棘則為賤場師焉舍上聲檟音賈樲音貳○場師治場圃者梧桐也檟梓也皆美材也樲棘小棗非美材也養其一指而失其肩背而不知也則為狼疾人也狼善顧疾則不能故以為失肩背之喻飲食之人則人賤之矣為其養小以失大也為去聲○飲食之人專養口腹者也飲食之人無有失也則口腹豈適為尺寸之膚哉此言若使專養

口腹而能不失其大體則口腹之養軀命所關不但為尺寸之膚而已但養小之人無不失其大者故口腹雖所當養而終不可以小害大賤害貴也

○公都子問曰。鈞是人也。或為大人。或為小人。何也。孟子曰。從其大體為大人。從其小體為小人。鈞同也從隨也大體心也小體耳目之類也

曰。鈞是人也。或從其大體。或從其小體。何也。曰。耳目之官不思。而蔽於物。物交物。則引之而已矣。心之官則思。思則得之。不思則不得也。此天之所與我者。先立乎其大者。則其小者不能奪也。此為大人而已矣。官之為言司也耳司聽目司視各有所職而不能思是以蔽於外物既不能思而蔽於外物則亦一物而已又以外物交於此物其引之而去不難矣心則能思而以思為職凡事物之來心得其職則得其理而物不能蔽失其職則不得其理而物來蔽之此三者皆天之所以與我者而心為大若能有以立之則事無不思而耳目之欲不能奪之矣此所以為大人也然此天之此舊本多作比而趙註亦以比方釋之今本既多作此而註亦作此乃未詳孰是但作比字於義為短故且從今本云○范浚心箴曰茫茫堪輿俯仰無垠人於其閒渺然有身是身之微太倉稊米參為三才曰惟心耳往古來今孰無此心心為形役乃獸乃禽惟口耳目手足動靜投閒抵隙為厥心病一心之微衆欲攻之其與存者嗚呼幾希君子存誠克念克敬天君泰然百體從令

浚荀去聲 垠音銀 稊音提

○孟子曰。有天爵者。有人爵者。仁義忠信。樂善不倦。此天爵也。公卿大夫。此人爵也。樂音洛○天爵者德義可尊自然之貴也

古之人。修其天爵。而人爵從之。修其天爵以為吾分之所當然者耳人爵從之蓋不待求之而自至也

今之人。修其天爵。以要人爵。既得人爵。而棄其天爵。則惑之甚者也。終亦必亡而已矣。要音邀○要求也修天爵以要人爵其心固已惑矣得人爵而棄天爵則其惑又甚焉終必并其所得之人爵而亡之也

○孟子曰。欲貴者。人之同心也。人人有

舍音捨

并去聲

貴於己者。弗思耳。貴於己者謂天爵也人之所貴者。非良貴也。趙孟之所貴。趙孟能賤之。人之所貴謂人以爵位加己而後貴也良者本然之善也趙孟晉卿也能以爵祿與人而使之貴則亦能奪之而使之賤矣若良貴則人安得而賤之哉詩云。既醉以酒。既飽以德。言飽乎仁義也。所以不願人之膏粱之味也。令聞廣譽施於身。所以不願人之文繡也。聞去聲○詩大雅既醉之篇飽充足也願欲也膏肥肉粱美穀令善也聞亦譽也文繡衣之美者也仁義充足而聞譽彰著皆所謂良貴也○尹氏曰言在我者重則外物輕

○孟子曰。仁之勝不仁也。猶水勝火。今之為仁者。猶以一杯水。救一車薪之火也。不熄。則謂之水不勝火。此又與於不仁之甚者也。與猶助也仁之能勝不仁必然之理也但為之不力則無以勝不仁而人遂以為真不能勝是我之所為有以深助於不仁者也亦終必亡而已矣。言此人之心亦且自怠於為仁終必并與其所為而亡之○趙氏曰言為仁不至而不反諸己也

○孟子曰。五穀者。種之美者也。苟為不熟。不如荑稗。夫仁亦在乎熟之而已矣。荑音蹄稗蒲賣反夫音扶○荑稗草之似穀者其實亦可食然不能如五穀之美也但五穀不熟則反不如荑稗之熟猶為仁而不熟則反不如為他道之有成是以為仁必貴乎熟而不可徒恃其種之美又不可以仁之難熟而甘為他道之有成也○尹氏曰日新而不已則熟

○孟子曰。羿之教人射。必志於彀。學者亦必至於彀。彀古候反○羿善射者也志猶期也彀弓滿也滿而後發射之法也學謂學射大匠誨人。必以規矩。學者亦必以規矩。大匠工師也規矩匠之法也○此章言事必有法然後可成師舍是則無以教弟子舍是則無以學曲藝且然況聖人之道乎

告子章句下 凡十六章

差楚宜反

任人有問屋廬子曰。禮與食孰重。曰。禮重。任平聲。○任，國名。屋廬子，名連，孟子弟子也。色與禮孰重。任人復問也。曰。禮重。曰。以禮食。則飢而死。不以禮食。則得食。必以禮乎。親迎。則不得妻。不親迎。則得妻。必親迎乎。迎，去聲。屋廬子不能對。明日之鄒以告孟子。孟子曰。於答是也何有。於，如字。○何有，不難也。不揣其本。而齊其末。方寸之木。可使高於岑樓。揣，初委反。○本，謂下。末，謂上。方寸之木至卑，喻食色。岑樓，樓之高銳似山者，至高，喻禮。若不取其下之平，而升寸木於岑樓之上，則寸木反高，岑樓反卑矣。金重於羽者。豈謂一鉤金與一輿羽之謂哉。鉤，帶鉤也。金本重而帶鉤小，故輕，喻禮有輕於食色者。羽本輕而一輿多，故重，喻食色有重於禮者。取食之重者。與禮之輕者而比之。奚翅食重。取色之重者。與禮之輕者而比之。奚翅色重。翅與啻同，古字通用，施智反。○禮食、親迎，禮之輕者也。飢而死以滅其性，不得妻而廢人倫，食色之重者也。奚翅，猶言何但，言其相去懸絕，不但有輕重之差而已。往應之曰。紾兄之臂。而奪之食。則得食。不紾則不得食。則將紾之乎。踰東家牆而摟其處子。則得妻。不摟則不得妻。則將摟之乎。紾，音軫。摟，音婁。○紾，戾也。摟，牽也。處子，處女也。此二者，禮與食色皆其重者，而以之相較，則禮為尤重也。○此章言義理事物，其輕重固有大分，然於其中又各自有輕重之別。聖賢於此錯綜斟酌，毫髮不差，固不肯枉尺而直尋，亦未嘗膠柱而調瑟，所以斷之一視於理之當然而已矣。

○曹交問曰。人皆可以為堯舜。有諸。孟子曰。然。趙氏曰：曹交，曹君之弟也。人皆可以為堯舜，疑古語或孟子所嘗言也。交聞文王十尺。湯九尺。今交九尺四寸以長。句食粟而已。如

鶩音木　分去聲　大音泰

何則可。〔曹交問也。食粟而已。言無他材能也。〕曰。奚有於是。亦為之而已矣。有人於此。力不能勝一匹雛。則為無力人矣。今曰舉百鈞。則為有力人矣。然則舉烏獲之任。是亦為烏獲而已矣。夫人豈以不勝為患哉。弗為耳。〔勝平聲。匹字本作鴄。鴨也。從省作匹。禮記說匹為鶩是也。烏獲古之有力人也。能舉移千鈞。〕徐行後長者。謂之弟。疾行先長者。謂之不弟。〔後去聲。長上聲。先去聲。〕夫徐行者。豈人所不能哉。所不為也。堯舜之道。孝弟而已矣。〔夫音扶。○陳氏曰。孝弟者人之良知良能。自然之性也。堯舜人倫之至。亦率是性而已。豈能加毫末於是哉。楊氏曰。堯舜之道大矣。而所以為之。乃在夫行止疾徐之閒。非有甚高難行之事也。百姓蓋日用而不知耳。〕子服堯之服。誦堯之言。行堯之行。是堯而已矣。子服桀之服。誦桀之言。行桀之行。是桀而已矣。〔之行二行並去聲。○言為善為惡皆在我而已。詳曹交之問淺陋麤率。必其進見之時。禮貌衣冠言動之閒。多不循理。故孟子告之如此兩節云。〕曰。交得見於鄒君。可以假館。願留而受業於門。〔見音現。○假館而後受業。又可見其求道之不篤。〕曰。夫道若大路然。豈難知哉。人病不求耳。子歸而求之。有餘師。〔夫音扶。言道不難知。若歸而求之事親敬長之閒。則性分之內。萬理皆備。隨處發見。無不可師。不必留此而受業也。○曹交事長之禮既不至。求道之心又不篤。故孟子教之以孝弟。而不容其受業。蓋孔子餘力學文之意。亦不屑之教誨也。〕

○公孫丑問曰。高子曰。小弁小人之詩也。孟子曰。何以言之。曰怨。〔弁音盤。○高子齊人也。小弁小雅篇名。周幽王娶申后。生大子宜臼。又得褒姒。生伯服。而黜申后。廢宜臼。於是宜臼之傅為作此詩。以敘其哀痛迫切之情也。〕曰。固哉。高叟之為詩也。有人於此。越

邶蒲昧反

銒刑堅二音說音稅強上聲聒古活反舍

人關弓而射之。則已談笑而道之。無他。疏之也。其兄關弓而射之。則已垂涕泣而道之。無他。戚之也。小弁之怨。親親也。親親。仁也。固矣夫。高叟之為詩也。關與彎同。射，食亦反。夫音扶。○固，謂執滯不通也。為，猶治也。越，蠻夷國名。道，語也。親親之心，仁之發也。

曰。凱風何以不怨。

凱風，邶風篇名。衛有七子之母不能安其室，七子作此以自責也。

曰。凱風。親之過小者也。小弁。親之過大者也。親之過大而不怨。是愈疏也。親之過小而怨。是不可磯也。愈疏。不孝也。不可磯。亦不孝也。磯音機。○磯，水激石也。不可磯，言微激之而遽怒也。孔子曰。舜其至孝矣。五十而慕。

言舜猶怨慕，小弁之怨，不為不孝也。○趙氏曰：生之膝下，一體而分，喘息呼吸，氣通於親。當親而疏，怨慕號天，是以小弁之怨，未足為愆也。

○宋牼將之楚。孟子遇於石丘。牼，口莖反。○宋，姓。牼，名。石丘，地名。

曰。先生將何之。趙氏曰：學士年長者，故謂之先生。

曰。吾聞秦楚構兵。我將見楚王說而罷之。楚王不悅。我將見秦王說而罷之。二王我將有所遇焉。說音稅。○時宋牼方欲見楚王，恐其不悅，則將見秦王也。遇，合也。按莊子書有宋銒者，禁攻寢兵，救世之戰，上說下教，強聒不舍。疏云齊宣王時人。以事考之，疑即此人也。

曰。軻也請無問其詳。願聞其指。說之將何如。曰。我將言其不利也。曰。先生之志則大矣。先生之號則不可。徐氏曰：能於戰國擾攘之中，而以罷兵息民為說，其志可謂大矣。然以利為名，則不可也。

先生以利說秦楚之王。秦楚之王悅於利。以罷三軍之師。是三軍之士樂罷而悅於利

上聲

也。為人臣者。懷利以事其君。為人子者。懷利以事其父。為人弟者懷利以事其兄。是君臣父子兄弟。終去仁義。懷利以相接。然而不亡者。未之有也。樂音洛下同 先生以仁義說秦楚之王。秦楚之王悅於仁義。而罷三軍之師。是三軍之士。樂罷而悅於仁義也。為人臣者。懷仁義以事其君。為人子者。懷仁義以事其父。為人弟者。懷仁義以事其兄。是君臣父子兄弟。去利懷仁義以相接也。然而不王者。未之有也。何必曰利。王去聲○此章言休兵息民為事則一。然其心有義利之殊。而其效有興亡之異。學者所當深察而明辨之也。

○孟子居鄒。季任為任處守。以幣交。受之而不報。處於平陸。儲子為相。以幣交。受之而不報。任平聲相去聲下同○趙氏曰。季任。任君之弟。任君朝會於鄰國。季任為之居守其國也。儲子。齊相也。不報者。來見則當報之。但以幣交。則不必報也。 他日由鄒之任。見季子。由平陸之齊。不見儲子。屋廬子喜曰。連得閒矣。屋廬子。知孟子之處此必有義理。故喜得其閒隙而問之。 問曰。夫子之任見季子。之齊不見儲子。為其為相與。為其之為去聲下同與平聲○言儲子但為齊相。不若季子攝守君位。故輕之耶。 曰。非也。書曰。享多儀。儀不及物。曰不享。惟不役志于享。書周書洛誥之篇。享。奉上也。儀。禮也。物。幣也。役。用也。言雖享而禮意不及其幣。則是不享矣。以其不用志于享故也。 為其不成享也。孟子釋書意如此。 屋廬子悅。或

處音杵

問之。屋廬子曰。季子不得之鄒。儲子得之平陸。徐氏曰、季子為君居守、不得往他國以見孟子、則以幣交、而禮意已備。儲子為齊相、可以至齊之境內、而不來見、則雖以幣交、而禮意不及其物也。

○淳于髡曰。先名實者。為人也。後名實者。自為也。夫子在三卿之中。名實未加於上下而去之。仁者固如此乎。先後為去聲。○名、聲譽也。實、事功也。言以名實為先而為之者、是有志於救民者也。以名實為後而不為者、是欲獨善其身者也。名實未加於上下、言上未能正其君、下未能濟其民也。孟子曰。居下位。不以賢事不肖者。伯夷也。五就湯。五就桀者。伊尹也。不惡汙君。不辭小官者。柳下惠也。三子者不同道。其趨一也。一者何也。曰仁也。君子亦仁而已矣。何必同。惡趨並去聲。○仁者、無私心而合天理之謂。楊氏曰、伊尹之就湯、以三聘之勤也。其就桀也、湯進之也。湯豈有伐桀之意哉。其進伊尹以事之也、欲其悔過遷善而已。伊尹既就湯、則以湯之心為心矣。及其終也、人歸之、天命之、不得已而伐之耳。若湯初求伊尹、即有伐桀之心、而伊尹遂相之以伐桀、是以取天下為心也。以取天下為心、豈聖人之心哉。曰。魯繆公之時。公儀子為政。子柳子思為臣。魯之削也滋甚。若是乎賢者之無益於國也。公儀子名休、為魯相。子柳、泄柳也。削、地見侵奪也。髡譏孟子雖不去、亦未必能有為也。曰。虞不用百里奚而亡。秦穆公用之而霸。不用賢則亡。削何可得與。與、平聲。○百里奚事見前篇。曰。昔者王豹處於淇。而河西善謳。緜駒處於高唐。而齊右善歌。華周杞梁之妻善哭其夫。而變國俗。有諸內必形諸外。為其事而無其功者。髡未嘗覩之也。是故無賢

遺音異　膰音煩　燔同

掊音裒

者也。有則髡必識之。華去聲。○王豹，衛人，善謳。淇，水名。緜駒，齊人，善歌。高唐，齊西邑。華周、杞梁，二人皆齊臣，戰死於莒，其妻哭之哀，國俗化之皆善哭。髡以此譏孟子仕齊無功，未足為賢也。曰：

孔子為魯司寇，不用，從而祭，燔肉不至，不稅冕而行。不知者以為為肉也，其知者以為為無禮也。乃孔子則欲以微罪行，不欲為苟去。君子之所為，衆人固不識也。稅音脫。為肉、為無之為，去聲。○按史記：孔子為魯司寇，攝行相事。齊人聞而懼，於是以女樂遺魯君。季桓子與魯君往觀之，怠於政事。子路曰：「夫子可以行矣。」孔子曰：「魯君且郊，如致膰于大夫，則吾猶可以止。」桓子卒受齊女樂，郊又不致膰俎於大夫，孔子遂行。孟子言以為為肉者，固不足道；以為為無禮，則亦未為深知孔子者。蓋聖人於父母之國，不欲顯其君相之失，又不欲為無故而苟去，故不以女樂去，而以膰肉行。其見幾明決，而用意忠厚，固非衆人所能識也。然則孟子之所為，豈髡之所能識哉？○尹氏曰：「淳于髡未嘗知仁，亦未嘗識賢也，宜乎其言若是。」

○孟子曰：「五霸者，三王之罪人也；今之諸侯，五霸之罪人也；今之大夫，今之諸侯之罪人也。趙氏曰：「五霸：齊桓、晉文、秦穆、宋襄、楚莊也。三王：夏禹、商湯、周文、武也。」丁氏曰：「夏昆吾，商大彭、豕韋，周齊桓、晉文，謂之五霸。」

天子適諸侯曰巡狩，諸侯朝於天子曰述職。春省耕而補不足，秋省斂而助不給。入其疆，土地辟，田野治，養老尊賢，俊傑在位，則有慶，慶以地。入其疆，土地荒蕪，遺老失賢，掊克在位，則有讓。一不朝，則貶其爵；再不朝，則削其地；三不朝，則六師移之。是故天子討而不伐，諸侯伐而不討。五霸者，摟諸侯以伐諸侯者也，故曰：五霸者，三王之罪人也。朝音潮。辟與闢同。治，去聲。○慶，賞也，益其地以賞之也。掊克，聚

歃去聲上師所外反下師所律反

官本與春秋傳匱皆作櫃

歃也、讓責也、移之者、誅其人而變置之也、討者出命以討其罪、而使方伯連帥、帥諸侯以伐之也、伐者、奉天子之命、聲其罪而伐之也、摟牽也、五霸牽諸侯以伐諸侯、不用天子之命也、自入其疆至則有讓言巡狩之事、自一不朝至六師移之言述職之事

五霸桓公為盛。葵丘之會諸侯。束牲載書。而不歃血。初命曰。誅不孝。無易樹子。無以妾為妻。再命曰。尊賢育才。以彰有德。三命曰。敬老慈幼。無忘賓旅。四命曰。士無世官。官事無攝。取士必得。無專殺大夫。五命曰。無曲防。無遏糴。無有封而不告。曰。凡我同盟之人。既盟之後。言歸于好。今之諸侯。皆犯此五禁。故曰今之諸侯。五霸之罪人也。歃所洽反、糴音狄、好去聲、○按春秋傳僖公九年、葵丘之會、陳牲而不殺、讀書加於牲上、一明天子之禁、樹立也、已立世子、不得擅易、初命三事、所以修身正家之要也、賓賓客也、旅行旅也、皆當有以待之、不可忽忘也、士世祿而不世官、恐其未必賢也、官事無攝、當廣求賢才以充之、不可以闕人廢事也、取士必得、必得其人也、無專殺大夫、有罪則請命于天子而後殺之也、無曲防、不得曲為隄防、壅泉激水、以專小利、病鄰國也、無遏糴、鄰國凶荒、不得閉糴也、無有封而不告者、不得專封國邑而不告天子也、

長君之惡。其罪小。逢君之惡。其罪大。今之大夫。皆逢君之惡。故曰。今之大夫。今之諸侯之罪人也。長上聲○君有過、不能諫、又順之者、長君之惡也、君之過未萌、而先意導之者、逢君之惡也、○林氏曰、邵子有言、治春秋者、不先治五霸之功罪、則事無統理、而不得聖人之心、春秋之間、有功者未有大於五霸、有過者亦未有大於五霸、故五霸者、功之首罪之魁也、孟子此章之意、其亦若此也與、然五霸得罪於三王、今之諸侯得罪於五霸、皆出於異世、故得以逃其罪、至於今之大夫、其得罪於今之諸侯、則同時矣、而諸侯非惟莫之罪也、乃反以為良臣、而厚禮之、不以為罪、而反以為功、何其謬哉

○魯欲使慎子為將軍。慎子、魯臣、孟子曰。不教民而用之。謂之殃民。殃民者。不容於堯舜之世。教民者、教之禮義、使知入事父兄、出事長上也、用之、

好去聲

使之戰也、一戰勝齊。遂有南陽。然且不可。是時魯蓋欲使慎子伐齊、取南陽也、故孟子言就使慎子善戰有功如此、且猶不可慎子勃然不悅曰。此則滑釐所不識也。滑音骨○滑釐慎子名曰吾明告子。天子之地方千里。不千里不足以待諸侯。諸侯之地方百里。不百里不足以守宗廟之典籍。待諸侯、謂待其朝覲聘問之禮、宗廟典籍祭祀會同之常制也周公之封於魯。為方百里也。地非不足而儉於百里。太公之封於齊也。亦為方百里也。地非不足也。而儉於百里。二公有大勳勞於天下、而其封國不過百里、儉止而不過之意也今魯方百里者五。子以為有王者作。則魯在所損乎。在所益乎。魯地之大、皆并吞小國而得之、有王者作、則必在所損矣徒取諸彼以與此。然且仁者不為。況於殺人以求之乎。徒空也、言不殺人而取之也君子之事君也。務引其君以當道。志於仁而已。當道、謂事合於理、志仁、謂心在於仁、

○孟子曰。今之事君者曰。我能為君辟土地。充府庫。今之所謂良臣。古之所謂民賊也。君不鄉道。不志於仁。而求富之。是富桀也。為去聲、辟與闢同、鄉與向同、下皆同○辟開墾也我能為君約與國。戰必克。今之所謂良臣。古之所謂民賊也。君不鄉道。不志於仁。而求為之强戰。是輔桀也。約、要結也、與國和好相與之國也、由今之道。無變今之俗。雖與之天下。不

能一朝居也。言必爭奪而至於危亡也、○白圭曰。吾欲二十而取一。何如。白圭名丹、周人也、欲更稅法二十分而取其一分、林氏曰、按史記白圭能薄飲食忍嗜欲、與童僕同苦樂、樂觀時變、人棄我取、人取我與、以此居積致富、其為此論蓋欲以其術施之國家也、孟子曰。子之道。貉道也。貉音貊○貉北方夷狄之國名也、萬室之國。一人陶。則可乎。曰。不可。器不足用也。孟子設喻以詰圭而圭亦知其不可也、曰。夫貉。五穀不生。惟黍生之。無城郭宮室宗廟祭祀之禮。無諸侯幣帛饔飧。無百官有司。故二十取一而足也。夫音扶○北方地寒、不生五穀、黍早熟、故生之、饔飧以飲食饋客之禮也今居中國。去人倫。無君子。如之何其可也。無君臣祭祀交際之禮是去人倫、無百官有司、是無君子、陶以寡。且不可以為國。況無君子乎。因其辭以折之、欲輕之於堯舜之道者。大貉小貉也。欲重之於堯舜之道者。大桀小桀也。什一而稅堯舜之道也、多則桀、寡則貉、今欲輕重之、則是小貉小桀而已、○白圭曰。丹之治水也。愈於禹。趙氏曰、當時諸侯有小水、白圭為之築隄、壅而注之他國、孟子曰。子過矣。禹之治水。水之道也。順水之性也、是故禹以四海為壑。今吾子以鄰國為壑。壑受水處也、水逆行。謂之洚水。洚水者。洪水也。仁人之所惡也。吾子過矣。惡去聲○水逆行者、下流壅塞、故水逆流、今乃壅水以害人、則與洪水之災無異矣、○孟子曰。君子不亮。惡乎執。惡平聲○亮信也、與諒同、惡乎執、言凡事苟且無所執持也、○魯欲使樂正子為政。孟子曰。吾聞之。喜而不寐。喜其道之得行、公孫丑曰。樂正子

蜚與飛同

強乎。曰否。有知慮乎。曰否。多聞識乎。曰否。知去聲○此三者皆當世之所尚而樂正子之所短故丑疑而歷問之、然則奚為喜而不寐。丑問也、曰其為人也好善。好去聲下同好善足乎。丑問也、曰好善優於天下。而況魯國乎。優有餘裕也言雖治天下尚有餘力也、夫苟好善則四海之內。皆將輕千里而來告之以善。夫音扶下同○輕易也言不以千里為難也、夫苟不好善。則人將曰。訑訑予既已知之矣。訑訑之聲音顏色。距人於千里之外。士止於千里之外。則讒諂面諛之人至矣。與讒諂面諛之人居。國欲治。可得乎。訑音移治去聲○訑訑自足其智不嗜善言之貌君子小人迭為消長直諒多聞之士遠則讒諂面諛之人至理勢然也○此章言為政不在於用一己之長而貴於有以來天下之善、

○陳子曰。古之君子何如則仕。孟子曰。所就三。所去三。其目在下、迎之致敬以有禮。言將行其言也。則就之。禮貌未衰。言弗行也。則去之。所謂見行可之仕若孔子於季桓子是也受女樂而不朝則去之矣、其次。雖未行其言也。迎之致敬以有禮。則就之。禮貌衰則去之。所謂際可之仕若孔子於衛靈公是也故與公遊於囿公仰視蜚鴈而後去之其下。朝不食。夕不食。飢餓不能出門戶。君聞之曰。吾大者。不能行其道。又不能從其言也。使飢餓於我土地。吾恥之。周之亦可受也。免死而已矣。所謂公養之仕也君之於民固有周之之義況此又有悔過之言所以可受然未至於飢餓不能出門戶則猶不受也其曰免死而已則其所受亦有節矣、

○

背音佩言坊本作已横坊本或作衡

孟子曰舜發於畎畝之中傅說舉於版築之閒膠鬲舉於魚鹽之中管夷吾舉於士孫叔敖舉於海百里奚舉於市說音悅○舜耕歷山三十登庸說築傅巖武丁舉之膠鬲遭亂鬻販魚鹽文王舉之管仲囚於士官桓公舉以相國孫叔敖隱處海濱楚莊王舉之爲令尹百里奚事見前篇故天將降大任於是人也必先苦其心志勞其筋骨餓其體膚空乏其身行拂亂其所爲所以動心忍性曾益其所不能曾與增同○降大任使之任大事也若舜以下是也空窮也乏絶也拂戾也言使之所爲不遂多背戾也動心忍性謂竦動其心堅忍其性也然所謂性亦指氣稟食色而言耳程子曰若要熟也須從這裏過人恒過然後能改困於心衡於慮而後作徵於色發於聲而後喻衡與橫同○恒常也猶言大率也橫不順也作奮起也徵驗也喻曉也此又言中人之性常必有過然後能改蓋不能謹於平日故必事勢窮蹙以至困於心橫於慮然後能奮發而興起不能燭於幾微故必事理暴著以至驗於人之色發於人之聲然後能警悟而通曉也入則無法家拂士出則無敵國外患者國恒亡拂與弼同○此言國亦然也法家法度之世臣也拂士輔弼之賢士也然後知生於憂患而死於安樂也樂音洛○以上文觀之則知人之生全出於憂患而死亡由於安樂矣○尹氏曰言困窮拂鬱能堅人之志而熟人之仁以安樂失之者多矣

○孟子曰教亦多術矣予不屑之教誨也者是亦教誨之而已矣多術言非一端屑潔也不以其人爲潔而拒絶之所謂不屑之教誨也其人若能感此退自修省則是亦我教誨之也○尹氏曰言或抑或揚或與或不與各因其材而篤之無非教也

孟子卷之七

盡心章句上 凡四十六章

下孟 卷之七 盡心 上

量去聲　造音超　與坊本作及　分去聲坊本之實

孟子曰盡其心者知其性也知其性則知天矣心者人之神明所以具衆理而應萬事者也性則心之所具之理而天又理之所從以出者也人有是心莫非全體然不窮理則有所蔽而無以盡乎此心之量故能極其心之全體而無不盡者必其能窮夫理而無不知者也既知其理則其所從出亦不外是矣以大學之序言之知性則物格之謂盡心則知至之謂也存其心養其性所以事天也存謂操而不舍養謂順而不害事則奉承而不違也殀壽不貳修身以俟之所以立命也殀壽命之短長也貳疑也不貳者知天之至修身以俟死則事天以終身也立命謂全其天之所付不以人為害之○程子曰心也性也天也一理也自理而言謂之天自稟受而言謂之性自存諸人而言謂之心張子曰由太虛有天之名由氣化有道之名合虛與氣有性之名合性與知覺有心之名愚謂盡心知性而知天所以造其理也存心養性以事天所以履其事也不知其理固不能履其事然徒造其理而不履其事則亦無以有諸己矣知天而不以殀壽貳其心智之盡也事天而能修身以俟死仁之至也智有不盡固不知所以為仁然智而不仁則亦將流蕩不法而不足以為智矣

○孟子曰莫非命也順受其正人物之生吉凶禍福皆天所命然惟莫之致而至者乃為正命故君子修身以俟之所以順受乎此也是故知命者不立乎巖牆之下命謂正命巖牆牆之將覆者知正命則不處危地以取覆壓之禍盡其道而死者正命也盡其道則所值之吉凶皆莫之致而至者矣桎梏死者非正命也桎梏所以拘罪人者言犯罪而死與立巖牆之下者同皆人所取非天所為也○此章與上章蓋一時之言所以發其末句未盡之意

○孟子曰求則得之舍則失之是求有益於得也求在我者也舍上聲○在我者謂仁義禮智凡性之所有者求之有道得之有命是求無益於得也求在外者也有道言不可妄求有命則不可必得在外者謂富貴利達凡外物皆是○趙氏曰言為仁由己富貴在天如不可求從吾所好

○孟子曰萬物皆備於我矣此言理之本然也大則君臣父子小則事物細微其當然之理無一不具於性分之內也反身而誠樂莫大焉樂音洛○誠實也言反諸身而所備之理皆如惡惡臭好好色之實然則其行之不待勉強而無不利矣其為樂孰大於是強恕而行求仁莫近焉強上聲○強勉強也恕推己以及人也反身而

句然 字通 下也 坊本作矣 既習 坊本作既習之 坊本下方通有圈 囂音梟 見音現

誠則仁矣其有未誠則是猶有私意之隔而理未純也故當凡事勉强推己及人庶幾心公理得而仁不遠也○此章言萬物之理具於吾身體之而實則道在我而樂有餘行之以恕則私不容而仁可得

○孟子曰行之而不著焉習矣而不察焉終身由之而不知其道者衆也著者知之明察者識之精言方行之而不能明其所當然既習矣而猶不識其所以然所以終身由之而不知其道者多也

○孟子曰人不可以無恥無恥之恥無恥矣趙氏曰人能恥己之無所恥是能改行從善之人終身無復有恥辱之累矣

○孟子曰恥之於人大矣恥者吾所固有羞惡之心也存之則進於聖賢失之則入於禽獸故所繫為甚大

為機變之巧者無所用恥焉為機械變詐之巧者所為之事皆人所深恥而彼方且自以為得計故無所用其愧恥之心也

不恥不若人何若人有但無恥一事不如人則事事不如人矣或曰不恥其不如人則何能有如人之事其義亦通或問人有恥不能之心如何程子曰恥其不能而為之可也恥其不能而掩藏之不可也

○孟子曰古之賢王好善而忘勢古之賢士何獨不然樂其道而忘人之勢故王公不致敬盡禮則不得亟見之見且猶不得亟而況得而臣之乎好去聲樂音洛亟去吏反○言君當屈己以下賢士不枉道而求利二者勢若相反而實則相成蓋亦各盡其道而已

○孟子謂宋句踐曰子好遊乎吾語子遊句音鉤好語皆去聲○宋姓句踐名遊遊說也

人知之亦囂囂人不知亦囂囂趙氏曰囂囂自得無欲之貌

曰何如斯可以囂囂矣曰尊德樂義則可以囂囂矣樂音洛○德謂所得之善尊之則有以自重而不慕乎人爵之榮義謂所守之正樂之則有以自安而不徇乎外物之誘矣

故士窮不失義達不離道離力智反○言不以貧賤而移不以富貴而淫此尊德樂義見於行事之實也

窮不失義故士得己焉達不離道故民不失望焉得己言不失己也民不失

苦讀如盬音古窳音

去上聲咈符勿反

望言人素望其興道致治而今果如所望也

古之人得志澤加於民不得志修身見於世窮則獨善其身達則兼善天下見音現○見謂名實之顯著也此又言士得已民不失望之實 此章言內重而外輕則無往而不善

○孟子曰待文王而後興者凡民也若夫豪傑之士雖無文王猶興夫音扶○興者感動奮發之意凡民庸常之人也豪傑有過人之才智者也蓋降衷秉彝人所同得惟上智之資無物欲之蔽爲能無待於敎而自能感發以有爲也

○孟子曰附之以韓魏之家如其自視欿然則過人遠矣欿音坎○附益也韓魏晉卿富家也欿然不自滿之意尹氏曰言有過人之識則不以富貴爲事

○孟子曰以佚道使民雖勞不怨以生道殺民雖死不怨殺者程子曰以佚道使民謂本欲佚之也播穀乘屋之類是也以生道殺民謂本欲生之也除害去惡之類是也蓋不得已而爲其所當爲則雖咈民之欲而民不怨其不然者反是

○孟子曰霸者之民驩虞如也王者之民皞皞如也皞胡老反○驩虞與歡娛同皞皞廣大自得之貌程子曰驩虞有所造爲而然豈能久也耕田鑿井帝力何有於我如天之自然乃王者之政楊氏曰所以致人驩虞必有違道干譽之事若王者則如天亦不令人喜亦不令人怒殺之而不怨利之而不庸民日遷善而不知爲之者此所謂皞皞如也庸功也豐氏曰因民之所惡而去之非有心於殺之也何怨之有因民之所利而利之非有心於利之也何庸之有輔其性之自然使自得之故民日遷善而不知誰之所爲也夫君子所過者化所存者神上下與天地同流豈曰小補之哉夫音扶○君子聖人之通稱也所過者化身所經歷之處即人無不化如舜之耕歷山而田者遜畔陶河濱而器不苦窳也所存者神心所存主處便神妙不測如孔子之立斯立道斯行綏斯來動斯和莫知其所以然而然也是其德業之盛乃與天地之化同運並行擧一世而甄陶之非如霸者但小小補塞其罅漏而已此則王道之所以爲大而學者所當盡心也○

孟子曰仁言不如仁聲之入人深也程子曰仁言謂以仁厚之言加於民仁聲謂仁聞謂有仁之實而爲衆所稱道者也此尤見仁德之昭著故其感人

虔 甄居延反 諦虛訴反 聞去聲 豕音始 徇坊本誤

尤深也

善政不如善教之得民也。政謂法度禁令，所以制其外也。教謂道德齊禮，所以格其心也。善政民畏之。善教民愛之。善政得民財。善教得民心。得民財者，百姓足而君無不足也。得民心者，不遺其親，不後其君也。

○孟子曰。人之所不學而能者。其良能也。所不慮而知者。其良知也。良者，本然之善也。程子曰，良知良能，皆無所由，乃出於天，不係於人。

孩提之童。無不知愛其親也。及其長也。無不知敬其兄也。長上聲，下同。○孩提，二三歲之間，知孩笑，可提抱者也。愛親敬長，所謂良知良能者也。

親親。仁也。敬長義也。無他。達之天下也。言親親敬長，雖一人之私，然達之天下無不同者，所以為仁義也。

○孟子曰。舜之居深山之中。與木石居。與鹿豕遊。其所以異於深山之野人者幾希。及其聞一善言。見一善行。若決江河。沛然莫之能禦也。行去聲。○居深山，謂耕歷山時也。蓋聖人之心，至虛至明，渾然之中，萬理畢具。一有感觸，則其應甚速，而無所不通，非孟子造道之深，不能形容至此也。

○孟子曰。無為其所不為。無欲其所不欲。如此而已矣。李氏曰，有所不為不欲，人皆有是心也。至於私意一萌，而不能以禮義制之，則為所不為，欲所不欲者多矣。能反是心，則所謂擴充其羞惡之心者，而義不可勝用矣。故曰如此而已矣。

○孟子曰。人之有德慧術知者。恒存乎疢疾。知去聲。疢丑刃反。○德慧者，德之慧。術知者，術之知。疢疾，猶災患也。言人必有疢疾，則能動心忍性，增益其所不能也。

獨孤臣孽子。其操心也危。其慮患也深。故達。孤臣，遠臣。孽子，庶子。皆不得於君親，而常有疢疾者也。達，謂達於事理，即所謂德慧術知也。

○孟子曰。有事君人者。事是君則為容悅者也。阿徇以為容，逢迎以為悅，此鄙夫之事，妾婦之道也。有安社稷臣者。以安社稷為悅

覆浮去聲　怍音昨慙也　將坊本或作亦　蘊云去聲

者也。言大臣之計安社稷、如小人之務悅其君、眷眷於此、而不忘也。有天民者。達可行於天下。而後行之者也。民者無位之稱、以其全盡天理、乃天之民、故謂之天民、必其道可行於天下、然後行之、不然則寧沒世不見知、而不悔、不肯小用其道以徇於人也、張子曰、必功覆斯民、然後出、如伊呂之徒、有大人者。正己而物正者也。大人德盛而上下化之、所謂見龍在田、天下文明者、○此章言人品不同、畧有四等、容悅佞臣不足言、安社稷則忠矣、然猶一國之士也、天民則非一國之士矣、然猶有意也、無意無必、惟其所在、而物無不化、惟聖者能之、○

孟子曰。君子有三樂。而王天下。不與存焉。樂音洛、王與皆去聲、下並同、父母俱存。兄弟無故。一樂也。此人所深願而不可必得者、今既得之、其樂可知、仰不愧於天。俯不怍於人。二樂也。程子曰、人能克己、則仰不愧、俯不怍、心廣體胖、其樂可知、有息則餒矣、得天下英才而教育之。三樂也。盡得一世明睿之才、而以所樂乎己者、教而養之、則斯道之傳、得之者衆、而天下後世將無不被其澤矣、聖人之心、所願欲者、莫大於此、今既得之、其樂爲何如哉、君子有三樂。而王天下。不與存焉。林氏曰、此三樂者、一係於天、一係於人、其可以自致者、惟不愧不怍而已、學者可不勉哉、

○孟子曰。廣土衆民。君子欲之。所樂不存焉。樂音洛、下同、○地闢民聚、澤可遠施、故君子欲之、然未足以爲樂也、中天下而立。定四海之民。君子樂之。所性不存焉。其道大行、無一夫不被其澤、故君子樂之、然其所得於天者、則不在是也、君子所性。雖大行不加焉。雖窮居不損焉。分定故也。分去聲、○分者、所得於天之全體、故不以窮達而有異、君子所性。仁義禮智根於心。其生色也。睟然見於面。盎於背。施於四體。四體不言而喻。睟音粹、見音現、盎烏浪反、○上言所性之分、與所欲所樂不同、此乃言其蘊也、仁義禮智、性之四德也、根本也、生發見也、睟然清和潤澤之貌、盎豐厚盈溢之意、施於四體、謂見於動作威儀之閒也、喻曉也、四體不言而喻、言四體不待吾言、而自能曉吾意也、蓋氣稟清明、無物欲之累、則性之四德、根本於心、其積之盛、則發而著見於外者、不待言而無不順也、程子曰、睟面盎背、皆積盛致然、四體不

餒帮委反　治平聲

言而喻惟有德者能之。○此章言君子固欲其道之大行。然其所得於天者。則不以是而有所加損也。

○孟子曰。伯夷辟紂。居北海之濱。聞文王作。興曰。盍歸乎來。吾聞西伯善養老者。太公辟紂。居東海之濱。聞文王作。興曰。盍歸乎來。吾聞西伯善養老者。天下有善養老。則仁人以為己歸矣。（辟去聲。下同。大他蓋反。○己歸。謂己之所歸。餘見前篇。）五畝之宅。樹牆下以桑。匹婦蠶之。則老者足以衣帛矣。五母雞。二母彘。無失其時。老者足以無失肉矣。百畝之田。匹夫耕之。八口之家。可以無飢矣。（衣去聲。○此文王之政也。一家養母雞五。母彘二也。餘見前篇。）所謂西伯善養老者。制其田里。教之樹畜。導其妻子。使養其老。五十非帛不煖。七十非肉不飽。不煖不飽。謂之凍餒。文王之民。無凍餒之老者。此之謂也。（田。謂百畝之田。里。謂五畝之宅。樹。謂耕桑。畜。謂雞彘也。趙氏曰。善養老者。教導之。使可以養其老耳。非家賜而人益之也。）

○孟子曰。易其田疇。薄其稅斂。民可使富也。（易斂皆去聲。○易。治也。疇。耕治之田也。）食之以時。用之以禮。財不可勝用也。（勝音升。○教民節儉。則財用足矣。）民非水火不生活。昏暮叩人之門戶求水火。無弗與者。至足矣。聖人治天下。使有菽粟如水火。菽粟如水火。而民焉有不仁者乎。（焉於虔反。○水火民之所急。宜其愛之。而反不愛者。多故也。尹氏曰。言禮義生於富足。民無常產。則無常心矣。）

○孟子曰。孔子

見音現　閒坊本作謂　坊本踵字句　利天下為之句　賢者坊本作賢人

登東山而小魯。登泰山而小天下。故觀於海者難為水。遊於聖人之門者難為言。此言聖人之道大也、東山蓋魯城東之高山、而泰山則又高矣、此言所處益高、則其視下益下、所見既大、則其小者不足觀也、難為水、難為言、猶仁不可為衆之意、觀水有術。必觀其瀾。日月有明。容光必照焉。此言道之有本也、瀾水之湍急處也、明者光之體、光者明之用也、觀水之瀾、則知其源之有本矣、觀日月於容光之隙無不照、則知其明之有本矣、流水之為物也。不盈科不行。君子之志於道也。不成章不達。言學當以漸、乃能至也、成章、所積者厚、而文章外見也、達者足於此而通於彼也、○此章言聖人之道大而有本、學之者必以其漸、乃能至也、

○孟子曰。雞鳴而起。孳孳為善者。舜之徒也。孳孳、勤勉之意、言雖未至於聖人、亦是聖人之徒也、雞鳴而起。孳孳為利者。蹠之徒也。蹠、盜蹠也、欲知舜與蹠之分。無他。利與善之閒也。程子曰、言閒者、謂相去不遠、所爭毫末耳、善與利、公私而已矣、纔出於善、便以利言也、○楊氏曰、舜蹠之相去遠矣、而其分乃在利善之閒而已、是豈可以不謹、然講之不熟、見之不明、未有不以利為義者、又學者所當深察也、或問雞鳴而起、若未接物、如何為善、程子曰、只主於敬、便是為善、

○孟子曰。楊子取為我。拔一毛而利天下。不為也。為我之為去聲○楊子、名朱、取者僅足之意、取為我者、僅足於為我而已、不及為人也、列子稱其言曰、伯成子高不以一毫利物是也、墨子兼愛。摩頂放踵。利天下為之。放上聲○墨子、名翟、兼愛、無所不愛也、摩頂、摩突其頂也、放、至也、子莫執中。執中為近之。執中無權。猶執一也。子莫、魯之賢者也、知楊墨之失中也、故度於二者之閒而執其中、近、近道也、權、稱錘也、所以稱物之輕重而取中也、執中而無權、則膠於一定之中而不知變、是亦執一而已矣、程子曰、中字最難識、須是默識心通、且試言一廳、則中央為中、一家則廳非中而堂為中、一國則堂非中而國之中為中、推此類可見矣、又曰、中不可執也、識得則事事物物、皆有自然之中、不待安排、安排著則不中矣、所惡執一者。為其賊道也。舉一而廢百也。惡為皆去聲○賊、害也、為我害仁、兼愛害義、執中者害於時中、皆舉一而廢百者也、○此

渾上聲

章言道之所貴者中，中之所貴者權。楊氏曰：禹稷三過其門而不入，苟不當其可，則與墨子無異；顏子在陋巷不改其樂，苟不當其可，則與楊氏無異。子莫執為我兼愛之中而無權，鄉鄰有鬭而不知閉戶，同室有鬭而不知救之，是亦猶執一耳，故孟子以為賊道。禹稷顏回易地則皆然，以其有權也。不然，則是亦楊墨而已矣。

○孟子曰：飢者甘食，渴者甘飲，是未得飲食之正也，飢渴害之也。豈惟口腹有飢渴之害？人心亦皆有害。口腹為飢渴所害，故於飲食不暇擇而失其正味；人心為貧賤所害，故於富貴不暇擇而失其正理。人能無以飢渴之害為心害，則不及人不為憂矣。人能不以貧賤之故而動其心，則過人遠矣。

○孟子曰：柳下惠不以三公易其介。介，有分辨之意。柳下惠進不隱賢，必以其道；遺佚不怨，阨窮不憫；直道事人，至於三黜，是其介也。○此章言柳下惠和而不流，與孔子論夷齊不念舊惡意正相類，皆聖賢微顯闡幽之意也。

○孟子曰：有為者辟若掘井，掘井九軔而不及泉，猶為棄井也。辟，讀作譬。軔，音刃，與仞同。○八尺曰仞。言鑿井雖深，然未及泉而止，猶為自棄其井也。○呂侍講曰：仁不如堯，孝不如舜，學不如孔子，終未入於聖人之域，終未至於大道，未免為半塗而廢、自棄前功也。

○孟子曰：堯舜，性之也；湯武，身之也；五霸，假之也。堯舜天性渾全，不假修習；湯武修身體道，以復其性；五霸則假借仁義之名，以求濟其貪欲之私耳。久假而不歸，惡知其非有也？惡，平聲。○歸，還也。有，實有也。言竊其名以終身，而不自知其非真有。或曰：蓋歎世人莫覺其偽者，亦通。舊說久假不歸，即為真有，則誤矣。○尹氏曰：性之者，與道一也；身之者，履之也，及其成功則一也。五霸則假之而已，是以功烈如彼其卑也。

○公孫丑曰：伊尹曰：予不狎于不順，放太甲于桐，民大悅；太甲賢，又反之，民大悅。予不狎于不順，商書太甲篇文。狎，習見也。不順，言太甲所為不順義理也。餘見前篇。賢者之為人臣也，其君不賢，則固可放與？與，平聲。孟子曰：有伊尹之志則可，無伊尹之志則篡也。伊尹之志，公天下以為心，而無一毫之私者也。

○公孫丑

亡通無

曰詩曰不素餐兮君子之不耕而食何也孟子曰君子居是國也其君用之則安富尊榮其子弟從之則孝弟忠信不素餐兮孰大於是餐七丹反○詩魏國風伐檀之篇素空也無功而食祿謂之素餐此與告陳相彭更之意同

○王子墊問曰士何事墊丁念反○墊齊王之子也上則公卿大夫下則農工商賈皆有所事而士居其閒獨無所事故王子問之也孟子曰尚志尚高尚也志者心之所之也士既未得行公卿大夫之道又不當為農工商賈之業則高尚其志而已曰何謂尚志曰仁義而已矣殺一無罪非仁也非其有而取之非義也居惡在仁是也路惡在義是也居仁由義大人之事備矣惡平聲○非仁非義之事雖小不為而所居所由無不在於仁義此士所以尚其志也大人謂公卿大夫言士雖未得大人之位而其志如此則大人之事體用已全若小人之事則固非所當為也

○孟子曰仲子不義與之齊國而弗受人皆信之是舍簞食豆羹之義也人莫大焉亡親戚君臣上下以其小者信其大者奚可哉舍音捨食音嗣○仲子陳仲子也言仲子設若非義而與之齊國必不肯受齊人皆信其賢然此但小廉耳其辟兄離母不食君祿無人道之大倫罪莫大焉豈可以小廉信其大節而遂以為賢哉

○桃應問曰舜為天子皋陶為士瞽瞍殺人則如之何桃應孟子弟子也其意以為舜雖愛父而不可以私害公皋陶雖執法而不可以刑天子之父故設此問以觀聖賢用心之所極非以為真有此事也孟子曰執之而已矣言皋陶之心知有法而已不知有天子之父也然則舜不禁與與平聲○桃應問也曰夫舜惡得而禁之夫有所受之也夫音扶惡平聲○言皋陶之法有所傳受非所敢私雖天子之命亦不得而廢之也然則舜如之何桃應問也曰舜視棄天下

處音杵　奉養之養去聲　見音現

猶棄敝蹝也。竊負而逃，遵海濱而處，終身訢然，樂而忘天下。蹝音徙，訢與欣同，樂音洛。○蹝，草履也。遵，循也。言舜之心知有父而已，不知有天下也。孟子嘗言舜視天下猶草芥，而惟順於父母可以解憂，與此意互相發。○此章言為士者，但知有法，而不知天子父之為尊；為子者，但知有父，而不知天下之為大。蓋其所以為心者，莫非天理之極、人倫之至。學者察此而有得焉，則不待較計論量，而天下無難處之事矣。

○孟子自范之齊，望見齊王之子。喟然歎曰：「居移氣，養移體。大哉居乎！夫非盡人之子與？」夫音扶，與平聲。○范，齊邑。居，謂所處之位。養，奉養也。言人之居處，所繫甚大，王子亦人子耳，特以所居不同，故所養不同，而其氣體有異也。

孟子曰：張、鄒皆云羨文也。「王子宮室、車馬、衣服多與人同，而王子若彼者，其居使之然也；況居天下之廣居者乎？廣居見前篇。尹氏曰：「睟然見於面，盎於背，居天下之廣居者然也。」魯君之宋，呼於垤澤之門。守者曰：『此非吾君也，何其聲之似我君也？』此無他，居相似也。」呼，去聲。○垤澤，宋城門名也。孟子又引此事為證。

○孟子曰：「食而弗愛，豕交之也；愛而不敬，獸畜之也。食音嗣，畜許六反。○交，接也。畜，養也。獸，謂犬馬之屬。恭敬者，幣之未將者也。將，猶奉也。詩曰：「承筐是將。」程子曰：「恭敬雖因威儀幣帛而後發見，然幣之未將時，已有此恭敬之心，非因幣帛而後有也。」恭敬而無實，君子不可虛拘。」此言當時諸侯之待賢者，特以幣帛為恭敬，而無其實也。拘，留也。

○孟子曰：「形色，天性也；惟聖人，然後可以踐形。」人之有形有色，無不各有自然之理，所謂天性也。踐，如踐言之踐。蓋眾人有是形，而不能盡其理，故無以踐其形；惟聖人有是形，而又能盡其理，然後可以踐其形而無歉也。○程子曰：「此言聖人盡得人道而能充其形也。蓋人得天地之正氣而生，與萬物不同。既為人，須盡得人理，然後稱其名。眾人有之而不知，賢人踐之而未盡，能充其形，惟聖人也。」楊氏曰：「天生烝民，有物有則。物者，形色也；則者，性也。各盡其則，則可以踐形矣。」

○齊宣王欲短喪。公孫丑曰：「為朞之喪，猶

厭音押為去聲綫音筌去聲綠去聲殖坊本作植按正韻殖植同已坊本作也

愈於已乎。（已猶止也）孟子曰。是猶或紾其兄之臂。子謂之姑徐徐云爾。亦教之孝弟而已矣。（紾之忍反。○紾，戾也。教之以孝弟之道，則彼當自知兄之不可戾，而喪之不可短矣。孔子曰：子生三年，然後免於父母之懷。予也有三年之愛於其父母乎。所謂教之以孝弟者如此，蓋示之以至情之不能已者，非強之也。）王子有其母死者。其傅為之請數月之喪。公孫丑曰。若此者何如也。（為去聲。○陳氏曰：王子所生之母死，厭於嫡母而不敢終喪，其傅為請於王，欲使得行數月之喪也。時又適有此事，丑問如此者是非何如。按儀禮，公子為其母練冠麻衣縓緣，既葬除之，疑當時此禮已廢，或既葬而未忍即除，故請之也。）曰。是欲終之而不可得也。雖加一日愈於已。謂夫莫之禁而弗為者也。（夫音扶。○言王子欲終喪而不可得，其傅所請雖止得加一日，猶勝不加。我前所譏，乃謂夫莫之禁而自不為者耳。○此章言三年通喪，天經地義，不容私意有所短長。示之至情，則不肖者有以企而及之矣。）

○孟子曰。君子之所以教者五。（下文五者，蓋因人品高下，或相去遠近先後之不同。）有如時雨化之者。（時雨，及時之雨也。草木之生，播種封殖，人力已至而未能自化，所少者雨露之滋耳。及此時而雨之，則其化速矣。教人之妙，亦猶是也，若孔子之於顏曾是已。）有成德者。有達財者。（財與材同。此各因其所長而教之者也。成德，如孔子之於冉閔。達財，如孔子之於由賜。）有答問者。（就所問而答之，若孔孟之於樊遲萬章也。）有私淑艾者。（艾音乂。○私，竊也。淑，善也。艾，治也。人或不能及門受業，但聞君子之道於人，而竊以善治其身，是亦君子教誨之所及，若孔孟之於陳亢夷之是也。孟子亦曰：予未得為孔子徒也，予私淑諸人也。）此五者。君子之所以教也。（聖賢施教，各因其材，小以成小，大以成大，無棄人也。）

○公孫丑曰。道則高矣美矣。宜若登天然。似不可及也。何不使彼為可幾及而日孳孳也。（幾音機）孟子曰。大匠不為拙工改廢繩墨。羿不為拙射變其彀率。（為去聲。彀古候反。率音律。○彀率，彎弓之限也。言教人者皆有不可易之法，不容自貶以徇學者之不能也。）君子引而不發。躍如

见音现，易去声　离去声　恶去声，夫音扶　分去声，差音雌

也。中道而立。能者從之。引、引弓也、發、發矢也、躍如、如踴躍而出也、因上文彀率而言、君子教人、但授以學之之法、而不告以得之之妙、如射者之引弓而不發矢、然其所不告者、已如踴躍而見於前矣、中者、無過不及之謂、中道而立、言其非難非易、能者從之、言學者當自勉也、○此章言道有定體、教有成法、卑不可抗、高不可貶、語不能顯、默不能藏、

○孟子曰。天下有道。以道殉身。天下無道。以身殉道。殉、如殉葬之殉、以死隨物之名也、身出則道在必行、道屈則身在必退、以死相從、而不離也、未聞以道殉乎人者也。以道從人、妾婦之道、

○公都子曰。滕更之在門也。若在所禮。而不答何也。更平聲、○趙氏曰、滕更、滕君之弟、來學者也、孟子曰。挾貴而問。挾賢而問。挾長而問。挾有勳勞而問。挾故而問。皆所不答也。滕更有二焉。長上聲、○趙氏曰、二、謂挾貴挾賢也、尹氏曰、有所挾、則受道之心不專、所以不答也、○此言君子雖誨人不倦、又惡夫意之不誠者、

○孟子曰。於不可已而已者。無所不已。於所厚者薄。無所不薄也。已、止也、不可止、謂所不得不為者也、所厚、所當厚者也、此言不及者之弊、其進銳者。其退速。進銳者、用心太過、其氣易衰、故退速、○三者之弊、理勢必然、雖過不及之不同、然卒同歸於廢弛、

○孟子曰。君子之於物也。愛之而弗仁。於民也。仁之而弗親。親親而仁民。仁民而愛物。物、謂禽獸草木、愛、謂取之有時、用之有節、程子曰、仁、推己及人、如老吾老以及人之老、於民則可、於物則不可、統而言之、則皆仁、分而言之、則有序、楊氏曰、其分不同、故所施不能無差等、所謂理一而分殊者也、尹氏曰、何以有是差等、一本故也、無僞也、

○孟子曰。知者無不知也。當務之為急。仁者無不愛也。急親賢之為務。堯舜之知。而不偏物。急先務也。堯舜之仁。不偏愛人。急親賢也。知者之知、並去聲、○知者固無不知、然常以所當務者為急、則事無不治、而其為知也大矣、仁者固無不愛、然常急於親賢、則恩無不洽、而其為仁也博矣、不

齧音揑

召音邵

能三年之喪而緦小功之察。放飯流歠而問無齒決。是之謂不知務。飯扶晚反。歠昌悅反。○三年之喪、服之重者也。緦麻三月、小功五月、服之輕者也。察、致詳也。放飯、大飯。流歠、長歠、不敬之大者也。齒決、齧斷乾肉、不敬之小者也。問、講求之意。○此章言君子之於道、識其全體則心不狹、知所先後則事有序。豐氏曰、智不急於先務、雖徧知人之所知、徧能人之所能、徒弊精神而無益於天下之治矣。仁不急於親賢、雖有仁民愛物之心、小人在位、無由下達、聰明日蔽於上、而惡政日加於下、此孟子所謂不知務也。

盡心章句下 凡三十八章

孟子曰。不仁哉。梁惠王也。仁者以其所愛。及其所不愛。不仁者。以其所不愛。及其所愛。親親而仁民、仁民而愛物、所謂以其所愛、及其所不愛也。

公孫丑曰。何謂也。梁惠王以土地之故。糜爛其民而戰之。大敗將復之。恐不能勝。故驅其所愛子弟以殉之。是之謂以其所不愛。及其所愛也。梁惠王以下、孟子答辭也。糜爛其民、使之戰鬭、糜爛其血肉也。復之、復戰也。子弟、謂太子申也。以土地之故及其民、以民之故及其子、皆以其所不愛、及其所愛也。○此承前篇之末三章之意、言仁人之恩、自內及外、不仁之禍、由疏逮親。

○孟子曰。春秋無義戰。彼善於此。則有之矣。春秋每書諸侯戰伐之事、必加譏貶、以著其擅興之罪、無有以為合於義而許之者。但就中彼善於此者則有之、如召陵之師之類是也。征者。上伐下也。敵國不相征也。征、所以正人也。諸侯有罪、則天子討而正之、此春秋所以無義戰也。

○孟子曰。盡信書。則不如無書。程子曰、載事之辭、容有重稱而過其實者、學者當識其義而已。苟執其辭、則時或有害於義、不如無書之愈也。吾於武成。取二三策而已矣。武成、周書篇名。武王伐紂、歸而記事之書也。策、竹簡也。取其二三策之言、其餘不可盡信也。程子曰、取其奉天伐暴之意、反政施仁之法而已。仁人無敵於天下。以至仁伐至不

舂音衝桶浮上聲漂音飄行音

兩如字

乾音干糒音備

仁。而何其血之流杵也。杵舂杵也、或作鹵楯也、武成言武王伐紂、紂之前徒倒戈攻于後以北、血流漂杵、孟子言此、則其不可信者、然書本意乃謂商人自相殺、非謂武王殺之也、孟子之設是言、懼後世之惑、且長不仁之心耳、

○孟子曰。有人曰。我善為陳。我善為戰。大罪也。陳去聲○制行伍曰陳、交兵曰戰、國君好仁。天下無敵焉。好去聲南面而征。北狄怨。東面而征。西夷怨。曰奚為後我。此引湯之事以明之、解前見篇武王之伐殷也。革車三百兩。虎賁三千人。兩去聲賁音奔○又以武王之事明之也、兩車數一車兩輪也、千書序作百、王曰。無畏。寧爾也。非敵百姓也。若崩厥角稽首。書泰誓文與此小異、孟子之意當云王謂商人曰、無畏我也、我來伐紂、本為安寧汝、非敵商之百姓也、於是商人稽首至地、如角之崩也、征之為言正也。各欲正己也。焉用戰。焉於虔反○民為暴君所虐、皆欲仁者來正己之國也、

○孟子曰。梓匠輪輿能與人規矩。不能使人巧。尹氏曰、規矩法度可告者也、巧則在其人、雖大匠亦末如之何也已、蓋下學可以言傳、上達必由心悟、莊周所論斲輪之意蓋如此、

○孟子曰。舜之飯糗茹草也。若將終身焉。及其為天子也。被袗衣。鼓琴。二女果。若固有之。飯上聲糗去久反茹音汝袗之忍反果說文作婐烏果反○飯食也、糗乾糒也、茹亦食也、袗畫衣也、二女堯二女也、果女侍也、言聖人之心、不以貧賤而有慕於外、不以富貴而有動於中、隨遇而安、無預於己、所性分定故也、

○孟子曰。吾今而後知殺人親之重也。殺人之父。人亦殺其父。殺人之兄。人亦殺其兄。然則非自殺之也。一間耳。間去聲○言吾今而後知者、必有所為而感發也、一間者、我往彼來、間一人耳、其實與自害其親無異也、范氏曰、知此則愛敬人之親、人亦愛敬其親矣、

○孟子曰。古之為關也。將以禦暴。譏察非常今之為關也。將以為暴。征稅出入○范

孟下 卷七 盡心

斂去聲 以行之行去聲

蜡音作

氏曰古之耕者什一後世或收大半之稅此以賦斂為暴也文王之囿與民同之齊宣王之囿為阱國中此以園囿為暴也後世為暴不止於關若使孟子用於諸侯必行文王之政凡此之類皆不終日而改也

○孟子曰身不行道不行於妻子使人不以道不能行於妻子

身不行道者以行言之不行者道不行也使人不以道者以事言之不能行者令不行也

○孟子曰周于利者凶年不能殺周于德者邪世不能亂

周足也言積之厚則用有餘

○孟子曰好名之人能讓千乘之國苟非其人簞食豆羹見於色

好乘食皆去聲見音現○好名之人矯情干譽是以能讓千乘之國然若本非能輕富貴之人則於得失之小者反不覺其真情之發見矣蓋觀人不於其所勉而於其所忽然後可以見其所安之實也

○孟子曰不信仁賢則國空虛

空虛言若無人然

無禮義則上下亂

禮義所以辨上下定民志

無政事則財用不足

生之無道取之無度用之無節故也○尹氏曰三者以仁賢為本無仁賢則禮義政事處之皆不以其道矣

○孟子曰不仁而得國者有之矣不仁而得天下未之有也

言不仁之人騁其私智可以盜千乘之國而不可以得丘民之心鄒氏曰自秦以來不仁而得天下者有矣然皆一再傳而失之猶不得也所謂得天下者必如三代而後可

○孟子曰民為貴社稷次之君為輕

社土神稷穀神建國則立壇壝以祀之蓋國以民為本社稷亦為民而立而君之尊又係於二者之存亡故其輕重如此

是故得乎丘民而為天子得乎天子為諸侯得乎諸侯為大夫

丘民田野之民至微賤也然得其心則天下歸之天子至尊貴也而得其心者不過為諸侯耳是民為重也

諸侯危社稷則變置

諸侯無道將使社稷為人所滅則當更立賢君是君輕於社稷也

犧牲既成粢盛既潔祭祀以時然而旱乾水溢則變置社稷

盛音成○祭祀不失禮而土穀之神不能為民禦災捍患則毀其壇壝而更置之亦年不順成八蜡不通之意是社稷雖重於君而輕於民也

○孟子曰聖人百世

坊本程上無圈或上有圈

當坊本作 多 隕坊本作殞

之師也。伯夷柳下惠是也。故聞伯夷之風者。頑夫廉。懦夫有立志。聞柳下惠之風者。薄夫敦。鄙夫寬。奮乎百世之上。百世之下。聞者莫不興起也。非聖人而能若是乎。而況於親炙之者乎。興起、感動奮發也。親炙、親近而薰炙之也。餘見前篇。

○孟子曰。仁也者人也。合而言之道也。仁者、人之所以為人之理也。然仁、理也。人、物也。以仁之理、合於人之身而言之。乃所謂道者也。○程子曰、中庸所謂率性之謂道是也。或曰、外國本人也之下有義也者宜也、禮也者履也、智也者知也、信也者實也。凡二十字。今按如此、則理極分明。然未詳其是否也。

○孟子曰。孔子之去魯。曰。遲遲吾行也。去父母國之道也。去齊。接淅而行。去他國之道也。重出

○孟子曰。君子之戹於陳蔡之間。無上下之交也。君子、孔子也。戹與厄同。君臣皆惡、無所與交也。

○貉稽曰。稽大不理於口。貉音陌。○趙氏曰、貉姓、稽名、為衆口所訕。理、賴也。今按漢書無俚、方言亦訓賴。

孟子曰。無傷也。士憎茲多口。趙氏曰、為士者益多為衆口所訕。按此則憎當從土。今本皆從心、蓋傳寫之誤。

詩云。憂心悄悄。慍于羣小。孔子也。肆不殄厥慍。亦不隕厥問。文王也。詩、邶風柏舟及大雅緜之篇也。悄悄、憂貌。慍、怒也。本言衛之仁人見怒於羣小。孟子以為孔子之事可以當之。肆、發語辭。隕、墜也。問、聲問也。本言太王事昆夷、雖不能殄絕其慍怒、亦不自墜其聲問之美。孟子以為文王之事可以當之。○尹氏曰、言人顧自處如何、盡其在我者而已。

○孟子曰。賢者以其昭昭。使人昭昭。今以其昏昏。使人昭昭。昭昭、明也。昏昏、闇也。尹氏曰、大學之道、在自明明德而施於天下。國家其有不順者寡矣。

○孟子謂高子曰。山徑之蹊間。介然用之而成路。為間不用。則茅

紐泥久反 涂與塗通

觸昔出反

塞之矣。今茅塞子之心矣。介音戛。○徑山路也。蹊人行處也。介然倏然之頃也。用由也。路大路也。爲間少頃也。茅塞茅草生而塞之也。言理義之心不可少有間斷也。○高子曰。禹之聲尙文王之聲。尙加尙也。豐氏曰。言禹之樂過於文王之樂。孟子曰。何以言之。曰。以追蠡。追音堆。蠡音禮。○豐氏曰。追鐘紐也。周禮所謂旋蟲是也。蠡者齧木蟲也。言禹時鐘在者。鐘紐如蟲齧而欲絶。蓋用之者多。而文王之鐘不然。是以知禹之樂過於文王之樂也。曰。是奚足哉。城門之軌。兩馬之力與。與平聲。○豐氏曰。奚足言此何足以知之也。軌車轍迹也。兩馬一車所駕也。城中之塗容九軌。車可散行。故其轍迹淺。城門惟容一車。車皆由之。故其轍迹深。蓋日久車多所致。非一車兩馬之力。能使之然也。言禹在文王前千餘年。故鐘久而紐絶。文王之鐘則未久而紐全。不可以此而議優劣也。○此章文義本不可曉。舊說相承如此。而豐氏差明白。故今存之。亦未知其是否也。

○齊饑。陳臻曰。國人皆以夫子將復爲發棠。殆不可復。復扶又反。○先時齊國嘗饑。孟子勸王。發棠邑之倉。以賑貧窮。至此又饑。陳臻問言齊人望孟子復勸王發棠。而又自言恐其不可也。孟子曰。是爲馮婦也。晉人有馮婦者。善搏虎。卒爲善士。則之野。有衆逐虎。虎負嵎。莫之敢攖。望見馮婦。趨而迎之。馮婦攘臂下車。衆皆悅之。其爲士者笑之。手執曰搏。卒爲善士。後能改行爲善也。之適也。負依也。山曲曰嵎。攖觸也。笑之。笑其不知止也。疑此時齊王已不能用孟子。而孟子亦將去矣。故其言如此。

○孟子曰。口之於味也。目之於色也。耳之於聲也。鼻之於臭也。四肢之於安佚也。性也。有命焉。君子不謂性也。程子曰。五者之欲性也。然有分。不能皆如其願。則是命也。不可謂我性之所有。而求必得之也。愚按不能皆如其願。不止爲貧賤。蓋雖富貴之極。亦有品節限制。則是亦有命也。仁之於父子也。義之於君臣也。禮之於賓主也。智之於賢者也。聖人之於天道也。命也。有性焉。君子不

脗武粉反　一作泯

罥音絹　拒京本作

謂命也。程子曰、仁義禮智天道在人、則賦於命者、所稟有厚薄清濁、然而性善可學而盡、故不謂之命也。張子曰、晏嬰智矣、而不知仲尼、是非命耶。愚按所稟者厚而清、則其仁之於父子也至、義之於君臣也盡、禮之於賓主也恭、智之於賢否也哲、聖人之於天道也無不脗合、而純亦不已焉。薄而濁、則反是、是皆所謂命也。或曰、者當作否、人衍字、更詳之。○愚聞之師曰、此二條者、皆性之所有、而命於天者也。然世之人、以前五者為性、雖有不得、而必欲求之、以後五者為命、一有不至、則不復致力、故孟子各就其重處言之、以伸此而抑彼也。張子所謂養則付命於天、道則責成於己、其言約而盡矣。

○浩生不害問曰。樂正子何人也。孟子曰。善人也。信人也。趙氏曰、浩生姓、不害名、齊人也。何謂善。何謂信。不害問也。曰。可欲之謂善。天下之理、其善者必可欲、其惡者必可惡、其為人也可欲而不可惡、則可謂善人矣。有諸己之謂信。凡所謂善、皆實有之、如惡惡臭、如好好色、是則可謂信人矣。○張子曰、志仁無惡之謂善、誠善於身之謂信。充實之謂美。力行其善、至於充滿而積實、則美在其中而無待於外矣。充實而有光輝之謂大。和順積中、而英華發外、美在其中、而暢於四肢、發於事業、則德業至盛而不可加矣。大而化之之謂聖。大而能化、使其大者泯然無復可見之迹、則不思不勉、從容中道、而非人力之所能為矣。張子曰、大可為也、化不可為也、在熟之而已矣。聖而不可知之之謂神。程子曰、聖不可知、謂聖之至妙、人所不能測、非聖人之上、又有一等神人也。樂正子。二之中。四之下也。蓋在善信之間、觀其從於子敖則其有諸己者或未實也。張子曰、顏淵樂正子皆知好仁矣。樂正子志仁無惡而不致於學、所以但為善人信人而已、顏子好學不倦、合仁與智、具體聖人、獨未至聖人之止耳。○程子曰、士之所難者、在有諸己而已。能有諸己、則居之安、資之深、而美且大可以馴致矣。徒知可欲之善、而若存若亡而已、則能不受變於俗者鮮矣。尹氏曰、自可欲之善、至於聖而不可知之神、上下一理、擴充之至、於神則不可得而名矣。

○孟子曰。逃墨必歸於楊。逃楊必歸於儒。歸。斯受之而已矣。墨氏務外而不情、楊氏太簡而近實、故其反正之漸、大略如此。歸斯受之者、憫其陷溺之久、而取其悔悟之新也。今之與楊墨辯者。如追放豚。既入其苙。又從而招之。放豚、放逸之豕豚也。苙、闌也。招、罥也、羈其足也。言彼既來歸、而又追咎其既往之失也。○此章見聖賢之於異端、拒之甚嚴、而於其來歸、待之甚恕。拒之嚴、故人知彼說之為邪、待之恕、故人知此道之可反、仁之至、義之盡也。

○孟子曰。有布縷之

距　并去聲　廋與廋同

征。粟米之征。力役之征。君子用其一。緩其二。用其二而民有殍。用其三而父子離。征賦之法、歲有常數、然布縷取之於夏、粟米取之於秋、力役取之於冬、當各以其時、若并取之、則民力有所不堪矣、今兩稅三限之法、亦此意也、尹氏曰、言民為邦本、取之無度、則其國危矣、

○孟子曰。諸侯之寶三。土地。人民。政事。寶珠玉者。殃必及身。尹氏曰、言寶得其寶者安、寶失其寶者危、

○盆成括仕於齊。孟子曰。死矣盆成括。盆成括見殺。門人問曰。夫子何以知其將見殺。曰。其為人也小有才。未聞君子之大道也。則足以殺其軀而已矣。盆成姓、括名也、恃才妄作、所以取禍、徐氏曰、君子道其常而已、括有死之道焉、設使幸而獲免、孟子之言猶信也、

○孟子之滕。館於上宮。有業屨於牖上。館人求之弗得。館、舍也、上宮、別宮名、業屨、織之有次業而未成者、蓋館人所作、置之牖上而失之也、或問之曰。若是乎從者之廋也。曰。子以是為竊屨來與。曰。殆非也。夫子之設科也。往者不追。來者不拒。苟以是心至。斯受之而已矣。從為去聲、與平聲、夫字如字、舊讀為扶余者非、○或問之者、問於孟子也、廋、匿也、言子之從者、乃匿人之物如此乎、孟子答之、而或人自悟其失、因言此從者固不為竊屨而來、但夫子設置科條、以待學者、苟以向道之心而來、則受之耳、雖夫子亦不能保其往也、門人取其言、有合於聖賢之指、故記之、

○孟子曰。人皆有所不忍。達之於其所忍。仁也。人皆有所不為。達之於其所為。義也。惻隱羞惡之心、人皆有之、故莫不有所不忍不為、此仁義之端也、然以氣質之偏、物欲之蔽、則於他事或有不能者、但推所能、達之於所不能、則無非仁義矣、人能充無欲害人之心。而仁不可勝用也。人能充無穿窬之心。而義

踰坊本作窬

坊本達上無以字

不可勝用也。勝平聲。○充滿也。穿，穿穴；窬，踰牆，皆為盜之事也。能推所不忍，以達於所忍，則能滿其無欲害人之心，而無不仁矣。能推其所不為，以達於所為，則能滿其無穿窬之心，而無不義矣。人能充無受爾汝之實，無所往而不為義也。此申說上文充無穿窬之心之意也。蓋爾汝，人所輕賤之稱，人雖或有所貪昧隱忍而甘受之者，然其中心必有慚忿而不肯受之之實。人能即此而推之，使其充滿無所虧缺，則無適而非義矣。士未可以言而言，是以言餂之也；可以言而不言，是以不言餂之也，是皆穿窬之類也。餂音忝。○餂，探取之也。今人以舌取物曰餂，即此意也。便佞隱默，皆有以探取於人，是亦穿窬之類。然其事隱微，人所易忽，故特舉以見例，明必推無穿窬之心以達於此而悉去之，然後為能充其無穿窬之心也。

○孟子曰：言近而指遠者，善言也；守約而施博者，善道也。君子之言也，不下帶而道存焉；施去聲。○古人視不下於帶，則帶之上乃目前常見至近之處也。舉目前之近事，而至理存焉，所以為言近而指遠也。君子之守，修其身而天下平。此所謂守約而施博也。人病舍其田而芸人之田，所求於人者重，而所以自任者輕。舍音捨。○此言不守約而務博施之病。

○孟子曰：堯舜，性者也；湯武，反之也。性者，得全於天，無所污壞，不假修為，聖之至也。反之者，修為以復其性，而至於聖人也。程子曰：「性之反之，古未有此語，蓋自孟子發之。」呂氏曰：「無意而安行，性者也；有意利行，而至於無意，復性者也。堯舜不失其性，湯武善反其性，及其成功則一也。」動容周旋中禮者，盛德之至也；哭死而哀，非為生者也；經德不回，非以干祿也；言語必信，非以正行也。中、為、行，並去聲。○細微曲折，無不中禮，乃其盛德之至，自然而中，而非有意於中也。經，常也。回，曲也。三者亦皆自然而然，非有意而為之也，皆聖人之事，性之之德也。君子行法，以俟命而已矣。法者，天理之當然者也。君子行之，而吉凶禍福有所不計，蓋雖未至於自然，而已非有所為而為矣。此反之之事，董子所謂「正其義不謀其利，明其道不計其功」，正此意也。○程子曰：「動容周旋中禮者，盛德之至；行法以俟命者，『朝聞道夕死可矣』之意也。」呂氏曰：「法由此立，命由此出，聖

人也行法以俟命君子也聖人性之君子所以復其性也。○孟子曰。說大人則藐之。勿視其巍巍然。說音稅藐音眇。○趙氏曰大人當時
尊貴者也藐輕之也巍巍富貴高顯之貌藐焉而不畏之則志意舒展言語得盡也。堂高數仞。榱題數尺。我得志弗爲也。食前方
丈。侍妾數百人。我得志弗爲也。般樂飲酒。驅騁田獵。後車千乘。我
得志弗爲也。在彼者。皆我所不爲也。在我者。皆古之制也。吾何畏
彼哉。榱楚危反般音盤樂音洛乘去聲。○榱桷也題頭也食前方丈饌食列於前者方一丈也此皆其所謂巍巍然者我雖得志有所不爲而所守者皆古聖賢之法則彼之巍巍者何足道哉。楊子曰孟子此章以己之長方人之短猶有此等氣象
在孔子則無此矣。○孟子曰。養心莫善於寡欲。其爲人也寡欲。雖有不存焉者
寡矣。其爲人也多欲。雖有存焉者寡矣。欲如口鼻耳目四支之欲雖人之所不能無然多而不節未有不失其本心者學者所當深戒也程子曰
所欲不必沈溺只有所向便是欲。○曾晳嗜羊棗。而曾子不忍食羊棗。羊棗實小黑而圓又謂之羊矢棗曾子以父嗜之父沒之後食必思親故不忍
食也。公孫丑問曰。膾炙與羊棗孰美。孟子曰。膾炙哉。公孫丑曰。然則
曾子何爲食膾炙而不食羊棗。曰。膾炙所同也。羊棗所獨也。諱名
不諱姓。姓所同也。名所獨也。肉聶而切之爲膾炙炙肉也。○萬章問曰。孔子在陳。曰。盍
歸乎來。吾黨之士狂簡。進取。不忘其初。孔子在陳。何思魯之狂士。
盍何不也狂簡謂志大而略於事進取謂求望高遠不忘其初謂不能改其舊也此語與論語小異。孟子曰。孔子不得中道而與之。必也狂

論去聲 見音現 慤克角反

獧乎。狂者進取。獧者有所不為也。孔子豈不欲中道哉。不可必得。故思其次也。獧音絹。○不得中道至有所不為，據論語亦孔子之言。然則孔子字下當有曰字。論語道作行，獧作狷。有所不為者，知恥自好，不為不善之人也。孔子豈不欲中道以下，孟子言也。敢問何如。斯可謂狂矣。萬章問。曰。如琴張曾皙牧皮者。孔子之所謂狂矣。琴張名牢，字子張。子桑戶死，琴張臨其喪而歌。事見莊子。雖未必盡然，要必有近似者。曾皙見前篇。季武子死，曾皙倚其門而歌，事見檀弓。又言志異乎三子者之撰，事見論語。牧皮未詳。何以謂之狂也。萬章問。曰。其志嘐嘐然。曰。古之人。古之人。夷考其行。而不掩焉者也。嘐火交反。行去聲。○嘐嘐，志大言大也。重言古之人，見其動輒稱之，不一稱而已也。夷，平也。掩，覆也。言平考其行，而不能覆其言也。程子曰：曾皙言志，而夫子與之，蓋與聖人之志同，便是堯舜氣象也，特行有不掩焉耳，此所謂狂也。狂者又不可得。欲得不屑不潔之士而與之。是獧也。是又其次也。此因上文所引，遂解所以思得獧者之意。狂，有志者也；獧，有守者也。有志者能進於道，有守者不失其身。屑，潔也。孔子曰。過我門而不入我室。我不憾焉者。其惟鄉原乎。鄉原德之賊也。曰。何如。斯可謂之鄉原矣。鄉原非有識者。原與愿同。荀子原慤字皆讀作愿，謂謹愿之人也。故鄉里所謂愿人，謂之鄉原。孔子以其似德而非德，故以為德之賊。過門不入而不恨之，以其不見親就為幸，深惡而痛絕之也。萬章又引孔子之言而問也。曰。何以是嘐嘐也。言不顧行。行不顧言。則曰古之人。古之人。行何為踽踽涼涼。生斯世也。為斯世也。善斯可矣。閹然媚於世也者。是鄉原也。行去聲。踽其禹反。閹音奄。○踽踽，獨行不進之貌。涼涼，薄也，不見親厚於人也。鄉原譏狂者曰：何用如此嘐嘐然，行不掩其言，而徒每事必稱古人邪？又譏獧者曰：何必如此踽踽涼涼，無所親厚者。人既生於此世，則但當為此世之人，使當世之人皆以為善則可矣。此鄉原之志也。閹，如奄人之奄，閉藏之意也。媚，求悅於人也。孟子言此深自閉藏，以求親媚於世是鄉原之行也萬章曰一鄉皆稱原人焉無所往而不為原人孔子以為德之賊何哉原亦謹厚之稱而孔子以爲德之賊故萬章疑之曰非之無舉也刺之無刺也同乎流俗合乎汙世居之似忠信行之似廉潔衆皆悅之自以為是而不可與入堯舜之道故曰德之賊也吕氏講曰言此等之人欲非之則無可舉欲刺之則無可刺也流俗者風俗頹靡如水之下流衆莫不然也汙濁也非忠信而似忠信非廉潔而似廉潔

孔子曰惡似而非者惡莠恐其亂苗也惡佞恐其亂義也惡利口恐其亂信也惡鄭聲恐其亂樂也惡紫恐其亂朱也惡鄉原恐其亂德也惡去聲莠音有○孟子又引孔子之言以明之莠似苗之草也佞才智之稱其言似義而非義也利口多言而不實者也鄭聲淫樂也樂正樂也紫閒色朱正色也鄉原不狂不獧人皆以為善有似乎中道而實非也故恐其亂德

君子反經而已矣經正則庶民興庶民興斯無邪慝矣反復也經常也萬世不易之常道也興興起於善也邪慝如鄉原之屬是也世衰道微大經不正故人人得為異說以濟其私而邪慝並起不可勝正君子於此亦復其常道而已常道既復則民興於善而是非明白無所回互雖有邪慝不足以惑之矣○尹氏曰君子取夫狂獧者蓋以狂者志大而可與進道獧者有所不為而可與有為也所惡於鄉原而欲痛絕之者為其似是而非惑人之深也絕之之術無他焉亦曰反經而已矣

○孟子曰由堯舜至於湯五百有餘歲若禹皐陶則見而知之若湯則聞而知之趙氏曰五百歲而聖人出天道之常然亦有遲速不能正五百年故言有餘也尹氏曰知謂知其道也

由湯至於文王五百有餘歲若伊尹萊朱則見而知之若文王則聞而知之趙氏曰萊朱湯賢臣或曰即仲虺也為湯左相

由文王至於孔子五百有

稱去聲

餘歲。若太公望、散宜生，則見而知之；若孔子，則聞而知之。

散，素亶反。○散氏，宜生名，文王賢臣也。子貢曰：「文武之道，未墜於地，在人。賢者識其大者，不賢者識其小者，莫不有文武之道焉。夫子焉不學？」此所謂聞而知之也。

由孔子而來，至於今，百有餘歲。去聖人之世，若此其未遠也；近聖人之居，若此其甚也。然而無有乎爾，則亦無有乎爾。

林氏曰：「孟子言孔子至今時未遠，鄒魯相去又近，然而已無有見而知之者矣；則五百餘歲之後，又豈復有聞而知之者乎？」○愚按：此言雖若不敢自謂已得其傳，而憂後世遂失其傳，然乃所以自見其有不得辭者，而又以見夫天理民彝不可泯滅，百世之下，必將有神會而心得之者耳。故於篇終歷序群聖之統，而終之以此，所以明其傳之有在，而又以俟後聖於無窮也，其旨深哉！○有宋元豐八年，河南程顥伯淳卒。潞公文彥博題其墓曰：明道先生。而其弟頤正叔序之曰：「周公沒，聖人之道不行；孟軻死，聖人之學不傳。道不行，百世無善治；學不傳，千載無真儒。無善治，士猶得以明夫善治之道，以淑諸人，以傳諸後；無真儒，則天下貿貿焉莫知所之，人欲肆而天理滅矣。先生生乎千四百年之後，得不傳之學於遺經，以興起斯文為己任，辨異端，闢邪說，使聖人之道煥然復明於世。蓋自孟子之後，一人而已。然學者於道不知所向，則孰知斯人之為功？不知所至，則孰知斯名之稱情也哉？」

郑板桥手书四书 孟子

告子章句上

告子曰性猶杞柳也義猶桮棬也以人性為仁義猶以杞柳為桮棬孟子曰子能順杞柳之性而以為桮棬乎將戕賊杞柳而後以為桮棬也如將戕賊杞柳而以為桮棬則亦將戕賊人以為仁義與率天下之人而禍仁義者必子之言夫

告子曰性猶湍水也決諸東方則東流決諸西方

則西流人性之無分於善不善也猶水之無分於東西也孟子曰水信無分於東西無分於上下乎人性之善也猶水之就下也人無有不善水無有不下今夫水搏而躍之可使過顙激而行之可使在山是豈水之性哉其勢則然也人之可使為不善其性亦猶是也

告子曰生之謂性孟子曰生之謂性也猶白之謂白

與曰然白羽之白也猶白雪之白白雪之白猶白玉
之白與曰然然則犬之性猶牛之性牛之性猶人
之性與
告子曰食色性也仁內也非外也義外也非內也孟
子曰何以謂仁內義外也曰彼長而我長之非有長
於我也猶彼白而我白之從其白於外也故謂之
外也曰白馬之白也無以異於白人之白也不識長

馬之長也無以異於長人之長與且謂長者義乎長之者義乎曰吾弟則愛之秦人之弟則不愛也是以我為悅者也故謂之內長楚人之長亦長吾之長是以長為悅者也故謂之外也曰耆秦人之炙無以異於耆吾炙夫物則亦有然者也然則耆炙亦有外與

孟季子問公都子何以謂義內也曰行吾敬故

謂之內也鄉人長於伯兄一歲則誰敬曰敬兄酌則誰先曰先酌鄉人所敬在此所長在彼果在外非由內也公都子不能荅以告孟子孟子曰敬叔父乎敬弟乎彼將曰敬叔父曰弟為尸則誰敬彼將曰敬弟子曰惡在其敬叔父也彼將曰在位故也子亦曰在位故也庸敬在兄斯須之敬在鄉人季子聞之曰敬叔父則敬敬弟則敬果在外非

由內也公都子曰冬日則飲湯夏日則飲水然則
飲食亦在外也
公都子曰告子曰性無善無不善也或曰性可以
為善可以為不善是故文武興則民好善幽厲
興則民好暴或曰有性善有性不善是故以堯
為君而有象以瞽瞍為父而有舜以紂為兄之
子且以為君而有微子啟王子比干今曰性善然則

彼皆非與孟子曰乃若其情則可以為善矣乃所謂善也若夫為不善非才之罪也惻隱之心人皆有之羞惡之心人皆有之恭敬之心人皆有之是非之心人皆有之惻隱之心仁也羞惡之心義也恭敬之心禮也是非之心智也仁義禮智非由外鑠我也我固有之也弗思耳矣故曰求則得之舍則失之或相倍蓰而無算者不能盡其才

者也詩曰天生蒸民有物有則民之秉夷好是懿德孔子曰為此詩者其知道乎故有物必有則民之秉夷也故好是懿德

孟子曰富歲子弟多賴凶歲子弟多暴非天之降才爾殊也其所以陷溺其心者然也今夫麰麥播種而耰之其地同樹之時又同浡然而生至於日至之時皆熟矣雖有不同則地有肥磽

雨露之養人事之不齊也故凡同類者舉相似也何獨至於人而疑之聖人與我同類者故龍子曰不知足而為屨我知其不為蕢也屨之相似天下之足同也口之於味有同耆也易牙先得我口之所耆者也如使口之於味也其性與人殊若犬馬之與我不同類也則天下何耆皆從易牙之於味也至於味天下期於易牙是天下之口相似

也惟耳亦然至於聲天下期於師曠是天下之耳相似也惟目亦然至於子都天下莫不知其姣也不知子都之姣者無目者也故曰口之於味也有同耆焉耳之於聲也有同聽焉目之於色也有同美焉至於心獨無所同然乎心之所同然者何也謂理也義也聖人先得我心之所同然耳故理義之悅我心猶芻豢之悅我口

孟子曰牛山之木嘗美矣以其郊於大國也斧斤伐之可以爲美乎是其日夜之所息雨露之所潤非無萌櫱之生焉牛羊又從而牧之是以若彼濯濯也人見其濯濯也以爲未嘗有材焉此豈山之性也哉雖存乎人者豈無仁義之心哉其所以放其良心者亦猶斧斤之於木也旦旦而伐之可以爲美乎其日夜之所息平旦之氣其好惡與人

相近也者幾希則其旦晝之所為有梏亡之矣
梏之反覆則其夜氣不足以存夜氣不足以存
則其違禽獸不遠矣人見其禽獸也而以為未
嘗有才焉者是豈人之情也哉故苟得其養
無物不長苟失其養無物不消孔子曰操則存
舍則亡出入無時莫知其鄉惟心之謂與
孟子曰無或乎王之不智也雖有天下易生之物

也一日暴之十日寒之未有能生者也吾見亦罕矣吾退而寒之者至矣吾如有萌焉何哉今夫奕之為數小數也不專心致志則不得也奕秋通國之善奕者也使奕秋誨二人奕其一人專心致志惟奕秋之為聽一人雖聽之一心以為有鴻鵠將至思援弓繳而射之雖與之俱學弗若之矣為是其智弗若與曰非然也

孟子曰魚我所欲也熊掌亦我所欲也二者不可得兼舍魚而取熊掌者也生亦我所欲也義亦我所欲也二者不可得兼舍生而取義者也生亦我所欲所欲有甚於生者故不為苟得也死亦我所惡所惡有甚於死者故患有所不辟也如使人之所欲莫甚於生則凡可以得生者何不用也使人之所惡莫甚於死則凡可以辟患者何不為

也由是則生而有不用也由是則可以辟患而有
不為也是故所欲有甚於生者所惡有甚於死
者非獨賢者有是心也人皆有之賢者能勿
喪耳一簞食一豆羹得之則生弗得則死
嘑爾而與之行道之人弗受蹴爾而與之乞人
不屑也萬鍾則不辯禮義而受之萬鍾於我
何加焉為宮室之美妻妾之奉所識窮乏者

得我與鄉為身死而不受今為宮室之美為之鄉為身死而不受今為妻妾之奉為之鄉為身死而不受今為所識窮乏者得我而為之是亦不可以已乎此之謂失其本心

孟子曰仁人心也義人路也舍其路而弗由放其心而不知求哀哉人有雞犬放則知求之有放心而不知求學問之道無他求其放心而已矣

孟子曰今有無名之指屈而不信非疾痛害事也如有能信之者則不遠秦楚之路爲指之不若人也指不若人則知惡之心不若人則不知惡此之謂不知類也

孟子曰拱把之桐梓人苟欲生之皆知所以養之者至於身而不知所以養之者豈愛身不若桐梓哉弗思甚也

孟子曰人之於身也兼所愛兼所愛則兼所養也無尺寸之膚不愛焉則無尺寸之膚不養也所以考其善不善者豈有他哉於己取之而已矣體有貴賤有小大無以小害大無以賤害貴養其小者為小人養其大者為大人今有場師舍其梧檟養其樲棘則為賤場師焉養其一指而失其肩背而不知也則為狼疾人也飲食之人

則人賤之矣爲其養小以失大也飲食之人無有
失也則口腹豈適爲尺寸之膚哉
公都子問曰鈞是人也或爲大人或爲小人何
也孟子曰從其大體爲大人從其小體爲小人曰鈞
是人也或從其大體或從其小體何也曰耳目之官
不思而蔽於物物交物則引之而已矣心之官則思
思則得之不思則不得也此天之所與我者先立

乎其大者則其小者不能奪也此為大人而已矣

孟子曰有天爵者有人爵者仁義忠信樂善不倦此天爵也公卿大夫此人爵也古之人脩其天爵而人爵從之今之人脩其天爵以要人爵既得人爵而棄其天爵則惑之甚者也終亦必亡而已矣

孟子曰欲貴者人之同心也人人有貴於己者

弗思耳人之所貴者非良貴也趙孟之所貴
趙孟能賤之詩云既醉以酒既飽以德言飽乎
仁義也所以不願人之膏粱之味也令聞廣譽
施於身所以不願人之文繡也
孟子曰仁之勝不仁也猶水勝火今之爲仁者猶以
一杯水救一車薪之火也不熄則謂之水不勝
火此又與於不仁之甚者也亦終必亡而已矣

孟子曰五穀者種之美者也苟爲不熟不如荑稗夫仁亦在乎熟之而已矣

孟子曰羿之教人射必志於彀學者亦必志於彀大匠誨人必以規矩學者亦必以規矩

告子章句下

任人有問屋廬子曰禮與食孰重曰禮重色與禮孰重曰禮重曰以禮食則飢而死不以禮食

則得食必以禮乎親迎則不得妻不親迎則得
妻必親迎乎屋廬子不能對明日之鄒以告
孟子孟子曰於答是也何有不揣其本而齊其
末方寸之木可使高於岑樓金重於羽者豈謂
一鉤金與一輿羽之謂哉取食之重者與禮之
輕者而比之奚翅食重取色之重者與禮之輕者而
比之奚翅色重往應之曰紾兄之臂而奪之食

則得食不紾則不得食則將紾之乎踰東家
牆而摟其處子則得妻不摟則不得妻則將
摟之乎
曹交問曰人皆可以為堯舜有諸孟子曰然交
聞文王十尺湯九尺今交九尺四寸以長食粟而
已如何則可曰奚有於是亦為之而已矣有人於
此力不能勝一匹雛則為無力人矣今曰舉百鈞

則為有力人矣然則舉烏獲之任是亦為烏
獲而已矣夫人豈以不勝為患哉弗為耳徐行
後長者謂之弟疾行先長者謂之不弟夫徐
行者豈人所不能哉所不為也堯舜之道孝弟
而已矣子服堯之服誦堯之言行堯之行是堯
而已矣子服桀之服誦桀之言行桀之行是桀而
已矣曰交得見於鄒君可以假館願留而受業

於門曰夫道若大路然豈難知哉人病不求耳
子歸而求之有餘師
公孫丑問曰高子曰小弁小人之詩也孟子曰何以
言之曰怨曰固哉高叟之為詩也有人於此越
人關弓而射之則已談笑而道之無他疏之也
其兄關弓而射之則已垂涕泣而道之無他戚
之也小弁之怨親親也親親仁也固矣夫高叟之為

詩也曰凱風何以不怨曰凱風親之過小者也小弁親之過大者也親之過大而不怨是愈疏也親之過小而怨是不可磯也愈疏不孝也不可磯亦不孝也孔子曰舜其至孝矣五十而慕

宋牼將之楚孟子遇於石丘曰先生將何之曰吾聞秦楚構兵我將見楚王說而罷之楚王不悅我將見秦王說而罷之二王我將有所遇

焉曰軻也請無問其詳願聞其指說之將何
如曰我將言其不利也曰先生之志則大矣先生
之號則不可先生以利說秦楚之王秦楚之
王悅於利以罷三軍之師是三軍之士樂罷而
悅於利也為人臣者懷利以事其君為人子者
懷利以事其父為人弟者懷利以事其兄是
君臣父子兄弟終去仁義懷利以相接然而不

亡者未之有也先生以仁義說秦楚之王秦楚
之王悅於仁義而罷三軍之師是三軍之士樂
罷而悅於仁義也為人臣者懷仁義以事其君
為人子者懷仁義以事其父為人弟者懷仁
義以事其兄是君臣父子兄弟去利懷仁義
以相接也然而不王者未之有也何必曰利

孟子居鄒季任為任處守以幣交受之而不報

處於平陸儲子為相以幣交受之而不報他日由鄒之任見季子由平陸之齊不見儲子屋廬子喜曰連得間矣問曰夫子之任見季子之齊不見儲子為其為相與曰非也書曰享多儀儀不及物曰不享惟不役志于享為其不成享也屋廬子悅或問之屋廬子曰季子不得之鄒儲子得之平陸

淳于髡曰先名實者為人也後名實者自為也夫子在三卿之中名實未加於上下而去之仁者固如此乎孟子曰居下位不以賢事不肖者伯夷也五就湯五就桀者伊尹也不惡汙君不辭小官者柳下惠也三子者不同道其趨一也一者何也曰仁也君子亦仁而已矣何必同曰魯繆公之時公儀子為政子柳子思為臣魯之削也滋甚若

是乎賢者之無益於國也曰虞不用百里奚而亡秦穆公用之而霸不用賢則亡削何可得與曰昔者王豹處於淇而河西善謳綿駒處於高唐而齊右善歌華周杞梁之妻善哭其夫而變國俗有諸內必形諸外為其事而無其功者髡未嘗覩之也是故無賢者也有則髡必識之曰孔子為魯司寇不用從而祭燔肉不至不稅

冕而行不知者以為〻肉也其知者以為爲無禮也
乃孔子則欲以微罪行不欲為苟去君子之所為
衆人固不識也

孟子曰五霸者三王之罪人也今之諸侯五霸之
罪人也今之大夫今之諸侯之罪人也天子適諸
侯曰巡狩諸侯朝於天子曰述職春省耕而補
不足秋省斂而助不給入其疆土地辟田野治養

老尊賢俊傑在位則有慶慶以地入其疆土地荒蕪遺老失賢掊克在位則有讓一不朝則貶其爵再不朝則削其地三不朝則六師移之是故天子討而不伐諸侯伐而不討五霸者摟諸侯以伐諸侯者也故曰五霸者三王之罪人也五霸桓公為盛葵丘之會諸侯束牲載書而不歃血初命曰誅不孝無易樹子無以妾為妻

再命曰尊賢育才以彰有德三命曰敬老慈幼
無忘賓旅四命曰士無世官官事無攝取士必得
無專殺大夫五命曰無曲防無遏糴無有封而
不告曰凡我同盟之人既盟之後言歸于好今之
諸侯皆犯此五禁故曰今之諸侯五霸之罪人
也長君之惡其罪小逢君之惡其罪大今之大夫
皆逢君之惡故曰今之大夫今之諸侯之罪人

也
魯欲使愼子爲將軍孟子曰不教民而用之謂之
殃民殃民者不容於堯舜之世一戰勝齊遂有
南陽然且不可愼子勃然不悅曰此則滑釐所不
識也曰吾明告子天子之地方千里不千里不足
以待諸侯諸侯之地方百里不百里不足以守
宗廟之典籍周公之封於魯爲方百里也地非

不足而儉於百里太公之封於齊也亦為方百里也地非不足也而儉於百里今魯方百里者五子以為有王者作則魯在所損乎在所益乎徒取諸彼以與此然且仁者不為況於殺人以求之乎君子之事君也務引其君以當道志於仁而已

孟子曰今之事君者曰我能為君辟土地充府庫今之所謂良臣古之所謂民賊也君不鄉

不志於仁而求富之是富桀也我能為君約與國戰必克今之所謂良臣古之所謂民賊也君不鄉道不志於仁而求為之強戰是輔桀也由今之道無變今之俗雖與之天下不能一朝居也

白圭曰吾欲二十而取一何如孟子曰子之道貉衜也萬室之國一人陶則可乎曰不可器不足用也曰夫貉五穀不生惟黍生之無城郭宮室宗廟

祭祀之禮無諸侯幣帛饔飧無百官有司故二十取一而足也今居中國去人倫無君子如之何其可也陶以寡且不可以爲國況無君子乎欲輕之於堯舜之道者大貉小貉也欲重之於堯舜之道者大桀小桀也

白圭曰丹之治水也愈於禹孟子曰子過矣禹之治水水之道也是故禹以四海爲壑今吾子以鄰

國爲壑水逆行謂之洚水洚水者洪水也仁人
之所惡也吾子過矣
孟子曰君子不亮惡乎執
魯欲使樂正子爲政孟子曰吾聞之喜而不寐
公孫丑曰樂正子強乎曰否有知慮乎曰否多
聞識乎曰否然則奚爲喜而不寐曰其爲人也
好善好善足乎曰好善優於天下而況魯國乎

夫苟好善則四海之內皆將輕千里而來告之以善夫苟不好善則人將曰訑訑予既已知之矣訑訑之聲音顔色距人於千里之外士止於千里之外則讒諂面諛之人至矣與讒諂面諛之人居國欲治可得乎

陳子曰古之君子何如則仕孟子曰所就三所去三迎之致敬以有禮言將行其言也則就之禮貌

未衰言弗行也則去之其次雖未行其言也迎
之致敬以有禮則就之禮貌衰則去之其下朝
不食夕不食飢餓不能出門戶君聞之曰吾大
者不能行其道又不能從其言也使飢餓於我
土地吾恥之周之亦可受也免死而已矣
孟子曰舜發於畎畝之中傅說舉於版築之
間膠鬲舉於魚鹽之中管夷吾舉於士孫

叔敖舉於海百里奚舉於市故天之將降
大任於是人也必先苦其心志勞其筋骨餓其
體膚空乏其身行拂亂其所為所以動心忍性
曾益其所不能人恒過然後能改困於心衡於
慮而後作徵於色發於聲而後喻入則無法家
拂士出則無敵國外患者國恒亡然後知生於
憂患而死於安樂也

盡心章句上

孟子曰盡其心者知其性也知其性則知天矣存其心養其性所以事天也殀壽不貳脩身以俟之所以立命也

孟子曰莫非命也順受其正是故知命者不立乎巖牆之下盡其道而死者正命也桎梏死者非正命也

孟子曰求則得之舍則失之是求有益於得也求在我者也求之有道得之有命是求無益於得也求在外者也

孟子曰萬物皆備於我矣反身而誠樂莫大焉強恕而行求仁莫近焉

孟子曰行之而不著焉習矣而不察焉終身由之而不知其道者衆也

孟子曰人不可以無恥無恥之恥無恥矣

孟子曰恥之於人大矣爲機變之巧者無所用恥焉不恥不若人何若人有

孟子曰古之賢王好善而忘勢古之賢士何獨不然樂其道而忘人之勢故王公不致敬盡禮則不得亟見之見且猶不得亟而況得而臣之乎

孟子謂宋句踐曰子好遊乎吾語子遊人知之亦

囂囂人不知亦囂囂曰何如斯可以囂囂矣曰尊德
樂義斯可以囂囂矣故士窮不失義達不離道
窮不失義故士得己焉達不離道故民不失望
焉古之人得志澤加於民不得志脩身見於世
窮則獨善其身達則兼善天下
孟子曰待文王而後興者凡民也若夫豪傑之
士雖無文王猶興

孟子曰附之以韓魏之家如其自視欿然則過人遠矣

孟子曰以佚道使民雖勞不怨以生道殺民雖死不怨殺者

孟子曰霸者之民驩虞如也王者之民皥皥如也殺之而不怨利之而不庸民日遷善而不知爲之者夫君子所過者化所存者神上下與天地同

流豈曰小補之哉

孟子曰仁言不如仁聲之入人深也善政不如善教之得民也善政民畏之善教民愛之善政得民財善教得民心

孟子曰人之所不學而能者其良能也所不慮而知者其良知也孩提之童無不知愛其親也及其長也無不知敬其兄也親親仁也敬長義也

無他達之天下也

孟子曰舜之居深山之中与木石居與鹿豕遊其所以異於深山之野人者幾希及其聞一善言見一善行若決江河沛然莫之能禦也

孟子曰無爲其所不爲無欲其所不欲如此而已矣

孟子曰人之有德慧術知者恒存乎疢疾獨

孤臣孽子其操心也危其慮患也深故達

孟子曰有事君人者事是君則為容悅者也有安社稷臣者以安社稷為悅者也有天民者達可行於天下而後行之者也有大人者正己而物正者也

孟子曰君子有三樂而王天下不與存焉父母俱存兄弟無故一樂也仰不愧於天俯不怍於人

二樂也得天下英才而教育之三樂也君子有三樂而王天下不与存焉

孟子曰廣土衆民君子欲之所樂不存焉中天下而立定四海之民君子樂之所性不存焉君子所性雖大行不加焉雖窮居不損焉分定故也君子所性仁義禮智根於心其生色也睟然見於面盎於背施於四體四體不言而喻

孟子曰伯夷辟紂居北海之濱聞文王作興曰盍歸乎來吾聞西伯善養老者太公辟紂居東海之濱聞文王作興曰盍歸乎來吾聞西伯善養老者天下有善養老則仁人以為己歸矣五畝之宅樹牆下以桑匹婦蠶之則老者足以衣帛矣五母雞二母彘無失其時老者足以無失肉矣百畝之田匹夫耕之八口之家可以無飢

矣所謂西伯善養老者制其田里教之樹畜導
其妻子使養其老五十非帛不煖七十非肉不飽
不煖不飽謂之凍餒文王之民無凍餒之老者
此之謂也

孟子曰易其田疇薄其稅斂民可使富也食之
以時用之以禮財不可勝用也民非水火不生活昏
暮叩人之門戶求水火無弗與者至足矣聖人

治天下使有菽粟如水火菽粟如水火而民焉
有不仁者乎
孟子曰孔子登東山而小魯登太山而小天下故觀於
海者難為水遊於聖人之門者難為言觀水
有術必觀其瀾日月有明容光必照焉流水
之為物也不盈科不行君子之志於道也不成
章不達

孟子曰雞鳴而起孳孳爲善者舜之徒也雞
鳴而起孳孳爲利者蹠之徒也欲知舜與蹠之
分無他利与善之間也
孟子曰楊子取爲我拔一毛而利天下不爲也墨
子兼愛摩頂放踵利天下爲之子莫執中執中
爲近之執中無權猶執一也所惡執一者爲其賊
道也舉一而廢百也

孟子曰饑者甘食渴者甘飲是未得飲食之正也饑渴害之也豈惟口腹有饑渴之害人心亦皆有害人能無以饑渴之害為心害則不及人不為憂矣

孟子曰柳下惠不以三公易其介

孟子曰有為者辟若掘井掘井九軔而不及泉猶為棄井也

孟子曰堯舜性之也湯武身之也五霸假之也久假而不歸惡知其非有也

公孫丑曰伊尹曰予不狎于不順放太甲于桐民大悅太甲賢又反之民大悅賢者之為人臣也其君不賢則固可放與孟子曰有伊尹之志則可無伊尹之志則篡也

公孫丑曰詩曰不素餐兮君子之不耕而食何也

孟子曰君子居是國也其君用之則安富尊榮其子弟從之則孝弟忠信不素餐兮孰大於是

王子墊問曰士何事孟子曰尚志曰何謂尚志曰仁義而已矣殺一無罪非仁也非其有而取之非義也居惡在仁是也路惡在義是也居仁由義大人之事備矣

孟子曰仲子不義與之齊國而弗受人皆信之是舍簞食豆羹之義也人莫大焉亡親戚君臣上下以其小者信其大者奚可哉

桃應問曰舜為天子皋陶為士瞽瞍殺人則如之何孟子曰執之而已矣然則舜不禁與曰夫舜惡得而禁之夫有所受之也然則舜如之何曰舜視棄天下猶棄敝蹝也竊負而逃遵海濱

而處終身訢然樂而忘天下

孟子自范之齊，望見齊王之子，喟然嘆曰：居移氣，養移體，大哉居乎！夫非盡人之子與？王子宮室車馬衣服多與人同，而王子若彼者，其居使之然也，況居天下之廣居者乎？魯君之宋，呼於垤澤之門，守者曰：此非吾君也，何其聲之似我君也？此無他，居相似也。

孟子曰食而弗愛豕交之也愛而不敬獸畜之也恭敬者幣之未將者也恭敬而無實君子不可虛拘

孟子曰形色天性也惟聖人然後可以踐形

齊宣王欲短喪公孫丑曰為朞之喪猶愈於已乎孟子曰是猶或紾其兄之臂子謂之姑徐徐云爾亦教之孝弟而已矣王子有其母死者其傅

為之請數月之喪公孫丑曰若此者何如也曰是欲終之而不可得也雖加一日愈於已謂夫莫之禁而弗為者也

孟子曰君子之所以教者五有如時雨化之者有成德者有達財者有荅問者有私淑艾者此五者君子之所以教也

公孫丑曰道則高矣美矣宜若登天然似不可及

也何不使彼為可幾及而日孳孳也孟子曰大匠不為拙工改廢繩墨羿不為拙射變其彀率君子引而不發躍如也中道而立能者從之

孟子曰天下有道以道殉身天下無道以身殉道未聞以道殉乎人者也

公都子曰滕更之在門也若在所禮而不答何也

孟子曰挾貴而問挾賢而問挾長而問挾有勳勞

而問挾故而問皆所不答也滕更有二焉

孟子曰於不可已而已者無所不已於所厚者薄無所不薄也其進銳者其退速

孟子曰君子之於物也愛之而弗仁於民也仁之而弗親親親而仁民仁民而愛物

孟子曰知者無不知也當務之為急仁者無不愛也急親賢之為務堯舜之知而不徧物急先務也堯

舜之仁不徧愛人急親賢也不能三年之喪而緦小功之察放飯流歠而問無齒決是之謂不知務

盡心章句下

孟子曰不仁哉梁惠王也仁者以其所愛及其所不愛不仁者以其所不愛及其所愛公孫丑曰何謂也梁惠王以土地之故糜爛其民而戰之大敗將復之恐不能勝故驅其所愛子弟以殉之是之謂

以其所不愛及其所愛也

孟子曰春秋無義戰彼善於此則有之矣征者上伐下也敵國不相征也

孟子曰盡信書則不如無書吾於武成取二三策而已矣仁人無敵於天下以至仁伐至不仁而何其血之流杵也

孟子曰我善爲陳我善爲戰大罪也國君好仁

天下無敵焉南面而征北狄怨東面而征西夷怨曰奚為後我武王之伐殷也革車三百兩虎賁三千人王曰無畏寧爾也非敵百姓也若崩厥角稽首征之為言正也各欲正己也焉用戰

孟子曰梓匠輪輿能與人規矩不能使人巧

孟子曰舜之飯糗茹草也若將終身焉及其為天子也被袗衣鼓琴二女果若固有之

孟子曰吾今而後知殺人親之重也殺人之父人亦殺其父殺人之兄人亦殺其兄然則非自殺之也一閒耳

孟子曰古之爲關也將以禦暴今之爲關也將以爲暴

孟子曰身不行道不行於妻子使人不以道不能行於妻子

孟子曰周于利者凶年不能殺周于德者邪世不能亂

孟子曰好名之人能讓千乘之國苟非其人簞食豆羹見於色

孟子曰不信仁賢則國空虛無禮義則上下亂無政事則財用不足

孟子曰不仁而得國者有之矣不仁而得天下未

之有也
孟子曰民爲貴社稷次之君爲輕是故得乎丘
民而爲天子得乎天子爲諸侯得乎諸侯爲大
夫諸侯危社稷則變置犧牲既成粢盛既潔
祭祀以時然而旱乾水溢則變置社稷
孟子曰聖人百世之師也伯夷柳下惠是也故聞
伯夷之風者頑夫廉懦夫有立志聞柳下惠之

風者薄夫敦鄙夫寬奮乎百世之上百世之下
聞者莫不興起也非聖人而能若是乎而况於
親炙之者乎

孟子曰仁者人也合而言之道也

孟子曰君子之戹於陳蔡之閒無上下之交也

貉稽曰稽大不理於口孟子曰無傷也士憎茲多
口詩云憂心悄悄愠於羣小孔子也肆不殄厥愠

亦不隕厥問文王也

孟子曰賢者以其昭昭使人昭昭今以其昏昏使人昭昭

孟子謂高子曰山徑之蹊間介然用之而成路爲間不用則茅塞之矣今茅塞子之心矣

高子曰禹之聲尚文王之聲孟子曰何以言之曰以追蠡曰是奚足哉城門之軌兩馬之力與

齊饑陳臻曰國人皆以夫子將復為發棠殆不可復孟子曰是為馮婦也晉人有馮婦者善搏虎卒為善士則之野有衆逐虎虎負嵎莫之敢攖望見馮婦趨而迎之馮婦攘臂下車衆皆悅之其為士者笑之

孟子曰口之於味也目之於色也耳之於聲也鼻之於臭也四肢之於安佚也性也有命焉君子不謂

性也仁之於父子也義之於君臣也禮之於賓主也智之於賢者也聖人之於天道也命也有性焉君子不謂命也

浩生不害問曰樂正子何人也孟子曰善人也信人也何謂善何謂信曰可欲之謂善有諸己之謂信充實之謂美充實而有光輝之謂大而化之之謂聖聖而不可知之之謂神樂正子二之中

四之下也

孟子曰逃墨必歸於楊逃楊必歸於儒歸斯受之而已矣今之與楊墨辯者如追放豚既入其苙又從而招之

孟子曰有布縷之征粟米之征力役之征君子用其一緩其二用其二而民有殍用其三而父子離

孟子曰諸侯之寶三土地人民政事寶珠玉
者殃必及身
盆成括仕於齊孟子曰死矣盆成括盆成括見
殺門人問曰夫子何以知其將見殺曰其爲人也小有
才未聞君子之大道也則足以殺其軀而已矣
孟子之滕館於上宮有業屨於牖上館人求之
弗得或問之曰若是乎從者之廋也曰子以是

為竊屨來與曰殆非也夫子之設科也往者不追來者不拒苟以是心至斯受之而已矣

孟子曰人皆有所不忍達之於其所忍仁也人皆有所不為達之於其所為義也人能充無欲害人之心而仁不可勝用也人能充無穿踰之心而義不可勝用也人能充無受爾汝之實無所往而不為義也士未可以言而言是以言餂之也可以言而不言

是以不言餂之也是皆穿踰之類也

孟子曰言近而指遠者善言也守約而施博者善道也君子之言也不下帶而道存焉君子之守脩其身而天下平人病舍其田而芸人之田所求於人者重而所以自任者輕

孟子曰堯舜性者也湯武反之也動容周旋中禮者盛德之至也哭死而哀非爲生者也經德不回非

以干祿也言語必信非以正行也君子行法以俟命
而已矣
孟子曰說大人則藐之勿視其巍巍然堂高數仞
榱題數尺我得志弗為也食前方丈侍妾數
百人我得志弗為也般樂飲酒驅騁田獵後車
千乘我得志弗為也在彼者皆我所不為也
在我者皆古之制也吾何畏彼哉

孟子曰養心莫善於寡欲其為人也寡欲雖有不存焉者寡矣其為人也多欲雖有存焉者寡矣

曾晳嗜羊棗而曾子不忍食羊棗公孫丑問曰膾炙與羊棗孰美孟子曰膾炙哉公孫丑曰然則曾子何為食膾炙而不食羊棗曰膾炙所同也羊棗所獨也諱名不諱姓姓所同也名所獨也

萬章問曰孔子在陳曰盍歸乎來吾黨之士狂

簡進取不忘其初孔子在陳何思魯之狂士孟子
曰孔子不得中道而與之必也狂獧乎狂者進取
獧者有所不為也孔子豈不欲中道哉不可必得故
思其次也敢問何如斯可謂狂矣曰如琴張曾晳牧
皮者孔子之所謂狂矣何以謂之狂也曰其志嘐嘐
然曰古之人古之人夷考其行而不掩焉者也狂
者又不可得欲得不屑不潔之士而與之是獧也

是又其次也孔子曰過我門而不入我室我不憾
焉者其惟鄉原乎鄉原德之賊也曰何如斯可
謂之鄉原矣曰何以是嘐嘐也言不顧行行不顧言
則曰古之人古之人行何為踽踽涼涼生斯世也為斯
世也善斯可矣閹然媚於世也者是鄉原也萬章
曰一鄉皆稱原人焉無所往而不為原人孔子以為
德之賊何哉曰非之無舉也刺之無刺也同乎流俗

合乎汙世居之似忠信行之似廉潔衆皆悅之自以為是而不可與入堯舜之道故曰德之賊也孔子曰惡似而非者惡莠恐其亂苗也惡佞恐其亂義也惡利口恐其亂信也惡鄭聲恐其亂樂也惡紫恐其亂朱也惡鄉原恐其亂德也君子反經而已矣經正則庶民興庶民興斯無邪慝矣

孟子曰由堯舜至於湯五百有餘歲若禹皋陶

則見而知之若湯則聞而知之由湯至於文王五百有餘歲若伊尹萊朱則見而知之若文王則聞而知之由文王至於孔子五百有餘歲若太公望散宜生則見而知之若孔子則聞而知之由孔子而來至於今百有餘歲去聖人之世若此其未遠也近聖人之居若此其甚也然而無有乎爾則亦無有乎爾